어려운
무역실무는 가라!
Part 1. 서술편

어려운 무역실무는 가라!
Part 1. 서술편

초판 1쇄 발행 2012년 2월 10일
12쇄 발행 2019년 8월 23일

지 은 이 최주호
펴 낸 이 이기성
편집팀장 이윤숙
기획편집 주민경, 이민선, 최유윤, 정은지
디 자 인 신성일
마 케 팅 임용섭, 강보현
발 행 처 도서출판 생각나눔
출판등록 제 2018-000288호
주   소 서울 잔다리로7안길 22, 태성빌딩 3층
전   화 02-325-5100
팩   스 02-325-5101
홈페이지 www.생각나눔.kr
이 메 일 bookmain@think-book.com

값 29,000원
ISBN 978-89-6489-103-2 14320
ISBN 978-89-6489-392-0 (세트)

ⓒ 최주호, 2012.
· 이 책은 저작권법에 따라 보호받는 저작물이므로 무단전재와 무단 복제를 금지하며, 이 책의 내용을 전부 또는 일부를 이용하시려면 반드시 저작권자와 도서출판 생각나눔의 서면 동의를 받아야 합니다.
· 잘못된 책은 구입한 곳에서 바꿔드립니다.

NAVER http://cafe.naver.com/infotrade
무역실무교육 카페에서 검증된 그 책

초보자를 위한 **무역실무 입문서**

어려운 무역실무는 가라!

Part 1. 서술편

최주호 지음

—실무자를 위한 무역실무 교육 중심지—

http://edutradehub.com
수출입통관, 운송, 결제
동영상 강의 제공

NAVER Cafe

http://cafe.naver.com/infotrade
무역 실무자들에게 실무정보 제공 및
실시간 Q&A 제공

생각나눔

들어가며

어려운 무역실무는 가라

　무역실무자들은 무역실무를 직접 하면서도 무역을 배우고 싶어합니다. 특히, 무역 일을 처음 접하는 분들, 그리고 실무 경력 2~3년 정도의 실무자들은 일을 하면서 체계화되지 않은 무역의 개념 및 흐름에 대해서 혼란스러울 때가 한두번이 아닙니다.

　그럴 때마다 무역실무 책을 구입하려고 서점을 방문하지만, 대부분 이론서들이라 발길을 돌리는 일이 많습니다. 여러 가지 이유가 있겠지만, 가장 큰 이유는 실무자들이 보기에 이론 중심으로 되어 실무와는 동떨어져 있고 무역을 하는 사람조차도 그 책을 읽으면 무슨 말인지 이해가 되지 않을 정도로 어렵게 집필을 했기 때문입니다. 즉, 실무자들은 실무서를 원하는데 정작 실무를 체계화시킨 실무서는 없다는 것입니다.

　무역은 소위 전문가 집단이 하는 전문적인 일이 절대로 아닙니다. 무역은 누구나 할 수 있는 장사이며 단순히 외국과 하는 장사에 불과합니다. 그러면 무역에 대한 개념과 절차 및 흐름을 설명하는 무역실무 책 역시 중학생 정도의 수준에서 누구나 이해하고 누구나 실무적으로 활용할 수 있도록 쉽게 집필하여야 합니다.

실무자들은 실무서를 원하는데 그 동안 실무서는 출간되지 않았고, 무역의 개념 및 흐름에 대해서 실무적으로 체계화한 책이 없어 무역 회사의 실무자들은 운송사인 포워더 혹은 관세사 사무실과 대화를 하더라도 무슨 말인지도 모르고 업무를 진행하는 경우가 다반사입니다. 현실이 이렇기 때문에 무역회사의 실무자들도 답답하고 그들과 대화 하면서 업무 진행하는 포워더 및 관세사 사무실 직원들도 답답하기는 마찬가지입니다. 그렇다고 어디에서 무역실무에 대해서 실무적으로 체계화된 교육을 받을 수 있는 곳도 마땅히 없는 실정입니다.

만약 무역실무자들이 느끼는 이러한 가려움을 누군가가 시원하게 긁어준다면 현재의 시스템에서 그들은 1년에 걸쳐서 배울 수 있는 무역실무 내용을 6개월에, 그리고 3개월로 줄일 수 있을 것이며, 자신의 분야에서 그리고 다른 분야에서 더 많은 발전을 할 수 있을 것이라 믿습니다.

무역실무자로서, 그리고 무역회사에서 잡일부터 시작한 저는 이러한 현실을 경험하였으며 실무적으로 체계화시킨 책에 대한 필요성을 절실히 느껴왔습니다. 이러한 경험과 필요성을 바람으로 수년에 걸쳐서 철저히 실무중심으로 체계화시킨 이 책을 선보입니다. 또한, 이 책은 저자가 오프라인 강의에 활용하면서 실무자들의 니즈를 파악하여 반영하였으며, 지난 1년간 네이버 '무역실무 카페'를 운영하면서 이곳의 무역실무 초보자들, 그리고 일정한 경력이 있는 회원들에게 실무서로서 이미 상당한 인정을 받은 상태입니다.

따라서 이 책은 무역 초보자에게는 무역 용어 및 절차에 대한 개념을 바로 잡아 앞으로 무역실무를 함에 있어 그들에게 하나의 초석이 될 것이며, 2~3년 정도의 경력이 있음에도 무역 공부에 대한 필요성을 느끼는 실무자들에게는 산발적인 지식을 체계화시키는 데 일조를 할 것이라고 생각합니다. 더 나아가 무역실무자들에게 이 책이 무역실무의 교과서적인 역할을 할 수 있길 기대합니다.

아무쪼록, 이 책이 무역 일선에서 무역에 대한 개념과 흐름을 파악하는 데 어려움을 겪고 있는 많은 실무자에게 그 힘겨움을 덜어줄 수 있길 바랍니다.

독자여러분께

무역회사 신입사원 여러분, 일은 누구도 가르쳐주지 않습니다

생각보다 많은 분이 시간이 지나면 자연스럽게 자신이 성숙될 것이라 믿습니다. 물론, 저도 그랬고, 어쩌면 현재도 그런 생각을 하며 자기 합리화에 빠져 헤어나지 못하고 있는지도 모릅니다. 사회에 첫발을 내딛는 분들은 말 그대로 고립무원의 무인도에 홀로 남겨진 상태와 같습니다. 하지만, 더 큰 문제는 그런 현실을 대부분의 신입사원들이 직시하지 못하고 있는 것입니다.

"회사에 들어가면 누가 나를 이끌어줄 것이며, 나에게 업무에 대해서 잘 알려 줄 것이다. 연봉도, 직책도, 시간이 지나면 자연스럽게 올라갈 것이다."

죄송하지만 절대로 그렇지 않습니다. 일을 넘겨주고 나가는 사람 입장에서는 인수인계서 내용만 어찌됐든 보기 좋게 쓰고 몇 마디만 해주면 끝입니다. 보통 신입으로 들어가면 아무것도 몰라서 그렇게 가르쳐주면 그냥 넘어가기 일쑤고 사실 질문할 것도 없다고 느낍니다. 그리고 사수

(전임자)가 퇴사하는 것이 아니라 회사에 계속 남아 있는다 하더라도 회사 일 자체가 워낙 바쁘게 돌아가기 때문에 자세히 가르쳐 줄 수도 없는 것이 대부분 회사의 현실입니다.

꿈꿔 오던 이상에서 빨리 벗어나 현실을 보아야 합니다. 입사 후 여러분은 어떤 사람의 도움을 얻을 수 없는 무인도에 있습니다. 여러분이 직접 자신의 배를 채우기 위해서 발버둥치면서 먹을 것을 구해야 하며, 장작을 구해서 불을 지펴야 합니다. 그 노력은 절대로 헛되지 않을 것이며, 자신도 모르는 사이에 여러분은 회사에서 없어서는 안될 중요한 구성원이 되어 있을 것입니다.

여러분!

신입으로 어느 회사를 입사하더라도 힘들기는 마찬가지입니다. 그리고 힘든 것이 정상이며, 힘들어야 합니다. 여러분께서는 엄마 품을 떠나 이제 강자만이 살아남는 초원으로 나온 작고 초라하기 그지 없는 존재입니다. 사냥하는 법을 배우지 않으면 먹이가 되는 법이며, 사냥하는 법을 배우는 자는 살아남아 초원을 이끄는 사자가 될 것입니다.

당장 힘들다고 고개 숙이지 말고 젊음이 주는 뜨거운 열정과 희망을 가슴 속에 품고 저기 멀리 웃고 있는 미래의 자신을 보면서 현재의 힘들고 고독한 시간을 부디 현명하게 이겨내어, 훗날 이 사회를 이끄는 사자가 되어 대한민국 국가 발전에도 이바지하는 그런 훌륭한 사람이 되길 바랍니다.

무역실무

무역실무 지식 익히는 방법

1. 본 책을 가벼운 마음으로 3~4번 읽어본다.

2. 외우려 하지 말 것이며, 이해하려고 노력한다. 외우는 것은 절대 자신의 것이 될 수 없다.

3. 실무를 하면서 본 책의 내용을 계속 적용해본다.

4. 자기 자신만의 실무 노트를 만들어 실무 관련 내용을 필기한다.

5. 필기된 내용은 따로 시간을 내서 다시 정리하여 실무를 하면서 계속 적용해본다.

6. 자신이 알지 못하는 것은 상대가 누가 되었든 고개 숙이고 겸손한 마음으로 배우려 한다.

7. 이렇게 익힌 지식을 신입사원들에게 가르쳐 주는 연습을 통하여 최종적으로 자신의 것으로 만든다.

위와 같은 방법과 마음가짐으로 무역실무를 하면 1년이 지나고 2년이 지나서는 분명히 인정받는 인재가 될 것입니다. 그리고 무역의 분야가 수출통관, 수입통관, 운송, 결제, 환급, 오더 및 서류 관리, 이메일 작성 및 관리, 재고관리 등등이 있는데, 이 책을 통해서 독자들께서는 반드시 무역의 모든 분야에 걸쳐서 자신의 회사에서 스스로가 책임자가 되어 커버할 수 있는 능력을 키우기 바랍니다. 즉, 위에서 설명 드린 무역의 모든 분야를 혼자서 커버를 해야 하며, 그래야만 무역에 대한 흐름을 파악할 수 있습니다.

이러한 무역의 모든 분야를 커버할 수 있는 능력을 갖추고 숙달이 되면, 관련 부분의 주요한 부분은 자신이 계속 커버를 하고 회계 부분을 익히는 연습을 하여야 합니다.

무역과 회계까지 커버할 수 있는 능력이 있는 분들은 희소가치가 있으며, 특히 앞으로 무역회사 경영을 원하는 분들께서는 무역 일의 처음과 끝, 그리고 회계업무까지 스스로 커버할 수 있는 능력을 반드시 갖추길 바랍니다.

〈일러두기〉

본 책의 내용은 관세청 및 세관 등 공인된 기관의 공식의견이 아닙니다. 저자의 개인적인 견해를 바탕으로 대부분의 내용을 집필하였습니다. 독자분께서는 본 책을 수출입통관, 운송 및 결제 등의 업무에 대한 이해를 돕기 위한 기초자료로 활용해주시고, 업무에 있어 최종적인 의사결정은 관세사, 혹은 관련된 기관 등을 통하여 다시 한 번 확인하시기 바랍니다.

CONTENTS

들어가며   어려운 무역실무는 가라 — 4
독자여러분께   무역회사 신입사원 여러분, 일은 누구도 가르쳐주지 않습니다 — 6
무역실무   무역실무 익히는 방법 — 8

제 1 장
무역실무 상식

1. 관세의 종류 — 18
2. 관세 부과 기준 — 19
3. 수입 세액(관세, 부가세) 계산하는 방법 — 20
4. 수입 세액 상품별 계산 방법 — 27
5. 세액 과부족에 따른 정정·보정·수정·경정 — 30
6. 과세물건의 확정시기 — 32
7. 수입·반송 신고기한, 관세의 납부기한, 수출신고 수리물품의 적재의무기한 — 34
8. 수출금액 FOB 200만 원 이하의 수출 건일 때 수출신고 여부 — 35
9. 인보이스 언더밸류·오버밸류의 유의점 — 36
10. 샘플 건(No Commercial Value)에 대한 인보이스 언더밸류 — 38
11. 인보이스의 무상(Free of Charge: F.O.C.) 건 역시 과세대상이다 — 40
12. 원산지 표시 방법 — 40
13. 원산지 표시가 면제되는 품목 — 43
14. 보세창고 비용 절약 방법 및 일반창고로의 사용 — 43
15. 위약 물품(계약 상이 물품)의 정의와 환급 절차 — 46
16. 중계반송, 중계무역, 중개무역 차이점과 물품이동, 결제·서류 처리 경로 — 49
17. 중계무역에서 B/L Switch하는 방법과 절차 — 56
18. 중계무역, 결제조건 T/T에서의 B/L Switch 진행 — 61

제 2 장
수출통관 및 수입통관

I. 수출입 통관 관련 용어

1. HS Code(세번부호, 품목분류정보)   66
2. HS Code를 관세청 홈페이지에서 찾는 방법   72
3. 유권해석의 필요성 및 절차   77
4. 수입 후 유통을 위한 조건과 수출 전 전략물자 확인의 필요성   78
5. 관세사와 포워더의 차이점 및 선택할 때 알아야 할 점   82
6. 포워더(Forwarder)와 특송(Courier Service)의 차이점   86
7. 특송 운송과 통관 구조에 대한 이해   89
8. 수출·수입면장과 수출·수입신고필증의 차이점   91
9. 외국물품과 내국물품의 차이점&관세선의 정의   92
10. 반입, 반출, 반송, 통관, 재수출의 정의   93
11. 보세, 지정·특허보세창고, 보세운송   95
12. 과세가격 'FOB 가격 + 운임 + 보험료'의 정확한 뜻   97

II. 수입통관 절차

1. 수입신고의 시기   104
2. HS Code상 수입요건 有·無에 따른 수입신고 절차   107
3. 수입신고 과정- 보세구역 장치 후 신고 및 관리대상 건   110
4. 수입신고 과정- 입항 전 신고 및 보세구역 도착 전 신고   113
5. 수입통관 진행 절차- 관세사 및 포워더와의 절차   114
6. B/L No.로 수입통관 진행 상황 조회 방법   119

III. 수출통관 절차

1. 수출신고 과정- 세관 절차   122
2. 수출통관 진행 절차- 관세사 및 포워더와의 절차   125
3. 해상운송에서 FCL, LCL의 수출과정   134
4. 화주 입장에서 FCL과 LCL 그리고 CY/CY, CFS/CFS 등의 의미   137
5. 인코텀스 조건에 따른 포워더 지정 및 운임 결제 당사자   139
5. 수출신고 수리된 건에 대한 수출이행내역 조회 방법   143
6. 결제조건에 따른 선적서류 처리 방법   145

7. 선적 후 수입자에게 선적 통지하기 … 149
8. FCL 건, Door에서 컨테이너 Seal 누가 채우는가? … 151

IV. 특송을 이용한 수출 및 수입 절차

1. 특송 수출 진행 절차 … 152
2. 특송 수입신고 및 세액 납부 … 153
3. 특송 수입신고의뢰서 작성 방법 및 양식 … 157
4. 특송 사용할 때 발생될 수 있는 상황 정리 … 159
5. 특송으로 물품 발송할 때 고려사항 … 161
6. 특송 화물 수입신고(무상일 때, FOB로 신고) … 162

V. 식품 등의 수입신고

1. 식품수입통관 절차 … 165
3. 정밀검사 기관 및 정밀검사 의뢰 방법 … 173
4. 식품 포장지의 한글표시사항 작성하는 방법 … 175
5. 수입물품에 대한 '한글표시사항' 표시 위치 및 시기 … 177
6. 순중량 100kg 미만의 '식품 등의 수입신고'에 대한 정밀검사 실적 인정 여부 … 178

제 3 장
무역 운송

I. 무역운송 관련 용어

1. 운송 관련 기본 용어 정리 … 180
2. Delivery Order(D/O, 화물인도지시서) … 183
3. CY, FCL과 CFS, LCL의 연관성 … 184
4. CBM 계산 방법 … 185
5. 컨테이너의 종류와 용도 … 187
6. 드라이 컨테이너(Dry Container)의 제원 … 190
7. Door Order와 Stuffing 작업 … 192
8. 컨테이너 Sealing(봉인) 작업 … 194

9. 컨테이너 문에 표시된 숫자의 의미 …… 195
10. 혼재·콘솔의 의미 …… 195
11. House B/L과 Master B/L의 차이점과 발행 과정 …… 196
12. 부지약관(Unknown Clause) …… 198
13. 계산톤(R/T) 계산 방법 …… 199
14. 화인(Shipping Mark)의 표시방법 …… 201
15. 분할선적과 할부선적의 차이점 …… 203
16. 환적(Transshipment)이 금지되는 이유 …… 206
17. 보험료에 대한 개념 정리 및 보험료 계산 방법 …… 208
18. FCA Incheon Airport와 FOB Incheon Airport의 차이점 …… 211
19. CPT Sydney Airport와 CFR Sydney Airport의 차이점 …… 214

II. 운송비 견적 관련

1. 포워더에게 항공/해상운임 견적받기 …… 216
2. 항공운송 …… 217
3. 해상운송 …… 223

III. 선적서류(Shipping Documents)

1. B/L(Bill of Lading)과 AWB(Airway Bill)의 정의 …… 230
2. B/L(Bill of Lading)에 대한 세부 설명 …… 232
3. Full Set(3부)으로 발행되는 Original B/L의 원본 …… 244
4. AWB(Air Way Bill)에 대한 세부 설명 …… 246
5. 결제조건에 따른 Surrender B/L 및 L/G와의 차이점 …… 247
6. 무역서류 작성 방법 및 유의사항 …… 253
7. 인보이스, 팩킹리스트는 무엇이며, 작성 방법 …… 255
8. Invoice와 Proforma Invoice(P/I)의 차이점 …… 260

IV. 인코텀스 2010

1. 정형거래조건(Incoterms2010) …… 263
2. EXW(Ex Works/공장 인도조건) …… 268
3. FCA(Free Carrier/운송인 인도조건) …… 270
4. FAS(Free Alongside Ship/선측 인도조건) …… 272
5. FOB(Free On Board, 본선 인도조건) …… 273
6. CFR(Cost and Freight/운임포함인도조건) …… 275
7. CIF(Cost Insurance and Freight/운임·보험료포함인도조건) …… 278

8. CPT(Carriage Paid To/운송비지급 인도조건) 281
9. CIP(Carriage And Insurance Paid To/운송비·보험료지급 인도조건) 283
10. DAT(Delivered at Terminal/도착터미널 인도조건) 285
11. DAP(Delivered at Place, 도착장소 인도조건) 287
12. DDP(Delivered Duty Paid, 관세지급 인도조건) 289
13. 인코텀스 조건에 따른 견적 단가 변화 293

제 4 장
무역 결제

I. 결제 상식 및 용어
1. T/T와 L/C 정의 및 차이점 296
2. SWIFT CODE 301
3. '후불' 결제에서 'B/L Date'의 정의 및 확인 방법 302
4. '후불' 결제에서 결제일이 공휴일인 경우 303
5. 은행 환율표에 대한 이해 및 활용 304
6. 예치환거래은행과 무예치환거래은행 306

II. T/T 결제
1. T/T결제에 대한 절차 및 선적서류 처리 방법 307
2. 전신환지급신청서 작성 방법 310
3. T/T 송금케이블(Cable) 및 송금영수증 313
4. T/T 선불 및 후불에 대한 이해와 표기 방법 315

III. 신용장(L/C, Letter of Credit) 결제
1. 신용장의 특징 317
2. 신용장거래에서의 관련 당사자들 정리 320

IV. 매입신용장

1. 매입신용장(Negotiation L/C) 결제 절차 … 330
2. 매입신용장에서 수익자가 매입은행에 제출하는 서류 … 332
3. 수익자가 작성하는 환어음에 대한 정의 및 작성 방법 … 334
4. 개설의뢰인의 선적서류 인수 절차 … 336
5. 개설의뢰인의 선적서류 인수 후 수입통관 절차 … 337
6. 매입신용장의 결제 유형 … 338
7. USANCE의 구분 … 342
8. BANKER'S와 SHIPPER'S의 할인수수료와 신용장 기재 문구 … 343
9. 송금(Remittance)방식과 상환(Reimbursement)방식에 대한 이해 … 345
10. 수익자가 At Sight로 신용장 개설을 요구하는 경우 … 348
11. 개설의뢰인이 신용장 개설 신청 전에 알아야 할 점 … 349
12. 신용장 거래 시 발생하는 수수료 … 350
13. 매입과 추심의 차이 그리고 환가료 … 354
14. 수출자의 매입대금 상환 … 356
15. 신용장 번호(L/C No.)의 의미 … 357
16. L/G(수입화물선취보증서)를 발행하는 이유 … 358
17. On Board 이후에 L/C 개설 가능한가? … 361

V. 신용장개설신청서 작성 및 개설응답서 해석하기

1. 개설의뢰인의 신용장개설신청서 작성 요령 … 363
2. '신용장개설응답서' 문구 이해하기 … 377

VI. L/C Amend

1. L/C Amend 절차 및 예방 방법 … 387
2. L/C Amend 신청서 작성 및 응답서 내용 확인 … 389

VII. 신용장의 여러가지 경우

1. 신용장에서 분할선적(Partial Shipment) 요구하는 경우 … 390
2. 신용장에서 과부족 허용 … 392
3. 신용장 조건에서 2/3 B/L을 요구하는 경우 … 396

제 5 장
무역 서류 서식 등

I. 수출입통관 관련 무역 서식

1. 선적서류: 인보이스 양식 ... 400
2. 선적서류: 팩킹리스트 양식 ... 401
3. 선적서류: B/L 양식 ... 402
4. 선적서류: AWB 양식 ... 403
5. 오더시트 (Order Sheet) ... 404
6. 수입신고필증 양식 및 세부 설명 ... 406
7. 수출신고필증 양식 ... 409
8. 사유서 양식: 위약물품 재수출에 대한 사유서 ... 410
9. 사유서 양식: 샘플 수입통관할 때 ... 411
10. Courier Service(특송업체) 수입신고 의뢰서 ... 412

II. 무역결제 관련 무역 서식

1. 전신환지급신청서(T/T) 양식 ... 413
2. T/T 송금 케이블 양식 ... 414
3. 매입신용장(Negotiation L/C): 신용장개설신청서 ... 415
4. 매입신용장(Negotiation L/C): 신용장개설응답서 ... 417
5. 매입신용장(Negotiation L/C): 신용장조건변경신청서(L/C Amend) ... 419
6. 매입신용장(Negotiation L/C): 신용장조건변경응답서(L/C Amend) ... 421
7. 수출환어음매입(추심)신청서 ... 422
8. 통지은행의 신용장 내도 통지서 ... 423
9. 적하보험증권(Cargo Insurance Policy, Cargo Insurance Certificate) ... 424

III. 기타

1. 비용분기점과 위험분기점에 대한 이해 ... 425
2. 인코텀스 지정장소의 이해와 중요성 ... 426
3. 수출입신고 오류방지에 관한 고시 ... 429
4. 수입신고수리물품 반출의무 및 신고지연 가산세 적용대상 보세구역 ... 431

마치며   실무를 만나면 날개를 단다 ... 434
참고문헌 ... 435

제 1 장

무역실무 상식

1. 관세의 종류
— 수출세, 수입세, 통과세

관세의 종류는 크게 수출세, 수입세, 통과세 이렇게 3가지로 구분합니다.

일반적으로 부과되는 관세는 수입세이며 수출세 및 통과세는 우리나라를 포함하여 대부분의 국가에서 부과를 하고 있지 않습니다. 즉, 우리나라에서 수출을 할 때 세관에 납부하는 세액은 없으며, 우리나라를 경유하는 물품(환적하는 물품)에 대해서도 역시 통과세라는 세액이 발생하지 않습니다. 하지만, 물품을 외국에서 수입할 때는 해당 물품의 HS Code상 관세율에 따라서 관세 및 부가세가 발생되며 품목에 따라서 기타 세액 역시 발생할 수 있습니다.

예를 들어, 주류는 관세, 부가세뿐만 아니라 주세 및 교육세가 함께 발생됩니다.

1) 수출세란 무엇인가?

수출물품에 대해서 부과하는 관세로서 우리나라를 포함하여 대부분의 국가는 수출물품에 관세를 부과하지 않습니다. 만약 수출물품에 대해서 수출지 국가가 수출세를 부과하면 동 상품이 바이어의 국가에 수입될 때 대부분의 국가에서는 수입세를 부과하기 때문에 이중관세[1]가 부과됩니다. 이렇게 되면 수출국으로서는 자국 상품이 외국에서 가격 경쟁력이 없어지므로 대부분의 국가에서는 수출 상품에 대해서 수출세를 부과하지 않습니다.

2) 수입세란 무엇인가?

수입품에 대해서 부과하는 관세로서 대부분의 국가에서는 수입관세를 부과하고 있습니다. 우리나라의 경우 평균적 수입관세율은 8%이지만 선진국으로 갈수록 평균 수입관세율은 낮아지고 후진국으로 갈수록 수입관세율은 자국산업을 보호하기 위해서 높아지는 것이 일반적입니다.

또한, 우리나라의 경우 공산품의 국제 경쟁력은 농산품의 국제 경쟁력에 비해서 높습니다. 따라서 공산품이 수입되어서 국내 공산품 업자들에게 주는 피해보다 농산품이 수입되어 국내에 미치는 피해가 더 큽니다. 그리하여 상대적으로 공산품에 대한 수입관세율은 농산품에 비해서 낮습니다.

---

[1] 이중관세: 수출국에서 수출 신고할 때 수출관세가 부과된 상품에 대해서 수입국에서 수입신고할 때 또 다시 수입관세가 부과되는 것.

3) 통과세란 무엇인가?

통과세는 일반적으로 환적할 때 관세로서 대부분 발생되지 않습니다. 통과세를 부과하면 환적항에 배가 들어오지 않기 때문입니다.

결론적으로, 대부분의 국가에서는 수출세와 통과세는 부과하지 않고 수입세만 부과하고 있습니다.

2. 관세 부과 기준

1) 종가세는 무엇인가?

수입물품의 가격, 즉 인보이스 금액을 관세액 산정의 기초로 하여 계산하는 방식이 종가세입니다(참고 27쪽).

$$관세 = 과세가격^{❖}(FOB가격 + 운임 + 보험료) \times 관세율^{2}$$

❖ 과세가격이란 CIF 가격이기도 하다.

2) 종량세는 무엇인가?

수입물품의 수량을 기초로 관세를 계산하는 방식으로서, 농산물(당근 ; 0706.10-1000), 영화용 필름(포지티브 ; 3706.10-5020), 비디오 테이프 등과 같은 물품을 수입신고 할 때 사용됩니다(참고 29쪽).

$$관세 = 수량 \times 단위수량당 세액$$

---

2 '과세가격 x 관세율'은 수입 관세를 종가세로 구하는 단순한 공식에 불과합니다. 과세가격이란 정확히 무엇이며, 관세율은 어떻게 적용되는지에 대한 이해가 필요합니다. 참고 100쪽.

3. 수입 세액(관세, 부가세) 계산하는 방법
— 과세가격 및 주간환율의 정의 및 HS Code 찾는 방법

수입할 때 부과되는 관세와 부가세를 계산하는 방법에 대해서 알아보겠습니다. 다음의 관세 계산 방법은 수입물품의 가격에 관세율을 곱하는 종가세의 방법입니다(대부분 수입품은 종가세로 계산됩니다).

* 과세가격(FOB 가격+ 운임+보험료)에 대한 정확한 의미는 100쪽에 있으니 반드시 이 부분을 먼저 확인하세요.

1) 관세 및 부가세 구하는 공식[1]

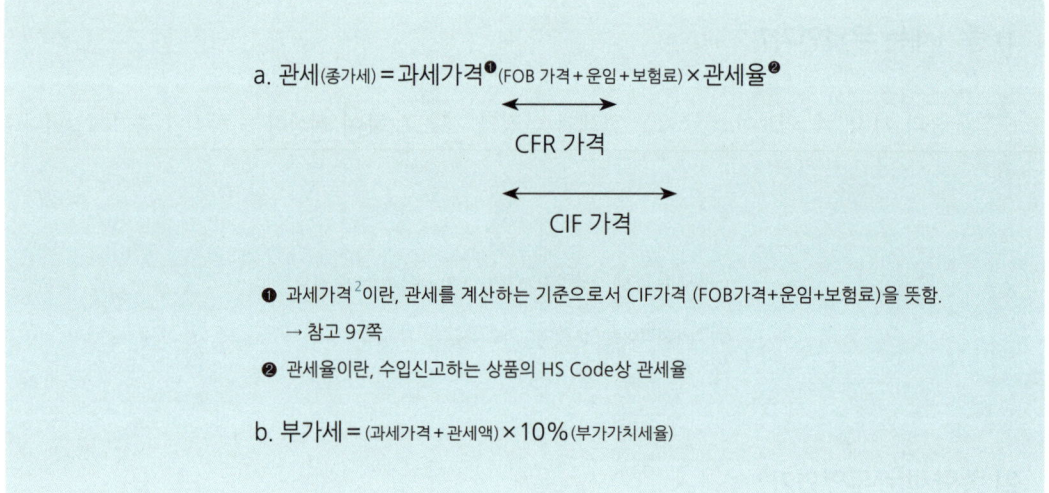

a. 관세(종가세) = 과세가격❶ (FOB 가격 + 운임 + 보험료) × 관세율❷

　　　　　　　　　　　　　　　　　CFR 가격
　　　　　　　　　　　　　　　　　　　　　CIF 가격

❶ 과세가격[2]이란, 관세를 계산하는 기준으로서 CIF가격 (FOB가격+운임+보험료)을 뜻함.
　→ 참고 97쪽
❷ 관세율이란, 수입신고하는 상품의 HS Code상 관세율

b. 부가세 = (과세가격 + 관세액) × 10% (부가가치세율)

1　보험에 가입하는 것(부보)은 CIF, CIP 조건을 제외하고는 선택사항입니다.
　만약 인보이스 가격조건이 FOB로서 수입자가 부보하지 않으면 관세 계산할 때 '보험료'는 '0원'이 되는 것입니다. 하지만, CIF, CIP 조건은 수출자가 수입자를 위해서 보험에 무조건 가입해야 하며, 이러한 보험료는 CIF, CIP 가격에 포함되어 있습니다.

2　과세가격은 수출지에서 물품의 생산 완료까지 투입된 재료비와 인건비 등의 합계(생산 원가)에 수출 포장비와 수출자의 마진을 포함한 공장 출고가(EXW), 그리고 수출물품이 위치한 수출지의 Door(공장/창고)에서 수출지의 터미널(항구/공항)까지의 내륙운송비 및 수출지 터미널에서 외국으로 나가는 배/비행기에 물품을 On Board 하는 시점까지 발생된 모든 비용(FOB)이 기본적으로 포함됩니다. 여기에 추가적으로 수입지 터미널(항구/공항)까지의 운임(Freight)에 적하보험료까지 포함된 금액이 과세가격이며, 과세가격 = CIF는 아니고 과세가격은 CIF에 근접하는 가격이 되겠습니다. 결국, 과세가격은 수출지에서 물품이 생산되어 수입지의 항구/공항에 해당 물품을 선적한 운송수단이 도착하는 시점까지 발생한 모든 비용이 되겠습니다.

※ 인보이스 가격조건(Price Term)이 FOB가 아니라 CFR, CIF의 경우

CFR에서 'FR'은 Freight, 운임을 나타내는 뜻으로서, CFR은 '운임포함 인도' 조건입니다.

즉, CFR은 'FOB 금액+운임'이라는 것입니다. 쉽게 말해서 FOB 가격이란 수출지 항구에서 선적해서 수입지 항구에 하역하기 전까지의 운임이 포함되어 있지 않은 '착불(Collect: 운임 후불)' 비용입니다. 따라서 수출자가 발행한 인보이스 가격조건이 CFR이라면, 관세 계산은 다음과 같습니다.

> (CFR 가격+보험료) X 관세율

CIF에서 'I'는 Insurance, 즉 보험료를 말하는 것이며, 'F'는 Freight, 즉 운임을 말하는 것으로서 CIF 조건은 '운임/보험료포함인도' 조건입니다.

다시 말해서, CIF는 'FOB 금액+운임+보험료'라는 것입니다. 우리가 흔히 과세가격은 CIF 가격이라고 말하는 이유가 여기에 있습니다. 따라서 인보이스의 가격조건이 CIF이라면 관세 계산은 아래와 같습니다.

> (CIF 가격) X 관세율

2) 관세 및 부가세 구하는 예

그럼 관세 및 부가세를 실제의 예를 들어서 설명해보겠습니다.

제품명	FOB 가격	운임	보험료	HS Code
비누(조제청정제)	EUR300.00	₩400,000	₩10,000	3402.90.3000

관세 및 부가세를 구하기 위해서는 기본적으로 위와 같은 사항을 알고 있어야 합니다.

인보이스 금액인 FOB 가격이나 운임, 그리고 보험료는 이미 알고 있으니 큰 문제가 없고 문제는 자신이 수입하는 물품의 HS Code(세번부호)상의 '관세율'이 몇 퍼센트이고 수입 당시 '과세환율'이 얼마인지를 알아야 합니다.

자, 그럼 위의 내용을 기반으로 실제로 관세 및 부가세를 구해보도록 하겠습니다.

(1) 관세 구하는 공식에 대입하기

> 관세 = 과세가격(EUR300.00 + ₩400,000 + ₩10,000) x 수입신고품의 HS Code상 관세율

(2) 과세환율 적용하여 외화를 원화로 변경하기

위의 공식에서 EUR300를 원화로 변경해야만 관세를 구할 수 있습니다.

자, 그럼 이때 적용하는 환율은 어느 시점의 환율이 될까요?

무역회사가 은행을 통하여 결제를 하거나 받을 때 적용하는 환율은 항상 변하는 은행이 고시하는 환율입니다. 하지만, 관세를 계산할 때 적용하는 환율은 관세청에서 매주 토요일마다 고시를 하는 '주간환율'이 적용됩니다. 주간환율은 크게 '수출환율'과 '과세환율'로 나누어지는데 수입관세를 계산할 때 적용하는 환율은 정확하게 말해서 '과세환율'이 적용됩니다. 즉, 과세환율이란 수입할 때 수입관세를 계산하기 위해서 적용하는 환율이며, 수출환율이란 수출물품에 대해서는 관세가 없기 때문에 수출 금액에 대한 통계를 잡기 위한 환율로 적용됩니다.

> 주간환율 = 관세청에서 매주토요일마다 고시하는 환율

> 주간환율 ─┬─ 과세환율: 전신환매도율 평균
>   └─ 수출환율: 전신환매입율 평균

① 수입신고할 때 적용되는 과세환율

수입신고를 1월 2번째주 수요일(11일)에 진행을 했다고 한다면 해당 건의 '과세환율'은 1월 첫번째주 토요일, 즉 1월 7일에 관세청 홈페이지를 통하여 고시된 '과세환율'이 적용 됩니다. 다시 말해서 전 주(Last Week) 토요일에 고시된 '과세환율'이 토요일 이후부터 그 다음주(Next Week) 토요일 새로운 고시환율이 고시될 때까지 동일하게 적용됩니다.

그렇기 때문에 동일한 과세가격(CIF 가격=FOB 가격+운임+보험료)의 건이라면, 즉, 1월 9일 입항한 물품에 대해서 1월 9일 수입신고할 때의 관세, 부가세와 어떠한 이유로 인해서 3일간 보세구역/창고에 장치해두고 1월 12일 수입신고할 때의 관세, 부가세는 동일합니다. 이유는 1월 7일 고시

된 '과세환율'이 수입신고할 때 동일하게 적용되기 때문입니다. 단, 해당 건을 1월 16일에 수입신고를 하게 된다면, 1월 9일, 12일에 수입신고할 때와는 '과세환율'이 다르기 때문에 관세, 부가세는 달라집니다.

1 2012 January

SUNDAY	MONDAY	THURSDAY	WENESDAY	THURSDAY	FRIDAY	SATURDAY
1	2	3	4	5	6	7
8	9	10	11	12	13	14
15	16	17	18	19	20	21
22	23	24	25	26	27	28
29	30	31				

② 주간환율 찾는 방법

　주간환율은 관세청 홈페이지(http://www.customs.go.kr/) 상단 부분의 '패밀리사이트' 하위 메뉴인 "UNI-PASS 전자통관(이하 'UNI-PASS'라고 함.)"을 통하여 확인 가능합니다.

▲ '패밀리사이트' 하위 메뉴인 'UNI-PASS'를 클릭하면 팝업창이 나타나고 프로그램 설치를 해야 합니다.

'UNI-PASS'를 클릭 후 아래와 같은 화면이 나오며 중앙 아랫부분에 '조회서비스 바로가기'가 있고 하단에 '주간환율'이라고 있습니다. 클릭합니다.

다음 화면으로는 아래와 같은 화면이 나오며, '환율구분'에서 '수출'로 지정되어 있습니다. 수출은 세금이 없으며 단순히 통계를 잡기 위해서 '수출환율'이 존재합니다. 수입할 때 관세 계산을 위한 환율을 보기 위해서는 '과세' 부분을 클릭한 후 우측의 '조회' 버튼을 누르면 과세환율[1]을 확인할 수 있습니다.

▲ 직접 위와 같은 순서로 조회를 해보면 USD라든지 다른 통화에 대한 과세 환율도 확인 가능합니다.

1 '과세환율'을 적용하는 것은 오직 관세를 계산할 때에만 적용합니다. Buyer가 Seller에게 대금결제를 해줄 때 적용되는 환율은 은행의 시중환율이며, 포워더가 운임 결제를 요구할 때 적용되는 환율 역시 마찬가지로 시중에서 은행이 고시하는 환율입니다. 관세청에서 고시하는 '과세환율'은 오직 관세를 계산할 때에만 쓰입니다.

(3) 수입물품의 '관세율' 찾는 방법[2]

과세환율을 찾았다면 해당 건에 대한 상품의 HS Code 상의 '관세율'을 찾아야 합니다.

관세율 역시 관세청 홈페이지의 'UNI-PASS' 화면에 보면 중간 부분에 '정보제공' 메뉴가 있고 하단에 '품목분류정보'라고 있습니다. 품목분류정보라는 말은 상품을 분류해둔 것이라는 말로서 HS Code입니다.

'품목분류정보'를 클릭하면 다음과 같은 창이 나오며 우측에 보이는 '품목분류검색'을 클릭합니다.

'품목분류검색'을 클릭하면 아래와 같은 화면이 나오며, 아래의 테이블에서 해당 상품에 대한 HS Code를 찾아서 들어가는 것이며, 해당 상품에 대한 HS Code를 알고 있는 경우 '통합검색' 우측의 검색창에서 HS Code를 검색하면 관세율 및 수출요건, 수입요건을 확인할 수 있습니다.

현재 찾고자 하는 상품은 '조제청정제'로서 HS Code 3402.90.3000이며, 통합검색 창에서 검색하면 '조제청정제'에 대한 관세율 및 요건을 확인할 수 있습니다(HS Code 찾는 방법 및 수출·입 요건확인 방법 참고 72쪽).

	0	1	2	3	4	5	6	7	8	9
0		산동물	육과 식용설육	어패류	낙농품, 조란, 천연꿀	기타 동물성 생산품	산수목, 꽃	채소	과실, 견과류	커피, 차, 향신료
10	곡물	곡물의 분과 조분밀 가루, 전분	채유용 종자, 인삼	식물성 엑스	기타 식물성 생산품	동식물성 유지	육·어류 조제품	당류, 설탕과자	코코아, 초코렛	곡물, 곡분의 주재품과 빵류
20	채소, 과실의 조제품	기타의 조제식료품	음료, 주류, 식초	조제 사료	담배		토석류, 소금	광, 슬액, 회	광물성 연료, 에너지	무기화합물	유기화합물
30	의료용품	비료	염료, 안료, 페인트잉크	향료, 화장품	비누, 계면 활성제, 왁스	카세인, 알부민, 변성전분, 효소	화약류, 성냥	필름인화지 사진용재료	각종화학공업생산품	플라스틱과 그제품
40	고무와 그제품	원피, 가죽	가죽제품	모피, 모피제품	목재, 목탄	코르크, 짚	조물재료의 제품	펄프	지와 판지	서적, 신문인쇄물
50	견, 견사 견직물	양모, 수모	면·면사 면직물	마류의사와 직물	인조필라멘트섬유	인조스테이플섬유	워딩, 부직포	양탄자	특수직물	침투, 도포 한직물
60	편물	의류 (편물제)	의류(편물 제이외)	기타섬유 제품, 넝마	신발류	모자류	우산, 지팡이	조제우모, 인조화훼	석, 시멘트, 석면제품	도자제품
70	유리	귀석, 반귀석, 귀금속	철강	철강제품	동과 그제품	니켈과 그제품	알루미늄과 그제품	(유보)	연과 그제품	아연과 그제품
80	주석과 그제품	기타의 비금속	비금속 제공구, 스푼, 포크	각종비금속제품	보일러, 기계류	전기기기, TV, VTR	철도차량	일반차량	항공기	선박
90	광학, 의료, 측정, 검사, 정밀기기	시계	악기	무기	가구류, 조명기구	완구, 운동용구	잡품	예술품, 골동품		

---

[2] 관세청 홈페이지 Quick Menu 활용 경로 : 관세청 홈페이지 접속(http://www.customs.go.kr) → Quick Menu '품목분류' 클릭 → '품목분류검색' 클릭

아래는 HS Code 3402.90.3000에 대한 관세율 및 요건입니다.

관세율 부분을 보면 '기본세율', 'WTO 협정세율', 'FTA 협정세율' 등이 있는데 본 건은 FTA 협정세율을 적용받지 못한다면(FTA 협정세율을 적용 받기 위해서는 원산지 인정을 받아야 함.) 기본세율과 WTO 협정세율 둘 중에 더 낮은 세율을 선택하면 됩니다(WTO 협정세율은 WTO 회원국으로부터 수입되는 건이어야 하는데 대부분의 국가가 회원국이기 때문에 기본세율과 비교해서 더 낮은 세율을 선택하는 것임). 따라서 6.5% WTO 협정세율을 관세 계산할 때 적용하면 됩니다.

관세구분	관세율	단위당세액	기준가격	적용시작일	적용종료일
A 기본세율	8	0.0	0.0	2012.01.01	2012.12.31
C WTO협정세율	6.5	0.0	0.0	2012.01.01	2012.12.31
FAS1 한·아세안 FTA협정세율(선택1)	0	0.0	0.0	2012.01.01	2012.12.31
FCL1 한·칠레FTA협정세율(선택1)	0	0.0	0.0	2012.01.01	2012.12.31
FEF1 한·EFTA FTA협정세율(선택1)	0	0.0	0.0	2012.01.01	2012.12.31
FEU1	5.4	0.0	0.0	2012.01.01	2012.06.30
FIN1 한·인도 FTA협정세율(선택1)	0	0.0	0.0	2012.01.01	2012.12.31
FPE1	0	0.0	0.0	2012.01.01	2012.12.31
FSG1 한·싱가포르FTA협정세율(선택1)	0	0.0	0.0	2012.01.01	2012.12.31
R 최빈국특혜관세	0	0.0	0.0	2012.01.01	2012.12.31
U 북한산	0	0.0	0.0	2012.01.01	2012.12.31
수입요건	수입요건 내역이 없습니다.				
수출요건	수출요건 내역이 없습니다.				

3) 과세환율과 관세율을 대입하여 관세 및 부가세 최종적으로 구하기

과세가격   (EUR300.00 x ₩1,482.84) + ₩400,000 + ₩10,000 = ₩854,850

관 세	₩854,850(과세가격) x 6.5%(관세율) = ₩55,570
부 가 세	{₩854,850(과세가격) + ₩55,570(관세)} x 10%(부가가치세율) = ₩91,040
세액합계	₩55,570 + ₩91,040 = ₩146,610

4. 수입 세액 상품별 계산 방법

> 관세(종가세) = 과세가격(FOB 가격 + 운임 + 보험료) X 수입신고품의 HS Code상 관세율
> 부가세 = (과세가격 + 관세) X 10%

1) 관세, 부가세만 발생하는 상품에 대한 세액 계산

공산품 및 식품 등 사치품이 아닌 일반 소비재의 경우 수입할 때 통상 이와 같이 관세와 부가세만 발생합니다.

제품명	FOB가격	운임	보험료	HS Code상 관세율	과세환율
비누 (조제청정제)	USD50.00	₩2,000	₩500	3402.90.3000 6.5%(WTO협정세율)	₩1,000

과세가격	($50.00 x ₩1,000) + ₩2,000 + ₩500 = ₩52,500
관세	₩52,500(과세가격) x 6.5%(관세율) = ₩3,410
부가세	{₩52,500(과세가격) + ₩3,410(관세)} x 10%(부가가치세율) = ₩5,590
세액합계	₩3,410 + ₩5,590 = ₩9,000

2) 사치품을 수입할 경우

사치품의 경우에 관세 및 부가세뿐만 아니라 개별소비세가 함께 부과되며, 여기에 추가적으로 교육세와 농어촌특별소비세까지 부과될 수 있습니다. 개별소비세는 과세가격과 관세의 합계를 기준으로 품목별로 정해진 개별소비세율이 적용됩니다. 그리고 교육세와 농어촌특별소비세는 개별소비세에서 정해진 세율만큼 발생합니다.

사치품 유무를 구분하는 기준으로서 '기준가격'이 존재합니다. 하나의 예로서 모든 가방은 사치품이라 할 수 없으나 가방 중에서도 사치품이 존재하는데, 이때 기준가격은 개당 200만 원입니다. 다시 말해서, 개당 10만 원 하는 가방은 사치품에 들어가지 않으니 개별소비세가 발생하지 않는 반면, 개당 300만 원 하는 가방은 기준가격 200만 원을 제외한 100만 원에 대해서 개별소비세가 발생하겠습니다.

제품명	CIF 가격 (FOB+운임+보험료)	수량(Q'ty)	HS Code / 관세율	과세환율	수입 요건
뱀 가죽으로 만든 것	USD150,000	50 EA	4202.21-1010, 8%(기본세율)	₩1,050	有

▲ 내국세 : 부가세 10%, 개별소비세 20%, 교육세 30%   [기준가격] 200만원/개

과세가격	USD150,000 x ₩1,050 = ₩157,500,000
관세	₩157,500,000(과세가격) x 8%(관세율) = ₩12,600,000
개별소비세	[{₩157,500,000(과세가격) + ₩12,600,000(관세)} - {₩100,000,000(기준가격, 50EA x ₩2,000,000)} x 20%(개소세율) = ₩14,020,000
교육세	{₩14,020,000(개별소비세) x 30%(교육세율)} = ₩4,206,000
부가세	[{₩157,500,000(과세가격) + ₩12,600,000(관세)} + {₩14,020,000(개소세) + ₩4,206,000(교육세)}] x 10%(부가가치세율) = ₩18,832,600
세액합계	{₩12,600,000(관세) + ₩14,020,000(개별소비세) + ₩4,206,000(교육세) + ₩18,832,600(부가세)} = ₩49,658,600

3) 주류(와인)를 수입할 경우

주류의 경우는 주세 및 교육세가 발생되며, 주류라고 해서 주세 및 교육세가 동일한 것은 아닙니다. 대표적으로 위스키의 경우 주세/교육세는 72%/30%이며, 과실주인 와인의 경우 30%/10%입니다. 이러한 내용은 국세청에 문의하면 쉽게 알 수 있습니다.

제품명	FOB가격	운임	보험료	HS Code상 관세율	과세환율
붉은 포도주	USD300.00	₩2,000	₩500	2204.29.1000 30%(기본세율)	₩1,000

과세가격	($300.00 x ₩1,000) + ₩2,000 + ₩500 = ₩302,500
관 세	₩302,500(과세가격) x 30%(관세율) = ₩90,750
주 세	{₩302,500(과세가격) + ₩90,750(관세)} x 30%(주세율) = ₩117,980
교 육 세	₩117,980(주세) x 10%(교육세율) = ₩11,800
부 가 세	{₩302,500(과세가격) + ₩90,750(관세)} + {₩117,980(주세) + ₩11,800(교육세)} x 10%(부가가치세율) = ₩52,300
세액합계	₩90,750 + ₩117,980 + ₩11,800 + ₩52,300 = ₩272,830

4) 종량세가 적용되는 경우

수입물품의 품목번호(HS Code)를 조회하면 종가세('관세율' 부분)와 종량세('단위당세액' 부분)가 모두 명시되어 있는 품목이 있습니다. 이러한 품목의 경우 종가세로 계산한 관세와 종량세로 계산한 관세 중에 더 많이 나오는 것을 기준으로 관세를 납부해야 합니다.

HS	070610-1000				
품명	당근				
수량단위	kg				
원산지표시	대상 [원산지제도운영에관한고시]				
적정표시방법	대상 [적정표시방법]				

	관세			[관세율 적용순위]	
관세구분	관세율	단위당세액	기준가격	적용시작일	적용종료일
A 기본세율	30	134	0.0	2013.01.01	2013.12.31
C WTO협정세율	40.5	0.0	0.0	2013.01.01	2013.12.31
FEU1	20	89	0.0	2013.01.01	2013.06.30
FPE1	21	93	0.0	2013.01.01	2013.12.31
FUS1	18	80	0.0	2013.01.01	2013.12.31
R 최빈국특혜관세	0	0.0	0.0	2013.01.01	2013.12.31
U 북한산	0	0.0	0.0	2013.01.01	2013.12.31

수입요건 [식품의약품안전청]	[식품위생법] 식품 등 식품위생법 대상은 식품위생법 제19조의 규정에 의거 지방식품의약품안전청장에게 신고하여야 한다.
수입요건 [국립식물검역원]	[식물방역법] 식물검역기관의 장에게 신고하고, 식물검역관의 검역을 받아야 한다. (식물방역법 제10조의 규정에 의한 수입금지 지역으로부터는 수입할 수 없음)
수출요건	수출요건 내역이 없습니다.

a) 본 품목의 경우 '기본세율'에서 관세율 30%와 단위당세액 134원/kg 으로 명시되어 있습니다.

b) 이러한 경우 양자 중 고액(율)으로 계산되는 것을 적용합니다. 이는 수입 신고자의 선택 사항이 아니라 수입신고 받는 세관이 결정합니다.

c) 종가세와 종량세 중 종량세가 상대적으로 고액이라면 종량세로 관세를 납부해야 하며, 공식은 '관세(종량세) = 수량 x 단위당세액'입니다. 이때 단위당세액은 134원/kg 이고, 수량은 선적서류에 명시된 N.W.(순중량)으로 합니다.

▲ 일부 FTA 협정세율은 임의 삭제하였습니다

▲ 본 품목번호는 가공하지 않은 '신선 또는 냉장' 상태의 '당근'에 대한 품목번호입니다. 미가공식료품은 부가세가 면세로서 부가세는 발생되지 않고 관세만 발생합니다.

▲ 수입요건에서 [식품위생법]은 '식품검사'를 요구하는 부분으로서 해당 식품을 우리나라 국민들이 먹어도 안전하다는 검사를 수입신고 전에 받을 것을 요구하는 부분입니다. 반면에 [식품방역법]은 '식물검역'을 요구하는 부분으로서 해당 식품은 가공하지 않은 상태이기 때문에 세균이 국내로 유입되는 것을 막기 위해서 수입신고 전에 해당 기관으로부터 검역을 받을 것을 요구하는 부분이 되겠습니다. 따라서 본 품목은 '식품검사'와 '식물검역' 모두에 대해서 요건확인을 받고 세관에 수입신고 진행해야겠습니다. 참고로 '식품검사'는 입항지에서 보세운송하여 다른 보세창고에 반입하여서도 받을 수 있지만 '식물검역'은 입항지에서 받아야 합니다.

5. 세액 과부족에 따른 정정·보정·수정·경정

현재 우리나라는 세액의 납부를 납세의무자[1]인 수입자 스스로 세액을 산정하여 납부하는 '신고납부 방식'을 채택하고 있습니다. 다시 말해서 세액의 계산을 납세의무자 스스로 해야 한다는 뜻입니다. 세액 중에 관세를 계산하는 기초 가격으로서 과세가격에는 어떠한 비용이 포함되어야 하는지, 수입물품에 대한 정확한 HS Code가 무엇인지, 선택한 HS Code의 기본세율, WTO 협정세율, FTA 협정세율 중에 어떤 세율을 선택하여 관세를 계산할지에 대해서 납세의무자 스스로 결정하도록 해두었습니다.

따라서 납세의무자가 과세가격의 정확한 의미(참고 100쪽)를 알지 못하고, 수입신고 물품에 대한 정확한 HS Code를 찾지 못하고, 선택한 HS Code의 관세율 중에 어떤 관세율을 적용해야하는지 몰라서 잘못 수입신고를 하여 오류가 발생되면 관세를 비롯한 부가세 등 납부 세액에 과부족이 생길 수가 있습니다.

이러한 사실을 납세의무자는 잘못된 과세가격을 기초로 혹은 잘못된 HS Code로 수입신고 후 세액 납부 전에 인지하는 경우도 있을 수 있고[2], 세액 납부 후 수리된 이후에 인지할 수도 있습니다.

1) 정정

납세의무자는 납세신고한 세액을 납부하기 전에 그 세액이 과부족하다는 것을 알게 되었을 때에는 납세신고한 세액을 정정할 수 있습니다(관세법 제38조 제4항).

2) 보정

a) 납세의무자는 신고납부한 세액이 부족하다는 것을 알게 되거나 세액 산출의 기초가 되는 과세가격 또는 품목분류 등에 오류가 있는 것을 알게 되었을 때에는 신고납부한 날부터 6개월 이내(이하 "보정기간"이라 한다)에 해당 세액을 보정하여 줄 것을 세관장에게 신청할 수 있습니다(관세법 제38조의 2 제1항).

---

[1] 수입할 때 물품을 우리나라 항구/공항의 보세구역/창고까지 운송한 업자가 수입자가 되며, 수입신고 하여 세액 납부하는 업자를 납세의무자라고 합니다. A라는 수입회사에서 물품을 외국에서 수입하여 세액까지 납부하였다면 해당 건의 수입신고필증에 A사가 수입자 및 납세의무자가 됩니다. 그리고 A라는 국내 회사가 B라는 수입대행회사에 대행을 의뢰하여 B가 책임지고 물품을 국내 항구/공항의 보세구역/창고에 물품을 반입시키고 세액 납부는 A가 한다면 해당 건의 수입신고필증에는 B가 수입자, A가 납세의무자로 표기 됩니다.

[2] 수입신고 후 P/L, 서류제출, 물품검사 중의 하나로 결정되며, 이로부터 15일 이내로 세액을 납부(납부기한)해야 합니다. 따라서 수입신고 후 세액 납부 전 즉, 수리 전에 납세의무자는 수입신고에 대한 오류를 발견할 수도 있습니다. 수입신고 후 납세의무자 스스로 산정한 세액을 납부하기 전에 오류를 발견하고 바로 잡는 것에 대한 용어를 '정정'이라고 하며, 정정신고를 진행할 수 있습니다.

b) 수입신고하여 수리된 건에 대한 오류를 납세의무자가 먼저 인지한 경우가 아니라 세관에서 먼저 인지할 수도 있습니다. 이러한 경우 세관장은 납세의무자에게 해당 보정기간에 보정신청을 하도록 통지할 수 있습니다. 납세의무자는 부족한 세액에 대한 세액의 보정을 신청한 경우에는 해당 보정신청을 한 날의 다음 날까지 해당 관세를 납부하여야 합니다(관세법 제38조의 3 제1항).

c) 또한 세관장은 수입신고 후 세액 납부기한(수입신고 후 P/L, 서류제출, 물품검사 중에 하나로 결정되고 15일 이내로 세액 납부해야하는 기한) 다음날부터 보정신청을 한 날까지의 기간과 금융회사의 정기예금에 대하여 적용하는 이자율을 고려하여 대통령령으로 정하는 이율에 따라 계산한 금액을 더하여 해당 부족세액을 징수할 수도 있습니다.

3) 수정

납세의무자는 신고납부한 세액이 부족한 경우에는 수정신고(보정기간이 지난날부터 제21조 제1항에 따른 기간이 끝나기 전까지로 한정한다)를 할 수 있습니다. 이 경우 납세의무자는 수정신고한 날의 다음 날까지 해당 관세를 납부하여야 합니다.

4) 경정

납세의무자는 신고납부한 세액이 과다한 것을 알게 되었을 때에는 최초로 납세신고를 한 날부터 5년 이내에 신고한 세액의 경정을 세관장에게 청구할 수 있습니다. 이 경우 경정의 청구를 받은 세관장은 그 청구를 받은 날부터 2개월 이내에 세액을 경정하거나 경정하여야 할 이유가 없다는 뜻을 청구한 자에게 통지하여야 합니다(관세법 제38조의 3 제2항).

결론적으로, '정정'은 수입신고 후 세액 납부 전에 오류에 대해서 바로 잡기 위한 신고이며, 수리 후 세액을 부족하게 납부한 사실을 인지하였는데, 신고납부한 날로부터 6개월 이내이면 '보정'신고를 하는 것이며, 그 이후이면 '수정'신고를 하는 것입니다. 즉, 보정 및 수정은 세액에 부족이 있는 경우에 해당됩니다.

그리고 '경정'은 수리 후 납부한 세액의 부족이 아니라 과다한 것을 알게 되었을 때 납세신고한 날로부터 5년 이내에 과다 납부한 세액을 돌려줄 것을 요청하는 경우에 해당됩니다. 실무적으로 세관은 부족한 세액에 대한 납세의무자의 보정 및 수정신고에 대해서는 큰 문제를 삼지 않고 부족한 세액을 납부할 것을 요구하지만, 납세의무자가 과다하게 납부한 세액을 돌려줄 것을 요구하는 경정 신고의 경우에는 까다롭게 대처할 수 있습니다.

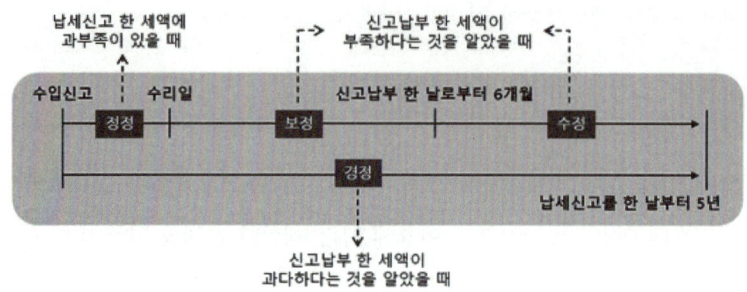

> **참고**
>
> 수입신고 수리받은 건에 대해서 세액의 부족이 있음을 수입자 스스로 보정 혹은 수정 신고한 경우, 수정 세금계산서가 발행되어 매출 대비하여 공제받을 수 있습니다. 그러나 수입자가 자발적으로 신고한 것이 아니라 세관에서 발견 후 경정 진행되면, 수정 세금계산서가 발행되지 않아 그 추가 납부되는 부가세에 대해서 공제받지 못할 수도 있습니다.

> **주의점** 보정 혹은 수정 신고하기 전에
>
> 보정 및 수정 신고할 경우, 추가 세액 납부 기한은 1일입니다. 따라서 납부할 세액을 미리 확보한 이후에 신고해야겠습니다.

6. 과세물건의 확정시기

보세창고/구역에 반입된 보세물품(외국물품)에 대해서 수입신고하고 수리가 되어야만, 비로소 해당 물품이 수입 화주의 물품이 됩니다.

수입품의 입항일과 수입신고일은 같은 날짜일 수도 있고 입항일을 기준으로 전후(Before&After)로 나누어 수입신고를 할 수도 있습니다. 이렇게 되면 입항일의 과세가격과 수입신고일의 과세가격이 달라져서 세액이 달라질 수도 있습니다. 또한, 입항일과 수입신고를 하는 날짜의 제품에 대한 수량 및 성질의 변화가 있을 때에도 관세, 부가세는 달라질 수 있으며, FTA와 같은 관세율의 변화를 일으키는 법령이 발효되었을 때에도 수입될 당시의 관세, 부가세는 수입신고할 때의 관세·부가세와는 서로 달라질 수 있습니다.

이렇듯이 '과세물건의 확정시기'란 수입품의 입항일의 제품에 대한 수량 및 성질이 아니라 수입신고 날짜의 수입품에 대한 수량 및 성질, 그리고 FTA와 같이 관세율에 변화를 일으키는 관련 법령의 발효에 따라서 관세, 부가세와 같은 세액은 서로 달라집니다. 물론, 과세환율의 변화에 따라서도 세액은 달라집니다.

1) 입항한 주(week)와 수입신고한 주가 서로 다른 경우, 수입신고한 주의 과세환율 적용

다음은 관세 및 부가세를 구하는 공식입니다.

> 관세(종가세) = 과세가격(FOB 가격 + 운임 + 보험료) X 수입신고품의 HS Code상 관세율
> 부가세 = (과세가격 + 관세액) X 10%

FOB가격은 KRW이 아닌 USD, EUR, JPY 등 외화로 구성되어 있습니다.

따라서 이러한 통화를 KRW으로 바꿔야 하며 이때 사용되는 환율은 시중은행 환율이 아니라 과세환율로서 관세청에서 주(week) 단위로 고시합니다.

따라서 예를 들어, 입항일은 9월 둘째 주인데, 수입신고는 9월 셋째주에 하게 되면 관세와 부가세는 9월 둘째주와는 다르게 됩니다. 이유는 둘째주 과세환율과 셋째주 과세환율은 다르기 때문입니다.

2) 수입신고 시점의 물품의 성질과 수량에 의해서 확정

예를 들어, 식품의 경우 100kg이 보세구역/창고에 반입되었을 때는 식품의 성질에 이상이 없었는데 식약처에 '식품 등의 수입신고' 진행 후 세관에 수입신고를 하려고 보니 전체 물품 중의 일부분인 20kg이 부패되어 성질에 변화가 있는 경우 이러한 물품은 수입통관을 하여도 사용하지 못하니 나머지 80kg의 물품, 즉 이상이 없는 물품만 수입신고합니다. 이러한 경우 비록 총 수량이 100kg의 건이지만 수입신고를 80kg만 하니 수입신고한 80kg에 대한 세액만 납부합니다. 성질의 변화가 아닌 수량이 변화되는 예로서 소를 100마리 수입하려고 하는데, 검역받는 중에 암소 한 마리가 출산을 하였다고 한다면 수입신고 당시 101마리가 되어 수량의 변화가 발생합니다. 이때 101마리를 수입신고하니 세액은 101마리에 대해서 납부해야 합니다. 즉, 과세의 확정시기는 수입물품이 입항한 때의 성질과 수량이 기준이 되는 것이 아니라 수입신고할 당시의 성질과 수량이 그 기준이 됩니다.

3) FTA 등 적용법령의 변화가 있을 경우

다음의 경우는 FTA가 발효가 되고 수입신고를 하였기 때문에 비록 FTA 발효 전에 물품이 보세구역/창고에 반입되었다 하더라도 수입신고를 FTA가 발효된 이후에 진행하였기 때문에 FTA 발효에 따른 관세 혜택을 받을 수 있는 경우입니다.

> 보세창고 반입일: 2011. 06. 15. 관세율 8%
> 한-EU FTA 발효일: 2011. 07. 01. 한-EU FTA 협정세율 0%
> 수입신고일: 2011. 07. 01. 적용관세율 0%

7. 수입·반송 신고기한, 관세의 납부기한, 수출신고 수리물품의 적재의무기한

1) 수입·반송 물품에 대한 신고기한

수입이나 반송하려는 물품을 지정장치장 또는 보세창고에 반입하거나 보세구역이 아닌 장소에 장치한 자는 그 반입일 또는 장치일부터 30일 이내 신고[1]하여야 합니다(관세법 제241조 제3항).

만약 해당 기간 내에 수입 또는 반송의 신고를 하지 아니한 경우에는 해당 물품 과세가격의 100분의 2에 상당하는 금액의 범위에서 대통령령으로 정하는 금액을 가산세로 징수합니다(관세법 제241조 제4항).

2) 수입신고 결제 건에 대한 관세 납부기한(신고납부)

세관에 수입신고하면 세관에서는 해당 수입신고 건에 대해서 P/L(Paperless), 서류제출, 물품검사 중의 하나로 결제(지정)하고 그 결제일로부터 15일 이내에 관세 및 기타 세액을 납부하여야 합니다(관세법 제9조).

수입신고 후 관세 및 기타 세액 납부를 완료하면 해당 건에 대한 수입신고가 수리되어 수입신고필증이 발행됩니다.

1　참고 431쪽.

3) 수출신고 수리물품의 적재 의무기한

수출신고가 수리된 물품은 수출신고가 수리된 날부터 30일 이내에 운송수단에 적재하여야 합니다(적재의무 기한, 관세법 제251조 제1항, 수출통관 사무처리에 관한 고시 제45조 제1항). 우리나라와 외국 간을 왕래하는 운송수단에 적재하는 기간을 초과하는 물품에 대하여 수출신고의 수리를 취소(취하)하여야 합니다(관세법시행령 제255조 제1항).

적재의무기한에 대해 정당한 사유가 있어서 연장을 원하는 경우, 즉 연장승인을 얻고자 하는 자는 다음 각호의 사항을 기재한 신청서를 세관장에게 제출해야 합니다(관세법시행규칙 제79조).

- 수출신고번호·품명·규격 및 수량
- 수출자·신고자 및 제조자
- 연장승인신청의 사유
- 기타 참고사항

8. 수출금액 FOB 200만 원 이하의 수출 건일 때 수출신고 여부
― 간이수출통관

1) '환급대상이 아닌 물품가격 FOB 200만원 이하의 물품'의 경우 간이하게 수출통관 가능

통상 특송으로 물품을 보내는 경우 물품가격이 FOB 200만원 이하가 되는 경우가 많이 있습니다. 이러한 경우는 물품 포장 후 특송회사에 인보이스 3부만을 작성하고 발송을 요청하더라도 수출 진행이 됩니다. 즉, 간이수출신고에 해당됩니다(수출통관사무처리에관한고시 제36조).

만약 수출자가 정식 수출신고를 요청하게 되면 수출신고 진행가능하며, 해당 건에 대해서 '수출신고필증' 또한 발행됩니다. 하지만 정식수출 신고하지 않고 간이하게 수출 신고하면 '수출신고필증'은 발행되지 않을 수도 있습니다.

2) FOB 금액 200만 원 이하인 건으로 수출신고를 하지 않는 경우의 불이익

일단 FOB 가격이 200만 원 이하라고 하여 수출신고를 하지 않을 경우 해당 수출 건에 대해서는 다음과 같은 불이익이 발생될 수 있습니다.

- 수출실적으로 인정받지 못함.[1]
- 환급 건이라 할지라도 환급을 받지 못함.
- 원산지증명서(C/O, Certificate of Origin)를 발급받지 못함.[2]
- 수출통계에 잡히지 않음.

9. 인보이스 언더밸류·오버밸류의 유의점

언더밸류는 영어로 'under value'로서 가격을, 즉 인보이스의 가격을 실제보다 낮추어 발행한다는 뜻이며, 오버밸류는 영어로 'over value'로서 인보이스의 가격을 실제보다 높여서 발행한다는 뜻입니다. 다시 말해서, 언더밸류라 함은 수입자의 요청에 의해서 수출자가 1,000만 원짜리 자동차를 한 대 수출하는데 그 인보이스 가격을 900만 원으로 발행하여 수입자가 관세를 적게 낼 수 있도록 해주는 것입니다. (일반적으로 수입관세는 물품 가격, 즉 인보이스 가격을 기준으로 계산, 종가세).

보통의 경우 오버밸류는 거의 일어나지 않고 언더밸류가 대부분입니다. 앞에서 말한 것처럼 수입자가 수출자에게 언더밸류 요청해서 수입할 때 관세를 적게 내기 위함이 언더밸류를 하는 가장 큰 이유입니다 (관세는 과세가격에 해당 건의 상품에 대한 HS Code상 관세율을 곱하여 계산).

1) 우리나라의 수출자가 외국의 수입자에게 언더밸류 요청받는 경우

한국의 수출자는 다음과 같은 과정으로 외국의 수입자에게 수출자 자신이 발행하는 인보이스 금액을 견적가보다 낮게 발행 요청을 받는 경우 물품을 판매하는 입장에 있는 수출자는 거절할 수 없습니다. 이러한 경우 한국의 수출자가 대처하는 방법에 대해서 알아보겠습니다. 통상 동남아 혹은 아프리카 국가의 수입자와 거래를 하는 경우 언더밸류 요청을 받게 됩니다. 참고로 언더밸류를 다운밸류(Down Value)라고도 합니다.

---

1 EMS 통해서 수출하여 이익을 취하는 영세한 업체들이 존재합니다. EMS는 통관 대행 서비스하지 않기에 관세사 사무실에 별도로 수출신고 대행 의뢰해야 하는데, 문제는 수출하여 취하는 마진보다 관세사 통관 수수료가 더 많이 발생하는 경우가 있습니다. 결국, 이러한 업체는 EMS로 수출할 때, 정식으로 수출 신고하지 않습니다. 문제는 매출을 잡아야 국내에서 매입할 때 발생한 부가세를 환급받는데, 수출 건의 매출실적은 기본적으로 정식으로 수출 신고하고 수출신고필증 발행되어야 합니다. 그러나 이와 같은 경우, 수출신고필증을 발급받지 않더라도 외국환 입금 영수증 혹은 EMS 운송장을 세무사 사무실에 전달하면 매출 잡아 줄 수도 있고 결과적으로 매입 부가세 환급 가능할 것입니다. 아울러 특송(Courier)이라 할 수 있는 DHL, Fedex, TNT 및 UPS 등을 통해 수출할 때 이들 업체에 수출신고 의뢰하면 이들은 수출 신고 대행(수입 대행도 진행 가능)할 것이며, 별도의 관세사 수수료를 청구하지 않습니다(수입 대행 수수료 역시 그러함).

2 수입자의 요청에 의해서 수출자가 원산지증명서(C/O, Certificate of Origin)를 발급받아야 하는 경우, 원산지증명서(C/O)는 수출신고가 수리되어야만 발급이 가능합니다. 따라서 원산지증명서를 발급받기 위해서는 FOB 가격이 200만 원 이하라 할지라도 반드시 정식으로 수출신고해서 '수출신고필증' 발급 받아야겠습니다.

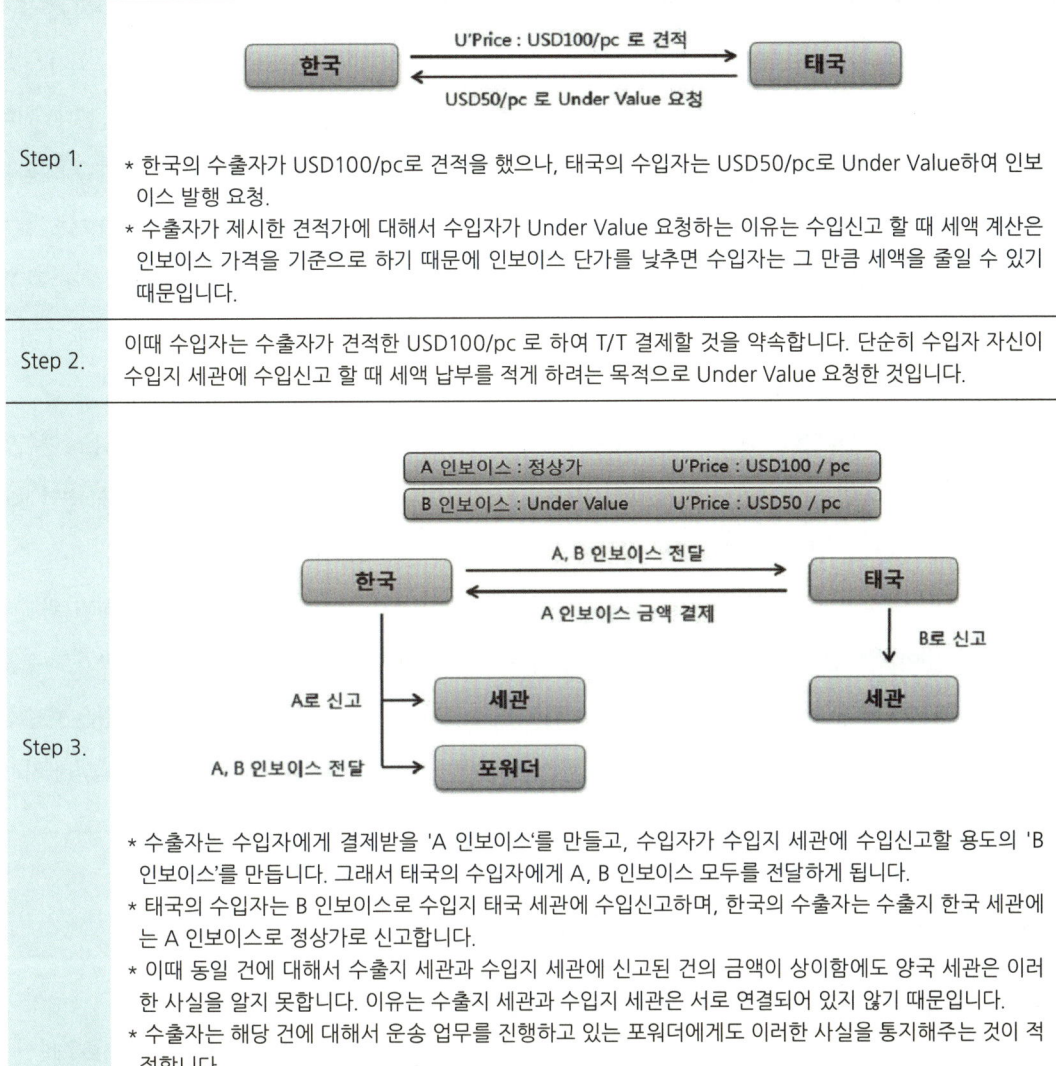

Step 1.
* 한국의 수출자가 USD100/pc로 견적을 했으나, 태국의 수입자는 USD50/pc로 Under Value하여 인보이스 발행 요청.
* 수출자가 제시한 견적가에 대해서 수입자가 Under Value 요청하는 이유는 수입신고 할 때 세액 계산은 인보이스 가격을 기준으로 하기 때문에 인보이스 단가를 낮추면 수입자는 그 만큼 세액을 줄일 수 있기 때문입니다.

Step 2.
이때 수입자는 수출자가 견적한 USD100/pc 로 하여 T/T 결제할 것을 약속합니다. 단순히 수입자 자신이 수입지 세관에 수입신고 할 때 세액 납부를 적게 하려는 목적으로 Under Value 요청한 것입니다.

Step 3.
* 수출자는 수입자에게 결제받을 'A 인보이스'를 만들고, 수입자가 수입지 세관에 수입신고할 용도의 'B 인보이스'를 만듭니다. 그래서 태국의 수입자에게 A, B 인보이스 모두를 전달하게 됩니다.
* 태국의 수입자는 B 인보이스로 수입지 태국 세관에 수입신고하며, 한국의 수출자는 수출지 한국 세관에는 A 인보이스로 정상가로 신고합니다.
* 이때 동일 건에 대해서 수출지 세관과 수입지 세관에 신고된 건의 금액이 상이함에도 양국 세관은 이러한 사실을 알지 못합니다. 이유는 수출지 세관과 수입지 세관은 서로 연결되어 있지 않기 때문입니다.
* 수출자는 해당 건에 대해서 운송 업무를 진행하고 있는 포워더에게도 이러한 사실을 통지해주는 것이 적절합니다.

2) 우리나라의 수입자가 외국의 수출자에게 언더밸류 요청하는 경우

수출지 세관과 수입지 세관이 서로 연결되어 있지 않은 사실을 알게 된 한국의 수입자가 외국의 수출자에게 언더밸류 요청하여 수입지인 한국 세관에 언더밸류 된 인보이스를 근거로 수입신고를 하는 경우도 발생될 수 있습니다.

한국의 수입자는 a)외국의 수출자에게 요청하여 언더밸류 된 인보이스를 발급 받아서 혹은 b)정상가의 인보이스에 대해서 수입신고를 할 때 수입자 스스로 언더밸류 해서 수입신고(외국의 수출자가 선진국인 경우 수입자의 언더밸류 요청에 대해서 응해주지 않는 경우가 많음) 진행합니다. 이러한 경우 수입지 한국 세관과 수출지 세관은 서로 연결되어 있지 않지만, 우리나라 세관은 우리나라의 은행과 연결되어 있습니다. 수입자가 특정 건에 대해서 은행에 T/T 송금 요청할 때 근거 서류로서 인보이스 혹은 계약서 등을 제출하는데, 이때 송금된 금액이 USD10,000인데, 동일 건에 대해서 수입신고 된 금액이 USD5,000이라면 세관은 의심을 합니다. 그래서 서류제출을 요구하게 되고 수입자의 언더밸류 진행이 발각될 수 있습니다. 또한, 수입자가 수입신고하는 물품은 해당 수입자만이 수입신고 하는 것이 아닙니다. 해당 수입자뿐만 아니라 상당히 많은 수입자가 수입신고를 하기 때문에 세관은 해당 물품의 수입가를 대략 알고 있습니다. 그런데 수입자가 터무니없는 가격으로 수입신고하면 세관은 당연히 의심을 할 수 밖에 없습니다.

수입자의 이러한 언더밸류 된 가격으로의 수입신고는 명백한 세금 포탈 행위이며 공문서 위조 행위입니다. 세관에 발각되면 수입자는 쉽게 말해서 블랙리스트에 올라서 많은 불이익을 받게 됩니다. 수입신고는 정상적인 가격으로 신고를 해야 하며, 정상적인 세액 납부를 해야겠습니다.

결론적으로, 한국의 수출자가 외국의 수입자에게 언더밸류 요청을 받는 경우 물품을 판매하기 위해서는 어쩔 수 없이 언더밸류 해줄 수밖에 없습니다. 이때도 우리나라에 수출신고를 할 때는 정상가로 수출신고를 하는 것입니다. 반대로 한국의 수입자는 외국의 수출자에게 언더밸류 요청하거나, 요청은 했으나 받아들여지지 않아서 혹은 수입자 스스로 인보이스 가격보다 낮게 수입신고하여 세액 납부를 적게 하는 행위는 절대로 하지 말아야 할 것입니다.

> **참고** **Under Value 방지를 위한 해외 수입국의 조치**
> 1. 러시아는 한국 수출자에게 영문 수출신고필증 요구
> 2. 중동 국가는 한국 수출자에게 영사송장 요구
>   - 영사송장 발급 절차 : 상공회의소 무역인증서비스센터 통해서 C/I에 인증을 먼저 받고, 수입국의 대사관으로 해당 C/I 제출하여 대사관 인증을 받아야 함.

10. 샘플 건(No Commercial Value)에 대한 인보이스 언더밸류

수입자는 수출자에게 물품을 받을 때 샘플로서 무상으로 물품을 받는 경우가 있습니다.

샘플 건으로서 인보이스에 No Commercial Value(무상 건, 대금 결제를 수입자가 수출자에게 하지 않는 건)라고 명시를 하더라도 해당 건의 인보이스를 작성할 때 USD1.00 혹은 USD0.00으로 작성하는 것이 아니라 샘플에 대한 적절한 가격으로 인보이스 작성을 해야 합니다. 샘플에 대한 정의는 수출자가 수입자에게 판매

의 목적이 아닌 마케팅이라든지 제품의 품질 등의 확인을 위해서 발송하는 것으로서 샘플에도 가격이 존재합니다. 물론, 정식 오더 건에 대한 수입신고 제품 단가가 USD100.00이라면 샘플 가격은 그러한 판매 가격이라기보다 생산에 필요한 최저 가격 정도라고 생각을 하면 적절합니다. 즉, 정상 오더 했을 때의 제품 가격이 USD100.00/pc라면 샘플 건에 대한 제품 가격은 수출자의 마진을 제외한 공장출고가 정도로 USD70.00/pc 정도면 적절하다는 것입니다. 다시 말해서 샘플로서 인보이스에 No Commercial Value 건이라고 명시한다고 해서 무조건 제품 가격을 USD1.00 혹은 USD0.00으로 표기하면 안 된다는 것입니다.

예를 들어, 모니터를 정상적으로 오더 했을 때는 USD150.00/pc인데, 이를 샘플로서 무상 건(No Commercial Value)으로 받는 경우 수입자가 수출자에게 대금 결제는 하지 않지만, 인보이스에 최저 가격이라고 세관이 인정할 수 있을 만큼의 가격으로서 USD100.00/pc 정도로의 가격으로 신고를 하는 것이 적절하겠습니다. 즉, 무상 건이라고 해서 무조건 USD1.00과 같은 낮은 가격으로 수입신고를 하면 안 된다는 것입니다. 그리고 해당 건에 대해서 만약 세액을 납부해야 한다면 세액 역시 납부를 해야겠습니다. 물론 샘플 수입신고하는 제품이 누가 보더라도 단가가 저렴한 볼펜과 같은 제품의 경우라면 수입신고를 USD1.00/pc 혹은 USD0.50/pc 로 하더라도 세관은 인정해줄 수 있을 것입니다. 하지만 누가 보더라도 값이 상당한 모니터와 같은 제품을 단순히 샘플로서 무상으로 수입자가 수입을 한다고해서 USD1.00/pc 로 해서 수입신고 한다면 세액 납부 하지 않으려는 의도가 다분하다고 판단하여 세관은 수입신고한 수입자에게 정상적인 가격으로 수입신고 하여 세액 납부까지 요구할 수 있습니다.

결론적으로, 수출자는 수입자에게 물품을 무상으로하여 샘플로 정상가보다 낮은 가격으로 발송 할 수 있습니다. 하지만 이러한 문제는 수출자와 수입자와의 문제이지 수입지 세관은 해당 물품에 대한 정확하고 합당한 가격으로 신고 할 것을 요구하며, 세액 납부를 해야 하는 경우 세액 납부도 요구합니다. 따라서 실무에서 '샘플 인보이스'라고 하는 종류의 인보이스는 실제로는 존재하지 않는 것입니다. 즉, 샘플 인보이스라는 개념은 없는 것이며 무상 건으로서 샘플 건의 경우라고 하더라도 정상적인 가격으로 신고하고 세액 납부를 해야 합니다.

Price Term : FOB Busan Port, Korea

No	Code	Description	Quantity	Unit Price	Value/USD
1	B23C	Computer Monitor	2 pcs	USD 1.00	USD 2.00
Total Amount					USD 2.00

No Commercial Value

11. 인보이스의 무상(Free of Charge: F.O.C.) 건 역시 과세대상이다

무상 건(F.O.C.: Free of Charge)에 대해서도 수입할 때 과세를 합니다. 즉, 무상 건도 과세대상입니다. 무상 건을 수입하려는 경우 아무리 무상으로 수입한다고 하더라도 그 물품에 대한 금액을 수입신고할 때 신고를 해야 하며, 해당 상품의 HS Code 상의 관세율에 따라서 세액을 납부해야 합니다.

다음 인보이스의 상품들 중 하나의 제품이 무상 건이라고 적혀 있습니다. 비록 인보이스에는 '무상 건(Free of Charge)'이라고 적혀 있다고 하더라도 수입신고를 할 때는 그 물품에 대한 합당한 가격을 넣어서 수입신고를 해야 합니다. 즉, 인보이스에 무상이라고 명시되어 있다는 것은 단순히 수출자가 수입자에게 무상으로 제품을 공급한다는 뜻이지 수입지 세관에 세액 납부하는 것은 정상적으로 납부해야 합니다.

Price Term : FOB Busan Port, Korea

No	Code	Description	Quantity		Unit Price		Value/USD		Remarks
1	LS - 101	BABY CARRIER	100	CTNs	USD	39.00	USD	3,900.00	
2	LS - 201	WARMER 1	50	CTNs	USD	29.00	USD	1,450.00	
3	LS - 202	WARMER 2	50	CTNs	USD	28.00	USD	1,400.00	
4	LS - 101	BABY CARRIER	1	pc	USD	0.00	USD	0.00	Free of Charge
Total Amount							USD	6,750.00	

> **참고**
>
> 유상은 거래 물품에 대해서 외국환 은행 통해서 외국환 결제가 이루어지는 것이며, 무상은 거래 물품에 대해서 외국환 은행 통해서 결제가 이루어지지 않는 것을 의미합니다. 쉽게 말해서, 유상이면 Seller가 Buyer에게 돈 받고 물품을 제공하는 것이며, 무상은 공짜로 제공하는 것입니다. 유상, 무상 상관없이 세관에 수출입 신고해야 하며, 이때 당연히 Under Value 된 가격이 아닌 정상적인(합당한, 합리적인) 가격으로 신고해야 합니다. 이는 샘플 건도 예외일 수 없습니다. 결국, 세관에 수출입 신고는 당연히 해야 하고, 가격 신고 역시 정상적인 가격으로 해야 한다는 것입니다. 세액이 발생하는 수입 건 역시 그러하며 유무상 및 샘플 상관없이 정상가 대비 과세가격을 기초로 발생한 관세를 납부해야겠습니다(중고 제품은 중고 가격으로 신고).

12. 원산지 표시 방법

원산지 표시에 있어 특히 수입자는 수출자에게 수출물품에 대해서 포장 혹은 제조를 할 때 원산지 표시 규정에 따라서 박스 및 제품 자체에 표시하여 수출 진행할 것을 요구하는 것이 좋습니다. 만약 원산지를 규정과 같이 표시하지 않거나 혹은 원산지 자체를 표시하지 않은 경우 수입신고 후 '물품검사'가

걸리면(수입신고하면 P/L, 서류제출, 물품검사 중 하나가 지정된다.) 세관에서는 원산지표시 여부에 대해서는 반드시 확인을 하게 되며, 규정에 위배되거나 표시가 안 되어 있다면 보세구역/창고에서 원산지 표시 작업(보수작업)을 진행 후 완료하면 세관에서는 수입신고에 대해서 수리합니다.

수입신고 수리 전의 보세물품에 대해서는 보세구역/창고 내에서만 보수작업을 할 수 있습니다. 즉, 수입신고 수리되기 전의 보세물품을 원산지표시와 같은 작업을 위해서 수입화주가 다른 곳으로 반출할 수 없으며, 보세구역/창고 내에서만 원산지표시 작업을 해야 합니다. 그리고 이러한 원산지표시는 대부분 아주머니들께서 하는데 제품에 원산지표시만 하면 되는 입장에 있는 분들입니다. 즉, 원산지표시를 하면서 제품의 질이 떨어질 수 있으며, 수입자는 이러한 피해를 고스란히 부담해야 합니다.

따라서 특히 수입자는 수입제품에 대해서 반드시 수출지에서 정상적으로 원산지표시를 하는 것이 좋습니다. 만약 수출자가 수출물품에 대해서 포장 혹은 제조를 할 때, 즉 물품이 수출지에서 적재(On Board)가 되기 전에 원산지 표시에 대한 수입자의 요청을 거절한다면 수입자는 물품을 수입지의 보세구역/창고에 반입시킨 다음 원산지 표시에 대한 보수작업을 진행 후 세관에 수입신고를 해야겠습니다.

1) 원산지를 상품에 표시하는 방법

⑴ 제품에 원산지는 아래와 같이 표시하면 문제가 없습니다.
   ① MADE IN CHINA / MADE IN 중국
   ② PRODUCT OF CHINA / PRODUCT OF 중국
   ③ 원산지: 중국 / 원산지: 중국산

⑵ 제품이 너무 작아서 'MADE IN CHINA'를 모두 적을 수 없을 경우 국명만 적습니다. 즉 'CHINA'만 적어도 무방합니다.

⑶ 원산지는 최종 소비자가 쉽게 확인할 수 있는 곳에 붙여야 하며 원산지를 나타내는 글자의 크기가 알아볼 수 없을 정도로 작으면 안 됩니다.

⑷ 원산지가 쉽게 지워진다거나 탈부착이 되어서도 안 됩니다.

⑸ 원산지를 표시할 때 국명을 약자로 적는 경우가 있는데, 약자는 우리가 쉽게 알 수 있는 약자만 허용됩니다(예 미국의 경우 U.S., 영국의 경우 U.K. 사용 가능).

⑹ 세트상품 안에 개별 상품이 있는 경우 세트상품의 포장지에만 원산지를 표시하면 안 되고 포장 안에 있는 개별 상품 모두에 원산지를 표시해야 합니다.

2) 원산지를 상품 자체에 표시 할 수 없어 포장지에 표시를 하는 경우

(1) 당해 물품에 원산지를 표시하는 것이 불가능하고 원산지표시로 인하여 당해 물품이 크게 훼손되는 경우(예 당구공, 콘택트렌즈, 집적회로)
(2) 원산지표시로 인하여 당해 물품의 가치가 실질적으로 저하되는 경우
(3) 원산지표시의 비용이 당해 물품의 수입을 막을 정도로 과도한 경우(예 물품 값보다 표시비용이 더 많이 드는 경우 등)
(4) 상거래 관행상 최종구매자에게 포장, 용기에 봉인되어 판매되는 물품 또는 봉인되지는 않으나 포장, 용기를 뜯지 않고 판매되는 물품(예 비누, 칫솔, VIDEO TAPE 등)

> **참고** 원산지 표시 단위 (출처: 무역용어 사전, 한국무역협회)
>
> 최소 포장단위로 당해 수입물품의 현품에 표시하는 것이 원칙이나 당해 물품에 원산지를 표시하는 것이 불가능한 품목(예: 밀가루 등)이나 원산지표시로 인해 당해 물품이 크게 훼손되는 품목(예: IC), 수입 후 실질적 변형을 일으키는 제조공정에 투입되는 물품, 기타 상거래 관행상 최종구매자에게 포장된 상태 또는 용기 등에 담아 봉인한 상태로 진열 또는 판매되는 물품으로서 세관장이 타당하다고 인정하는 품목(예: 비누 등)은 포장, 용기 등에 원산지를 표시할 수 있다.

3) 원산지가 애매모호할 때 원산지를 규정 짓는 방법

(1) 수입물품의 생산·제조·가공 과정에서 2개국 이상의 국가가 관련된 경우에는 실질적 변형을 수행한 국가를 원산지로 봅니다. 즉, 2개 이상의 국가가 관련된 경우 최소한의 가공활동을 수행한 국가는 원산지가 아닙니다.
(2) 기계, 기구, 장치 또는 차량에 사용되는 부속품, 예비부품 및 공구는 원산지가 생산국과 다르지만 그 기계 혹은 자동차를 생산한 국가를 원산지로 봅니다.
(3) 포장용품의 원산지는 당해 포장된 내용품의 원산지와 동일한 것으로 봅니다. 즉, 주된 상품의 각 부분품의 원산지가 다르다 할지라도 주된 상품의 생산국이 원산지가 됩니다.

결론적으로, 원산지는 정확히 떨어지는 제품이 있는가 하면 그렇지 않은 경우도 있고, 원산지를 제품에 어디에 표시를 해야 할지 애매모호한 경우도 있습니다. 정확히 하기 위해서는 원산지와 관련하여 관세청을 통하여 유권해석을 받는 것이 제일 안전한 방법일 것입니다.

13. 원산지 표시가 면제되는 품목

수입하는 대부분의 상품은 원산지를 표시해야 하지만, 경우에 따라서는 원산지표시가 면제되는 제품들도 있습니다. 원산지표시가 면제되는 제품에 있어 가장 중요한 것이 그 제품의 최종 소비자가 누구인가입니다.

① 외화획득용의 제품인 경우 최종소비자는 국내에 있지 않고 외국에 있기 때문에 원산지표시가 제외됩니다.
② 또한, 수입한 물품이 판매 목적이 아닌 자사에서 사용할 부품이라든지 견본품일 경우 제외합니다. 즉, 자신이 사용할 물품을 수입할 경우 원산지 표시를 제외합니다.
③ 중계무역을 해서 한국의 보세창고에 반입되었다가 제3의 국가로 보낼 때 기존의 원산지를 유지합니다.

※ 위의 내용은 '[대외무역관리규정] 제82조(수입물품 원산지표시의 면제)'로서 저자가 스스로 개념 정리한 것입니다.

14. 보세창고 비용 절약 방법 및 일반창고로의 사용

1) 보세창고 비용 절약을 위한 보세운송: 수입원가 절약

통상 '보세창고 비용'은 항구/공항의 보세창고가 비쌉니다. 보세창고를 사용하는 해상 LCL 혹은 항공 건에 대해서 수입신고를 할 때 HS Code상 '수입요건'이 없는 제품의 경우 'P/L(Paperless)' 혹은 '서류제출'로 떨어져서(지정되어) 세액(관세, 부가세 등) 납부하면 '수리'가 되어 바로 반출이 가능하며, '물품검사'로 떨어지더라도 특별한 이상이 없는 경우 세액 결제하고 빠르면 하루, 통상 2~3일 정도가 지나면 반출이 가능합니다(물론, 보세 창고에서 반출을 위해서는 포워더에 운송비를 결제하고 D/O가 발행되고 보세창고료 역시 결제해야 함).

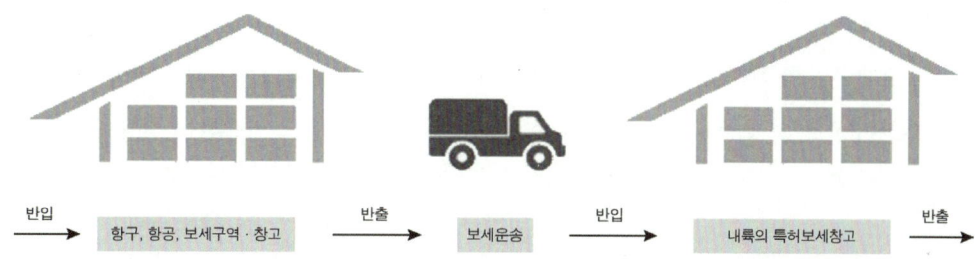

▲ 보세창고비 절약을 위한 보세운송 개념도
  – 항구/공항의 보세창고는 선사·항공사 및 포워더의 특허보세창고도 있으며, 지정보세창고도 있음.

- 보세운송을 위해서는 세관에 보세운송 신청을 해야 하며, 보세운송 완료 후에도 신고를 해야 함(관세사 사무실에서 대행).
- 보세운송은 일반 운송업체를 통해서 진행하는 것이 아니라 보세 운송업체를 통해서 해야 함.

하지만, HS Code상 '수입요건'이 있는 제품의 경우 보세창고에 장치해 두고 해당 요건을 확인받아야 하며, 그 처리기간이 수 일이 될 수 있습니다. ―식품을 최초로 수입하여 '식품 등의 수입신고'를 할 경우 처리기간 10일로서 식품검사에 대한 결과만 나오는 데 대략 10일이 소요되며, 수입신고 후 수리되는 것까지 생각하면 10일 이상 동안 보세창고에 장치해 두어야 하며 당연히 보세창고 비용은 발생된다.― 이때 요건 확인 신청 전에 제품을 항구/공항에 있는 보세창고에서 내륙에 있는 보세창고로 '보세운송'을 합니다. 그 이유는 항구/공항에 있는 보세창고에 대한 창고비용은 고가이며, 내륙에 있는 보세창고의 창고비용은 상대적으로 저렴하기 때문입니다.

때로는 제품이 항구/공항으로 입항되어 항구/공항에서 바로 수리받고 반출 될 수 있는 건일지라도, 어차피 내륙운송은 해야 하기 때문에 해당 제품의 HS Code상 수입요건이 있든 없든 그냥 처음부터 보세상태로 보세운송을 세관에 신고해서 화주가 위치한 인근 보세창고로 보세운송 이후 요건이 있는 제품의 경우 요건확인을 받고, 없는 제품의 경우 수입신고를 진행하는 경우도 있습니다.

이유는 요건이 있는 제품의 경우는 항구/공항의 보세창고에 장치해 두고 요건확인을 받게 되면 창고료가 내륙의 특허보세창고보다 훨씬 더 많이 나오기 때문이며, 요건이 없는 제품일지라도 수입자가 자신의 창고가 없다면 해당 보세창고에서 수입신고 후 세액 납부하고 수리가 된 제품을 해당 보세창고의 일반제품 보관하는 곳에 보관해 두는 경우가 있기 때문입니다. 또한, 수리 후의 일반운송 비용과 수리 전의 보세상태에서 운송하는 보세운송 비용에 큰 차이가 없기 때문이기도 합니다.

※ HS Code상 수입요건이 있는 식품의 보세운송, 요건확인, 그리고 수입신고 과정

본 상품은 HS Code 3917.10.1000(경화단백질의 것, 식용콜라겐 케이싱)으로서 인천공항으로 입항하여 인천공항에 있는 항공사 특허보세창고에서 반출 후 보세운송을 통하여 서울에 있는 특허보세창고로 반입했고, 그 다음에 '식품 등의 수입신고' 및 수입신고 후 수리가 된 건의 수입 절차입니다. 이렇듯 보세창고에 오래 장치를 해두어야 하는 건의 경우 보세창고비가 '수입원가'에 지대한 영향을 미치기 때문에 저렴한 창고로 보세 운송하여 모든 사항을 완료 후 수입신고하고 반출하는 것이 수입원가를 낮추는 방법입니다.

번호	처리단계 처리일시	장치장/장치위치 장치장명	포장갯수 중량	반출입(처리)일시 반출입(처리)내용	신고번호 반출입근거번호
10	반출 20XX.05.21 14:10	04070009 ㈜ABC 보세창고	2CT 180.0KG	20XX/05/21 15:05:10 수입신고 수리후 반출	123000000000000000 1230000000011U
9	수입신고수리 20XX.05.21 12:45	04070009 ㈜ABC 보세창고	2CT 180.0KG		1230000000011U
8	수입신고 20XX.05.21 10:02	04070009 ㈜ABC 보세창고	2CT 180.0KG		1230000000011U XX 관세사무소
7	검사/검역 20XX.05.20 17:30	04070009 ㈜ABC 보세창고	2CT 180.0KG	20XX/05/20 식품의약품(합격)	11-2AA2011110987-00 신청일자 : XX.05.11
6	반입 20XX.05.11 08:20	04070009 ㈜ABC 보세창고	2CT 180.0KG	20XX/05/11 08:19:10 보세운송 반입	09498098909890 0989080909098909
5	반출 20XX.05.10 20:50	01100000 ㈜XX항공	2CT 180.0KG		09890890890098 0989080909098909
4	보세운송 20XX.05.10 18:05	01100000 ㈜XX항공	2CT 180.0KG		0989080909098909 XX운수㈜
3	반입 20XX.05.10 17:20	01100000 ㈜XX항공	2CT 180.0KG	20XX/05/10 17:20:01 입항 반입	90890988987988
2	적하목록심사완료 20XX.05.10 15:05	01100000 ㈜XX항공	2CT 180.0KG		
1	적하목록제출 20XX.05.10 10:50	01100000 ㈜XX항공	2CT 180.0KG		

▲ 관세청 홈페이지에서 B/L No.로 위와 같은 수입통관 진행 상황을 조회 할 수 있음(119쪽 참고).

2) 보세창고를 일반창고로 사용

통상 내륙의 특허보세창고는 일반창고로도 사용이 가능하며, 실제로 많은 수입자들이 특허보세창고를 일반창고로도 사용을 하고 있습니다. 수입자 중에서는 자신의 창고가 있어 수입신고 수리 후 자신의 창고로 물품을 옮기는 경우가 있지만, 많은 수입자들은 자신의 창고가 따로 없어서 수입신고 수리 후, 즉 보세 상태가 아니라 내국물품으로서 동일한 보세창고의 일반 물품 저장공간으로 물품을 옮긴 후 보관하는 경우도 있습니다.

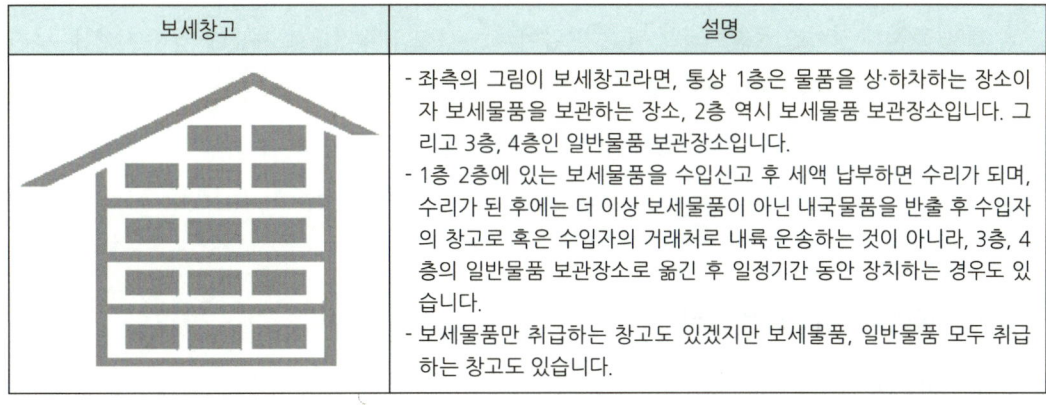

보세창고	설명
	- 좌측의 그림이 보세창고라면, 통상 1층은 물품을 상·하차하는 장소이자 보세물품을 보관하는 장소, 2층 역시 보세물품 보관장소입니다. 그리고 3층, 4층인 일반물품 보관장소입니다. - 1층 2층에 있는 보세물품을 수입신고 후 세액 납부하면 수리가 되며, 수리가 된 후에는 더 이상 보세물품이 아닌 내국물품을 반출 후 수입자의 창고로 혹은 수입자의 거래처로 내륙 운송하는 것이 아니라, 3층, 4층의 일반물품 보관장소로 옮긴 후 일정기간 동안 장치하는 경우도 있습니다. - 보세물품만 취급하는 창고도 있겠지만 보세물품, 일반물품 모두 취급하는 창고도 있습니다.

15. 위약 물품(계약 상이 물품)의 정의와 환급 절차

1) 위약물품

위약물품은 계약 내용과 상이한 즉, 계약 물품과 다른 물품이거나 혹은 계약 물품과 동일한 물품이나 어딘가 하자가 있는 불량품을 말합니다. 수입자는 자신이 오더한 물품이 위약물품이라는 사실을 수입지 보세구역/창고에 반입되고 수입신고 진행 중에 확인 할 수도 있고 수입신고 수리 후 자신의 공장/창고에 도착한 이후 확인할 수도 있습니다. 전자의 경우는 위약물품으로서 반송 진행하며, 후자는 재수출 진행합니다.

위약물품을 재수출할 수 있는 기간은 수입신고 수리가 된 이후 1년 내에 보세창고에 반입하여 위약수출 신고를 해야만 인정이 되며, 이로 인한 관세 환급은 수출신고 수리 이후 5년 이내에 신청해야 환급 가능합니다. 수입신고 전에 위약물품으로 확인하여 반송하는 경우는 관세 납부를 하지 않았으니 환급과는 무관합니다.[1]

2) 위약물품으로 인정받기 위해서 필요한 내용

① 계약서 혹은 계약서로서의 효과가 있는 서류
② 계약과 상이함을 입증하는 수출자와 수입자 간의 이메일 서신 내용(팩스도 가능)
　　이메일 서신에는 위약물품이 수입될 때의 'B/L(AWB) No.' 와 '물품명' 등을 기재하여 해당 물품이 명백히 수출자와 수입자 사이에서 확인된 계약과 상이한 위약물품이라는 사실을 세관에 입증 해줘야 함.
③ 계약 물품과 상이한 물품이라는 혹은 불량이라는 사실을 사진으로 세관에 입증 시켜야. 사진으로 확인 안 되는 물품 내부적인 불량 문제라면 Test Report와 같은 서류로서 세관에 입증 시켜야.
④ 수입신고필증(위약물품으로서 재수출 건이라면 수출신고필증. 수입지 보세구역/창고에서 위약물품으로서 반송 건이라면 생략)
⑤ 사유서(수입자가 작성하는 서류로서 본 건이 위약물품임을 모르고 수입통관한 사유를 작성. 410쪽 참고.)

3) 위약물품의 환급 요건 정리

① 수입물품이 계약 내용과 상이한 물품이어야 한다.
　　- 계약 내용과 상이함을 입증할 수 있는 것으로는 IN/OUT 전문, 메일이나 팩스 등 어느 것이나 폭넓게

1　수입 관세는 해당 물품이 국내에 반입되어 소비될 것을 전제하에 수입할 때 미리 납부합니다. 그런데 수리 후 사용되지 않고 원상태로 재수출 이행 되었다면 수입할 때 납부한 관세에 대해서 환급 신청 할 수 있습니다.

인정하나, 다만, 이들 문건 등을 통하여 종전 계약의 내용과 다름이 표현되어야 합니다.
② 수입신고가 수리되고 관세가 납부된 물품이어야 한다.
③ 수입신고 당시의 성질과 형상이 변경되지 아니하여야 한다.
- 이미 사용한 후 하자로 인해 수출을 하는 경우에는 관세환급 대상이 되지 않습니다. 즉, 원상태로 위약물품 재수출이 이루어져야 합니다.
④ 수입신고일로부터 1년 내에 그 물품을 보세구역에 반입하여야 한다. 즉, 위약수출 신고는 수입신고가 수리된 일로부터 1년 내에 위약물품을 보세창고에 반입하고 신고 해야 된다.
- 상식적으로 위약물품을 수입하고 수리일로부터 1년이 가까워 오는 시기에 재수출하는 경우는 없을 것입니다. 받자마자 수출자에게 이러한 사실을 이메일로 통지하고 대책을 논의할 것입니다. 따라서 법은 1년 이내이지만, 실무적으로는 가능한 빨리 위약물품으로 신고를 해야지 세관이 인정하는 경우가 많습니다.
⑤ 수출되거나 또는 미리 세관장의 승인을 받아 멸각 또는 폐기되어야 한다.
⑥ 위약수출신고 수리일로부터 5년 내에 환급 청구를 하여야 한다.
- 위약물품 환급은 재수출이 되었다는 증명, 즉 수출신고 수리가 된 이후 혹은 보세구역에서 폐기 처분이 완료되어야만 5년 이내에 환급됩니다.

4) 위약물품 환급 절차

수입자가 오더를 진행한 모든 제품이 위약물품일 수도 있고 일부가 위약물품일 수도 있습니다.

다음의 경우는 오더한 제품들 중의 일부가 위약물품인 경우로서 1st 경우, 위약물품으로서 다시 원수출자에게 재수출 진행 후 관세환급 받는 경우와 2nd 경우, 위약물품으로서 다시 원수출자에게 보내지 않고 국내 보세창고에서 폐기처분 하는 경우의 예입니다.

위약물품의 경우 원수출자가 100% 잘못한 것입니다. 따라서 재수출에 따른 모든 비용을 수출자가 부담하는 조건(EXW)으로 발송하며, 오더와 동일한 제품, 즉 해당 건의 대체품을 원수출자가 다시 발송할 때 역시 수출자가 모든 비용을 부담하는 조건(DDP)으로 요청하는 것이 적절할 것입니다[2].

그런데 수출자가 왕복 운송비가 위약물품의 자체 비용보다 더 많이 나온다고 말하는 경우 수입자는 해당 위약물품을 국내 보세창고에 반입 시켜 폐기처분합니다. 그래도 관세환급을 받을 수 있습니다.

---

2 수입자는 세관으로 위약물품이라는 사실을 입증하고 수출이행하면, 수입할 때 납부한 관세를 환급받을 수 있을 것입니다. 그리고 수출자가 대체품(Replacement)을 다시 수출하게 되고, 수입자는 수입지에서 수입신고하여 세액 납부합니다. 이 때, 수출자가 DDP로 수출하면 수입지에서 발생한 세액을 포워더가 대납 후에 수출자에게 청구하는 조건이 됩니다. 따라서 과연 수출자가 대체품을 DDP 조건으로 발송하는 것이 적절할 것인지에 대해서 고민해볼 필요가 있을 것입니다. 물론 수입자가 위약물품을 재수출할 때 가격조건은 수출자가 모든 비용을 커버하는 EXW와 같은 조건이 적절할 것입니다.

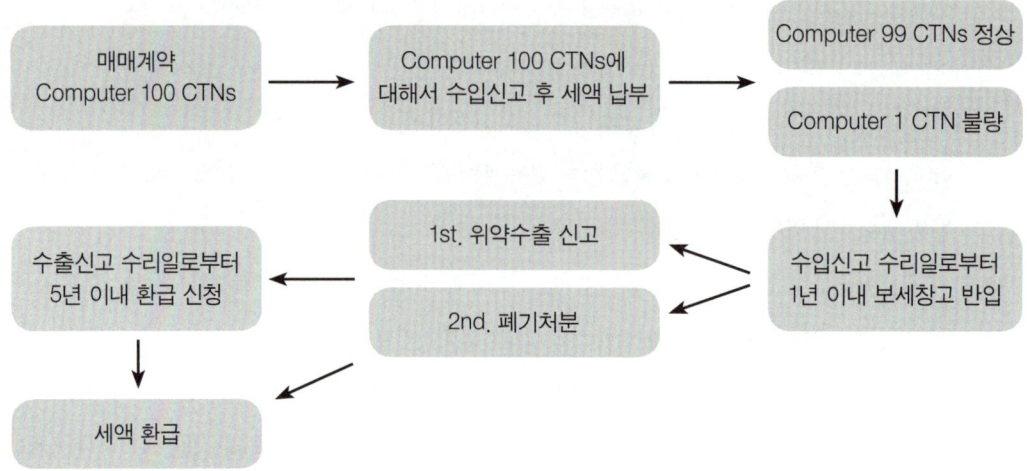

① Computer 100 CTNs에 대해서 매매계약 체결

② 수입지에 도착하여 Computer 100 CTNs으로 수입신고 후 세액 납부하고 수입신고 수리되었음.

③ 수입자가 개봉 결과 Computer 100CTNs중에 1 CTN 불량으로 확인.

④ 수입신고수리일로부터 1년 이내에 불량으로 확인된 1 CTN 보세창고 반입.

⑤ 1st 경우)1CTN에 대해서 위약수출 신고 / 2nd 경우) 세관장의 입회하에 폐기처분

⑥ 수출신고 수리일로부터 5년 이내에 환급 신청

⑦ 수입신고 때의 세액 환급 받음

5) 위약물품에 대한 기타 내용

(1) 위약물품 재수출을 완료 후 대체품을 반드시 수입해야 하나?

수입자가 수입한 물품이 계약과 상이한 위약물품임을 재수출 이행하고 관세 환급받은 후 계약과 동일한 물품으로서 대체품(Replacement)을 다시 수입해야하는 것은 아닙니다. 별개의 건이라고 생각해야겠습니다.

(2) 위약물품 재수출 완료 후 환급받지 않으면 대체품 수입할 때 세액 납부하지 않고 통관 가능한가?

안됩니다. 위약물품이라는 사실을 모르고 수입 신고할 때의 물품가격과 대체품의 가격이 서로 동일하더라도 과세가격(FOB + 운임 + 보험료)에서 차이가 날 수 있으며, 무엇보다 과세환율은 매주 변동되기 때문에 위약물품 재수출 이행 후 환급받는 관세와 대체품 수입 신고할 때의 관세가 서로 같을 수 없기 때문입니다.

16. 중계반송, 중계무역, 중개무역 차이점과 물품이동, 결제·서류 처리 경로

들어가기에 앞서, 무역에서 가장 중요한 것은 결제이며 원활한 결제를 위해서는 서류의 처리를 잘해야 합니다. 중계반송, 중계무역, 중개무역에 대한 차이점을 아는 것도 중요하지만, 가장 중요한 것은 결제조건에 따른 서류처리 방법을 확실히 알고 있어야만 결제가 원활해지며, 문제없이 계속적인 거래를 할 수 있습니다.

공통점	− 3자 간의 거래 (Exporter A사, Importer B사, Broker C사)
중계반송	− A사 국가에서 선적된 화물이 C사 국가로 이동된 이후에 C국 보세구역에 반입. 일정 기간 이후에 B사 국가로 다시 선적되는 형태의 거래. − A국과 C국 구간 및 C국과 B국 구간에 대해서 운송서류(B/L, 화물운송장) 2회 발행 − C국에서 반송신고필증 발행. (C사는 C국 세관으로부터 실적 인정받을 수 있음.)
중계무역	− A국에서 B국으로 화물 Direct 이동(운송서류 1회 발행). − Broker C사는 A사와 B사 사이에서 마진 취함. − C국으로 수출·수입·반송신고하지 못하니 C국 세관으로부터 실적 인정받지 못함.
중개무역	− A국에서 B국으로 화물 Direct 이동(운송서류 1회 발행). − Broker C사는 A사와 B사 사이에서 수수료 취함.

1) 중계반송, 중계무역, 중개무역의 정의 및 차이점

(1) 중계반송

실질적 수출자인 A업체가 본 거래를 중계하는 중계자(C)가 있는 국가로 물품을 발송하며, C국가에 도착한 물품은 보세구역/창고에 반입되어 수입통관되지 않고 일반적으로 보수작업을 거쳐서 '반송통관'[1] 되어서 실질적 수입자인 B업체로 운송되는 무역거래의 형태입니다. 즉, 중계반송에서는 운송이 A에서 C로 1번, C에서 B로 1번 하여 총 2번 이루어지며 운송서류(B/L, 화물운송장)[2] [3] 역시 각각 발행되기 때문에 2번 발행됩니다[4].

마지막으로, 중계반송은 물품이 중계국가인 C국가로 반입되어 '반송통관'을 하며[5], 이때 C는 해당 건에 대해서 무역실적으로 인정받을 수 있습니다.

---

1 통관에는 '수입통관', '수출통관', '반송통관'이 있습니다.
2 운송서류는 외국으로 나가는 배/비행기에 물품이 On Board 된 이후 발행되는 서류로서 해상은 기본적으로 유가증권으로서 B/L이 발행되며, 항공은 유가증권 개념이 아닌 화물운송장으로서 AWB(Airwaybill, 항공화물운송장)이 발행됩니다. 해상에서도 수출자의 요청에 의해서 수출지 포워더는 해상화물운송장(Seawaybill)을 발행할 수 있으며, B/L이 발행된 상태에서 발행된 B/L 3부(Full Set)을 모두 회수하여 Surrender 처리(Surrender B/L이라 함) 할 수도 있겠습니다.
3 B/L은 해상에서만 발행되는 유가증권입니다. 운송서류는 B/L, SWB, AWB 등이 존재하는데, 실무에서는 이를 그냥 B/L이라고 부르는 경우가 대부분입니다. 본 책에서도 운송서류를 특별히 구분하지 않고 B/L이라는 용어를 사용하고 있습니다.
4 A국에서 발행된 운송서류를 중계자로서 C국의 업체가 받아서 해당 건에 대해서 운송비 결제하고 D/O가 발행되어야 C국에서 B국으로 운송을 위한 Shipment Booking 진행하겠습니다.
5 세관에 반송신고 할 때 반송에 대한 적절한 사유서를 제출해야 할 것입니다.

⇨ ⇨ ⇨ 선적서류/화물 이동

```
* 수입신고 하지 않고 보세구역에 장치된 화물에 대해서 반송 신고 진행.
* 반송 위해서 1st 운송 건에 대해서 운송비 결제 후 D/O 발행되어야.
* 반송 건에 대해서 반송신고필증 발행(수입신고필증 존재하지 않음).
```

⇧

한국(C)

2nd 계약 건   1st 계약 건

b) C사가 A사로 견적 요청 및 P/I 접수 ↙   ↖ a) 견적 요청
e) 계약 완료와 PO 전달 ↗   ↘ c) P/I(C사 마진 포함) 전달과 계약 완료
                                                 ↖ d) PO 전달

P.O.D.: Busan Port
P.O.L.: Busan Port

[1st 운송서류 발행]   [2nd 운송서류 발행]
P.O.L.: Longbeach CA / P.O.D.: Busan Port   P.O.L.: Busan Port / P.O.D.: Sydney Port

미국(A)

1st 운송서류 건 D/O 발행 후 반송 신고(사유 입증 위해 사유서 제출할 수도) 하여 반송신고필증 받고 2nd 운송 건 Shipment Booking 진행.

호주(B)

P.O.L.: Long beach CA

P.O.D.: Sydney Port

(2) 중계반송의 비효율성

수출국에서 수입국으로 물품이 바로 운송이 되지 않고 중계지를 거쳐서 간다는 것은 운송료, 운송기간, 업무의 양 등의 측면에서 효율적이지 못함에도 진행하는 이유는 대부분 중계지 보세구역에서 보수작업을 하기 위한 목적일 것입니다. 하지만, 보수작업은 상당히 제한된 작업입니다.[1] 이를테면 물품의 포장개선, 라벨표시 등과 같은 작업 만이 허용되며 물품 자체를 변경 또는 원산지를 변경하는 작업은 허용되지 않습니다. 포장에 대한 개선 작업, 라벨표시 작업 등은 수출지 국가(A)에서 수출되기 전에, 그리고 수입지의 국가(B)의 보세구역에서 충분히 할 수 있음에도 중계지의 보세구역에 반입하는 것은 뭔가 다른 일을 한다는 뜻이며, 일반적으로 '원산지' 변경작업이 되겠는데 이것은 불법입니다. 따라서 물품이 수출지에서 수입지로 바로 가는 중개(계)무역이 효율적이라고 할 수 있습니다.

---

1   보수작업의 허용범위: 보세구역에 장치된 물품에는 그 현상을 유지하기 위하여 필요한 보수작업과 그 성질을 변하지 아니하는 범위 안에서 포장을 바꾸거나 구분, 분할, 합병 기타 비슷한 보수작업을 할 수 있습니다.
    - 물품의 보존을 위해 필요한 작업
    - 물품의 상품성 향상을 위한 포장개선, 라벨표시, 단순 절단작업 등
    - 선적을 위한 준비작업으로서 선별, 분류, 용기 변경
    - 단순 조립작업으로서 간단한 세팅 또는 조립

(3) 중계반송 필요 사례

⇨ ⇨ ⇨ 선적서류/화물 이동

미국(A) ⇨ ⇨ ⇨ [1st 운송서류 발행] P.O.L.: Longbeach CA P.O.D.: Busan Port

한국(B) 보세구역 반입 후 반송 신고

⇨ ⇨ ⇨ [1st 운송서류 발행] P.O.L.: Longbeach CA P.O.D.: Busan Port **호주(C)**

중국(D) ⇨ ⇨ ⇨ [1st 운송서류 발행] P.O.L.: Longbeach CA P.O.D.: Busan Port

- A사와 D사 화물 B국 보세창고에서 취합 후, 하나의 운송서류 건으로 C국 향해 발송('3rd 운송서류 발행' 건)
- B국에서 재포장 가능(A사 및 D사 화물 취합), 그러나 원산지 변경은 불가(B국에서 추가 가공 없었기 때문)
- B사는 B국 포워더에게 1st 및 2nd 운송서류에 대한 운송비 각각 결제 후 D/O 받고 3rd에 대한 Shipment Booking.
- B국에서 C국으로 물품 이동 위해 Shipment Booking 하고 새로운 운송서류 발행되니 운송서류 Switch 개념 없음.
- 중개(계)무역은 A국에서 C국으로 Direct 운송되어 운송서류가 1회 발행되는 반면, 중계반송은 A-B국 운송을 위해서 Shipment Booking 하여 해당 구간 운송서류 발행, 그리고 B-C국 운송 위해서 Shipment Booking 하여 또 다른 운송서류 발행.

> **참고**
>
> 운송사(포워더, 선사, 항공사)가 한국으로 입항하는 화물에 대한 적하목록(Cargo Manifest) 신고를 세관으로 할 때, Inbound(수입) 건과 Transhipment(환적) 건 중 하나를 선택(배정)하게 됩니다. 이때 Inbound 건은 Consignee가 한국에 위치한 회사가 되어야 하며, Transhipment 건은 Consignee가 한국에 위치한 회사가 아닌 제3국에 위치하게 됩니다. 참고로 항공 건에서 Consignee가 한국에 위치한 회사임에도 T 배정하여 적하목록 신고하는 경우가 있습니다. 본 경우는 인천공항 보세창고가 아닌 내륙의 보세창고를 지정하여 바로 보세운송되는 건이라 할 수 있습니다.
> 어쨌든 적하목록 신고에서 T 배정한 건은 기본적으로 환적(T/S) 화물로서 운송서류(B/L, 화물운송장)의 Consignee는 한국에 위치한 회사가 아닙니다. 그러나 Inbound 건으로 신고되어 운송서류 상의 Consignee가 한국에 위치한 경우, 보세상태에서 수입통관 진행하는 건이 있고, 보세상태에서 최초 수출국으로 반송 혹은 마진 붙여서 제3국으로 판매하는 중계반송 건이 있습니다.

(4) 반송 신고하면 환급받는 세액 있는가?

반송은 국내 보세구역에 반입된 물품에 대해서 수입 신고하지 않고 다시 최초 수출국 혹은 제3국으로 유상 판매(중계반송)하는 것입니다. 따라서 납부한 세액이 없으니 환급받을 세액 역시 존재하지 않겠습니다. 참고로, 단순 반송은 반송신고필증의 거래구분에 78번으로 표기되며, 제3국으로 판매하는 중계반송의 거래구분은 79번입니다.

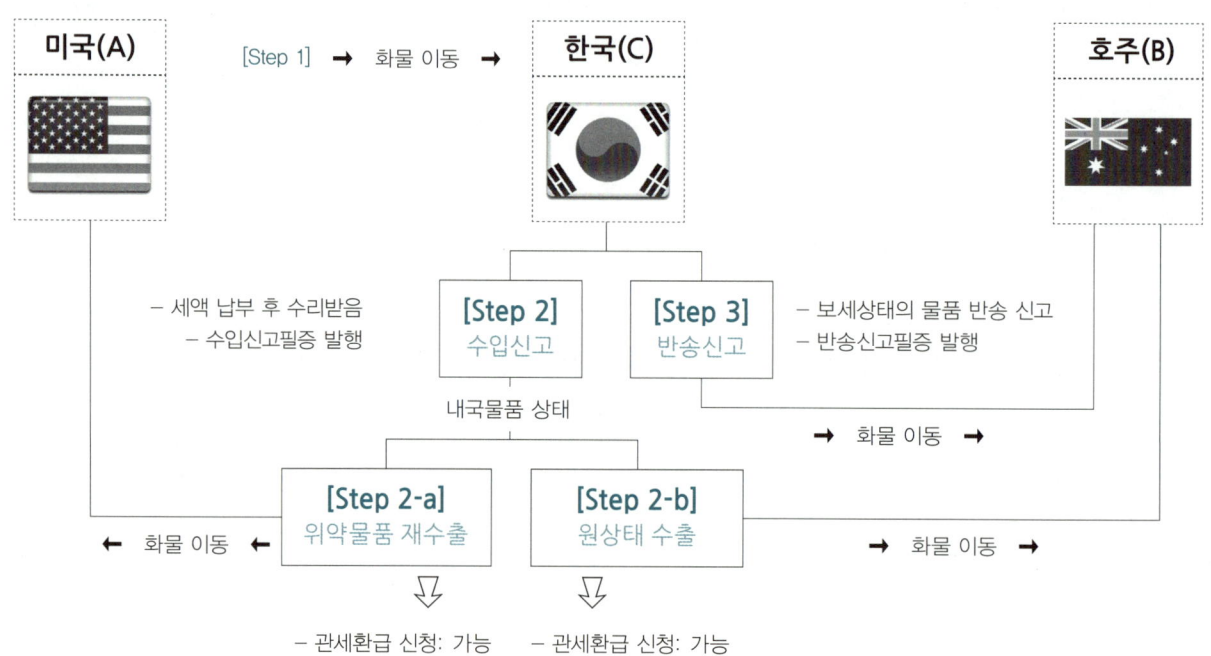

(5) 중개(계)무역

중개무역과 중계무역의 공통점은 중개자(Broker)가 위치한 국가(C국)를 거치지 않고 실질적 수출국가(A국)에서 실질적 수입국가(B국)로 Direct 운송되는 거래형태입니다. 따라서 A국과 B국 사이에 운송 서류(B/L, 화물운송장)는 1회 발행되며, 중개자가 위치한 국가 세관으로의 신고하지 못합니다.[1] 이때 중개자가 A국의 A사와 B국의 B사 사이에서 마진을 취하면 중계무역이고, 수수료를 취하면 중개무역입니다.

---

[1] 중개국이 한국일 때, 관세법에서 수출입 및 반송신고하는 시점에 신고 대상 물품은 우리나라의 법이 미치는 곳에 위치하고 있어야 하며, 신고 대상 물품이 위치한 관할지 세관으로 신고할 수 있습니다. 따라서 물품이 우리나라의 법이 미치지 못하는 국외에 위치하고 있을 경우에는 우리나라 세관으로 신고할 수 없습니다.

→ → → 서류 처리　　⇨ ⇨ ⇨ 화물 이동

* 세관 수출/수입 신고하지 않음. → 수출/수입신고필증 발행되지 않음.
* 외국환 은행으로 외국환 결제 입증해야.

2nd 계약 건　　　　　　　한국(C)　　　　　　1st 계약 건

b) C사가 A사로 견적 요청 및 P/I 접수　　　　　　　a) 견적 요청
e) 계약 완료와 PO 전달　　　　　　　c) P/I(C사 마진 포함) 전달과 계약 완료
　　　　　　　　　　　　　　　　　　　d) PO 전달

미국(A)

P.O.L.: Long beach CA

⇨ ⇨ ⇨
[운송서류 1회 발행, Direct 운송]
발행지 : A국
C국에서 Switch 될 수도

호주(B)

P.O.D.: Sydney Port

▶ 상기는 운송서류가 1회 발행된다. 따라서 본 건의 운송서류는 중개자(C사)의 판단에 의해서 중개국에 위치한 포워더를 통하여 Switch 진행될 수도 있다.

▶ 물품이 A에서 C로 운송되고 C국에서 다시 Shipment Booking 하여 B로 운송하면, 중계반송으로서 A-C 구간 및 C-B 구간 각각 운송서류 발행되며, 이때 C국에서는 반송통관 진행된다. 본 경우에는 운송서류를 Switch 할 여지가 없다.

중개(계)무역에서 운송서류(B/L, 화물운송장)가 한 번 발행되며, C는 A에게서 운송서류를 받아서 B에게 노출되지 않아야 하는 A의 정보를 변경(Switch) 요청할 수 있습니다. 이것을 바로 B/L Switch라고 하며, C는 A에게서 받은 운송서류의 Shipper, Consignee, Notify 정보만을 A에서 B로 운송한 포워더의 C국가 대리점을 통하여 변경할 수 있습니다.[2]

(6) 중계반송보다는 중개(계)무역을

위에서 설명드린 것과 같이 물품은 A국가에서 B국가로 바로 이동하는 것이 정상적인 거래 형태이

2　참고로, 최초 수출국에서 발행된 B/L의 Shipper, Consignee 및 Notify를 중개자가 변경 없이 최종 수입국의 수입자에게 전달해도 수입자가 D/O 요청하는 데 문제없는 경우도 있습니다(최초 발행될 때부터 Consignee가 수입자의 상호가 기재된 경우). 그런데 최초 수출국의 수출자와 중개자의 매매계약에서 가격조건이 EXW 혹은 F-Terms인데, 중개자와 최종 수입국의 수입자와의 가격조건이 C-Terms 혹은 D-Terms라면 중개국에서 해당 B/L을 Switch 해야겠습니다. 이유는 최초 수출국에서 발행된 B/L의 Freight는 Collect로 기재될 것이나, 중개자가 최종 수입국의 수입자에게 전달하는 B/L의 Freight는 Prepaid로 되어야 하기 때문입니다.

며 C국가로 반입되어 반송 통관되는 중계반송은 비효율적인 거래로서 세관에서도 이러한 형태의 거래를 그리 좋아하지 않습니다. 중계반송을 해야 하는 확실한 사유가 있지 않는 이상, A국가에서 B국가로 물품을 Direct 우송하는 중개(계)무역이 효율적인 거래형태가 되겠습니다.

2) 중계무역에서의 선적서류(B/L, Invoice, Packing List) 처리 방법

결제조건 T/T	
- C(중개자)는 B(수입자)와 T/T 조건으로 계약 - C(중개자)는 A(수출자)와 T/T 조건으로 계약 - C는 B와의 관계에서는 수출자이며 A와의 관계에서는 수입자가 됨.	호주(A) ↔ 한국(C) ↔ 중국(B)
원본 B/L 건(OB/L: 해상) FedEx Express DHL TNT	B/L이 원본(Original)[1]으로 발행되는 경우 원본이 그대로 가야 합니다. ① A는 C에게 특송(Courier Service)으로 선적서류 발송. ② C는 자신의 마진 포함, Shipper, Consignee를 변경한 Invoice, Packing List 작성 ③ C는 필요에 따라서 B/L의 Switch 여부 결정 ④ C는 선적서류(Invoice, Packing List, B/L 등)를 특송으로 B에게 발송
	- Switch B/L: Invoice, Packing List는 수출자가 작성하는 것으로서 B와 C의 관계에서 수출자인 C는 A에게서 받은 이들 서류를 자신이 Shipper로 하여 재작성할 수 있지만, B/L만은 수출자가 작성하는 것이 아니라 운송사(포워더)가 작성하며, A에게서 받은 B/L을 그대로 B에게 전달하면 Shipper에 A의 정보가 있어서 B는 A의 정보를 알게 되고 B와 A가 직접 거래를 할 수 있기 때문에 C는 A에게서 받은 B/L의 Shipper, Consignee, Notify를 운송사에게 요청하여 A의 정보가 노출되지 않게 Switch(변경) 함. - C는 비록 A에서 원본 B/L을 받았지만 B에게 선적서류를 전달할 때는 원본이 아니라 Surrender 된 사본으로 전달을 원하는 경우도 있을 것이며 변경 가능. - C가 B/L Switch를 요청하는 포워더는 C의 임의대로 지정된 포워더가 아니라 A에서부터 B의 항구/공항까지 물품을 운송하는 포워더의 C국가에 있는 대리점 포워더를 말함.

---

[1] B/L은 유가증권입니다. 따라서 B/L 자체가 원본입니다. 그러나 실무에서 유가증권 형태의 B/L을 Original B/L(OB/L)이라고 하고, 유가증권 기능이 Surrender 처리된 운송서류를 B/L이라고 하는 경향이 있습니다. 유가증권 기능이 Surrender 처리되지 않은 경우, 운송서류의 Consignee가 화물을 목적국에서 찾기 위해서는 화물의 소유권을 Shipper로부터 넘겨 받아야 합니다. 따라서 발행된 유가증권 상태의 B/L을 그대로 Consignee가 인수 후에 화물 소유권이 Shipper로부터 Consignee에게로 넘어왔다는 사실을 목적국 운송인(포워더, 선사)에게 확인 시켜줘야 화물을 인수할 수 있습니다. 반면 Surrender 처리된 경우는 운송서류의 Consignee가 운송인에게 운송비만 결제하면 화물을 인수할 수 있습니다.

AWB 건(사본: 항공)	AWB는 화물운송장으로서 유가증권 기능이 Surrender 처리된 운송서류이기 때문에 서류의 수발신을 이메일로 처리 가능합니다 (T/T 거래일 때). ① A는 C에게 이메일을 이용하여 선적서류 발송. ② C는 자신의 마진 포함, Shipper, Consignee를 변경한 Invoice, Packing List 작성 ③ C는 필요에 따라서 AWB Switch 여부 결정 ④ C는 선적서류(Invoice, Packing List, AWB 등)을 이메일로 B에게 발송 사본으로 발행되는 AWB을 OB/L처럼 원본 그대로 특송으로 발송할 이유는 없기 때문에 이메일로 전달하며, 팩스로 전달하여도 무관하지만, 실무에서 서류 송·수신을 팩스로는 거의 하지 않습니다. 이유는 이메일처럼 발송 기록이 남지 않기 때문입니다.

결제조건 L/C	
- C(중개자)는 B(수입자)와 L/C 조건으로 계약 - C(중개자)는 A(수출자)와 L/C 조건으로 계약 - C는 B와의 관계에서는 수출자(Beneficiary)이며 A와의 관계에서는 수입자(Applicant)가 됨. - 결론적으로, C는 B로부터 신용장을 받고, A에게 또 다른 신용장을 개설해주어 두 개의 신용장을 커버.	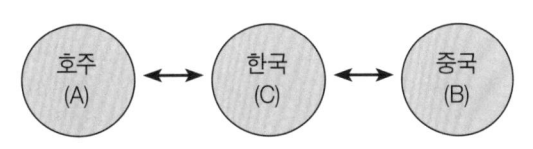
결제조건 L/C(신용장)	- L/C 결제조건에서는 해상 건으로서 OB/L이 발행되든, 항공 건으로서 사본 AWB이 발행되든, 즉 원본 혹은 사본 상관없이 수익자(수출자)는 매입은행에 제출해야 하며 개설의뢰인(수입자)은 개설은행으로부터 배서를 받아서 인수해야 합니다. T/T 결제조건 때처럼 OB/L을 특송으로, 사본 AWB을 이메일로 발송하지 않습니다. 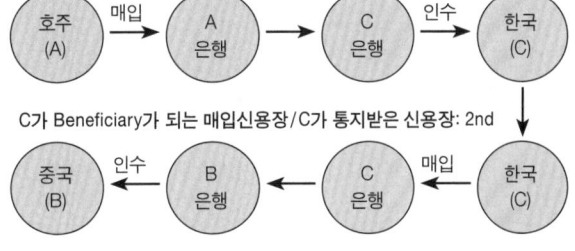 - C는 2nd 신용장에 대해서 매입한 금액으로 1st 신용장에 대한 대금 결제를 진행합니다.

	- 중계무역을 신용장 조건으로 진행하면, 즉 C가 두 개의 신용장을 커버하게 되면, C는 자신이 Applicant가 되는 A와의 신용장(1st 신용장) 조건하에서 선적서류를 C은행(개설은행)으로부터 인수해서 해당 선적서류를 B와의 거래 신용장(2nd 신용장) 조건과 일치를 시킵니다. 즉, 인보이스 가격이라든지 기타 신용장 조건과 선적서류를 일치를 시킵니다. 그리고는 C 자신이 Beneficiary가 되는 B와의 신용장(2nd 신용장)에서 매입은행인 C은행(매입은행)으로 매입을 진행하고 최종적으로 B는 선적서류 인수를 합니다. - 1st 신용장에서 A은행은 매입은행, C은행은 개설은행이며, 2nd 신용장에서 B은행은 개설은행, C은행은 매입은행이 됩니다. - 신용장 조건에서 'Third Party B/L not acceptable'이라는 조건이 없는 이상 'Third Party B/L'은 'Acceptable'입니다. - Third Party B/L이란 계약서의 수출자와 B/L의 수출자(Shipper)가 다른 B/L입니다. 신용장도 하나의 계약서이며, 1st 신용장은 신용장 조건의 Beneficiary(=Shipper)와 B/L의 Shipper가 동일하며, C가 1st 신용장에서 인수한 이와 같은 B/L을 2nd 신용장에 대한 매입을 진행하게 되면 2nd 신용장 조건의 Beneficiary와는 다르니(2nd 신용장 조건에서의 Beneficiary는 C가 됨.) 해당 B/L은 Third Party B/L이며, 만약 C가 1st 신용장 조건에서 인수한 B/L을 Switch 해서 2nd 신용장에서 매입을 진행했다면, 해당 B/L은 Third Party B/L이 아닙니다. B/L을 Switch 했다는 것은 Shipper, Consignee, Notify 부분을 2nd 신용장 조건과 일치하게 변경(Switch) 했다는 뜻입니다.

17. 중계무역에서 B/L Switch하는 방법과 절차

중계반송에서 물품은 중계국인 C의 보세구역/창고에 반입되었다가 B국가로 향합니다. 따라서 중계반송은 운송이 A에서 C로, 그리고 C에서 B로 2번에 걸쳐서 이루어지며 운송이 2번이 되기 때문에 B/L 역시 2번 발행됩니다. 이러한 중계반송에서는 C가 B에게 B/L을 전달할 때 B/L을 Switch 할 필요가 없습니다. 반면 중계무역에서 물품은 수출국인 A에서 수입국인 B로 바로 향합니다. 즉, 운송이 한 번 되었기 때문에 B/L 역시 1번만 발행됩니다. 그렇다면 C는 A에게서 받은 B/L을 결제조건에 따라서 B에게 전달해야 하는데, 이때 그대로 B에게 B/L을 전달하면 해당 B/L의 Shipper에 A의 정보가 있기 때문에 B에게 노출이 되어 다음 거래부터 B는 A와 직접 거래를 하려고 할 것입니다. 그리고 수입지로서 B국에서 수입 통관 진행하는 B가 해당 건의 B/L 상의 Consignee에 표기되어야 하는데 C 입장에서 A, B 서로가 서로의 정보를 알지 못하게 하기위해서 C는 A에게 B의 정보를 알려주지 않습니다. 그래서 Consignee

역시 수입지에서 수입 통관 진행하는 B의 정보가 아니라 C의 정보가 표기되어 발행됩니다. 따라서 C는 '중계무역'에서 A에게서 받은 B/L을 B에게 그대로 전달하는 것이 아니라 B/L의 Shipper, Consignee, Notify를 변경(Switch)하여 전달합니다.

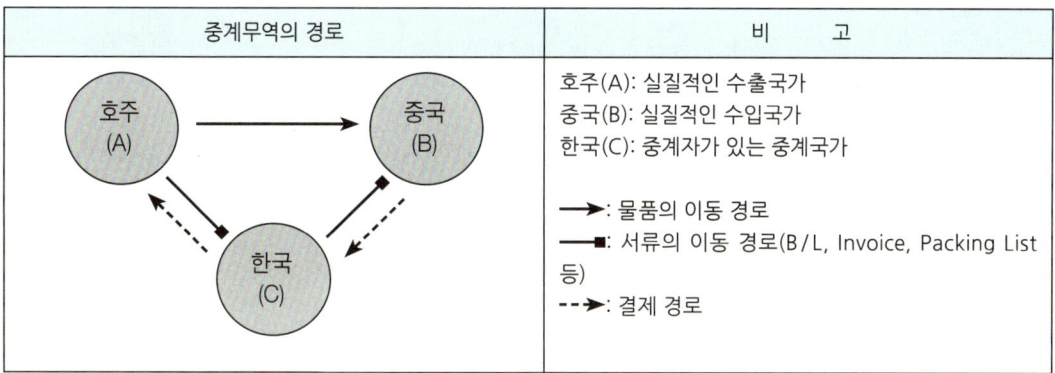

1) 결제조건이 T/T일 때의 B/L Switch 절차

★ 해상운송 건으로서 Original B/L이 발행되었다는 가정하에 설명합니다.

결제조건이 T/T이고 해상운송 건의 경우 일반적으로 Original B/L이 발행되며 OB/L은 Full Set(3부)을 모두 수출자는 수입자에게 특송으로 발송하여야 합니다.

따라서 A는 C에게 특송으로 OB/L 3부를 발송하여야 하며, C가 B/L에 대해서 Switch를 원할 경우 C는 물품을 운송한 포워더의 한국 대리점에 OB/L Full Set을 모두 전달해야 B/L Switch 요청할 수 있습니다[1]. 이렇게 C사는 B/L Switch 받아서 자신이 재작성한 인보이스, 팩킹리스트와 함께 특송으로 B에게 발송합니다. C가 인보이스, 팩킹리스트를 재작성한다는 의미는 A에게서 받은 인보이스, 팩킹리스트는 A와의 거래에 맞게 Shipper, Consignee, 그리고 단가(Unit Price) 등이 작성된 서류이므로 C는 B와의 거래에 맞게 Shipper, Consignee, 그리고 단가 등을 재작성해야 한다는 뜻입니다.

---

1 이때 C는 A에게 받은 유가증권 상태의 B/L(OB/L)을 포워더를 통해서 Shipper, Consignee 및 Notify에 대한 Switch 진행할 때 Surrender 요청해서 Surrender 받으면, B에게 특송이 아닌 이메일로 전달해도 B가 화물 인수하는 데 문제가 되지 않습니다. 물론 당해 운송서류의 Consignee는 B사로 기재되어 있어야 합니다.

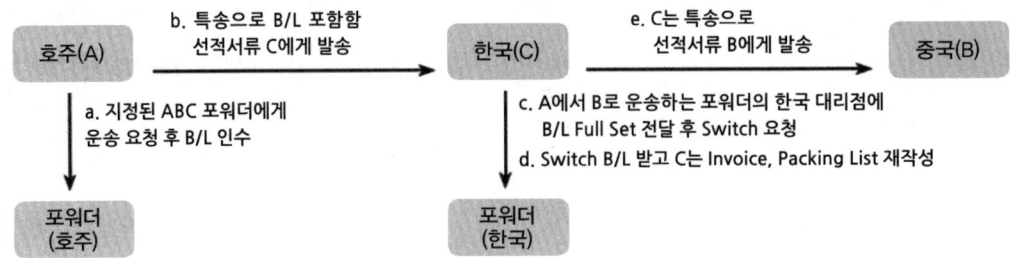

2) 결제조건이 L/C일 때의 B/L Switch 절차

신용장(L/C) 조건에서 'Third Party B/L Not Acceptable'이라는 조건이 없으면 L/C에서 '제3자B/L(Thirdy Party B/L)'은 'Acceptable'입니다.

즉, C 자신이 Applicant이고 A가 Beneficiary이자 Shipper인 1st L/C 하에서 발행된 B/L(Shipper A)을 그대로 C가 Beneficiary이자 Shipper인 2nd L/C(해당 건의 Shipper는 C로서 B/L에 C가 표기 되어야 함에도)의 매입은행에 제3자 B/L을 전달하여도 상관없습니다.

문제는 L/C 건에서는 L/C 조항 46A에서 B/L을 요구할 때 Consignee에는 어떠한 문구를 넣고 Notify에는 어떠한 문구를 넣을 것을 요구한다는 것이며, 이러한 내용이 1st L/C에서 요구하는 문구와 2nd L/C에서 요구하는 문구가 통상 동일하지 않다는 것이 바로 문제입니다.

다시 말해서 L/C 조건 하에서 발행된 B/L의 Shipper는 해당 L/C에서의 Beneficiary가 명시되지 않더라도 상관없지만, B/L의 Consignee와 Notify는 해당 L/C 조항 46A에서 요구하는 문구가 반드시 들어가야 하며 해당 L/C의 내용과 일치해야 합니다. 그래야 클린네고가 가능합니다.

따라서 중개자로서 C는 A와의 L/C 조건하에서 개설은행으로부터 인수한 B/L을 B와의 결제조건 L/C에서 요구하는 46A 내용을 충족시키기 위해서 Switch 진행 후 매입은행으로 매입 신청해야겠습니다.

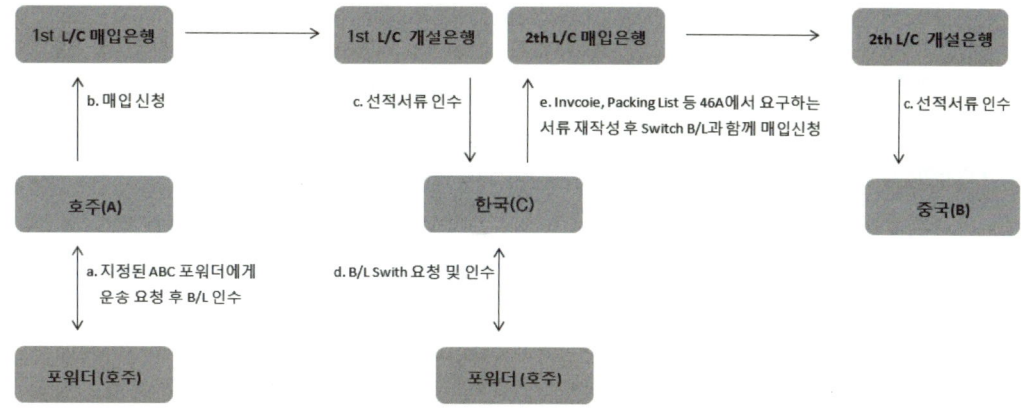

- 중계무역에서 결제조건이 신용장이라면 통상 중계자 C는 B에게서 신용장을 받아서(2nd L/C, C는 Beneficiary), A에게 신용장(1st L/C, C는 Applicant)을 개설해주기 때문에 C는 두개의 신용장을 커버합니다.
- '1st L/C 개설은행'과 '2nd L/C 매입은행'은 C의 거래은행으로서 동일한 은행이며, 2nd 신용장을 매입한 금액으로 C는 1st 신용장에 대한 금액을 결제합니다.
- C가 B/L을 Switch 하기 위해서는 A에게서 물품을 받아서 운송하는 포워더의 C국가 대리점(포워더)이 있어야 하며, C는 1st 신용장에서 인수한 B/L을 C국가의 대리점에 전달하여 B/L Switch를 요청합니다. 물론, OB/L을 Full Set(3부)로 받으면 Full Set 모두 전달하여야 합니다.

3) B/L을 Switch 하는 경우 변경 항목

C는 B에게 A의 정보 노출을 막기 위해서 B/L을 Switch 합니다. 앞에서 설명한 것처럼 C가 B/L을 Switch 하기 위해서는 A에서부터 B국가로 물품을 운송하는 포워더의 C국가에 있는 대리점 포워더를 통하여 C는 A에게서 받은 B/L을 Switch 합니다. 그리고 B/L에서 변경(Switch)할 수 있는 항목은 'Shipper', 'Consignee', 'Notify' 부분만 해당하며, 선적항(P.O.L.), 하역항[1](P.O.D.) 등 기타의 내용은 변경할 수 없습니다.

	C가 A에게 받은 B/L(Switch 되기 전)	B/L을 Switch 후 C가 B에게 전달하는 B/L
결제조건 T/T	Shipper: A의 상호 및 주소 Consignee: C의 상호 및 주소 Notify: Same as Above/Same as Consignee	Shipper: C의 상호 및 주소 Consignee: B의 상호 및 주소 Notify: Same as Above/Same as Consignee
결제조건 L/C	Shipper: A의 상호 및 주소 Consignee: To the order of x x x Notify: C의 상호 및 주소 - Consignee의 x x x에는 1st L/C의 개설은행, 수출자, 수입자 중의 하나가 표기되는데 통상 개설은행을 표기	Shipper: C의 상호 및 주소 Consignee: To the order of x x x Notify: B의 상호 및 주소 - Consignee의 x x x에는 2nd L/C의 개설은행, 수출자, 수입자 중의 하나가 표기되는데 통상 개설은행을 표기

---

1. 하역(荷役)이라는 말은 Loading과 Unloading의 의미를 함께 가집니다. 따라서 P.O.D.는 하역항이라 해도 문제없으나, 하역항 보다는 양륙항이라는 표현이 적절하겠습니다.

Shipper			B/L No. XXXJKFLD8978
Kaston			
xxxx, Yokohama, Japan			**Multimodal Transport Bill of Lading**
Consignee			Received by the Carrier from the shipper in apparent good order and condition unless otherwise indicated herein, the Goods, or the container(s) or package(s) said to contain the cargo herein mentioned, to be carried subject to all the terms and conditions appearing on the face and back of this Bill of Lading by the vessel named herein or any substitute at the Carrier's option and/or other means of transport, from the place of receipt or the port of loading to the port of discharge or the place of delivery shown herein and there to be delivered unto order or assigns. This Bill of Lading duly endorsed must be surrendered in exchange for the Goods or delivery order. In accepting this Bill of Lading, the Merchant agrees to be bound by all the stipulations, exceptions, terms and conditions on the face and back hereof, whether written, typed, stamped or printed, as fully as if signed by the Merchant, any local custom or privilege to the contrary notwithstanding, and agrees that all agreements or freight engagements for and in connection with the carriage of the Goods are superseded by this Bill of Lading
Emsoul			
xxx, Nonhyundong, Kangnamgu, Seoul, Korea			
Notify Party			
Same As Above			
Pre-carriage by	Place of Receipt		Party to contact for cargo release
			XXX JUNG-GU SEOUL 111-111 KOREA
Vessel	Voy. No.	Port of Loading	TEL : 00-0000-0000 FAX : 00-0000-0000
ISLET ACE	832W	YOKOHAMA, JAPAN	ATTN : HONG GIL-DONG
Port of Discharge		Place of Delivery	Final Destination (Merchant's reference only)
BUSAN, KOREA			

▲ 상기 B/L은 B/L의 상단 부분으로서, Shipper, Consignee, Notify만 변경 가능함.
▲ Freight Collect를 Prepaid로 혹은 Prepaid를 Collect로도 Switch 가능.

4) OB/L → Surrender, Surrender → OB/L Switch

중계무역할 때 중계자가 운송서류(B/L, 화물운송장) Switch 필요하다고 판단했을 때, 최초 수출국에서 발행되는 운송서류는 포워더가 발행하는 House로 발행 요청해야 할 것입니다. 선사(항공사)가 직접 발행하여 포워더를 통하여 전달받는 Line B/L(항공은 Master Single)의 경우는 중개국에서 선사(항공사)가 Switch 요청에 비협조적으로 대응할 가능성도 있습니다.

A. 중개국에서 OB/L → Surrender Switch(House 건)

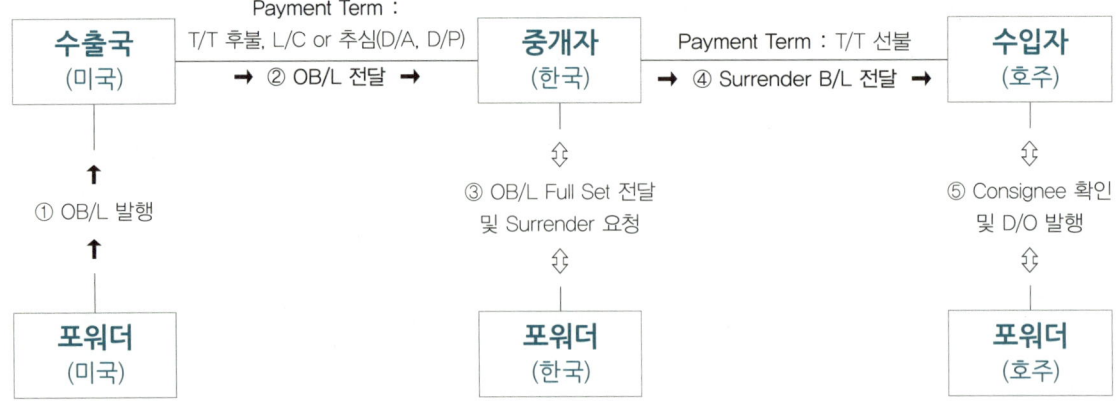

[참고] 수출국(미국)에서 OB/L 발행되고, 중개국(한국)에서 해당 OB/L을 그대로 Switch 가능.

B. 중계국에서 Surrender → OB/L Switch(House 건)

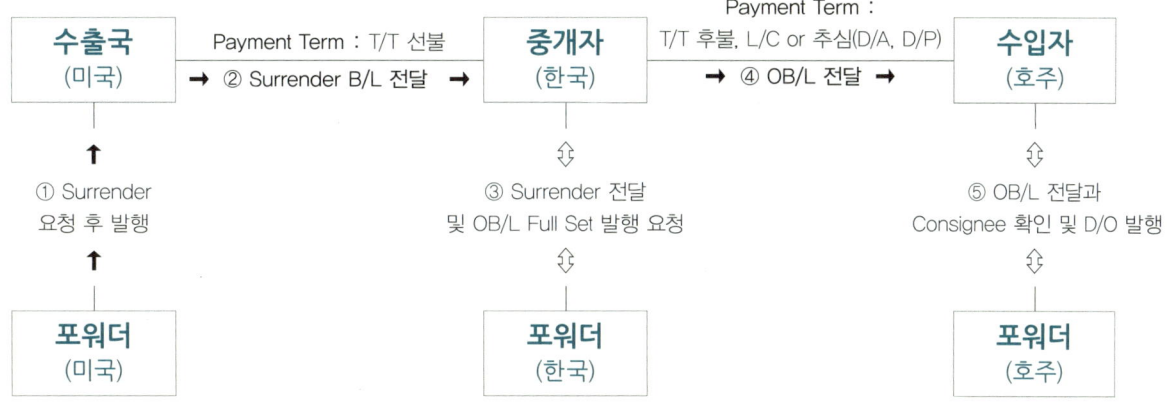

[참고] 수출국(미국)에서 Surrender 처리되고 중계국(한국)에서도 Surrender로 Switch 가능.

18. 중계무역, 결제조건 T/T에서의 B/L Switch 진행

1) 결제조건 T/T로서 중계자가 수출자에게 수입자의 정보 노출 원하지 않는 경우
— 중계자는 B/L Switch 진행 필요

수출자가 발송한 물품이 수입지에 도착하고 해당 건의 물품에 대해서 수입 신고하여 통관 진행 할 수 있는 권한을 가진 자는 해당 건의 B/L(항공 건이면 AWB)에 표기된 Consignee가 됩니다.

중계무역에서 중계자로서 C는 A가 B의 정보를 알고 B가 A의 정보를 알지 못하게 하기 위해서 A에서 B/L의 Shipper는 A, Consignee 및 Notify는 C의 정보를 명시할 것을 요구합니다[1]. 그러면 A는 수출지의 포워더에게 B/L을 그렇게 발행할 것을 요구하고, 수출자로서 A가 발행하는 인보이스 및 팩킹리스트의 Shipper, Consignee, Notify 역시 B/L과 동일하게 작성합니다.

해상 건으로서 OB/L이 발행되면 C는 A에게 특송으로 OB/L 전달받습니다. (항공 건의 경우 AWB로서 사본이기 때문에 이메일로 전달받음) 이때 C가 해당 OB/L을 그대로 B에게 전달하면 Consignee에 C의 정보가 들어있기 때문에 B는 B국에서 수입 통관 진행을 하지 못합니다. 이 경우 C가 B에게 전달하는 B/L의

---

1 즉, 물품은 A에서 B로 바로 이동하지만 B에서 물품을 누가 받아서 수입신고 진행하는지에 대해서 C는 A에게 알려주지 않는다는 뜻입니다.

Consignee에는 B국에서 수입 통관 진행하는 B가 반드시 명시되어 있어야 하며, Notify는 B가 되든 C가 되든 특별히 상관없겠습니다. 중요한 것은 수입지에서 수입 신고하여 수입 통관 진행하는 당사자가 반드시 Consignee에 표기되어 있어야 한다는 사실입니다.

따라서, 중계자로서 C는 A와 B 서로가 서로의 정보를 알지 못하게 하기 위해서 A에게 받은 B/L에 대한 Switch 절차를 반드시 진행해야겠습니다. 물론, B/L Switch에 따른 수수료는 Switch 진행해주는 C 국가의 포워더에게 지불해야겠습니다.

A. 주의점

B/L이라는 서류를 통하여 A와 B는 서로를 알 수 없습니다. 하지만 A가 B국에서 수입하는 자가 누군지 알려고 한다면 혹은 B가 A국에서 수출하는 자가 누구인지 알려고 한다면 알아낼 수도 있습니다.

A는 A국의 포워더에게 요청하여 B국에서 물품을 찾아간 수입자가 누군지 확인해 줄 것을 요청할 수도 있고, 반대로 B가 B국의 포워더에게 요청하여 A국에서 물품을 발송한 수출자가 누군지 확인해 줄 것을 요청할 수도 있을 것입니다.

또한, 수입자로서 B는 B국의 포워더에게 수출지에서 A가 발행한 인보이스를 요청하여 A와 C와의 거래에서의 가격을 확인하려 할 수도 있습니다.

이러한 문제가 발생될 수 있기 때문에 중계자로서 C는 A와의 거래에서 가격조건을 결정할 때 C 자신이 포워더를 지정하는 가격조건으로 계약해야 하고, 역시 C는 B와의 거래에서 자신이 포워더를 지정할 수 있는 가격조건으로 계약 진행을 해야겠습니다. 그리고 C는 자신이 지정한 한국 포워더에게 A국에 있는 대리점 및 B국에 있는 대리점에 입단속 할 것을 요청해야겠습니다.

EXW, F-Term	C-Terms, D-Terms
- Freight Collect (운임 후불) - 포워더 지정은 수입자	- Freight Prepaid (운임 선불) - 포워더 지정은 수출자

B. A가 발행한 비특혜원산지증명서의 Switch

A가 비특혜원산지증명서를 발행 요청받은 경우, 해당 서류의 Exporter A, Consignee는 C가 됩니다. C는 해당 서류를 B에게 그대로 전달하면 역시 B에게 A의 정보가 노출됩니다. 따라서 본 서류 역시 Switch 진행해야 합니다.

비특혜원산지증명서는 상공회의소를 통하여 Switch가 가능합니다. 역시 Exporter, Consignee에 대해서만 Switch 할 수 있고 원산지는 그대로 A국으로 표기됩니다.

참고로, 특혜원산지증명서로서 FTA 원산지증명서는 Switch 되지 않습니다.

2) 결제조건 T/T로서 중계자가 수출자에게 수입자의 정보 노출해도 상관없는 경우
— 중계자는 B/L Switch 진행 불필요

중계무역에서 중계자로서 C는 A와 B가 서로의 정보를 알아도 상관이 없는 경우가 있습니다. 이러한 경우 C는 A에게 B/L 발행할 때 Consignee에는 B의 정보를 명시할 것을 요청합니다. (이때 Shipper는 A가 되고 Notify에는 B가 되든 A가되든 상관없습니다.) 그러면 C는 A에게 해당 B/L을 받아서 C국에서 Switch 진행하지 않고 B에게 그대로 전달해도 해당 B/L의 Consignee는 B가 되기 때문에 B는 수입 통관 진행하는데 문제가 되지 않겠습니다.

따라서 C 입장에서 A와 B가 서로에 대한 정보를 알아도 C 자신을 제외하고 A와 B가 서로 직접 거래를 하지 않는다는 보장만 있으면 B/L을 Switch 하지 않는 이러한 방법으로 서류처리를 하는 것이 보다 효율적인 방법이라 할 수 있겠습니다.

3) 결제조건 L/C에서의 B/L Switch

58쪽에서 설명하고 있습니다. 참고해주세요.

제 2 장

수출통관 및 수입통관

I. 수출입 통관 관련 용어

1. HS Code(세번부호, 품목분류정보)

1) HS Code(세번부호)

(1) 품목분류체계

전 세계에 존재하고 무역으로 거래가 이루어지는 물품의 종류는 상당히 많습니다. 이러한 물품에 대해서 세계관세기구(WCO)가 일정한 분류체계(HS)를 만들어서 분류를 해두었습니다[1]. 이렇게 정해진 품목분류 번호를 HS Code라고 합니다. 크게 74쪽의 품목 분류표와 같이 2단위(류)로 분류하고, 그 2단위에서 다시 분류하여 68쪽과 같이 4단위(호), 그리고 6단위(소호)까지 분류합니다. 이러한 품목분류체계는 거의 모든 국가에서 공통으로 사용됩니다. 즉, 동일한 스펙을 가진 동일한 제품의 경우, HS Code 6자리[2]까지에 대한 수출국과 수입국에서의 분류는 동일한 품목분류체계로 HS Code가 해석되기 때문에 동일한 HS Code로 결정이 되어야 한다는 것이 이론적 견해가 될 수 있습니다.

(2) 제품에 대한 이해와 품목분류체계의 해석에 의해서 결정되는 HS Code

하지만, HS Code의 결정에 있어 그 기준이 되는 품목분류체계는 동일함에도, a)제품에 대한 이해와 b)품목분류체계에 대한 해석을 어떻게 하느냐에 따라서 동일한 스펙의 동일한 제품이더라도 상이한 HS Code로 결정이 될 수 있습니다(수출국 세관과 수입국 세관의 결론, 수입자와 수입국 세관의 결론, 수출자와 수입국 세관의 결론 등은 a), b)에 따라서 상이할 수 있음).

예를 들어, 가정용 월풀욕조에 대한 HS Code를 선택할 때, 수입자는 단순히 '플라스틱 욕조'로 제품

---

1. HS Code에 따라서 수입의 경우 관세율이 결정되고(수출은 세액 없음), 수입 및 수출요건(세관에 수입/수출신고하기 전에 세관이 특정 기관에서 확인을 받아올 것을 요구하는 것으로서 이러한 물품을 세관장확인대상 물품이라고도 합니다. 예를 들어, 식품 수입을 한다면, 세관에 수입신고하기 전에 식약처에서 식품이 안전하다는 확인을 받아올 것을 요구하는 것이 바로 수입요건이 됩니다.)이 결정됩니다.
2. HS Code 6자리까지의 분류체계는 국제적으로 동일하며, 국가마다 2단위 혹은 4단위를 추가하여 총 8자리 혹은 10단위를 사용하기도 합니다. 우리나라의 경우 10단위(HSK)를 사용합니다. 이러한 이유로 우리나라의 수출자가 외국 수입자의 HS Code 확인 요청을 받을 경우 6자리까지만 통지를 해주면 됩니다.

을 이해하고 품목분류체계를 해석하여 HS Code 3922.10-1000으로 결론을 지었는데, 수입지 세관은 해당 욕조는 단순히 가정에서 사용하는 욕조가 아니라, 마사지 용도가 추가된 욕조로 제품을 이해하고 품목분류체계에 의거 분류를 한다면 HS Code는 9019.10-2000으로 결정됩니다. 이러한 경우 수입자는 수입신고 전에 a)의료기기법, b)전기용품 안전관리법에 대한 요건확인을 받아야만 세관에 수입신고를 할 수 있게 됩니다.

다른 예로서, 실무에서 우리나라 수입자는 수출자가 인보이스 혹은 기타의 방법으로 알려 준 HS Code 6자리에 4자리를 추가하여 수입신고를 하는 경우가 있습니다. 하지만 수입자는 수출자가 통지한 HS Code는 참고만 할 뿐 수입신고를 할 때는 수입지인 우리나라 세관이 인정하는 HS Code를 확인하여 신고를 하는 것이 정확한 HS Code를 선택하여 수입신고를 하는 것입니다.

(3) HS Code 확인하는 일반적인 방법

① HS Code를 문의하는 화주는 해당 물품에 대한 스펙을 정확히 알고 있어야 한다. 문의 물품이 책상이더라도 용도 및 재료에 의해서 HS Code는 달라질 수 있기 때문이며, 따라서 해당 물품에 대한 정확한 스펙을 알고 있는 회사의 담당자가 직접 관세사 사무실 혹은 관세청 고객지원센터(Tel. 125)에 문의 해야 정확한 HS Code를 확인할 수 있다.

② 화주는 수입신고 및 수출 신고할 때 물품에 대한 정확한 HS Code로 신고해야 한다.[3]

③ 특히, 수입의 경우 HS Code에 따라서 관세율이 다르기 때문에 납부하는 관세 및 부가세가 달라질 수도 있으므로, 그 중요성이 상대적으로 수출 신고 때보다 높다.

④ 화주의 요청에 의해 관세사는 예를 들어, 'A'라는 HS Code(관세율 8%, 수입요건 없음)를 알려 주었고, 관세청 고객지원센터에서는 'B'라는 HS Code(관세율 6.5%, 수입요건 없음)을 알려주었다고 하자. 화주는 관세율이 더 낮은 'B'라는 HS Code로 관세사 사무실을 통하여 수입신고를 한다면, 수입신고 물품과 HS Code가 완전히 상이하지 않는 이상 수입신고를 받은 세관은 일단 수입신고를 받아주고 화주가 세액 납부하면 수리를 해준다.

⑤ 단, 해당 세관은 '사후관리'를 하며 사후에 세관이 확인을 해보니 'B'라는 HS Code가 아니라 'A'라는 HS Code가 정확한 HS Code라고 판단하면 세관은 1.5%(A 관세율 8%, B 관세율 6.5%의 차액)에 대한 부족한 세액을 이자와 함께 추징할 수 있다.

---

3 여기서 '정확한 HS Code'라 함은 수입신고 할 때는 수입지 세관에서 인정하는 HS Code를 뜻하며, 수출신고 할 때는 수출지 세관에서 인정하는 HS Code를 뜻합니다. 즉, 수입자는 수입신고 할 때 수입지 세관에서 인정하는 해당 상품의 HS Code로 수입신고 해야 하며, 수출자는 수출지 세관에서 인정하는 해당 상품의 HS Code로 수출신고 해야 합니다. 그 의미는 동일한 상품에 대한 HS Code는 수입지 세관과 수출지 세관의 물품에 대한 이해와 품목분류 해석에 따라서 상이하게 결론 날 수도 있다는 뜻이기도 합니다.

⑥ 이때 화주에게 'B'라는 정확하지 않은 HS Code를 알려준 관세청 고객지원센터의 공무원은 그에 따른 책임을 지지 않는다. 모두 화주의 책임이다. 반대의 상황 역시 마찬가지로 관세사는 자신이 화주에게 알려준 HS Code에 대한 보증을 하지 않는다.

⑦ 또한, 이렇게 수입신고를 잘못한 화주의 경우 차후 수입신고를 할 때 통관 과정에서 불이익을 당할 수 있다(관리대상[1]이라든지, 물품검사[2]의 비율이 높아 질 수 있음).

⑧ 통상 우리가 흔히 수출입하는 물품의 경우 대부분 정확하지만, 좀 특이한 물품의 경우 화주는 정확한 HS Code를 알기 위해서 '관세평가분류원'으로 샘플과 자료를 발송하여 HS Code에 대한 유권해석을 요청할 수 있다(품목분류 사전심사제도). 그러면 구두로 답변을 주는 것이 아니라 공문으로 '관세평가분류원'에서 정확한 HS Code를 화주에게 통지한다(참고 77쪽).

2) HS Code 10자리는 어떻게 구성되어 있나?

HS Code는 크게 '류', '호', '소호', '세분류'로 나누어져 있습니다.

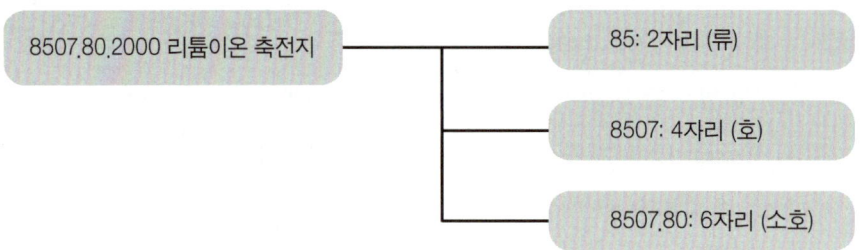

3) HS Code는 왜 중요한가?

물품을 수입하려면 세관에 수입신고를 해야 하며, 수입신고서를 작성(관세사에게 대행 혹은 화주 직접 작성)할 때 HS Code(세번부호)를 적습니다. 그러면 HS Code에 따라서 관세율이 달라지고 수입요건(수입할 때 갖추어야 할 사항, 예 식품의 경우 식약처 승인)이 있거나 혹은 없을 수 있습니다. 따라서 수입화주는 HS Code를 알고 있어야 해당 물품을 수입할 때 납부할 관세 및 부가세가 얼마나 발생할지 예상할 수 있으며, 또한 수입요건이 있다면 요건확인을 받기 위한 절차 및 지출 비용을 산출하여 수입원가를 예상할 수 있습니다.

---

1 관리대상이란 수입할 때 운송사가 세관에 제출한 물품에 대한 정보 즉, '적하목록'을 세관에서 확인 후 우범성이 있다고 판단되는 화물을 지정하여 검사하는 것(참고 112쪽).

2 물품검사란 수입신고 후 세관에서 수입화주가 성실하게 신고를 하였는지를 확인하는 것으로서 EDI신고 내용, 관련 선적서류(B/L, Invoice, Packing List)와 실제의 물품이 일치하는지, 그리고 원산지표시 유무 등을 확인하는 검사(참고 106쪽).

예를 들어, 식품이라면 식약처에 검사를 어떻게 받는지, 혹은 전자제품이라면 전자제품 안전인증을 어떠한 절차로 받을 것이며, 그에 따른 예상 비용에 대한 준비를 할 수 있을 것입니다.

수출의 경우 역시 수출신고서를 작성하여 수출신고 할 때 HS Code가 필요합니다. 하지만, 수출의 경우는 세액이 없고 거의 대부분의 물품에 대해서 수출요건이 존재하지 않기 때문에 상대적으로 그 중요성이 수입의 경우보다 떨어진다고 볼 수 있지만, 상대적일 뿐이지 수출화주 역시 수출물품에 대한 정확한 HS Code를 확인해야 합니다(정확한 HS Code에 대한 의미 67쪽 각주 참고).

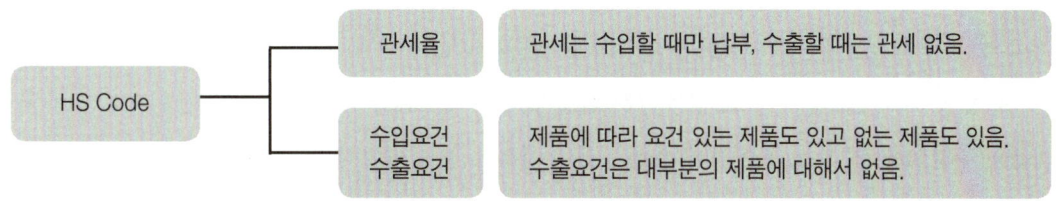

3402.90.3000 조제청정제	관세율: 6.5%(WTO 협정세율)
	수입요건: 수입요건 내역이 없음.
	수출요건: 수출요건 내역이 없음.
3917.10.1000 경화단백질의 것	관세율: 6.5%(WTO 협정세율)
	수입요건: [식품위생법] 식품 또는 식품첨가물과 식품용 기구 또는 용기·포장은 식품위생법 제9조의 규정에 의한 기준 및 규격에 적합한 것에 한하여 수입할 수 있으며, 수입할 때마다 식품위생법 제19조의 규정에 의거 지방식품의약품안전 청장에게 신고하여야 한다.
	수출요건: 수출요건 내역이 없음.

4) HS Code는 수출자보다는 수입자에게 상대적으로 더 중요하다

대부분의 국가는 수출을 장려하며, 이를 위해서 수출할 때 관세를 부과하지 않으며, 수출요건 또한 대부분의 상품에 대해서 수출지 국가에서는 요구하지 않습니다. 관세는 통상 수입국에서 발생하는데 만약 수출국에서 수출관세를 부과하면 해당 상품은 2중으로 관세를 납부하는 것으로서 수입국에서 가격 경쟁력을 상실할 것이며, 요건 또한 수입국에서 자국의 국민, 그리고 산업을 보호하기 위한 목적으로서 수입요건을 요구 하는 것으로서, 수출국에서 자국의 상품이 수출되는데 수입국에서 요구하는 것과 같이 요건확인을 요구할 필요는 없을 것입니다.

다시 말해서 우리나라에서 일본으로 가공식품을 수출할 때 본 가공식품은 우리나라 국민들이 먹는 것이 아니기 때문에 우리나라 식약처에 수출할 때 요건확인을 받지 않아도 되며, 요건확인은 일본으로 수입되기 전 일본의 바이어가 자국의 법에 맞게 요건확인을 받으면 되는 것입니다. 그렇다고 수출자가 수출물품에 대한 HS Code를 부정확하게 신고를 해도 된다는 뜻은 아니며 수입신고할 때와 마찬가지로 수출 신고할 때에도 정확한 HS Code로 신고 해야 합니다. 단, 수입할 때는 관세와 요건 문제가 대부분의 물품에 대해서 존재하고 수입신고를 할 때 정확하지 않은 HS Code로 수입신고하면 세액에 과부족이 발생되고 요건을 받아야 하는 제품임에도 받지 않고 수입될 수도 있기 때문에 상대적으로 수입자가 자신이 취급하는 물품에 대한 HS Code를 좀 더 신중하게 체크를 해봐야 한다는 뜻입니다.

따라서 수입자에게 HS Code는 무엇보다도 중요한 것입니다. 아이템을 정하면 제일 먼저 해야 하는 것이 해당 상품의 정확한 HS Code를 파악하는 것입니다. 이유는 HS Code를 알아야지만 해당 상품의 관세율이 몇 %인지를 알 수 있고 이에 따른 관세 및 부가세의 예상 금액을 산출할 수 있으며, 또한 해당 상품의 수입요건 有·無를 확인하여 요건이 있는 상품의 경우 이에 따른 요건 확인 절차 및 비용을 산출할 수 있기 때문입니다. 즉, HS Code를 알아야지만 예상 수입 원가를 계산할 수 있습니다.

외국 여행할 때라든지 외국 전시회에서 획기적인 제품을 보고 우리나라로 수입하고 싶은데 못하는 이유가 바로 여기에 있습니다. 해당 물품의 HS Code상의 관세율이 너무 높거나 수입요건확인에 따른 절차가 너무 까다롭고 요건확인 비용 또한 많이 발생되기 때문에 수입을 포기하는 경우가 많습니다.

5) HS Code를 읽는 방법

HS Code를 읽는 방법은 아래와 같으니 참고 하세요.

8507.80.2000 → 팔오공칠 팔공에 이천번
3402.90.3000 → 삼사공이 구공에 삼천번
8507.10.0000 → 팔오공칠 일공에 공4개번

6) 하나의 HS Code를 검색하면 관세율이 여러 개 나오는데 어떤 관세율을 적용해야 하나?

아래는 HS Code 3402.90.3000 조제청정제에 대한 검색 결과입니다. '기본세율', 'WTO 협정세율', '한·아세안 FTA 협정세율' 등 여러 가지가 있습니다. FTA 세율의 경우 해당 FTA 협정을 맺은 국가로부터 수입하는 상품에 대해서 원산지를 증명하는 서류가 있어야만 적용받을 수 있는 관세율이며 FTA 국가에서 수입되지 않는 경우 통상 '기본세율'과 'WTO 협정세율' 둘 중에 관세율이 낮은 것을 선택하여 적용하면 됩니다.

    단, 해당 수입품이 WTO 회원국으로부터 수입되는 상품이어야 WTO 협정세율을 적용받을 수 있습니다. 하지만, 대부분 WTO 회원국이므로 '기본세율'과 'WTO 협정세율' 중에 더 낮은 세율을 관세 계산할 때 적용하면 됩니다.

관세구분	관세율	단위당세액	기준가격	적용시작일	적용종료일
A 기본세율	8	0.0	0.0	2012.01.01	2012.12.31
C WTO협정세율	6.5	0.0	0.0	2012.01.01	2012.12.31
FAS1 한·아세안 FTA협정세율(선택1)	0	0.0	0.0	2012.01.01	2012.12.31
FCL1 한·칠레FTA협정세율(선택1)	0	0.0	0.0	2012.01.01	2012.12.31
FEF1 한·EFTA FTA협정세율(선택1)	0	0.0	0.0	2012.01.01	2012.12.31
FEU1	5.4	0.0	0.0	2012.01.01	2012.06.30
FIN1 한·인도 FTA협정세율(선택1)	0	0.0	0.0	2012.01.01	2012.12.31
FPE1	0	0.0	0.0	2012.01.01	2012.12.31
FSG1 한·싱가포르FTA협정세율(선택1)	0	0.0	0.0	2012.01.01	2012.12.31
R 최빈국특혜관세	0	0.0	0.0	2012.01.01	2012.12.31
U 북한산	0	0.0	0.0	2012.01.01	2012.12.31
수입요건	수입요건 내역이 없습니다.				
수출요건	수출요건 내역이 없습니다.				

▲ 참고로 본 상품(3402.90.3000)을 수입신고할 때는 'WTO협정세율' 6.5%를 적용할 수 있으며, '수입요건'은 없습니다.

7) 하나의 상품에 대해서 두 가지 수입요건이 있는 경우 어떻게 해야 하나?

    8509.40.0000은 식품용 그라인더와 믹서, 과즙 또는 채소즙 추출기에 해당되는 HS Code입니다. 본 상품의 적용 관세율은 8%이며, 수입요건은 두 가지가 있으며 두 가지 모두 요건 확인을 받은 이후

세관에 수입신고를 할 수 있으며, 세액 납부 후 수리받습니다.

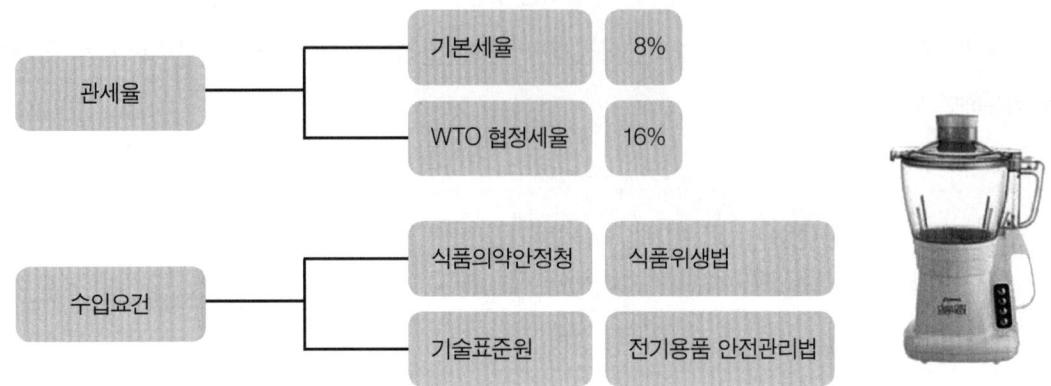

▲ 기본세율과 WTO 협정세율 중에 관세율을 선택해야 할 경우 더 낮은 세율을 수입신고할 때 적용하면 됩니다.

2. HS Code를 관세청 홈페이지에서 찾는 방법

HS Code를 관세청 홈페이지를 이용하여 찾는 절차에 대해서 설명드리겠습니다. 실무에서는 실무자가 자신이 취급하는 물품에 대한 정확한 HS Code를 찾는 것은 힘들기 때문에 통상 관세사 사무실 혹은 관세청 고객지원센터(Tel. 125)에 문의하여 찾는 경로가 대부분의 경우입니다.[1]

HS Code를 알고 있는 경우라 할지라도 아래의 경로로 해당 HS Code의 관세율, 수출/수입요건 등 관련 정보를 확인해 보는 것도 실무를 하는 실무자들에게는 큰 도움이 될 것입니다.

---

1 참고로 HS Code는 동일한 물품이라 할지라도 간혹 문의하는 관세사 사무실마다 다르게 알려줄 때가 있고 이로 인하여 관세율과 수입요건이 달라질 때가 있습니다. 이럴 때 정확한 HS Code를 찾기 위해서는 관세평가분류원에 품목분류사전심사를 의뢰하여 정확한 HS Code를 공문으로 받아두는 것이 차후에 발생될 문제를 피하실 수 있는 방법입니다.

1) 관세청 홈페이지에 접속하여 'UNI-PASS' 클릭

관세청(http://www.customs.go.kr/)에 접속하여 상단메뉴 우측의 '패밀리싸이트'를 클릭합니다.

▲ '패밀리사이트' 하위 메뉴 'UNI-PASS전자통관'를 클릭하면 팝업창이 나타나고 프로그램 설치를 합니다.

2) 'UNI-PASS전자통관'을 클릭하면 아래와 같은 새로운 창이 나옵니다.

'정보제공' 메뉴 하단의 '품목분류정보'를 클릭합니다.

3) 우측상단의 '품목분류검색' 클릭

4) 품목 분류표 보기

다음 화면으로는 아래와 같은 표가 나옵니다.

첫 번째로 HS Code에서 제일 첫 자리인 '류'를 선택해야 합니다. 아래 표의 좌측 부분에 보면 0, 10, 20~90까지가 있고 표의 상단 부분에 0~9까지가 있습니다. 읽는 순서는 표의 좌측 부분의 숫자, 그리고 상단 부분의 숫자 순으로 읽습니다. 예를 들어, '담배'를 찾는다면 좌측 20, 상단 4가 되어 '24류'가 되며, '비료'의 경우라면 좌측 30, 상단 1이 되어 '31류'가 됩니다. 그럼 3402.90.3000, 즉 비누(조제청정제)에 대한 HS Code를 찾아보겠습니다. 먼저 '류', 즉 '34류'를 클릭합니다.

만약에 상품의 HS Code를 알고 있는 경우라면 아래의 '통합검색'에서 검색을 하면 바로 해당 상품의 HS Code에 대한 '관세율' 및 '요건'을 확인할 수 있습니다.

	0	1	2	3	4	5	6	7	8	9
0		산동물	육과 식용설육	어패류	낙농품, 조란, 천연물	기타 동물성 생산품	산수목, 꽃	채소	과실, 견과류	커피, 차, 향신료
10	곡물	곡물의 분과 조분말 가루, 전분	채유용 종자, 인삼	식물성 엑스	기타 식물성 생산품	동식물성 유지	육·어류 조제품	당류, 설탕과자	코코아, 초코렛	곡물, 곡분의 주제품과 빵류
20	채소, 과실의 조제품	기타의 조제식료품	음료, 주류, 식초	조제사료	담배	토석류, 소금	광, 슬러, 회	광물성 연료, 에너지	무기화합물	유기화합물
30	의료용품	비료	염료, 안료, 페인트잉크	향료, 화장품	비누, 계면활성제, 왁스	카세인, 알부민, 변성전분, 효소	화약류, 성냥	필름인화지 사진용재료	각종화학공업생산품	플라스틱과 그제품
40	고무와 그제품	원피, 가죽	가죽제품	모피, 모피제품	목재, 목탄	코르크, 짚	조물재료의 제품	펄프	지와판지	서적, 신문인쇄물
50	견, 견사 견직물	양모, 수모	면·면사 면직물	마류의사와 직물	인조필라멘트섬유	인조스테이플섬유	워딩, 부직포	양탄자	특수직물	침투, 도포 한직물
60	편물	의류 (편물제)	의류(편물 제이외)	기타섬유 제품, 넝마	신발류	모자류	우산, 지팡이	조제우모, 인조제품	석, 시멘트, 석면제품	도자제품
70	유리	귀석, 반귀석, 귀금속	철강	철강제품	동과그제품	니켈과 그제품	알루미늄과 그제품	(유보)	연과그제품	아연과 그제품
80	주석과 그제품	기타의 비금속	비금속 제공구, 스푼, 포크	각종비금속 제품	보일러, 기계류	전기기기, TV, VTR	철도차량	일반차량	항공기	선박
90	광학,의료, 측정,검사, 정밀기기	시계	악기	무기	가구류, 조명기구	완구, 운동용구	잡품	예술품, 골동품		

5) '해설서'의 '더 많은 결과 보기' 클릭 후 소호까지 확인: HS Code 6자리까지 확인

앞에서 '34류'를 클릭하면 다음과 같은 화면이 나옵니다. 첫 번째는 '관세율표', 그리고 '해설서'가 나옵니다.

첫 번째 '관세율표'를 보기 전에 두 번째 나오는 '해설서' 부분의 우측 부분에 있는 '더 많은 결과보기'를 클릭하여 '류(34)'에 이어 '호(3402)'와 '소호(3402.90)'를 확인할 수 있습니다. 그러면 다시 첫 번째로 보이는 '관세율표'의 우측에 있는 '더 많은 결과 보기'를 클릭하여 좀 전의 '해설서'에서 찾은 '소호'의 뒷자리, 즉 찾으시는 상품의 전체 HS Code인 HSK(총 10자리)를 확인할 수 있습니다.

관세율표 (총 76건 검색)   ● 더많은 결과보기

HS	한글품명	영문품명	정확도
3401	비누, 비누로 사용되는 유기계면활성제품과 조제품(봉상·케이크상 또는 주형상의 것에 한하며, 비누를 함유한 것인지의 여부를 불문한다), 피부세척용 유기계면활성제품과 조제품(액체 또는 크림형태의 소매용으로 한 것에 한하며, 비누를 함유한 것인지의 여부를 불문한다) 및 비누 또는 세제를 침투하거나 도포한 지·워딩·펠트와 부직포	Soap; organic surface-active products and preparations for use as soap, in the form of bars, cakes, moulded pieces or shapes, whether or not containing soap; organic surface-active products and preparations for washing the skin, in the form of liquid or cream and put up for retail sale, whether or not containing soap; paper, wadding, felt and nonwovens, impregnated, coated or covered with soap or detergent.	100.0%
34011	비누·유기계면활성제품과 조제품(봉상·케이크상 또는 주형상의 것에 한한다) 및 비누 또는 세제를 침투하거나 도포한 지·워딩·펠트와 부직포	Soap and organic surface-active products and preparations, in the form of bars, cakes, moulded pieces or shapes, and paper, wadding, felt and nonwovens, impregnated, coated or covered with soap or detergent :	100.0%
340111	화장용의 것(약용의 것을 포함한다)	For toilet use (including medicated products)	100.0%
3401111000	약용비누	Medicated soaps	100.0%
3401119000	기타	Other	100.0%

해설서 (총 8 건 검색)   ● 더많은 결과보기

구분	HS	해설서	해설	정확도
06	3400	류	제 34 류 비누·유기계면활성제·조제세제·조제윤활제·인조왁스·조제왁스·광택 또는 연마조제품·양초와 이와 유사한 물품·조형용 페이스트·치과용왁스와 플라스터를 기제로 한 치과용 조제품류주 :1. - 이 류에서 다음의 것을 제외한다.가. 이형 조제품으로 사용되는 동물성유지·식물성유지의 식용혼합물과 조제품(제1517호)나. 화학적으로 단일인 화합물다. 비누 또는 기타 ...	100.0%
06	3401	호	34.01 - 비누, 비누로 사용되는 유기계면활성제품과 조제품(봉상·케이크상 또는 주형상의 것에 한하며, 비누를 함유한 것인지의 여부를 불문한다), 피부세척용 유기계면활성제품과 조제품(액체 또는 크림형태의 소매용으로 한 것에 한하며, 비누를 함유한 것인지의 여부를 불문한다) 및 비누 또는 세제를 침투하거나 도포한 지·워딩·펠트와 부직포 - 비누 ...	100.0%
06	3402	호	34.02 - 유기계면활성제(비누를 제외한다) 및 조제계면활성제·조제세제(보조조제세제를 포함한다)와 조제청정제(비누를 함유한 것인지의 여부를 불문하며, 제3401호의 물품으로 제외한다) - 유기계면활성제 (소매용으로 한 것 인지의 여부를 불문한다)3402.11 -- 음이온성의 것3402.12 -- 양이온성의 것3402.13 -- 비이온성의 것340 ...	100.0%

6) '관세율표'의 우측 상단에 있는 '더 많은 결과보기' 클릭: HS Code 10자리까지 확인

HS	한글품명	영문품명	정확도
340220	소매용으로 된 조제품	Preparations put up for retail sale	100.0%
3402201000	조제세제	Washing preparations	100.0%
3402202000	조제청정제	Cleaning preparations	100.0%
3402209000	기타	Other	100.0%
340290	기타	Other	100.0%
3402901000	조제계면활성제	Surface-active preparations	100.0%
3402902000	조제세제	Washing preparations	100.0%
3402903000	조제청정제	Cleaning preparations	100.0%
3403	조제윤활유(윤활제를 기제로 한 조제절삭제·볼트 또는 너트방출제·방청제 또는 부식방지제 및 이형조제품을 포함한다)와 방직용 재료·가죽·모피 또는 기타 재료의 오일링처리 또는 가지처리에 사용하는 조제품(석유 또는 역청유의 함유량이 전중량의 100분의 70 이상인 것을 기제로 한 조제품을 제외한다)	Lubricating preparations (including cutting-oil preparations, bolt or nut release preparations, anti-rust or anti-corrosion preparations and mould release preparations, based on lubricants) and preparations of a kind used for the oil or grease treatment of textile materials, leather, furskins or other materials, but excluding preparations containing, as basic constituents, 70 % or more by weight of petroleum oils or of oils obtained from bituminous minerals.	100.0%
34031	석유 또는 역청유를 함유하는 것	Containing petroleum oils or oils obtained from bituminous minerals :	100.0%

| 1 | 2 | 3 | 4 | 5 | 6 | 7 | 8 |

7) 해설서 보기

위 '6)'에서 '조제청정제(비누)' 3402.90.3000을 선택하면 관세 및 수입·수출요건을 아래와 같이 확인 가능합니다. 물론, '4)품목 분류표 보기'에서 설명 했듯이 이미 HS Code를 알고 있는 경우 품목 분류표 상단 부분의 통합검색에서 HS Code를 검색하면, 아래와 같이 해당 HS Code에 대한 정보를 바로 확인할 수 있습니다.

관세 구분	관세			[관세율 적용순위]	
	관세율	단위당세액	기준가격	적용시작일	적용종료일
A 기본세율	8	0.0	0.0	2012.01.01	2012.12.31
C WTO협정세율	6.5	0.0	0.0	2012.01.01	2012.12.31
FAS1 한·아세안 FTA협정세율(선택1)	0	0.0	0.0	2012.01.01	2012.12.31
FCL1 한·칠레FTA협정세율(선택1)	0	0.0	0.0	2012.01.01	2012.12.31
FEF1 한·EFTA FTA협정세율(선택1)	0	0.0	0.0	2012.01.01	2012.12.31
FEU1	5.4	0.0	0.0	2012.01.01	2012.06.30
FIN1 한·인도 FTA협정세율(선택1)	0	0.0	0.0	2012.01.01	2012.12.31
FPE1	0	0.0	0.0	2012.01.01	2012.12.31
FSG1 한·싱가포르FTA협정세율(선택1)	0	0.0	0.0	2012.01.01	2012.12.31
R 최빈국특혜관세	0	0.0	0.0	2012.01.01	2012.12.31
U 북한산	0	0.0	0.0	2012.01.01	2012.12.31
수입요건	수입요건 내역이 없습니다.				
수출요건	수출요건 내역이 없습니다.				

3. 유권해석의 필요성 및 절차
― 품목분류 사전심사제도

1) 유권해석의 정의

유권해석이란 법률 규정에서 미처 규정하지 못한 사항에 대해서 해당 법률을 집행하는 기관에 질의하여 법률의 적법성 여부를 해석 받는 것을 말합니다.

2) 무역에서 품목분류(HS Code, 세번부호)에 대한 유권해석이 필요한 이유

수출입을 할 때 화주는 세관에 신고를 해야 하며, 이때 필요한 것이 수출입 물품에 대한 정확한 HS Code입니다.

수입의 경우 정확한 HS Code로 신고를 하지 않으면 관세율이 달라 세액에 과부족이 발생될 수 있으며, 요건확인을 받아야 하는 물품임에도 요건확인이 없는 부정확한 HS Code로 신고하여 요건확인을 받지 않고 수입이 되는 경우도 있습니다.

수출의 경우 역시 정확한 HS Code로 신고를 해야 합니다. 물론, 수출의 경우 수출관세는 없지만 일부 제품의 경우 요건이 있는 경우가 있습니다. 수출요건을 확인 받고 수출 신고를 진행해야 함에도 요건확인이 없는 부정확한 HS Code로 신고하여 수출 되는 경우도 있습니다. 이러한 경우 사후에 세관에서 해당 건의 화주에게 문제를 제기 할 수 있고 그로 인해서 피해를 볼 수 있습니다. 이것이 바로 정확한 HS Code로 수입신고, 수출신고 해야 하는 이유가 되겠습니다.

3) 정확한 HS Code를 알기 위해서는 관세평가분류원에 유권해석 신청

화주는 자신이 취급하는 물품에 대해서 정확한 HS Code를 관세청으로부터 서류로 확인을 받고 싶은 경우 '관세평가분류원'으로 유권해석 신청할 수 있습니다.

4. 수입 후 유통을 위한 조건과 수출 전 전략물자 확인의 필요성

1) HS Code상의 수입요건/수출요건에 대한 이해

수출입하고자하는 모든 물품에 대해서는 HS Code가 존재하며, 수입의 경우 관세, 수입요건이 존재하고, 수출의 경우는 수출요건이 존재합니다. 수입요건의 경우는 내역이 있는 경우도 있고 내역이 없는 경우도 있지만, 수출요건의 경우는 내역이 상대적으로 대부분 없습니다.

HS Code에 요건이 존재하는 물품의 경우 '세관장 확인대상물품'으로서, 수입요건의 내역이 있는 물품의 경우 세관에 수입신고 전에 요건확인 기관으로부터 요건확인을 받은 후 세관에 수입신고를 할 수 있으며, 수출요건의 내역이 있는 물품의 경우 역시 세관에 수출신고 전에 요건확인 기관으로부터 요건확인 받은 후 세관에 수출신고를 할 수 있습니다.

다시 말해서, 수입하고자 하는 물품이 가공식품으로서 HS Code상의 수입요건에 '수입요건[식품의약품안전청]'이라고 명시되어 있다면 수입자는 세관에 수입신고를 하기 전에 '식품 등의 수입신고'를 식약처 혹은 그 지정된 기관으로 진행 후 '적합' 통지서를 받아야만 세관에 수입신고를 할 수 있습니다.

HS Code상의 이러한 수입요건은 수입신고 전에, 그리고 수출요건은 수출신고 전에 세관에서 요구하는 요구조건입니다(세관장확인대상). 즉, 수입물품으로서 국내 반입 후 유통을 위한 조건이 아니라, 단순히 수입신고 전에 세관에서 요구하는 조건으로서 수입통관을 위한 조건이라고 보면 됩니다. 그리고 수출물품으로서는 단순히 수출신고 전에 세관에서 요구하는 조건으로서 국외로 반출되어 전략물자로 사용될 것을 판단하는 조건은 아닙니다.

2) 수입의 경우 국내 유통을 위한 조건 확인

위에서 언급 하였듯이 HS Code 상의 '수입요건'은 단순히 수입신고 전, 즉 국내 반입 전 물품의 이상유무를 판단하기 위한 조건이라고 보면 됩니다. 다시 말해서 '수입요건'이란 국내 반입 전 세관에 수입신고를 하기 전 요구되는 조건으로서 수입신고 수리 후 국내 반입된 물품의 국내 유통을 위한 조건이 아니라는 것입니다.

한 예로서, '리튬이온 축전지(8507.60.0000: 건전지)'의 경우 HS Code상 '수입요건'에 내역이 없습니다. 즉, 리튬이온 축전지는 요건확인 없이 세관에 수입신고가 가능한 제품입니다. 하지만, 국내에 반입 후 유통을 위해서는 '자율안전확인'을 받아야 하는 제품입니다. 이에 대한 확인은 지식경제부 기술표준원 (http://www.kats.go.kr)에서 확인 가능합니다.

결론적으로, 수입자는 수입을 원하는 물품의 HS Code상 수입요건의 내역이 없다고 하더라도 국내 반입 후 유통을 위해서 어떤 확인을 받아야 하는지에 대해서는 스스로 조사를 해야 합니다. 국내 유통을 위한 조건으로서 통관과 관련이 없는 내용이기 때문에 관세사 사무실 역시 관련된 내용에 대해서는 정확하게 알지 못하는 경우가 있기 때문입니다.

※ 지식경제부 기술표준원 홈페이지 보기

메인 페이지 둥근원 부분의 '제품안전'을 클릭합니다.

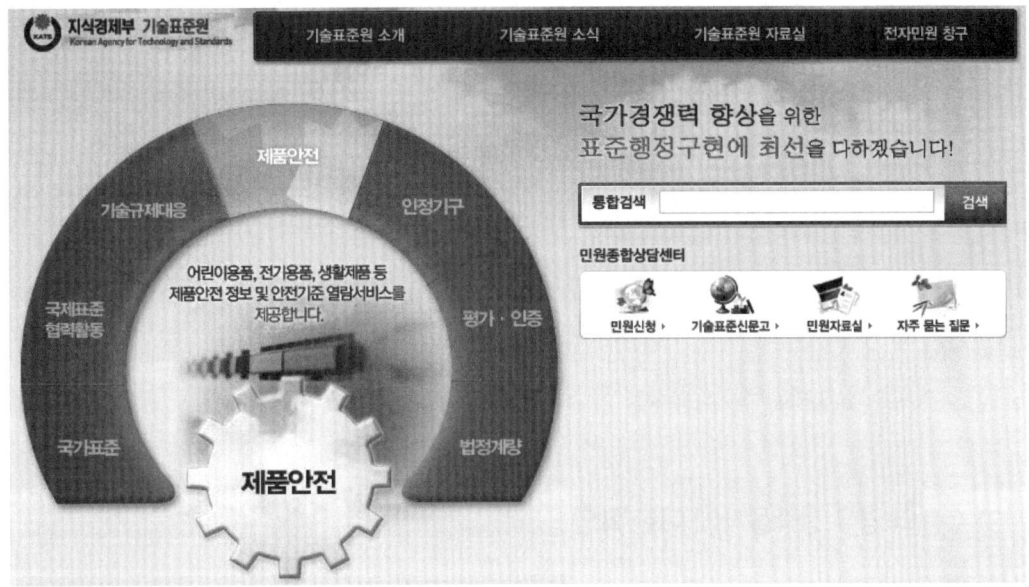

다음과 같은 화면이 나오며 좌측 메뉴에서 '생활용품'을 클릭한 후, 리튬이온 축전지는 '자율안전확인대상 공산품'으로서 '자율안전확인'을 클릭하여 관련 내용을 확인합니다.

3) 수출의 경우 전략물자에 대한 확인

수출을 원하는 물품의 HS Code에 '수출요건'의 내역이 없다고 하더라도, 수출 이행을 하기 전에 전략물자에 대한 여부를 사전에 확인해 볼 필요가 있습니다. 수출자도 모르게 수출물품이 외국으로 수출되어 군수물자를 제조하는 원료로 사용될 수 있기 때문입니다. 예를 들어, 원단을 수출하는 업체인데 이 원단이 외국으로 수출되어 방탄복을 만드는 원료로 사용될 수 있기 때문에 수출 회사에서는 전략물자 여부에 대한 확인이 필요 합니다.

(1) 전략물자의 확인은 언제하는 것이 좋은가?

전략물자의 확인은 수입자와 매매계약이 된 상태에서 수출 진행 전에 하여도 되지만, 수출자는 수입자와의 매매계약이 성립되기 전에 전략물자에 대한 확인을 미리 해두는 것이 좋을 것이라고 판단됩니다.

전략물자의 확인에 있어 가장 손 쉬운 방법은 지정 관세사와 수출물품에 대한 HS Code를 확인하면, 관세사는 해당 물품이 전략물자에 속하는지에 대해서 '자가판정'을 하게 됩니다. '자가판정'을 관세사를 통하지 않고 수출회사 자체적으로 진행하는 '자가판정'의 경우 '전략물자관리시스템' Yes Trade(http://www.yestrade.go.kr/) 홈페이지에서도 가능하며, 본 홈페이지에서는 전략물자 판정 여부를 '전략물자관리원'에 요청하는 '사전판정' 역시 진행가능합니다.

'자가판정'이란 말 그대로 자체적으로 판단하는 것으로서 책임은 해당 회사에 있으며, '사전판정'이란 전략물자관리원에서 대행을 하는 것으로서 해당 기관에서 책임을 집니다(처리기한 15일 이내, 비용 무료).

전략물자로서 판정이 되면 추가적인 서류를 제출하여 수출이 허가 되는 경우가 대부분이나 때로는 수출이 불가능한 경우도 있습니다.

(2) Yes Trade(http://www.yestrade.go.kr/) 홈페이지 보기

대부분의 제품이 '산업용'으로서 우측 중간 부분에 '산업용 판정/허가'를 클릭합니다.

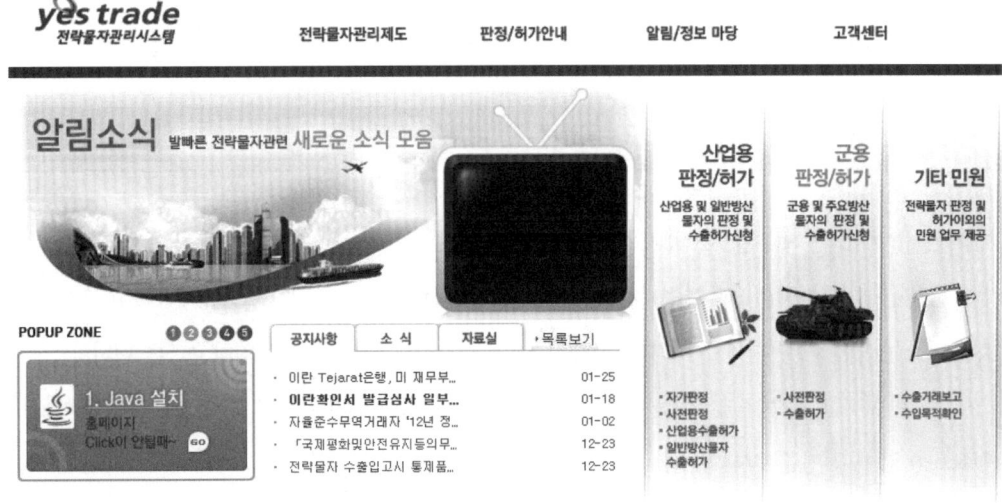

'산업용 판정/허가'를 클릭하면 다음과 같은 화면을 볼 수 있으며 '자가판정' 혹은 '사전판정'을 선택하여 수출하고자 하는 물품에 대한 전략물자 여부를 확인할 수 있습니다.

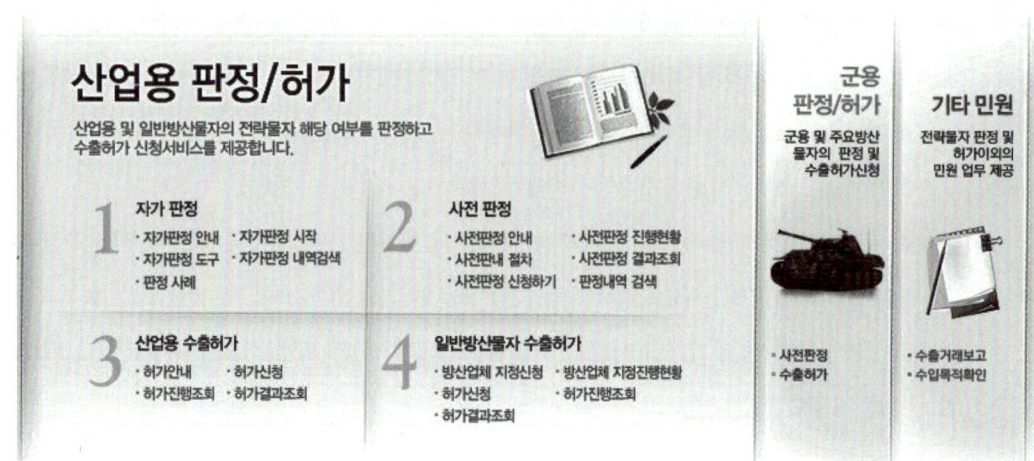

5. 관세사와 포워더의 차이점 및 선택할 때 알아야 할 점

1) 관세사는 누구며 어떤 일을 하는가?

무역을 하게 되면 업무를 할 때마다 연락하는 곳이 관세사 사무실이며 포워딩 업체 사무실입니다. 관세사는 수출입회사를 대신하여 수출입통관, 환급 등 세관과 관련된 서비스를 제공하고 그에 따른 수수료를 득하는 업종이며 관세사 자격증을 가진 사람이 관세사 사무실을 운영하고 있습니다.

자가통관이라고 하여 수출입할 때마다 화주가 직접 세관에 신고하고 수출입통관을 하여도 되지만 순조로운 업무 진행을 위하여, 업무에 대한 효율적인 측면에서 대부분의 무역회사는 수출입통관 및 환급 등 세관과의 업무에 대해서 관세사 사무실에 하청을 줍니다. 이렇게 함으로써 만약에 있을 통관상의 문제도 관세사가 직접 해결해줄 수 있으며, 보다 쉽고 순조로운 진행을 할 수 있게 됩니다.

우리가 회계 업무를 회사에서 할 수 있지만, 회계사 사무실에 하청을 주는 것과 같이, 통관업무를 무역회사 자체적으로 하면 효율성이 떨어지니 관세사 사무실에 하청을 주는 것이라고 생각하면 이해가 쉬울 것입니다.

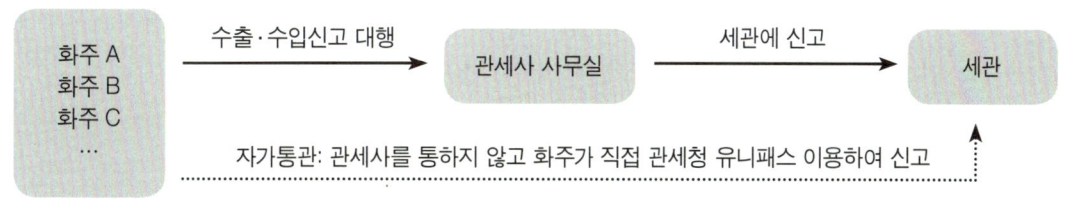

2) 포워더(복합운송주선업자)는 무엇이며 어떤 일을 하는가?

무역에서 빼놓을 수 없는 복합운송주선업자, 흔히 포워더 혹은 포워딩 업체라고 부르는 이들은 누구이며 또 어떤 일을 하는지에 대해서 알아보겠습니다.

포워더란 간단하게 말해서 운송에 대한 서비스를 해주고 그에 따른 차액으로 수익을 내는 업체입니다.[1]

운송을 하려면 항공기를 가진 대한항공 혹은 아시아나 항공과 같은 항공사가 있어야 하며, 배를 가진 한진해운과 같은 선사가 있어야 합니다. 이들은 직접 운송을 하는 회사입니다. 무역회사는 통상적으로 이러한 운송회사와 직접 계약을 하지 않고 서로를 연결해주는, 즉 가교 역할을 하는 포워더와 계약을 합니다.

다시 말해서 포워더는 배나 항공기, 그리고 열차 혹은 자동차를 소유한 운송회사가 아니라 운송수단을 가지지 않고(무선박운송인, NVOCC, None-Vessel Operating Common Carrier) 운송수단을 가지고 있는 운송회사와 운송계약을 하여 수출입물품의 선적을 위한 선복 예약 및 기타 운송에 대한 서류작성과 운송에 수반되는 서비스를 무역회사에 제공하는 운송 서비스 업체입니다. 즉, 포워더(Forwarder)는 선사·항공사와 화주 중간에 존재하면서 화주로부터 물품을 받아서 선사·항공사에게 Forwarder해주는 역할을 하는 회사입니다.

무역회사가 세관과의 수출입통관 업무, 환급 업무 등을 관세사 사무실에 하청을 주는 이유는 관련 업무에 대해서 상세히 알지 못하여 직접 하게 되면 업무가 비효율적으로 진행되기 때문입니다. 마찬가지로 운송에 대해서 무역회사는 항공사, 선사와 직접 거래를 하는 경우도 있으나 이러한 경우는 물동량이 어느 정도 되는 경우이고 물동량이 많은 무역회사라 하더라도 운송 관련 업무에 대해서 특화된 회사가 아니기에 운송 업무를 포워더에게 하청을 주어 업무의 효율성을 높이는 것입니다.

또한, 포워더는 택배를 보내고 받을 때, 택배를 보내는 사람이 우체국 택배를 이용하면 받는 사람도 우체국 택배 기사에게 물품을 받는 것처럼 수출지의 포워더와 수입지의 포워더가 서로 연결이 되어 있

---

[1] 관세사 사무실은 수출통관 건당, 환급 건당에 대한 수수료 개념이며, 포워더는 선사·항공사로부터 운임을 도매로 받아서 화주에게 소매로 판매하는 것이니 마진 개념입니다.

습니다. 예를 들어, 한국에 있는 A라는 포워더는 외국에 있는 B, C, D 등등의 포워더(파트너)와 업무제휴를 통하여 출발지에서부터 도착지까지 전구간에 걸쳐서 일관운송책임을 집니다.

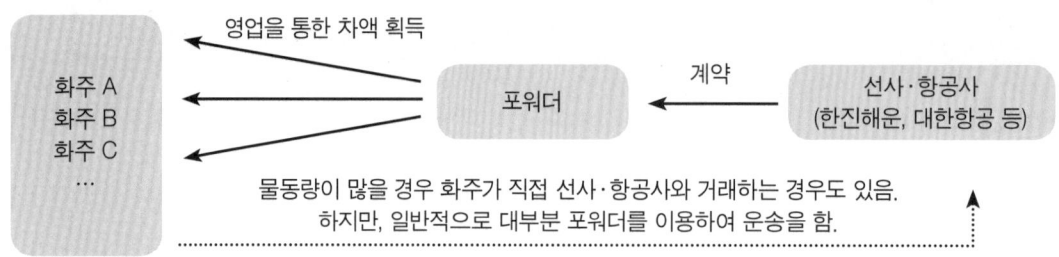

| 참고1 | 포워더를 사용하는 것이 운임이 저렴하다? |

화주(무역회사, 실화주)가 포워더를 통하지 않고 선사/항공사와 직접 거래할 수 있는 조건(상황)이라 할지라도 포워더와 운송 계약하는 것이 일반적입니다. 화주가 선사/항공사와 직접 거래할 때, 운송 구간에 대한 Freight 비용은 화주가 포워더를 통하여 견적 받는 Freight 비용보다 높을 수 있습니다. 이유는 포워더는 선사/항공사와 화주에 비해서 상대적으로 많은 물량의 운송 계약 체결하기에 규모의 경제가 생깁니다. 결국, 포워더가 중간에서 Freight에 대한 마진을 일정 부분 취하더라도 화주가 선사/항공사와 직접 계약하고 받는 Freight보다 낮을 수 있겠습니다. 또한, 아래 '[참고 2]'에서 언급하고 있듯이, 화주가 포워더를 사용하지 않는다면 내륙운송할 때 내륙운송 업체에도 별도로 운송 요청 등의 업무를 해야 하는 불편함이 있겠습니다.

| 참고2 | 포워더는 복합운송주선업자 |

물품을 국가에서 국가로 운송하기 위해서는 기본적으로 2가지 이상의 운송 수단(복합운송)을 사용해야 하는 경우가 많습니다[1]. 한국에서 물품을 외국으로 운송하기 위해서는 Trucking 하여 내륙의 수출지 Door에서 터미널(항구/공항)까지 운송해야 하고, 수입국 터미널까지 배/항공기로 운송해야 합니다. 역시 수입지 터미널에서 수입지 Door까지 트럭 혹은 철도로 운송해야 할 것입니다. 포워더는 하나의 운송 건에 대해서 2가지 이상의 운송 업체에 연락하여 화주의 화물이 수출지에서 수입지까지 문제없이 순조롭게 운송될 수 있도록 복합 운송 서비스합니다.

| 참고3 | 포워더 항공(By Air)과 포워더 해상(By Vessel)의 선택 기준(참고 사항) |

구분	선택 기준
포워더 항공	부피(CBM), 무게(kg)가 적은 소량의 물품[2]. 신속한 운송이 필요한 경우(수입자가 물품이 급하게 필요한 경우). 항공은 운송비가 비싸기 때문에 물량이 상당한 경우 미리 발주하여 해상운송 진행. 상당한 물량이 급하게 필요한 경우 일부는 항공, 나머지는 해상운송 진행(분할선적).

1   국경이 붙어 있는 국가와 국가의 거래에서는 트럭 운송으로만 무역이 이루어질 수 있을 것입니다(단일운송).
2   부피와 무게가 상당한 경우에도 신속하고 안전하게 운송할 필요가 있을 때, 해상이 아닌 항공 운송하기도 합니다.

포워더 해상	부피(CBM), 무게(kg)가 상당한 물품. 신속한 운송을 요구하지 않는 경우(수입자가 물품을 미리 발주한 경우). 해상은 운송 시간이 상당하기 때문에 미리 발주하는 것이 중요함.

3) 화주가 관세사 사무실 및 포워더 선택할 때 알아야 할 점

관세사 사무실과 포워더는 많은 업체들이 있습니다. 관세사 사무실은 세관과 화주의 중간에서, 그리고 포워더는 선사·항공사와 화주의 중간에서 관련된 업무를 화주에게 의뢰받아서 일해주는 곳입니다. 즉, 관세사 사무실과 포워더는 서비스업이라고 할 수 있습니다.

수입통관, 수출통관 및 관세환급 등 세관과의 업무를 관세사 사무실에 대행을 맡기고 진행을 한다고 하더라도 관련된 신고만을 관세사 사무실에서 진행하는 것이고 필요한 서류 등의 준비는 화주가 책임지고 업무처리를 하는 것입니다. 운송과 관련된 업무 역시 화주가 책임지고 해야 할 사항들이 많습니다. 이런 상황에서 화주 입장에서는 업무 처리에 미숙하여 관세사 사무실에 혹은 포워더에게 문의를 하게 될 것이며, 이러한 문의에 대한 답변을 친절하면서도 신속하게, 또한 정확하게 해주어야 합니다.

비용과 관련된 부분에 있어서도 관세사 사무실 수수료와 포워더 운송비에 대해서 여러 업체와 비교를 해 볼 필요가 있을 것입니다. 물론, 무조건 저렴하다고 해서 선택하면 안 되고 위에서 언급한 서비스의 질적인 면도 화주 스스로 판단을 하여 최종 결론을 내리는 것이 바람직합니다.

참고로 포워더의 경우 지역별로 특화되어 있는 경향이 있습니다. 말하자면, A 포워더는 유럽에서 수입되는 운송비가 타사에 비해서 경쟁력이 있고, B 포워더는 미주에서 수입되는 운송비가 타사에 비해서 경쟁력이 있는 경향이 있을 수 있습니다. 하지만, 전체적으로 모두 경쟁력이 있는 운송비를 제공해주는 포워더도 있습니다.

4) 관세사 사무실 및 포워더와 업무처리를 함에 있어

관세사 사무실과 업무를 진행해보면 관세사가 아닌, 밑의 직원과 많은 업무 처리를 할 것입니다. 포워더와 업무 진행을 할 때도 윗분들과 대화를 하는 것이 아니라, 수입 항공이면 수입 항공만을 담당하는 직원들과 대부분 업무 처리에 대한 이메일과 전화 연락을 합니다. 평상시 단순업무 처리에 대해서는 이렇게 해도 큰 무리는 없겠지만, 중요한 일이라든지 결과에 나쁜 영향을 끼칠 수 있는 일을 앞두고 던지는 질문의 경우, 세관 업무는 관세사와 직접 통화를 하고, 운송 관련 업무는 포워더에서 직책이 어느정도 있는 분과 직접 통화를 혹은 메일을 주고 받는 것이 좋습니다.

이유는 직급이 낮은 직원들이 전달하는 정보가 틀린 경우가 있으며, 직책이 낮다 보니 결과에 대한 책임을 질 수 없을 수도 있습니다. 윗분들의 경우는 그나마 정확한 정보를 제공하며, 물론 결과에 대해서는 책임을 지지 않지만 후속조치 정도는 해줄 수 있는 입장에 있기 때문입니다.

6. 포워더(Forwarder)와 특송(Courier Service)의 차이점

소량의 물품 혹은 서류를 국내에서 국내의 누군가에게 발송할 때 우리는 택배 혹은 등기를 사용합니다. 만약 이러한 물품을 외국으로 발송한다면, 이때 사용하는 방법은 DHL, TNT, Fedex 등과 같은 특송회사를 사용합니다. 즉, 특송(Courier Service)은 소량의 물품이라든지 서류를 취급하는 택배회사로서, 외국과 외국을 왕래하는 물품 혹은 서류를 취급하는 택배회사이니 국제택배회사가 됩니다. 특송은 국제택배회사이기 때문에 운송의 형태 역시 택배처럼 집배송, 다시 말해서 Door to Door Service입니다.

반면에, 어느 정도의 부피와 무게가 있는 물품의 경우, 즉 국내에서 우리가 타 지역으로 이사를 할 때 우리는 이사 짐을 택배로 옮기는 일은 없습니다. 운송사를 지정하여 이사 짐을 운송합니다. 무역에서도 마찬가지입니다. 소량의 물품이 아닌 어느 정도의 부피와 무게를 가진 건에 대해서는 특송을 이용하지 않고 운송사인 포워더를 이용합니다. 포워더의 경우 항공 건 및 해상 건으로 구분되며 통상 해상 건에서 FCL은 CY to CY(CY/CY), LCL은 CFS to CFS(CFS/CFS)로 관련 서류에 명시됩니다.[1] (포워더도 화주의 요청이 있는 경우, Door to Door Service 진행 가능. 실무에서 포워더 역시 Door to Door Service 함).

특송은 항공 건에 대해서만 존재하는 것이 아니라 해상 건에서도 특송이 있지만, 일반적으로 항공 건이라는 가정하에 물품을 빠른 시일 내로 운송을 원하는 경우 우리는 DHL, TNT와 같은 특송회사를 사용할지 아니면 포워더를 통해서 항공으로 운송할지에 대한 고민에 빠질 수 있습니다. 이때 크게 운송비와 운송 및 통관의 신속성에 대해서 고민할 것입니다. 가장 중요한 것은 운송비인데 대략 해당 건의 무게가 30kg이 안 되면 특송을 사용하는 것이 효과적이며, 무게가 50kg이 넘어가는 건에 대해서는 포워더의 항공운송 서비스를 사용하는 것이 효과적이라고 할 수 있습니다. 그리고 30kg ~ 50kg 정도[2]가 되면 특송 및 포워더 항공 견적을 함께 받아서 비교해 볼 필요가 있는데, 큰 차이가 없다면 특송을 사용하는 것이 좋습니다. 이유는 포워더의 경우 매일 항공편이 있는 것도 아니고 통관의 신속성도 다소

---

[1] 참고로 CFS/CFS라는 표현이 반드시 LCL이라고 단정 지을 수는 없겠습니다. FCL 건 역시 CFS를 사용하는 경우가 있으며 이에 따라서 CFS/CFS, CFS/CY 혹은 CY/CFS 등으로 표현될 수 있겠습니다.

[2] 이는 하나의 예입니다. 특송으로 물품을 운송할지 혹은 포워더 항공으로 할지의 선택은 특송 및 포워더에게 견적 요청하여 비교해야 할 것이며, 기타 상황 역시 고려 후 최종 판단해야 할 것입니다.

떨어집니다. 반면, 특송은 거의 매일 항공편이 존재하며 통관 역시 신속하게 진행되기 때문입니다. 특히, 특송은 Door to Door Service이기 때문에 화주 입장에서 매력적인 선택이라고 할 수 있습니다.

특송회사도 그 비용이 천차만별인데, 전 세계적으로 운송 서비스를 하는 DHL, TNT, Fedex, UPS 등의 회사는 상대적으로 비용이 비싼 편이며, 예를 들어, 한국에서 중국의 특정 지역과 왕래하는 물품에 대해서만 특송 서비스를 해주는 업체가 있는데 이들 업체는 서비스 면에서 DHL과 같은 회사와 큰 차이가 없지만, 비용 면에서 상당 부분 저렴하다고 할 수 있습니다. 따라서 굳이 DHL, TNT와 같은 회사를 사용하지 않아도 되는 경우 저렴한 특송사를 선택하는 것도 비용을 줄이는 방법이 되겠습니다[3].

마지막으로, 앞서 DHL과 같은 특송은 소량 화물 및 서류를 취급하는 회사라고 했는데, 때로는 DHL이 특송회사로서의 역할이 아닌 포워더로서의 역할을 할 때도 있습니다(DHL Global). 특송 건의 B/L은 특송회사가 택배 회사이기 때문에 마치 우리가 국내에서 택배를 보낼 때 작성하는 택배 용지 같은 서류가 바로 특송 B/L입니다. 만약 특송회사가 포워더로서의 역할, 즉 대량의 화물을 운송하는 경우 포워더가 발행하는 A4 용지 크기와 같은 B/L을 발행합니다.

■ **한눈으로 보는 특송과 포워더의 차이점**

	특송(Courier Service)	포워더(Forwarder)
B/L 형태	특송 B/L[4]	Forwarder B/L, AWB
구분	서류 혹은 소량 물품 발송의 경우	부피와 무게가 상당한 경우

---

3 물량이 상당해지면 DHL에서 운임 할인을 상당히 해줄 수 있습니다. 그런데 일반적으로 DHL과 화주(무역회사)가 직접 거래하는 것보다는 중간에 'ABC Express'라는 회사를 통하면 보다 운임이 저렴할 수 있습니다. 86쪽 '[참고 1]'에서 언급한 것처럼 특송 건 역시 중간에서 핸들링하는 회사가 있는데, 이들에게 운송 요청하면 특송사와 직접 거래하는 것보다 운임이 저렴해질 수 있습니다(관련 참고 90쪽 '경우 2').

4 특송 용지는 택배 용지와 동일하여서 화물운송장(way bill)이라고 하는 것이 적절한 표현이지만, 실무에서 특송 용지를 특송 B/L이라고도 많이 합니다.

B/L No.	Tracking No. (택배 운송장 번호, 바코드 주변에 위치)	B/L No. (우측 상단에 위치)
발행	택배 용지기 때문에 수출자 작성 후 특송 기사 방문하면 인보이스 3부와 함께 전달 (수출자 → 특송)	포워더가 작성 후 OB/L은 등기, 사본 AWB은 이메일로 수출자에게 전달 (포워더 → 수출자)
운송	Door to Door Service (택배로서 집배송)	FCL : CY/CY LCL : CFS/CFS (포워더도 Door to Door Service 가능)
신속성	거의 매일매일 스케줄이 있고, 수출 및 수입통관이 간이하게 진행되기 때문에 신속한 통관 진행 기대.	주 3항차(월,수,금), 주 2항차(월,목) 등으로 매일 스케줄 있는 것이 아니며, 수출 및 수입통관 역시 정식으로 진행되기 때문에 특송보다 운송 및 통관의 신속성 떨어짐.

SHIPPING SCHEDULE

To.	Edu Tradehub				
ATTN. 홍길동 대리님				TEL / FAX.	82-2-121-3333 / 82-2-121-3303
M. B/L NO.		ORIGN	BUSAN KOREA	VIA1.	
H. B/L NO.		DESTINATION	QINGDAO	VIA2.	
PARTNER	S.F. SYSTEMS(QINGDAO) LTD.			LCL / FCL	LCL
ATTN.		TEL / FAX	86-532-8606-0000 / 86-532-8202-0001		

1. 귀사의 일의 번창하심을 기원합니다.
2. 스케줄을 다음과 같이 알려드리오니 업무에 참조하시기 바랍니다.

LINE / VESSEL / VOYAGE	DOC CLOSING	CLOSING	ETD	ETA	REMARK
HANJIN ACTIVITY / 0019W	2012 - 05 - 08 12 : 00	2012 - 05 - 08 11 : 00	2012 - 05 - 09	2012 - 05 - 12	
PANCON CHALLENGE / 1220W	2012 - 05 - 11 12 : 00	2012 - 05 - 11 11 : 00	2012 - 05 - 12	2012 - 05 - 15	

▲ 포워더가 작성한 해상 LCL 건에 대한 선적 스케줄로서 5월 8일(화), 5월 11일(금) 즉, 주 2항차로 운행됩니다. 수출자는 이러한 스케줄 중의 하나를 선택하여 Shipment Booking 진행합니다(참고 125쪽).

7. 특송 운송과 통관 구조에 대한 이해

화주(무역회사)는 DHL 등과 같은 특송회사[1]에게 직접 연락하여 이들과 거래할 수도 있고('경우 1'), 중간에 'ABC Express'와 같은 회사를 통하여 특송 운송 요청('경우 2')할 수도 있습니다.

경우 1　　**특송 업체와 Direct 거래**

수출/수입자

a) 운송 및 통관 대행 요청 →
f) 수출/수입신고필증 전달 ←

특송 Big 4

b) 수출/수입신고 요청 ↓
(Commercial Invoice 필요)

e) 수출/수입신고 필증 전달 ↑

관할지 세관

c) 수출/수입신고 ←
d) 수출/수입신고필증 발행 →

관세사 사무실

- Account No.(고객번호)는 인바운드와 아웃바운드 달리 부여.
- 특송사 영업사원의 역량에 따라서 그리고 실화주의 물동량에 따라서 할인율은 달리 적용 될 것.

[특송 Big 4]

---

1 참고로 특송은 사기업으로서 DHL, Fedex, TNT, UPS가 Big4라 불리우며, EMS는 특송이 아닌 국가 간의 우체국 서비스라 할 수 있습니다.

경우 2 **종합물류업체와의 거래**

 ———— ABC Express ————

실화주   픽업, 포장, 발송, 통관, 배송 등   특송 Big 4
            수출입에 필요한 일괄 서비스 제공.

```
┌─────────────────────┐        ┌─────────────────────┐
│ 특송사에서 받은 운임에 │        │   Full 운임에서       │
│ ABC Express 마진 더해서│       │  상당한 할인(DC) 받음  │
│    실화주에게 견적     │        └─────────────────────┘
└─────────────────────┘
```

- '경우 2'가 '경우 1'보다 실화주 입장에서 특송 운임이 더 저렴할 수도 있음.
  이유는 ABC Express라는 업체는 대량의 화물을 특송사로 Booking 함으로서 기본 운임 대비 상당한 Discount된 운임을 제공 받음으로써, ABC Express가 자신의 마진을 더해서 실화주에게 운임을 견적하더라도 '경우 1'처럼 실화주가 직접 특송사로 견적 요청하여 그들과 Direct 거래하는 것보다 운임이 저렴할 수 있음.

- 실화주가 Fedex 등 특송사로 연락해서 운임 견적 받으면, 할인 거의 받지 못할 것(물량 많은 경우 예외).

■ EMS(Express Mail Service)에 대한 이해

 국가간 우체국 연계 시스템.
해외 우체국 사정에 따라 나라별로 EMS 서비스 질(Quality) 상당한 차이 존재.
선진국일 수록 서비스 질 높음.

장 점
- 운임이 Big 4에 비해 상당히 저렴한 편.
- Big 4를 통하여 보내기 까다로운 음식물 등의 물품을 발송 가능할 수도.
- 판매용 아닌 개인 사용 물품으로 면세 범위에 들어가는 경우 및 개인 선물(음식물 등) 등의 발송은 EMS 적절 할 수도.

단 점
- 배송기간이 Big 4 대비 오래 걸린다 할 수 있음.
- 운임 착불 서비스 제공하지 않음. (수출지에서 운임 결제해야 발송 가능)
- 통관 서비스 대행하지 않음.
  (세관에 신고 및 세액 납부하기 위해서 수취인이 별도로 관세사 사무실에 요청 혹은 자가 통관해야)
- 통관 절차 밟아야 하는 Buyer에게 발송할 때는 통관 대행 서비스 무상 제공하는 Big 4 이용하는 것이 적절.
  (Buyer가 판매용으로 수입한다면 수입신고 및 세액 납부해야)
  (개인 사용 물품으로서 면세 범위라면 EMS 발송 적절할 수도)

[수출자의 주의점]
관세사 사무실로 수출신고 의뢰 후 '수출신고필증(적재 전)'을 전달 받아서 발송 물품과 함께 EMS 접수자에게 전달하면서 '전산등록' 요청해야. 수출신고 수일로부터 30일 이내에 외국으로 나가는 배/비행기에 적재되어야 하기에 반드시 전산등록 요청하여 전산상으로 적재되었다는 사실 확인되어야. 그렇지 않으면 벌금 발생할 수도.

[수입자의 주의점]
우편물 보관기간은「국제우편규정」제31조에 따라 도착일로부터 15일 이내(45일 연장가능)이며 보관기간 내 세관에 신고하지 않는 경우 반송될 수도.

8. 수출·수입면장과 수출·수입신고필증의 차이점

수출면장과 수출신고필증, 그리고 수입면장과 수입신고필증은 각각 동일한 서류입니다. 하지만, '면장'이란 단어는 과거에 없어진 단어로서 '신고필증'이라는 단어를 사용하는 것이 맞습니다. 그럼에도, 현재까지 실무상으로 '면장'과 '신고필증'이 구분 없이 사용되는 이유는 '수출신고필증'이라고 말하는 것보다는 '수출면장'이라고 말하는 것이 보다 편하기 때문이 아닐까 생각해 봅니다.

'수출신고필증'이란 수출물품이 수출신고 되어서 수리가 되었다라는 증거서류입니다. 통상 수출신고의 경우 수출물품을 화주가 자신의 공장 혹은 창고에서 수출신고를 하고 바로 수리가 되고, 수리가 된 물품이 정상적으로 외국으로 왕래하는 선박 혹은 항공기에 적재(On Board)되는 때는 그 이후가 됩니다. 따라서 수출신고 수리된 물품에 대해서 외국으로 왕래하는 선박 혹은 항공기에 적재가 되기 전에 '적재 전 수출신고필증'이 발행되며, 적재가 이루어지고 실제로 수출 이행이 완료되면 '수출이행 수출신고필증'이 발행됩니다.

'수입신고필증'의 경우 수입물품이 수입신고되어 세액 납부하고 수리가 되었다라는 증거서류입니다. '수출신고필증'처럼 하나의 신고 건에 대해서 2회 구분 발행(적재 전, 수출이행)되는 것이 아니라 1회 발행됩니다.

> **참고** **가면장이란 무엇인가?**
>
> 수출자(수입자)에게 수출(수입) 신고 의뢰받은 관세사 사무실에서 신고 물품에 대한 신고 내역을 전산으로 입력한 상태의 신고서라 할 수 있습니다. 가면장을 특별히 요청할 필요는 없으나, 요청하는 시점은 관세사 사무실에서 신고서 작성 후 세관으로 신고서를 제출하기 전 상태라 할 수 있습니다.

> **참고** **수리내역서와 신고필증**
>
> 수리내역서는 수입(수출)신고서를 작성하여 관할지 세관으로 신고 후 수리받으면 신고인으로서 관세사 사무실에서 출력할 수 있으며, 신고필증 역시 수리 이후 발행되나 세관에서 발행하는 서류가 되겠습니다.

9. 외국물품과 내국물품의 차이점&관세선의 정의

1) 외국물품(관세법 제2조)

- 외국으로부터 우리나라에 도착한 물품으로서 수입신고가 수리되기 전의 것
- 수출 신고가 수리된 물품

2) 내국물품(관세법 제2조)

- 우리나라에 있는 물품으로서 외국물품이 아닌 것
- 우리나라의 선박 등이 공해에서 채집하거나 포획한 수산물 등
- '입항 전 수입신고'가 수리된 물품
- 수입신고수리 전 반출승인을 받아 반출된 물품
- 수입신고 전 즉시 반출신고를 하고 반출된 물품

> **참고**
>
> 외국물품과 내국물품은 모두가 우리나라의 법 효력이 미치는 영역 내에 위치해야 하며, 이외의 곳에 있는 물품은 내·외국물품을 따질 법적 실익이 없습니다. 예를 들면, 현재 일본국 전자 상가에 있는 카세트는 「관세법」에서 보면 외국물품이 아닙니다. 그러나 우리나라 선박이나 항공기 안은 우리나라의 주권이 미치는 곳이기 때문에 장소와 관계없이 내국물품과 외국물품을 구분할 필요가 있습니다.[1]

3) 관세선

관세선이란 외국물품이 내국물품으로 변하는 그 시점의 장소 혹은 내국물품이 외국물품으로 변하는 그 시점의 장소가 바로 관세선입니다. 즉, 수입 건의 경우 수입신고하여 세액 납부하고 수리되는 순간 관세선을 통과했다고 하며, 수출 건의 경우 수출 신고하여 수리된 순간 관세선을 통과했다고 합니다.

---

[1] 참고 문헌. 관세법 해설, 2013년/ 이종익·최천식·박병목 저/ 협동문고

10. 반입, 반출, 반송, 통관, 재수출의 정의

1) 반입, 반출

(1) 보세구역/창고로의 '반입'[2]

실무에서 흔히 말하는 '반입'의 뜻은 수입할 때 외국에서 외국물품이 국내 항구/공항의 '보세구역/창고'로 입고가 되었다는 뜻입니다. 물론, 수출할 때 수출신고 수리된 외국물품이 국내 항구/공항의 '보세구역/창고'로 입고 되었다라는 뜻으로도 '반입'이란 용어를 사용합니다.

즉, 보세구역/창고에 도착하여 입고되었다는 뜻으로 "반입 잡혔다."라고 표현합니다. 그리고 수입의 경우 화주는 자신의 물품이 국내 항구/공항의 '보세구역/창고'로 반입이 잡혔는지에 대한 상황을 관세청 UNI-PASS를 통하여 B/L No.만 알면 조회 가능합니다(B/L No.로 통관진행정보 조회 방법 참고, 119쪽).

(2) 보세구역/창고로부터의 '반출'[3]

'반출'이라 함은 흔히 물품이 보세구역/창고에서 출고가 되었다는 뜻으로 통합니다. 참고로 수입의 경우 물품이 '반출'되기 위해서는 '수입신고필증' 및 'D/O'가 있어야 합니다. 즉, 화주는 세관에 수입신고 하여 수리를 받아야 하며, 포워더에 운임 및 부대비용을 결제하여 물품을 가지고 가도 좋다라는 운송사의 허락인 D/O를 받아야만 보세구역/창고에서는 물품을 '반출'해 줍니다. 물론, 수입신고 수리가 되지 않은 건에 대해서 기존의 보세구역/창고에서 반출시킬 수도 있는데, 이러한 경우는 다른 보세구역/창고로 물품을 이동시키기 위해서 관세사 사무실을 통하여 보세운송을 세관에 신청한 경우의 예라고 할 수 있습니다.

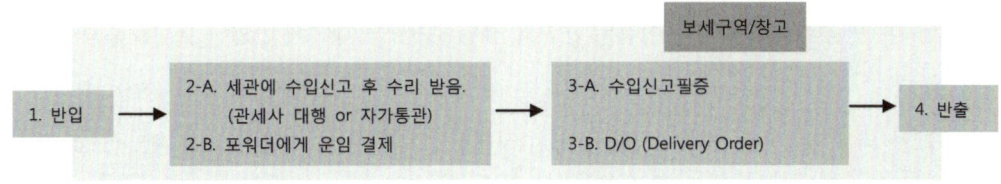

---

[2] '반입'의 다른 뜻으로는 외국에서 물품이 국내로 들어왔다는 뜻으로도 사용됩니다.
[3] '반출'의 다른 뜻으로는 국내에서 물품이 외국으로 나가는 뜻으로도 사용됩니다.

2) 반송(Ship Back)

반송이란 수입물품이 보세구역/창고에 장치(보관)된 상태에서 수입신고하지 않거나 수입신고는 했는데, 수리가 되지 않는 물품을 다시 수출국으로 혹은 제3국으로 돌려 보내는 것을 반송이라고 합니다.

※ 반송의 이유

① 수입신고 전에 화주가 보세구역/창고에 장치되어 있는 물품을 확인해보니 불량 혹은 위약물품의 경우
② 해당상품의 HS Code에 요건이 있는데 요건확인을 받지 못한 경우(식품의 경우 식품검사에서 '부적합' 받는 경우)
③ 중계반송 건에서 보세구역/창고에서 보수작업 후에 최종 수입지로 운송하는 경우

3) 통관

통관이란 수입통관, 수출통관, 반송통관, 이렇게 세가지로 나누어집니다.
수입, 수출, 반송을 할 때에는 관세법뿐만 아니라 여러 가지 법을 준수해야 하는데, 이러한 법을 준수하여 수입, 수출, 반송을 하는 것을 바로 통관이라고 합니다.

4) 재수출

재수출이란 수입신고가 수리된 물품을 어떠한 이유로 다시 수출국으로 혹은 제3국으로 돌려보내는 것을 말합니다. 반송과 재수출의 차이점은 반송의 경우 보세구역/창고에 반입된 보세물품(외국물품)의 상태 그대로 다시 수출국 혹은 제3국으로 돌려보는 것이며, 반면에 재수출은 수입신고하여 수리가 된 물품, 즉 수리가 되어 외국물품에서 내국물품이 된 상태의 물품을 다시 수출국 혹은 제3국으로 돌려보내는 것이 재수출입니다.

실무에서 크게 구분을 하지 않고 사용이 되는 경우가 많은데 정확한 의미를 알고 의미 전달하는 것이 좋습니다.

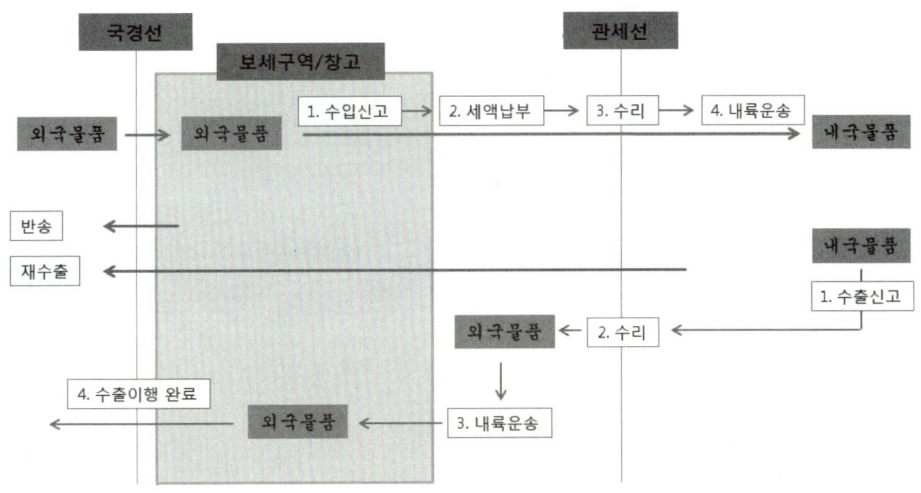

11. 보세, 지정·특허보세창고, 보세운송

1) 보세에 대한 정의

보세란 외국물품으로서 수입신고 수리 전 상태를 말하는 것입니다. 다시 말해서 보세구역/창고에 반입되어 세관에 의해서 수입신고가 수리되기 전, 즉 세금을 납부하지 않은 상태의 외국물품을 말합니다. 물론, 보세의 개념은 수출의 경우도 존재합니다. 수출 신고할 때 해당 건의 물품이 보관된 수출자의 공장 혹은 창고에서 수출신고 후 수리가 됩니다. 그러면 내국물품의 상태에서 수리되는 순간 관세선을 지난 것으로서 외국물품, 즉 보세물품이 되는 것입니다. 흔히, 수입물품의 경우 보세물품을 A라는 보세구역/창고에서 B라는 보세구역/창고로 운송을 할 때 반드시 세관에 신고를 하여 보세운송업체를 통하여 보세운송을 해야 합니다. 하지만, 수출의 경우 신고하여 보세물품의 상태가 된 물품이라도 해당 물품을 항구/공항으로 운송할 때 보세운송 하지 않고 일반 운송업체를 통하여 일반운송을 하는 것이 통상적인 경우라고 할 수 있습니다. 다시 말해서 보세라는 개념은 수입 건의 경우에 대해서 그 비중이 다소 크다고 할 수 있습니다.

2) 지정보세구역과 특허보세구역

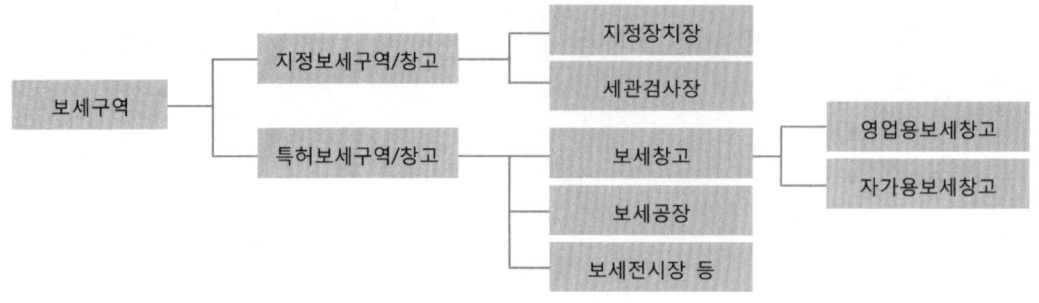

▲ 보세구역 개념도

지정보세구역이란 국가, 지방자치단체, 공항 또는 항만시설을 관리하는 법인이 소유 또는 관리하는 토지, 건물 기타의 시설 중에서 세관장이 지정한 구역을 말합니다.

특허보세구역이란 사인이 소유 또는 관리하는 토지, 건물, 시설 등에 대하여 세관장의 특허를 받아서 설치, 운영하는 보세구역을 말합니다. 특허보세창고[1]의 경우, 크게 영업용 보세창고와 자가용 보세창고가 있으며, a)영업용 보세창고는 창고업무가 주가 되는 업자가 여러 화주의 보세물품에 대한 취급에 대해서 관할지 세관으로부터 특허를 받아서 운영하는 특허보세창고를 말하며, b)자가용 보세창고는 일반기업이 외국으로부터 수입되는 자사의 보세물품을 항구/공항 혹은 내륙의 보세창고에 장치하는 것이 아니라, 자신이 운영하는 보세창고로 바로 보세운송 하여 반입 후 수입신고하고 수리가 되면 그대로 사용할 수 있는 보세창고를 말합니다.

3) 보세운송에 대한 정의

보세운송이란 보세물품을 국내의 보세구역/창고 간에 운송하는 것을 말합니다. 즉, 하나의 보세구역/창고에서 또 다른 하나의 보세구역/창고로 운송하는 것을 말합니다.

---

1 항구/공항에는 세관에서 운영하는 '지정보세창고'가 있겠지만 특허를 받아서 선사·항공사 혹은 포워더가 운영하는 '특허보세창고'도 있습니다. 수입품에 대한 적하목록이 운송사에 의해서 세관에 제출되면 세관에서는 우범화물검사(C/S검사)를 하며, 이때 우범성이 있는 화물이라고 판단이 되면 세관에서는 이러한 화물은 '관리대상'으로 지정을 하며, 관리대상 건에 대해서는 '지정보세창고'로 반입이 됩니다. 그렇지 않으면 통상 항구/공항의 선사·항공사 창고라든지 포워더 창고로 '반입'이 됩니다.

12. 과세가격 'FOB 가격 + 운임 + 보험료'의 정확한 뜻

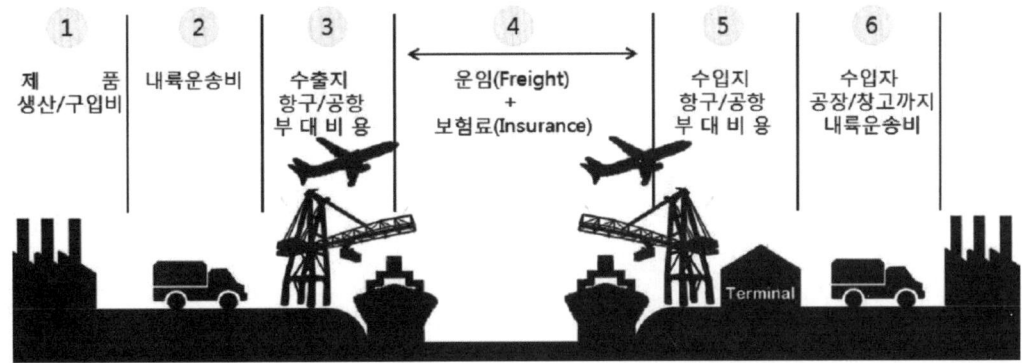

1) FOB 금액이란 무엇인가?

수출자가 수입자에게 견적서(Proforma Invoice: P/I)를 보낼 때 가장 흔하게 사용하는 가격조건(Price Term=Incoterms)이 바로 FOB입니다. FOB 금액이란 수출자가 수출물품을 제조 혹은 구입하여 포장 후 공장 출고할 때까지의 비용(①)과 포장된 수출품을 선적항까지 운송하는 내륙운송비와 내륙운송 구간에서 발생할 수 있는 사고를 대비해서 가입하는 보험에 대한 보험료(②), 그리고 항구에서 도착하여 적재(On Board)되기까지 발생하는 부대비용(Terminal Handling Charge, Wharfage, Handling Charge, Documents Fee 등 ③), 마지막으로 수출자의 마진을 합한 금액입니다.

다시 말해서, FOB 금액이라는 것은 국내에서 인터넷으로 물품을 구입할 때 '배송비 착불' 가격조건입니다. 즉, FOB 금액에는 운임(Freight)이 포함되어 있는 않은 가격으로서 운임은 수입자가 부담하며, 운임 착불(Freight Collect) 조건입니다.

FOB 금액 = ① + ② + ③ + 수출자의 마진

■ 가격조건 FOB Busan Port의 인보이스(C/I) 포함 비용 구성

2) 운임(Freight)에 대한 정의

운임이란 해상의 경우 순수한 뱃삯이며, 항공의 경우 순수한 항공료를 말합니다.

해상운임(Ocean Freight)의 경우 수출물품이 수출지 항구에서 지정된 선박에 적재(On Board: 선적)된 순간부터 배가 출항하여 수입지의 항구에서 하역(Discharge)하기 전까지 발생된 실질적인 운송비를 뜻합니다. 항공운임(Air Freight)의 경우 역시 수출물품이 수출지 공항에서 지정된 항공기에 적재(On Board: 기적)된 순간부터 항공기가 이륙하여 수입지의 공항에서 하역(Discharge)하기 전까지 발생된 실질적인 운송비를 뜻합니다.

다시 말해서, 해상의 경우 부두에서 발생하는 Terminal Handling Charge, Documents Fee, CFS Charge 등과 같은 비용은 부대비용으로서 운임이 아니며 적재에서부터 하역하기 전까지의 순수 운송비가 바로 해상운임(Ocean Freight)이 됩니다.

실무에서 수입자가 수출자와 EXW, F-Terms 중 하나의 가격조건으로 거래를 하게 되면 이들 조건은 모두 운송비 후불(Freight Collect) 조건이기 때문에 포워더가 물품을 수입지에 도착시킨 다음에 운임, 즉 실질적인 순수한 뱃삯/항공료 및 수입지 항구/공항에서 발생된 부대비용을 수입자에게 청구합니다.

다시 말해서, 이때 수입자가 포워더에게 결제하는 비용 모두가 운임 후불 조건에서는 순수한 운임이 아니라 수입지 항구/공항에서 발생된 부대비용까지 포함된 운송비라는 것입니다.[1]

---

1 C-Terms, D-Terms와 같은 운임 선불(Freight Prepaid) 조건에서 포워더는 수출자에게 수출물품이 수출지 항구/공항에서 적재(On Board) 되기 전에 수출지에서 발생된 수출지 항구/공항의 부대비용을 포함하여 운임(Freight)를 선결제 요구하기 때문에 수입자는 수입지 항구/공항에서 발생 된 부대비용 혹은 이와 함께 수입지의 내륙운송 비용만을 결제합니다. 그러면 포워더는 수입자에게 D/O를 내려 줍니다.

따라서 수입자는 본 건에 대한 관세를 계산할 때 관세를 구하는 공식 'FOB금액+운임+보험료'에서 운임에 대한 비용으로서 포워더에게 결제하는 모든 비용을 적용하는 것이 아니라 순수한 운임(Ocean Freight/Air Freight)만 적용합니다. 즉, 수입지 항구/공항에서 발생하는 부대비용은 모두 제외하고 적용을 합니다.

해상에서 'Ocean Freight'라는 명목으로만 청구되는 경우가 있지만, BAF(Bunker Adjustment Factor: 유류할증료), CAF(Currency Adjustment Factor: 통화할증료)와 함께 청구되는 경우가 있는데, 이러한 경우는 Ocean Freight, BAF, CAF 모두가 실질적인 해상운임, 즉 Ocean Freight(O/F)가 됩니다. 항공에서도 역시 'Air Freight'라는 명목으로만 청구되는 경우가 있지만, 통상 FSC(Fuel Surcharge: 유류할증료), SSC(Security Surcharge: 보안할증료)[2]가 함께 청구되며, 따라서 Air Freight, FSC, SSC가 실질적인 항공운임, 즉 Air Freight(A/F)가 됩니다.

```
VESSEL / VOY      : COSCO NAPOL1            REF. NO.      :
P.O.L.            : ROTTERDAM NETHERLAND    M. B/L NO.    :
P.O.D.            : BUSAN PORT              ON BOARD/ARRIVAL :
WEIGHT            : 360 KG                  PKG'S : 5 GT
MEASUREMENT       : 7.5 CBM                 TERM  : CFS/CFS
```

DESCRIPTION	CURR	RATE	FOREIGN AMOUNT	EX-RATE	KRW
O/FREIGHT	USD	25.00	187.50	1,050.00	196,875
B.A.F.	USD	12.00	90.00	1,050.00	94,500
C.A.F.	USD	28.69	28.69	1,050.00	30,122
HANDLING CHG	USD	50.00	50.00	1,050.00	52,500
DOCUMENT FEE	KRW	25,000			25,000
C.F.S.	KRW	12,000			90,000
WHARGAGE	KRW	323			2,423
CONTAINER CLEANING FEE	KRW	800			6,000
INSURANCE CHG	KRW	12,000			12,000
				KRW	509,419

▲ 해상운송에 대한 운임 인보이스: 상기 해상 건에 대한 운임 인보이스에서 해상운임(Ocean Freight)은 O/Freight(Ocean Freight), BAF, CAF이며 Insurance Charge를 제외하고는 모두 수입지 부두에서 발생한 부대비용

▲ 포워더가 발행한 상기 운임 인보이스에 적하보험 비용 항목으로서 'INSURANCE CHG'가 포함되어 있는 이유는, FOB 조건에서 위험분기점은 비용분기점과 동일하게 수출지 항구에 정박된 배에 적재(On Board)된 시점이기 때문에 수입자가 적하보험 가입을 선택해야 합니다. 이때 가입을 원하는 경우 수입자는 적하보험회사에 연락하여 적하보험 가입을 해야 하는 것이 적합하지만, 포워더에게 적하보험 가입을 요청하더라도 포워더가 대신 적하보험회사에 연락하여 보험 가입(부보)을 진행해주기도 합니다.

---

2 SSC는 동남아 쪽으로 항공운송 되는 경우 발생되지 않는 운임 비용입니다.

HAWB NO. :		REF. NO. :
ORIGIN : AMS AMSTERDAM. NETHERLANDS		ARRIVAL :
DEST. : ICN INCHEON, KOREA		FLIGHT NO. : KE000
PIECES : 20 P'KGS		WEIGHT : 80.0 KG
		MEASUREMENT : 0.3 CBM

운임내역	CURR	단가	외화금액	환율	원화금액
AIR FREIGHT CHARGE	EUR	Min	75.00	1,797.54	134,816
FUEL SURCHARGE	EUR	0.45	36.00	1,797.54	64,711
SECURITY SURCHARGE	EUR	0.15	12.00	1,797.54	21,570
FCA CHARGE	EUR		97.00	1,797.54	174,361
COLLECT CHARGE	EUR		11.00	1,797.54	19,773
HANDLING CHARGE	KRW				25,000
				KRW	440,232

▲ 항공운송에 대한 운임 인보이스: 상기 항공 건에 대한 운임 인보이스에서 운임은 Air Freight Charge, FSC, SSC이며, 기타의 비용은 모두 부대비용

3) 보험료(Insurance)에 대한 정의

수입관세 계산할 때 과세가격으로서 적용되는 보험료에 대한 정의는 210쪽 '3) 수입관세 계산할 때 보험료 적용 관련'에 있으니 반드시 숙지하고 다음 내용을 보세요.

4) 과세가격 'FOB 가격 + 운임 + 보험료'의 정확한 뜻

수입관세를 계산 할 때 그 기준이 되는 가격으로서, 과세가격은 'FOB가격+운임+보험료'이며 이러한 금액의 합계에 대해서 수입 물품의 HS Code 상 관세율을 곱합니다. 하지만, 과세가격에 대해서 'FOB가격+운임+보험료' 라고만 알고 있으면 관세 계산에 있어 오류가 발생할 수 있습니다.

과세가격(FOB가격+운임+보험료)이란 수입지인 우리나라의 항구/공항에 배/항공기가 도착하여 물품을 하역하기 직전까지 발생된 모든 비용과 수출자의 마진을 뜻합니다. 여기서 'FOB가격'이란 수출자의 마진을 포함하여 수출 물품을 수출지 항구에 정박되어 있는 배에 적재(On Board)할 때까지의 비용이며, '운임(Freight)'란 적재 시점부터 수입지 항구에 도착하여 하역하기 직전까지의 순수 뱃삯이며, '보험료'란 운임 구간에 대한 사고에 대비하여 가입한 적하보험에 대한 비용입니다.

다시 말해서 수입관세를 계산하는 기본 가격으로서 과세가격에는 수입지 항구/공항에서 발생된 부대비용, 보세창고료, 내륙운송비, 수입통관 수수료 등은 포함되지 않습니다.

(1) EXW 조건에서의 수입관세 계산

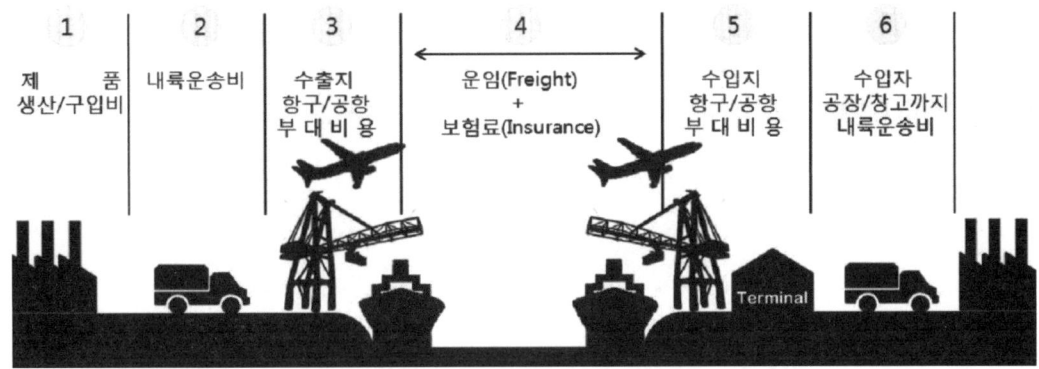

EXW 조건은 공장출고 조건으로서 수출자가 물품을 포장하여 자신의 공장/창고에 두면 수입자가 지정한 포워더가 물품을 인수하여 수입지까지 운송하는 조건입니다. 그렇다면 EXW 가격은 상기 그림에서 ①에 해당하는 가격으로서, 수출자가 자신의 마진을 USD 20/pc로 잡아서 EXW 가격을 USD 70/pc로 결정하였다고 가정합니다. 이때 수입자가 수입지 포워더에게 결제할 운송비 인보이스 총액은 ② 수출지 내륙운송비, ③ 수출지 항구 부대비용(운송비 인보이스에 ②,③은 통상 EXW Charge로 청구), ④ 운임, ⑤ 수입지 항구 부대비용이 됩니다.(수입지 내륙운송을 포워더에게 의뢰하는 경우 ⑥까지 포함) 그리고 수입자가 적하보험까지 가입했다면 EXW 조건에서 위험분기점은 비용-분기점과 동일한 수출자의 공장/창고이기 때문에 적하보험 커버 구간은 ②, ③, ④, ⑤가 될 것입니다(물론 적하보험이 종료되는 시점은 컨테이너 개장 시점이기 때문에 수입지 내륙운송에 대해서도 커버 될 수 있음. 참고 208쪽).

이러한 경우 과세가격은 'EXW 가격 + 포워더 운송비 ②, ③, ④ + 보험료'가 됩니다. 이유는 과세가격에 대한 정의가 수입지 항구/공항에 배/항공기가 입항하여 물품을 양륙하기 직전까지의 비용이기 때문입니다. 물론, 입항 전에 해당 물품의 가격을 상승시키는 요인이 있었다면 그러한 비용 역시 과세가격이 포함됩니다.

(2) C-Terms 조건에서의 수입관세 계산

$$CFR = FOB + 운임_{(O/F)}{}^{1}$$
$$CIF = FOB + 운임_{(O/F)} + 보험료$$
$$CPT = FCA + 운임_{(A/F)}{}^{2}$$
$$CIP = FCA + 운임_{(A/F)} + 보험료$$

A. 수출자가 작성한 인보이스의 금액이 CFR/CPT 조건하에 있는 경우

CFR/CPT 가격은 FOB/FCA 가격에서 해상/항공운임이 포함된 가격입니다. 수입자는 수출자가 지정한 포워더(C -Terms, D -Terms에서 포워더 수출자가 지정)에게서 운송비 인보이스를 받는데 해당 인보이스에는 운임 항목이 없고 수입지 부대비용이 있습니다. 따라서 수입자는 수입지 포워더에게 받은 운임 인보이스의 금액은 일체 과세가격에 포함되지 않습니다. 그리고 CFR/CPT의 비용분기점과 위험분기점은 상이하며, CFR/CPT 조건의 위험분기점은 FOB/FCA 조건과 동일한 수출지 항구/공항에서 적재(On Board)되는 시점입니다. 따라서 수입자의 선택에 의해서 적하보험 가입을 합니다. 적하보험을 수입자가 가입했다면 해당 보험료는 과세가격에 포함이 됩니다.

B. 수출자가 작성한 인보이스의 금액이 CIF/CIP 조건하에 있는 경우

CIF/CIP 조건에는 FOB/FCA 가격에 해상/항공운임, 그리고 보험료까지 포함되어 있습니다. 따라서 과세가격에는 수출자가 CIF/CIP 조건으로 작성한 인보이스 총액만이 해당됩니다. 수입지 포워더가 수입자에게 청구한 운송비 인보이스의 비용은 수입지에서 하역 시점부터 발생된 부대비용으로서 과세 대상이 아니며, 수입자는 물품을 수입지에서 하역하여 수입지 내륙 운송에 대해서 보험에 가입할 수도 있겠지만, 해당 적하보험료 역시 관세 대상이 아닙니다.

---

[1] CFR, CIF는 해상운송 조건으로서, CFR, CIF에서의 운임이란 Ocean Freight(BAF, CAF 포함)를 말합니다. 그리고 FOB 조건 역시 해상운송 조건입니다.

[2] CPT, CIP는 단일/복합운송 조건이지만 항공 건의 조건이라고 생각하면 됩니다. 따라서 CPT, CIP 조건에서의 운임은 Air Freight(FSC, SSC 포함)를 뜻합니다. FCA 조건 역시 단일/복합 운송 조건이지만 항공 건의 조건이라고 생각하면 되겠습니다.

(3) D-Terms 조건에서의 수입관세 계산

> DAT = FOB + 운임[3] + 수입지 항구/공항 부대비용
> DAP = FOB + 운임 + 수입지 항구/공항 부대비용 + 내륙운송비
> DDP = FOB + 운임 + 수입지 항구/공항 부대비용 + 수입통관 수수료 + 수입관세

D-Terms 조건하에서 거래를 하는 경우, 수출자의 인보이스 단가 및 총액은 D-Terms에 해당되는 금액으로 표기됩니다. 다시 말해서, 일반적으로 해당 인보이스에는 FOB 금액, 운임, 수입지 공항/항구 부대비용 등에 대한 각각의 항목으로 구분하여 작성(Cost Breakdown)되지 않고 단순히 D-Terms에 해당되는 금액만이 표기됩니다.

따라서 수입자가 D-Terms 조건하에서 작성 된 인보이스로 수입관세를 계산할 때 과세가격에서 제외 되어야 하는 수입지 항구/공항 부대비용 등에 대해서 구분해낼 수가 없습니다. 구분을 한다고 하더라도 세관이 인정을 할 수 있을 정도의 자료가 필요한데 실무적으로 이러한 일이 어렵습니다. 따라서 D-Terms에서 관세 계산은 단순히 D-Terms 조건하에서 작성된 인보이스 총액을 과세가격으로 결정되어 수입물품의 HS Code 상 관세율을 곱합니다.

이러한 방법은 수입자 입장에서 세액 납부를 더 많이 하는 일로서 부당하게 생각할 수도 있겠지만 실무적으로 일반적인 진행 방법입니다.

(4) 가산금액과 공제금액

수입관세를 계산할 때 기준이 되는 과세가격은 인보이스를 기초로 합니다. 해당 인보이스 가격조건이 CFR이면 운임(Freight)이 포함되어 있는 것이며, 운임에는 BAF와 CAF가 포함되어 있습니다. 하지만, 상황에 따라서 BAF가 수출지 항구에서 발생되어 CFR 조건(운임 선불 조건)에서 적재되기 전에 수출지 포워더가 결제받지 않고 수입지 항구에서 BAF가 발생되어 수입지 포워더가 수입자에게 수입지 항구에서 발생하는 부대비용과 함께 청구하는 경우가 있습니다. 이러한 경우 BAF는 CFR 금액에 포함되어야 함에도, 수출자의 CFR 조건 하의 인보이스에는 포함되지 않았기 때문에 '가산금액'으로 해당 비용을 추가하여 'CFR 가격 + 가산금액 + 보험료'가 과세가격이 됩니다(406쪽 수입신고필증 '59 가산금액' 부분에 명시됨).

반대로, 과세가격으로 포함되지 않아야 하는 비용이 인보이스에 포함되어 있는 경우 이러한 비용은 공제해야 합니다. 즉, 이러한 비용이 공제금액이 됩니다(406쪽 수입신고필증 '60 공제금액' 부분에 명시됨).

---

[3] D-Terms는 해상 및 항공 건 모두에 사용되기 때문에 해상 건으로 운송되면 Ocean Freight가 되며, 항공 건으로 운송되면 Air Freight가 됩니다.

II. 수입통관 절차

1. 수입신고의 시기
— 출항 전, 입항 전, 반입 전, 반입 후

1) 수입신고 시기

수입신고의 시기는 '출항 전 신고', '입항 전 신고', '보세구역 도착 전 신고(반입 전)', '보세구역 장치 후 신고(반입 후)'로 나누어집니다. '출항 전 신고'의 경우 이론상으로(법률 상으로)만 존재할 뿐 실무적으로 진행하는 경우는 거의 드물다고 보면 됩니다. 보통 나머지 3가지 경우 중 하나의 시기를 선택하여 수입신고를 진행하는데, 모든 경우에 수입 화주가 3가지 중 하나를 선택할 수 있는 것이 아니라 상황에 따라서 선택이 가능합니다.

	해상 FCL	해상 LCL	항공	수입요건 無	수입요건 有
입항 전 신고	O	X	O	O	△
보세구역 도착 전 신고	O	△	O	O	△
보세구역 장치 후 신고	O	O	O	O	O

— 해상 FCL 건에서 '보세구역'은 CY, 해상 LCL 건에서 '보세구역'은 CFS 정도로 이해하면 적당.
— 요건이란 '세관장 확인대상'으로서 세관에 수입신고 전에 요건확인 기관으로부터 요건확인을 받아야 함.
— 해상 LCL 건은 '입항 전 신고' 불가.

(1) 해상 FCL, LCL 및 항공 건에 대한 수입신고 시기

해상의 경우는 FCL, LCL의 개념이 존재하며 FCL 건으로서 해당 물품의 HS Code상 수입요건이 없다면 3가지 신고 시기 중 하나를 선택 가능하며(신속한 통관을 위해서는 통상 '입항 전 신고'를 함.), FCL 건임에도 해당 물품의 HS Code상 수입요건이 존재하면 수입요건 확인 때문에 수입신고 시기 선택에 있어 제한이 발생할 수 있습니다.

해상 건으로서 LCL의 경우, 통상 '보세구역 장치 후신고'로 진행하며, 상황에 따라서 '보세구역 도착 전 신고' 역시 가능할 수 있습니다. 또한, 수입신고 물품의 HS Code 상 수입요건의 有·無에 따라서 신고 시기 선택에 있어 제한될 수 있습니다.

항공의 경우는 FCL, LCL의 개념이 없으니 해당 물품의 HS Code 상 수입요건의 有·無에 따라서 3가지 신고 시기 중 하나를 선택할 수 있습니다.

(2) '수입요건', 즉 '세관장 확인대상 물품'

수입요건이란 수입신고 전에 세관에서 요구하는 확인 사항입니다. 이러한 요건확인은 물품에 따라서 a)과거에 받아둔 실적(과거 요건확인 실적)으로만 확인되는 물품이 있는가 하면, 과거 실적이 있음에도 수입할 때마다 매번 요건확인을 지정된 기관으로부터 받아야 하는 물품이 있습니다.

a)의 경우에 해당하는 물품으로서 전자제품이 있는데, 전자제품의 경우 HS Code 상 수입요건이 존재하지만, 과거 실적으로 차후 수입되는 건에 대해서 요건확인을 대신할 수 있기 때문에 해당 건이 해상 LCL이 아니라면 '입항 전 신고' 혹은 '보세구역 장치 전 신고(반입 전 신고)'가 가능하며, 물론 급하지 않은 건이라고 한다면 '보세구역 장치 후 신고' 역시 가능합니다.

b)의 경우에 해당하는 물품으로서 식품이 있는데, 식품의 경우 과거 요건확인 실적이 있다고 하더라도 동일한 수출자로부터 동일한 물품을 동일한 수입자가 수입할 때마다 매번 식약처로 '식품 등의 수입신고'를 진행하여 요건확인을 받아야 합니다. '식품 등의 수입신고'를 하면 서류검사로 지정되는 예도 있지만 샘플을 채취해 가는 경우(무작위표본검사)도 있습니다. 그렇다면 그 해당 건의 검사를 하기 위해서는 물품이 보세구역/창고에 반입되어야 하며, 그 결과 역시 반입 후에 통지됩니다. 따라서 세관으로의 수입신고는 당연히 '보세구역 장치 후 신고(반입 후 신고)'로만 할 수밖에 없습니다. 해당 건이 항공 건 혹은 해상 FCL 건일지라도 물품이 식품이라면 이렇게 수입신고 시기에 있어 제한을 받습니다.

따라서 앞에서 제시한 표의 '수입요건 有' 부분에 '△'를 넣었습니다.

2) 수입신고 시기 4가지 경우에 대한 설명(수입통관 사무처리에 관한 고시)

(1) 출항 전 신고

항공기로 수입되는 물품 또는 일본, 중국, 대만, 홍콩으로부터 선박으로 수입되는 물품을 선(기)적한 선박 또는 항공기(이하 '선박등' 이라 한다)가 당해물품을 적재한 항구 또는 공항에서 출항하기 전에 수입신고하는 것을 말합니다.

(2) 입항 전 신고

수입물품을 선(기)적한 선박등이 물품을 적재한 항구 또는 공항에서 출항한 후 입항[항공화물은 관세법(이하 '법'이라 한다) 제135조 제2항의 규정에 의한 적하목록 제출 시점, 해상화물은 법 제140조의 규정에 의한 하역신고 시점을 기준으로 한다.] 하기 전에 수입신고하는 것을 말합니다.

(3) 보세구역 도착 전 신고: 반입 전

수입물품을 선(기)적한 선박등이 입항하여 당해물품을 통관하기 위하여 반입하고자 하는 보세구역(부두 밖 컨테이너 보세창고 및 컨테이너 내륙통관기지를 포함한다.)에 도착하기 전에 수입신고하는 것을 말합니다.

(4) 보세구역 장치 후 신고: 반입 후

수입물품을 보세구역에 장치한 후 수입신고하는 것을 말합니다.

3) 기타 용어 정리

(1) 심사

신고된 세번·세율과 과세가격 등 신고사항의 적정 여부, 법령에 의한 수입요건의 충족여부 등을 확인하기 위하여 관련 서류나 분석결과를 검토하는 것을 말합니다. 예를 들어, 화주가 자가통관 혹은 화주로부터 하청을 받은 관세사 사무실에서 수입신고를 EDI로 진행한 이후 세관에서 서류 제출을 요구하는 경우가 있는데 이때 전산으로, 즉 EDI로 신고 된 내용과 관련 서류(인보이스, 팩킹리스트, B/L 등)의 내용이 일치하는지 등을 심사합니다.

(2) 물품 검사

수입신고된 물품 이외에 은닉된 물품이 있는지 여부와 수입신고사항과 현품의 일치 여부를 확인하는 것을 말합니다. 즉, 화주가 EDI로 수입신고를 하면 전산으로 신고된 내용과 관련 서류 및 보세구역/창고에 장치되어 있는 실제의 물품의 상품명, 수량 및 원산지 표기 여부를 세관 직원이 직접 검사하는 것을 말합니다.

2. HS Code상 수입요건 有·無에 따른 수입신고 절차

1) '수입요건'이 없는 경우

HS Code 상 수입요건이 없는 제품의 경우, 세관에 수입신고만 성실히 하고 세액 납부하면 수입신고필증 발행되며, 포워더에 운송비 결제하면 D/O 발행되어 수입물품을 반출할 수 있습니다.

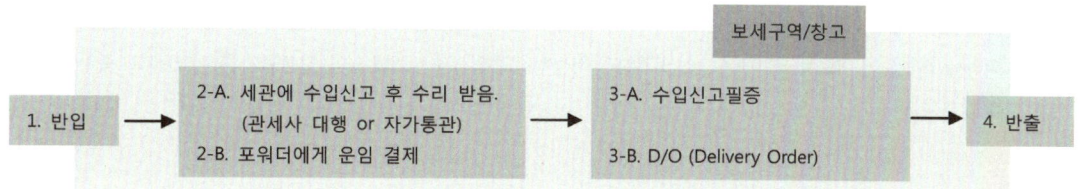

▲ 상기의 표는 수입신고 시기 4가지 중 '보세구역 장치 후 신고(반입 후 신고)' 절차
 – 관할지 세관에 수입신고 진행 후 세액 납부하면 '수입신고필증' 발행되며, 포워더에게 운임 결제하면 'D/O' 발행됨.
 – '수입신고필증'과 'D/O'가 있어야만 해당 물품이 보세구역/창고에서 반출이 가능함.

2) '수입요건'이 있는 경우

물품에 따라서 a)수입요건을 한 번 받아두면 차후 수입되는 건에 대해서는 이전에 받은 내역으로만 요건확인을 하는 물품이 있는가 하면 b)수입할 때마다 매번 받는 물품도 있습니다.

전자의 경우(a)는 미리 받아 두었기 때문에 수입신고의 시기에 있어 입항 전, 보세구역 장치 전 신고, 보세구역 장치 후신고 중의 하나를 선택할 수가 있습니다. 후자의 경우(b)에 해당되는, 예를 들어 가공식품의 경우라면 이전에 수입할 때 요건확인을 받았다고 하더라도 수입할 때마다 매번 받아야 하며, 그 결과가 물품을 보세구역/창고에 반입 후 나오기 때문에 세관에 수입신고의 시기가 '보세구역 장치 후 신고', 즉 반입 후 신고로만 가능하게 됩니다.

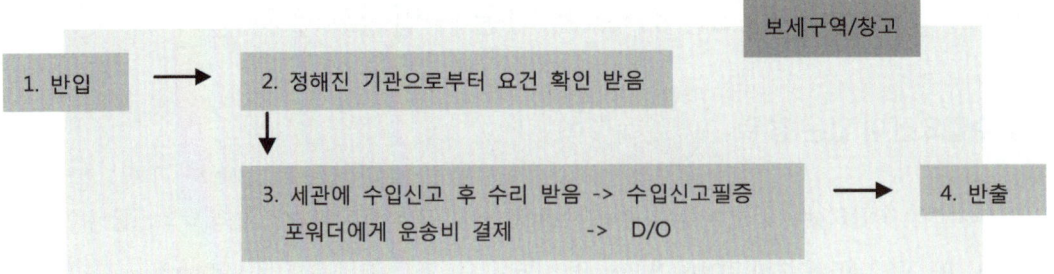

▲ 상기표는 수입할 때마다 요건확인을 받아야 하는 식품의 절차로서 반입 후에 요건확인 결과가 통지되고, 그 결과에 따라서 '적합'이면 비로서 세관에 수입신고 진행이 가능하니 수입신고 시기에 있어 '보세구역 장치 후 신고', 즉 반입 후 신고가 됩니다.

3) 한눈으로 보는 수입요건 有·無에 따른 절차

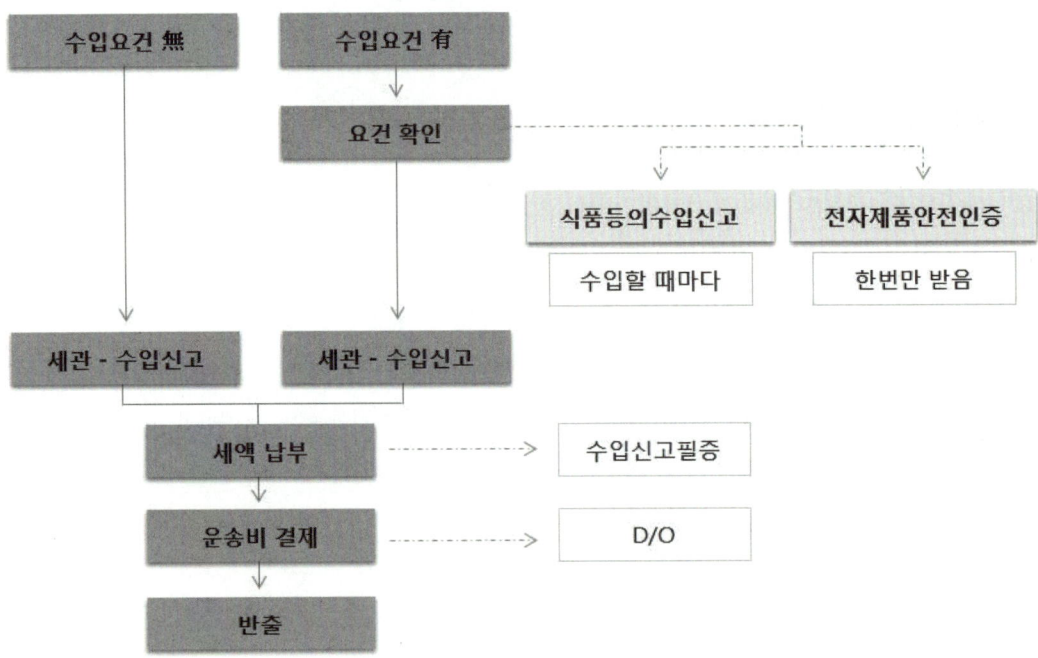

108 어려운 무역실무는 가라

4) 수입요건이 존재함에도 비대상으로 분류되는 경우

특정 물품의 HS Code에 요건이 존재하더라도, 요건이 존재하지 않는 요건 확인 비대상 물품으로 분류되어 요건 확인 기관으로부터 요건 확인 없이 수입지 세관에 수입신고를 바로 진행할 수도 있습니다.

예를 들어 특정 전기제품의 HS Code에 수입요건이 존재하지만 수입요건 확인을 진행하는 기관에서 해당 전기제품은 요건 확인 대상 물품이 아니라는 결론을 내리고 이러한 내용을 수입자가 수입신고하는 수입지 세관 담당자로부터 인정을 받으면 요건 확인 없이 바로 수입 신고하여 통관 가능합니다. 문제는 분명 해당 물품의 HS Code상 요건 확인을 받아야 함에도, 요건 확인 기관은 해당 물품은 요건 확인을 필요가 없다라는 사실을 증명하는 서류를 발급해주지 않을 수도 있다는 것입니다. 이러한 경우 수입자는 관세사 사무실의 도움을 얻어서 수입지 세관 담당 공무원을 설득해야 합니다.

그리고 동일 물품에 대해서 나중에 다시 수입할 때 수입지 세관이 다른 세관으로 될 수도 있고 동일 세관에 신고하더라도 세관 담당자도 달라질 수 있다는 것 역시 인지를 하여야 할 것입니다.

3. 수입신고 과정
— 보세구역 장치 후 신고 및 관리대상 건

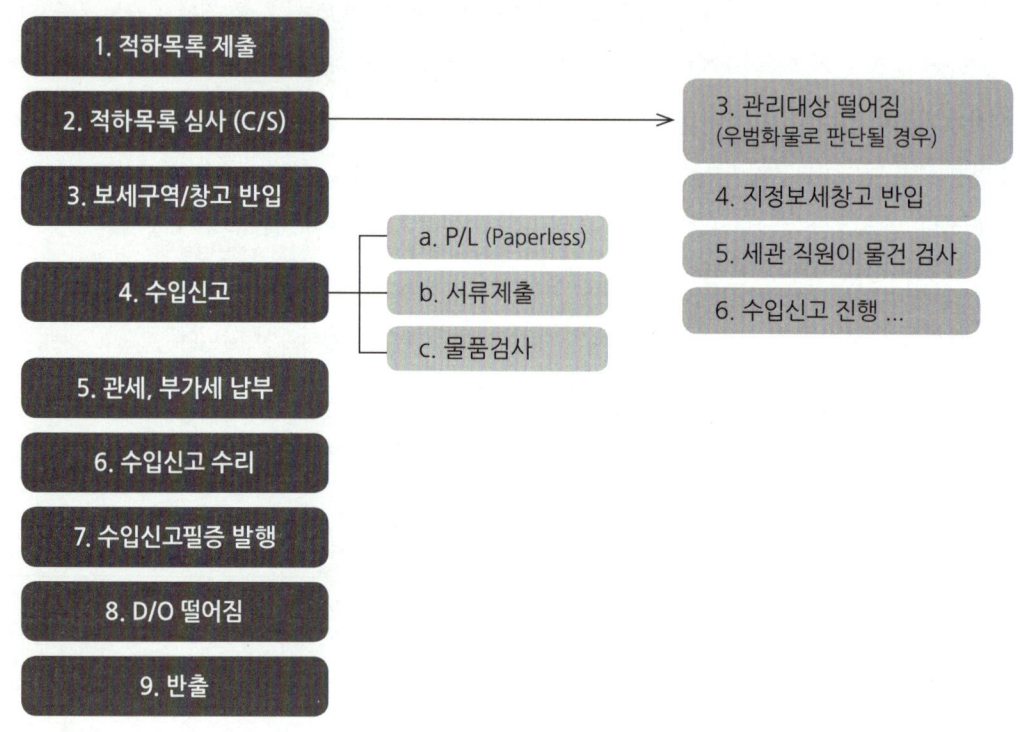

▲ HS Code에 '수입요건'이 有: 요건확인 기관으로부터 요건확인 받은 후에 세관에 수입신고
　　　　　　　　　　　 無: 요건확인 없이 세관에 수입신고

1) 수입물품에 대한 수입신고 및 반출

수입물품에 대해서 하선신고를 하기 전에 '적하목록'이 세관으로 제출이 되며, 세관에서는 해당 물품에 대한 우범성 여부를 검토합니다. 이상이 없으면 하선신고 이후 항구/공항에 있는 보세구역/창고로 반입이 됩니다. '보세구역 장치 후 신고'는 이렇게 보세구역/창고에 반입이 된 이후에 수입신고를 진행하는 것입니다.

(1) 수입물품에 대한 수입신고

EDI로 수입신고를 하면, 수입신고가 수리되기 전에 세관에서 전산으로 신고된 내용만 검토하는 경우가 있고①, 신고할 때 사용한 서류제출을 요구하는 경우도 있으며②, 혹은 보세구역/창고에 장치(보관)된 해당 물품을 세관 직원이 직접 검사하는 경우③도 있습니다.

① P/L(Paperless): EDI, 즉 전산으로 수입신고하면, 세관에서는 그 신고된 내용만을 전산으로 확인하는 경우로서 세액만 납부하면 수리됨.[1]

② 서류 제출: 수입신고할 때 사용한 서류(인보이스, 팩킹, B/L 등) 제출을 요구하며, 서류 심사 후 이상이 없고 세액 납부하면 수리되는 경우로서 세관에서는 EDI로 신고된 내용과 실제의 서류 내용에 대한 일치 여부를 심사한다. 예를 들어, 인보이스에 A 제품 USD100로 되어 있는데 EDI로 수입신고는 A 제품 USD50로 하거나(Under Value 하여 세금포탈 행위) 혹은 HS Code 등이 물품에 맞게 신고되었는지에 대한 여부를 서류로서 심사하는 경우이다.[2]

③ 물품 검사: 보세구역/창고에 장치된 해당 물품을 세관 직원이 직접 검사 후 이상이 없고 세액 납부하면 수리되는 경우로서, EDI로 신고된 내용, 서류의 내용, 그리고 실제 물품이 일치하는지에 대한 여부를 검사한다. 예를 들어, 해상 FCL 건으로서 EDI 신고 A 제품 50CTNs, 인보이스 내용 A 제품 50CTNs으로 되어 있는데, 보세구역에서 컨테이너를 개장해보니 A 제품 50CTNs, 그리고 B 제품 30CTNs이 있을 수도 있고(신고하지 않은 B 제품 30CTNs에 대해서는 밀수 행위), 원산지표시가 제대로 되어 있지 않을 수도 있는 기타 등등의 상황을 확인하는 검사이다.[3]

(2) D/O 받고 반출되기까지

수입신고 시기 중에 '보세구역 장치 후 신고'는 수입물품이 보세구역/창고에 반입된 이후에 수입신고를 하는 경우로서, 신고된 내용에 대해서 이상이 없고 세액 납부하면 수리되어 '수입신고필증' 발행 가능합니다. 그리고 포워더에게 운송비를 결제를 하게 되면 'D/O'가 떨어집니다. 세관으로부터 해당 수입물품을 수입해도 좋다라는 '수입신고필증'과 포워더로부터 물품에 대한 운송비를 받았으니 물품을 가지고 가도 좋다라는 'D/O'를 받게 되면, 보세구역/창고에서는 해당 물품을 반출시켜 줍니다.[4]

---

1 '오류점수'가 존재하며, 일정 점수를 초과하면 P/L 제재 및 검사 비율이 높아질 수 있습니다. 관련 내용은 429쪽 「수출입신고 오류방지에 관한 고시」 제9조(오류에 대한 제재)를 참고하기 바랍니다.

2 서류제출로 결정(지정)된 건이 물품검사로 변경되는 경우도 있습니다.

3 '수입물품이 제조사로 들어가는 생산재보다는 소비재에 대해서 '물품검사'로 떨어지는(지정되는) 비율이 높습니다. 또한, 포워더가 제출하는 적하목록의 내용과 화주가 수입신고하는 내용이 상이한 경우에도 '물품검사'로 떨어질 수 있습니다. 그리고 '최초 수입자', 즉 사업자를 내서 최초로 수입하는 수입자의 수입신고에 대해서는 '서류제출' 혹은 '물품검사'로 떨어지는 경우가 많으며, '관리대상'으로 떨어지는 경우도 있습니다.

4 D/O에 대한 정확한 정의는 183쪽 '참고'에서 설명하고 있습니다.

(3) 수입신고를 한 이후에 세관으로부터 '시정요구'를 받는 경우

'시정요구'는 예를 들어, 수입신고를 했는데 물품 검사가 떨어져서 실제 물품을 확인해보니 원산지 표시가 되어 있는 않은 경우 원산지 표시를 하라는 지시가 내려집니다. 이러한 것을 시정요구라고 합니다.

2) '관리대상'으로 떨어지는 경우

(1) 수입상품이 '관리대상'으로 떨어지는 이유와 시기

적하목록[1]이 제출되면 세관에서는 제출된 목록에 대한 우범성 여부에 대한 체크를 합니다. 이를 적하목록 심사라고 하며 우범성이 있다고 판단되는 건에 대해서는 '관리대상'으로 처리하여 세관에서 운영하는 지정보세창고로 반입시킨 후 검사를 진행합니다. 적하목록 심사에서 이상이 없다고 판단되는 건에 대해서는 항구/공항에 있는 선사/항공사 혹은 포워더 등이 운영하는 특허보세창고로 반입됩니다. '관리대상'으로 떨어지면 해당 화물을 검사하는 것으로서 아래는 관리대상이 떨어지는 예입니다. 참고로 특송 화물의 경우는 관리대상으로 지정되지 않습니다.

- 우범성 있는 수출지에서 출발한 화물
- 우범성 있는 포워더가 운송한 화물
- 우범성 있는 수출자 및 수입자의 화물
- 기타

(2) 관리대상 건으로 선별

포워더는 여러 화주로부터 물품을 받아서 취합하여 선사/항공사에 전달합니다. 그러면 선사/항공사는 하나의 Master B/L을 발행하며, 포워더는 Master B/L을 근거로 하여 각각의 화주들에게 House B/L을 발행합니다(참고 196쪽). 세관에서 관리대상으로 선별할 때는 House 건으로 선별하는 것이 아니라 Master 건으로 선별합니다. 따라서 특별한 이상이 없는 House 건이라 하더라도 Master 건 내에 있는 다른 여러 House 건들 중의 하나의 House 건 물품이 우범성이 있다고 판단하면 '관리대상'으로 지정됩니다.

---

[1] 적하목록이란 해당 건의 수출자, 수입자, 제품명, 수량, 운송사 등에 대한 화물 정보를 말합니다.

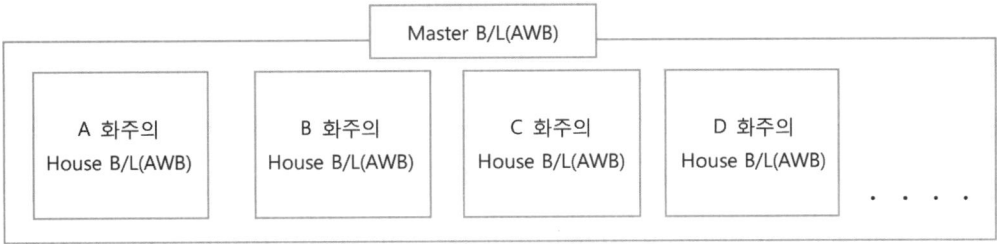

4. 수입신고 과정
— 입항 전 신고 및 보세구역 도착 전 신고

1) 입항 전 수입신고의 경우

입항 전에 수입신고하여 P/L 혹은 서류제출로 떨어지면 위와 같이 진행 되지만, 물품검사가 떨어지면 반입 후 검사가 완료되고 세액 납부하면 수입신고 수리됩니다. 입항 전 신고는 신속한 통관을 위해서 진행하는 건으로서, 물품검사로 떨어지지만 않는다면 반입 전에 통상 수리되어서 신속히 통관 진행을 할 수 있습니다. 만약 물품검사가 떨어지면 해당 물품이 급하여 신속히 통관하기 위해서 '입항 전 신고'를 진행한 의미가 크게 없어지게 됩니다.

2) 보세구역 도착 전 수입신고의 경우(반입 전 신고)

'입항 전 신고'는 적하목록이 제출되고 하선신고가 되기 전에 진행하고, '보세구역 도착 전 신고'는 하선신고 후 보세구역/창고에 반입되기 직전에 진행하는 신고 시기로서, 단순히 수입신고 후 해당 건이 P/L, 서류제출, 물품검사 중에 어떤 건인지를 확인할 수 있어 '보세구역 장치 후 신고'보다 조금 더 신속히 통관 준비를 할 수 있다는 데 의미가 있는 신고 시기라고 보면 됩니다. 따라서 실무상으로 '보세구역 도착 전 수입신고(반입전)'는 그리 자주 진행되는 신고 시기가 아니라고 할 수 있습니다. 즉, '입항 전 신고' 혹은 '보세구역 장치 후(반입 후)' 신고가 주를 이룹니다.

5. 수입통관 진행 절차
― 관세사 및 포워더와의 절차(보세구역 장치 후 신고 기준)

1) 수입통관 진행 절차

수입자가 관세사 사무실에 의뢰하여 수입신고 진행하면, 관세사 사무실에서 수입신고 진행 후 관세, 부가세, 운송비(포워더 청구 비용), 보세창고료, 내륙운송비, 통관수수료 등이 명시된 서류를 보내줍니다. 수입자에게 이러이러한 비용이 발생하였으니 결제를 요청하는 것이며, '수입통관 예상비청구서'라는 제목으로 이메일을 사용하여 관세사 사무실은 수입자에게 수입통관 비용을 청구합니다. 하지만, 이때 상황은 세관에 수입신고만 한 상태로서 수입신고 수리 전이며, 따라서 보세구역/창고에서 물품이 반출되기 전으로서, 내륙운송 역시 진행하지 않은 상태입니다. 반출1이 되려면 일단 세액을 납부해야 하고, 포워더에게 운송비를 결제해야 합니다. 그래야만 수입신고필증과 D/O가 발행되어 보세구역/창고에서 해당 건의 물품을 반출 할 수 있습니다.

다시 말해서 현재 상황은 수리되기 전의 상황으로서 말 그대로 관세사 사무실은 수입자에게 예상되는 비용을 청구한 것입니다. 즉, 물품이 해상 LCL 건이라고 가정한다면 보세창고에서 반출되기 전의 상황으로서, 그리고 내륙운송을 하지 않은 상황으로서 '수입통관 예상비청구서'의 해당 비용은 예상되는 비용입니다.

수입통관 대행을 맡은 관세사 사무실은 자신이 화주에게 이러이러한 비용을 결제받아서 각 당사자에게 일괄적으로 결제합니다. 관세, 부가세를 공과금으로 결제하면 수리가 되어 수입신고필증이 발행되며, 포워더 청구 비용인 운송비를 결제하면 D/O가 떨어져서 보세창고에서 반출할 수 있고, 내륙운송까지 진행하면 보세창고료 및 내륙운송비는 정확하게 알 수 있습니다. 이렇게 모든 과정이 완료되면 관세사 사무실에서는 '수입통관 예상비청구서'의 양식처럼 '수입통관정산서'를 만들어서 예상비가 아닌 최종 비용을 관세사무실 대행 수수료(통관수수료)와 함께 명시하여 관련 세금계산서와 영수증, 그리고 수입신고필증을 함께 서류봉투에 동봉하여 등기로 수입자에게 발송합니다. 그러면 처음 수입자가 관세사 사무실로 결제한 '수입통관 예상비청구서'의 비용과 '수입통관정산서'의 비용에서 차이가 발생될 것이며 상호 최종적으로 정산합니다.

통상의 경우 관세사 사무실에서는 '수입통관 예상비청구서'의, 예를 들어 보세창고 비용 혹은 내륙운송비를 더 많이 청구하는 경향이 있습니다. 이유는 관세사 사무실에서 통관 대행을 진행할 때 수수료를 2/1,000%를 받는데(수입의 경우 과세가격이 1,000만원이면 수수료는 대략 2만 원, 하지만 정해진 것은 아님), '수입통관 예상비청구서' 총액을 수입자에게 받은 이후 각 당사자에게 결제를 할 때 그 비용이 초과가 되어 최종 정산에서 수입자에게 초과 비용을 다시 요청하는 것보다는 정산 비용보다 조금 더 많이 청구하여 관세사 사무실 쪽에서 수입자에게 초과 비용을 돌려주는 절차가 관세사 사무실 입장에서는 더 안전하기 때문이 아닌가 생각해 봅니다.

가. 보세구역/창고에서 반출이 되는 경우는 ① 수입신고 이후 세액 납부하고 포워더에게 운송비 결제하여, '수입신고필증'과 'D/O'를 받은 이후 반출되는 경우와 ② 수입신고 이전에 다른 보세구역/창고로의 물품에 대한 이동을 원하는 경우 '보세운송' 신고해서 반출되는 경우가 있습니다. 전자의 예로서 ①은 수입신고 이후 수리가 된 상태의 물품, 즉 내국물품으로서의 반출이기 때문에 '일반운송'을 진행하는 것이며, 후자의 예로서 ②는 수입신고 이전의 물품, 즉 보세물품(외국물품)을 반출하여 다른 보세구역/창고로의 이동 후 반입을 하는 것이기 때문에 '보세운송'을 진행하는 것입니다.

나. 관세사 사무실이 수입자에게 수입통관 비용을 일괄적으로 청구하고 결제받아서 일괄적으로 각 당사자에게 관세사 사무실이 수입자를 대신하여 직접 결제를 하는 이유는, 관세사 사무실은 하청을 받아서 대행 업무를 하는 업자이기 때문입니다. 실무에서 관세사 사무실이 이러한 형태로 일하는 것은 일반적이라서 포워더가 수입자에게 운임 인보이스(참고 220쪽)를 전달하여 결제를 요구하더라도 수입자는 포워더에게 관세사 사무실을 통하여 결제받을 것을 요구하면 포워더는 관세사 사무실과 연락하여 업무 진행합니다.

1. 물품 도착	포워더는 물품 도착 통지와 함께 운송비 결제 요청
2. 수입신고 의뢰 및 신고	관세사사무실에 선적서류(Invoice, Packing List, 운송장) 전달
3. PL / 서류제출 / 물품검사	
4. 통관 예상비 결제 요청	관세사사무실은 수입자에서 '수입통관예상비청구서' E-mail 발송
5. 통관 예상비 결제	수입자는 관세사사무실에 비용 결제
6. 각각의 비용 결제	관세사사무실은 각 당사자들에게 비용 결제
7. 보세창고에서 반출	
8. 수입자의 창고 입고	일반운송 진행 후 수입자 창고로 입고 진행
9. 통관비 최종 정산서 발송	관세사사무실은 수입자에게 '수입통관정산서'를 등기로 발송
10. 정산 후 수입 완료	

2) 수입통관 진행 절차에 대한 설명

① 수입물품이 국내의 항구/공항에 도착
② 포워더는 물품의 도착 사실을 화주(수입자)에게 통지[1]&운임 Invoice 전달&결제 요청
③ 수입자는 관세사 사무실에 선적서류(B/L, Invoice, Packing List) 전달 후 수입신고 의뢰
④ 수입신고 물품의 HS Code에 존재하는 수입요건 有·無에 따라서 수입신고 진행.

---

1 포워더는 해당 건이 해상 건이면 B/L, 항공 건이면 AWB의 Notify부분의 당사자에게 도착 통지하며, 그 당사자는 수입자가 됩니다.

⑤ 수입신고 이후 세관은 P/L, 서류제출, 물품검사 중 하나로 결제(지정)함. 수입자(납세의무자)는 결제 후 15일 이내에 세액을 납부해야 함.[2]

⑥ 수입신고에 대해서 세관으로부터 수리를 받기 위해서는 세액을 납부해야 하며, 보세구역/창고에 장치된 물품을 반출하려면, 수입신고필증과 포워더로부터의 D/O를 받아야 함.

⑦ 수입물품이 보세구역/창고에 장치된 상태에서, 즉 수입신고 후 수리 전에 관세사 사무실은 관세, 부가세, 운송비(포워더 청구비용), 보세창고료, 내륙운송비, 통관수수료 등에 대한 비용을 수입자에게 '수입통관 예상비청구서'라는 명목으로 이메일로 청구함.

⑧ 이 시점은 아직 물품이 보세창고에서 반출되지 않았고, 내륙운송 역시 하지 않은 상태로서 관세사 사무실에서는 이러이러한 비용들이 얼마 정도 나오겠다고 예상하여 수입자에게 '수입통관 예상비청구서'라는 명목으로 결제 요청하며, 수입자는 이러한 비용을 결제함.

⑨ 관세사 사무실에서 세액 결제 후 수입신고필증, 포워더에게 운송비 결제 후 D/O 받고 보세구역/창고에서 물품 반출 진행.

⑩ 내륙운송 등 수입통관에 따른 모든 과정이 끝나면 관세사 사무실에서는 각각의 당사자들에 대한 결제에 따른 관련 세금계산서와 영수증, 그리고 수입신고필증을 함께 첨부하여 '수입통관정산서'를 수입자에게 등기 발송 후 최종 정산 진행함.

3) 수입통관 완료 후 '수입통관 정산서'와 함께 첨부되어 등기로 발송되는 서류

(1) 관세사 사무실이 발행하는 '수입통관 정산서'

♣ 날　짜 : 2011. 08. 24 (화)
♣ 수　신 : EMSOUL
♣ 참　조 : 최 규 삼 담당자님.
♣ 제　목 : 통관예상비용

1. 화주 (납세의무자) : EMSOUL (엠솔)
2. 비용내역
(단위:원)

비용구분\B/L번호	S00018500			비　고
관　　세	2,582,450			
부 가 세	4,231,250			
세액합계	6,813,700			
운 송 료	1,350,743			
보 관 료	300,000			
내륙운송비	250,000			
통관수수료	45,000			
합　　계	8,759,443			8,759,443

---

[2] 수입물품이 보세구역/창고로 반입이 되면 수입자는 반입일로부터 30일 이내에 수입신고를 해야 하며(관세법 제241조 제3항), 수입신고 이후 P/L, 서류제출, 물품검사 중의 하나로 결제가 되면 15일 이내로 수입자는 세액을 납부해야 합니다(관세법 제9조 제1항). 이때 세액을 납부한 당사자가 바로 해당 건의 수입신고필증의 '납세의무자'가 되며 통상 수입을 진행한 수입자가 세액 납부도 합니다.

(2) 수입신고필증

아래는 수입신고필증으로서 2장으로 발행되었습니다. 수입신고필증이 두 장으로 발행되는 이유는 수입신고 진행하는 하나의 건에 대해서 물품이 많기 때문입니다. 이럴 경우 수입신고필증 앞장에 '을지참조'라고 표기되어 다음 장에 물품의 제품명, 수량, 단가 등이 표기됩니다.

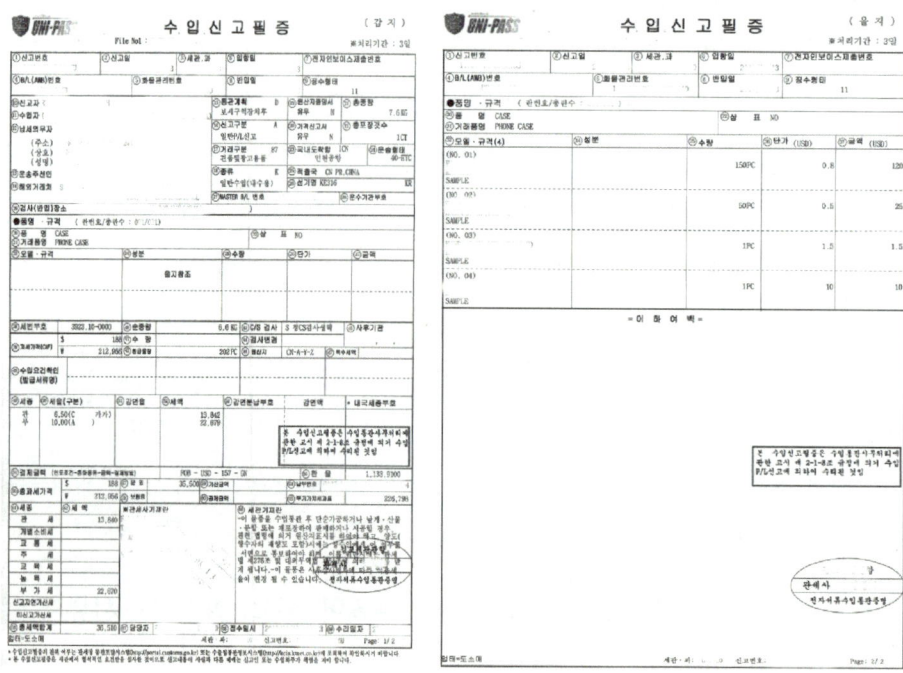

4) 수입통관 완료 후 발행되는 증빙서류

아래는 통관수수료, 운송비, 창고료, 관세·부가세 등에 대해서 각각 발행되는 증빙서류입니다.

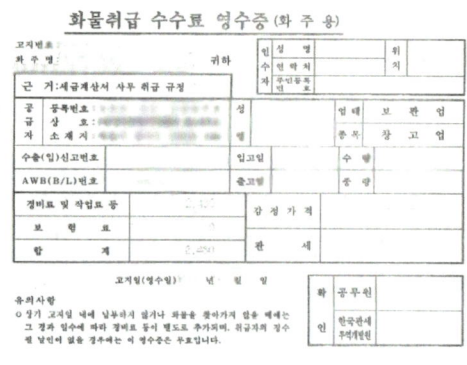
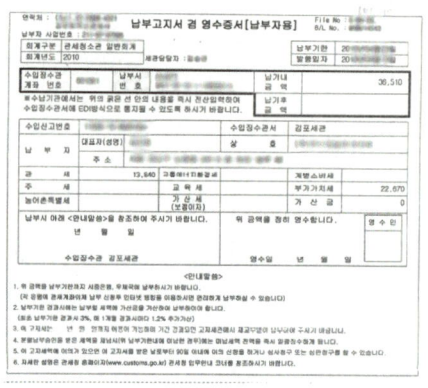

6. B/L No.로 수입통관 진행 상황 조회 방법
— 관세청 홈페이지 활용

수입자는 자신의 수입물품에 대해서 B/L No.로 물품의 위치와 수입 진행정보를 조회할 수 있습니다. 마치 국내에서 택배를 받는 사람이 보낸 사람에서 운송장 번호를 요구하여 자신의 택배가 어디에 있고 언제쯤 도착할 것이다라는 정보를 조회하여 결과를 확인하는 것과 유사하다고 생각하면 됩니다.

1) 관세청 홈페이지(http://www.customs.go.kr/)에 접속

B/L No.로 통관 진행 상황을 조회하는 방법은 첫 번째로 관세청 메인 페이지 우측 상단의 '패밀리사이트' 하위 메뉴인 'UNI-PASS 전자통관'으로 접속하는 방법('수입화물통관 진행조회' 클릭)이 있으며, 두 번째 방법으로는 관세청 메인 페이지 좌측 중간 부분의 '수입화물통관 진행조회'를 클릭하는 방법입니다. 본 장에서는 두 번째 방법의 경로로 설명드립니다.

2) B/L No. 입력하기

위에서 '수입화물 통관 진행조회'를 클릭하면 다음과 같은 화면을 볼 수 있습니다.

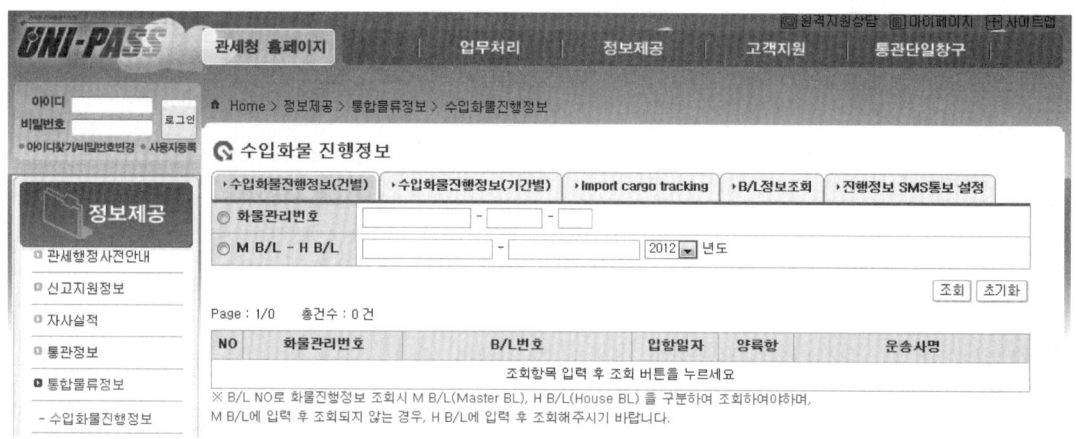

'화물 관리번호' 아래에 'M B/L-H B/L' 부분이 있으며, 여기에서 M B/L은 Master B/L, H B/L은 House B/L입니다. 통상 수입자가 포워더와 거래를 하는 경우 포워더로부터 받은, 즉 포워더가 발행한 B/L을 House B/L이라고 하며, 해당 건의 B/L No.를 'M B/L-H B/L' 좌측 두 번째 칸에 입력 후 발행 년도를 선택하고 우측에 있는 '조회' 버튼을 클릭합니다.[1]

그러면 해당 건의 수입통관 진행정보를 실시간으로 확인할 수 있습니다. 참고로, 과거에 수입통관 완료한 건에 대해서도 B/L No.와 해당건의 발행년도만 알고 있다면 조회할 수 있습니다.

1　B/L No.는 통상 B/L의 우측 상단 부분에 있습니다(참고 119쪽).

(1) '보세구역 장치 후 신고(반입 후)' 진행한 House 건에 대한 조회[2]

수입화물 진행정보

화물관리번호	11XX0X99XX8-0000-000	상태	반출완료	선박국적		
M B/L - H B/L	00000000000 - XXX20000000			대리점		
선(항공) 사	XX AIRLINES CO., LTD	구분	수입화물	적재항	AMSTERDAM. NL	
선(편) 명	XX 000			포장갯수	00 CT	B/L타입	C
양륙항	인천공항 입항세관 인천공항	입항일	20XX/09/20	용적	0.000	총중량	80.0KG
품명	ULTRA LIQUID SOAP			CNTR 개수	0	번호	
통관진행	수리통보	처리일시	20XX.09.23	관리대상지정여부	N	
반출의무과태료		항차		신고지연가산세		
특수화물코드						

번호	처리단계 처리일시	장치장/장치위치 장치장명	포장갯수 중량	반출입(처리)일시 반출입(처리)내용	신고번호 반출입근거번호
6	반출 20XX.09.23 18:10	01200000 XX항공화물터미널주식회사A	20CT 80.0KG	20XX/09/23 18:00:10 수입신고 수리후 반출	1230000000000000 1230000000000A
5	수입신고수리 20XX.09.23 17:45	01200000 XX항공화물터미널주식회사A	20CT 80.0KG		1230000000000A
4	수입신고 20XX.09.23 17:00	01200000 XX항공화물터미널주식회사A	20CT 80.0KG		1230000000000A XX 관세사무소
3	반입 20XX.09.20 16:30	01200000 XX항공화물터미널주식회사A	20CT 80.0KG	20XX/09/20 16:25:50 입항반입	1220000000000000
2	적하목록심사완료 20XX.09.20 11:05	01100000 ㈜XX항공	20CT 80.0KG		
1	적하목록제출 20XX.09.20 10:50	01100000 ㈜XX항공	20CT 80.0KG		

(2) '입항 전 신고' 진행한 Master 건에 대한 조회

수입화물 진행정보

화물관리번호	11XX0X99XX8-0000-	상태	반출완료	선박국적	PA. 파나마	
M B/L - H B/L	00000000000 -			대리점	XX SHIPPING CO., LTD	
선(항공) 사	XX SHIPPING CO., LTD	구분	수입화물	적재항	AMSTERDAM. NL	
선(편) 명	XX 000			포장갯수	40 GT	B/L타입	S
양륙항	광양항 입항세관 광양	입항일	20XX/04/20	용적	60.000	총중량	20,344.0KG
품명	ULTRA LIQUID SOAP			CNTR 개수	1	번호	CXXX00000
통관진행	수리통보	처리일시	20XX.04.21	관리대상지정여부	N	
반출의무과태료		항차	0012X	신고지연가산세		
특수화물코드						

번호	처리단계 처리일시	장치장/장치위치 장치장명	포장갯수 중량	반출입(처리)일시 반출입(처리)내용	신고번호 반출입근거번호
7	반출 20XX.04.21 11:50	01200000 XX㈜XX컨테이너터미널	40GT 20,344.0KG	20XX/04/21 11:40:10 수입신고 수리후 반출	1230000000000000 1230000000000A
6	반입 20XX.04.21 02:00	01200000 XX㈜XX컨테이너터미널	40GT 20,344.0KG	20XX/04/21 01:55:20 입항반입	1230000000000A
5	하선신고 20XX.04.20 16:00	01200000 XX㈜XX컨테이너터미널	40GT 20,344.0KG		1230000000000A
4	수입신고수리 20XX.04.20 14:30	01200000 XX㈜XX컨테이너터미널	40GT 20,344.0KG		1220000000000000
3	수입신고 20XX.04.20 14:05	01100000 XX㈜XX컨테이너터미널	40GT 20,344.0KG		1230000000000A XX 관세사무소
2	적하목록심사완료 20XX.04.20 10:50	01100000 XX㈜XX컨테이너터미널	40GT 20,344.0KG		
1	적하목록제출 20XX.04.20 10:35	01100000 XX㈜XX컨테이너터미널	40GT 20,344.0KG		

2 a. B/L 타입: 조회 결과에서 우측 상단 부분에 보면 'B/L 타입'이라는 부분이 있습니다. 선사/항공사가 화주에게 직접 B/L(항공의 경우 AWB)을 발행해주는 경우, 즉 선사가 발행한 Master B/L의 경우는 B/L 타입이 'S'이며, 화주가 포워더에게 운송 업무를 하청하여 거래를 하는 경우, 선사가 포워더에게 Master B/L을 전달하고 포워더는 Master B/L을 근거로 하여 포워더 자신이 다시 발행한 House B/L을 화주에게 전달하는데 이때의 House B/L의 타입은 'C'입니다.

b. 포장갯수 G/T: 'G/T'란 포장 단위를 뜻하는 것이며 C/T(Carton), P/L(Pallet)처럼 수량을 카운트 가능한 물품의 포장 단위를 포괄적으로 나타내는 단위라고 생각하면 됩니다.

Ⅲ. 수출통관 절차

1. 수출신고 과정
― 세관 절차

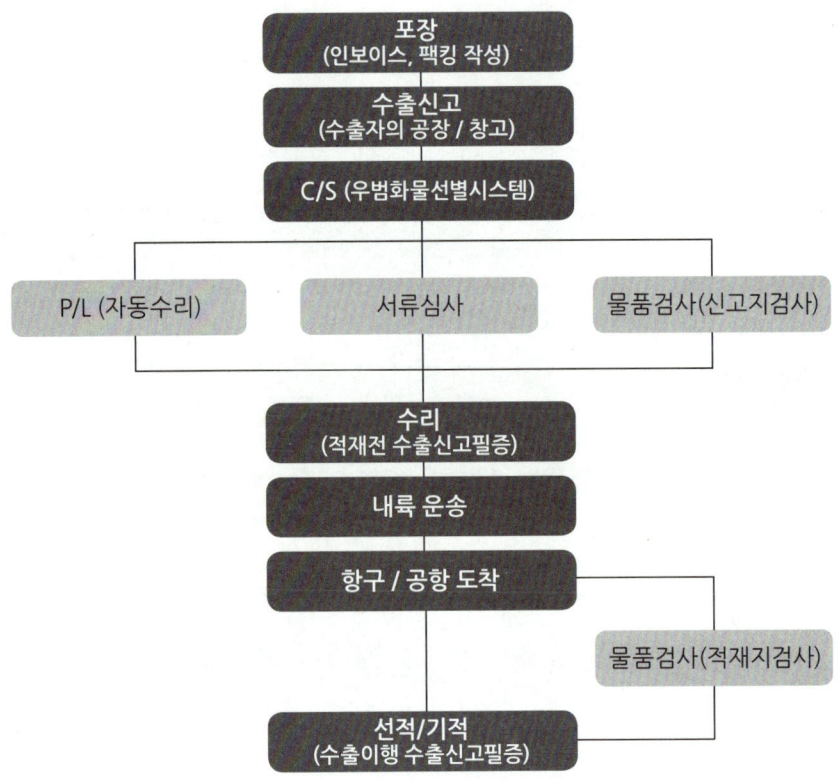

참고

수입신고 시기는 법으로 규정되어 있으나, 수출신고 시기는 규정되어 있지 않습니다. 실무적으로 수출신고는 수출자의 Door에 수출 포장 완료한 상태의 물품을 해당 지역을 관할하는 세관으로 신고 혹은 출항지(적재지) 보세구역(CY, CFS, 공항 보세창고 등)에 반입 완료한 상태에서 해당 지역 관할 세관으로 신고한다 할 수 있습니다. 이때 주의점은 출항지 보세구역에 반입되기 전에 '물품 소재지'를 출항지 특정 보세구역으로 하여 수출신고 하였는데, 세관이 해당 신고를 접수한 시점에 신고된 '물품 소재지'에 물품이 없으면 허위 신고로 처벌받을 수 있습니다.

> **참고**
>
> 수입 신고뿐만 아니라 수출 신고 역시 신고 물품이 위치한 관할지 세관으로 합니다. 실화주(수출자, 수입자)의 사업장 소재지가 서울이라 하더라도 수입 및 수출 신고할 당시에 물품이 위치한 지역을 관할하는 세관이 성남 세관이면 해당 세관으로 신고합니다. 따라서 수출자에게 수출신고 대행하는 관세사 사무실에서 수출 물품이 위치한 지역이 어딘지 문의하는 경우가 있으며, 그 지역은 '수출신고필증', '(20)물품소재지'에 기재될 것이며, 해당 지역을 관할하는 세관은 '(5)신고번호' 첫 번째 3자리에서 확인 가능합니다.

1) 수출신고 절차

수출자는 인보이스, 패킹리스트를 만들어서 관세사 사무실에 제출하여 수출신고 진행 의뢰 혹은 수출자 스스로(자가통관) 관세청 UNI-PASS 통하여 EDI로 수출신고 진행합니다(수입/수출 신고, 환급 등의 세관과의 업무에 대해서 화주 스스로 진행할 수도 있지만 통상 관세사 사무실에 의뢰, 즉 하청을 합니다. 이유는 업무의 효율성 때문입니다). 수입신고와 마찬가지로 신고된 건에 대해서 P/L, 서류제출, 물품검사 중의 하나로 지정(결제) 됩니다. 하지만, 수출은 P/L 건이 주를 이루며, 때로는 서류제출로 지정되는 경우가 있고, 수출신고 물품에 대한 검사는 생략하나(수출통관 사무처리에 관한 고시 제17조 제1항) 물품검사로 지정되는 경우도 있습니다.

(1) 서류심사로 지정되는 경우

- 계약 내용과 상이한 물품의 재수출
- 재수출 조건부로 수입통관된 물품의 재수출
- 수출통관 시스템에서 서류제출 대상으로 통보된 물품
- 최초로 수출하는 화주의 물품
- 기타

(2) 물품검사로 지정되는 경우

수출신고물품에 대한 검사는 생략하나, 전산에 의한 발췌검사 또는 필요한 경우 예외적으로 검사를 실시하는 경우도 있습니다. 물품검사는 크게 ⓐ 신고지에서 검사 후 수리, 즉 수리되기 전에 검사하는 형태(신고지검사)와 ⓑ 적재지에서 적재 전 검사, 즉 수출물품을 적재하기 전에 검사를 받는 조건으로 먼저 수리되는 경우가 있습니다(적재지검사).[1] 수출신고 진행한 물품에 대해서 '물품검사'로 지정되는 경우 '신고수리 후 적재 전에 검사하는 것을 원칙'(ⓑ에 해당)으로 하고 있으며[2], 물품검사 생략 대상으로 수출신고 수리된 물품에 대하여도 컨테이너 검색기 검사 등을 실시할 수 있습니다(수출통관 사무처리에 관한 고시 제17조).

2) 수출신고필증

수출신고필증은 수출신고 수리는 되었지만 적재되지 않은, 즉 적재 전에 발행되는 '적재 전 수출신고필증'과, 우리나라와 외국 간을 왕래하는 운송수단에 적재된 이후에 발행되는 '수출이행 수출신고필증'으로 나누어집니다.

3) 적재는 수출신고 수리일로부터 30일 이내에 해야 함

수출신고가 수리된 물품은 수출신고 수리일로부터 30일이내에 우리나라와 외국 간을 왕래하는 운송수단에 적재하여야 합니다. 다만, 출항 또는 적재 일정 변경 등 부득이한 사유로 인하여 적재기간을 연장하고자 하는 자는 변경 전 적재기간내에 통관지 세관장에게 적재기간 연장승인을 신청할 수 있으며, 접수한 세관은 연장승인신청사유 등을 심사하여 타당하다고 인정하는 경우에는 수출신고수리일로부터 1년의 범위내에서 적재기간 연장을 승인할 수 있습니다(수출통관사무처리에관한고시 제45조). 만약에 수출신고 수리된 건에 대해서 적재기간 연장을 원하는 경우가 아니라 해당 건의 신고를 취소를 원하는 경우 신고 취하 신청을 할 수 있습니다.

---

1 a) 신고지검사의 경우 수출자가 수출신고 한 신고지 세관에서 당해 물품이 장치되어 있는 장소에서 진행됩니다. b) 적재지 검사의 경우 수출자의 수출신고에 대해서 신고받은 세관이 먼저 수리하고 당해 물품이 적재지 보세구역에 반입되면, 적재지 세관에 의해서 검사가 진행됩니다(수출 신고받은 세관과 검사 진행 세관이 다를 수도). 적재지 검사는 적재지에 물품이 도착하면 자동으로 검사 진행되는 것이 아니라 별도의 신청을 해야 하며, 기본적으로 X-Ray 검사가 진행됩니다. X-Ray 검사 결과 문제가 있으면 컨테이너 등을 개장하여 확인하기도 합니다.

2 수출 건에서 물품검사로 지정된 경우, 대부분 신고지 검사가 아니라 적재지 검사로 지정되는 이유는 수출자가 적재 전에 수출 신고한 물품이 아닌 다른 물품으로 변경하는 등 밀수출 할 것을 사전에 방지하기 위함도 있다 할 수 있을 것입니다.

2. 수출통관 진행 절차
— 관세사 및 포워더와의 절차

다음의 수출통관 절차는 수출자가 수출지의 항구/공항까지 운송 및 위험을 커버하는 FOB/FCA 조건 하에서 설명드립니다.

1) 포워더 지정 후 Shipment Booking 하기

(1) 인코텀스 조건에 따른 포워더 지정

무역은 수출지에서 수입지로의 물품이 이동하는 것으로서, 물품을 운송하는 운송사(포워더)가 필요하며 이러한 운송사는 가격조건(Price Term), 즉 인코텀스 조건에 의해서 수출자 혹은 수입자가 지정하도록 권리가 정해져 있습니다.

인코텀스 조건 EXW, F-Terms(FCA, FAS, FOB) 하에서 포워더(Forwarder) 지정(노미, Nomi: Nomination) 권리는 수입자에게 있으며, C-Terms(CFR, CIF, CPT, CIP) 와 D-Terms(DAT, DAP, DDP) 하에서는 포워더 지정 권리는 수출자에게 있습니다(인코텀스 조건에 따른 포워더 지정 권리에 대한 참고 139쪽). 이때 알아둘 것은 a) 수입자가 포워더를 지정하는 경우(EXW, F-Terms에 해당) 수입자가 자신의 국가에 있는 포워더를 지정하는 것이며, 반대로 b)수출자가 포워더를 지정하는 경우(C-Terms, D-Terms에 해당) 수출자가 자신의 국가에 있는 포워더를 지정하는 것입니다.

전자(a)는 수입자가 자신의 국가의 포워더를 지정 후 수출자에게 지정 포워더를 통지해 줄 때 수입지 포워더를 통지하는 것이 아니라 수입자에 의해서 지정된 수입지 포워더의 수출지 파트너사(포워더) 정보를 지정 수입지 포워더에게 통지받아서 수입자는 수출자에게 통지합니다.

일반적으로 수입자는 오더 진행할 때 Order Sheet에 'Nominated Forwarder'라는 명목으로 수입지에 위치한 지정 포워더의 수출지 파트너사 정보를 통지해 줍니다.[1] 그러면 수출자는 지정된 포워더에게 연락하여 Shipping Schedule 확인 및 Shipment Booking 후 선적 진행합니다.

〈Nominated Forwarder〉
ABC Freight Carriers B.V. #000 Shinjuku Tokyo Japan
TEL. 81 02 000 0000 FAX. 81 02 000 0000
Contact to K. Oyama

후자(b)는 수출자가 자신의 국가의 포워더를 직접 지정하는 경우로서 수출자는 자신이 스스로 포워더를 지정하여 Shipment Booking 진행하면 됩니다. 이 경우 수입자는 해당 건의 물품이 수입지에 도착이 임박한 시점에 수출자가 지정한 수출지 포워더의 수입지 파트너사로부터 통지받습니다. 일반적으로, 이러한 경우 해당 포워더에게 '운임(Freight)'을 수입자가 결제하는 것이 아니기 때문에 수입자는 포워더의 서비스에 만족을 못하는 경우가 있습니다. 포워더 입장에서도 자신에게 결제를 하는 입장에 있는 고객과 그렇지 않은 고객에 대해서 차별을 두는 것이 어찌 보면 당연한 일일 수도 있을 것입니다.

마지막으로, 포워더를 지정한다는 것은 '운임(Freight)'을 지불한다는 뜻입니다. 즉, EXW, F-Terms에서는 수입자가 포워더를 지정하는 것이니 '운임(Freight)'을 수입자가 지불하며, 수입자 입장에서는 물품이 자신이 위치한 수입지에 도착한 것을 확인하고 결제를 하는 것이 이치에 맞는 것이니 이 경우 '운임후불(Freight Collect)' 조건이 됩니다. C-Terms, D-Terms에서는 수출자가 포워더를 지정하는 것이니 운임을 수출자가 지불하며, 포워더 입장에서는 물품을 수입지까지 운송하고서 수출자에게 운임에 대한 결제를 요구하면 수출자가 거부할 수 있으니 수출지에서 적재(On Board)전에 수출자에게 결제 요청하며 '운임선불(Freight Prepaid)' 조건이 됩니다.

여기서 말하는 '운임'이란 수출지, 수입지의 항구/공항에서 발생하는 Handling Charge, Documents Fee와 같은 비용이 아닙니다. 이러한 비용은 부대비용입니다. '운임(Freight)'이란 수출지 항구/공항에서 적재되어 수입지 항구/공항까지 운송되어 하역하기 전까지 발생된 순수한 운송료입니다. '운임'에 대한 정의는 중요하니 반드시 숙지해둘 필요가 있습니다.

---

[1] 수입자는 Order Sheet에 포워더 회사명, 주소, 연락처, 담당자에 대한 지정 포워더 정보를 수출자에게 통지합니다(참고 404쪽).

(2) Shipping Schedule(선적스케줄) 확인

수출자는 해당 건의 인코텀스 조건에 따라서 지정된 포워더에게 수출물품에 대한 정보, 예를 들어 제품명, Kg, CBM, 출발지, 목적지, 수출자 정보, 수입자 정보, 그리고 인코텀스 조건 등의 운송 및 포장 정보를 알려주고 Shipping Schedule을 요청합니다(물론, 이러한 정보는 포워더에게 견적을 받아야 하는 경우에도 필요합니다). 요청받은 포워더는 수출자에게 주2항차(월, 화) 혹은 주3항차(월, 수, 금) 등과 같이 스케줄을 이메일로 전달하거나 혹은 선사/항공사의 홈페이지에서 스케줄을 확인할 수 있게 통지합니다.

(3) Shipment Booking

각각의 Shipping Schedule(선적 스케줄)에는 E.T.D., E.T.A., Cargo CGL 및 DOC CGL 정보들이 존재합니다.[2] 먼저 E.T.D.(Estimated Time of Departure)는 출발예정시간이며, E.T.A.(Estimated Time of Arrival)는 도착예정시간입니다. Shipper(수출자)는 운송사(포워더는 선사 or 항공사)가 제시하는 Shipping Schedule을 확인하고 적절한 선박/항공기를 Booking 합니다. 이렇게 Shipment Booking 된 선박/항공기가 수출지 터미널(항구/공항)에서 출항하는 예정 시간이 E.T.D.이며, 해당 선박/항공기가 수입지 터미널에 도착하는 예정 시간이 E.T.A.입니다.[3]

다음으로 Cargo CGL(Cargo Closing Time)은 Booking 한 선박/항공기의 E.T.D.를 기준으로 일정 시간 이내에 선적 화물을 출항지 터미널 보세구역(CFS, CY, 공항창고)에 반입해야 하는 마감기한(Deadline)을 뜻합니다. 선사/항공사마다 다소 다르나 해상은 E.T.D.를 기준으로 2~3일 이내이고, 항공은 경우에 따라서는 15시 E.T.D.라면 당일 오전까지가 될 수도 있습니다.

마지막으로 DOC CGL(Document(s) Closing Time)은 선적 화물에 대해서 세관에 수출신고하여 수리받았다는 증명서로 수출신고필증과 부피 및 무게 정보 등이 기재된 포장명세서(P/L, Packing List)를 Shipper가 운송사(수출자는 대부분 포워더와 업무 진행)에게 전달해야 하는 마감기한을 뜻합니다.[4]

2) 수출신고 수리 후 지정 보세구역/창고(CY/CFS)로 내륙운송

(1) 수출신고 후 관련 서류 포워더에게 전달

수출신고는 당해 물품이 장치된 물품소재지를 관할하는 세관장에게 수출신고 합니다. 다시 말해

---

2   기타 정보로 선사, 직항 or 환적(T/S), 출항지 반입지(보세구역) 등의 정보 존재.

3   운송수단(선박/항공기)이 수출지 터미널에서 실제로 출항한 시간을 A.T.D(Actual Time of Departure), 수입지 터미널에 실제로 도착한 시간을 A.T.A.(Actual Time of Arrival)라 합니다. 그러나 운송사는 Shipper에게 기본적으로 Shipping Schedule을 제시할 때 A.T.D.와 A.T.A.를 통지할 수 없습니다.

4   수출자가 포워더에게 DOC CGL까지 C/I(상업송장)를 전달할 필요는 없습니다. C/I를 포워더에게 전달하는 경우는 관세사에게 한국에서의 수출신고 의뢰를 직접 하지 않고 포워더에게 수출신고 의뢰하는 경우(수출자 → 포워더 → 관세사)와 수출자가 적하보험사에게 직접 연락하여 적하보험 가입(부보)해야 하는데 포워더에게 대행 의뢰하는 경우가 있습니다. 기본적으로 이러한 경우에 한해서만 수출자는 포워더에게 DOC CGL까지 C/I를 기타의 서류와 함께 전달하면 되겠습니다.

서 일반적으로 수출물품에 대한 수출신고는 수출물품이 보관된 수출자의 공장 혹은 창고에서 관할지 세관에 수출신고를 하며, 통상 Shipment Booking 이후 진행합니다.

수출자가 관세사 사무실을 통하여 수출신고를 진행하는 경우 Invoice, Packing List를 작성하여 수출신고 의뢰를 하며, 수리 후 '적재 전 수출신고필증'을 받습니다.[1] 이후 수출자는 Invoice, Packing List, 수출신고필증을 포워더에게 DC(Document Closing Time) 이내에 전달합니다.

(2) 내륙운송

Shipping Schedule 확인 후 Shipment Booking 하면 포워더가 항구/공항의 특정 지점에 수출물품을 반입(입고)할 것을 통지하는데, 해당 건이 FCL 건이라면 수출물품이 보관된 수출자의 공장/창고로 공 컨테이너를 불러서(Door Order) 적입작업(컨테이너에 물품을 적재하는 작업) 하여 바로 CY로 운송하는 것이 일반적이며, 해상 LCL 혹은 항공 건이라면 소량의 화물로서 소형 트럭을 수배하여 포워더가 지정한 장소로 운송합니다. 이러한 해상 LCL 혹은 항공 건의 경우 수출자는 ⓐ 스스로 국내 운송사를 지정하여 포워더가 통지한 항구/공항의 특정 지점까지 운송을 요청하는 경우가 있고, ⓑ 통관 대행을 맡은 관세사 사무실에 국내 운송사를 수배해 줄 것을 요청하는 경우가 있으며, ⓒ 포워더에게 국내 운송사를 수배해 줄 것을 요청할 수도 있습니다.

수출자는 3가지 경우 중 비용 대비 효율적인 선택을 하면 됩니다.[2]

> **참고　도착 보고**
>
> 예를 들어, LCL 건으로서 포워더에게 제시한 Shipping Schedule에는 선박의 E.T.D.와 이를 기준으로 통상 2일 전까지 지정된 반입지로 반입을 요청합니다. LCL 건으로서 통상 반입지는 항구 터미널 내의 CFS이며, 내륙운송업체 운송 기사에게 물품과 Packing List를 함께 전달해야 합니다. 이유는 운송 기사가 CFS로 물품을 운송 후 CFS 담당자에게 누구의 화물이며, 어떠한 화물인지 Packing List로 확인시키는 절차를 진행해야 해당 물품이 정상적으로 반입지에 반입됩니다. 만약 이러한 도착보고를 하지 않고 운송 기사가 물품을 내리고 그냥 간다면 해당 화물은 미아 화물이 되어 업무 진행에 차질이 발생합니다. 그리고 가능하면 LCL 화물에 대해서는 박스 외관에 Shipping Mark(화인)를 표기해야 운송 중에, 그리고 보세창고에서 해당 물품의 도착지가 어디고 화주가 누구인지 확인되기 때문에 미아화물이 될 확률을 낮춥니다.
>
> 이렇게 보세창고로 반입되는 해상 LCL 및 항공 건에 대한 화물에 대해서는 반입지에서 도착 보고를 하며, FCL 건에 대해서는 따로 도착 보고 하지 않습니다.

---

1 수출신고 수리 후 적재가 되기 전에 발급 받는 신고필증은 '적재 전 수출신고필증'이며 적재 이후, 즉 수출 이행 완료 후 발급 받는 신고필증은 '수출이행 수출신고필증'입니다.

2 수출신고 수리가 된 물품은 이제 더 이상 '내국물품'이 아닌 '외국물품'입니다. 수입의 경우 수입신고 수리가 되지 않은 물품, 즉 세액을 납부하기 전 상태의 보세물품(외국물품)에 대해서 A라는 보세구역/창고에서 B라는 보세구역/창고로 운송을 할 때는 보세운송 신고를 하여 철저히 관리를 하지만, 수출의 경우 수출신고 수리된 '외국물품'에 대해서는 일반적으로 보세운송 신고를 하지 않고 일반운송으로 항구/공항까지 운송을 합니다.

3) 포워더가 통지한 항구/공항의 보세구역/창고(CY/CFS)로 반입

(1) 포워더가 통지한 항구/공항의 보세구역/창고(CY/CFS)로 반입

수출자는 수출물품을 포워더가 지정한 항구/공항의 지점으로 내륙운송을 진행합니다. 항공의 경우 공항의 창고가 되며, 해상의 경우 FCL은 CY, LCL은 CFS로 운송이 됩니다(FCL 건과 LCL 건에 대한 자세한 수출과정 참고 134쪽).

① FCL(Full Container Load): 컨테이너에 하나의 화주 물품만 적입하는 화물로서 수출자의 공장/창고에서 바로 CY로 반입. FCL 건임에도 Door Order 하지 않고 CFS로 반입 후 진행하는 경우도 있음.

② LCL(Less than Container Load): 하나의 컨테이너에 여러 화주의 물품을 적입하는 화물로서(2개 업체 이상), 항구의 CFS에서 여러 화주의 LCL 화물을 취합하여 하나의 컨테이너에 적입 작업 진행. LCL 화물은 Door Order 하지 않음.

③ CY(Container Yard): 컨테이너 야적장으로서 보세구역.

④ CFS(Container Freight Station): 수출지 항구의 CFS는 LCL 화물들을 모아서 하나의 컨테이너에 적입하는 작업이 진행되는 곳이며, 수입지 항구의 CFS는 하나의 컨테이너에서 LCL 화물들을 적출하는 작업이 진행되는 곳.

(2) Check B/L(=Draft B/L) 발행 요청 및 검토 후 적재(On Board)

Invoice, Packing List, 수출신고필증을 포워더에게 DC까지 전달하고, CT까지 물품을 항구/공항에 도착시킨 이후 Shipping Schedule에 따라서 수출물품이 지정된 선박/항공기에 적재되기 전 수출자는 포워더에게 Check B/L 발행을 요구하여 실제 B/L(항공의 경우 AWB)이 발행되기에 앞서 최종적으로 자신의 수출물품에 대한 운송 정보를 확인할 필요가 있습니다. 즉, 적재 이후 B/L에 표시될 수출자, 수입자의 정보 및 수출품의 수량, 무게, CBM뿐만 아니라 수출항구/공항, 수입항구/공항에 대한 정보를 실제로 수출품이 적재되기 전에 확인할 필요가 있으며 이러한 내용을 Check B/L로 확인을 하는 것입니다. 이러한 과정을 거치지 않고 B/L이 발행 된 이후 수정 사항이 있어 수정하면 Penalty가 발생될 수 있습니다.

실무에서 때로는 수출자가 물품을 Busan Port에서 Sydney Port로 운송을 요청했음에도 포워더가 물품을 Busan Port에서 Sydney Port가 아닌 다른 항구로 운송을 하는 경우가 드물지만 발생하는 경우도 있습니다. 따라서 수출자는 포워더에게 적재 전에 항상 Check B/L을 요청하여 관련 내용을 자세히 확인할 필요가 있습니다.

4) 포워더에게 운송비 결제 후 운송서류(B/L, 화물운송장) 수령

FOB일 때 수출자는 On Board 이전의 수출지 내륙운송비(포워더가 내륙운송 핸들링 한 경우) 및 수출지 항구/공항에서 발생된 부대비용을 수출지 포워더에게 청구받습니다. C-Terms, D-Terms 중에 하나로 진행하는 경우, 수출자는 수출지 내륙운송비와 수출지 항구/공항에서 발행되는 부대비용뿐만 아니라 '운임(Freight)'까지 수출지 포워더에게 청구받습니다.

이러한 비용을 지불하게 되면 포워더는 수출자에게 해상 건에서는 OB/L을 Full Set(3부)으로, 항공 건에서는 AWB을 사본으로 발행하여 전달합니다.

이때 포워더는 수출자에게 통상 원본(Original)로 발행되는 해상 B/L의 경우 Full Set(3부)을 모두 등기로 전달하며(원본은 원본 그대로 전달되어야 하기 때문), 항공 건의 AWB은 통상 사본으로 발행되니 이메일로 전달합니다(사본은 등기로 보내줄 필요는 없음).

참고로 B/L로서 역할을 할 수 있는 B/L은 적재(On Board)가 완료 된 이후 발행되는 On Board B/L(=Shipped B/L)이며, 포워더는 간혹 적재가 되기 전에 On Board B/L을 수출자에게 전달하는 경우도 있습니다. 해상의 경우는 통상 Original로 발행되어 Original B/L(=OB/L)로 3부(Full Set)로 하나의 건에 대한 B/L이 발행되며, 항공의 경우는 통상 Original로 발행되지 않고 사본 AWB로 발행됩니다.

5) 결제조건에 따른 운송서류(B/L, 화물운송장) 처리 방법

수출자는 포워더에게 받은 OB/L(항공은 AWB) 및 자신이 작성한 Invoice, Packing List 등의 선적서류를 수입자에게 전달해야 하는데, 이때 해당 건의 결제조건에 따라서 수입자에게 전달하는 방법이 달라집니다. 결제조건에 따른 선적서류 처리 방법은 상당히 중요하며, 이 부분에 대해서는 반드시 숙지하고 있어야 합니다(참고 145쪽).

	Original B/L(해상)	AWB(항공: 사본)
T/T	특송으로 전달	이메일로 전달
L/C, D/A, D/P	은행에 제출	은행에 제출

▲ 결제조건에 따른 수출자의 OB/L, AWB 처리 방법

6) 결제조건 T/T에서 OB/L 처리에 대한 주의점

통상 해상의 경우 Original B/L이 발행되며, 결제조건 T/T에서 수출자는 OB/L 3부(Full Set)를 모두 특송(Courier Service)을 통해서 수입자에게 발송합니다.

하지만, 때로는 수출자, 수입자 모두 이러한 절차를 잊어버리고 있다가 수입자가 포워더에게 물품이 수입지 항구에 도착했다는 도착통지를 받고 나서야 수출자에게 OB/L 발송을 요청하는 경우가 있습니다. 그러면 분명히 수입물품이 수입지 항구의 보세구역/창고로 반입되고 몇 일 이후에 수입자는 OB/L을 특송으로 받습니다. 수입자는 OB/L이 발행된 경우 OB/L 없이는 수입통관을 하지 못하고 이러한 경우 해당 건이 FCL 건이면 Free Time이 있어 Free Time 이전에 특송으로 OB/L을 수입자가 받으면 상관 없지만, LCL의 경우 Free Time 개념이 없어서 반입 후 수출자가 OB/L을 특송으로 수출자에게 받아서 수입지의 포워더에게 전달할 때 동안 보세창고료는 하루(Day) 단위로 발생됩니다.

이러한 비용은 모두 수입원가가 되어 수입자에게는 부담으로 작용될 수밖에 없습니다. 따라서 결제조건 T/T에서 이러한 상황이 발생되지 않게 수출자도 신경을 써야겠지만, 특히 수입자가 신경을 반드시 써야 하는 부분이 되겠습니다. 실제로 이러한 상황이 실무에서 발생되면 수입자는 수출자에게 수입지 보세창고료에 대해서 일부 결제를 요구하지만, 결제조건이 T/T in Advance(선불)라서 수출자가 해당 건의 인보이스 대금을 모두 받은 상황에서는, 그리고 인코텀스 조건이 EXW, F-Terms 상황에서는 수출자가 자신의 잘못을 일부 인정하고 비용 결제를 응해주는 경우는 거의 없다고 보면 됩니다.

반대로, 은행을 통하여 서류가 처리되는 L/C(Letter of Credit: 신용장) 조건 혹은 추심 결제(D/A, D/P)조건에서는 수출자가 OB/L이든 AWB이든 은행에 제출해야 선적대금이 은행으로부터 수령 가능하니 서류를 은행에 제출하는 것을 잊어버리는 일은 거의 없습니다.

7) Shipment Booking에 대한 추가 설명

다음 서류는 포워더가 제시한 Shipping Schedule 5월 8일(화), 10일(목), 12일(토, 주 3항차) 중에 수출자가 Booking한 날짜(5월 10일)의 FCL 건에 대한 Schedule입니다. Booking이 완료되면 포워더는 Booking No.를 수출자에게 통지합니다(본 서류 상의 Booking No.는 6075829411).

ABC SHIPPING

수 신 : 에듀트레이드 / 최규삼 님
참 조 :
발 신 : ABC SHIPPING / 김은주 드림

1. 귀사의 무궁한 발전을 기원합니다.
2. 아래와 같이 SHIPPING SCHEDULE을 알려드리오니, 참조하시기 바랍니다.

SHIPPING SCHEDULE

PORT	VESSEL NAME	CLOSING TIME	ETD	ETA	CARRIER
BUSAN SYDNEY	YM EMINENCE 029E	5/8 AM	05월 10일	06월 1일	COSCO

40FT X 1   BOOKING NO : 6075829411
작업일자 : 5월 7일

PICK UP : 대한통운 우암 CY
TEL : 051-719-0000 홍길동 과장

반입 : 대한통운 우암 CY
TEL : 051-7190-0001 홍길순 대리

본 건은 Busan Port(P.O.L.)에서 Sydney Port(P.O.D.)로 운송되는 건으로서 출발 예정일(E.T.D.)은 5월 10일입니다. 또한 40피트 컨테이너 하나 물량(40FT X 1)으로서 수출자가 수출물품이 있는 수출자의 공장/창고로 컨테이너를 Door Order 하였습니다. 공 컨테이너를 대한통운 우암 CY[1]에서 Pick up을 해야 하며, 포워더 혹은 관세사 사무실에 요청하거나 또는 수출자 자신이 내륙운송 업체를 직접 지정하여 수출자는 자신의 공장/창고에서 수출물품을 적입(Stuffing) 작업하는 일자에 맞추어서 지정 내륙운송 업체에 Pick up지에서 공 컨테이너를 자신의 공장/창고까지 운송할 것을 요청합니다. 이때 수출자는 포워더에게 받은 Booking No.(Container Booking No.)를 지정 내륙운송 업체에 전달해야 해당 업체가 Pick up지에서 공 컨테이너를 Pick up할 수 있습니다.

그리고 적입 후 컨테이너는 다시 내륙운송을 하여 5월 8일 오전까지(Cargo Closing Time) 반입지인 대한통운 우암 CY로 반입해야 합니다.

그러는 사이에 수출자는 관세사 사무실에 인보이스 및 팩킹리스트를 제출하여서 수출 신고하고 수리되면 수출신고필증과 함께 인보이스, 팩킹리스트를 포워더에게 5월 8일 오전까지(Document Closing Time) 전달해야 합니다.

---

[1] CY는 '컨테이너 터미널'에 속해 있는 Container Yard입니다. 컨테이너 터미널에 대한 자세한 내용은 133쪽 '참고'에서 자세히 설명하고 있습니다.

만약 해당 건이 FCL이지만 Door Order하지 않는 경우[2], LCL의 경우처럼 내륙운송 후에 CFS에 반입하여 CFS에서 적입 작업을 진행합니다. 이러한 경우 포워더는 Pick up지는 생략하고 반입지로 CFS 주소를 통지해 줍니다. 항공 건 역시 공항에 있는 창고 주소를 포워더가 수출자에게 통지해주고 Cargo Closing Time까지 수출자는 지정 창고에 반입을 해야 합니다.

> **참고** **컨테이너 터미널의 의미**
>
> 컨테이너 터미널이란 항구(부두) 앞에 위치하고 컨테이너 및 컨테이너 화물의 인수·보관 및 각종 기기의 관리·보관 등을 하는 시설을 갖추고 해상운송과 육상운송을 연결시켜 주는 구역을 말합니다. 이러한 컨테이너 터미널 내에 CY 및 CFS가 존재합니다.
> 모든 컨테이너 화물은 일단 컨테이너 터미널에 반입되어 수송됩니다. 수출의 경우 내륙에서 육상운송 수단에 의해서 컨테이너 터미널로 운송되어 FCL 화물은 CY에, LCL 화물은 CFS에 반입된 후 본선에 적재(On Board)됩니다. 그리고 수입의 경우 본선에서 양륙하여 FCL 화물은 CY에 반입, LCL 화물은 CFS로 반입되어 육상운송 수단으로 내륙으로 운송됩니다.

---

2 FCL 건임에도 Door Order 하지 않는 경우) ① 수출지 Door(수출물품이 위치한 장소)에 컨테이너 차량 진입 불가 혹은 Door가 협소해서 컨테이너 작업 불가한 경우, ② 수출자가 Shoring 작업 불가한 경우, ③ 제조사가 2곳 이상인 경우, ④ 191쪽의 경우, ⑤ 기타 CFS 활용이 필요한 경우.

3. 해상운송에서 FCL, LCL의 수출과정

1) FCL의 수출과정: CY/CY

FCL 건의 경우 통상 수출자가 포워더에게 연락하여 수출물품이 보관된 수출자의 공장/창고로 공 컨테이너(Empty Container)를 불러옵니다[1]. 이것을 Door Order[2]라고 합니다. 이때 수출자는 운송사(선사)로부터 컨테이너를 빌리는(대여) 것입니다. 따라서 수출자는 자신이 오더 한 컨테이너가 수출물품이 있는 장소에 도착하면 반드시 컨테이너의 외관상 이상 유무를 확인해야 합니다.[3] 확인 결과 이상이 없다면 수출자는 수출물품을 컨테이너에 적입(Stuffing)합니다.[4]

이때 수출물품이 상자로 포장되었다면, 통상 그 상자가 컨테이너 크기에 맞게 제작되지 않았기 때문에 컨테이너에 공간이 생기기 마련입니다. 이 공간이 크다면 운송 중 상자가 넘어져서 물품이 파손될

---

1. FCL 건이라도 수출자의 상황과 필요에 의해서 Door Order하지 않고 픽업지에서 공 컨테이너를 픽업하여 지정된 CFS로 운송 후 CFS에서 적입 및 Shoring 작업 진행하는 경우도 있겠습니다(수출자 Door에서 CFS까지의 운송은 탑차 혹은 화물차 사용). FCL 건으로서 CFS를 사용하는 예는 수출자의 Door에서 컨테이너 작업하기엔 공장/창고의 진입로 및 작업 공간이 협소한 경우, 수출자가 Shoring 작업 할 수 없는 경우, 컨테이너 내륙운송비 보다 탑차 혹은 화물차로 운송하여 CFS를 사용하는 것(CFS에서 CY까지 Shuttle 비용 발생될 수도)이 Door Order하여 CY로 반입되는 경우의 비용보다 저렴한 경우 등이 있겠습니다.
2. 공 컨테이너를 수출물품이 보관된 수출자의 공장/창고의 문(Door)까지 불러오는 오더(Order)라고 하여 Door Order라고 합니다.
3. 우리가 렌터카 회사에서 차를 빌릴 때 외관상 이상 유무를 확인하는 것처럼 컨테이너에 대해서도 일단은 외관상 이상 유무를 체크하고 이상이 없으면 적입 작업을 진행합니다.
4. 적입 작업은 컨테이너 운송 기사가 하는 작업이 아니라 Door Order한 수출자가 자신의 비용과 위험으로 진행하는 작업입니다. 물론, EXW 조건(공장 인도조건)에서는 수출자가 자신의 비용과 위험으로 진행하지는 않지만 다른 이외의 인코텀스 조건에서는 수출자의 비용과 위험으로 진행합니다.

수 있기 때문에 나무 등을 이용하여 상자를 고정해 줍니다.

모든 적입 작업이 끝이 나면 컨테이너 문을 닫고 봉인(Sealing) 작업을 합니다. 이때 자물쇠 혹은 케이블타이와 같이 생긴 것으로 봉인(Sealing)을 하게 되며, Seal No.를 확인할 수 있습니다. Seal No.는 Container No.와 같이 해당 건의 B/L에서 확인이 가능합니다(수출자에 따라서 인보이스 양식이 다르듯이 포워더에 따라서 B/L 양식이 달라서 표시되지 않은 B/L도 있음).[5] 그 후 내륙 운송을 통하여 CY로 반입되고 마지막으로 지정된 선박에 On Board되어 수입지의 항구로 운송됩니다. 해상운송을 통하여 수입지의 항구에 도착하면 하역되며, FCL의 경우 통상 '입항 전 신고'를 통하여 수입지의 CY에서 부두직통관 됩니다.

포워더가 발행하는 B/L 혹은 기타의 서류에 보면 FCL의 경우 'CY/CY'라는 문구가 표기되어 있는 경우가 있는데, 이 뜻은 수출지의 CY에서 수입지의 CY로 운송이 되었다라는 뜻으로서 FCL 건이라는 뜻입니다.

(1) 공 컨테이너를 받고 적입 전에 수출자가 확인해야 하는 부분

수출자는 공 컨테이너가 자신이 통지한 수출품이 있는 장소에 도착하면 적입을 하기 전에 확인 해야 하는 부분이 있습니다. ⓐ 첫번째는 컨테이너의 외관상 손상(Damage)이 있는지에 대한 확인으로서 이유는 나중에 Damage Charge가 발생될 수 있기 때문입니다. 다음으로는 ⓑ 컨테이너에 구멍이 있는지에 대한 확인을 해야 합니다. 이유는 컨테이너에 구멍이 있으면 비가 올 때 빗물이 유입될 수 있으며, 컨테이너가 컨테이너 선의 갑판 위에 적재될 경우 파도가 유입 되어 제품에 손상을 줄 수 있기 때문입니다. 컨테이너에 구멍이 있는지에 대한 확인은 컨테이너에 한 명이 들어가고 밖에서 문을 닫습니다. 만약 구멍이 있다면 밖은 밝고 안은 어두워서 빛이 들어올 것입니다.

(2) 운송사의 면책조항 부지약관(Unknown Clause)

FCL의 경우 수출자가 적입 작업 후 실링을 하면 수입지에 해당 컨테이너가 도착하여 수입자가 그 컨테이너를 개장할 때까지 아무도 개장할 수 없습니다. 운송사 역시 마찬가지입니다. 그러면 운송사의 경우 컨테이너를 받아서 운송하는 입장에서 만약에 그 컨테이너에 오더 한 수량(Q'ty)보다 적은 수량의 물품 혹은 다른 물품이 수입지에 도착할 경우 수입자에게 클레임을 받을 수 있습니다. FCL 화물의 경우 B/L에 보면 'Shipper's Load and Count', 즉 수출자가 카운트하고 선적했다라는 문구가 있으며, 이는 운송사의 면책조항이 됩니다. 즉, 수출자가 선적하고 수량을 확인했다라는 뜻으로서 이와 관련하여 잘못된 점이 있으면 수입자는 운송사에 클레임을 제기하는 것이 아니라 매매계약에 의해서 수출자에게 클

---

5   402쪽 B/L 양식에서 좌측 중간 부분 'Port of Discharge' 부분 하단에서 Container No. 및 Seal No.를 확인할 수 있습니다.

레임을 제기해야 합니다. 이러한 경우 수출자의 실수라면 수출자가 그에 따른 후속 조치를 취하겠지만, 수출자가 고의로 행한 일이라면 수입자가 수출자에게 연락하여도 연락되지 않는, 즉 사기를 당하는 경우가 될 수도 있습니다.

2) LCL의 수출과정: CFS/CFS

CFS로 반입되는 물품은 소량 화물, 즉 LCL 화물입니다(항공 건의 경우 FCL, LCL로 구분하지 않지만, 소량 화물이기 때문에 LCL 과정과 비슷함.). 이때 수출자는 a)스스로 국내 운송사를 지정하여 포워더가 통지한 CFS로 운송을 요청하는 경우가 있고, b)통관 대행을 맡은 관세사 사무실에 국내 운송사를 수배해 줄 것을 요청하는 경우가 있으며, c)포워더에게 국내 운송사를 수배 해줄 것을 요청할 수도 있습니다. LCL 화물의 내륙 운송에 있어 부피가 얼마 되지 않기 때문에 통상 1.5톤 정도의 트럭을 사용하며, 항공 건에서 CBM이 아주 적은 경우에는 택배를 사용하여 공항 창고로 보내는 경우도 있습니다.

수출지의 CFS에는 여러 수출자의 LCL 화물들이 모이는 장소이며, 같은 목적항으로 향하는 LCL 화물에 대해서 하나의 컨테이너에 적입 작업을 하는 곳이기도 합니다.[1] 이 작업을 콘솔이라고도 하며, 콘솔 업무를 주 업무로 하는 업자를 바로 혼재업자, 즉 Consolidator라고 합니다.

LCL 화물은 이렇게 수출지 항구에서 수입지 항구에 도착하여 CY를 거쳐서 CFS로 반입되며, 수입지 항구의 CFS에서는 적출 작업이 진행됩니다.

---

[1] LCL 건의 경우 CFS에서 적입 작업이 이루어지기 때문에 CFS Charge가 발생합니다. FCL 건이라도 수출자가 Door Order 하지 않고 CFS로 반입시키는 경우가 있는데 그렇게 되면 FCL이라 할지라도 CFS Charge가 발생할 수 있습니다.

4. 화주 입장에서 FCL과 LCL 그리고 CY/CY, CFS/CFS 등의 의미

1) 화주 입장에서 FCL과 LCL 개념

FCL은 화주(무역회사) 입장에서 포워더를 통하여 컨테이너 소유사로서 선사(COC, Carrier Own Container)에게 공 컨테이너(Empty Container)를 임대하는 것입니다. 따라서 화주 입장에서 FCL은 임대한 컨테이너에 물품을 만재하던 1/3만 채우든, 아니면 빈 컨테이너(깡통)로 운송하든 화주 마음입니다(물론, FCL 건에서 하나의 운송 건, 즉 하나의 운송서류(B/L, SWB[2]) 발행 건에 대해서 1개 컨테이너만 임대할 수도 있고, 2개 이상의 컨테이너를 임대할 수도 있습니다). 반면, LCL 화물은 컨테이너에 공간을 임대하는 것입니다.

2) FCL 건에서의 CY와 CFS의 활용

FCL 건은 a) 수출자가 내륙운송사 통해서 CY에서 공 컨테이너를 픽업하여 수출물품이 위치한 수출자의 공장/창고(Door)에서 수출자가 직접 적입(Stuffing, Vanning) 작업하여 수출지 터미널 CY에 반입할 수 있는 경우가 있고, b) 수출자가 직접 적입 작업 못 하는 경우가 있습니다.

전자(a)의 경우 공 컨테이너를 CY에서 픽업하여 수출물품이 위치한 Door까지 운송 요청하는 Door Order가 이루어지고, 후자(b)의 경우는 탑차 혹은 카고 차량(화물차)에 물품을 적재하여 CFS로 반입 후 혼재업자(콘솔사, Consolidator) 통해서 컨테이너 적입 작업 요청[3]하는 형태로 진행됩니다.

이는 수입지에서도 동일합니다. FCL 건으로서 수입자가 수입자의 공장/창고(Door)에서 적출 가능하다면, 수입지 터미널 CY에서 통관 후 컨테이너에 물품이 적재된 상태 그대로 해당 컨테이너를 수입자 Door까지 내륙운송 후 수입자가 직접 적출 작업할 수 있습니다. 그리고 공 컨테이너를 지정된 수입지 CY에 반납합니다. 물론 수입자가 적출 작업하지 못하는 경우라면, FCL 건임에도 불구하고 수입지 터미널 CY에서 CFS로 운송 후 혼재업자에게 적출 작업 요청해야 할 것입니다. 이후 해당 CFS(컨테이너 적입/적출 작업 이루어지는 보세창고)에서 적출한 물품을 반출 후 탑차 혹은 화물차를 활용해서 수입자가 지정한 Door까지 운송할 것입니다.

---

2   항공 건은 FCL 및 LCL 개념이 없다.
3   FCL 건이기에 후자의 경우에도 전자의 경우처럼, 공 컨테이너 픽업장소는 CY입니다. 전자는 반입지가 CY이며, 후자는 반입지가 CFS인데, 후자는 픽업한 공 컨테이너를 반입지로 지정된 CFS로 운송 요청하는 것이며, CFS에서 혼재업자에 의해 적재 및 Shoring 작업 진행됩니다. 이후 해당 CFS에서 CY로 이동 후 On Board 되겠습니다.

3) FCL 건에서 CY/CY, CY/CFS, CFS/CY

- **CY/CY**: 수출자가 공 컨테이너를 CY에서 내륙운송사 통해서 픽업 후 수출자의 Door에서 수출자가 직접 적입 작업하면 CFS에 반입할 필요가 없어지며, 수출자의 적입 작업 후 해당 컨테이너는 수출지 터미널 CY로 바로 반입됩니다. 수입지에서 역시 수입자가 컨테이너 그대로 받아서 수입자가 직접 적출 작업 가능하다면 수입지 CY에서 CFS를 거치지 않고 바로 CY에서 반출할 것입니다. 이러한 경우 수출지 CY에서 수입지 CY로 이동하는 조건이 되어 CY/CY로 표현될 수 있습니다.

- **CY/CFS**: 수출자가 직접 컨테이너에 적입 작업할 수 있으나 수입지에서는 어떠한 이유로 CFS에서 물품을 적출할 필요가 있을 때의 조건이라 보면 될 것입니다. FCL 화물이 수입지에서 CFS에 반입되는 여러 가지 이유 중에 하나의 예로써, 하나의 운송 건에 대해서 모든 물품을 한 번에 수입 신고할 수 없는 상황으로 분할 통관할 때가 있을 수 있습니다.

- **CFS/CY**: 수입지에서는 수입자가 CY에서 컨테이너 그대로 반출하여 수입자가 직접 적출 작업할 수 있으나, 수출지에서는 수출자가 직접 적입 작업할 수 없는 경우입니다. 그 수많은 이유 중에 하나로 수출자(Shipper)는 1개 회사인데, 하나의 운송 건에 대해서 제조사가 2개 회사 이상인 경우가 있을 수 있습니다. 컨테이너 차량이 제조사를 돌면서 적입 작업하는 것은 비효율적일 수 있기 때문에 집결지로서 CFS로 제조사 물품을 집결하여 혼재업자에게 적입 작업 요청할 수 있을 것입니다. 다른 이유로서 수출자가 물품 고정 작업 즉, Shoring 작업을 할 수 없을 때 역시 CFS로 반입하여 혼재업자에게 해당 작업을 의뢰할 수 있을 것입니다.

- **CFS/CFS**: 수출자 및 수입자 모두가 Door에서 직접 적입/적출 작업을 할 수 없는 상황이라 할 수 있습니다. 이러한 경우, FCL 건임에도 CFS를 활용해야 할 것입니다. 그러면 수출지에서는 CFS로 반입이 이루어져서 혼재업자가 적입 작업 후 해당 컨테이너는 CY로 이동되어 On Board 될 것입니다. 물론 해당 컨테이너는 화주가 임대한 컨테이너로써 해당 화주 화물만 적재되어 있습니다. 수입지에서 역시 양륙(Discharge) 후 CY를 거쳐서 CFS로 이동 후 혼재업자에 의해서 적출될 것입니다.

4) LCL 건에서 CFS/CFS만 존재

FCL 건은 화주의 입장과 통관 상의 이유 등으로 CFS를 활용하는 경우가 있습니다. 반면, LCL은 화주의 Door로 컨테이너를 이동시키는 일은 없다 할 수 있으며, LCL 건은 수출지에서나 수입지에서나 항상 CFS를 활용할 수밖에 없다고 이해하면 되겠습니다. 따라서 LCL 건은 CFS/CFS만 존재할 것입니다.

> **참고** FCL 건에서 선사의 책임 구간
>
> 포워더는 수출자에게 FCL 건 Shipment Booking 받으면 선사로 Shipment Booking 하며, Door Order 할 수 없는 상황에서 화주는 수출 물품을 탑차 혹은 화물차로 CFS로 반입 후 컨테이너 작업 진행할 수 있습니다. 이러한 상황에서 선사는 자신과 제휴된 CFS로 수출 화물 반입하여 컨테이너 작업 후 CY로 이동하는 것이 가능하다고 하는 경우도 있고, 별도의 CFS 섭외를 제안하여 활용할 것을 요구하는 경우도 있습니다.
>
> 전자의 경우는 선사가 CFS에서 발생하는 비용과 CFS에서 CY까지의 셔틀비용(Drayage Charge) 및 해상 운임(O/F)을 일괄적으로 포워더에게 청구하며, 후자의 경우는 CFS 쪽에서 포워더에게 관련 비용을 청구하고 선사는 해상 운임을 청구할 수 있습니다. 수입지에서 역시 CFS를 활용한다면 동일하게 적용될 것입니다.
>
> 결국, FCL 건에서도 전자의 경우는 CFS/CFS Term으로서 선사가 해당 구간을 책임지며, 후자는 CY/CY Term으로서는 선사는 해당 구간을 책임지겠습니다.

5. 인코텀스 조건에 따른 포워더 지정 및 운임 결제 당사자

수출자와 수입자 간에 무역거래를 할 때 가격조건(Price Term), 즉 인코텀스(Incoterms) 조건에 따라서 수출지 항구/공항에서 수입지 항구/공항까지의 운임(Freight)을 누가 부담할 것인지, 그리고 운송업무를 대신해줄 포워더를 누가 지정(Nomi: Normination)할 것인지에 대한 권리가 달라집니다.

이때 운임을 부담하는 당사자가 포워더를 지정하는 것은 당연한 권리가 될 것입니다.

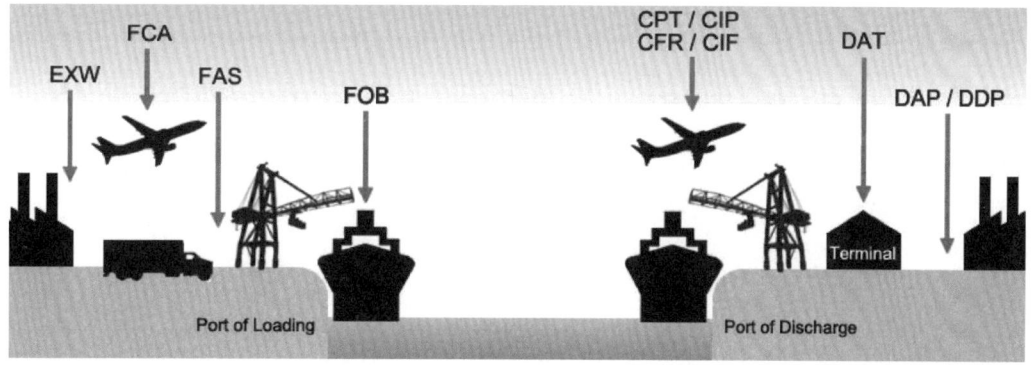

▲ Incoterms 2010 조건

1) EXW 혹은 F-Terms에서 운임 결제 및 포워더 지정 당사자

수출자는 수입자에게 견적을 줄 때 EXW, F-Terms(FCA, FAS, FOB)에서는 '운임[1]'을 포함하지 않습니다. 즉, 이들 조건에서는 운임(Freight)를 수입자가 부담합니다. 운임을 수입자가 부담하기 때문에 당연히 포워더는 수입자가 지정합니다. 통상 지정된 포워더는 수입자가 오더를 할 때 Order Sheet에 'Nominated Forwarder'라는 명목으로 수출자에게 통지합니다. 그러면 수출자는 수입자가 지정한 포워더에게 연락하여 수출 진행을 합니다.[2] 이러한 조건에서는 운임이 후불, 즉 Freight Collect가 되는데 이유는 수입자 입장에서 운임을 자신이 부담하는데 물품이 수입지에 도착한 것을 확인하고 결제하는 것이 이치에 맞습니다. 따라서 운임이 후불(Collect)입니다. 해당 조건하에서 발행된 B/L을 보면 'Freight Collect' 혹은 'Payable at Destination'이라는 표시를 확인할 수 있을 것입니다.

2) C-Terms 혹은 D-Terms에서 운임 결제 및 포워더 지정 당사자

반대로 C-Terms(CPT, CIP, CFR, CIF), D-Terms(DAT, DAP, DDP) 조건에서 수출자가 수입자에게 견적을 줄 때 해당 조건에는 '운임'이 포함되어 있습니다. 즉, 운임을 수출자가 부담하는 조건으로서 당연히 포워더는 수출자가 지정하며, 수입자는 수출자가 지정한 수출지 포워더의 수입지 파트너에게 도착통지받은 이후 수입통관을 진행합니다.

이러한 조건에서는 운임이 선불, 즉 Freight Prepaid가 되는데, 이유는 포워더 입장에서 운임을 수출자가 부담하는데 물품을 수입지까지 운송 완료 후 수출자에게 결제를 요구하면 수출자가 결제를 거부할 수 있습니다. 따라서 포워더는 물품이 수출지에 있을 때, 즉 적재(On Board) 전 B/L을 전달하기에 앞서 부대비용과 함께 운임 결제를 청구합니다. 따라서 운임 선불(Freight Prepaid) 조건입니다. 해당 조건하에서 발행된 B/L을 보면 'Freight Prepaid'라는 표시를 확인할 수 있을 것입니다.

---

1 운임(Freight)이란 수출지 항구/공항에서 발생하는 Handling Charge, Documents Fee와 같은 비용이 아닙니다. 이는 부대비용입니다. '운임'이란 수출지 항구/공항에서 적재(On Board)를 해서 수입지 항구/공항까지 운송하여 하역하기 전까지의 비용이 바로 운임입니다. 배로 운송될 경우 쉽게 말해서 '뱃삯'이 되는 것입니다.

2 EXW, F-Terms에서 수입자가 포워더를 지정하는데 수입자는 당연히 수입지 국가에 위치한 포워더를 지정합니다. 하지만, 수출자가 수출 진행을 할 때 수입자가 지정한 수입지에 있는 포워더와 수출 운송 진행을 할 수 없으니, 수입자가 포워더를 지정하는 운임후불(Freight Collect) 조건에서는 수입자가 지정한 수입지 포워더의 수출지 파트너사 정보를 수입자는 수출자에게 통지합니다.

* EXW * F -Terms(FCA, FAS, FOB)	* C -Terms(CPT,CIP,CFR,CIF) * D -Terms(DAT,DAP,DDP)
- Forwarder 지정 권리 수입자에게 - 운임 후불(Freight Collect) - 수입자 입장에서는 물품이 수입지에 도착한 것을 확인하고 운임 결제.	- 운임 선불(Freight Pre-Paid) - Forwarder 지정 권리 수출자에게 - 포워더 입장에서는 물품이 수출지에 있을 때 수출자에게 운임 결제받음.

상기에서 설명하고 있는 인코텀스에 따른 Freight Collect, Freight Prepaid 결정 부분은 수출자와 수입자 사이의 문제라고도 할 수 있으나, 그들의 인코텀스 결정에 따른 포워더와 화주 사이에서 물품을 수입지에 운송 완료한 상태에서 운임을 결제하느냐 혹은 물품을 수출지에서 적재 전에 결제하느냐의 문제라 할 수 있습니다.

> **참고** 포워더 지정의 장·단점
>
> 포워더 지정 권리를 가진 자는 포워더에게 운송 관련 등의 업무에 있어 무엇인가를 요구했을 때 피드백을 성실히 잘 받을 수 있습니다. 반면 포워더를 지정하지 않고 지정된 포워더에게 운송 업무 서비스받는 자는 대우를 상대적으로 받지 못합니다. 예를 들어, FOB로 거래하면 수입자가 포워더를 지정하는데, 수입자가 포워더에게 무엇인가를 요구하면 포워더가 성실히 대응하나, 수출자가 포워더에게 필요한 사항을 요구했을 때 해당 포워더는 성실히 임하지 않을 가능성이 큽니다. 이유는 해당 포워더는 FOB 조건에서 수입자로 인해서 이익을 취하기 때문이며, 수입지 포워더가 수입자에게 영업하여 수입자에게 운송 오더를 받았기 때문입니다.
>
> 그러나 단점도 있습니다. FOB에서 수입자는 운임(Freight) 변동에 영향을 받습니다. 1월에 견적서(P/I) 받았을 때 FOB가격과 3월에 물품이 P.O.D.에 도착했을 때 FOB 가격은 동일하나 1월과 3월의 해상운임(O/F)은 상이할 수 있습니다. 1월 대비 3월에 O/F가 낮아지면 수입자는 그만큼 이익이나, 높아지면 수입 원가 상승으로 수입자는 그만큼 불이익을 받습니다. 이러한 점 때문에 물량을 상당히 수출입하는 화주(무역회사)는 포워더에게 입찰(Bidding)하여 1년 동안 운임을 동일하게 적용받기도 합니다. 물론, 상대 업체와 매매계약할 때 자신이 포워더 지정할 수 있는 가격조건으로 계약할 것입니다.

3) 선사와 포워더 사이의 Freight 선불 혹은 후불 결정

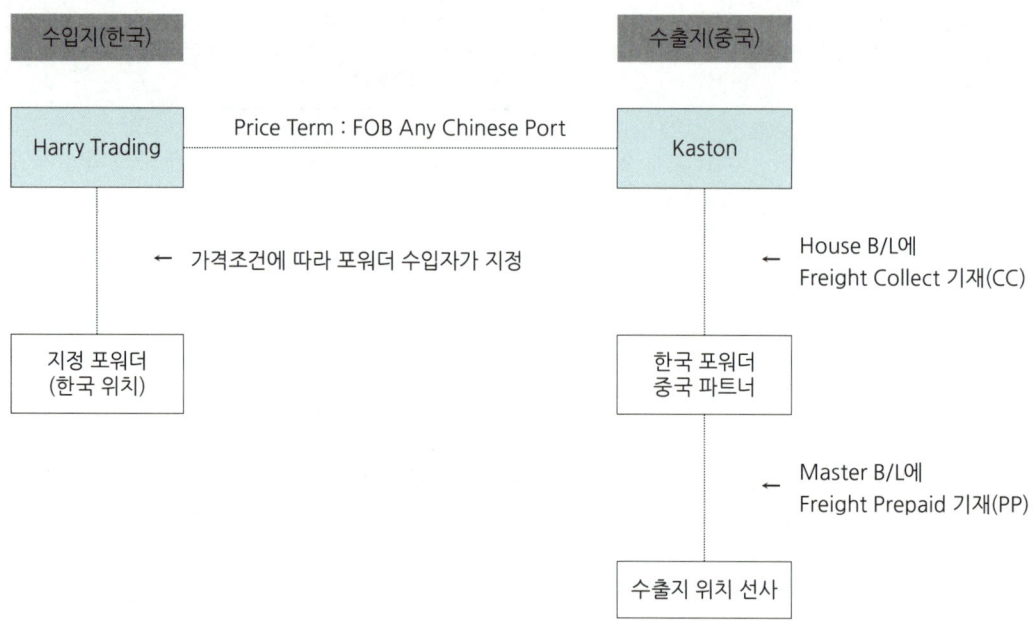

선사와 화주 중간에 있는 포워더는 화주에게 운송 요청을 받으면 선사에게 견적을 요청합니다. 이 때 한국의 포워더는 물품이 중국에서 한국으로 수입되는 경우라 가정할 때 중국 파트너 포워더를 통해서 a)중국 선사로 견적을 요청하고 한국의 포워더가 역시 b)한국에 있는 선사에 견적을 요청하여 견적을 받아서 경쟁력 있는 선사를 선택합니다. 이때 중국의 선사를 선택하였다고 가정하면 인코텀스 조건과 상관없이 중국의 선사는 중국 포워더에게 운임을 먼저 받고 운송이 이루어집니다. 따라서 선사가 발행하는 Master B/L에는 Freight Prepaid가 기재됩니다. 그리고 중국 포워더는 한국 포워더에게 관련 비용을 받아야 하니 Debit Note를 발행합니다. 본 Debit Note는 한국의 포워더 입장에서는 원가가 되며, 한국의 포워더는 Debit Note에서 자신의 마진을 포함하여 한국 수입자에게 청구한다 할 수 있습니다. 만약 한국의 선사가 더 경쟁력 있는 경우 한국의 선사를 사용할 것이며, 물품을 한국에 도착시킨 후 운임을 받는 후불이 될 수 있으나(Master B/L Freight Collect), 선사와 포워더의 관계에서는 선불로 거래가 이뤄지는 경우가 많으니, 이러한 상황에서도 후불이 아닌 선불로 진행되기도 한다고 할 수 있습니다.

다시 말해서, 선사와 포워더 관계에서는 수입자와 수출자 사이의 매매계약서상의 가격조건(Price Term)을 기초로 운임(Freight)이 선불 혹은 후불로 결정되는 것은 아니라 할 수 있습니다.

5. 수출신고 수리된 건에 대한 수출이행내역 조회 방법

수출자는 세관에 수출신고하고 수리가 된 건에 대해서 실제로 외국으로 나가는 운송수단에 적재가 되었는지에 대한 여부를 확인할 수 있습니다. 물론, 운송사인 포워더에게 연락하여 확인할 수 있지만 수출자 스스로의 힘으로도 확인이 가능하며, 확인 방법은 다음과 같습니다.

1) 관세청 홈페이지(http://www.customs.go.kr/)에 접속

관세청 홈페이지에 접속하면 중간 부분 아래 아이콘으로 '수출이행내역조회'가 있으며 이 부분을 클릭합니다.

2) '수출신고번호' 조회

수출신고 하였고 수리가 된 건으로서 해당 건의 수출신고필증을 보면 '수출신고번호'를 확인할 수 있습니다. 아래에 '수출신고번호'를 입력 후 우측의 '조회' 버튼을 클릭합니다.

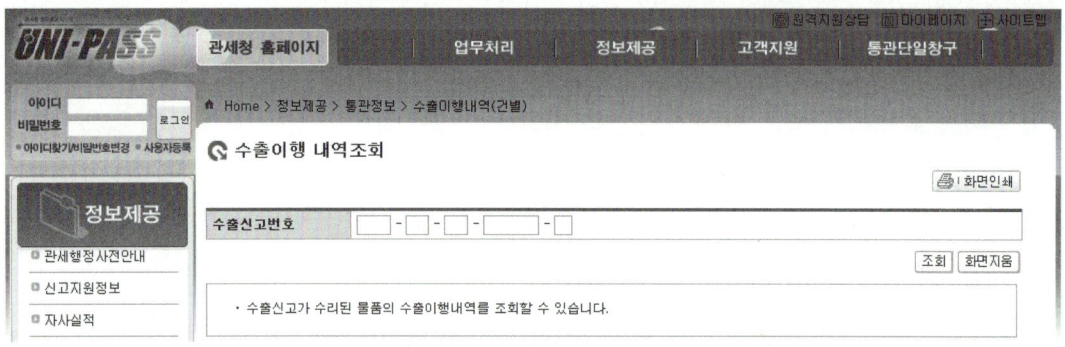

3) 수출이행 내역 조회

위와 같은 순서로 조회하면 다음과 같은 수출이행 내역을 볼 수 있습니다. 수리일자가 3월 25일이며 수리일자 기준으로 30일이 되는 날짜가 바로 '적재의무기한'인 4월 24일입니다(수출신고가 수리된 물품은 수리일로부터 30일 이내에 외국으로 나가는 운송수단에 적재되어야 함).

본 건의 경우 수리일자 하루 뒤인 3월 26일에 적재(On Board)되어 출항 완료된 건입니다.

수출이행 내역조회

수출신고번호	123 - 00 - 00 - 0000000 - 0				
수출화주/대행자	엠솔				
제 조 자	엠솔	적재의무기한	20XX/04/24	수리일자	20XX/03/25
통관포장개수	10CTN	통관중량	11.12	기적완료여부	Y
선적포장개수	10CTN	선적중량	11.12		

AWB NO	출항일자	기적포장개수	기적중량
AB0000XX	20XX/03/26	1	11.12

6. 결제조건에 따른 선적서류 처리 방법
― T/T 및 L/C 조건에서

무역거래에서 무엇보다도 중요한 것이 바로 결제조건에 따른 선적서류, 특히 B/L의 처리이며 수출자, 수입자는 결제조건에 따라서 선적서류 처리하는 절차 및 방법에 대해서 반드시 정확한 이해를 하고 있어야 합니다.

선적서류의 처리를 차질 없이 순조롭게 잘 해야지 수출자는 수출대금을 받는 것에 문제가 없으며, 수입자는 수입통관 하는 것에 문제가 없습니다.

1) T/T 결제조건에서 OB/L, AWB 처리 방법

(1) 해상에서 Original B/L이 발행된 경우― By Courier Service

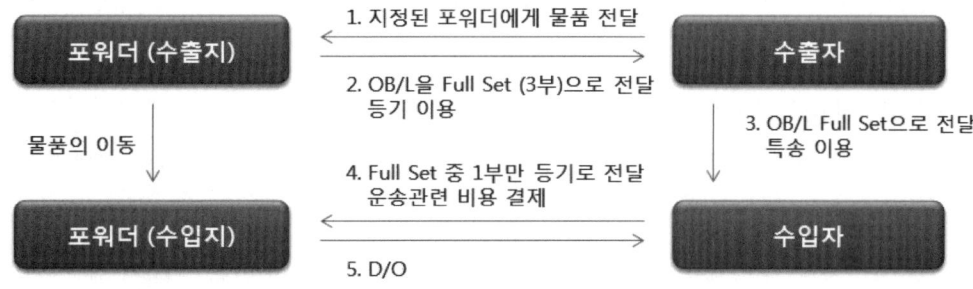

해상운송에서는 통상적으로 Original B/L이 발행되며, Original의 뜻은 원본으로서 수출자는 수입자에게 원본 그대로를 전달하여야 수입자는 수입지에서 해당 건에 대한 수입통관을 차질 없이 진행할 수 있습니다. Original B/L(OB/L)은 Full Set(3부)으로 발행되며, 수출자는 포워더에게 Original B/L 3부를 모두 받아서 수입자에게도 3부 모두를 특송으로 발송하며[1], 수입자는 3부 중의 1부만 포워더에게 전달하고 운임 및 부대비용을 결제하고 D/O를 받습니다.[2] 이와 함께 수입자는 세관에 수입

---

1   수출자는 수입자에게 특송으로 OB/L 3부(Full Set)를 포함하여 Invoice, Packing List 등의 선적서류를 발송합니다. 이때 수출자는 이러한 서류를 특송으로 발송하기 전 스캔하여 PDF 파일로 보관하며, 이메일로 첨부하여 수입자에게 또 한번 통지를 해주는 것이 일반적인 관례입니다(Shipment Advice).

2   수입자는 수출자에게 전달받은 OB/L Full Set, 즉 3부 중의 1부만 수입지의 포워더에게 전달합니다. Full Set으로 발행되는 OB/L에는 'First Original', 'Second Original', 'Third Original' 이렇게 각각 도장이 찍혀 있는 경우가 있고, 3부 모두에 단순히 'Original'이라고 찍혀 있는 경우가 있습니다. 즉, First, Second, Third 모두 Origina이며 1부만 포워더에게 수입자는 전달하면 되고 나머지는 수입자가 보관하면 됩니다. 즉, Second 찍혀 있는 것 혹은 Third 찍혀 있는 B/L을 전달해도 된다는 말입니다.

신고 및 세액 납부하고 수입신고필증 발급 받은 후 수입물품을 보세구역/창고에서 반출 진행합니다.

T/T 결제조건에서는 상기와 같이 OB/L이 발행되는 경우 수출자가 특송을 이용해서 수입자에게 OB/L을 전달합니다. 실무에서 때로는 양당사자 모두 이러한 서류 처리에 대해서 잊고 있다가 물품이 수입지에 도착하며 그때서야 수입자의 요청에 의해서 수출자가 특송으로 OB/L을 보내주는 경우가 있는데, 이러한 경우 해당 건이 LCL 건이면 OB/L이 수입자에게 도착하고 수입자가 다시 수입지의 포워더에게 OB/L 1부를 전달할 때 동안 하루(Day) 기준으로 보세창고료가 발생됩니다.

이렇게 발생된 보세창고료는 모두 수입자의 수입원가가 되어 상당한 부담으로 작용할 수도 있습니다. 실무에서 이러한 상황을 수입자가 직면하면 수입자는 최대한 보세창고료를 줄이는 방법을 찾아야 합니다. 그 하나의 방법이 항구의 보세창고에 장치된 물품을 보세운송 신고하여 내륙의 보세창고로 옮기는 것입니다. 일반적으로 항구의 보세창고보다 내륙의 보세창고 보관료가 훨씬 더 저렴하기 때문입니다. 만약 해당 건이 LCL 건이 아니라 FCL 건이라면 수입지 항구의 CY에 보관될 것이며, FCL 건의 경우 Demurrage Charge가 발생되기 전 Free Time이 있습니다. 통상 10일 정도 되는데 이 기간 동안에는 운송사(선사)에 대한 추가 비용이 발생하지 않습니다(물론, Storage Charge라는 명목의 비용이 발생될 수 있습니다).[1]

따라서 FCL의 경우 수입자는 Free Time 이전까지만 수출자에게 OB/L을 받으면 추가적으로 크게 발생하는 비용은 없겠습니다. 단, 수입통관을 못하니 국내 유통이 그 만큼 늦어져서 그에 따른 피해가 있을 수 있습니다.

아무튼, 수출자의 OB/L 발송 누락으로 인해 수입지에서 발생하는 추가적인 비용과 납품 지연으로 인한 피해는 고스란히 수입자가 떠안게 됩니다. 그래서 수입자는 수출자에게 해당 피해액 중에 일부를 수출자의 잘못도 있으니 수출자에게 어느 정도 커버할 것을 요구할 것인데, 이때 중요한 것이 결제조건이 T/T 선불이냐 후불이냐에 따라서 수출자의 행동을 상이할 수 있다는 것입니다.

T/T 선불 건의 경우	수출자는 돈을 선적 전에 모두 받기 때문에 아무리 수출자의 OB/L 발송 누락으로 수입지에서 피해가 발생했다고 하더라도 특별히 신경 쓰지 않음. 물론, 거래를 계속하고 신용도를 유지하기 위해서는 보상을 해줄 필요가 있으나, 관련 비용을 결제해주기보다는 차후 오더 건에 대해서 공제를 해주는 쪽으로 선택하는 경우가 일반적임.
T/T 후불 건의 경우	수입자의 보상 요구를 수출자가 받아들이지 않는다면, 수입자는 수출자에게 결제할 물품 대금을 결제하지 않겠다고 하면 수출자는 선택의 여지가 없어짐.

---

1 Free Time이 지났음에도 컨테이너를 CY에서 반출하지 않으면 컨테이너 반출 지체료라는 명목으로 Demurrage Charge가 발생될 수 있으며(선사에서 청구), 또한 선사의 Free Time과는 상관 없이 CY 사용에 대한 보관료의 명목으로 Storage Charge(터미널 청구)가 발생될 수 있습니다.

결론적으로, 서류처리를 못하면 수출자는 돈 결제를 받지 못할 수도 있고, 수입자는 통관을 못할 수도 있기 때문에 서류처리는 실무에서 무엇보다도 중요합니다.

(2) 해상에서 Surrender B/L / Seaway Bill / Express Bill이 발행된 경우— By 이메일

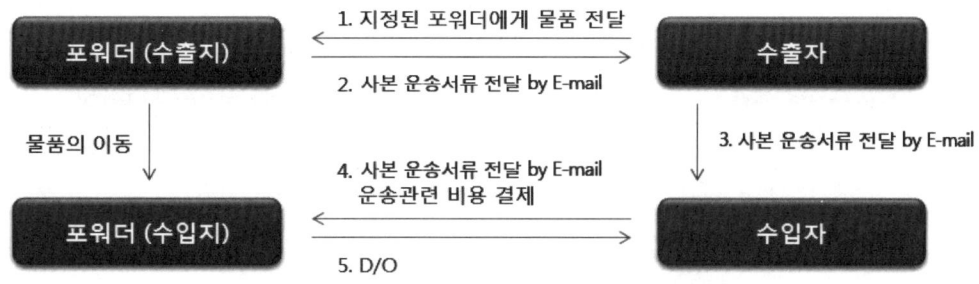

Surrender B/L은 사본으로서, 통상 해상에서 B/L이 Original로 발행되지만 결제조건이 L/C가 아니라 T/T이고, 해상운송 구간이 우리나라와 중국 혹은 우리나라와 일본처럼 짧은 경우 OB/L보다 물품이 먼저 수입지 항구에 도착할 것을 예상하여, 수입자가 수출자에게 원본이 아닌 사본으로 진행할 것을 요청하여 발행된 B/L을 바로 Surrender B/L이라고 합니다. 그리고 Seaway Bill(SWB), Express Bill 역시 해상운송에서 발행되는 B/L이지만, 발행될 때부터 사본으로 발행됩니다(Original B/L을 사본으로 만드는 Surrender B/L과는 다름).

즉, Surrender B/L, Seaway Bill(SWB), Express Bill은 모두 원본이 아니라 사본이기 때문에 수출자와 수입자는 서로 이메일을 이용하여 서류를 수·발신합니다. 이유는 원본은 수출자에게서 수입자에게로 원본 그대로 전달되어야 하지만, 사본은 사본이기 때문에 이메일로 전달해도 아무런 상관이 없는 것입니다.

즉, 해상에서 발행되는 이러한 B/L은 모두 사본으로서 항공 건의 AWB(Airway Bill: 통상 사본으로 발행)처럼 이메일로 서류 처리가 진행됩니다. 때로는 팩스로 진행되는 경우도 있으나 무역회사에서 팩스는 거의 사용하지 않습니다.

(3) 항공에서 Airway Bill(AWB)이 발행된 경우— By 이메일

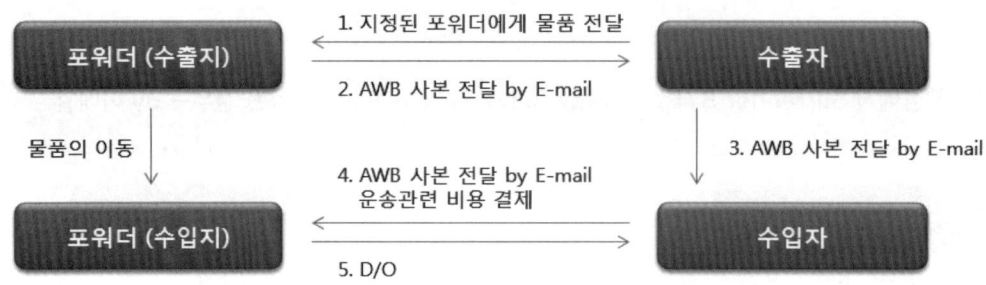

항공으로 운송되는 경우 거의 모든 건에 대해서 사본 AWB이 발행되며, 사본이기 때문에 특송으로 전달할 필요가 없이 이메일로 서류 처리를 합니다.[1]

마치 T/T 조건 하에서 해상운송을 하였을 때 OB/L이 아닌 Surrender B/L, Seaway Bill, Express Bill이 발행되어 진행되는 경우처럼 서류처리가 이메일로 진행됩니다. 이유는 사본이기 때문입니다. 원본인 OB/L은 원본 그대로 수출자에게서 수입자에게로 전달되어야 하기 때문에 특송으로 발송되는 것이며, 사본은 특송으로 발송할 필요가 없이 사본이기 때문에 이메일로 발송하여도 아무런 문제가 되지 않습니다(T/T의 경우에만 AWB을 이메일로 처리하며, L/C 결제조건의 경우는 OB/L 처럼 AWB을 수출자는 은행에 전달해야 함).

2) L/C 결제조건에서 OB/L, AWB 처리 방법

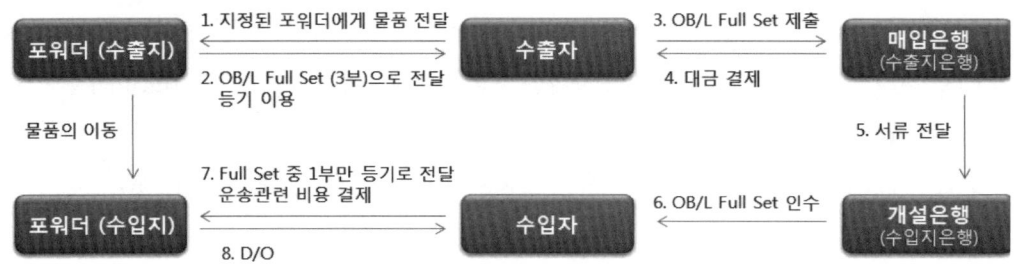

▲ 상기 L/C 결제조건에서의 서류처리 절차는 해상건(OB/L) 과 항공건(AWB)이 동일함.

신용장(Letter of Credit: L/C) 결제조건에서 수출자는 해상에서 OB/L이든 항공에서 AWB(사본)이든, 즉 원본이든 사본이든 상관 없이 선적(항공 건은 기적) 진행 후 은행에 제출해야 합니다. 수출자로부터 B/L(항

---

1 사본이기 때문에 이메일 혹은 팩스 중의 하나로 전달하여도 되지만 대부분 이메일로 수·발신이 됩니다. 이유는 팩스로 업무 처리를 하게되면 기록에 남지 않습니다. 따라서 이러한 업무는 이메일로 처리를 합니다.

공 건은 AWB)을 포함하여 기타 선적서류를 수취한 은행은 수출지의 매입은행[2]으로서, 매입은행은 수출자로부터 매입한 이러한 선적서류를 수입지의 개설은행(신용장 개설 은행)에게 발송합니다. 그리고 개설은행은 수입자에게 선적서류를 전달하는데 신용장 유형이 At Sight이면 신용장 대금을 수입자에게 받고 전달하며[3], Usance이면 결제를 유예하고 먼저 선적서류를 수입자에게 전달합니다. 이때 해상 건이면 OB/L 3부 모두에 혹은 그 중 한 부에, 항공 건이면 AWB(사본)에 개설은행은 자신의 명판/도장으로 배서합니다. 수입자는 개설은행의 배서가 있는 OB/L 1부 혹은 AWB을 수입지의 포워더에게 전달하고 운송비 결제 후 D/O 받습니다.

7. 선적 후 수입자에게 선적 통지하기

수출자는 수출물품을 적재 후 B/L(AWB)을 포함하여 선적서류(Shipping Documents)를 결제조건에 따라서 처리합니다. 이때 추가적으로 수출자는 수입자에게 해당 건의 관련 서류를 이메일로 정리하여 발송하는 것이 좋습니다.

물론, T/T 결제에서 사본으로 진행되는 AWB 건의 경우는 이러한 방법으로 한 번만 통지를 해주면 되지만, T/T 결제에서 OB/L의 경우는 특송으로 OB/L을 포함한 Invoice, Packing List 등 선적서류를 발송하고 이메일로 정리하여 다시 한 번 수입자에게 발송하는 것이 좋습니다. 마찬가지로 L/C 조건에서 OB/L이든 AWB이든 수출자는 매입은행에 서류를 제출한 다음 이메일로 관련 서류를 정리하여 수입자에게 발송하는 것이 좋습니다. 이러한 절차는 관례이며 이렇게 해야만 수입자는 수출자가 선적(항공은 기적)을 차질 없이 진행했고 물품이 수입지로 운송 중이라는 것에 대한 인지를 통하여 심적인 안정감을 느낄 수 있습니다. 즉, 상호 신뢰 형성을 하는 하나의 작은 절차라고 생각하면 되겠습니다.

이메일로 수출자가 수입자에게 선적 통지할 때는 'Shipment Advice'라는 제목으로 해당 건의 간략한 정보를 적고 그 뒤에 B/L(AWB), Invoice, Packing List 등의 선적서류를 첨부하여 이메일로 발송합니다. 즉, Shipment Advice의 내용이 커버(Cover) 역할을 하는 것입니다.

---

[2] 수출자가 제시한 선적서류를 검토하여 신용장 조건과 일치하면 해당 선적서류를 수취하고 그에 따른 대가로 신용장 대금을 결제하는 은행. 즉, B/L을 포함한 기타 선적서류를 매입(구입)하는 은행이며 통상 수출자의 거래은행이 매입 업무를 진행함

[3] At Sight에서 수입자가 선적서류를 개설은행으로부터 인수할 때 그 당시에 대금 결제를 할 수도 있으나, 일반적으로 선적서류 인수 후 5일까지 결제가 유예됩니다. 따라서 선적서류가 곧 해당 건의 물품이라는 점에서 수입자는 At Sight 조건이 선불 조건이라기보다 동시결제 조건으로 이해하는 것이 보다 적절할 수도 있을 것입니다.
물론, Usance 조건은 수입자가 선적서류 인수 후 Usance 기간에 결제하지 않아도 되니 수입자 입장에서 후결제로 봐야겠습니다.

```
                    SHIPMENT ADVICE
    WE ARE PLEASED TO INFORM YOU THAT WE HAVE SHIPPED THE
                   FOLLOWING GOODS AS BELOW

                       1. P/O NO.: 11025
                       2. AMOUNT: USD25,000
                       3. B/L NO.: ENHANYC1145
                       4. PAYMENT: T/T In Advance
                       5. COMMODITY: BABY CARRIER
                       6. VESSEL NAME: VICTORY STAR
                       7. DESTINATION: SYDNEY PORT
                       8. NUMBER OF CARTONS: 25 CTNs
                       9. INVOICE NO.: IN-11033
```

1) 결제조건 T/T의 경우

- OB/L : 특송으로 발송 후에 사전에 스캔해둔 파일을 이메일에 첨부하여 수입자에게 전달합니다.
- AWB : 이메일 로 한 번만 전달하면 됩니다.

2) 결제조건 L/C의 경우

- OB/L : 매입은행에 제출 후 사전에 스캔 해둔 파일을 이메일에 첨부하여 수입자에게 전달합니다.
- AWB : 매입은행에 제출 후 사전에 스캔 해둔 파일을 이메일에 첨부하여 수입자에게 전달합니다.[1]

---

1 결제조건 L/C의 경우 원본 B/L이든 사본 AWB이든 상관없이 은행이 수출자에게 선적서류를 은행에 제출하면 대금 지급 보증 했기 때문에 수출자는 관련 서류를 제출해야 합니다. 따라서 제출 전에 스캔해서 보관해둘 필요가 있습니다.

8. FCL 건, Door에서 컨테이너 Seal 누가 채우는가?

수출자는 FCL 건에서 공 컨테이너(Empty Container)를 픽업지(CY)에서 픽업하여 수출물품이 위치한 Door로 가져올 것을 포워더 혹은 내륙운송사에게 요청(Door Order)하여 적입(Stuffing, Vanning) 및 Shoring 작업합니다. 이때 수출자(Shipper)는 직접 컨테이너에 수출물품을 Load(Stuffing, Vanning, 적입)하고 수출물품의 수량 역시 수출자 자신이 Count 합니다. 이렇게 적입 작업이 완료되면 컨테이너 기사님이 컨테이너 문을 닫는 방법과 문 닫은 후에 Seal 채우는 방법을 옆에서 가르쳐 주면서 수출자에게 이를 직접 할 것을 주문할 수 있습니다.

컨테이너에 수출물품을 적입하고 Shoring 하는 것은 당연히 수출자가 지게차 등의 장비를 활용하여 진행하는 것이나, 이러한 작업 완료 후 컨테이너 문과 Seal 채우는 것까지 컨테이너 기사님이 직접 하지 않고 수출자가 할 것을 주문한다면 여기에는 나름의 이유가 있을 것입니다. 그것은 책임 회피를 위함이라 할 수 있습니다.

컨테이너에 수출물품을 Load 할 때 물품과 컨테이너에 Damage 발생할 수 있으며, Count 할 때 Load 한 물품의 실제 수량과 수출 신고되고, 선적서류(C/I, P/L 및 운송서류 등)상에 기재된 물품의 수량 및 상태에 불일치(불량품 등)가 있을 수도 있겠습니다. 그래서 이러한 Load와 Count는 수출자가 직접 합니다. 그리고 컨테이너 문을 닫고 Seal 채우는 것까지 수출자가 함으로써 운송 중에 컨테이너 문이 열려서 혹시나 발생할 수 있는 사고 책임에서 컨테이너 기사님은 면책을 받을 수 있을 것입니다.

포워더 입장에서도 해당 건에 대해서 발행되는 운송서류(B/L, 화물운송장)의 Description에 기재된 물품과 실제 수입지에 도착한 컨테이너 안에 위치한 물품이 상이할 때 수출자가 직접 Load하고 Count하고 Seal까지 채웠기 때문에 수입자가 운송서류와 실제로 물품이 상이하다고 클레임 하더라도 면책받을 수 있게 됩니다. 이것이 부지약관(Unkown Clause)이라 할 수 있습니다.

Ⅳ. 특송을 이용한 수출 및 수입 절차

1. 특송 수출 진행 절차

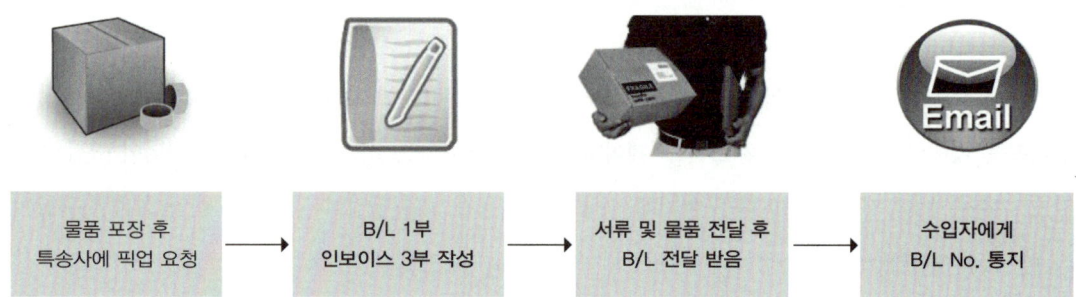

| 물품 포장 후 특송사에 픽업 요청 | → | B/L 1부 인보이스 3부 작성 | → | 서류 및 물품 전달 후 B/L 전달 받음 | → | 수입자에게 B/L No. 통지 |

- 여러 특송업체에서 견적서 받아서 검토.
- 견적서, 인지도, 기타 여러 사항을 고려하여 특송업체 선택후 계약(특송 거래를 자주 하지 않는 화주의 경우, 계약을 하지 않아도 무관).
- 계약 후 특송회사는 화주에게 Account No.(고객 번호) 부여함.
- 화주는 물품 운송을 원하는 경우 특송회사에 연락하여 Account No. 통지 후 픽업 요청(이때 일부 물품에 대해서는 특송사가 접수 거부하는 경우도 있음).
- 물품 포장 후 화물운송장 작성, 그리고 인보이스 3부 작성(인보이스는 포장 박스에 넣지 않고 그대로 특송 기사에게 전달).
- 포장된 물품, 화물운송장, 인보이스를 전달하고 특송 기사의 사인받은 화물운송장 부본을 전달받음(특송 건의 경우 팩킹리스트는 통상 필요하지 않음).
- 수출자는 수입자에게 특송 Tracking No.(=B/L No.) 통지.

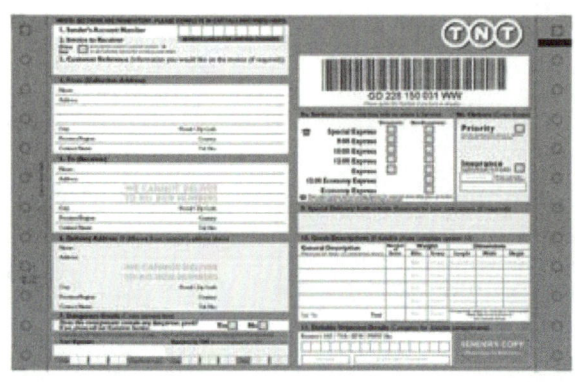

◀ 특송 화물운송장 : 특송 화물운송장이며 수출자는 물품을 포장하여 화물운송장 1부 및 인보이스 3부를 특송사 기사에게 전달하면 사인 후 부본을 받습니다.

◀ 참고 : 특송 화물운송장을 B/L이라 하는 것은 적절하지 않지만, 실무에서는 구분하지 않는 경우가 많기 때문에 본 장에서도 특송 화물운송장이라는 용어보다 B/L이라는 용어를 사용하고 있습니다.

2. 특송 수입신고 및 세액 납부

1) 특송 수입신고 절차

 TNT, DHL 과 같은 특송(Courier Service)을 이용하여 수입을 하면 물품이 공항에 도착하는 시점에 특송사로부터 '수입신고의뢰서'라는 서류를 인보이스 혹은 화물운송장과 함께 팩스로 받아서 '수입신고의뢰서'를 작성해서 특송사로 다시 팩스 전송하여 수입신고하는 경우가 있고, 때로는 '수입신고의뢰서' 및 해당 건의 인보이스 혹은 화물운송장을 받지도 못했는데 통관되어 물품을 받는 경우도 있습니다.

To. 항공수입화물 담당자 님 (Air - import)

From : xxx Express
Date : 20xx. 5. 21
Phone : 032-000-000   Fax : 032-000-0000

※ xx국제공항 xxx Express Inbound에서 연락드립니다.
 - 귀사의 소중한 화물이 도착(예정)으로 서면으로 통보 드립니다.
 - 수입신고 의뢰서를 작성하여 FAX로 송부하여 주시면, 신속한 수입통관 진행이, 이루어 질 수 있도록 하겠습니다. 감사합니다.

수입신고 의뢰서   ※ 해당란에 O 표시

담당자		전화번호		BL NO	
유환	내수용		외화 송금하여 구매한 물품		
	수출용(원)부자재		수출 시 물품에 부착되어 재반출		
무환	견본품		무상공급 받는 샘플용 물품		
	하자보수품		물품 하자로 인한 대체품		
	재수입건		수출 후 물건하자로 인한 재반입 (수출면장, 사유서, 수리비내역)		
	재수출건		다시 해당 국가로 발송 (담보제공서, 사유서, 통장사본)		
타관세사 인계건	관세사(보세운송사)명				
징수형태	사전납부( ) 월별납부( ) 사후납부( ) * 월별납부, 사후납부는 세관에 담보로 등록된 업체만 가능합니다.				
기타요청 사항					

 - 유환 및 무환신고시 세금이 부과됨을 알려드립니다. (세금이 30만원 미만은 대납)
 - 항공운임 한국에서 지불하는 경우 : 유,무환 상관없이 통관수수료 나오지 않으며, 반입일로부터 5일이상시 창고료가 부과 됩니다.
 - 항공운임이 외국에서 지불하는 경우 : 유환시 통관수수료가 나오며, 창고료는 당일부터 부과됩니 (단 창고료가 5천원 미만시 청구되지 않음)

▲ 수입신고의뢰서 양식으로서 특송사 마다 조금씩 다를 수 있음.

(1) '수입신고의뢰서' 작성하지 않고 수입신고하지 않는 경우

특송회사로부터 수입신고의뢰서를 받지 않았고 수입신고조차 하지 않았는데 특송사로부터 물품을 받는 경우가 있습니다. 국내거주자가 수취하는 자가사용물품, 또는 면세되는 상용견품 중 물품가격이 미화 150달러(미합중국과의 협정에 따른 특송물품통관의 특례에 해당하는 물품은 미화 200달러) 이하에 해당하는 물품(이하 '목록통관 특송물품'이라 한다)은 특송업체가 통관목록을 세관장에게 제출함으로써, 법 제241조 제1항의 수입신고를 생략할 수 있기 때문입니다(특송물품수입통관 사무처리에 관한 고시 제8조).

(2) '수입신고의뢰서' 작성 후 수입신고 진행하는 경우

물품가격이 USD150 초과하는 건에 대해서 수입자는 특송회사로부터 '수입신고의뢰서'라는 서류와 '인보이스' 혹은 '화물운송장'을 팩스로 받게 되며, '수입신고의뢰서'를 작성하여 특송회사로 다시 보내면 특송회사에서 관세사 사무실을 통하여 수입신고 진행을 합니다[1].

수입화주가 사용하는 관세사 사무실이 있다고 하더라도 특송으로 운송된 건에 대한 수입신고는 특송회사를 통하여 수입신고 진행하는 것이 일반적입니다. 이때 수입신고를 특송회사에서 진행하는 것이 아니라 특송회사 직영 관세사 사무실에서 진행하는 것입니다. DHL, Fedex 등 특송사에게 수입(수출)신고 의뢰하면 관세사 통관 수수료(Customs Fee)가 청구되지 않으나, 별도의 관세사에게 통관 의뢰하면 당연히 관세사 수수료는 별도 발생합니다.

EMS의 경우, 통관 서비스 대행하지 않기에 수입(수출)신고 원할 경우 별도의 관세사에게 통관 의뢰해야 하며, 관세사 수수료가 추가 발생하겠습니다.

2) 특송 건에 대한 세액 납부

(1) 물품가격 USD150 이하의 샘플 건

특송화물 건으로서 물품가격이 USD 150 이하의 건에 대해서 일반적으로 특송회사는 수입자에게 '수입신고의뢰서'를 팩스로 발송하지 않고 수입자의 주소로 바로 배송됩니다. 이럴 경우 ⓐ 세액 납부를 하지 않으며, 수입신고를 하지 않기 때문에 ⓑ '수입신고필증' 역시 발행이 되지 않습니다.

---

[1] 특송 운임 제외하고 물품 가격 150달러 이하의 경우는 목록통관 가능할 수 있으며(미합중국과의 협정에 따른 특송물품 통관의 특례에 해당하는 물품은 미화 200달러), 2,000달러 이하의 경우는 간이한 방법으로 신고 가능합니다. 물품 가격 2,000달러 초과하는 경우는 정식 수입 신고해야 합니다. 그러나 목록통관 및 간이신고 가능한 경우에도 수입자의 선택에 의해서 정식 수입신고 가능하며, 수입신고필증 발행될 수 있겠습니다. 「특송물품 수입통관 사무처리에 관한 고시」 제8조 (신고 구분)

(2) 물품가격 USD150 초과하고, 과세가격 USD250 이하의 샘플 신고 건

과세가격이 미화 USD 250달러 이하인 물품으로서 견품(샘플)으로 사용될 것으로 인정되는 물품의 경우 관세가 면제(관세법 시행규칙 제45조 제1항)되는데[2], 일반적으로 샘플 건에 대한 인보이스에 'No Commercial Value' 혹은 기타 샘플임을 나타내는 이메일 서신 등과 같은 내용이 있는 경우 수입자는 샘플로서 세관에 수입신고를 합니다.

하지만, 중요한 것은 세관에서 이러한 샘플 수입신고에 대해서 샘플로서 인정해야만 해당 건에 대한 세액을 납부하지 않고 수입신고 수리가 됩니다. 만약 샘플로 인정을 받지 못할 때에는 세액을 납부해야 합니다. 그리고 샘플 인정 여부를 떠나서 물품가격 USD150 초과 건은 수입신고를 진행하는 건으로서 '수입신고필증'이 발행됩니다.

① 과세가격 USD250 이하의 건으로서 견품으로 사용될 것으로 인정되는 소액물품의 건

다음의 수입 건은 수입물품의 금액 단위가 EUR90이지만, 과세가격을 계산할 때에는 USD로 환산을 해야 합니다. 그리고 CFR 조건이기 때문에 운임은 EUR90에 포함되어 있으며 CFR 조건에서 수입자가 보험은 가입해도 되고 안해도 되는데 본 건에서는 가입하지 않아서 보험료는 없습니다.

따라서 EUR를 USD로 환산했을 때를 나타내는 '(55)총 과세가격'에 보면 USD121로 되어 있으며 수입자가 샘플로 수입신고를 하고 세관에서 샘플로 인정받았기 때문에 해당 건의 수입신고필증의 세액 부분에 금액이 표기되어 있지 않습니다.[3]

---

[2] 부가가치세법 제12조(면세)에 보면 '9. 수입하는 상품견본과 광고용 물품으로서 관세가 면제되는 재화'라고 해서 이러한 경우 부가세가 면세 된다고 되어 있습니다.

[3] 샘플의 정의 및 인정 범위: 샘플은 판매의 목적이 아닌 수입자가 해당 상품의 품질과 디자인 등을 확인하기 위해서 혹은 시장성에 대한 마케팅 목적으로 수입자가 소량 오더 한 건입니다. 즉, 판매 목적으로 외부로 유통되는 것이 아니라 회사 내부적으로 검토를 위한 목적의 소량 상품이 바로 샘플입니다. 따라서 샘플로 인정을 받기 위해서는 소량이어야 하며, '사유서' 작성을 세관에서 요구할 것인데 이때 샘플에 대한 정의에 맞게 작성을 하는 것이 좋습니다(샘플 신고 건 사유서 참고, 411쪽).

② 과세가격 USD250 이하의 건으로서 샘플로 인정받지 못한 경우의 건

　본 건은 총 과세가격이 USD188로서 수입자가 샘플이 아닌 판매의 목적으로 정식 수입하거나 혹은 샘플이더라도 세관에서 인정하기에 상당한 수량의 경우 등으로서 세액, 즉 관세 및 부가세를 모두 납부한 건입니다.

③ 과세가격이 USD250 초과했을 경우

　샘플 여부와 상관 없이 세액을 납부해야 하며 당연히 '수입신고필증'이 발행됩니다.

3. 특송 수입신고의뢰서 작성 방법 및 양식

1) 수입신고의뢰서는 언제 작성을 하는 것인가?

다음은 특송회사를 통해 수입할 때의 '수입신고의뢰서' 양식입니다. DHL, Fedex, TNT 등의 특송업체를 통하여 수입할 때 물품가격이 USD 150을 초과하는 경우 수입자는 특송회사로부터 다음와 같은 '수입신고의뢰서' 및 인보이스 혹은 운송서류(특송 화물운송장)를 팩스로 전송받으며, 자신의 물품임을 확인하고 '수입신고의뢰서'를 작성 후 다시 팩스로 특송업체로 보내고 전화로 수입통관 진행을 의뢰해야 합니다. 만약 물품가격이 USD150 이하인 경우는 수입신고의뢰서를 수입자가 작성하는 절차가 없이 물품은 바로 수입자에게 전달하는 것이 일반적입니다(목록통관)[1].

2) 수입신고의뢰서 작성 방법 및 양식 샘플 보기

To. 항공수입화물 담당자 님 (Air - import)

From : xxx Express
Date : 20xx. 5. 21
Phone : 032-000-000   Fax : 032-000-0000

※ xx국제공항 xxx Express Inbound에서 연락드립니다.
- 귀사의 소중한 화물이 도착(예정)으로 서면으로 통보 드립니다.
- 수입신고 의뢰서를 작성하여 FAX로 송부하여 주시면, 신속한 수입통관 진행이, 이루어 질 수 있도록 하겠습니다. 감사합니다.

수입신고 의뢰서   ※ 해당란에 O 표시

담당자		전화번호		BL NO	
유환	내수용		외화 송금하여 구매한 물품		
	수출용(원)부자재		수출 시 물품에 부착되어 재반출		
무환	견본품		무상공급 받는 샘플용 물품		
	하자보수품		물품 하자로 인한 대체품		
	재수입건		수출 후 물건하자로 인한 재반입 (수출면장, 사유서, 수리비내역)		
	재수출건		다시 해당 국가로 발송 (담보제공서, 사유서, 통장사본)		
타관세사 인계건	관세사(보세운송사)명				
징수형태	사전납부( ) 월별납부( ) 사후납부( ) * 월별납부, 사후납부는 세관에 담보로 등록된 업체만 가능합니다.				
기타요청 사항					

- 유환 및 무환신고시 세금이 부과됨을 알려드립니다. (세금이 30만원 미만은 대납)
- 항공운임 한국에서 지불하는 경우 : 유,무환 상관없이 통관수수료 나오지 않으며, 반입일로부터 5일이상시 창고료가 부과 됩니다.
- 항공운임이 외국에서 지불하는 경우 : 유환시 통관수수료가 나오며, 창고료는 당일부터 부과됩니다 (단 창고료가 5천원 미만시 청구되지 않음)

---

1 HS Code 상 수입요건이 존재하는 물품의 경우, 목록통관 배제대상 물품으로 분류될 수도 있습니다.

담당자, 전화번호, 화물운송장 No.	수입회사의 담당자, 연락처 및 본 건의 화물운송장 No. 기재
유환	해당 수입물품에 대해서 대금을 결제한 건인지 혹은 무상 건인지 선택하는 부분으로서[1], 무상 샘플의 경우 '견본품'에 체크하며, 대금을 결제한 건으로서 내수용인 경우 '내수용'을 체크하신 다음 특송회사로 팩스 전송하면 체크된 내용을 보고 특송회사 관세사 사무실에 수입신고를 진행함.
무환	
징수형태	관세 및 부가세와 같은 세액 징수 형태로서 '사전납부'가 원칙이며, '월별납부'와 '사후납부'는 세관에 사전에 승인을 받은 수입자에 한하여 선택할 수 있음.

※ 특송회사의 화물운송장 및 화물운송장 No.

국내에서 택배를 보낼 때 송장을 작성하게 되는데, 이러한 송장이 화물운송장이며 송장번호가 바로 화물운송장 No.가 됩니다. 특송 화물운송장에 보면 우측 상단 부분에 바코드가 있고, 바코드 위 혹은 아래에 번호가 있는데 이 번호가 바로 특송 화물운송장 No.(=Tracking No.)입니다.

3) 수입신고한 제품의 관세 및 부가세가 30만 원 미만 나왔을 경우

통상 이 경우 특송 업체에서 수입자를 대신하여 세액을 대납합니다. 그리고 수리된 물품에 대해서 수입자에게 전달할 때(특송은 택배 회사로서 집배송, 즉 Door to Door Service이니 수입자의 사무실에서 물품 전달) 현금으로 해당 세액을 받거나 혹은 일정기간을 정하여 그 기간 안에 계좌 이체를 요구하는 경우도 있습니다. 만약 후자의 경우 수입자가 특송사에 의해서 정해진 기간 안에 관세, 부가세와 같은 세액을 납부하지 않는다면 차후 건에 대해서 특송사는 대납을 해주지 않습니다.

---

1   유환은 유상, 무환은 무상이라 할 수 있을 것입니다. 유상은 Seller와 Buyer 간의 거래 상품에 대해서, 즉 세관에 신고하는 상품에 대해서 외국환 은행 통해서 결제가 이루어지는 건을 뜻합니다. 반면, 무상은 거래 상품에 대해서 외국환 은행 통해서 결제가 이루어지지 않는 건(Free of Charge, No Commercial Value)을 뜻합니다.

4. 특송 사용할 때 발생될 수 있는 상황 정리

1) 운임 착불 조건으로 발송해야 하는 경우

특송으로 물품을 발송하는 경우 통상 수출자가 특송 운임을 커버합니다. 이러한 경우 해당 건이 유상 건이면 수출자는 물품 가격에 특송 운임을 포함해서 견적서 작성하기도 하고 물품 가격과 특송 운임을 구분하여 견적서 작성하여 수입자에게 송금 받기도 합니다. (물론 발송 물품이 무상 건이고 특송 운임까지 수출자가 자신이 커버하는 경우도 있음)

그런데 상황에 따라서 수출자가 운임을 수입자에게 결제받아서 수출자가 특송사에 운임을 수출지에서 선결제(Prepaid)하는 것이 아니라, 수출자는 단순히 물품 금액에 대해서만 수입자에게 결제받고 특송 운임을 착불(Collect)로 발송해야하는 상황이 있을 수 있습니다. 즉, 수입자가 수입지에서 특송사에 운임을 결제하는 방식입니다.

이러한 경우 DHL, Fedex 등과 같은 특송사을 사용하면, 수출자는 수입자로부터 해당 특송사와 계약 후 부여받는 고객 번호로써 Account No.[2]를 전달받아야지만 운임 착불로 물품을 발송 가능할 것입니다. 그리고 EMS는 착불 서비스 자체가 없기 때문에 선불 조건으로만 발송 가능하겠습니다.

2) 특송 건으로서 DDP 조건으로 수입 신고하는 경우

가격조건(인코텀스)에서 DDP는 수입지에서 발생하는 관세(Duty) 등을 수입자가 아닌 수출자가 커버하는 조건[3]이며 또한 수입지에서의 수입 신고에 따른 관세사 사무실 수수료 역시 수출자가 커버하는 조건입니다.

그런데 DHL과 같은 특송사를 통하여 DDP 조건으로 수입하는 경우, 수입지에서의 수입 관세 등과 관세사 수수료 등의 비용은 DHL이 커버하고 차후에 수출자에게 청구합니다[4]. 문제는 이렇게 진행되기 위

---

2   수입자의 Account No.(DHL 사용하면 수입자의 DHL Account No. 필요) 수입자 상호 및 수입국 정보를 수출자는 수입자로부터 전달받아서 특송사로 전달하면 운임 착불 조건으로 발송 가능할 것입니다.

3   DDP 조건은 수입지에서 수입신고 시점에 발생하는 관세와 부가세 등 제세 뿐만 아니라 수입지 관세사 통관 수수료까지 DDP 단가에 포함 시킵니다.

4   EMS와는 달리 DHL, Fedex와 같은 특송사의 운임에는 수출지 수출 통관 수수료(관세사 수수료), 수입지 수입 통관 수수료가 포함되어있습니다. 따라서 수출자 혹은 수입자가 해당 특송사에 통관 의뢰하더라도 별도의 통관 수수료는 청구되지 않습니다.

해서 수출자는 DHL이라는 특송사에 Account No.가 있어야 한다는 것이며, 물품의 인보이스 가격이 상당하고 세율에 따른 세액이 상당히 발생하는 경우 DHL과 같은 특송사가 수출자를 대신하여 대납을 해줄 수 있느냐의 문제에 직면할 수도 있습니다.

참고로, EMS의 경우 DDP로 수입 되더라도 EMS가 관세, 부가세를 대납하여 수출자에게 청구하지 않기 때문에 수입자가 자신의 관세사 사무실을 사용하여 수입신고 하고 관세, 부가세 그리고 관세사 수수료를 모두 DDP 조건임에도 불구하고 수입자가 커버해야 합니다(EMS는 DHL, Fedex와 같은 특송사와는 달리 통관대행 서비스를 하지 않기 때문에 화주가 관세사 사무실에 직접 통관 대행 의뢰를 해야 함. 즉, EMS 운임에 관세사통관 수수료 미포함).

따라서 일반적으로 DDP보다는 DAP 조건으로 거래하는 것이 보다 적절할 것이라 판단됩니다.

3) 특송 건에 대한 보세운송 가능 여부

DHL, Fedex 등은 인천공항의 보세창고에 반입되어 수입자의 필요에 따라서 내륙의 보세창고로 보세운송 가능합니다. 반면에 우체국 특송으로서 EMS는 인천공항 '국제우편물류센터'로 반입되어 이곳에서만 수입신고하여 통관이 가능하기 때문에 내륙의 보세창고로 보세운송이 불가능합니다.

4) 특송 운임과 포워더 운임의 개념 차이

특송 운임과 포워더 운임은 같은 개념으로 보면 안 됩니다. 특송사는 국제 택배 회사로서 집배송(Door to Door) 방식을 바탕으로 하기 때문에 특송 운임은 수출자의 사무실에서 받아서 수입자의 사무실까지 전달할 때 동안의 내륙운송비를 포함한 개념입니다. 반면에 포워더는 Door to Door 방식도 가능하지만 기본적으로 포워더 운임은 해상의 경우 Port to Port, 항공의 경우 Airport to Airport라고 보면 되겠습니다.

다시 말하면 포워더 사용할 때의 운임은 수출지의 항구/공항에서 물품을 배/항공기에 적재(On Board)하여 수입지 항구/공항에 배/항공기가 도착해서 해당 물품을 하역하기 직전까지의 비용을 말합니다. 배로 따지면 순수한 뱃삯이 되는 것입니다(항구/공항에서 발생하는 부대비용은 운임에 미포함).

이에 비해서 특송 운임은 수출자의 손에서 수입지의 손까지 배송하는 국제 택배 서비스이기 때문에 포워더에서 말하는 운임에 내륙운송비 등이 포함된 개념입니다.

5. 특송으로 물품 발송할 때 고려사항

* 다음의 내용은 EMS와는 연관이 없겠습니다.

물품의 정확한 품명 및 HS Code	- 발송 제한 물품인지 확인 (일반 Cargo 혹은 DG 등) - HS Code에 따라 요건 및 관세율 결정
포장 형태/방법	- 물품의 특징에 따라서 포장 방법 달리해야 - 미술품 등 파손 위험 있는 물품은 나무 포장 해야 - 녹이스는 제품이면 진공 포장해야
포장 사이즈(CBM) 및 무게 　Volume Cargo 혹은 　Weight Cargo(중량화물)	- 실제 무게와 실제 CBM을 무게로 변경한 값 중 큰 값으로 운임 계산(R.Ton) - 발송물의 CBM(부피)을 중량으로 환산하는 방법 ; 　가로(cm) X 세로(cm) X 높이(cm) ÷ 5,000 = 용적무게(kg) 　* 참고 : 포워더 by Air 건에서는 나누기 6,000
통관 대행 의뢰	- 수출/수입신고해서 수출/수입신고필증 발행 받는 것이 적절
선불 or 후불	- 후불 발송할 때는 Account No. 필요 - 한국에서 운임 결제하는 것이 저렴할 수도
기타	- 카톤 수량, 수취 국가, 수취인, 수취인 주소, 연락처, 스케줄 등 고려하여 　어떤 특송사의 서비스가 가성비 좋은지 따져보아야 할 것

6. 특송 화물 수입신고(무상일 때, FOB로 신고)

특송 건이든 포워더 건이든, 유상이 아닌 무상[1]으로 수출입신고가 되면 가격조건은 FOB로 신고됩니다. 수입 건에서 이렇게 무상 건인 경우를 포함하여 유상 건이지만 운임 착불 조건(EXW, FCA, FOB 중 하나)으로 C/I가 발행되어 거래되는 건이라면, '(54)결제금액' 부분에는 FOB로 신고되고 '(57)운임' 부분에 운임이 별도 기재됩니다. 이때 수입자가 특송 운임을 정확히 확인할 수 있는 경우에는 해당 특송사로부터 청구받은 특송 운임을 기재하여 과세가격이 결정되는 것이며, 수입자 특송 운임을 정확히 확인할 수 없는 경우에는 관세청에서 고시하는 '특급탁송화물 과세운임표'[2]에 의해서 운임을 결정하여 신고합니다.

(38)세번부호	3402.90-3000	(40)순중량		41 KG	(43)C/S 검사	S 청CS검사 생략	(45)사후기관	
(39)과세가격 (CIF)	$ 753	(41)수 량			(44)검사변경			
	₩ 913,412	(42)환급물량		20 BX	(46)원산지	FR	(47)특수세액	
(48)수입요건확인 (발급서류명)								
(49)세종	(50)세율(구분)	(51)감면율	(52)세액		(53)감면분납부호	감면액	*내국세종부호	
관	6.50(C 가가)		59,371			본 수입신고필증은 수입통관사무처리에 관한 고시 제 X-X-X조 규정에 의거 수입		
부	10.00(A)		97,278					
(54)결제금액 (인도조건-통화종류-금액-결제방법)				FOB - EUR - 366 - TT		(56)환 율		1,785.33
(55)총과세가격	$ 753	(57)운 임	260,000	(59)가산금액		(64)납부번호	0123-000-00-00-0-000000-0	
	₩ 913,412	(58)보험료		(60)공제금액		(65)부가가치세과표	123,123	
(61)세종	(62)세 액	※ 관세사기재란			(66) 세관기재란			
관 세	59,370				- 이 물품을 수입통관 후 단순가공하거나 낱개·산물·분할 또는 재포장하여 판매하거나 시공할 경우, 관련 법령에 의거 원산지표시를 하여야 하고, 양도(양수자의 재양도 포함)시에는 양수인에게 이 의무를 서면으로 통보하여야 하며, 이를 위반시에는 관세법 제276조 및 대외무역법 제54조에 의거 처벌을 받게 됩니다. - 이 물품은 사후심사결과에 따라 적용세율이 변경 될 수 있습니다.			
개별소비세								
교 통 세								
주 세								
교 육 세								
농 특 세								
부 가 세	97,270							
신고지연가산세								
미신고가산세								
(63)총세액합계	156,640	(67)담당자	홍길동	000000	(68)접수일시	2011-09-12, 12:55	(69)수리일자	2011/09/12

▲ '(46)원산지' 부분에 FR로 기재된 것으로 보아 해당 수입 물품은 프랑스산이며, 프랑스로부터 수입되었을 가능성이 큽니다[3]. 그리고 '(40)순중량'에서 41kg인 것을 보아 총중량(G.W.)[4]는 41kg보다 다소 높을 겁니다. 164쪽 '특급탁송화물 과세운임표'에 의해서 프랑스는 3지역으로서 중량을 43kg으로 보았을 때, 특송 운임은 260,000원 정도 나올 것이라는 것을 확인할 수 있습니다.

---

1 무상 건은 C/I에 Free of Charge(F.O.C.) 혹은 No Commercial Value(N.C.V.)로 기재되고, 이를 기초로 세관에 수출/수입신고를 하면 신고필증의 결제방법에는 GN으로 기재됩니다.

2 「수입물품 과세가격 결정에 관한 고시」 별표 제1호

3 한국에서 수출되는 모든 물품의 원산지가 KR이 아니듯이, 프랑스가 수출국이라 해서 해당 물품의 원산지가 무조건 FR이라고 단정할 수는 없습니다. 원산지가 KR이 되기 위해서는 한국에서 충분할 정도의 제조공정을 거쳐야 하겠습니다.

4 순중량은 물품 자체의 중량, 총중량은 수출 포장 완료한 상태의 중량.

A. 특송 운임 선불 건의 수입

일반적으로 특송 화물은 운임 선불로 발송됩니다. 그러면 수출자가 발행하는 인보이스(C/I)에는 특송 운임을 구분하여 기재하지 않고 물품의 단가에 특송 운임을 포함하기 때문에, 수입자 입장에서 특송 운임이 정확히 얼마 발생하였는지 서류상으로 확인하기 힘들겠습니다(운임 선불로서 수출자가 특송 회사에 운임 결제).

운임 선불 조건(C-Terms 혹은 D-Terms 중 하나)으로서 무상 건이라면, 수입신고는 '(54)결제금액'에 FOB로 되고 '(57)운임'에 특송 운임은 별도로 기재되겠습니다. 이때 관세청 「수입물품 과세가격 결정에 관한 고시」 별표 제1호 '특급탁송화물 과세운임표'에 따라서 운임을 결정할 수 있습니다. 그러나 운임 선불 조건으로서 유상 건이라면 '(54)결제금액'에 운임 선불 조건의 가격조건(인코텀스)과 특송 운임 포함된 금액이 기재될 것이고, '(57)운임'에는 공란 처리될 것입니다.

수입물품 과세가격 결정에 관한 고시
제11조(운임 및 운송 관련 비용) ① 법 제30조 제1항 제6호, 법 제30조 제2항 제2호 및 법 제34조 제3호에 따른 수입항은 외국무역선(기)으로부터 양륙이 이루어지는 항구(공항)를 말하며, "수입항까지" 또는 "수입항 도착"이란 수입물품이 수입항에 도착하여 본선하역준비가 완료된 시점과 장소를 말한다.
② 영 제20조 제2항에 따라 관세청장이 정하는 운임의 산출방법은 다음 각 호의 어느 하나에서 정하는 바와 같다.
······ 중 략 ······
11. 「특송물품 수입통관 사무처리에 관한 고시」에 의한 특송물품으로서 과세운임을 구분할 수 없는 경우에는 별표 제1호의 '특급탁송화물 과세운임표'에 의한 운임

구 분	C/I(상업송장)	수입신고필증 (54 결제금액 부분)	수출신고필증 (11 결제방법 부분)
유 상	Payment : T/T, L/C 등으로 기재	인도조건(가격조건)은 C/I와 동일하게 신고되며, 결제방법 역시 T/T, LS(LC At Sight), LU(LC Usance) 등으로 C/I와 동일하게 신고.	C/I와 동일하게 신고
무 상	No Commercial Value(N.C.V.) 혹은 Free of Charge(F.O.C.)로 기재	인도조건(가격조건)은 C/I와 상관없이 FOB로 신고되며, 결제방법은 GN으로 신고.	GN으로 신고

특급탁송화물 과세운임표

[별표 제1호]

중량(KG)	1지역	2지역	3지역	4지역	중량(KG)	1지역	2지역	3지역	4지역
1.0	15,000	18,500	27,000	28,000	16.0	59,700	105,000	129,000	217,000
2.0	20,200	28,000	41,500	43,000	17.0	63,100	111,000	135,000	230,000
3.0	24,500	32,000	51,000	55,000	18.0	66,500	117,000	141,000	243,000
4.0	26,500	38,000	57,000	67,000	19.0	69,900	123,000	147,000	256,000
5.0	28,500	43,400	63,000	79,000	20.0	73,300	129,000	153,000	269,000
6.0	30,500	48,800	69,000	91,000	21.0	76,700	135,000	159,000	281,600
7.0	32,500	54,200	75,000	103,000	22.0	79,900	140,500	165,000	294,200
8.0	35,500	59,600	81,000	115,000	23.0	82,900	144,100	171,000	306,800
9.0	38,500	65,000	87,000	127,000	24.0	85,700	146,700	177,000	319,400
10.0	41,500	70,400	93,000	139,000	25.0	88,300	149,300	183,000	332,000
11.0	44,500	75,800	99,000	152,000	26.0	90,900	151,900	189,000	344,600
12.0	47,500	81,000	105,000	165,000	27.0	93,500	154,500	195,000	357,200
13.0	50,500	87,000	111,000	178,000	28.0	96,100	157,100	201,000	369,800
14.0	53,500	93,000	117,000	191,000	29.0	98,700	159,700	207,000	382,400
15.0	56,500	99,000	123,000	204,000	30.0	101,300	162,300	213,000	395,000

※ 물품의 중량이 30KG을 초과하는 경우에는 지역별 30KG 해당 운임에 30KG과 29KG 간의 지역별 운임차액을 30KG 초과 중량에 곱하여 산출된 금액을 가산

제1지역		중국, 홍콩, 일본, 마카오, 대만
제2지역		방글라데시, 브루나이, 미얀마, 캄보디아, 인도네시아, 말레이시아, 몽고, 싱가포르, 필리핀, 태국, 베트남, 라오스, 동티모르, 기타 동남아시아국가
제3지역	북미	미국(하와이, 알래스카 포함), 캐나다
	서유럽	벨기에, 덴마크, 핀란드, 프랑스, 독일, 영국, 그리스, 이탈리아, 네덜란드, 노르웨이, 포르투갈, 스페인, 스위스, 스웨덴, 오스트리아 등
	동유럽	러시아, 루마니아, 폴란드, 헝가리, 체코, 구소련연방 등
	중동	바레인, 이란, 이라크, 이스라엘, 요르단, 터키, 쿠웨이트, 사우디아라비아 등
	대양주	호주, 뉴질랜드, 파푸아뉴기니, 괌, 사이판 등
	아시아	아프가니스탄, 인도, 네팔, 파키스탄, 스리랑카 등
제4지역	아프리카	이집트, 케냐, 리비아 등
	중남미	멕시코, 파나마, 아르헨티나, 브라질, 우루과이, 페루 등
	서인도제도	쿠바, 타이티, 도미니카 등
	남태평양	피지, 키리바티, 솔로몬제도, 사모아 등

B. 특송 운임 착불 건의 수입

착불 서비스가 존재하지 않는 EMS를 제외하고 DHL, Fedex 등과 같은 특송은 착불 서비스를 제공합니다. 착불 서비스를 제공 받기 위해서는 수입지의 수입자가 해당 특송사와 계약하여 Account No.(고객번호)를 보유하고 있어야겠습니다. 수출자는 수입자에게 Account No.를 전달받아서 수출지 특송사에 수입자의 Account No., 수입자 상호 및 수입지 국명 등을 전달하여 운임 착불로 물품을 발송할 수 있을 것입니다.

이렇게 수출자가 특송 운임 착불로 물품을 발송하면 유무상 관계없이 가격조건(Price Term)은 FOB가 되며[1], 특송 운임은 수입지에서 수입자에게 청구될 것입니다. 결국, 수입자는 수입 건에 대한 특송 운임을 정확히 확인 가능합니다. 그래서 수입신고필증 '(57)운임' 부분에 수입자가 청구받은 특송 운임이 기재될 수 있겠습니다.

---

1 물론 C/I에 표기는 EXW 혹은 FCA로도 가능하나, 수입신고필증에는 일반적으로 FOB로 신고될 것입니다.

V. 식품 등의 수입신고

1. 식품수입통관 절차
— 수입식품검사부터 식품통관까지

식품 등(농임산물, 가공식품, 식품첨가물, 기구·용기·포장)을 수입하려면 '식품 등 수입판매업' 영업신고를 먼저 해야 합니다. 그리고 식품을 수입하기 전에 반드시 다음 사항을 미리 숙지해야 합니다.[2]

① 관세청 UNI-PASS 혹은 KiFDA 전자민원창구[3] 통해서, EDI로 '식품 등의 수입신고' 진행 절차 및 필요 서류(신고를 위해서 수출자에게 요구해야 하는 서류로서 '제조공정도', '성분분석표' 등)
② 요건확인으로서 '식품 등의 수입신고'에 따른 수입통관 절차 및 예상비용
③ 식품 검사의 종류 4가지에 대한 이해
④ 식품 검사 결과로서 적합 혹은 부적합에 따른 차후 조치

1) 식품 등의 수입신고 절차

식품 등의 수입신고서	관세청 UNI-PASS 혹은 KiFDA 전자민원창구 통해서 EDI로 '식품 등의 수입신고' 진행
검사 종류	수입자가 '식품 등의 수입신고서'를 작성하여 EDI로 신고하면 정밀검사, 무작위표본검사, 관능검사, 서류검사 중의 하나로 지정되고 검사 의뢰받은 해당 기관은 검사 진행.
적합·부적합 판정	검사 종류 4가지 중 하나가 지정되어 '식품 등의 수입신고'에 대한 결과가 판정됨.
식품 등의 수입신고확인증 발급	적합 판정되면 수입자는 '식품 등의 수입신고확인증'을 발급받음.
통관 후 국내유통	수입하려는 식품에 대해서 적합 판정을 받으면 수입자는 수입하고자 하는 물품의 HS Code상에서 요구하는 수입요건에 대한 요건확인을 받은 것이며, 비로소 세관에 수입신고를 할 수 있음. 세관으로부터 수리받고 포워더로부터 D/O 받아서 국내 유통 가능.
반송 혹은 폐기 조치	부적합 판정을 받은 식품은 수출국으로 반송 혹은 제3국으로 반출해야 하며, 반송이 불가능한 경우 보세구역/창고에서 폐기 혹은 '식용 외 용도전환'의 조치가 내려질 수도 있음.

---

2 KiFDA 수입식품정보 홈페이지(www.foodnara.go.kr/importfood)를 방문하면 수입식품에 대한 관련 법령 및 제도와 수입신고 및 검사절차에 대한 정보를 확인할 수 있습니다. 본 홈페이지에서는 '식품 등의 수입신고' 과정을 동영상으로 확인할 수도 있습니다..

3 관세청 전자통관시스템 UNI-PASS(http://portal.customs.go.kr) 혹은 KiFDA전자민원창구(http://minwon.kfda.go.kr/index.jsp)

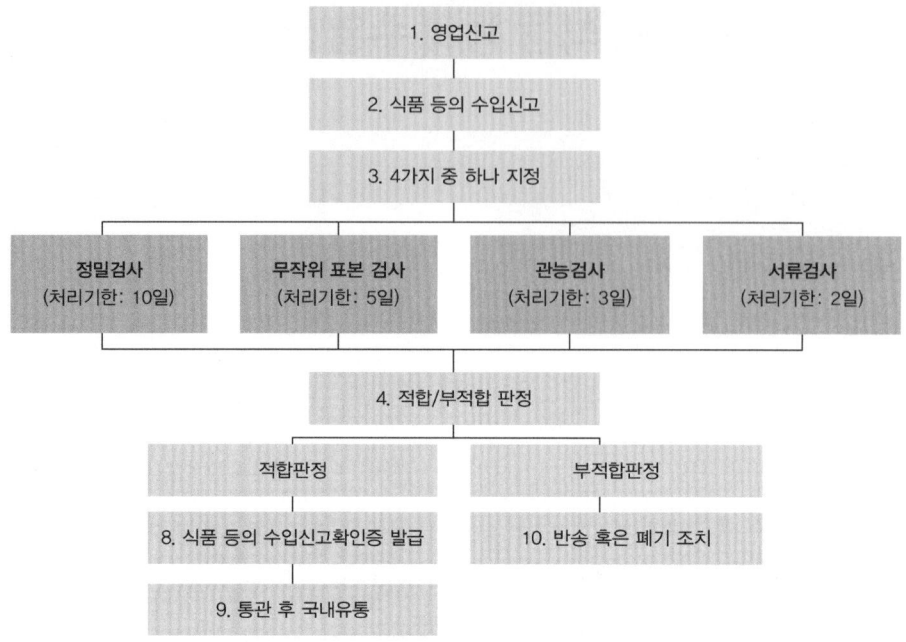

(1) 정밀검사

정밀검사를 하는 경우는 특정 수입자가 최초로 수입하는 식품 또는 최초의 수출자로부터 수입하는 식품일 경우 정밀검사를 진행합니다.

① 정밀검사 대상

다음의 표를 보면서 설명하자면, '수입자 A'가 소시지를 '수출자 A'에게서 과거에 수입하여 '정밀검사' 후 결과에 문제가 없었다 하더라도 차후에 '수입자 B'가 동일한 수출자(수출자 A)로부터 동일한 식품(소시지)을 수입할 경우 '식품 등의 수입신고'를 하여 '정밀검사'를 받아야 합니다.[1] 이유는 '수입자B' 입장에서는 최초의 수출자로부터 최초로 수입하기 때문입니다. 또한, '수출자 A'로부터 소시지를 수입통관한 '수입자 B'가 동일한 수출자(수출자 A)로부터 다른 종류의 소시지 혹은 식품을 최초로 수입할 때 역시 '식품 등의 수입신고'에서 '정밀검사'를 받아야 합니다. 수입자와 수출자는 동일하지만 제품의 성분이라든지 품명 등이 다른 제품이기 때문입니다.[2]

---

1 제품의 성분 등 모든 조건이 동일하면, 본 상황에서 '수입자 B'는 정밀검사를 받지 않아도 되는 경우도 있습니다. 자세한 내용은 지방식약처로 문의하기 바랍니다.

2 소시지라고 하더라도 여러 종류의 제품이 있을 것입니다. 예를 들자면, 색상과 크기 등이 다를 수 있습니다. 같은 종류의 제품이더라도 이렇게 스펙이 달라지면 당연히 제품명도 달라집니다. 다시 말해서, 3월에 소시지 Black 90mm에 대해서 '식품 등의 수입신고'를 하면서 최초 수입 건으로서 '정밀검사'를 받았더라도 4월에 소시지 Brown 85mm를 동일한 수출자로부터 수입을 한다면 스펙이 달라지기 때문에, 즉 다른 제품으로 인정되기 때문에 '정밀검사'를 또다시 받아야 합니다.

마지막으로, '수입자 B'가 소시지를 '수출자 A'에게서 과거에 수입한 실적이 있다 하더라도 완전히 동일한 소시지를 '수출자 B'에게서 수입할 때는 동일한 수출자가 아니라 최초의 수출자가 되기 때문에 또다시 '정밀검사'를 받아야 합니다.

	수출자 A		수출자 B	
수입자 A	소시지	과자	소시지	과자
수입자 B	소시지	과자	소시지	과자

> **참고**
>
> A사(외국 업체)에 A제품을 한국 B사가 정밀검사 받아서 적합 통지받은 후 정식으로 수입하여 국내 판매하고 있습니다. 그런데 한국의 C사가 동일한 외국 업체로부터 동일한 제품 즉, 외국 A사에 A제품을 수입할 때 정밀검사를 받아야 하는지에 대해서 의문이 생깁니다. 이때 C사가 식품 등의 수입신고를 하면서 B사가 신고한 품명(영문명)과 성분 및 제조공정도 등의 내용이 완전히 일치하면, 식약처에서는 과거 B사의 실적이 있으니 비록 C사 입장에서는 최초 신고 건이라도 정밀검사로 지정되지 않을 수도 있습니다.

② 기타 정밀검사 대상

국내외에서 유해물질 등이 함유된 것으로 알려진 문제가 제기된 식품, 관능검사 결과 식품위생상의 위해가 발생할 우려가 있다고 인정되는 식품, 사실과 다르게 신고하거나 허위서류를 제출하거나 안정성이 확보되지 않은 식품 등을 수입신고할 때 '정밀검사'의 대상이 될 수 있습니다. 그리고 최초 수입 건에 대해서 '정밀검사' 결과 적합판정을 받았지만, 식품의 경우 수입할 때마다 매번 '식품 등의 수입신고'를 진행해야 하니, 다음에 동일한 수출자로부터의 동일한 제품을 수입할 때 나머지 3가지 중에 '무작위표본검사'로 지정이 된다면, 그리고 검사 결과가 부적합으로 판정된다면 차후 수입 건에 대해서 다시 '정밀검사'를 받아야 할 수도 있습니다.

③ 정밀검사 비용

정밀검사 건에 대해서 식약처 혹은 지정된 검사기관에 검사를 의뢰하여 진행해야 하며 검사비가 발생됩니다.[3] 이때 검사비는 식품의 유형(농임산물 or 가공식품 or 식품첨가물 or 건강기능식품 or 기구·용기포장)에 따라서 다릅니다. 정밀검사에 대한 비용 및 검사 내용에 대해서는 '식품 등의 수입신고' 진행 후 팩스로 전송받을 수 있습니다.

3　식약처에 정밀검사를 의뢰하면 가격은 기타 기관보다 저렴하지만, 정밀검사 처리기간 10일을 거의 다 채워서 결과가 나옵니다. 조금이라도 빨리 그 결과를 통지받기를 원한다면 정밀검사 비용은 식약처보다는 조금 더 많이 발생되지만 기타 기관을 지정하는 것을 권해드립니다.

(2) 무작위표본검사

정밀검사 실적이 있는 제품이 다시 수입될 경우 관능검사 혹은 서류검사로 지정될 수도 있지만, 무작위표본검사로 지정되어 그 표본을 식약처에서 자체적으로 검사를 하는 경우도 있습니다. 무작위 표본검사[1]로 지정되어 적합판정을 받으면 상관 없지만, 부적합판정을 받으면 반송 혹은 폐기를 해야 하며, 차후에 동일한 제품을 동일한 수출자에게 수입할 경우 정밀검사를 최초로 수입할 때처럼 받아야 할 수도 있습니다.

(3) 관능검사

관능검사란 제품의 성질·상태·맛·냄새·색깔·표시·포장상태 및 정밀검사 이력 등을 종합하여 식품의약품안전청장이 정하는 기준에 따라 그 적합 여부를 판단하는 검사가 바로 관능검사입니다. 쉽게 말해서, 관능검사란 사람의 오감에 의해서 제품을 검사하는 것입니다.

(4) 서류검사

서류검사는 수입 식품이 과거에 수입 실적이 있는 동일한 외국의 공급자의 동일한 제품일 경우 수입자가 신고한 내역 및 제출서류만을 가지고 적합 또는 부적합 여부를 판단하는 검사가 바로 서류검사입니다. 여기서 말하는 수입실적이란 정밀검사를 통하여 적합을 받은 사실이 있다는 뜻입니다.

※ 해상 건으로서 LCL 건은 CFS에 반입되어 컨테이너에서 적출 작업이 이루어 집니다. 이때 작업비 명목으로 CFS Charge가 발생됩니다. 반면 FCL의 경우 통상 CY에 반입되어 통관이 이루어집니다.

하지만 FCL로서 해당 건에 대해서 '식품 등의 수입신고'를 진행해야하는 식품이고 최초 건으로서 '정밀검사'를 진행하거나 과거 정밀검사를 진행하여 적합 통지를 받았다면 '무작위표본검사', '관능검사', '서류검사' 중에 하나가 지정되는데, 이때 '무작위표본검사' 혹은 '관능검사'로 지정되면 FCL 건이더라도 CFS에 반입해야 합니다. 정밀검사, 무작위표본검사, 관능검사는 모두 샘플을 채취 혹은 확인을 해야 하기 때문에 보세창고로 물품이 반입되어야 합니다. 따라서 이때 CFS Charge라고 하여 컨테이너에서 물품을 적출하는 작업비가 발생되며 창고료까지 추가적으로 발생될 수 있습니다. 반면에 FCL 건으로서 '식품 등의 수입신고'를 진행 했는데 '서류검사'로 지정되면 CFS로 반입되지 않고 CY에 컨테이너가 장치된 채로 서류검사 진행되고 이상 없으면 세관이 수입신고 후 통관 진행 가능합니다.

---

[1] 무작위 표본검사는 따로 검사비가 발생되지 않습니다.

2) 식품 등의 수입신고 시기

식품 등의 수입신고의 시기는 아래의 표와 같이 본신고[2] 및 사전신고[3]로 구분됩니다.

본신고, 사전신고는 '식품 등의 수입신고서'를 EID로 작성할 때 '신고구분' 항목에서 선택하며, 신고를 하기 전에 현품에 '한글표시사항'을 표시해 두어야 합니다.[4]

본신고	국내항 도착 후 신고하는 경우에 선택함.
사전신고	도착예정일 5일전부터 미리 신고하는 경우에 선택함. 주요 사항이 변경되는 경우, 즉시 그 내용을 문서(전자문서 포함)로 신고해야 함.

※ 세관에 신고하는 '수입신고'의 시기와 '식품 등의 수입신고' 시기

세관에 신고하는 '수입신고' 시기는 출항 전 신고, 입항 전 신고, 보세구역 도착 전 신고, 보세구역장치 후 신고로 구분되며, '식품 등의 수입신고' 시기는 본신고, 사전신고로 구분됩니다. '식품 등의 수입신고'가 반입 전에 이루어진다고 하더라도 신고만 해당되는 것이며, 신고에 대한 확인 절차는 모두 반입 후에 이루어져서 반입 후에 그 결과가 통지됩니다. 그리고 그 결과가 이상이 없으면 수입자는 세관에 비로소 '수입신고'를 하는 것입니다. 따라서 식품의 경우 수입신고 시기에 있어 반입 후 신고, 즉 보세구역 장치 후 신고만이 가능하다고 할 수 있습니다.

---

2   본신고는 국내항 도착 후 신고하는 것으로서 실무를 해보면 통상 보세구역/창고에 반입이 된 이후에 진행합니다. 또한, 제품 자체에, 즉 현품에 '한글표시사항'이 표시되어 있지 않은 경우 수입자가 보세구역/창고를 방문하여 현품에 '한글표시사항'을 스티커로 붙인 이후에 회사에서 EDI로 '식품 등의 수입신고'를 진행하는 것이 일반적입니다. 물론, 이러한 스티커 작업은 보세창고에 의뢰하여도 됩니다.

3   큰 의미 없는 사전신고: 신고의 구분에서 사전신고는 큰 의미가 없습니다. 단지, 신고시기를 도착예정일 5일전부터 할 수 있다는 의미로서, 관련기관에서 해당 건에 대한 실질적인 검사 진행은 보세구역/창고에 반입된 이후부터 시작되기 때문입니다. 따라서 도착 이후에 신고하는 것이 업무상으로나 기타의 이유로 인하여 어려울 때 사전신고를 해두는 것이 좋고 그렇지 않은 경우 본신고를 하는 것이 좋다고 생각됩니다.

4   현품의 내용과 EDI 신고 내용은 일치해야 합니다. 즉, 보세구역/창고에 장치된 물품의 제품명, 수량, 그리고 '한글표시사항' 등등은 EDI로 신고한 내용과 일치해야 합니다. 가능하다면 보세구역/창고에 장치된 물품의 이러한 정보를 화주가 직접 확인 후 EDI로 신고하는 것이 차후에 오류를 줄일 수 있는 방법이며, '식품 등의 수입신고'의 시기에 있어 본신고가 됩니다.

2. 식품 등의 수입신고서 작성 방법 및 신고 절차 '식품 등의 수입신고'는 관세청 전자통관시스템 UNI-PASS(http://portal.customs.go.kr) 혹은 KiFDA 전자민원창구(http://minwon.kfda.go.kr/index.jsp)에서 신청 가능합니다.

1) '식품 등의 수입신고' 동영상으로 배우기

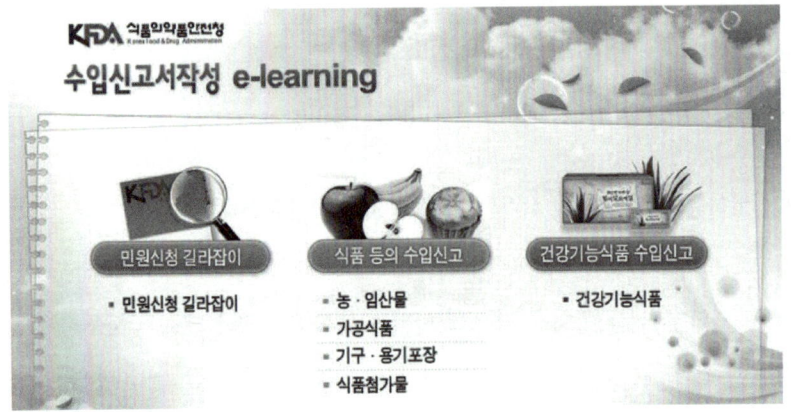

▲ 동영상 시청 경로: KFDA 홈페이지 접속 → 우측하단에 '수입신고서작성 홍보동영상' 클릭

식품 수입신고 방법은 KFDA 수입식품정보 홈페이지(http://www.foodnara.go.kr/importfood)에서 동영상으로 제공해주고 있으니 참고하면 신고하는 데 큰 도움이 될 것입니다.

2) 관세청 UNI-PASS에서 '식품 등의 수입신고' 진행 절차

관세청 UNI-PASS(http://portal.customs.go.kr/)에서 식품수입신고를 하기 위해서는 먼저 UNI-PASS에서 사용자 등록을 해야 하며 관할지 세관에 내방하여 UNI-PASS 사용 승인을 받은 후 인증서도 등록해야 합니다. 아래는 관세청 UNI-PASS 화면이며 로그인 후 우측의 '통관단일창구' 하위 메뉴에 '요건신청'을 클릭합니다.

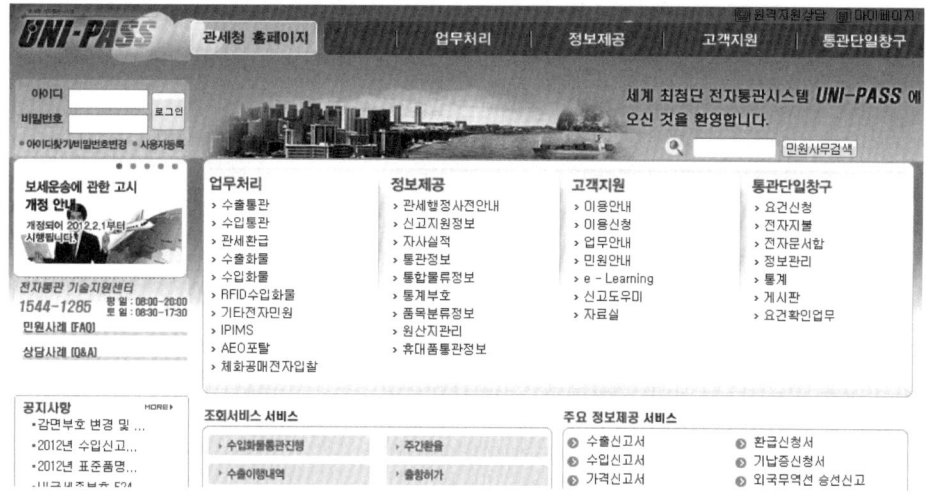

인증서 암호를 입력합니다.

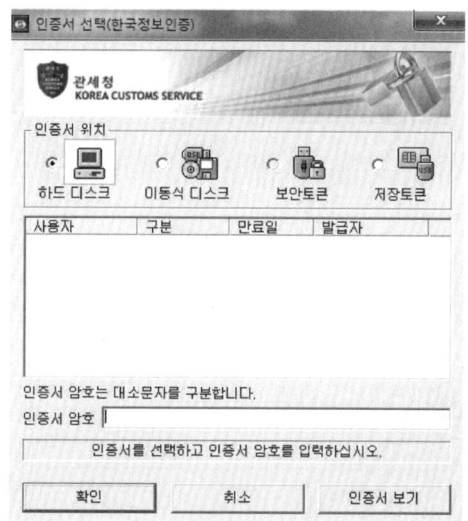

다음으로 아래와 같은 화면이 나오며 '식품 등의 수입신고서'를 클릭합니다. 자른 화면이라 식약처 관련 요건 신청서만 보입니다. 실제 화면에서는 스크롤바를 아래로 내리면 많은 요건 신청서를 확인할 수 있습니다.

신청서 작성

번호	기관	신청서작성	비고
01	식품의약품안전청	식품등의수입신고서	
02		건강기능식품수입신고서	
03		수입승인신청서	마약류 완제/원료
04		수출승인신청서	마약류 완제/원료
05		원료물질 수입신고서	
06		원료물질 수출신고서	

아래는 '식품 등의 수입신고서' 신청화면입니다. '신고일반', '수입관련', '제품개요' 등등의 제목이 있으며 이러한 부분들을 모두 입력 후에 아랫부분에 있는 '전송' 버튼을 눌러 전송을 하면 신고가 되는 것입니다.

3) 식품수입신고 완료 후 '식품 등의 수입신고서' 출력하기

'식품 등의 수입신고'를 완료 후 신고내용에 대해서 신고서를 출력할 수 있습니다. 신고 후 적합 혹은 부적합판정에 대한 '식품 등의 수입신고확인증' 역시 차후에 출력 가능합니다.

4) 식품과 관련된 제품을 처음 수입하는 분들에게

우선 식품을 처음 수입하는 분들은 판매를 목적으로 하거나 영업상 사용하기 위하여 식품 등(농임산물, 가공식품, 식품첨가물, 기구·용기·포장)을 수입하려면 '식품 등 수입판매업' 영업신고를 하여야 합니다. 이렇게 영업신고를 마친 수입자는 수입을 원하는 상품의 HS Code를 미리 알아두어야 합니다. 쉽게 알 수 있는 방법은 관세사 사무실 혹은 관세청 고객지원센터(Tel. 125)에 문의를 하는 것이며, 정확한 HS Code를 구두가 아닌 서류로 받기를 원하는 경우 관세평가분류원에 HS Code에 대한 유권해석 신청을 하는 방법이 있습니다.

또한, '식품 등의 수입신고'를 하기 위해서는 '제조공정도', '성분분석표'가 필요하며, 제품에 따라서 '검역증'을 비롯하여 기타 서류도 필요할 수 있습니다. 수입자는 이러한 필요 서류 역시 관세사 사무실에 체크를 해볼 필요가 있습니다.

3. 정밀검사 기관 및 정밀검사 의뢰 방법

1) 식품 수입할 때 정밀검사 의뢰기관

검사기관	내 용
식약처	검사비용이 타 기관에 비해서 저렴하지만, 정밀검사 '처리기한' 10일을 거의 채워서 그 결과가 통지됨.
타 기관	검사비용이 식약처에 비해서 비싸지만, 정밀검사 '처리기한' 10일로 보았을 때 식약처를 통해서 검사하는 것보다 결과 통지가 비교적 빠름.

식품을 최초로 수입할 경우 정밀검사를 받아야 하며, 정밀검사는 식약처 혹은 공인검사기관(타기관)에 의뢰할 수도 있습니다.

신고자가 신경 써야 하는 부분은 정밀검사 비용과 정밀검사 기간입니다. 특히, 정밀검사에 따른 결과 통지 기간이 늦어지면 세관에 신속한 수입신고를 하지 못하게 되어 추가 비용이 발생할 수 있으며 국내로의 신속한 유통에도 차질이 발생하여 추가적인 손해를 볼 수 있습니다.

2) 식품수입 정밀검사 의뢰하는 방법

식품수입신고 두 번째 단계, 즉 '수입관련'에서 '타기관 검사의뢰시 검사기관'이라고 해서 타 기관에 검사 의뢰를 지정하는 곳이 있습니다.

이때 ⓐ 정밀검사를 식약처에의 의뢰하고 싶다면 빈 공간으로 두고, ⓑ 타 기관에 정밀검사를 의뢰하고 싶다면 돋보기를 클릭하여 타 기관을 지정합니다.

그 후 지정된 기관은 정밀검사 진행하기 전에 검사비용 및 검사내역에 관해서 신청자에게 통지합니다. 신청자가 검사비를 결제하면 정밀검사가 진행되며 정밀검사 처리기한 10일 이내에 검사결과를 확인할 수 있습니다.

▲ '타 기관 검사의뢰 시 검사기관' 옆의 돋보기를 클릭하면 아래와 같은 새로운 창이 나타나며 타 기관 지정 가능.

검사기관코드	검사기관명	검사기관주소	전화번호
KR00A04	(주)과학기술분석센터		
KR00A01	(주)넥스젠		
KR00A03	(주)다카라코리아유전자검사센터		
KR00A02	(주)코젠바이오텍		
KR00A09	에스지에스테스팅코리아(주)	경기 안양시 동안구 호계동555-9 디오벨리 빌딩(안양사무소)322호	031-428-5700
6450600	전라북도 보건환경연구원	전북 전주시 덕진구 팔복동2가 797-3	063-210-4406
B460023	한국보건산업진흥원	서울시 동작구 노량진동 57-1	02-826-2100
KR008BA	한국식품연구소	서울시 서초구 방배동 1002-6	02-585-5052,3
KR008BB	한국식품연구소부산지소	부산시 수영구 남천동 340-1	051-628-7915
KR008DA	한국화학시험연구원	서울 영등포구 영등포동 8가 88	02-2164-0011

4. 식품 포장지의 한글표시사항 작성하는 방법

1) 한글표시사항 작성 방법

(1) 식품수입신고 한글표시사항 작성 예 1[1]

한글표시사항 입력은 '식품 등의 수입신고' 6단계에 있습니다.

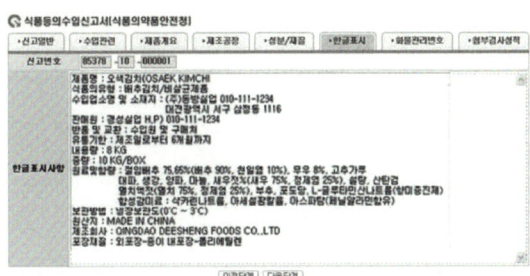

---

1 '식품 등의 수입신고'를 EDI로 신고하는 과정에서 현품에 표시된 '한글표시사항'을 그대로 입력하는 부분이 있습니다. 이 부분에서 현품에 표시된 '한글표시사항'과 동일하게 입력해야 합니다. 만약 해당 제품을 과거에 수입신고하여 정밀검사를 받았다면 해당 건의 과거 '식품 등의 수입신고'에 대한 '신고번호'와 '신고일'을 따로 표기해두면 좀 더 빠른 행정 처리가 되는 경우도 있습니다.

(2) 식품수입신고 한글표시사항 작성 예 2

'한글표시사항'은 큰 박스에서부터 최소 포장단위까지 표시를 해야 합니다. 예를 들어, 큰 박스(Carton)가 있고 그 안에 작은 박스가 6개(6 caddies), 그리고 작은 박스 안에 제품 낱개가 6개(6 pcs)가 있는 경우(6pcs/Caddy, 6 caddies/CTN) '한글표시사항'은 Carton, Caddy, Piece 모두에 표시를 해야 합니다.[1]

물론, 큰 포장인 Carton 단위에서부터 소 포장인 Piece 단위까지 모두 한글표시사항을 표시하게 되면 무게와 같은 단위를 표시하는 한글표시사항의 '내용량' 부분은 Carton에 붙이는 내용과 Caddy 및 Piece에 붙이는 내용이 달라지기 때문에 표시할 때 주의를 해야 합니다. 다음의 좌측은 Carton, 우측은 Caddy 단위의 '한글표시사항'에 대한 예입니다. '내용량' 부분에서 차이를 확인할 수 있습니다.[2]

한글표시사항 예(소박스)	한글표시사항 예(큰박스)
식품 위생법에 의한 한글 표시사항 제품명 : 소시지케이싱 (SAUSAGE CASING)17mm 생산국 및 원산지 : MADE IN USA 식품유형 : 기타가공품(기준규격외 가공식품) 영업신고번호 : 서초 118호 제조 년 월 일 : 2011. 08. 02. 유통기한 : 2013. 08. 03. 반품 및 교환장소 : 구입처 및 본사 보관방법 : 5-15도 사이의 건냉소에서 밀봉보관 제조사 : KASTON FOOD CO., LTD 내용량 : 2.28 kg 원료 및 함량 : 콜라겐(우피)58%,셀룰로스13%, 글리세린(글리세롤)23%식물성오일(코코넛오일)5%, 카르복시메틸셀룰로오스나트륨 1% 수입업소명 : 엠솔 TEL : 02-000-0000 서울시 서초구 XX동 000	**식품 위생법에 의한 한글 표시사항** 제품명 : 소시지케이싱 (SAUSAGE CASING)17mm 생산국 및 원산지 : MADE IN USA 식품유형 : 기타가공품(기준규격외 가공식품) 영업신고번호 : 서초 118호 제조 년 월 일 : 2011. 08. 02. 유통기한 : 2013. 08. 03. 반품 및 교환장소 : 구입처 및 본사 보관방법 : 5-15도 사이의 건냉소에서 밀봉보관 제조사 : KASTON FOOD CO., LTD 내용량 : 13.67 kg (2.28 kg X 6 개) 원료 및 함량 : 콜라겐(우피)58%,셀룰로스13%, 글리세린(글리세롤)23%식물성오일(코코넛오일)5%, 카르복시메틸셀룰로오스나트륨 1% 수입업소명 : 엠솔 TEL : 02-000-0000 서울시 서초구 XX동 000

---

1 식품을 수입하여 판매하는 목적이 아니라, 제조회사가 수입하여 자체적으로 소비하는 경우 박스 내부에까지, 즉 최소포장 단위까지 한글표시사항을 붙일 필요성은 다소 떨어집니다. 한글표시사항을 붙이는 이유는 소비자가 제품을 구입할 때 제품에 대한 정보를 확인할 수 있도록 하기 위함이기 때문입니다.

2 '한글표시사항'에서 '제품명'을 적을 때 한글명과 영문명 모두를 표시하는 경우, 한글명을 먼저 표시해야 하며, 영문명은 한글명 뒤에 괄호 표시하여 괄호 안에 넣는 것이 원칙입니다. 이유는 말 그래도 '한글표시사항'이기 때문에 한글이 주가 되어야 합니다.

5. 수입물품에 대한 '한글표시사항' 표시 위치 및 시기

1) '한글표시사항'을 현품에 붙이는 시기

국세청 UNI-PASS 혹은 KiFDA 전자민원창구를 통하여 EDI로 '식품 등의 수입신고'를 하기 전에 해당 식품의 현품에 '한글표시사항'을 표시해야 합니다(신고 후 표시해도 괜찮으나 관련 기관이 검사를 진행하기 전에는 표시가 되어 있어야 함).

물론, 수출지에서 제조할 때 한글표시사항을 표시할 수도 있으나 오더량이 소량이거나 비협조적인 수출자의 경우 수출지에서 수출포장을 할 당시 현품에 '한글표시사항'을 표시해주지 않는 경우가 있으며, 이때 수입자는 수입지의 보세구역/창고에서 '한글표시사항'을 붙인 이후 식약처에 '식품 등의 수입신고'를 EDI로 진행해야 합니다. 수입지 보세구역/창고 반입 후 '한글표시사항' 붙이는 경우의 절차는 다음과 같습니다.

a. 포장 단위별로 '한글표시사항'을 작성 후, '전산 라벨지(스티커 형태)' 사용하여 인쇄(이때 레이저 프린터를 사용하는 것이 좋습니다. 잉크 프린터로 인쇄한 경우 물이 묻으면 번지기 때문입니다).

b. 물품이 장치된 보세구역/창고에 도착 후 포장 단위별로 최소포장까지 '한글표시사항' 붙임(이때 수입자가 스티커만 보내서 의뢰할 수 있으나 직접 하는 것이 안전함).

c. 회사로 돌아와서 '식품 등의 수입신고' EDI로 진행.

2) 현품에서 '한글표시사항'을 붙이는 부분

'한글표시사항'은 포장 단위별로 모두 붙여야 합니다. 예를 들어, 큰 박스(Carton)가 있고 그 안에 작은 박스가 6개(6 caddies), 그리고 작은 박스 안에 제품 낱개가 6개(6 pcs)가 있는 경우(6pcs/caddy, 6caddies/CTN) '한글표시사항'은 Carton, Caddy, Piece 모두 표시해야 합니다.

설령 큰 박스 단위로 판매가 된다고 할지라도 소비자가 실제로 물품을 사용할 때 그 안에 있는 물품을 하나씩 꺼내어 사용하기 때문에 식약처에서는 최소 판매단위의 포장에까지 한글표시사항을 붙일 것을 권하고 있습니다.

그리고 수입자가 물품을 수입하여 제3자에게 판매하는 업체가 아니라 제조업체로서 수입물품을 전량 자신이 제조하는 데 사용하는 경우 한글표시사항에 대한 이러한 절차는 완화됩니다.

6. 순중량 100kg 미만의 '식품 등의 수입신고'에 대한 정밀검사 실적 인정 여부

최초로 수입하는 식품에 대해서는 중량에 상관없이 식약처 혹은 공인된 검사기관을 통하여 '정밀검사'를 받아야 하는데, 이때 순중량(Net Weight; N.W.)이 100kg 이상인 건에 대해서 검사 결과가 적합이 되었다면 '정밀검사' 실적으로 인정이 되지만, 순중량이 100kg 미만인 건에 대해서는 검사 결과가 적합이 되었다고 하더라도 단순히 검사 결과가 적합으로 된 것이지 '정밀검사'에 대한 실적으로는 인정을 받지 못합니다.

100kg 이상	최초 수입 건에 대한 정밀검사 결과가 적합으로 나오면 정밀검사 실적으로 인정이 되어 동일한 제품을 동일한 수출자로부터 두 번째 수입할 때부터는 정밀검사 대상이 아님. 즉, 차후에 100kg 이상이 들어오든 100kg 미만이 들어오든 정밀검사 대상이 아님.
100kg 미만	최초 수입 건에 대한 정밀검사 결과가 적합으로 떨어졌다 하더라도 실적으로 인정이 되지 않으며, 동일한 제품을 동일한 수출자로부터 차후 다시 수입할 때 또 한 번 정밀검사를 받아야 함. 하지만, 100kg 미만의 '정밀검사' 적합 건에 대해서 차후의 동일한 수출자로부터 동일한 제품을 수입할 때 식약처로 정밀검사 의뢰하면 정밀검사 비용은 따로 청구되지 않음.[1]

여기서 100kg이라는 것은 물품의 총중량(Gross Weight; G.W.)이 아니라 순중량(Net Weight; N.W.)이라는 것입니다. 순중량은 물품 자체의 중량으로서 포장 무게는 제외된 중량입니다. 반면, 총중량은 물품 자체의 무게와 포장의 무게를 합한 중량입니다. 다시 말해서 '정밀검사'에 따른 적합판정이 실적으로 인정되는 범위는 해당 식품 자체의 중량이 100kg 이상 되어야만 실적으로 인정된다는 뜻입니다.

---

[1] 참고로 이와 같이 순중량 100kg 미만으로 최초 수입하여 정밀검사 받고 '적합' 판정을 받은 후 차후에 순중량 100kg 이상 수입하면 최초 정밀검사 건의 결과와 상관없이 다시 정밀검사 받으나, 다시 순중량 100kg 미만으로 수입되면 최초 정밀검사 건의 '적합' 판정이 실적으로 인정되어 정밀검사 받지 않고 무작위, 관능 혹은 서류 검사 중의 하나로 결정될 수 있습니다. 실무자들은 본 내용에 대해서 지방 식약처로 문의하여 확인이 필요하겠습니다.

제 3 장

무역 운송

Ⅰ. 무역운송 관련 용어

1. 운송 관련 기본 용어 정리

1) E.T.D.와 E.T.A.

① E.T.D.(Estimated Time of Departure): 출발 예정시간, 물품이 수출지 항구/공항에서 출발하는 예정시간

② E.T.A.(Estimated Time of Arrival): 도착 예정시간, 물품이 수입지 항구/공항에 도착하는 예정시간

2) P.O.L.과 P.O.D.

① P.O.L.(Port of Loading): 선적항, 수출품을 선적하는 수출지 항구

② P.O.D.(Port of Discharge): 양륙항, 수입품을 하역하는 수입지 항구

P.O.L., P.O.D.는 B/L과 같은 선적서류에서 확인 가능합니다. 아래는 B/L의 한 부분이며, Port of Loading이 P.O.L.이며, Port of Discharge가 P.O.D.입니다.

Pre-carriage by	Place of Receipt	Party to contact for cargo release
Vessel　Voy. No. ISLET ACE　832W	Port of Loading YOKOHAMA, JAPAN	XXX JUNG-GU SEOUL 111-111 KOREA TEL : 00-0000-0000 FAX : 00-0000-0000 ATTN : HONG GIL-DONG
Port of Discharge BUSAN, KOREA	Place of Delivery	Final Destination (Merchant's reference only)

3) 지정(Nomi ; Nomination)

화주는 포워더와의 대화에서 "노미 건입니까?"라는 질문을 받는 경우가 있습니다. 이때 노미라는 말은 '지정'이라는 의미의 'Nomination'에서 나온 말로서 줄여서 'Nomi'라고 합니다. 다시 말해서 "노미 건입니까?"라는 질문은 "귀사에서 해당 운송 건의 포워더를 지정할 수 있는 권리를 가지셨습니까?"라는

질문과 일맥상통한다고 할 수 있습니다. 포워더를 지정할 수 있는 권리는 수출자와 수입자의 계약서에 명시된 인코텀스 조건에 따라서 달라진다고 할 수 있습니다. EXW, F-Terms는 수입자가 포워더를 지정하며, C-Terms, D-Terms에서는 수출자가 포워더를 지정합니다(참고 141쪽). 따라서 해당 건의 인코텀스 조건이 FOB Sydney Port라면, 그리고 귀사가 한국의 수입자라면 그에 대한 답변에 "네, 그렇습니다."라는 답변을 주시면 됩니다.

4) 총중량(Gross Weight; G.W.)과 순중량(Net Weight; N.W.)

총중량은 내품과 외포장을 합한 무게를 말하며, 순중량은 내품에 대한 무게입니다.

예를 들자면, 컴퓨터를 수출하는데 수출을 하기 위해서는 포장을 해야 합니다. 즉, 컴퓨터와 컴퓨터를 포장한 포장지 모두의 무게가 총중량이며, 컴퓨터 자체의 무게가 순중량입니다.

※ 컴퓨터 30대를 수출하는데, 하나 카톤(Carton)에 N.W. 5kg 짜리 컴퓨터가 2대 들어 가고 하나 카톤의 포장지 무게가 1kg일 경우, 하나 카톤의 N.W., G.W.를 포장명세서(Packing List)에 어떻게 표기를 할까요?

Item	No. of Cartons		N.W. in kgs	G.W. in kgs	Meas. in CBM
Computer	15 CTNs	30 pcs (2pcs/CTN)	150 kgs (10kgs/CTN)	165 kgs (11kgs/CTN)	3.49 CBM (65cm×65cm×55cm/CTN)

5) 인바운드(Inbound)와 아웃바운드(Outbound)

인바운드는 수입항로, 즉 수입 건을 뜻하며, 아웃바운드는 수출항로, 즉 수출 건을 뜻합니다.

화주가 포워더에게 견적을 받기 위해서 혹은 기타의 이유로 연락을 하면 인바운드 건이냐, 혹은 아웃바운드 건이냐라는 질문을 하곤 하는데, 위와 같은 뜻으로 이해하면 됩니다.

6) 탑차

무역을 하는 실무자들이 수출입할 때 자주 듣는 용어 중에 탑차라는 용어가 있습니다. 탑차란 트럭에 컨테이너를 탑재한 택배 트럭과 같은 차량으로서, 일반 화물을 운송하는 탑차도 있고 냉각기가 장치된 냉동 탑차도 있습니다. 해상 LCL 혹은 항공 건의 경우 수출할 때는 항구/공항의 보세창고(CFS)로 수출물품을 내륙운송 해야 하고, 수입할 때는 CFS에서 수입자의 공장/창고까지 물품을 내륙운송 해야 합니다. 이러한 경우 소량의 물품을 일반적으로 탑차를 이용해서 운송을 합니다. 해상 FCL 건의 경우는 대형 트럭에 트레일러를 이용해서 20피트, 40피트 컨테이너 등을 운송하기 때문에 탑차는 통상 해상 LCL 혹은 항공 건과 같은 소량의 물품을 운송할 때 사용합니다.

▲ 트럭에 컨테이너 박스를 탑재한 탑차

7) 수배와 자가운송

수출할 때는 수출자의 공장/창고에 있는 수출물품을 항구/공항까지 내륙운송 해야 하며, 수입할 때는 항구/공항에 있는 수입물품을 수입자의 공장/창고까지 내륙운송 진행해야 합니다.[1] 이때 내륙운송을 진행하는 내륙운송 업체를 지정해야 합니다. 화주는 자신의 물품을 운송하는 운송업체를 직접 지정할 수도 있습니다. 이러한 운송을 '자가운송'이라고 합니다. 또한 화주는 a)관세사사무실에 혹은 b)포워더에게 요청하여 내륙운송을 진행해 줄 것을 요청할 수 있는데, 이때 그들은 내륙운송을 진행할 업체를 찾고 차량을 찾는 것을 수배라고 합니다 . 경우에 따라서 이러한 내륙운송 업체 선정에 있어 선사와 연결된 내륙운송 업체만을 사용할 것을 선사 쪽에서 강요하는 경우도 있으니 참고하기 바랍니다.

---

1   수출의 경우 수출물품에 대한 수출신고는 통상 수출물품이 수출자의 공장/창고에 장치되어 있을 때 진행하고 수리가 됩니다. (물론 수출물품을 수출지 항구/공항으로 내륙운송하여 수출지 항구/공항 세관으로 수출신고 할 수도 있음.) 수리되면 더 이상 내국물품이 아니라 외국물품, 즉 보세물품이 되어 항구/공항까지 보세운송을 진행해야하는 것이 개념적으로 적합하지만, 실무에서 수출 건에 대해서는 보세라는 개념이 다소 약하며, 통상 일반운송으로 진행합니다. 하지만, 수입의 경우 보세물품은 세관에서 철저하게 관리를 합니다. 상기의 경우 수입지의 항구/공항에서 수입자의 공장/창고까지 내륙운송 진행한다는 것은 수입지의 항구/공항에서 수입신고 후 수리된, 즉 내국물품을 내륙운송 진행한다는 뜻이 됩니다. 수입지의 항구/공항에서 수입신고 하지 않은 보세물품(외국물품)의 상태로 다른 보세구역/창고로 보세물품을 운송할 때는 보세운송 업체를 지정하여 세관에 보세운송 신청 후 보세운송을 진행해야 합니다.

2. Delivery Order(D/O, 화물인도지시서)

1) Delivery Order(D/O, 화물인도지시서)의 정의

Delivery Order(D/O)란 수입지에서 운송비를 지불한 수입자가 해당 물품을 가져가도 좋다는 일종의 포워더의 허가서라고 보면 됩니다.[2] 쉽게 말해서 물품을 운송해준 포워더에게 수입자가 운송비(인코텀스 조건에 따라서 항구/공항의 부대비용만 될 수도 있고 부대비용과 운임(Freight)까지 합한 비용이 될 수도 있음.)를 결제했으니 포워더 입장에서는 물품을 수입자에게 전달해주는 것이 마땅합니다. 하지만, 이러한 일을 구두로 할 수 없으니 D/O[3]라는 서류로서 대신하는 것입니다.

> **참고**
>
> D/O는 사실상 포워더가 수입자에게 주는 것이 아닙니다. 해당 건의 물품이 장치되어 있는 수입지 보세구역/창고로 D/O를 주게 됩니다. 즉, D/O는 화물인도지시서로서 해당 보세구역/창고가 D/O를 받고, 수입신고필증이 있으면 수입자에게 화물을 인도하게 됩니다. 따라서 실무에서 수입자가 D/O를 받는 것이 아니기 때문에 D/O라는 서류를 볼 일은 없습니다. 그러나 D/O를 받아야 마침내 수입자 자신의 물품이 되니 D/O의 의미는 중요합니다.

2) Delivery Order가 필요한 이유

D/O가 필요한 이유는 D/O가 있어야만 보세구역/창고에서는 수입물품을 반출해주기 때문입니다. 수입물품은 수입신고 시기(출항 전, 입항 전, 반입 전, 반입 후)에 상관 없이 무조건 보세구역으로 반입되며, 해당 상품의 HS Code 상 '수입요건'의 有·無에 따라서 수입신고 진행합니다.

수입신고를 받은 세관은 P/L, 서류제출, 물품검사 중의 하나를 정하여 이상이 없는 경우 수입자는 세액을 납부하며, 해당 수입신고 건에 대해서 '수리'가 되어 '수입신고필증'을 발행 가능합니다. 일단 여기까지 진행하면, 이것은 세관에서 물품을 국내로 반입해도 좋다라는 뜻입니다.

하지만, 물품을 운송한 포워더에게 부대비용 혹은 부대비용과 운임을 결제해야지 포워더는 자신이 운송한 수입물품을 수입자에게 전달합니다(택배를 착불로 받을 경우 택배 기사에게 택배비를 결제해야지 택배를 받는 것과 일맥상통). 따라서 수입자는 세관의 허락뿐만 아니라 운송사(화주는 포워더에게 운송비 결제하고 포워더는 다시 선사/항공사에 결제)로부터 물품을 가지고 가도 좋다라는 D/O가 필요합니다. 이렇게 세관으로부터 '수입신고필

---

[2] 물품의 주인인 화주가 있고 그 물품을 운송해주는 선사가 있으며, 중간에서 운송과 관련된 일련의 서비스를 대행해주는 포워더가 있습니다. 포워더가 선사에게 먼저 운송비를 지급하게 되고 포워더는 선사로부터 Delivery Order(D/O)를 받습니다. 이를 Master D/O라 합니다. 그리고 포워더는 자신이 지불한 운송비를 다시 화주인 수입자에게 청구를 하게 되고 수입자가 결제하면 포워더는 Delivery Order(D/O)를 내려줍니다. 이를 House D/O라 합니다.

[3] D/O는 By Vessel(해상운송), 그리고 By Air(항공운송) 모두에서 발행됩니다.

중', 운송사인 포워더로부터 'D/O'를 받으면 수입자는 보세구역/창고에서 수입물품을 반출할 수 있습니다.

3) Delivery Order에 대한 결론

수입자는 보세구역/창고로 반입된 수입물품을 반출하기 위해서는 일단 세관에 수입신고하여 세액 납부 후 수리를 받아야 하며, 운송사, 즉 포워더에게 해당 건의 운송비를 결제 후 D/O를 받아야만 보세구역/창고에서 반출이 가능합니다. 따라서 수입자 입장에서는 세관으로부터 수입신고 수리받는 것만큼이나 포워더로부터 D/O를 받는 것이 수입통관에 있어서 중요한 일입니다. 실무에서 수입자는 관세사 사무실과 업무 진행하면서 D/O가 떨어졌느니, D/O가 내려졌느니라는 말을 수입통관할 때마다 듣게 됩니다. 이 말이 수입자에게는 상당히 중요한 의미가 됩니다.

3. CY, FCL과 CFS, LCL의 연관성

1) 보세구역(CY)과 만재화물(FCL)

보세구역으로서 CY, 즉 컨테이너장치장(컨테이너야적장 ; Container Yard; CY)은 FCL(Full Container Load) 화물을 인수, 인도하고 보관하는 장소를 말합니다.

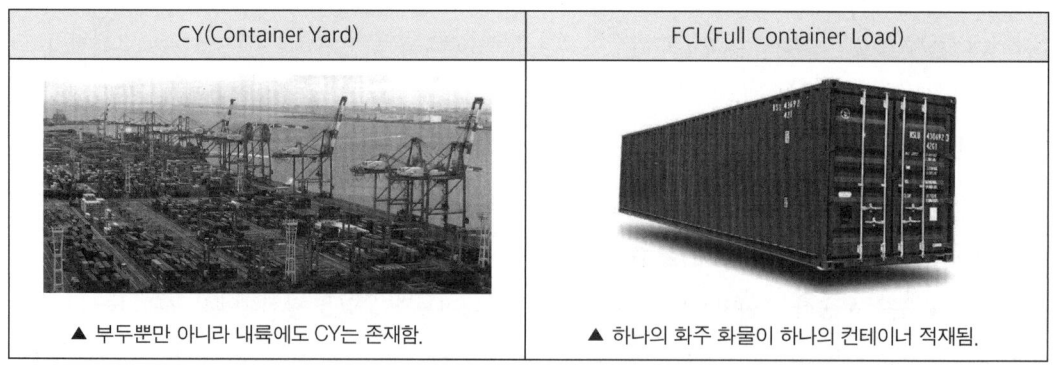

CY(Container Yard)	FCL(Full Container Load)
▲ 부두뿐만 아니라 내륙에도 CY는 존재함.	▲ 하나의 화주 화물이 하나의 컨테이너 적재됨.

하나의 화주가 컨테이너에 자신의 물품만을 채우는 건에 대해서 'FCL 건'이라고 말하며, 이때 하나의 컨테이너에 만재가 되든 안 되든 상관없이 하나의 화주 물품만이 적재된 건을 'FCL 건' 혹은 'FCL 화물'이라고 합니다.[1] 이러한 FCL 화물은 일반적으로 부두의 CY로 바로 반입되어 지정된 선박에 적재(On

---

[1] FCL은 실화주(무역회사) 입장에서는 컨테이너 소유자에게 해당 컨테이너를 임대하는 개념으로 이해하면 되겠습니다(운임 및 운송비는 모두 컨테이너 당 발생). 따라서 임대한 컨테이너를 Full로 채우던 1/3만 채우던 1/5만 채우던 임대한 자의 마음입니다. 수출지에서 임대할 때(Door Order 하여 Door에 공 컨테이너 도착했을 때) 외관상 상태 깨끗한지 확인 후 적입(Stuffing) 작업해야 할 것이며, 수입지에서 적출(Unstuffing) 후 깨끗한 상태로 반납해야겠습니다.

Board)가 됩니다(Door Order 하는 FCL 건의 수출과정 참고 134쪽).

2) 보세창고(CFS)와 소량화물(LCL[2])

보세창고로서 컨테이너작업장(Container Freight Station: CFS)은 하나의 컨테이너에 적입하기에 소량의 화물인 LCL(Less than Container Load)을 인수, 인도하고 보관하거나 컨테이너 적입(stuffing, vanning) 또는 적출(unstuffing, devanning) 작업을 행하는 장소를 말합니다.

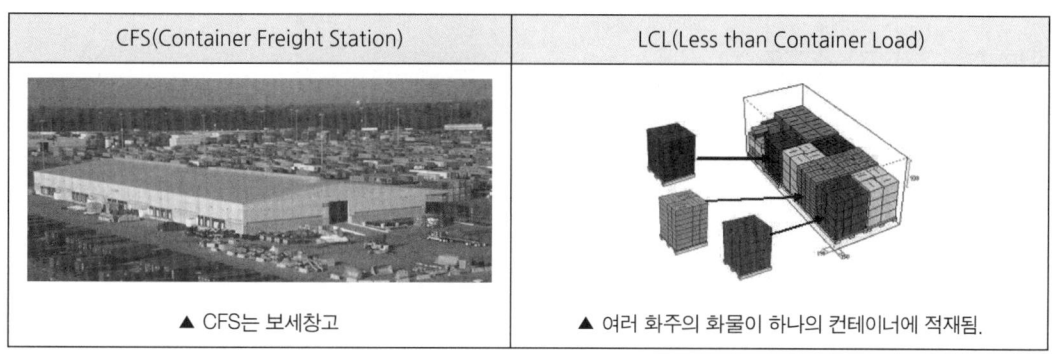

▲ CFS는 보세창고   ▲ 여러 화주의 화물이 하나의 컨테이너에 적재됨.

수출지의 CFS는 같은 도착 항구로 향하는 여러 수출자들의 소량화물(LCL)을 모아서 하나의 컨테이너에 적입하는 작업이 이루어지며(콘솔[3]), 수입지의 CFS는 하나의 컨테이너에서 소량화물(LCL)을 적출하여 각각의 수입자가 지정한 장소로 발송하는 역할을 하는 곳입니다(LCL 건의 수출과정 참고 136쪽).

4. CBM 계산 방법

1) CBM이란 무엇인가?

CBM(Cubic Meter, 입방미터)은 물품에 대한 부피를 말하며, 계산은 가로(W), 세로(L), 높이(H)를 미터

2　LCL은 실화주 입장에서 컨테이너 내부의 일정한 공간을 임대하는 개념으로 이해하면 되겠습니다(운임 및 운송비는 모두 R.ton 기준 발생). LCL은 무조건 CFS를 수출지 및 수입지에서 활용해야 하나, FCL의 경우는 필요할 때 CFS를 사용할 수 있겠습니다. 물론 FCL 건에서 수출지에서는 Door Order 하여 CFS는 사용하지 않았으나, 수입지에서는 CFS를 활용할 수도 있습니다. FCL 건임에도 CFS를 사용하는 경우 133쪽 각주 참고.

3　콘솔은 뭔가 하나로 모은다. 즉, 통합의 뜻으로서 Consolidation, Consolidate의 앞 글자를 따라서 부르는 말입니다. 포워더는 화주에게 영업해서 FCL이 아닌 LCL 화물을 오더 받으면, '혼재업자(Consolidator)'에게 CFS에서 여러 화주의 LCL 화물을 받아서 컨테이너에 적입하는 작업할 것을 의뢰합니다. 그러면 혼재업자는 컨테이너에 LCL 화물을 빈 공간 없이 체계적으로 적입하는 컨테이너 작업을 하는데 이를 콘솔이라 합니다. 따라서 포워더는 화주에게 영업하고 혼재업자는 LCL 화물을 확보하기 위해서 포워더에게 영업합니다.

(Meter)로 변경하여 곱해줍니다. 즉, 가로, 세로, 높이가 각각 1m일때 '1m×1m×1m=1CBM'이 됩니다.

다시 말해서 CBM을 계산할 때는 단위를 미터 단위로 변경하고 가로, 세로, 높이를 곱해주는데, 이때 동일한 크기의 박스가 여러 개 있는 경우 하나 박스에 대한 CBM을 먼저 구하고, 그 박스 수량을 곱해서 총 박스에 대한 CBM을 구합니다.

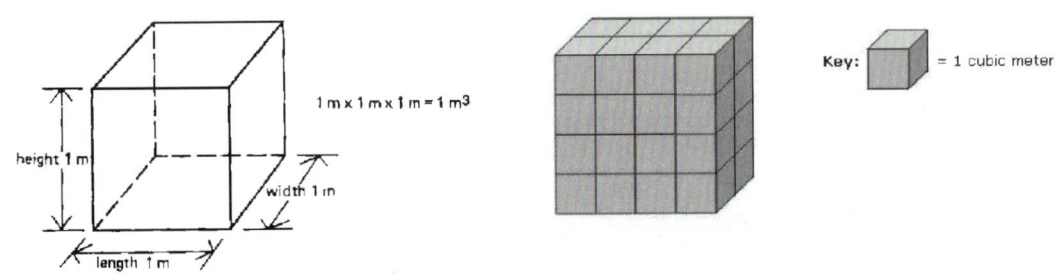

2) CBM의 계산 방법

하나 박스(Carton)의 크기가 가로 50cm, 세로 60cm, 높이 100cm로서 총 30 박스가 있는 경우 하나 박스에 대한 CBM과 총 30 박스에 대한 CBM을 구해 보겠습니다.

먼저 하나 박스에 대한 CBM을 구합니다. '0.5m×0.6m×1m=0.3 CBM'이 됩니다. 그리고 총 30박스에 대한 CBM을 구하는데, 하나 박스가 0.3 CBM이니 여기에 30을 곱해주면 됩니다. 즉, '0.3 CBM×30 Cartons=9 CBM'이 됩니다.

만약 물품이 네모 박스에 포장되지 않고, 필름이라든지 원단과 같이 원통형의 상태로 운송된다고 가정합니다. 그렇다 하더라도 CBM을 구하는 공식으로서 '가로 × 세로 × 높이'는 동일하게 적용되는데, 원통형이기 때문에 가로와 세로는 지름이 되어 동일한 값을 갖게 됩니다. 따라서 원통형의 포장 물품에 대한 CBM 구하는 공식은 '지름 × 지름 × 높이'라고도 할 수 있습니다.

3) 20'(20피트 컨테이너; TEU)의 CBM

20피트 드라이 컨테이너에는 1CBM 짜리 박스를 적재했을 때 대략 33박스(CTNs)가 적재됩니다. 즉, 33CBM이 적재된다는 말입니다.

하지만, 실제로 적재를 하게 되면 포장 박스가 모두 1CBM이 아니기 때문에 컨테이너의 중간, 윗부분, 그리고 가장자리 부분에 빈 공간이 생겨서 통상 수치상(계산상)으로 25CBM 정도가 나오면 20피트 컨테이너 만재가 된다고 생각하면 됩니다.

5. 컨테이너의 종류와 용도

1) 건화물 컨테이너(Dry Container)

일반적으로 우리가 흔히 보는 한 쪽에 두 개의 문이 달려 있는 컨테이너입니다.

대부분의 공산품을 수출입할 때 사용합니다. 규격은 20피트, 40피트, 40HC(high cubic), 45 피트(20', 40', 40HC, 45') 등이 있습니다.

 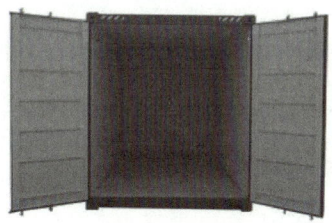

2) 냉동 컨테이너(Reefer Container)

냉각기가 설치된 냉동 컨테이너는 영하의 온도를 유지해야 하는 물품의 운송에서 사용될 수 있으나, 이보다는 일정한 온도와 일정한 습도를 유지해야 하는 물

품을 운송할 때 사용된다 할 수 있습니다. 예를 들어 약품, 고무 재질의 물품 및 전기제품 등 온도와 습도에 민감한 제품의 운송에서 냉동 컨테이너가 사용되겠습니다.

그리고 냉동 컨테이너, 오픈탑, 플랫랙 등의 컨테이너는 특수 컨테이너로서 일반 컨테이너보다 Ocean Freight뿐만 아니라 T.H.C. 및 내륙운송비의 비용이 상대적으로 더 많이 발생할 수 있습니다.

3) 오픈탑 컨테이너(Open Top Container)

오픈탑 컨테이너는 드라이 컨테이너를 변형한 컨테이너입니다. 천정이 Open(개방) 된 것으로서 일반 규격화된 화물보다는 불규칙적인 화물을 운반하는 데 많이 사용되는 컨테이너입니다.

4) 프랫랙 컨테이너(Flat Rack Container)

운반하고자 하는 화물이 포장단위가 없는 기계류 장비 등 부피가 불규칙한 화물을 운반하는 특수한 컨테이너입니다. 규격은 20피트, 40피트로 구분됩니다. 뒷문이 존재하는 건화물 컨테이너, 냉동 컨테이너, 오픈탑 컨테이너는 잠금장치 기능을 하는 자물쇠가 채워지며, 따라서 Seal Charge가 청구될 수 있습니다. 그러나 플랫랙 컨테이너는 Seal Charge가 청구되지 않습니다.

5) 탱크 컨테이너(Tank Container)

액체상태의 유류, 주류, 화학제품 등을 운반하는 경우 사용되며, 위험물이나 독극물 운반에서도 많이 사용됩니다.

6) 행거 컨테이너(Hanger Container)

정장, 실크, 밍크 등의 고급 의류를 운송할 때 사용되며, 옷걸이에 옷을 걸어둔 형태로 운송되기 때문에 다림질이 필요 없으므로 통관 후 신속히 매장 진열이 가능합니다.

행거 컨테이너는 따로 존재하는 것이 아닙니다. 일반 컨테이너에 행거를 설치하면 행커 컨테이너가 됩니다. 그리고 행거 컨테이너는 주름에 민감한 가죽을 행거에 걸어서 운송할 필요가 있을 때도 사용될 수 있겠습니다.

7) B/L에 표기되는 컨테이너 종류 단위

일반적으로 FCL 건의 B/L에서 해당 건이 어떠한 종류의 컨테이너를 사용하여 운송 진행 되었는지가 표기되는 것을 볼 수 있습니다. 아래의 B/L에 '1 X 20' CONTAINER' 바로 뒤에 보면 S.T.라는 표기를 볼 수 있습니다. S.T. 대신에 D.V.(Dry Van, 컨테이너를 Van이라 함) 혹은 G.P.라는 표현을 사용하기도 합니다. 이는 모두 일반 컨테이너(Dry Container)를 뜻합니다.

Container No. Seal No. Marks and Numbers	No. of Containers or Pkgs	Kind of Packages ; Description of Goods	Gross Weight	Measurement
XXX834758987 P411999 BUSAN REP.OF KOREA MADE IN JAPAN C/NO. 1-35 PO#9332	7 PLTS	SHIPPER'S LOAD, COUNT & SEAL 1 X 20' CONTAINER S.T. BABY CARRIER COUNTRY OF ORIGIN : JAPAN PRICE TERM : FOB YOKOHAMA PORT "FREIGHT COLLECT"	2,500.00 KGS	28.5 CBM
Total Number of Containers or Packages(inworks)		SAY : ONE (1) CONTAINER ONLY	FIRST ORIGINAL	

Dry Container 를 뜻하는 단위	컨테이너 종류를 뜻하는 단위
D.V. = Dry Container S.T. = Standard Container G.P. = General Purpose	20' DC = Dry Container 20' DV = Dry Van(Container) 20' HC = High Cubic Dry Container 20' RF = Reefer Container 20' OT = Open Top Container 20' FR = Flat Rack

6. 드라이 컨테이너(Dry Container)의 제원

해상운송을 할 때 사용되는 일반적인 컨테이너인 Dry 컨테이너의 제원에 대해서 살펴보겠습니다. 드라이 컨테이너는 20'(20 Feet, TEU)[1], 40'(40 Feet, FEU), 40 HC(40 Feet High Cubic), 45'(45 Feet), 이렇게 4종류가 있습니다.

1) 드라이 컨테이너의 제원

표의 내장규격 부분에서 '최대용적'과 '평균적재용적' 부분을 봅니다.

최대용적이라는 의미는 예를 들어, 20FT에 1CBM 짜리 박스가 대략 33박스 적재가 된다라는 의미입니다.

---

[1] 20'이라는 의미는 20feet를 의미합니다. B/L 이라든지 기타 운송과 관련된 서류에서 20'x1 container라고 쓰는 경우는 20피트짜리 컨테이너 한 개라는 의미입니다.

하지만, 일반적으로 수출을 할 때 박스가 1CBM이 되는 경우는 거의 없기 때문에 '평균적재용적'을 표시해두었으며, 수출물품에 대한 CBM을 계산 했을 때 수치상으로 대략 25CBM 정도가 되면 20피트 컨테이너(20')에 만재가 될 정도의 CBM이라고 생각하면 됩니다.

이러한 이유는 규격화되지 않은 박스로 인하여 컨테이너의 윗부분, 중간부분, 좌우부분 및 아랫부분에 빈 공간이 만들어지기 때문입니다. 또한, 팔레트 및 고정장치 등을 함께 적재하는 경우에는 더 많은 공간이 생길 것입니다.

구분		20'	40'	40HC	45'
내장규격	길이(M)	5.898	12.031	12.031	13.555
	폭(M)	2.348	2.348	2.348	2.348
	높이(M)	2.376	2.376	2.695	2.695
	최대용적(CBM)	33.2	67.11	76.11	85.77
	평균적재용적(CBM)	25	55		
무게(톤)	자체중량	2.26	3.74	3.94	4.88
	적재가능	21.74	26.74	26.54	25.6
	실제적재중량(국내)	17.5	20		
	총 중량	24	30.48	30.48	30.48

컨테이너에 적재할 수 있는 무게의 경우, 우리나라에서는 차량과 공컨테이너, 그리고 컨테이너에 적입된 물품의 중량을 합하여 40톤을 초과하면 불법으로 처벌받습니다. 따라서 차량의 무게와 공컨테이너의 무게를 제외하고 20FT 컨테이너에 적입 가능한 무게가 통상 17.5톤 정도, 40FT는 20톤 정도로 보면 되겠습니다. 물론 상황에 따라서 그 이상도 적재 가능하겠지만, 총 중량이 40톤은 초과되지 않아야 하겠습니다.

2) 대략 15CBM 정도면 FCL인가? LCL인가?

해상 건에 대해서 포워더에게 견적을 받을 때 FCL 견적(하나의 컨테이너 당 운임, 즉 USD600/20')이 있고, LCL 견적(CBM 당 운임, 즉 USD25/CBM)이 있습니다. 수출자가 팩킹리스트를 만들기 위해서 수출물품에 대한 CBM을 계산해보니 대략 15CBM 정도 나왔고, 수치상 15CBM이라면 20'에 반이 차고 반이 남을 정도의 부피입니다. 따라서 분명 LCL 화물입니다.

하지만, 대략 15CBM 정도가 되면 FCL 견적 및 LCL 견적을 동시에 받아서 운임을 비교해 볼 필요가 있습니다(실제로는 10CBM 만 되더라도 FCL로 진행 하는 것이 운임이 더 저렴한 경우가 있음).

이유는 15CBM 정도가 되면 LCL로 진행하는 것보다 FCL로 진행하는 것이 운임이 더 저렴한 경우가 있기 때문입니다. 통관 역시 FCL 화물이 더 신속하기 때문에 이 정도의 CBM에서는 견적서의 결과를 확인한 다음 FCL로 진행하는 것이 화주 입장에서는 유리합니다.

다시 말해서, 상기와 같은 경우 20' 컨테이너에 반이 차고 반이 비는 정도의 부피이지만, FCL 운임이 더 저렴하고 통관까지 신속하게 이루어지니, 화주 입장에서는 FCL로 진행하는 것이 유리합니다. FCL이라는 용어는 만재화물이라고 할 수도 있지만, 정확한 뜻은 만재가 되든 안 되든 하나의 화주 물품만이 컨테이너에 적재된 건이라고 이해하는 것이 정확합니다. 그리고 이러한 경우 공 컨테이너를 수출물품이 있는 수출자의 공장/창고까지 Door Order 하지 않고(공 컨테이너를 내륙운송하면 비용이 발생하기 때문에 필요하지 않은 경우 하지 않음) LCL 화물처럼 일반 트럭에 수출물품이 있는 수출자의 공장/창고까지 불러서 수출물품을 적재하여 포워더가 지정한 부두의 CFS에 반입합니다(이러한 경우 FCL임에도 CFS에 반입되기 때문에 포워더는 화주에게 CFS Charge 청구함).

7. Door Order와 Stuffing 작업

1) Door Order(도어 오더)란 무엇인가?

Door Order란 FCL 화물의 경우 수출상이 운송사에 연락하여 자사의 작업현장에서 컨테이너 적입(공 컨테이너에 수출품을 채우는 일)을 위하여(이를 Door 작업, Stuffing 작업이라고도 함.) 공 컨테이너를 보내줄 것을(실제는 수출자는 포워더와 연락하고, 포워더는 다시 선사에 연락함.) 요청하는 것이 바로 Door Order(도어오더)입니다. 즉, 수출물품이 보관된 수출자의 공장/창고의 문(Door) 앞으로 공 컨테이너를 보내줄 것을 오더(Order) 하는 것입니다.

2) Stuffing 작업, 즉 Door 작업이란 무엇인가?

Stuffing 작업이란 공 컨테이너에 수출물품을 집어넣는 작업을 바로 Stuffing 작업 또는 Door 작업이라고 합니다. 공 컨테이너에 수출물품을 적입하는 작업은 EXW 조건을 제외하고는 수출자의 비용과 위험으로 진행하는 것입니다. 다시 말해서 공 컨테이너를 운송한 운송 기사에게 이러한 작업을 요청하면 안 되며, 운송 기사도 이런 일은 하지 않습니다.

3) Stuffing 작업 전후 주의사항

(1) Stuffing 작업 전 주의사항

수출자는 Door Order 이후 공 컨테이너를 받고 Stuffing 작업을 하기 전에 컨테이너의 상태를 확인해야 합니다. 첫 번째로 컨테이너의 외관상 damage 여부, 두 번째로 컨테이너에 구멍이 있는지에 대한 여부를 확인 후 이상이 없으면 Stuffing 작업해야겠습니다[1].

이유는 해당 공 컨테이너를 선사로부터 빌린 것이기 때문에 컨테이너에 damage가 있으면 차후 damage charge가 발생할 수 있으며, 구멍이 있으면 빗물 혹은 해수(바닷물)가 컨테이너 안으로 흘러들어 와서 제품에 손상을 가할 수 있기 때문입니다.

(2) Stuffing 작업 후 주의사항

우측 사진은 컨테이너에 적입 후 나무를 사용하여 물품을 고정한 사진입니다. 통상 FCL로 진행하는 경우 수출자의 수출물품이 컨테이너에 정확하게 채워지는 것이 아닙니다.

사진과 같이 공간이 항상 발생되며, 그로 인하여 운송 중에 물품이 떨어져서 파손될 가능성도 있습니다. 떨어져서 파손될 우려가 있는 물품의 경우는 반드시 사진과 같이 나무로 고정을 해야 하며[2], 파손될 우려가 없는 제품의 경우는 그냥 두어도 상관 없습니다.

---

1   참고로 Damage 없이 깨끗한 컨테이너를 Sound Container라 합니다.
2   이렇게 컨테이너 안의 물품이 운송 중에 흔들리지 않도록 나무라든지 케이블로 고정 작업하는 것을 쇼링(Shoring)이라 합니다. 만약 쇼링 작업을 나무로 하는 경우, 해당 나무를 통해서 수출지에서 수입지로 병충해가 유입될 수 있기 때문에 반드시 열처리 혹은 훈증 처리 후 사용해야겠습니다. 나무 팔레트와 팩킹에 사용되는 나무 역시 열처리 혹은 훈증 처리해야 합니다.

8. 컨테이너 Sealing(봉인) 작업

1) Sealing 작업이란?

Sealing(실링) 작업이란 '봉인작업'이라고도 하며, 컨테이너 Stuffing 작업 이후 다른 누군가가 컨테이너를 열지 못하도록 혹은 열었다면 이를 확인할 수 있도록 컨테이너를 봉인하는 작업을 바로 Sealing 작업이라고 합니다.

Sealing 작업에 사용되는 도구는 자물쇠와 같은 형태도 있겠지만, 볼트 및 케이블 타이 형태의 도구도 있으며 각각의 도구에는 Seal No.가 표시되어 있습니다. 이러한 Seal No.는 Container No.와 함께 B/L에 표시가 되는 경우도 있습니다.

2) Sealing 도구 사진으로 보기

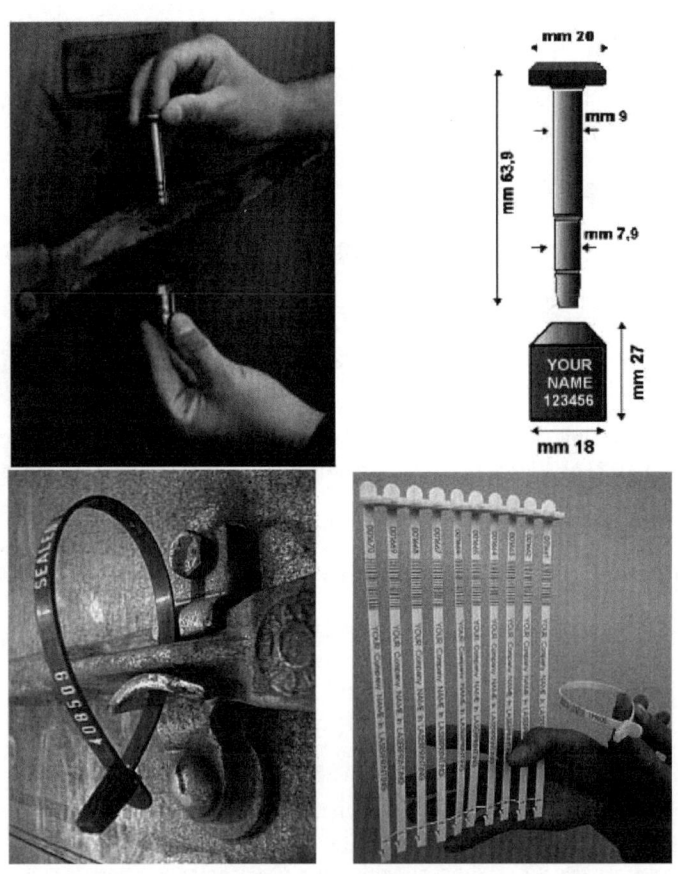

9. 컨테이너 문에 표시된 숫자의 의미

컨테이너 문에 표시된 영어와 숫자가 무슨 뜻인지 그 의미에 대해서 알아보도록 하겠습니다.

ZIMU 2572719	컨테이너 번호로서 해당 건의 B/L에서도 Container No. 확인 가능.
MAX.GR.	보통 Maximum Gross Weight 혹은 M.G.W.로 표시. 컨테이너 자체 무게와 적입 가능한 화물의 총 무게의 합계.
TARE	컨테이너 자체의 무게. 20피트 컨테이너는 2톤±0.5톤, 40피트 컨테이너는 4톤±0.5톤 정도.
NET	PAYLOAD라고도 한다. 컨터이너의 적재 가능 화물의 총무게(내품 중량).
U.CAP.	CUBIC CAPACITY는 컨테이너에 적재 가능 부피(CBM)의 한계로서 보통 20'의 경우 약 33CBM, 40'의 경우 약 67 CBM 정도로 표시.

10. 혼재·콘솔의 의미

실무에서 포워더와 대화를 하다 보면 혼재 혹은 콘솔이라는 말을 듣게 되고 또 사용을 합니다. 콘솔이라는 말은 혼재를 의미하며, 혼재를 영어로 Consolidation이라고 하는데, 줄여서 콘솔이라고 합니다.

콘솔이란 컨테이너 한 개 분량을 다 채울 수 없는 소량화물을 집하하여 같은 목적지로 향하는 컨테이너에 적입(Stuffing, Vanning), 즉 채워넣는 것을 의미합니다.

이렇게 수출되는 소량의 화물을 받아서 하나의 컨테이너에 적입하는 작업을 하는 업자를 혼재업자(Consolidator)라고 하며 그러한 작업이 이루어지는 곳이 수출지의 CFS이며, 수입되는 소량의 화물의 경우 각각의 수입자에게 발송을 위해 적출 작업이 이루어지는 곳이 수입지의 CFS입니다.

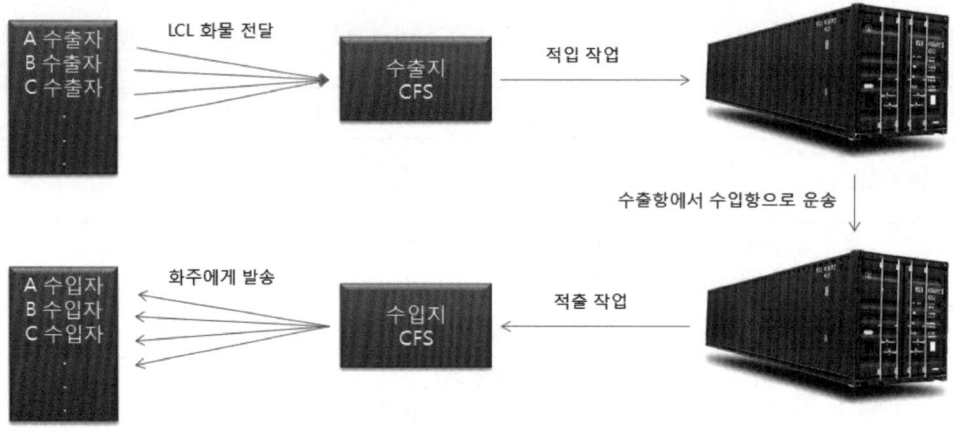

11. House B/L과 Master B/L의 차이점과 발행 과정

1) 발행 주체와 상황에 따른 B/L 명칭

(1) House B/L

① 포워더가 발행하는 B/L

② 화주가 포워더에게 운송 의뢰한 경우 화주는 포워더로부터 포워더가 발행한 House B/L 받음.

(2) Master B/L

① 선사/항공사가 발행하는 B/L[1]

② 화주가 포워더에게 운송을 의뢰한 경우 해당 건의 Master B/L은 선사(항공사)가 포워더에게 발행.

---

1 엄밀히 말하면 항공 건에서 발행되는 운송서류는 B/L(유가증권)이 아니라 AWB이다. 즉, Master AWB라 하는 것이 적절하겠습니다.

(3) Line B/L

① 포워더가 중간에 존재하더라도 화주가 포워더에게 선사/항공사 B/L(AWB) 요구하는 경우[2].

② 화주가 선사/항공사와 직접 거래하는 경우 선사/항공사는 화주에게 직접 발행.

수출물품이 선박에 선적 혹은 항공기에 기적이 되기까지의 과정을 보면, 통상 화주는 포워더에게 운송 업무를 하청하니 화주, 포워더, 선사/항공사의 순으로 수출물품이 전달됩니다. 즉, 화주는 수출물품을 포장하여 포워더에게 전달하고 포워더는 다시 선사/항공사에게 전달합니다. 그러면 선사/항공사는 포워더에게 수출물품을 외관상 이상 없이 잘 받았으며 수출항구/공항에서 수입항구/공항까지 이상없이 잘 운송해주겠다라는 의미로 B/L(AWB)을 발행하며(Master B/L), 포워더는 다시 화주에게 B/L(AWB)을 발행합니다(House B/L). 또한, 화주가 수출에 있어 운송 업무를 포워더에게 하청하지 않고, 직접 운송 업무를 컨트롤 하는 경우 화주는 선사/항공사와 직접(Direct) 거래를 하기 때문에 선사/항공사가 발행한 Line B/L(=Direct B/L)을 바로 받습니다.

정리하면, 선사/항공사가 발행하는 B/L(AWB)은 Line B/L인데, 포워더가 화주와 선사/항공사 사이에 존재하여 포워더 자체적으로 B/L(AWB)을 발행하여 화주에게 전달하는 경우에 선사/항공사의 B/L(AWB)을 Line B/L이라 하지 않고 Master B/L이라 하며, 이를 바탕으로 포워더가 House B/L을 발행하는 것입니다. 만약 a)포워더가 중간에 존재하더라도 화주가 포워더에게 선사/항공사가 발행하는 B/L(AWB)을 요구한다면 포워더는 화주의 요청에 응해주며 혹은 b)포워더 없이 화주가 선사/항공사와 직접 거래한다면 화주는 선사/항공사가 발행하는 B/L(AWB)을 직접 받을 수 있습니다. 이렇게 발행된 B/L(AWB)은 Master B/L이라고 하지 않고 Line B/L 혹은 Direct B/L이라고 합니다.

[포워더 근무자에게] 상기 설명은 실화주(화주라고도 할 수 있으며, 수출자 혹은 수입자) 입장에서 설명한 내용입니다. 포워더 근무자는 자신의 회사에서 발행하는 운송서류(B/L, 화물운송장)는 House이고 자신의 윗대(선사, 항공사, 콘솔사, 포워더)에서 발행하는 운송서류는 Master라 보면 될 것입니다.

> **참고**
>
> 상기 '(3) Line B/L'의 내용에서 화주가 포워더에게 운송 의뢰 하나, 포워더가 발행한 B/L이 아닌 선사가 발행한 B/L을 받거나(본 경우 포워더가 중간에서 운임에 대한 마진 취함) 혹은 화주가 포워더를 통하지 않고 선사와 직접 거래하여 발행받은 B/L은 Line B/L이라 합니다. 그러나 항공 건이라면 이러한 구조에서 Line이라는 말보다는 Master Single이라고 표현하니 참고하기 바랍니다.

---

2 통상적으로 수출자와 수입자 사이의 결제조건(Payment Term)이 L/C일 때, 46A 조항에서 선사/항공사 B/L(AWB)을 요구하는 경우가 있습니다.

2) House B/L과 Master B/L의 발행 과정

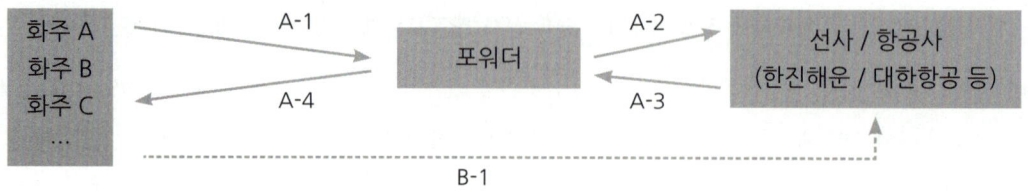

▲ 화주가 포워더에게 운송 업무 하청을 주는 경우.
- A-1 : 화주는 포워더에게 자신의 수출물품을 전달.
- A-2 : 포워더는 이러한 화물을 선사/항공사에 전달.
- A-3 : 선사/항공사는 해당 포워더에게 Master B/L(AWB) 발행.
- A-4 : 포워더는 Master B/L(AWB)을 근거로 각 화주에게 House B/L(AWB) 발행.

▲ 화주가 선사/항공사와 직접 운송 업무 진행하는 경우 & 화주가 포워더에게 하청하나, 선사(항공사) B/L(AWB)를 요구한 경우.
- B-1 : 때에 따라서 화주가 직접 선사/항공사와 거래를 하는 경우가 있으며, 이러한 경우 화주는 선사/항공사로부터 직접 B/L(AWB)를 받으니, 이 경우의 B/L은 Line B/L이고 AWB는 Master Single.

12. 부지약관(Unknown Clause)
― Shipper's Load and Count 의미

※ B/L의 'Shipper's Load and Count' & 'Said (by Shipper) to Contain'의 의미

B/L에 표시된 'Shipper's Load and Count'의 뜻은 '송화인의 적재 및 수량확인'이라는 뜻이며, 'Said (by Shipper) to Contain'은 송화인의 신고내용에 따름'이라는 뜻으로서 운송서류(B/L)상에 표시되어 있는 부지약관(Unknown Clause)입니다.

부지약관이란 FCL 화물을 수출자가 수출하는 경우 공 컨테이너를 수출자의 공장 혹은 창고로 Door order하여 수출품을 적입합니다. 그 후 실링(봉인) 작업을 하게 되면, 해당 컨테이너는 수입지에 도착을 했을 때 비로소 봉인된 자물쇠가 열리고 컨테이너에 적재되어 있는 화물 및 수량을 확인할 수 있습니다.

부지약관은 비록 선사가 해당 컨테이너를 운송하였지만 그 컨테이너 안에 수입자의 오더 물품이 정확히 들었는지 혹은 정확한 수량이 들었는지 선사로서는 알지 못한다는 일종의 면책조항으로서, 이와 관련하여 문제가 발생할 경우 이는 선사의 책임이 아니기 때문에 수출자, 수입자 양 당사자 간에 체결한 매매계약서를 근거로 해결할 문제가 됩니다.

Pre-carriage by		Place of Receipt		Party to contact for cargo release	
Vessel	Voy. No.	Port of Loading		XXX JUNG-GU SEOUL 111-111 KOREA TEL : 00-0000-0000 FAX : 00-0000-0000 ATTN : HONG GIL-DONG	
ISLET ACE	832W	YOKOHAMA, JAPAN			
Port of Discharge		Place of Delivery		Final Destination (Merchant's reference only)	
BUSAN, KOREA					
Container No. Seal No. Marks and Numbers	No. of Containers or Pkgs	Kind of Packages ; Description of Goods		Gross Weight	Measurement
XXX834758987 P411999 BUSAN REP.OF KOREA MADE IN JAPAN C/NO. 1-35 PO#9332	7 PLTS	SHIPPER'S LOAD, COUNT & SEAL 1 X 20' CONTAINER S.T. BABY CARRIER COUNTRY OF ORIGIN : JAPAN PRICE TERM : FOB YOKOHAMA PORT "FREIGHT COLLECT"		2,500.00 KGS **FIRST ORIGINAL**	28.5 CBM

결국, 해당 건의 운송서류(B/L, 화물운송장)를 발행하는 선사(포워더 포함)는 부지약관을 운송서류에 기재함(이면조항에도 기재되어 있음)에 따라 자신이 발행하는 운송서류의 Description 내용과 실제 컨테이너에 적입되어 운송되는 물품 및 수량이 상이하더라도 면책됩니다. 이와 함께 송화인(Shipper)이 선사 혹은 포워더에게 Shipment Booking 할 때 전달한 물품의 종류 등과 실제 컨테이너에 적입한 물품의 종류 등이 상이하여 발생한 문제로 인한 선사/포워더의 피해를 송화인은 보상해야 할 수도 있겠습니다.

13. 계산톤(R/T) 계산 방법

1) 계산톤(Revenue Ton ; R/T)이란 무엇인가?

운임의 계산은 중량톤(Weight Ton ; W/T) 또는 용적톤(Measurement Tone ; M/T)의 어느 톤 중 높은 쪽을 계산톤(Revenue Ton ; R/T)으로 하여 계산톤(R/T)에 운임 견적을 곱하여 산출합니다. 흔히 알고 있듯

무역 운송

이, 항공 건은 무조건 실제의 Kg(weight)을 기초로 운임을 계산하고, 해상 건으로서 LCL은 무조건 실제의 CBM을 기초로 운임을 계산[1]하는 것이 아닙니다.

포워더는 화주에게 운임결제를 청구할 때는 a)항공운송의 경우 kg으로 계산은 하지만, 실제의 kg과 실제 CBM을 kg으로 변경한 값 중에 큰 값을 기준으로 해서 운임을 청구합니다. 그리고 b)해상운송의 경우는 CBM으로 계산하지만, 실제의 CBM과 실제의 kg을 CBM으로 변경한 값 중에 큰 값을 기준으로 운임을 청구합니다.

2) 계산톤(R / T) 계산하는 방법

항공은 kg 당 견적이 작성되기 때문에 실제의 CBM을 kg으로 변경해서 실제의 kg과 그 값을 대비한 후 더 큰 값이 계산톤이 됩니다. 그리고 해상의 경우는 CBM 당 견적이 작성되기 때문에 실제의 kg을 CBM으로 변경해서 실제의 CBM과 그 값을 대비한 후 더 큰 값이 계산톤이 됩니다. 따라서 항공은 CBM을 kg으로 해상은 kg을 CBM으로 바꿀 때 아래와 같은 공식을 알고 있어야 합니다.

항공 건	1 CBM = 167kg(또는 166.67kg)
해상 건	1 CBM = 1,000kg

앞에서 설명한 내용에 대해서 이해가 되었다면 다음 문제를 풀어보도록 하겠습니다.

문제 1. 해상운송의 LCL 건으로서 무게 150kg, 크기 가로 70cm, 세로 150cm, 높이 150cm 하나 박스(CTN: Carton)에 대해서 운임을 계산할 때 기준이 되는 계산톤은 중량(weight)인가 부피(CBM)인가? 그리고 해상운임(Ocean Freight) 견적이 USD25/CBM일 경우 운임이 얼마가 나오는가?

실제 CBM	0.7m x 1.5m x 1.5m = 1.575 CBM	실제 kg	150 kg

    a. 해상 건으로서 견적을 CBM 기준으로 받았으니, 실제 CBM은 그대로 두고 실제의 kg을 CBM으로 변경
    b. 150kg → 0.15 CBM
    c. kg을 CBM으로 변경한 0.15 CBM과 실제 CBM 1.575CBM 중에 실제의 CBM이 값이 더 큼.
    d. 따라서 본 건에 대해서 계산을 할 때는 1.575CBM이 계산톤이 됨.
    e. Ocean Freight = 1.575CBM x USD25 = USD39.38

---

[1] 해상 FCL의 경우는 컨테이너를 대여하는 것이기 때문에 USD350/20FT 와 같이 컨테이너당 비용으로서 계산톤과는 상관없다 할 수 있습니다.

문제 2. 항공화물이며 무게는 2,000kg이고 30CBM인 물품이 있다면 어떤 값이 운임의 기준이 되는가? 그리고 본 건에 대한 항공운임(AIr Freight) 견적이 USD0.35/kg일 경우 운임이 얼마가 나오는가?

| 실제 CBM | 2,000kg | 실제 kg | 30CBM |

a. 항공 건으로서 견적을 Kg 기준으로 받았으니, 실제의 Kg은 그대로 두고 실제의 CBM을 Kg으로 변경.
b. 30 CBM x 167kg = 5,010kg.
c. CBM을 kg으로 변경한 5,010 kg과 실제의 kg 2,000 kg 중에 CBM을 kg으로 변경한 값이 더 큼.
d. 따라서 본 건에 대해서 계산을 할 때는 5,010kg이 계산톤이 됨.
e. Air Freight = 5,010kg x USD 0.35 = USD1,753.50

문제 3. 포워더 항공화물로서 가로, 세로, 높이가 50cm, 80cm, 80cm인 카톤이 5CTNs이고, 하나 카톤의 무게가 30kg이다. 본 항공화물의 A/F를 계산할 때 R.ton은 어떻게 되는가?

a. 항공화물의 CBM을 Kg으로 변경할 때, 계산된 CBM에 상기 '문제. 2' 처럼 167Kg을 곱해도 되나, 다른 방법이 존재합니다.
b. {(50cm x 80cm x 80cm) / 6,000} x 5CTNs[2,3] = 266.67kg
c. 하나 카톤의 실제 무게는 30kg으로서 그러한 박스가 5CTNs 있으니 총 중량은 150kg입니다.
d. 결국, 본 항공화물의 R.ton은 266.67kg이며, A/F는 266.67kg을 기준으로 계산되겠습니다.

14. 화인(Shipping Mark)의 표시방법

1) 화인의 정의

화인이란 운송 관계자 혹은 수입자가 계약한 물품을 손쉽게 식별하고 취급할 수 있도록 외부 포장에 명시한 여러 가지 표시를 말합니다. 그리고 화인이 없는 화물을 '무인화물(No Mark)'이라 하며, FCL의 경우 하나의 컨테이너를 사용하기 때문에 컨테이너 번호만 확인하면 도착지 및 화주의 정보 등을 알 수 있지만 LCL은 다른 화물들과 혼재가 되기 때문에 화인을 표시하는 것이 좋으며, 없는 경우 그로 인한 피해가 종종 발생하기도 합니다.

---

2   나누기 6,000은 공식이며, cm 그대로 곱합니다. 그리고 동일 사이즈의 박스가 5CTNs이니 5를 곱하게 됩니다. 그러면 (0.5m x 0.8m x 0.8m) x 5CTNs 한 1.6CBM이라는 값에 167Kg을 곱한 값고 비슷한 값(267Kg)을 얻을 수 있습니다.
3   특송화물의 경우, 나누기 5,000합니다.

FCL 화물	하나의 컨테이너에 하나의 화주 물품이 적입되기 때문에 각각의 박스에 대한 화인 표시는 큰 의미 없음.
LCL 화물	하나의 컨테이너에 여러 화주의 물품이 혼재되기 때문에 수출지 및 수입지 CFS에서 분실 우려 있음. 따라서 LCL은 화인을 표시해주는 것이 좋음.

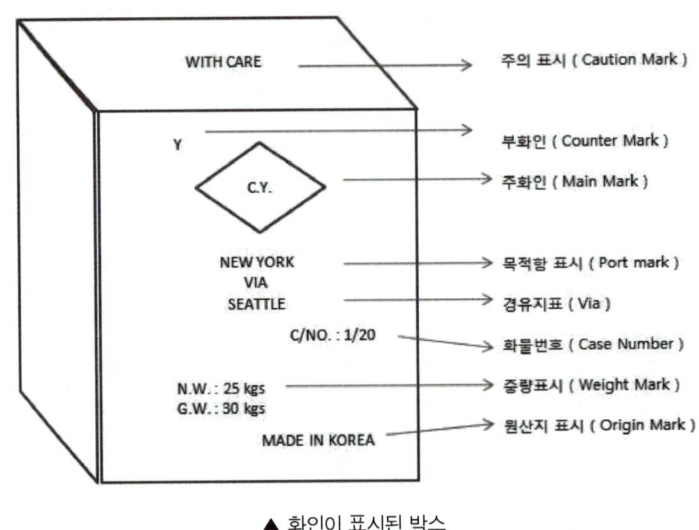

▲ 화인이 표시된 박스

2) 화인에 표시되는 내용들

박스에 화인을 반드시 표시하라는 법은 없습니다. 단지 필요에 의해서 혹은 수출자와 수입자 간의 합의에 의해서 박스에 표기하면 됩니다.

통상 화인의 표기는 박스를 생산할 때 표기하기도 하지만, 소량의 오더의 경우 수출자는 A4용지 크기의 물류 스티커에 화인을 프린트하여 박스에 붙이기도 합니다. 화인 표기에 대해서는 특별한 양식도 없으며 운송 관계자와 화주 스스로가 물품을 식별할 수 있게만 하면 됩니다. 즉, 다음 표에서 설명하고 있는 각각의 내용들이 화인에 모두 표기될 필요없이 필요한 내용만을 박스에 표기하면 됩니다. 무역은 서류를 포함하여 누가 보더라도 한 번에 알아볼 수 있도록 손쉽게, 그리고 혼란을 야기하지 않게 간단 명료하게 하는 것이 최고입니다.

주화인(Main Mark)	다른 화물과 식별하기 쉽도록 외장에 특정한 기호, 즉 삼각형, 다이아몬드, 타원형 등의 표시를 하고 그 안에 상호의 약자를 기입하는 것으로서 경우에 따라서 문자 혹은 숫자만으로 된 주화인도 있음. 특정 기호 안에 상호의 약자가 아니라 전체를 적지는 못하는 경우 기호를 제외해도 무관.

부화인	주화인만으로 다른 화물과 식별하기 힘들 때 주화인을 보조하여 생산자나 공급자의 약자를 표시.
화물번호(Case Number)	포장물이 여러 개일 때 각각의 포장이 총 개수 중 몇 번째에 해당하는지 식별하기 위해 표시.
원산지 표시(Country of Origin)	해당 상품의 원산지를 표시(예 Made in Korea)
목적항	화물의 도착항구 Manilla via Hong Kong: 홍콩을 경유하여 마닐라 항에 도착. New York overland via San Francisco: 샌프란시스코 항 도착해서 내륙운송으로 뉴욕에 도착.
중량 표시	순 중량(Net Weight: N.W.)과 총 중량(Gross weight: G.W.)을 표기.
주의표시	물품의 취급 시 주의사항을 표시하는 것으로, 보통 포장의 측면에 표시. No Hook: 갈고리로 찍지 말라는 뜻. With Care: 특별히 잘 다루어 달라는 뜻.

15. 분할선적과 할부선적의 차이점

분할선적과 할부선적의 차이는 선적 스케줄이 잡혀 있느냐, 그렇지 않느냐로 나누어집니다.

1) 할부선적(Installment Shipment)

오더 한 건에 대해서 2번 이상 나누어서 선적되는 것으로서 선적 스케줄이 확실히 정해져 있는 것입니다. 예를 들자면, 아래와 같이 정확한 기간에 정확한 수량을 선적하라는 조건으로 진행된 경우로서 통상 신용장 거래에서 신용장 조건으로 사용됩니다.

```
* PO# : 11035      * Order Quantity : 4,5000kg      * Payment Method : L/C at Sight
-----------------------------------------------------------------------------
L/C Shipment Condition : 1,000kg Between 1 Oct 2000 to 31 Oct 2000
                         1,500kg Between 1 Nov 2000 to 30 Nov 2000
                         2,000kg Between 1 Dec 2000 to 31 Dec 2000
```

일반적으로 할부선적이 이루어지는 경우는, 수입자가 국내 거래처에서 다음 해(Next Year) 1월부터 12월까지 사용할 물량을 대량 오더를 받았고, 그 물량을 한 번에 수입하는 것이 아니라, 1월에 사용할 것은 언제까지 선적하고 2월에 사용할 것을 언제까지 선적할 것을 수출자에게 요청하는 경우가 바로 할부선적 건이 되겠습니다.

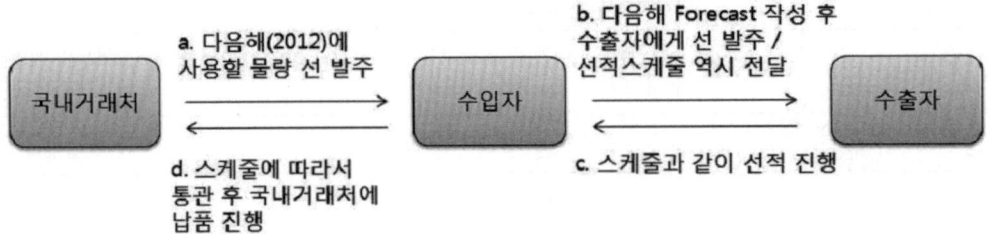

수입자는 국내 거래처로부터 연간 사용량에 대한 발주 내용을 다음과 같이 정리하여 수출자에게 전달하고 할부선적 요구합니다. 통상 이러한 경우 금액 단위가 크기 때문에 결제조건으로서 L/C를 선택하는 것이며 이러한 선적 스케줄은 L/C 조항에 표기되기도 합니다.

No.	Product / Code	Order Q'ty	Amount	Request On Board Date	Request E.T.A.	Remarks
1	Collagen Casing (ABA25mm)	110 CTNs	USD27,500	DEC/1/2011 ~ DEC/15/2011	JAN/05/2012	Quantity For Jan. 2012
2	Collagen Casing (ABA25mm)	110 CTNs	USD27,500	JAN/1/2012 ~ JAN/15/2012	FEB/05/2012	Quantity For Feb. 2012
3	Collagen Casing (ABA25mm)	150 CTNs	USD37,500	FEB/1/2012 ~ FEB/15/2012	MAR/05/2012	Quantity For Mar. 2012
~~						
11	Collagen Casing (ABA25mm)	110 CTNs	USD27,500	OCT/1/2012 ~ OCT/15/2012	NOV/05/2012	Quantity For Nov. 2012
12	Collagen Casing (ABA25mm)	110 CTNs	USD27,500	NOV/1/2012 ~ NOV/15/2012	DEC/05/2012	Quantity For Dec. 2012
	Total	1,640 CTNs	USD410,000			

▲ 서류 상에 날짜를 표기함에 있어, '11/05/12'와 같이 하는 경우가 있습니다. 이렇게 하면 2012년도 5월 11일인지, 2012년도 11월 5일인지, 2011년도 5월 12일인지 혼란스럽습니다. 따라서 월은 Nov.과 같이 표기하고 연도 역시 4자리까지 모두 표기하는 것이 좋겠습니다.

2) 분할선적(Partial Shipment)

확실하게 정해진 선적 스케줄이 없으며 일부를 선적하고 나머지는 물품이 준비되는 대로 선적하는 형태입니다. 물론, 언제까지 모든 오더 수량을 선적해야 한다는 최종 선적일(S/D; Date of Shipment)은 통상 정해져 있습니다.

※ 분할선적을 하는 이유

① 수입자가 오더한 수량을 수출자가 한 번에 모두 생산을 할 수 없는 경우

② 수입자가 오더한 물건이 급한 건인데 모든 수량을 항공운송 하기에는 운송비 부담이 커서 일부는 항공, 나머지는 해상으로 운송되는 경우

③ 수입자가 자신이 오더 한 총 금액을 한 번에 결제를 하지 못하여 나누어서 결제하는 경우

④ 수입자가 수출자가 선적한 물량 전체에 대해서 한 번에 수입통관하기에 세액 부담이 큰 경우. 물론 '분할통관'의 방법이 있지만 일부만 통관하고 나머지는 보세구역/창고에 장치되기 때문에 그 나머지 물량에 대해서 보세창고료 발생. 따라서 선적 자체를 나누어서 함.

⑤ 기타 분할선적이 필요한 경우

선적기일을 정하고 2번 이상 나누어서 분할선적 진행하면 하나의 오더에 대해서 그 선적을 한 건건마다 B/L이 발행될 것입니다. 하지만, 비록 나누어서 선적을 한다고 하더라도 한 건의 B/L에 나누어서 선적이 되면 이는 분할 선적이 아닙니다. 예를 들어, 같은 배를 이용해서 A항에서 50개 B항에서 20개 선적하여 목적항인 C항에 오더량 70개 모두를 같은 날 한 건의 B/L로 도착시키면 분할선적이 아닙니다. 이유는 한 건의 B/L로 발행이 되었기 때문입니다.

> **참고**
>
> 분할선적은 실화주(무역회사) 쪽에서 이해하는 의미와 세관 및 관세사 사무실 쪽에서 이해하고 있는 의미가 상이합니다. 일반적인 분할선적 개념은 실화주 쪽에서 이해하는 하나의 계약 건에 대해서 On Board가 2회 이상 되어 선적서류가 On Board 된 건 별로 발행되는 것입니다. 그러나 세관 및 관세사 사무실 쪽에서의 분할선적 개념은 하나의 계약이 아니라 하나의 수출신고필증에 대해서 On Board가 2회 이상 되어 선적서류가 각각 발행되는 경우입니다. 전자의 개념에서 계약서에 명시된 선적기일(S/D)까지 각각의 선적(기적) 건은 모두 On Board 완료되어야 할 것이며, 후자의 개념에서는 해당 수출신고필증의 수출이행기한(수출신고 수리일로부터 30일) 이내까지 각각의 선적(기적) 건은 모두 On Board 완료되어야 할 것입니다.

3) 할부선적·분할선적에 대한 결제, 통관 및 서류처리

할부선적이든 분할선적이든 하나의 오더에 대해서 해상으로 2번 이상, 혹은 항공으로 2번 이상 혹은 해상 및 항공으로 2번 이상 나누어서 운송을 하는 것입니다. 따라서 오더는 하나인데 통관은 2번 이상 할 것이며, 서류도 통관 및 선적 횟수 만큼 발행될 것입니다. 결제의 경우는 한 번에 결제를 할 수도 있

겠지만, 통관 및 선적되는 횟수에 따라서 나누어서 하는 경우도 있을 것입니다. 따라서 수출자 및 수입자는 이러한 사실을 알고 체계적으로 대처를 해야 합니다.

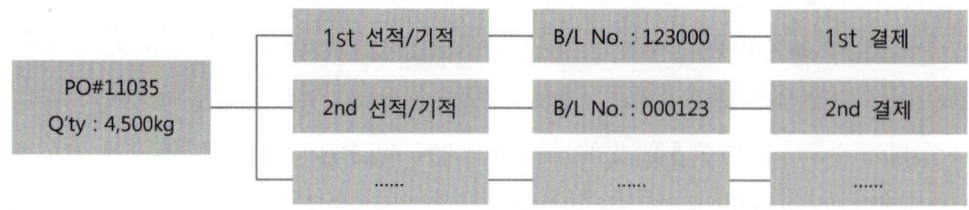

16. 환적(Transshipment)이 금지되는 이유

1) 환적(Transshipment)

환적(Transshipment)이란 운송중 화물을 다른 운송수단에 옮겨 싣는 것을 말합니다.

A) 해상 운송 스케줄

해상 건의 경우 직항 노선도 있겠지만, a)대부분 직항 노선보다는 선적항(P.O.L. ; Port of Loading)에서 양륙항(P.O.D. ; Port of Discharge)까지 배가 이동하면서 기타 국가의 항구를 경유하는 것이 일반적이라고 보면 됩니다. 기타 국가의 항구를 경유하면서 처음 선적항에서 선적한 컨테이너를 경유하는 항구에서 하역하고 새로운 컨테이너를 적재하기도 하면서 최종 양륙항까지 이동합니다. b)그리고 컨테이너는 네덜란드 로테르담 항구에서 선적되어 부산 항구까지 이동하지만, 최초 선적항으로서 로테르담 항구에서 출항한 배가 부산 항구까지 오는 것이 아니라 싱가포르 항구까지만 가고, 여기에서 다른 배로 물품을 환적하여 부산항까지 오는 경우도 있습니다.

B) 항공 운송 스케줄

항공 운송 역시 직항이 있지만 직항이 없는 노선도 있습니다.
예를 들어, 페루의 리마(Lima) 공항에서 인천공항까지 운송한다고 가정합니다. 이때 물품은 리마 공항에서 항공기에 기적되어 인천공항까지 바로 운송되는 것이 아니라 직항이 없거나, 스케줄 상의 이유로 리마 공항에서 미국의 휴스턴 공항으로 운송되고 휴스턴 공항에서 다시 일본의 나리타 공항을 거쳐서 최종적으로 인천공항으로 운송되거나, 기타의 스케줄로 리마 공항에서 인천공항까지 운송될 수 있습니다. 이러한 경우 비록 항공 운송 건이지만 인천공항까지 운송에 있어 운송기간이 7일 이상 발생될 수도 있습니다.

하기는 다른 예로서 인천 공항에서 마드리드 공항까지 항공 운송되는 화물에 대한 환적 스케줄입니다. 인천과 마드리드 사이에 직항 노선이 있음에도 환적 스케줄 Booking 하면, 운임이 보다 저렴할 수 있습니다. 반면 환적으로 인한 운송시간(Transit Time)이 늘어나며, T/S Airport에서 문제 발생 시 Airport of Destination에 화물의 도착은 지연될 수 있습니다.

스케줄 항공 화물 운임 견적과 운송 Schedule	
항공 운임 견적	TG MIN 6000 +45 1600 +100 1300
항공 운송 스케줄	ICN/BKK TG659 0930/1330 DAILY BKK/MAA TG337 2225/0030+1 DAILY

설 명	
항공 운임 견적	· TG : 타이항공[1] · MIN(최저운임) : A/F[2]의 최저 운임을 뜻하여 +45kg 보다 낮으면 적용. · + 45 : 45kg이 넘으면 A/F가 kg 당 1,600원. · + 100 : 100kg이 넘으면 A/F가 kg 당 1,300원.
항공 운송 스케줄	· ICN 인천공항, BKK 방콕공항, MAA 마드리드공항 · TG659는 편명 · 0810/1210 DAILY : 8시 10분 출발, 12시 10분 도착 스케줄 매일. · 2315/0130+1 DAILY : 23시 15분 출발, 다음날(+1) 1시 30분 도착 스케줄 매일.

C) 하나의 B/L(AWB)로 커버되면 환적해도 환적 아님.

앞에서 설명하였듯이 해상이든 항공이든 직항이 있지만 환적 혹은 경유 하는 경우가 많습니다. 환적을 하더라도 처음부터 물품이 네덜란드 로테르담 항구에서 출발하여 부산항으로 도착하는 스케줄로 운송을 시작하였다면 해당 구간에 대해서 하나의 B/L이 발행됩니다. 그래서 중간에 싱가포르 항구라든지 홍콩 항구에서 환적을 하더라도 이는 환적으로 인정되지 않습니다.

2) 환적이 금지되는 이유

① 물품의 파손, 분실 등의 위험
② 물품의 파손, 분실 등의 상황 발생 시 그에 따른 손해배상 청구 곤란.

---

1   아시아나 OZ, 대한한공 KE
2   Air Freight(항공 운임)의 약자. O/F는 해상운임(Ocean Freight)의 약자로서 이러한 Freight는 외국으로 나가는 배/비행기에 화물이 On Board된 시점부터 발생되어 최종 도착지(해상 P.O.D., 항공 Airport of Destination)에 도착하기까지 발생된 비용.

3) 환적을 했지만 환적으로 받아들여지지 않는 경우[UCP 제23조]

현재 거의 모든 운송에서는 컨테이너를 이용합니다. 컨테이너를 이용하면 위의 ⓐ '환적 금지 이유' 첫 번째 이유인 물품의 파손, 분실 등의 위험에서 대부분 벗어나게 됩니다. 그리고 컨테이너가 사용되고 출발항에서 목적항까지, 즉 ⓑ 전해양운송이 단일의 선하증권으로 행하여 졌다면 이는 하나의 선사가 하나의 B/L로 운송을 했기 때문에 '환적 금지 이유' 두 번째 물품의 파손, 분실 등의 상황 발생 시 손해배상 청구를 할 수 있는 곳이 확실하기 때문에 환적을 했어도 환적으로 인정되지 않습니다.

17. 보험료에 대한 개념 정리 및 보험료 계산 방법

1) 적하보험에 대한 개념 정리

① 보험증권은 B/L의 On Board Date 혹은 그 전에 발행되어야 합니다. 즉, 적재 전에 적하보험에 가입(부보)해야 합니다. 그러나 실무에서는 On Board Date 이후에도 부보하는 경우도 있겠습니다.

② 위험에 대한 커버, 즉 적하보험 구간은 해당 거래 건의 인코텀스 조건에 따릅니다.

FOB 조건이라면, 적하보험에 대한 커버는 본선에 적재(on board) 시점부터 시작되어 수출물품이 적입된 컨테이너가 수입지에 도착하여 개장(컨테이너 오픈)될 때까지 커버됩니다.

FCL의 경우는 수입항구 CY에서 혹은 CY에서 통관되어 수입자의 창고에서 개장되기 때문에 이 순간까지 보험에 커버되며, LCL은 컨테이너가 수입지 CFS에 반입되어 적출을 해야 하니 CFS(항공 역시 동일)에서 개장됩니다. 따라서 수입지 CFS까지 커버됩니다. 다시 말해서 적하보험 커버는 컨테이너가 개장될 때까지 커버 됩니다.

③ 보험료 산출에 있어 그 기준 가격은 단순히 '인보이스 가격'입니다. 수입관세를 계산할 때처럼 '과세가격'이라고 하여 그 기준이 정해져 있는 것이 아닙니다. 적하보험사 입장에서는 인보이스에 명시된 가격으로서, 예를 들어 FOB, CIF 등의 가격조건(인코텀스)이 중요한 것이 아니라 All Risk[1] 등 부보 조건에 따라서 달라지는 각 운송 구간에 대한 요율이 중요합니다. 물론, FOB보다는 CFR 가격이 더 높으며 요율 적용하면 CFR일 때 적하보험회사 입장에서는 유리하지만, 요율 자체가 상당히 낮기 때문에 적하보험회사는 보험료 산출할 때 기준이 되는 인코텀스 조건은 정하지 않고 단순히 '인보이스 가격'으로 보험료를 산출합니다.

④ 적하보험증권을 Cargo Insurance Policy 혹은 Cargo Insurance Certificate라고 표현할 수 있습니다.

⑤ 보험료 산출 방법은 전 세계적으로 동일하나, 보험사 보험요율(rate)에는 차이가 있습니다.

⑥ Premium이란 최종 계산 된 보험료를 의미합니다.

1　All Risk는 ICC(A)로 표기 될 수 있습니다. 즉, ICC(A)가 All Risk로 부보 했다는 뜻입니다.

⑦ 보험가입 신청할 때 C/I(상업송장)와 함께 HS Code를 적하 보험사에 전달하는데, 정확히 어떤 특성(성격)의 물품인지를 보험사에서 파악하기 위함입니다(HS Code의 정확성을 확인하고자 하는 의도 아님). 해당 물품의 과거 사고 비율을 기초로 보험요율이 정해지겠습니다.
⑧ 보험증권 발행 기준은 한 건의 운송서류(B/L, 화물운송장)당 1개의 보험증권 발행이 원칙입니다.
⑨ 물품의 특성에 따라서 특약 가입해야 할 수도 있습니다. 예를 들어, 도기 제품은 운송 과정 중에 파손될 위험을 가진 물품으로서 ICC(A)에 가입하더라도 해당 특성에 따른 위험은 커버하지 않기에 Breakage에 대한 특약 가입할 필요가 있겠습니다[All Risk = ICC(A)].

2) 보험요율표를 근거로 보험료 계산하기

적하보험회사에 연락하여 보험료 견적서를 요청하면 다음과 같은 견적서를 받을 수 있으며, 다음의 견적서는 네덜란드에서부터 아기용품을 해상(By Vessel)을 이용하여 한국으로 운송조건 FOB Rotterdam Port로 하여 수입할 때의 적하보험 견적서입니다(LCL 건).

FOB 조건의 비용분기점은 위험분기점과 동일하며, 인코텀스 2010에서는 수출지 항구의 지정된 선박에 해당 물품이 적재(On Board)되는 순간으로서 그 이후 발생하는 비용 및 위험은 수입자가 커버합니다. 따라서 FOB 조건으로 수입하는 경우 수출지 Port에서 On Board 시점부터의 보험은 수입자의 선택 사항이지만 적하보험은 부보(보험 가입)하는 것이 좋습니다.

보험료 계산 공식은 아래와 같으며, 아래의 공식을 확인 후 다음의 견적서에 대입하여 보험료를 계산하면 되겠습니다. 만약 보험료가 12,000원 이하가 되면, 다음 견적서의 견적 내용에 따라서 최저보험료인 12,000원이 보험료로서 청구됩니다.

> **참고** **FOB 조건에서 수출자의 적하보험 가입**
>
> FOB Busan Port 조건에서 수출자의 Door(수출물품이 위치한 장소)가 청주이고, 인보이스(C/I) Value(금액)가 USD1,000,000이라고 가정합니다. FOB 조건이기에 On Board 이후 Risk는 수입자에게 있고 인코텀스에 따른 적하보험 가입 여부는 수입자의 선택 사항입니다. 그러나 청주 공장(Door)에서 부산항까지, 그리고 부산항에서 선박에 On Board 되는 시점까지의 Risk는 한국 수출자에게 있습니다. 따라서 Door에서 내륙운송 중에 차량 전복 등 사고가 발생하면 수출자가 낭패이니 인코텀스의 기준과는 별도로 수출자는 적하보험사에 적하보험 가입 신청할 수 있겠습니다.
> FCA Incheon Airport라는 조건에서도 수출자의 Door에서 인천공항 창고까지 운송 과정 중에 발생할 수 있는 사고에 대비하여 한국 수출자는 적하보험을 인코텀스의 기준과는 별도로 가입 신청할 수 있겠습니다.

인보이스 밸류 × 희망이익 110% × 구간요율 × 당일최초공시환율 = 보험료(Premium)

Cargo Insurance Sales Agency
2F ABC B/D 12 Nonhyundong Kangnamgu Seoul 135-120 KOREA
TEL. : 02-000-0000 / FAX : 02-000-0000

ABC 보험   2011년 08월 23일

수 신 : 홍길동 님 귀하
제 목 : 해상적하보험 보험료 안내

1. 귀사의 일익 번창하심을 진심으로 기원합니다.
2. 귀사의 요청에 의거, 아래와 같이 보험조건을 제시하오니 검토하신 후 폐사에 부보하여 주시면 감사하겠습니다.

- 아 래 -

1. 피 보 험 자   : AAA 인터내셔널
2. 수출입 물품   : 잡화(아기용품)
3. 담 보 위 험   : All Risk
4. 운 송 방 법   : 해 상
5. 교 역 국 가   : 네덜란드
6. 보 험 조 건   : 특약사항 없음.

* 기본요율

송장가액	희망이익	요율	기준환율	원화보험료
USD10,000	110%	0.0360%	1,097.50	₩12,000(기본)

* 최저보험료는 12,000원입니다.   기준   2011년 08월 23일

▲ 적하보험 견적서

3) 수입관세 계산할 때 보험료 적용 관련

　EXW, F-Terms에서 수출지 항구/공항에서 적재해서 수입지 항구/공항에서 하역하기 직전까지의 운임(Freight)은 수입자가 커버하는 것으로서 해당 구간에 있어 사고에 대비하여 화물에 대한 적하보험의 가입은 수입자의 선택 사항입니다. C-Terms는 다른 조건들과는 다르게 비용분기점과 위험분기점이 상이한 조건으로서 운임은 수출자가 커버하지만 위험분기점은 F-Terms와 동일합니다(물론, CIF, CIP 조건은 수출자가 수입자에게 제시한 견적에 적하보험료가 포함되어 있기 때문에 수출자는 수입자를 위해서 무조건 보험 가입을 해야 함). 따라서 적하보험 가입은 EXW, F-Terms와 동일하게 수입자의 선택 사항입니다. D-Terms에서 운임은 수출자가 커버하는 것으로서 비용분기점은 위험분기점과 동일합니다. 따라서 운임 구간에 있어 사고에 대비한 적하보험 가입은 수출자의 선택 사항입니다.

　보험 가입은 수출지에서 외국으로 나가는 배/항공기에 적재(On Board)하기 전에 진행하는 것이 원칙이며, 보험 가입이 완료되는 시점은 컨테이너 개장되는 순간입니다. 그렇다면 화주가 보험에 가입하면 해당 보험료는 운임(Freight) 구간뿐만 아니라 하역하여 FCL은 CY, 그리고 LCL은 보세창고인 CFS에 반입될

때까지 보험으로 커버되며, 특히 FCL의 경우 수입자의 공장/창고까지 그대로 운송되어 개장되는 경우 수입지의 내륙운송 구간에 대해서도 커버를 하는 것이 됩니다.

수입관세를 계산할 때 만약 FOB 조건으로서 인보이스가 작성된다면, 운임(Freight)의 경우 포워더가 작성한 운송비 인보이스에서 Freight에 해당되는 항목만 따로 찾아낼 수 있지만, 적하보험 회사에서 청구하는 보험료의 경우 내륙에서 커버된 비용만 따로 찾아낼 수가 없으며 찾는다고 하더라도 세관에서 인정해주질 않습니다.

따라서 수입관세를 계산하는 기준으로서, 과세가격에는 수입지의 항구/공항에 물품이 도착하기 직전까지의 비용과 수출자의 마진을 포함한 가격이지만, 적하보험료에 있어 상기와 같은 이유가 있기 때문에 일반적으로 적하보험 회사가 청구하는 모든 비용을 과세가격에 포함합니다.

물론 EXW 조건에서 수입자가 적하보험 가입하는 경우, 해당 보험료는 수출자의 공장/창고에서 내륙운송 하여 수출지의 항구/공항에서 수입지의 항구/공항에 도착하여 개장될 때까지 보험 커버가 됩니다.

18. FCA Incheon Airport와 FOB Incheon Airport의 차이점

1. FCA와 FOB의 이해

FOB는 수출자가 물품을 포장하여 수출지의 항구에 정박된 선박에 적재(On Board)하는 순간 수출자의 의무는 Free가 되는 조건입니다. 즉, FOB는 해상 운송 건에 사용되는 인코텀스 조건으로서 비용분기점은 지정된 선박에 적재하는 순간이 됩니다. 반면에, FCA는 수출자가 물품을 포장하여 지정된 장소에서 포워더(Carrier)에게 전달하는 순간 수출자의 의무는 Free가 되는 조건입니다. 즉, FCA는 해상 및 항공 운송 모두에 사용 가능한 조건으로서 비용분기점은 수입자에 의해서 지정된 포워더에게 지정된 장소에서 물품을 전달하는 순간이 됩니다.

따라서 수출자가 물품을 포장하여 수출지 공항(Airport)의 지정된 지점까지 운송 의무가 있다면 인코텀스 조건 뒤에 비용분기점으로서 수출지 공항이 지정될 것입니다. 이때 인코텀스는 항공 건이니

FOB가 오는 것이 아니라 FCA가 오는 것이 적절합니다.

하지만 실무에서 해당 건의 매매계약서(Sales Contract) 및 인보이스에 가격조건(Price Term)을 FCA Incheon Airport가 아니라 FOB Incheon Airport로 표기하는 경우가 종종 있습니다. 항공 건이면 FCA를 사용하는 것이 적절하지만, 인코텀스가 법이 아니라 규칙이기 때문에 반드시 그러한 것은 아닙니다. 그렇다면 FCA Incheon Airport를 가격조건으로 사용하는 경우와 FOB Incheon Airport를 사용하는 경우의 차이점에 대해서 알아보겠습니다.

2. 차이점

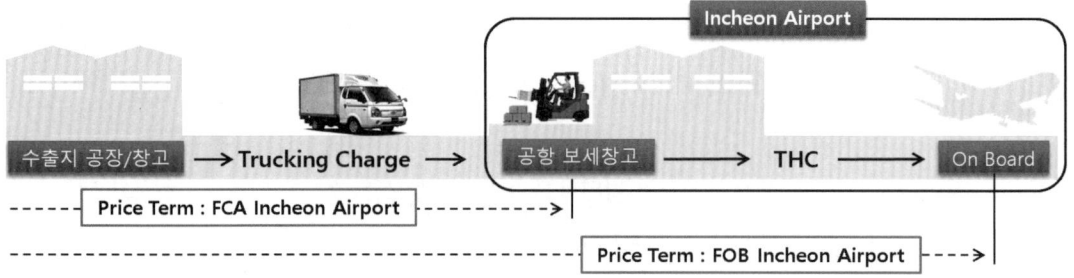

FCA 및 FOB 뒤의 지정 지점으로서 동일하게 Incheon Airport가 명시되어 있지만, FCA의 비용분기점은 인천공항에 있는 포워더가 지정한 지점(보세창고)에서 포워더에게 물품을 전달하는 순간이며, FOB의 비용분기점은 인천공항의 항공기에 적재(On Board)하는 시점이라고 이해해야겠습니다.

다시 말해서, FCA Incheon Airport에서는 인천공항의 보세창고에서 포워더가 물품을 전달받아서 항공기에 적재하는 비용은 수입자의 커버 부분이며, FOB Incheon Airport에서의 해당 비용은 수출자의 커버 부분이 됩니다. FCA 조건에서 포워더가 물품을 지정 장소에서 받아서 항공기에 적재할 때까지의 비용을 FCA Charge라고 하는데, 이러한 비용을 FCA에서는 수입자가 커버하고 FOB에서는 수출자가 커버하는 것이 됩니다. 따라서 FCA Incheon Airport와 FOB Incheon Airport의 차이점은 바로 여기에 있습니다.

작은 차이지만, 실무자는 자신이 사용하는 인코텀스 조건이 정확히 어떠한 뜻을 나타내는지에 대해서는 반드시 숙지를 한 상태에서 거래를 진행해야겠습니다.

3. 항공 건임에도 FOB를 사용하는 상황의 예

일반적으로 수출자는 운임(Freight)을 제외한 가격조건으로서 F-Terms 중에서 FOB를 선택하여 수입자에게 견적 제시합니다. 그런데 수입자가 물품이 급하거나 혹은 해상으로 운송할 수 없을 정도로 소량을 오더함에 따라서 해상이 아닌 항공으로 운송 진행해야 하는 상황에 직면할 수 있습니다. 그렇다면 처음 제시한 가격조건으로서 FOB Busan Port, Korea가 아닌 FCA Incheon Airport, Korea로 변경해야 함에도, FOB Incheon Airport, Korea로서 FOB를 고수하는 경우가 실무에서는 빈번하겠습니다. 어찌 보면 수출자가 처음 견적 제시할 때 외국으로 나가는 배에 적재(On Board)할 때까지의 비용과 위험을 커버하는 조건으로 견적을 제시했으니, 운송 수단이 배에서 항공기로 변경하더라도 그 조건은 유지한다는 의미에서 FOB를 항공 운송에서도 사용하는 것이 적절할 수도 있겠습니다.

수출자의 견적서	:	FOB Busan Port, Korea -> 해상 조건으로 견적 U'price : USD 100
수입자의 오더	:	수입자는 By Air 로 운송 요청
수출자의 인보이스	:	FCA Incheon Airport, Korea[1] U'price : USD100

FOB에서 FCA로 가격조건을 변경하더라도 수출물품이 있는 장소에서 항구까지의 내륙운송비와 수출물품이 있는 장소에서 공항까지의 내륙운송비가 크게 차이 없다면 단가는 기존 견적서 단가를 유지합니다. 하지만 F조건에서 C조건, D조건 혹은 EXW로 가격조건을 변경한다면 당연히 단가는 조정되어야겠습니다.

---

[1] 물론 항공 운송 조건으로서 FCA Incheon Airport, Korea로 가격조건을 제시해도 문제는 없을 것입니다. 실무 담당자가 직접 판단할 문제라고 생각합니다.

19. CPT Sydney Airport와 CFR Sydney Airport의 차이점

1) CPT와 CFR의 이해

CFR은 수출자가 물품을 포장하여 수출지의 항구에 정박된 선박에 적재(On Board)하는 순간 운송에 따른 위험은 수출자에게서 수입자로 넘어가지만(위험분기점, CFR과 CIF의 위험분기점은 FOB와 동일), 수입지 항구에 도착하기까지 발생하는 해상운임(O/F, Ocean Freight)까지(비용분기점, CFR과 CIF의 비용분기점 동일)에 대한 비용은 수출자의 커버 부분입니다. 반면에, CPT는 수출자가 물품을 포장하여 지정된 장소에서 포워더(Carrier)에게 전달하는 순간 운송에 따른 위험은 수출자에게서 수입자로 넘어가지만(위험분기점, CPT와 CIP의 위험분기점은 FCA와 동일), 지정장소로서 수입지의 공항에 도착하기까지 발생하는 항공운임(A/F, Air Freight)까지(비용분기점, CPT과 CIP의 비용분기점 동일)에 대한 비용은 수출자의 커버 부분입니다.

따라서 해상 운송 건으로서 수출자가 해상운임을 커버하고 수입지 항구의 부대비용부터 수입자가 커버하는 조건이라면 CFR이 적절하고, 항공 운송 건으로서 수출자가 항공운임을 커버하고 수입지 공항의 부대비용부터는 수입자가 커버하는 조건이란 CPT가 적절합니다.

하지만 실무에서는 항공 운송 건으로서 수출자가 항공운임을 커버하는 조건임에도 CPT가 아닌 CFR을 사용하는 경우가 있습니다. CPT Sydney Airport와 CFR Sydney Airport의 차이점에 대해서 알아보겠습니다.

2) 차이점

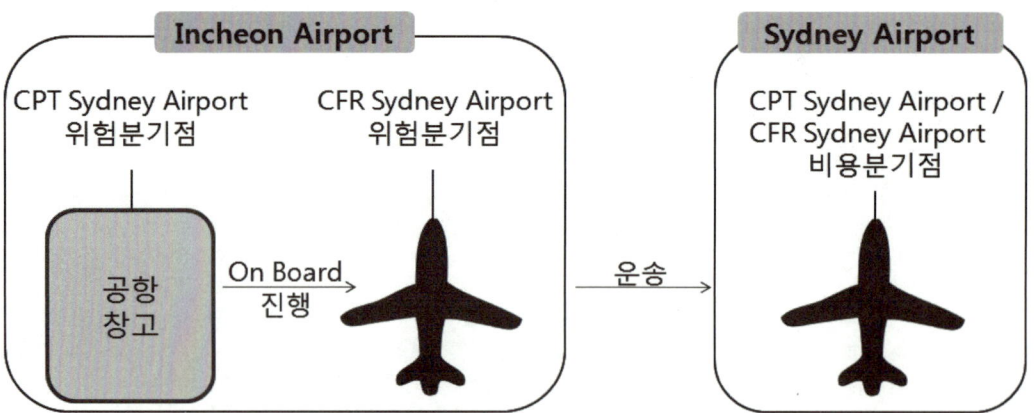

인코텀스 뒤의 지정 지명은 비용분기점입니다. 따라서 상기 CPT 및 CFR 뒤의 지정 지점으로서 Sydney Airport는 비용분기점입니다. 그러나 CPT의 위험분기점은 출발지 공항으로서 인천공항에 있는 포워더가 지정한 지점(보세창고)에서 포워더에게 물품을 전달하는 순간이며, CFR의 위험분기점은 출발지 공항으로서 인천공항의 항공기에 적재하는 시점이 됩니다.

수출자가 처음 견적 제시할 때 수입지 항구까지의 해상운임은 수출자 자신이 커버하지만, 위험에 대한 커버는 수출지에서 외국으로 나가는 배에 적재(On Board)할 때까지만 커버하는 조건으로서 CFR로 견적을 제시했다면, 운송 수단이 배에서 항공기로 변경하더라도 그 조건은 유지한다는 의미에서 CFR을 항공 운송에서도 사용하는 것이 적절할 수도 있겠습니다.

3) CFR Sydney Port에서 CFR Sydney Airport로 변경된 경우 단가 변화

수출자가 CFR Sydney Port로 수입자에게 견적 제시하였는데 수입자가 항공기로 운송을 요구한 경우 단가에는 변화가 옵니다. CFR은 FOB를 기준으로 해상운임(O/F)이 추가된 가격조건인데, 수입자의 요청에 따라서 항공으로 운송 방법을 변경하니 해상운임이 아닌 항공운임(A/F)을 추가해야 합니다. 따라서 이러한 경우 수출자는 포워더에게 항공 운송에 대한 견적서를 요구하고 항공운임을 견적 단가에 반영해야겠습니다.[1]

수출자의 견적서	:	CFR Sydney Port, Australia → 해상 조건으로 견적 U'price : USD 120
수입자의 오더	:	수입자는 By Air 로 운송 요청
수출자의 인보이스	:	CFR Sydney Airport, Australia[1] U'price : ? → 해상 운임과 항공 운임은 차이 상당함.

---

[1] 물론 항공 운송 조건으로서 CPT Sydney Airport, Australia로 가격조건을 제시해도 문제는 없을 것입니다. 실무 담당자가 직접 판단할 문제라고 생각합니다.

II. 운송비 견적 관련

1. 포워더에게 항공/해상운임 견적받기

1) 수출자, 수입자 중에 포워더에게 운임 견적받는 당사자

포워더에게 견적받는 당사자는 매매계약상의 인코텀스 조건에 따라서 달라집니다.

하지만, 인코텀스가 법이 아니라 규칙이기 때문에 인코텀스 조건이 아닌 양 당사자의 합의하에 결정을 하여도 크게 상관은 없으나, 통상 이러한 결정은 인코텀스 조건에 따릅니다.

EXW/F-Terms(FCA, FAS, FOB)	C-Terms(CFR, CIF, CPT, CIP) / D-Terms(DAT, DAP, DDP)
- 운임후불(Freight Collect) - Forwarder 지정 권리 수입자에게 - 수입자 입장에서는 물품이 수입지에 도착한 것을 확인하고 운임 결제	- 운임 선불(Freight Pre-Paid) - Forwarder 지정 권리 수출자에게 - 포워더 입장에서는 물품이 수출지에 있을 때 수출자에게 운임 결제받음.

2) 포워더에게 견적받는 방법

실화주(수출자, 수입자)는 포워더에게 운송비 견적 요청할 때 아래와 같은 정보를 기본적으로 제공해야겠습니다. 물론, 상황에 따라서 추가 정보[1]를 제공해야 할 수도 있습니다. 이때 잘못된 정보를 제공하면 정확한 견적을 받을 수 없을 뿐만 아니라 그로 인해 발생하는 불이익은 실화주가 책임져야 할 것입니다.

품명	제품명
화물의 종류	일반화물 or 위험물(General Cargo / Dangerous Goods)
운송방법	해상 or 항공
인코텀스	인코텀스 조건

---

[1] 제품에 따라서 포워더는 수출자에게 특별히 요구하는 서류가 있을 수 있습니다. 예를 들어, MSDS(Material Safety Data Sheet, 물질안전 보건자료)라는 서류가 있는데, 이 서류는 제조사가 발행하는 서류로서 수출자가 도매업자라면 제조사에 요청해야겠습니다.

CBM&KG	- 운임 견적서는 발생 가능한 항목별로 구체적이고 세부적으로 받는 것이 화주 입장에서 유리. - 해상일 경우 수출물품의 총 CBM을 파악하고 LCL 건인지 FCL 건인지를 확인 후 견적을 받아야 합니다. 이유는 LCL 견적과 FCL 견적이 다르기 때문입니다. - LCL은 CBM당 가격이며, FCL은 컨테이너 당 가격입니다.
출발지&도착지	수출지(수출항구/공항) 및 수입지(수입항구/공항) 통지.
수출자/수입자 주소	주소를 통지하는 이유는 포워더가 수출자/수입자를 컨택하기 위한 목적으로서 - 포워더를 수출자가 지정하는 경우: 수입자 주소 통지 - 포워더를 수입자가 지정하는 경우: 수출자 주소 통지

3) 포워더 지정 완료

여러 포워더에게 견적을 받아서 가장 경쟁력 있는 가격을 제시하는 포워더를 선택을 하되, 무조건 가격이 저렴하다고 해서 선택을 하는 것은 아닙니다. 포워더는 관세사 사무실과 마찬가지로 화주를 대신해서 운송 업무를 대행해주는 업체로서 서비스 업체입니다. 즉, 화주에게 서비스를 제공해주는 업체입니다. 따라서 화주의 요구 사항이나 궁금증을 정확하고 신속하게 풀어줄 수 있어야 하며, 업무 처리 역시 순조롭게 진행할 수 있는 포워더를 지정하는 것입니다.

2. 항공운송
― 운임 견적서와 운임 정산서 비교/계산 방법

포워더에게 요청한 견적서를 바탕으로 예상 운임비를 산출하는 방법과 실제 운송에 대한 운임 인보이스(운임정산서)를 운임 견적서와 대비해서 견적서와 일치하게 운임 인보이스가 작성 되었는지 확인하는 방법에 대해서 알아보겠습니다.

> **참고**
>
> 포워더는 선사/항공사에 견적 요청하여 제시받은 운임을 Buying Rate라 하며, 이를 기초로 포워더는 자신의 마진을 붙여서 화주에게 제시하는 운임을 Selling Rate라 합니다.

1) 운임 견적서 살펴보기
— FCA Amsterdam Airport, 수입 건

Air Freight Quotation

1. **AIR FREIGHT CHARGE**

ORIGIN	TYPE	MIN	+100KG	+300KG	+500KG	FSC	SSC	CARRIER
AMS	GERNERAL CARGO	EUR 75	EUR 0.65/KG	EUR 0.55/KG	EUR 0.45/KG	EUR 0.45/KG	EUR 0.15/KG	KE

2. **FCA CHARGES** MIN 85.00 + EUR0.15/KG
3. **COLLECT CHARGE** MIN USD 10.00 & OVER MIN 5% OF AIRFREIGHT CHARGES
4. **HANDLING CHARGE** KRW 25,000

▲ 견적서를 받을 때는 반드시 상기와 같이 모든 세부적인 항목을 포함하여 받아야 합니다. 이유는 오더량이라는 것은 변경될 수 있으며, 그에 따라 화주가 100kg의 건이든 150kg의 건이든 견적서를 바탕으로 예상 비용을 산출할 수 있어야 하기 때문입니다.

상기는 암스테르담 공항에서 인천공항까지의 일반화물(General Cargo)에 대한 항공화물 견적서로서 Price Term(가격조건), 즉 인코텀스 조건은 FCA Amsterdam Airport 조건입니다. 따라서 운임(수출지 공항/항구에서 적재 이후부터 수입지 공항/항구에서 하역 할 때 동안의 순수 운임)과 인천공항에서 발생된 부대비용으로 견적서가 이루어져 있습니다. '1. Air Freight Charge'가 운임이며, 2~4는 모두 부대비용입니다.

① 포워더와 특송

Kg이 얼마 되지 않는 물품의 경우 포워더와 특송, 둘 중의 하나를 선택할 필요가 있습니다. 포워더의 경우 아주 소량의 물품을 받아주지 않으며, 또한 이러한 작은 중량의 물품의 경우는 특송으로 보내는 것이 가격적이 면에서, 그리고 배송 속도 및 통관의 신속성 면에서 더 경쟁력이 있습니다(자세한 내용 86쪽 참고. 포워더와 특송 운임의 개념 차이 정립 필요).

② 항공건에서는 가격조건 FCA

처음 수출자와 수입자가 매매계약을 할 때 통상 수출자는 견적을 FOB 가격으로 수입자에게 전달합니다. 하지만, 인코텀스 조건에서 FOB는 해상/내륙수로 운송조건으로서 배로 운송되는 건에 대해서만 적용 가능한 조건입니다.

계약한 건이 해상으로 운송되지 않고 항공으로 운송될 경우일지라도 실무에서는 FOB Incheon Airport(수출물품이 한국에 위치한 경우)라고 표기하여 항공 건임에도 해당 건의 인보이스의 가격조건에 해상 건에서 사용하는 FOB를 그대로 사용하는 경우가 많습니다(자세한 내용 211쪽 참고).

③ 과세가격에서의 운임

수입관세를 계산하는 기준 가격으로 사용되는 과세가격이란 'FOB 금액+운임+보험료'입니다. 이때 운임은 앞에서 제시한 견적서에 나와 있는 모든 비용, 즉 포워더에게 화주가 결제하는 모든 비용이 아니라 FSC, SSC를 포함한 1번 'AIR FREIGHT'와 FCA CHARGE만 해당됩니다. 해상운송에서는 BAF, CAF를 포함한 OCEAN FREIGHT만 운임이 됩니다.

(1) '1. Air Freight Charge' 부분

ORIGIN	출발 공항으로서 AMS, 즉 암스테르담
TYPE	'General Cargo'로서 일반화물이라는 뜻. 위험물은 'Dangerous Cargo' 혹은 'Dangerous Goods'(DG)로 표기. DG의 경우 포장조건, 운송조건 등이 일반화물보다 까다롭고 운임도 비쌈.
MIN	100kg 미만인 수입품에 대해서 건당 부가되는 운임. 90kg일 때도 EUR 75, 80kg일 때도 EUR75, 50kg일 때도 EUR75가 항공운임. 따라서 중량이 얼마 되지 않는 물품을 항공으로 운송할 경우 포워더보다는 특송업체(Courier Service)를 이용하는 것이 더 저렴 할 때가 있음.
+100KG	100kg 이상 300kg 미만인 수입품에 대한 kg당 운임
+300KG	300kg 이상 500kg 미만인 수입품에 대한 kg당 운임
+500KG	500kg 이상인 수입품에 대한 kg당 운임
FSC	유류할증료(Fuel Surcharge): 수시로 변동하는 국제유가의 변동분을 보전하기 위한 목적으로 청구
SSC	보안할증료(Security Surcharge): 미주, 유럽 발생, 동남아는 발생되지 않음. 9·11 테러 이후 항공기의 안전 운항과 관련된 위험물 보안검색 비용
CARRIER	항공사명이며 KE는 대한항공이며 OZ는 아시아나 항공

(2) '2. FCA Charge' 부분

1번 Air Freight Charge는 순수 항공운임이며, FCA Charge란 FCA 조건의 비용분기점(통상 수출지의 공항)에서 수입자가 지정한 포워더에게 수출자가 물품을 전달[1]하고 그때부터 수출지 공항의 항공기에 적재(On Board)될 때까지 발생한 수출지 항구의 부대비용으로서, 수입지 항구/공항에서 하역하기 전에 발생한 비용이기 때문에 과세가격에 포함됩니다.

본 견적서의 FCA Charge는 해상 운송에서뿐만 아니라 항공 운송에서도 발생하는 THC(Terminal Handling Charge)가 될 수도 있을 겁니다(참고 212쪽).

---

1 FCA 뒤의 지정 지명으로서 비용분기점은 수출지 공항이 지정되지만 포워더가 수출자에게 물품을 전달 받는 장소는 공항의 보세창고입니다. 따라서 정확히 말해서 FCA 뒤의 지정 지명이 수출지 공항으로 지정되면 공항 보세창고가 바로 비용분기점이자 위험분기점이 됩니다.

(3) '3. Collect Charge' 부분

'착지불수수료'로서 'CCF(Collect Charge Fee)'로 표기되기도 합니다. 포워더는 항공사로부터 운임에 대한 견적을 받아서 자신의 마진을 붙여 화주에게 견적합니다. 포워더와 화주 사이의 운임 선불 혹은 후불의 결정은 화주로서 수출자와 수입자 사이에서 결정된 인코텀스(가격조건)에 따릅니다. 하지만 포워더와 항공사/선사와의 운임 선불 혹은 후불에 대한 결정은 인코텀스에 영향을 받지 않으며, 통상 선불이라 할 수 있습니다.

수출지 포워더가 항공사에게 운임을 미리 결제하면 물품은 항공기에 적재되어 수입지로 도착합니다. 그리고 수입자는 수입지 포워더에게 운임을 포함한 기타의 비용을 결제하며 수입지 포워더는 운임을 수출지 포워더에게 결제합니다. 이때 수출지 포워더는 운임을 선불로 항공사에 결제할 때의 환율과 수입지 포워더로부터 운임 결제받을 때의 환율에 차이로 인해서 환차손을 입을 수 있습니다. 포워더는 이러한 환차손을 CCF라는 명목으로 화주에게 전가한다 할 수 있습니다.[1]

(4) '4. Handling Charge' 부분

수입지 공항에 도착 이후 화물처리비용이라고 보면 됩니다.

2) 운임 견적서를 기초로 한 최종 항공운임 정산서 샘플 보기

항공운임 견적서를 바탕으로 아래의 항공운임 정산서가 어떻게 계산되었는지 확인하겠습니다.

```
HAWB NO. :                                  REF. NO. :
ORIGIN   : AMS   AMSTERDAM. NETHERLANDS     ARRIVAL :
DEST.    : ICN   INCHEON, KOREA             FLIGHT NO. : KE000
PIECES   : 20 P'KGS                         WEIGHT : 80.0 KG
                                            MEASUREMENT : 0.3 CBM
```

운임내역	CURR	단가	외화금액	환율	원화금액
AIR FREIGHT CHARGE	EUR	Min	75.00	1,797.54	134,816
FUEL SURCHARGE	EUR	0.45	36.00	1,797.54	64,711
SECURITY SURCHARGE	EUR	0.15	12.00	1,797.54	21,570
FCA CHARGE	EUR		97.00	1,797.54	174,361
COLLECT CHARGE	EUR		11.00	1,797.54	19,773
HANDLING CHARGE	KRW				25,000
			KRW		**440,232**

---

1 참고로 해상에서 CCF가 운임으로 청구되는 경우가 있으며, 해상에서 말하는 CCF는 착지불수수료가 아니라 컨테이너 세척비, 즉 Container Cleaning Fee입니다.

(1) Air Freight Charge 계산하기

계산톤 구하기	실제 kg: 80kg, 실제 CBM: 0.3CBM 항공운송 건으로서 0.3CBM x 167kg = 50kg(1CBM = 167kg) 따라서 실제 kg인 80kg이 계산톤이 됨.
견적	MIN: EUR75 +100 KG: EUR0.65 / KG +300 KG: EUR0.55 / KG +500 KG: EUR0.45 / KG
Air Freight Charge	본 건의 중량은 80kg으로서 견적서의 'MIN' 부분에 해당됨. 따라서 Air Freight Charge 는 EUR75. 만약 본 건의 중량이 150kg 이었다면, 150kg x EUR0.65 = EUR97.5

(2) Fuel Surcharge 계산하기

견적	EUR0.45 / KG
FSC 계산	EUR0.45 x 80KG = EUR36

(3) Security Surcharge 계산하기

견적	EUR0.15 / KG
SSC 계산	EUR0.15 x 80KG = EUR12

(4) FCA Charge 계산하기

견적	MIN 85.00 + EUR0.15 / KG
FCA Charge 계산	EUR 85 + EUR0.15 X 80KG = EUR97

▲ 수입관세 계산할 때 과세가격에서 '운임'은 위의 (1), (2), (3), (4)의 합계가 됨.

(5) Collect Charge 계산하기

견적에서는 'MIN USD10.00&OVER MIN 5% OF AIRFREIGHT CHARGES'라고 했으며, 운임 정산서(운임 인보이스)에서는 해당 견적보다 대략 EUR1.00이 초과된 총 EUR11.00이 청구되었습니다.

(6) Handling Charge

Handling Charge는 운송 서비스를 대행하는 포워더 수수료입니다.

3) 운임 견적서 살펴보기
— FCA Incheon Airport, 수출 건

다음의 항공운임 인보이스는 인코텀스 조건 FCA Incheon Airport 조건 하에서 수입자(호주)에 의해서 지정된 수입지 포워더의 수출지 파트너 포워더가 수출자(한국)에게 전달한 인보이스입니다. FCA 조건은 '운송인 인도조건'으로서 FCA 뒤의 지정 장소까지 수출자가 비용 및 위험을 커버하며 수출통관 역시 수출자가 커버하는 조건입니다. 다음 운임 인보이스에 의하면 수출자는 포워더에게 수출물품이 있는 장소에서 물품을 Pick up 하여 인천공항까지 내륙운송 할 것을 요청하였으며(Pick Up Charge 발생, 특송업체만 door to door service를 하는 것이 아니라, 포워더도 화주의 요청이 있다면 진행), 기타 포워더 자신의 업무 진행에 따른 수수료(Handling Charge, Documentation Fee)를 수출자에게 청구하였습니다.

수출지 공항 보세창고에서 물품을 포워더가 받아서 항공기에 기적(On Board)하기까지의 비용(FCA Charge)부터 항공운임(Air Freight, FCS, SSC), 그리고 수입지 공항에 수입지 포워더의 일처리에 따른 수수료는 수입지 포워더가 수입자에게 청구하는 운임 인보이스에 포함되어 있습니다(참고 220쪽 운임 인보이스).

INVOICE

㈜ ABC FORWARDING

담당자 : 홍길동
TEL : 02 - 727 - 6699
E-MAIL : honggildong@abc.com

거래처	:	Edu Tradehub 서울시 강남구 논현동 000-00 ABC B/D 501
TEL	:	02 - 000 - 0000
FAX	:	02 - 000 - 0000
담당자	:	최규삼 님

INV. NO	:	IN-12033
MAWB NO	:	202-123120009
출항지	:	INCHEON AIRPORT, KOREA
도착지	:	BRISBANE, AUSTRALIA
ETD/편명	:	22, MAY, 2012 / MH067

AWB NO : ADS300323

운임명	Q'TY	단가	외화금액(USD)	원화금액(KRW)	VAT
PICK UP CHARGE				70,000	7,000
HANDLING CHARGE				25,000	2,500
DOCUMENTATION FEE				5,000	500
총 계				100,000	10,000

예금주 : ㈜ ABC FORWARDING
하기 계좌로 입금 부탁드립니다.
신한은행 : 110-02-003322-01
기업은행 : 880-32-303562-99

청구금액　　110,000

3. 해상운송
— 운임견적서와 운임정산서 비교/계산 방법(LCL견적/FCL견적)

해상운송에 대한 견적은 FCL 건과, LCL 건으로 나누어집니다. 즉, FCL 견적서는 한 컨테이너 당 견적이며, LCL 견적은 CBM 당 견적입니다.

1) LCL 견적서 살펴 보기
— FOB Amsterdam Port, 수입 건

다음은 암스테르담 항구에서 부산 항구까지의 일반화물(General Cargo)에 대한 해상화물 견적서로서 Price Term(가격조건), 즉 인코텀스 조건은 FOB Amsterdam Port 조건입니다. 따라서 운임(수출지 공항/항구에서 적재 이후부터 수입지 공항/항구에서 하역 할 때 동안의 순수 운임: 뱃삯) 즉 OCEAN FREIGHT와 부산 항구에서 발생된 부대비용으로 견적서가 이루어져 있습니다. '1. OCEAN FREIGHT'가 운임[1]이며, 2. BUSAN PORT CHG는 모두 부대비용입니다.

OCEAN Freight Quotation

1) OCEAN FREIGHT

OCEAN FREIGHT	USD 25 W/M
BAF	USD 12 W/M
CAF	약 15.3%(오션운임의)

2) BUSAN PORT CHG

H/C(/BL)	USD 50.00
DOC FEE(/BL)	KRW 25,000
CFS(/CBM)	KRW 12,000 / CBM(아,유) / 12,900(미주)
W/F (/CBM)	KRW 323/CBM
CCF(/CBM)	KRW 800/CBM (미니멈 KRW 1,000)

---

[1] 수입관세 계산할 때 과세가격(FOB 금액 + 운임 + 보험료)에서 운임은 BAF, CAF를 포함한 '1. OCEAN FREIGHT'만 해당됨.

(1) '1) Ocean Freight' 부분[1]

OCEAN FREIGHT	'W/M'은 Weight/Measurement 즉, KG/CBM으로서 둘 중의 하나가 운임을 계산하는 기준이 된다는 뜻.
BAF	(Bunker Adjustment Factor: 유가할증료/유료할증료) 선박연료비에 대한 운송회사의 손실을 보전하기 위한 할증료
CAF	(Currency Adjustment Factor: 통화할증료) 환율의 급등으로 인한 환차손을 보전하기 위한 할증료

참고 BAF, CAF에 대해서

개념은 O/F(Ocean Freight)에 BAF, CAF는 포함되는 것이며, 따라서 O/F를 커버하는 당사자(수출자 혹은 수입자)가 해당 비용까지 커버하는 것이 적절할 것입니다. 그러나 O/F는 분명 수출자와 수입자 사이에 결정된 인코텀스에 따라서 수입지에서 후불(Freight Collect)됨에도 BAF, CAF가 수출지 항구에서 발생하여 수출자에게 포워더가 청구하는 경우가 있습니다. 반대로 O/F가 수출지에서 선불(Freight Pre-paid)됨에도 BAF, CAF가 수입지 항구에서 발생하여 수입자에게 포워더가 청구하는 경우가 있습니다.

따라서 화주는 포워더에게 견적 요청할 때 BAF, CAF가 수출지 항구에서 발생할지 혹은 수입지 항구에서 발생할지에 대해서 포워더가 직접 선사를 통하여 확인 후 이를 화주 자신에게 통지할 것을 요청하는 것이 좋습니다. 그래서 예를 들어 O/F가 수입지에서 청구됨에도 BAF, CAF는 따로 수출지에서 수출자에게 청구되는 경우 수입자는 수출자에게 이러한 사실을 통지하여 차후에 있을 수 있는 서로 간에 클레임을 대비해야겠습니다.

때에 따라서는 BAF, CAF가 수출자에게든 수입자에게든 하나의 건에 대해서 한 번만 청구되어야 하는데, 양쪽 당사자에게 모두 청구되는 경우도 종종 발생하기 때문에 화주는 포워더에게 견적받을 때부터 이 부분을 체크하는 것이 좋겠습니다.

(2) '2) Busan Port Charge' 부분

H/C(/BL)	Handling Charges는 쉽게 말해서 운송 서비스를 대행하는 포워더 수수료. 견적서에는 '/BL'로 표기되어 있으며 이 뜻은 건당 비용이라는 뜻.
DOC Fee(/BL)	서류발급비로서 포워더가 발급하는 서류에 대한 발급 비용.
CFS(/CBM)	일반적으로 LCL 화물에서만 발생하는 비용으로서 LCL 화물은 수출지 항구 CFS에서 수입지 항구 CFS(CFS/CFS)까지 운반되어 수입지 CFS에서 분류(적출)합니다. 본 CFS 비용은 수입지 CFS에서 하나의 컨테이너 안에 있는 LCL 화물을 분류(적출)하는 비용, 즉 CFS 작업료. 본 건에 대한 기준은 B/L 당이 아니라 CBM 당 계산.
W/F(/CBM)	부두사용료(Wharfage)
CCF(/CBM)	컨테이너 클리닝 비용(Container Cleaning Fee)으로서 항공운송에서 CCF(Collect Charge Fee)는 착지불수수료임.

---

[1] 표의 BAF 와 CAF는 유가가 급변하지 않는 상황에서도, 그리고 환율이 급변하지 않는 상황에서도 Ocean Freight에 일반적으로 포함됩니다. 물론, 유가가 급변하고 환율이 급변하는 상황에서는 가격은 비싸지고 안정되어 있는 상황에서는 가격은 낮아집니다. 이러한 BAF 와 CAF는 그냥 Ocean Freight라고 보면 되겠습니다.

| 참고 | H/C(Handling Charge)와 THC(Terminal Handling Charge) 개념 차이 |

H/C는 단순히 포워더 수수료입니다. 포워더는 선사/항공사로부터 운임 견적을 받아서 자신의 마진을 더해서 화주에게 견적 제시합니다. 따라서 포워더는 운임에서 마진과 따로 수출지에서는 수출자에게 수입지에서는 수입자에게 Handling Charge라는 명목으로 B/L 당 수수료를 취합니다.

반면에, THC는 비록 포워더가 화주에게 청구하는 인보이스에 포함되어 있지만 Handling Charge처럼 포워더가 취하는 수수료는 아니며, THC는 수출지 항구와 수입지 항구에서 각각 발생하는 비용입니다. 수출지 항구에서 발생하는 THC는 컨테이너 터미널 CY에서부터 컨테이너를 크레인으로 선박에 적재(On Board)하기까지의 비용이며, 수입지 항구에서 발생하는 THC는 선박에서 크레인으로 컨테이너를 양륙(Discharge)하여 컨테이너 터미널 CY까지의 비용이라고 보면 되겠습니다.

THC는 해상 건에 대해서만 발생하는 것이 아니라, 동일한 개념으로 항공 건에 대해서도 발생되어 포워더가 화주에게 청구하는 인보이스에 기재될 수 있습니다.

비록 223쪽에서 제시한 LCL 견적에는 THC가 포함되어 있지 않으나, LCL 건에도 THC는 발생되겠습니다. 이러한 THC는 FCL의 경우 하나 컨테이너 당 청구되고, LCL의 경우는 R.ton 당 청구되겠습니다. 일반적으로 THC는 20FT에 대해서 대략 101,000원, 40FT에 대해서 대략 137,000원 정도 발생되어 왔습니다. 그러나 2013년 7월을 전후하여 THC 인상이 되었으며, 이에 따라서 20FT의 경우 대략 115,000원, 40FT에 대해서 대략 156,000원 정도 발생하고 있습니다.

2) 운임 견적서를 기초로 한 최종 해상운임 정산서 샘플 보기

해상운임 견적서를 바탕으로 아래의 해상운임정산서가 어떻게 계산되었는지 확인하겠습니다.

```
VESSEL / VOY      : COSCO NAPOL1              REF. NO.       :
P.O.L.            : ROTTERDAM NETHERLAND      M. B/L NO.     :
P.O.D.            : BUSAN PORT                ON BOARD/ARRIVAL :
WEIGHT            : 360 KG                    PKG'S : 5 GT
MEASUREMENT       : 7.5 CBM                   TERM : CFS/CFS
```

DESCRIPTION	CURR	RATE	FOREIGN AMOUNT	EX-RATE	KRW
O/FREIGHT	USD	25.00	187.50	1,050.00	196,875
B.A.F.	USD	12.00	90.00	1,050.00	94,500
C.A.F.	USD	28.69	28.69	1,050.00	30,122
HANDLING CHG	USD	50.00	50.00	1,050.00	52,500
DOCUMENT FEE	KRW	25,000			25,000
C.F.S.	KRW	12,000			90,000
WHARGAGE	KRW	323			2,423
CONTAINER CLEANING FEE	KRW	800			6,000
INSURANCE CHG	KRW	12,000			12,000
				KRW	509,419

(1) O / Freight(Ocean Freight) 계산하기[1]

계산톤 구하기	실제 kg: 360kg, 실제 CBM: 7.5 CBM 해상운송 건으로서 360kg = 0.36CBM(1CBM = 1,000kg) 따라서 실제 CBM 인 7.5 CBM이 계산톤이 됨.
견적	USD 25 W/M
O/FREIGHT 계산	USD25 x 7.5CBM = USD187.5

(2) BAF(Bunker Adjustment Factor, 유가할증료) 계산하기

견적	USD 12 W/M
BAF 계산	USD 12 x 7.5CBM = USD90

(3) CAF(Currency Adjustment Factor, 통화할증료) 계산하기

견적	약15.3%(오션운임의)
CAF 계산	USD187.5(Ocean Freight) X 15.3% = USD28.69

(4) Handling Charge 계산하기

견적	USD50/BL
H/C 계산	수입지 항구 도착 후 발생하는 화물 처리비용 '/BL'이라는 뜻은 건당 USD 50로서 본 건의 H/C는 USD50

(5) Document Fee 계산하기

견적	KRW 25,000/BL
DOC FEE 계산	서류발급비로서 B/L 당 KRW25,000. 따라서 본 건의 DOC FEE는 KRW25,000

(6) CFS 계산하기

견적	KRW 12,000/CBM(아시아, 유럽)/12,900(미주)

---

[1] 수입관세 계산할 때 과세가격에서 '운임(Freight)'이란 (1) O/Freight , (2) BAF, (3) CAF의 합계가 됩니다. 그리고 (4)~(8)은 수입지 항구에서 발생된 부대비용으로서 관세를 계산하는 기준 가격인 과세가격에는 포함되지 않습니다. 과세가격이란 우리나라의 공항/항구까지 물품이 운송되어 하역하기 직전까지 발생된 수출자의 마진을 포함한 가격으로서 수입지 항구의 부대비용, 수입지 창고료, 수입지 내륙운송비, 수입지 통관수수료 등은 포함되지 않는 것이 원칙입니다.

CFS 계산	CFS 작업료로서 CBM 당 견적이며, 본 건은 네덜란드 암스테르담에서 들어온 건으로서 유럽 견적에 따라서 아래와 같이 계산. 7.5CBM x KRW12,000 = KRW90,000

(7) Wharfage 계산하기

견적	KRW 323 / CBM
W/F 계산	부두사용료로서 CBM 당 KRW323 7.5CBM x KRW 323 = KRW2,423

(8) Container Cleaning Fee 계산하기

견적	KRW 800 / CBM (미니멈 KRW1,000)
CCF 계산	CCF는 컨테이너 클리닝 비용으로서 CBM 당 KRW800. 7.5CBM x KRW800 = KRW6,000

(9) Insurance Charge

적하보험료가 포워더 운임인보이스에 포함된 이유는 적하보험을 적하보험회사로 화주가 직접 가입하지 않고 포워더에게 적하보험 가입을 요청했기 때문입니다. 화주의 요청이 있으면 포워더는 자신과 협력 관계에 있는 적하보험회사를 통하여 적하보험에 가입(부보)을 대행 해줍니다.

> **참고 CIC (Container Imbalance Charge)**
>
> 컨테이너 수급 불균형에 대한 비용입니다. 예를 들어, 물품이 중국에서 한국으로 들어오는데, 들어오는 컨테이너는 많고 한국에서 중국으로 나가는 물량은 적다면 한국에는 컨테이너가 쌓이는 반면, 중국에는 컨테이너가 부족한 상황이 발생합니다. 그러면 공 컨테이너 상태에서라도 중국으로 컨테이너를 가지고 가서 균형을 맞추어야 할 것인데 이러한 상황에 따른 비용이 CIC로서 화주에게 청구됩니다.

3) FCL 운임정산서 살펴 보기
— FOB Amsterdam Port, 수입 건

아래는 20' FCL 건으로 진행된 운임정산서로서 가격조건은 FOB Rotterdam Port입니다.

위에서 확인한 LCL 건과는 달리 아래의 건은 FCL 건이기 때문에 Ocean Freight가 20' 하나 컨테이너를 기준으로 운임이 책정되었습니다.

QUOTATION

1. Commodity : 20' × 1 container
2. Terms : FOB Rotterdam
3. Loading port : Rotterdam
4. Discharging port : Busan, Korea
5. Destination : Seoul

NO	DESCRIPTION	AMOUNT (₩)
1	Ocean freight & BAF/CAF (U$550.00 × ₩1,208/U$)	664,400
2	D/O release charge	50,000
3	THC/CCC/WFG/DOC	135,000
4	Trucking charge (Busan to Seoul)	520,000
	TOTAL	1,369,400

4) DDU Australia[1] 견적서 살펴보기
— LCL 견적서로서 수출 건

다음의 견적서는 부산항에서 포워더가 물품을 받아서 시드니 항까지 해상운송 후 호주 내륙에 있는 수입자의 지정 장소까지 운송을 해줌에 있어, 관련 비용을 수출자가 커버하는 DDU[2] 조건 하에서의 운송 관련 견적서입니다. 견적서에 수출지에서의 내륙운송비는 포함되어 있지 않는 것으로 보아서 수출자

---

1. 사실 DDU Australia라는 표현은 적절치 못합니다. 가격조건(인코텀스) 뒤의 지정장소는 반드시 정확한 지점을 기재해야 합니다. 이유는 가격조건 뒤 지정장소가 비용 및 위험분기점(C-Terms는 비용분기점 역할 만)이기 때문에, 그 지정 장소가 어딘지에 따라서 포워더가 수출자에게 청구하는 운송비와 수입자에게 청구하는 운송비의 기준점이 다릅니다. 수입지 호주는 땅이 대단히 넓은 국가로서 DDU Australia라고 표기하면 그 지정 장소가 Sydney Port인지, Brisbane Port인지, 혹은 호주 특정 내륙지점인지 알 수 없습니다. 결론적으로, 가격조건을 무역 서류에 기재할 때는 반드시 정확한 지정장소를 명확히 기재합시다.
2. DDU 조건은 인코텀스 2000에서 존재하였고 2010으로 넘어오면서 DAP 조건으로 변경되었지만, 실무에서는 여전히 DDU 조건을 많이 사용하고 있습니다.

는 수출지에서의 내륙운송은 포워더를 통하여 진행하지 않고 다른 내륙운송 업체를 지정하여 별개로 진행 한 것 추측할 수 있습니다. 본 견적서는 포워더의 운송 관련 견적서이며 DDU 조건이기 때문에 수출지에서의 통관 관련 비용은 포함되어 있지 않으며, 수입지에서의 수입통관 관련 비용 역시 포함되어 있지 않습니다.[3] 만약 DDP 조건이라면 포워더는 해당 인보이스에 수입지에서 발생하는 통관 관련 비용 및 관세를 포함시켰을 것입니다.[4]

화주가 포워더에게 견적을 요청할 때 3CBM이라고 하면, 포워더가 3CBM에 맞게 견적서에 비용을 명시하여 주는 경우도 있겠습니다. 견적서를 바탕으로 운송비 계산이 힘든 화주의 경우 그러한 견적서를 받으면 편하겠지만, 될 수 있으면 견적서를 바탕으로 3CBM, 5CBM, 7CBM등을 화주가 직접 계산할 수 있도록 견적서는 받는 것이 좋겠습니다. 오더 물량은 언제든 변경될 수 있기 때문이며, 변경 될 때마다 포워더에게 견적 요청이 불편하기 때문입니다.

ABC Logistics.

서울시 마포구 동교동 111-1 abc B/D 5층
Tel. : 02 - 000 -0000 Fax. : 02 - 000 - 0000

수신 : Edu Tradehub / 최규삼 님
발신 : ABC Logistics / 홍길동 대리

* DDU AUSTRALIA 견적서

환율 : 1,100 / US$

구분	항목	TYPE 3 CBM	KRW
O/F	부산 -> SYDNEY PORT	$160 / CBM	528,000
국내부대비용	THC	KRW 4,300 / CBM	12,900
	W/F	KRW 192 / CBM	576
	CFS	KRW 5,500 / CBM	16,500
	DOC	KRW 30,000 / BL	30,000
DDU CHARGES (호주내비용)	SYDNEY -> THE ADDRESS	$290	319,000
TOTAL			₩906,976

* Remark 1. 국내운송료, 통관비는 별도입니다.
         2. 호주내 통관료 포함

TRANSIT TIME : 16 DAYS

다른 문의 사항 있으시면, 언제든 연락주시기 바랍니다.

---

[3] 수출지에서의 수출통관은 통상 관세사 사무실을 통하여 진행하기 때문에 수출통관비는 관세사 사무실에 결제를 하는 것이 일반적입니다. 하지만, 포워더를 통해서도 수출통관 진행 가능하며 이러한 경우 포워더는 차후 수출자에게 관련 비용을 청구하게 됩니다. 수입지에서도 마찬가지입니다.

[4] DDP 조건의 경우 수출자가 수입지에서의 통관을 위한 수입통관 비용 및 수입관세까지 커버해야 합니다. 이러한 경우 수출지의 포워더가 이러한 비용을 수출자를 대신해서 결제하고 차후에 수출자에게 청구합니다. 따라서 DDP 조건의 견적서에는 이러한 비용까지 모두 포함이 되고 차후 운임 인보이스를 통하여 포워더는 수출자에게 결제 요구합니다.

III. 선적서류(Shipping Documents)

1. B/L(Bill of Lading)과 AWB(Airway Bill)의 정의[1]

1) B/L&AWB 의 정의

B/L은 Bill of Lading의 약자로서[2] 수출자가 수출물품에 대한 운송을 운송사를 통하여 해상으로 진행할 때 발행되는 선하 증권을 말하며, AWB은 Airway Bill의 약자로서[3] 수출자가 수출품에 대한 운송을 운송사를 통하여 항공으로 진행할 때 발행되는 운송장입니다.

B/L(Bill of Lading): 해상운송	AWB(Air Way Bill): 항공운송
▲ 참고 402쪽	▲ 참고 403쪽

1   운송서류는 B/L 혹은 화물운송장이 있습니다. 사실 화물운송장에 속하는 Seawaybill 및 Airwaybill 등은 유가증권으로서 B/L과 상당한 차이를 가집니다. 본 책은 실무서로서 편의상, B/L이라 할 수 없는 운송서류에 대해서도 실무에서 그리 불리며 B/L이라는 용어를 사용하고 있으니 이를 고려해주시기 바랍니다. B/L과 화물운송장(AWB, SWB, Surrender B/L)의 차이는 유가증권으로서 B/L이 발행되어 해당 B/L을 소지한 자가 On Board 된 화물의 소유권을 가지게 되는 반면, 화물운송장이 발행된 경우는 On Board 된 화물의 소유권이 누구에게도 없는데 그 차이가 있겠습니다. 즉, 수출자가 해당 B/L을 소지하고 있으면 On Board 된 화물이 어디에 있든 수출자의 소유물이니 누구도 못 찾아 갑니다.

2   B/L이라 함은 해상운송에서 발행되는 선하증권으로서, Original로 Full Set(3부) 발행됩니다. 이를 줄여서 OB/L이라고도 합니다. 해상운송에서는 화주의 특별한 요청이 없는 이상 거의 대부분 Original B/L이 발행(화주의 요청이 있다면 처음 발행될 때부터 사본인 Seaway Bill이 발행되기도 함.)되는 반면 항공 건의 경우 거의 대부분 사본으로서 AWB이 발행됩니다.

3   Seaway Bill, Airway Bill에서 way Bill은 운송장을 뜻합니다. 운송장은 택배 용지와 같은 것으로서 사본 서류입니다. 반면, B/L은 원본으로 발행되며 선하증권이라고 합니다. 하지만, 실무에서 실무 담당자들이 말을 할 때는 운송장, 선하증권에 대한 용어에 있어서 구분 없이 단순히 B/L이라고 합니다. 즉, 항공 운송장을 AWB이라고 말해야 하지만, 단순히 B/L이라고 말하는 경우가 많다는 것입니다.

운송사(포워더)가 수출자에게 수출물품을 인수 후 B/L, AWB과 같은 운송장을 발행하여 전달하는 의미는 운송 요청한 수출물품을 외관상 이상 없이 잘 받았으며 수출지의 어느 지점에서 수입지의 어느 지점까지 이상 없이 잘 운송을 해주겠다라는 의미에게 발행하는 것입니다.

운송사라 함은 해상의 경우 선사, 항공의 경우 항공사이며, 통상 화주(물품의 주인으로서 수출자 혹은 수입자)는 선사/항공사와 직접 거래를 하지 않고 포워더를 통하여 거래하기 때문에 포워더를 뜻하기도 합니다[4]. 즉, 화주는 포워더에게 수출물품을 전달하며, 포워더는 선사/항공사에게 물품을 전달하여, 선사/항공사는 Master B/L(Direct B/L)을 포워더에게 발행하며, 포워더는 Master B/L을 근거로 하여 화주들에게 House B/L을 발행해 줍니다.

물론, 화주가 선사/항공사와 직접 거래를 하면 Line B/L을 받는 것이며, 포워더와 거래를 하더라도 포워더에게 Line B/L을 요청하면 Line B/L을 받을 수 있으나 특별히 그러지 아니하고 대부분 포워더에게 House B/L을 전달 받아서 통관 진행합니다(196쪽 '1)발행 주체와 상황에 따른 B/L 명칭' 참고).

※ 특송(Courier Service)으로 운송하는 경우

국내에서 택배를 보낼 때 택배 용지를 작성을 합니다. 그리고 외국으로 소량의 물품이나 서류를 보낼 때는 DHL, TNT, Fedex등과 같은 특송회사를 이용합니다. 이들 회사는 택배회사로서 국내가 아닌 국제택배회사입니다. 국내에서 택배를 보내는 것과 마찬가지로 외국으로 소량의 물품을 발송할 때 특송회사의 운송장를 작성하며 물품 포장 후 특송회사 기사에게 물품과 운송장(물론, 인보이스 3장도 작성)을 전달하면 사인 후 부본을 받습니다.

즉, 다시 말해서 특송으로 운송하는 경우의 운송장은 택배용지와 같은 운송장이며, 이 운송장 우측 상단에 보면 바코드 주변의 숫자가 있으며, 이 숫자가 바로 B/L No.(=Tracking No.)가 됩니다(포워더 운송장은 A4용지 크기이며 우측상단에 B/L No.가 있음). 또한, 사인 후 부본을 받는 의미는 포워더가 운송장을 화주에게 전달하는 것과 동일한 의미입니다.

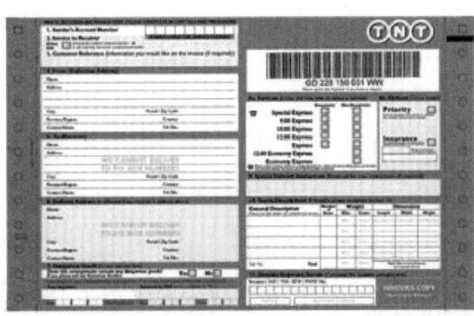

▲ 특송 운송장(Courier Service B/L)[5]

---

4 사실 운송사는 내륙운송 업체를 운송사라고 하는 것이 보다 정확한 뜻이라 할 수 있습니다.
5 택배 용지에 대해서 B/L 이라는 용어보다는 운송장이라는 용어가 적합하지만, 실무에서는 이를 구분하지 않고 '특송 운송장' 이라는 용어보다 '특송 B/L'이라는 용어로 일반적으로 사용됩니다.

2. B/L(Bill of Lading)에 대한 세부 설명

B/L 양식을 보면서 B/L에 대한 세부적인 설명을 하겠습니다. 들어가기에 앞서 알아두어야 할 점은 On Board B/L, Shipped B/L, Clean B/L, Ocean B/L, Straight B/L, Order B/L, Received B/L 등은 각각 다른 B/L이 아니라 모두 하나의 B/L 속에 그러한 의미가 포함되어 있습니다. B/L 양식을 보면 각 항목이 있으며 이들 항목에서 나타내는 뜻에 따라 On Board B/L, Clean B/L, Ocean B/L 등으로 표현 하는 것이며, 하나의 B/L에 이러한 뜻은 포함 되어 있습니다. 즉 하나의 B/L이 특정 항목에서 어떠한 뜻을 나타내는지에 따라서 그 뜻에 맞는 이름이 있습니다. 예를 들어, 신용장에서 매입은행, 통지은행, 확인은행이 각각 다른 은행이 아니라 통상 수출자의 거래은행으로서 하나의 은행이지만 어떠한 시점에서 어떠한 역할을 하느냐에 따라서 이름이 틀려지는 것과 같은 원리라고 보면 됩니다.

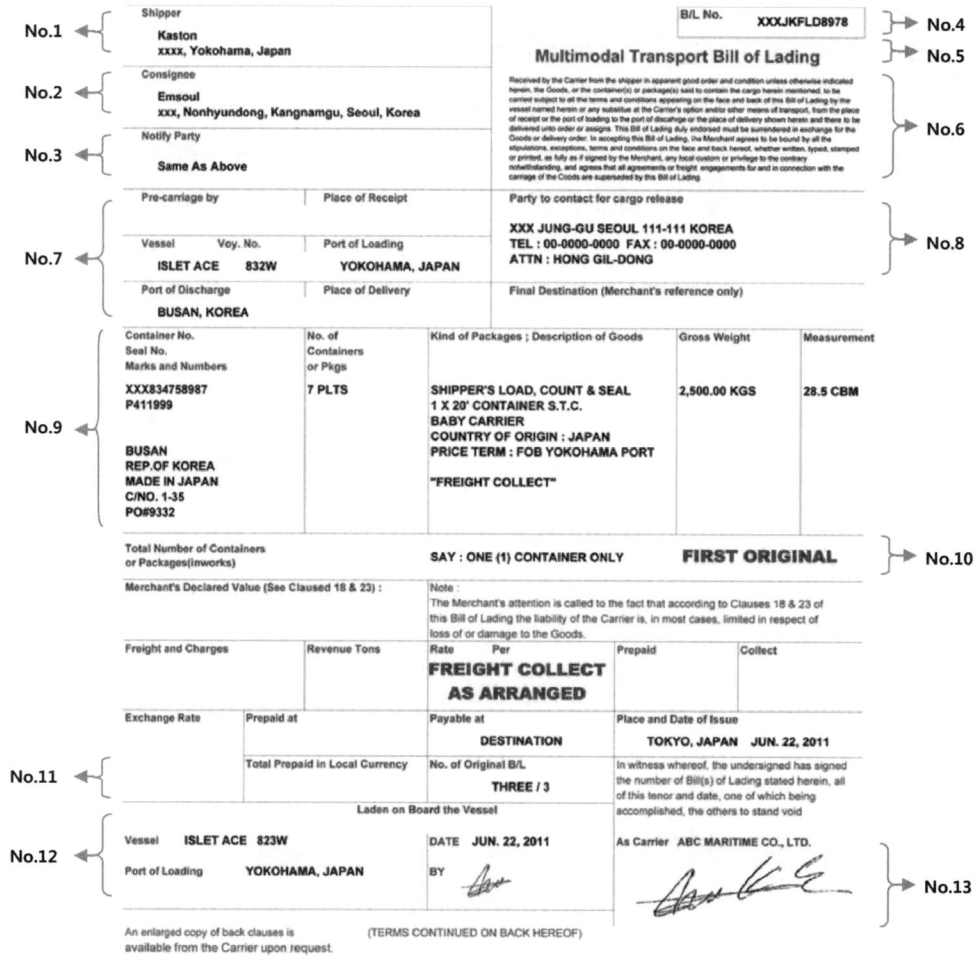

1) B/L의 세부 내용 설명

No. 1	Shipper(송화인)는 물품을 보내는 자로서 수출자를 말함[1].
No. 2	Consignee(수화인)는 물품을 받는 자[2]로서 - T/T 거래일 경우: '수입자'의 상호/주소(Straight B/L, 기명식 B/L), - L/C 거래의 경우: 'To the Order of 개설은행', 'To the Order of Shipper' 혹은 'To the Order of Applicant' 등으로 표기됨(Order B/L, 지시식 B/L).
No. 3	- Notify Party는 '통지처'로서 물품이 수입지에 도착하면 운송사인 포워더가 물품 도착 사실을 통지하는 곳이며, 통상 수입자의 상호/주소 표기. - T/T 거래의 경우: 'Notify Party' 바로 위의 'Consignee'에 수입자의 상호/주소가 표기되고 'Notify Party'에 또다시 중복으로 표기되는 것을 피하기 위해서 상기와 동일하다라는 표현으로서 'Same As Above' 혹은 'Same As Consignee'가 표기 - L/C 거래의 경우: 수입자의 상호/주소 표기
No. 4	B/L No. 즉, 운송장 번호. 수입자는 B/L No.로 수입통관진행 상황 조회 가능(참고 119쪽)
No. 5	B/L 제목으로서 무역 거래에서 발행되는 서류 대부분이 제목이 중요한 것이 아니라 서류의 내용이 중요하며, 그 내용에 따라서 서류의 제목이 결정되는 것처럼, 본 B/L이 복합운송 B/L(Multimodal Transport Bill of Lading, 2가지 이상의 운송수단을 사용하여 운송한 건에 대한 운송장)이라고 표시를 해두었지만 본 B/L은 복합운송 B/L이 아니라 '배'라는 하나의 운송수단만을 사용한 단순한 해상 B/L(Ocean B/L)에 불과 합니다(No. 7 참고).
No. 6	외관상 이상 없이 물품을 수취했음을 표현하는 부분으로서 Received B/L(수취선하증권)을 뜻합니다.
No. 7	Pre-carriage by: Place of Receipt에서 Port of Loading까지의 운송수단 표기 Place of Receipt: 수출지의 내륙 지점. Vessel: 선박 이름 Voy. No.: 항해번호 Port of Loading: 선적 항구(P.O.L.)로서 수출물품이 외국으로 나가는 배에 적재되는 항구라 할 수 있음. No.12의 B/L Date는 P.O.L.에서 수출물품이 적재된 일자. Port of Discharge: 양륙 항구(P.O.D.)로서 해상운송에 있어 최종 목적지 항구가 됨. 환적을 한 경우에도 P.O.D.는 해상운송의 최종 목적항구가 표기되어야 하며, 환적항을 표기한다면 Transshipment Port라는 항목을 만들어 표기해야 할 것이나, 일반적으로 환적항은 표기되지 않음. Place of Delivery: 수입지의 내륙 지점으로서 운송인(포워더)의 최종 운송지점 Final Destination: 물품의 최종 목적지로서 운송인(포워더)의 책임 하의 최종 운송지점이 아니라 화주 입장에서의 최종 운송지점.

1. 운송서류의 Shipper는 송화인입니다. Port of Discharge에 위치한 Buyer와 매매계약을 체결한 Seller가 되는 경우가 대부분이나 3국 무역(중개무역) 건에서는 다를 수 있습니다. 따라서 운송서류의 Shipper는 송화인이라고 표현하는 것이 가장 적절하겠습니다. 참고로 인보이스(C/I)는 Seller와 Buyer의 거래 상품에 대한 대금 청구서로서 인보이스의 Shipper와 Consignee는 상호 매매계약 체결한 당사자로서 Shipper는 대금 청구자이고, Consignee는 대금 결제자입니다.

2. 운송서류의 Consignee는 Port of Discharge에서 해당 물품을 인수하는 자(수화인)입니다. 즉, D/O(화물인도지시서) 발행 요청 가능한 자입니다. 운송서류의 Consignee가 'To the Order of 개설은행'이면, 개설은행의 지시(배서)에 의해서 Consignee가 결정된다는 뜻으로서, 수입자는 '개설은행'의 배서를 받아서 B/L을 인수하여 수입지 포워더에게 전달 후 D/O 요청해야겠습니다. 또한, To the Order of Shipper는 To Order와 동일한 의미로서 Shipper의 지시, 즉 배서가 된 B/L을 인수하는 자가 D/O 요청할 수 있겠습니다. 아울러, L/C에서만 지시식으로 발행되라는 법은 없으니 참고하기 바랍니다.

	Ocean B/L: 해상 B/L로서 Port에서 Port까지 선박에 의해서만 운송되는 건에 대한 B/L로서 P.O.L., P.O.D.만 표시 되며, Place of Receipt 및 Place of Delivery는 통상 표기되지 않음. Multimodal Transport B/L: 복합운송 B/L은 두 가지 이상의 운송수단을 사용한 건의 B/L로서 Place of Receipt(a), P.O.L.(b), P.O.D(c), Place of Delivery(d) 중에 a, b, c 혹은 b, c, d가 표기됩니다. 즉, a, b, c의 경우를 예를 들다면 a에서 b까지는 철도 운송하고 b에서 c까지는 해상운송을 하였다고 표기하는 경우 2가지 이상의 운송수단을 사용한 것으로서 복합운송이 됩니다. Pre-carriage by는 Place of Receipt에서 P.O.L.까지의 운송수단을 표기하는 곳입니다.
No. 8	일반적으로 House B/L의 경우 주소와 연락처가 표기되며, Master B/L은 표기되지 않음.
No. 9	본 건의 제품에 대한 핵심 정보들이 표기됨.
No. 10	Original B/L은 Full Set, 즉 3부로 발행되며 각각 First Original, Second Original, Third Original로 표기가 되거나 혹은 3부 모두 Original이라고 표기가 됨. First, Second, Third 모두 Original로서 수입자는 OB/L 인수 후 포워더에게 1부만 전달하고 운송비 결제 후 D/O 받고 수입통관 진행.
No. 11	- 'No. of Original B/L'에 'THREE/3' 으로 표기가 되어 있으며, 본 건이 Full Set으로 발행된 Original B/L 이라는 것을 나타냄. Surrender와 같은 사본 운송장의 경우 이곳에 'Zero(0)'가 표시됨. - 때로는 이곳에 'THREE/3'로 표기가 되어 있음에도 포워더가 Surrender 된 건이라고 말하는 경우가 있으며, 이 경우는 서류상으로는 Surrender가 안되었지만 전산으로는 Surrender가 되었기 때문에 Surrender 되었다는 가정하에 진행함.
No. 12	- 'Laden on Board the Vessel' 아래에 날짜와 사인이 있으며, 본 건이 적재(On Board)되었다는 뜻으로서 이러한 B/L을 On Board B/L 혹은 Shipped B/L이라고 함. - B/L로서 역할을 하는 B/L은 On Board 된 이후에 발행되는 B/L. - 후불 결제조건을 나타내는 뜻으로서 T/T 35 days after B/L Date, L/C 90 days after B/L Date 등으로 표현되며 이때 'B/L Date'라는 것은 B/L Issuing Date가 아니라 'On Board Date'가 됨.
No. 13	- 본 B/L은 원본이기 때문에 사인이 되어 있음. - 사본 B/L인 Surrender B/L, Seaway Bill, Express Bill 등에는 사인이 필요 없음.

2) B/L 명칭에 대한 설명

B/L은 Original B/L, Surrender B/L, Check B/L, On Board B/L, Clean B/L 등 여러 가지가 있습니다. 하지만, 이러한 B/L의 명칭이 곧 각기 다른 B/L을 뜻하는 것은 아닙니다. 발행될 때 각기 다른 용도로 발행되는 B/L(A)이 있는가 하면, 그 발행된 B/L에 표기된 내용에 따라서 B/L의 명칭이 또 한번 세분화되어 부르는 B/L(B)의 명칭도 있습니다.[1]

다시 말해서, Original B/L과 Check B/L은 처음에 발행될 때부터 각각 다른 용도로 발행(A)됩니다. 즉, A가 주이며, B는 A의 줄기라고 보면 되겠습니다.

각각 다른 B/L(A)	하나의 B/L에 B/L 명칭의 뜻 포함(B)
- Original B/L: 원본 B/L(참고 244쪽) - Surrender B/L: 원본 B/L을 사본화 시킨 B/L(248쪽 참고) - Express Bill: 발행 때부터 사본으로 발행된 B/L - Seaway Bill(SWB): 발행 때부터 사본으로 발행된 B/L - Check B/L[2]: 적재 전 B/L 내용 체크를 위한 B/L - Draft B/L: Check B/L과 동일한 뜻.	- On Board B/L: 적재 후 On Board Date가 표기된 B/L - Shipped B/L: On Board B/L과 동일한 뜻. - Clean B/L: Two Boxes Broken과 같은 고장문언이 기재되지 않은 B/L - Ocean B/L: 해상 운송에 의한 선하증권을 Ocean B/L이라 하며 일반적인 선하증권은 Ocean B/L - Straight B/L: B/L의 Consignee에 수입자의 상호 및 주소가 표기된 B/L(기명식: T/T 조건에서) - Order B/L: B/L의 Consignee에 'To the Order of xxx'로 표기된 B/L(지시식: L/C 조건에서)

---

1 역시 B/L은 발행 주체에 따라서 Master B/L, House B/L로 구분됩니다. 196쪽 참고.
2 Check B/L과 Draft B/L은 사실 운송서류라 할 수 없습니다(Check B/L 혹은 Draft B/L 2개 중에 하나의 제목으로 발행). 이는 On Board 이후 발행됨을 원칙으로 하는 운송서류(B/L, 화물운송장)를 포워더가 실화주에게 발행하기에 앞서 그 내용에 오류가 없는지를 확인하기 위해서 발행하는 운송서류 초안(Draft)라고 할 수 있습니다. 실화주는 Check B/L 혹은 Draft B/L이라는 제목으로 발행되는 서류를 받고 그 내용을 꼼꼼히 확인 후 Confirm 혹은 수정 요청해야겠습니다. Confirm 이후 잘못된 내용에 대한 책임은 발행자는 포워더에게 없고 Confirm 한 자인 실화주에게 있습니다.

3) 각각 다른 B/L

(1) Check B/L(=Draft B/L)

수출자의 요청에 의해서 혹은 포워더 스스로가 정식 B/L이 발행되기 전에 포워더는 Check B/L을 수출자에게 이메일 혹은 팩스로 발송하여 수출자가 수출하려는 물품의 내역과 기타 사항이 맞는지 확인할 것을 요구합니다.

그 이유는 수출자가 수출물품을 포워더에게 전달할 때 이미 물품의 내역과 수출 항구, 수입 항구 등에 대해서 확인을 서로 했지만 적재(On Board)되기 전에 최종적으로 서로 체크를 하기 위한 목적이며, 수출자가 정확히 확인하지 않고 컨펌(confirm)을 하게 되면 그 후 잘못 운송되는 것에 대해서 포워더는 책임을 지지 않겠다는 의미도 숨어 있습니다. 따라서 수출자는 Check B/L을 포워더에게 받으면 표기된 내용을 꼼꼼히 체크해볼 필요가 있습니다.

참고로 Check B/L은 B/L으로서의 역할을 하지 못합니다. 단순히 체크를 위한 B/L로서 사본으로 발행됩니다. 통관할 때 사용되는 B/L로서 역할을 하는 B/L은 적재(On Board)가 된 이후에 발행되는 On Board B/L입니다.

(2) Seaway Bill(=Express Bill)

Original B/L을 사본으로 변경하는 Surrender B/L과는 달리, Seaway Bill 혹은 Express Bill은 발행될 당시부터 사본 B/L로 발행됩니다. 이러한 운송장은 사본이기 때문에 'Number of Original B/L' 부분에 'Zero(0)' 혹은 '0/None' 으로 표기되어 있으며, 또한 사본이기 때문에 사인이 일반적으로 되어 있지 않습니다. 서류처리에서도 마치 AWB처럼 이메일 혹은 팩스로 진행합니다.

3) 하나의 B/L에 B/L 명칭의 뜻 포함

(1) On Board B/L(본선적재선하증권) = Shipped B/L(선적선하증권)

On Board B/L(=Shipped B/L)은 수출자가 포워더에게, 그리고 포워더가 선사에게 전달한 수출물품이 지정된 선박에 적재(On Board)된 이후에 발행되는 선하증권, 즉 B/L입니다. B/L의 발행일자는 B/L 우측 하단 부분에 표기된 'Place and Date of Issue' 부분의 날짜가 아니라 B/L의 'Laden on Board the Vessel' 부분에 표기된 본선적재일(On Board Date)이 됩니다.

'Laden on Board the Vessel('On Board Date'라고도 표기됨)', 날짜, 사인이 나오면 해당 B/L은 On Board B/L이 되며, 이러한 B/L은 통상 Original B/L로서 우측 하단 부분에 발행인의 사인이 되어 있습니다. Surrender B/L과 같이 사본 B/L이더라도 본선적재일은 표기되어 있으며, 일반적으로 사인은 없습니다.

① Original B/L 속의 본선적재일 표기

Exchange Rate	Prepaid at	Payable at	Place and Date of Issue
		DESTINATION	TOKYO, JAPAN JUN. 22, 2011
	Total Prepaid in Local Currency	No. of Original B/L	In witness whereof, the undersigned has signed the number of Bill(s) of Lading stated herein, all of this tenor and date, one of which being accomplished, the others to stand void
		THREE / 3	
	Laden on Board the Vessel		
Vessel ISLET ACE 823W		DATE JUN. 22, 2011	As Carrier ABC MARITIME CO., LTD.
Port of Loading YOKOHAMA, JAPAN		BY (서명)	(서명)

▲ 'Laden on Board the Vessel'이 본선적재일이며, 그 아래 날짜 및 사인이 되어 있음(Original B/L). 본선적재일 표기는 도장으로 찍는 경우도 있음.

② 사본 B/L 속의 본선적재일 표기

				ON BOARD DATE JUL. 2. 2011
	" FREIGHT PREPAID " SAY. TWO(2) PLATS ONLY			
				CFS / CFS
Freight and Charges	Prepaid	Collect	Freight Payable at SEOUL, KOREA	
FREIGHT PREPAID AS ARRANGED			Number of Original B/L 0 / NONE	
			Place of issue & date SEOUL, KOREA JUL. 22, 2011	
			ACTING AS A CARRIER ABB FORWARDING CO., LTD	

▲ 'ON BOARD DATE' 아래 날짜가 본선적재일이며, 사본이기 때문에 사인이 없음(사본 B/L).

> **참고**
>
> B/L은 유가증권[1]으로서 On Board 된 화물의 소유권을 B/L 소지인이 가지고 있습니다[2]. 그러나 화물운송장(Waybill, SWB(=Express Bill))와 AWB, 그리고 Surrender B/L은 화물운송장에 속한다.)은 On Board 된 화물의 소유권이 누구에게도 없는, 즉 화물 권리가 Surrender 처리된 운송서류로서 오직 수입지에서 물품을 찾을 수 있는 권리가 있는 자(Consignee)가 운송비 결제하면 D/O 요청 가능합니다. 해상에서 수출자는 B/L을 발행할지 화물운송장을 발행할지 판단하여(양자택일) 수출지 포워더에게 의사 전달하겠습니다. On Board 시점에 On Board 화물의 소유권을 수출자가 소유할 필요가 있으면 B/L 발행 요청하고, 소유권 소유 필요치 않으면 화물운송장(SWB) 발행 요청하겠습니다. B/L이 발행되면 수입지에서 수입자가 수출자로부터 B/L을 인수해야 하고 아울러 해당 B/L의 Consignee가 수입자 자신임이 기재되거나(기명식 B/L) 혹은 배서가 있어야(To the Order of 개설은행이면 개설은행의 배서)합니다. 그러한 B/L을 수입자는 수입지 포워더에게 전달(수출자는 수입자에게 B/L Full Set(3부) 모두 전달하고 수입자는 Full Set 중 1부만 수입지 포워더에게 전달해도 문제없음)하고 운송비 결제하면서 D/O 발행 요청 가능하겠습니다. 만약 수출자가 B/L 발행을 요청한 이후에 B/L을 그대로 수입자에게 전달하지 않으려면[3], 기 발행된 B/L 3부(Full Set) 모두를 해당 B/L을 발행한 수출지 포워더에게 전달하고 Surrender 요청합니다. 이렇게 발생한 운송서류를 Surrender B/L이라 하는데, 사실 이는 유가증권으로서 B/L은 아니고 화물운송장에 불과합니다[4]. 여기서 알 수 있듯이 해상 건에서 On Board 시점에 B/L 혹은 SWB 중에 B/L이 발행되고, On Board 된 물품의 소유권을 수출자가 포기(Surrender)하면 Surrender B/L(화물운송장)이 발행됩니다. 그러나 On Board 시점부터 On Board 되는 물품의 소유권을 수출자가 행사하기 원치 않는 경우는 SWB가 발행되겠습니다.

(2) Clean B/L(무사고선하증권)&Foul B/L(고장선하증권)

선사는 수출물품을 선적할 때 화물의 포장 상태, 수량 등에 어떠한 하자, 예컨대 파손, 수량 부족, 유손(Wet Damage) 등이 있는지 여부를 체크합니다. 만약 2개의 카톤이 파손된 경우 B/L의 적요란(Remarks)에 Two Cartons Broken과 같은 고장문언을 기재합니다. 이렇게 고장문언이 기재된 B/L을 고장선하증권(Foul or Dirty B/L)이라 합니다. 선사에서 고장문언을 기재하는 이유는 해당 물품을 파손된 상태 그대로 서류상에 표기도 없이 수입지까지 운송해주었는데, 수입자가 이러한 파손의 원인 제공을 운송을 직접 진행한 선사의 책임으로 돌리면 선사가 손해 배상을 해줘야 할 수도 있기 때문입니다. 따라서 선사는 파손 화물에 대해서는 이러한 공장문언을 B/L에 기재합니다.

통상 컨테이너로 운송되는 물품보다는 컨테이너에 적재되지 않은 벌크 화물에 대해서 이러한 상황 발생 확률이 높다 할 수 있습니다.

---

1. 유가증권은 해당 서류상에 기재된 물품이 어디에 있던 해당 서류를 소지한 자가 소유권을 행사할 수 있는 서류입니다.
2. 그래서 수입지의 수입자는 수출지에서 B/L 발행된 건에서 해당 B/L을 인수하지 못하면 수입지 포워더에게 운송비 결제하더라도 D/O 발행 요청 불가하며, 결과적으로 수입지 보세구역에서 해당 물품을 반출시킬 수 없습니다.
3. T/T 결제조건에서 수출자가 B/L을 그대로 수입자에게 전달하기 위해서는 특송(Courier)을 사용해야 하는데 비용 발생, 시간 지체 및 분실 위험이 따릅니다. 따라서 굳이 B/L을 특송으로 그대로 전달하지 않고 Surrender 처리 요청할 수 있습니다.
4. Surrender 처리되면 'Surrendered' 혹은 'Telex Released'가 날인됩니다.

Foul B/L의 고장문언의 예
"rain work, some wet" (우중 하역, 젖어 있음) "6 cases broken" (6상자 파손) "2 packages short in dispute" (두 개 부족, 논의 중)

반면에, Clean B/L(무사고선하증권)이란 그러한 고장문언이 없는 B/L을 말합니다. 다시 말해서, 본선에 양호한 상태로 또한 신청 수량대로 적재되어 B/L의 Remarks에 화물의 고장문언이 기재되지 않고 깨끗한 채로 발행된 B/L을 말합니다. Clean B/L에는 양호한 상태로 수량이 맞는다는 것을 명시하기 위해서 "Shipped on board in apparent good order and conditions"이란 문언이 기재되어 있습니다.

통상적으로 수출자와 수입자 사이의 결제조건이 신용장(L/C) 거래일 때 신용장 46A Document Required 조항에서 B/L을 요구할 때 Clean B/L을 요구합니다. 따라서 특히 신용장 거래에서 수출자는 반드시 고장문언이 없는 Clean B/L 받아야 합니다.

만약 수출자의 물품의 일부가 파손되어 선사에서 고장문언을 B/L에 기재하려 하는 상황에 직면하였다고 가정합니다. 이때 수출자는 선사에 파손화물보상장(Letter of Indemnity ; L/I) 혹은 보상장(Letter of Guarantee)을 제출하여 파손에 대해서 후일에 있을 만약의 문제가 제기되는 경우 수출자 자신이 책임을 지고 선사가 입은 손해를 배상한다는 것을 약속합니다. 그러면 선사에서는 무고장선하증권, 즉 Clean B/L을 발행하여 수출자는 매입은행에 Clean B/L을 제출할 수 있고 정상적으로 선적대금을 결제받을 수 있습니다.

Clean B/L을 요구하는 신용장 문구
L/C 46A Documents Required + FULL SET OF CLEAN ON BOARD OCEAN BILLS OF LADING MADE OUT[1] TO THE ORDER OF ABC BANK MARKED FREIGHT COLLECT NOTIFY EDUTRADEHUB.

(3) Received B/L(수취선하증권)

Received B/L은 운송사가 화주와의 운송계약에 의하여 화물을 특정 화물 인수장소(운송화물 수취장소)에서 인수하고 현실적으로 본선에 적재하기 전에 발행되는 것이며, 그 취지가 B/L 상에 다음과 같이 기재되어 있습니다.

"Received by the Carrier from the shipper in apparent good order and condition…."

수취지는 CY, CFS 등이 있으며, 이러한 장소는 발행된 B/L의 Place of Receipt(수취지)에 기재되기도

---

[1] MADE OUT은 make out의 과거분사로서 '작성되어 있는'이라는 뜻입니다. 다시 말해서, to the order of ABC Bank가 B/L의 Consignee에 작성되어 있는 B/L을 요구하는 하고 있는 문구입니다.

합니다.

(4) Ocean B/L(해상선하증권)

B/L의 Port of Loading 과 Port of Discharge에 항구가 표기되어 있으며, 배(By Vessel)로 운송되는 모든 B/L을 Ocean B/L이라고 합니다.

Pre-carriage by		Place of Receipt		Party to contact for cargo release
Vessel	Voy. No.	Port of Loading		XXX JUNG-GU SEOUL 111-111 KOREA TEL : 00-0000-0000 FAX : 00-0000-0000 ATTN : HONG GIL-DONG
ISLET ACE	832W	YOKOHAMA, JAPAN		
Port of Discharge		Place of Delivery		Final Destination (Merchant's reference only)
BUSAN, KOREA				

(5) Straight B/L(기명식선하증권)&Order B/L(지시식선하증권)

기명식선하증권(Straight B/L)이란 선하증권의 'Consignee' 란에 수입상의 상호와 주소가 기재된 B/L을 말합니다. 그리고 'Notify'란에는 'Same As Consignee' 혹은 'Same As Above' 와 같은 문구가 표기되며, 통상 결제조건 T/T 혹은 추심결제조건이 D/A, D/P 거래에서 기명식으로 표기 됩니다.

Shipper			B/L No.	XXXJKFLD8978
Kaston xxxx, Yokohama, Japan			**Multimodal Transport Bill of Lading**	
Consignee			Received by the Carrier from the shipper in apparent good order and condition unless otherwise indicated herein, the Goods, or the container(s) or package(s) said to contain the cargo herein mentioned, to be carried subject to all the terms and conditions appearing on the face and back of this Bill of Lading by the vessel named herein or any substiyue at the Carrier's option and/or other means of transport, from the place of receipt or the port of loading to the port of dischahrge or the place of delivery shown herein and there to be delivered unto order or assigns. This Bill of Lading duly endorsed must be surrendered in exchange for the Goods or delivery order. In accepting this Bill of Lading, the Merchant agrees to be bound by all the stipulations, exceptions, terms and conditions on the face and back hereof, whether written, typed, stamped or printed, as fully as if signed by the Merchant, any local custom or privilege to the contrary notwithstanding, and agrees that all agreements or freight engagements for and in connection with the carriage of the Goods are superseded by this Bill of Lading	
Emsoul xxx, Nonhyundong, Kangnamgu, Seoul, Korea				
Notify Party				
Same As Above				
Pre-carriage by		Place of Receipt	Party to contact for cargo release	
Vessel	Voy. No.	Port of Loading	XXX JUNG-GU SEOUL 111-111 KOREA TEL : 00-0000-0000 FAX : 00-0000-0000 ATTN : HONG GIL-DONG	
ISLET ACE	832W	YOKOHAMA, JAPAN		

지시식선하증권(Order B/L)이란 선하증권의 'Consignee'란에 'To the Order of 개설은행', 'To the Order of 수출자' 혹은 'To the Order of 수입자'와 같은 문구가 표기되며, 이는 소유권이 이전되는 유가증권이며 양도가능증권이기도 합니다. 지시식 선하증권에서의 'Notify'란에는 수입상의 상호 및 주소가 기재됩니다.

```
Shipper
Kaston
xxxx, Yokohama, Japan
```
```
Consignee
To the Order of ABC Bank
```
```
Notify Party
Emsoul
xxx, Nonhyundong, Kangnamgu, Seoul, Korea
```
Pre-carriage by	Place of Receipt	
Vessel ISLET ACE	Voy. No. 832W	Port of Loading YOKOHAMA, JAPAN

B/L No. XXXJKFLD8978

Multimodal Transport Bill of Lading

Received by the Carrier from the shipper in apparent good order and condition unless otherwise indicated herein, the Goods, or the container(s) or package(s) said to contain the cargo herein mentioned, to be carried subject to all the terms and conditions appearing on the face and back of this Bill of Lading by the vessel named herein or any substitute at the Carrier's option and/or other means of transport, from the place of receipt or the port of loading to the port of discahrge or the place of delivery shown herein and there to be delivered unto order or assigns. This Bill of Lading duly endorsed must be surrendered in exchange for the Goods or delivery order. In accepting this Bill of Lading, the Merchant agrees to be bound by all the stipulations, exceptions, terms and conditions on the face and back hereof, whether written, typed, stamped or printed, as fully as if signed by the Merchant, any local custom or privilege to the contrary notwithstanding, and agrees that all agreements or freight engagements for and in connection with the carriage of the Goods are superseded by this Bill of Lading.

Party to contact for cargo release
XXX JUNG-GU SEOUL 111-111 KOREA
TEL : 00-0000-0000 FAX : 00-0000-0000
ATTN : HONG GIL-DONG

(6) Stale B/L (기간경과선하증권)

신용장에는 신용장 조항 46A Document Required에서 요구하는 선적서류와 기타 서류를 수출자 (수익자, Beneficiary)가 수출지의 은행에 언제까지 제출할 것을 요구하는 선적서류 제출기일이 존재합니다. 해당 부분은 신용장 48 Period for Presentation 조항으로서 통상 21일을 제시합니다.

수출자는 수출 진행 후 신용장 46A에서 요구하는 선적서류 및 기타의 서류들을 48 조항에서 요구하는 기일까지 제출해야 합니다. 그런데 경우에 따라 수출자가 그러한 기한까지 B/L을 포함한 서류들을 제출하지 못 할 수도 있습니다.

이때 선적서류 제출기한까지 제출되지 못한 B/L을 Stale B/L 즉, 기간경과선하증권이라고 합니다.

매입신용장에서 수출지에서 수출자로부터 선적서류를 매입하는 매입은행은 기간경과선하증권을 수리하지 않는 것이 통상적입니다. 이유는 신용장도 하나의 계약서인데 수출자가 계약 내용을 위반한 것이기 때문입니다.

그렇지만 B/L이 발행되었다는 것은 물품이 이미 수출지를 떠나 수입지로 가고 있거나 도착한 상황으로서 상기 이유로 수출자가 매입은행에 선적서류를 제출하지 않을 수는 없을 것입니다. 그래서 하자네고 진행될 것이라는 사실을 알고서라도 선적서류를 매입은행에 제출합니다[1]. 그러면 매입은행은 선적서류를 받고 수출자에게 대금을 지급하는 매입(Nego)을 하지 않고 추심[2]을 돌립니다. 다시 말해

---

[1] 물론 늦은 제출로 인해서 수입자가 피해를 볼 수 있음에 따라 수입자에게 수출자는 사전에 양해를 구하는 것이 좋습니다. 그리고 그보다 더 중요한 이유는 개설은행에서 상기 이유로 지급 거절(Unpaid)할 수도 있는데 통상 수입자에게 의견을 묻고 수입자가 그냥 인수하겠다는 뜻을 밝히면 개설은행은 지급 거절하지 않기 때문입니다.

[2] 신용장에서 수출자(수익자: Beneficiary)는 하자 없이 매입 신청하는 것이 좋습니다(Clean Nego). 만약 하자 네고 진행하면 매입은행은 지급 거절할 수도 있으나 일반적으로 '추심(Collect)'을 돌립니다. 통상 수출자가 At Sight L/C, Banker'sUsance L/C에서는 Clean Nego 진행하면 매입은행으로부터 바로 대금 결제를 받지만, 만약 하자 네고 하고 매입은행이추심 돌린다면 마치 Shipper's Usance L/C에서처럼 수출자는 매입은행으로부터 바로 대금 결제받지 못하고 매입은행이개설은행으로부터 대금을 받아서 지급하기 때문에 대략 3주 정도의 시간이 흐른 뒤에 결제받습니다.

서 상기 이유로 매입은행이 선적서류 자체를 인수하지 않는 상황보다는 단순히 매입하지 않고 추심을 돌리는 경우가 대부분일 것입니다.

(7) Third Party B/L(제3자선하증권)&Switch B/L

수출입거래의 매매당사자가 아닌 제3자가 Shipper(송화인, 수출자)가 되는 경우의 B/L을 말합니다. 통상 중개무역에서는 중개자(C)가 실제 수출자(A)와 계약하고 또 실제 수입자(B)와 또 한번의 계약을 합니다. 물론, 물품은 A에서 B 국가의 항구/공항으로 바로 운송되지만 해당 건의 B/L의 Shipper는 A가 되며, a)C가 B의 정보를 A에게 노출 원하지 않는 경우 A국에서 발행되는 B/L의 Consignee에는 C가 될 것을 요구하고 반면에 b)C가 B의 정보를 A에게 노출해도 상관없는 경우 B/L의 Consignee에는 B가 될 것을 요구합니다.(a의 경우는 C가 A에게서 B/L 받아서 Switch[3] 후 B에게 전달해야함).

b)의 경우, Shipper는 A가 되고 Consignee는 B가 되며 Notify는 C가 되든 B가 되든 상관없습니다. 이러한 경우 C와 B의 계약에서 C가 Shipper인데 해당 건의 B/L에는 C와 B의 계약과는 상관없는 제3자로서 A가 Shipper로 되어 있습니다. 이러한 B/L을 Third Party B/L이라고 합니다.

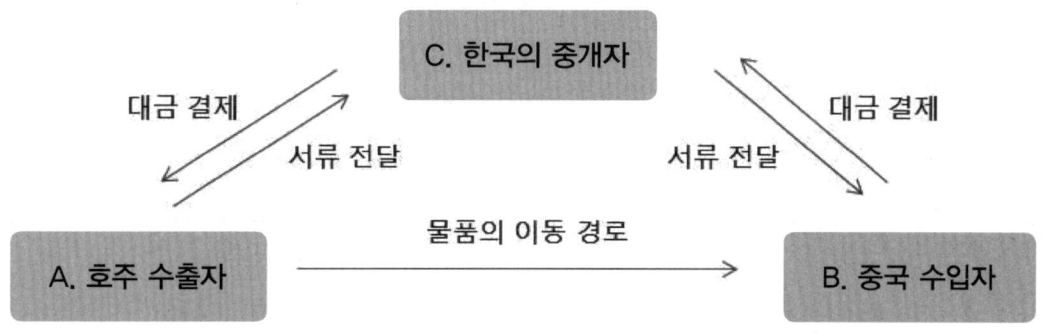

---

3 Switch B/L 발행 방법 및 절차에 대한 자세한 내용은 56쪽을 참고해주세요.

3. Full Set(3부)으로 발행되는 Original B/L의 원본
— First Original, Second Original, Third Original

해상운송에서 일반적으로 B/L(선하증권, Bill of Lading)은 Original(원본)로 Full Set(3부) 발행됩니다. B/L의 세부 내용에 대해서 동일하게 발행되지만 각 부에는 'First Original', 'Second Original', 'Third Original' 혹은 'Original', 'Duplicate', 'Triplicate' 혹은 3부 모두 'ORIGINAL'이 표기됩니다.

이들 각각은 모두 원본 B/L입니다. 즉, Second라고 하여 Original이 아닌 것은 아니며, Triplicate라고 하여 Original이 아닌 것은 아니라는 말입니다. 3부 모두 Original B/L입니다.

따라서 수입자가 포워더를 통해서 선사에게 물품을 인도 받기 위해서는 원본 B/L이 필요한데, 이때 3부 중 Original이 찍혀있는 것을 전달하든, Duplicate가 찍혀 있는 B/L을 전달하든 Triplicate가 찍혀 있는 B/L을 전달하든 상관이 없습니다. 3부 중에 한 부만 전달하고 포워더에게 운송비 결제하면 D/O가 떨어집니다.

1) 'FIRST ORIGINAL'이 찍혀있는 ORIGINAL B/L 샘플 보기

▲ ORIGINAL B/L: 상기 ORIGIANL B/L에는 'ORIGINAL' 표기, 'No. of Original B/L'에 'THREE/3' 표기되어 있음. 원본이기 때문에 B/L 우측 하단에 사인되어 있음.

Seal No. Marks and Numbers XXX834758987 P411999 BUSAN REP.OF KOREA MADE IN JAPAN C/NO. 1-35 PO#9332	Containers or Pkgs 7 PLTS	SHIPPER'S LOAD, COUNT & SEAL 1 X 20' CONTAINER S.T. BABY CARRIER COUNTRY OF ORIGIN : JAPAN PRICE TERM : FOB YOKOHAMA PORT "FREIGHT COLLECT"	2,500.00 KGS	28.5 CBM
Total Number of Containers or Packages(inworks)		SAY : ONE (1) CONTAINER ONLY		
Merchant's Declared Value (See Claused 18 & 23) :		Note : The Merchant's attention is called to the fact that according to Clauses 18 & 23 of this Bill of Lading the liability of the Carrier is, in most cases, limited in respect of loss of or damage to the Goods.		
Freight and Charges	Revenue Tons	Rate Per	Prepaid	Collect
Exchange Rate	Prepaid at	Payable at DESTINATION	Place and Date of Issue TOKYO, JAPAN JUN. 22, 2011	
	Total Prepaid in Local Currency	No. of Original B/L ZERO(0)	In witness whereof, the undersigned has signed the number of Bill(s) of Lading stated herein, all of this tenor and date, one of which being accomplished, the others to stand void As Carrier ABC MARITIME CO., LTD.	
Vessel ISLET ACE 823W Port of Loading YOKOHAMA, JAPAN	Laden on Board the Vessel	DATE JUN. 22, 2011 BY		

SURRENDERED

▲ SURRENDER B/L: 상기 SURRENDER B/L에는 'ORIGINAL' 표기 대신 'SURRENDER' 표기가 되어 있으며, 'No. of Original B/L'에 'THREE/3' 표기 대신 'ZERO(0)'가 표기되어 있음. 원본이 아닌 사본이기 때문에 B/L 우측 하단에 사인이 없음.

ORIGINAL B/L은 FULL SET, 즉 3부가 발행되며 따라서 B/L의 'No. of Original B/L' 란에는 'THREE/3'라고 표기되어 발행됩니다. 만약 ORIGINAL B/L에 대해서 수입자가 수출자에게, 그리고 수출자가 포워더에게 SURRENDER 해줄 것을 요구하고 ORIGINAL B/L이 SURRENDER 되면 'ORIGINAL'이라는 표기 대신 'SURRENDER'라는 표기가 있을 것이며, 또한 'No. of Original B/L'란에는 'ZERO(0)'로 표기됩니다.

때에 따라서 ORIGINAL B/L이 SURRENDER 되었음에도 B/L의 'No. of Original B/L'에 'THREE/3'로 표기되는 경우도 있는데 이것은 서류상으로는 ORIGINAL을 뜻할지 모르나 전산으로는 SURRENDER 되었기 때문에 SURRENDER 건으로 처리합니다.

하지만 간혹 'Surrender'가 아니라 'Telex Release'라는 문구가 날인되는 경우도 있습니다. 현재는 사본 서류를 이메일로 전달하지만, 과거에는 텔렉스(Telex)라는 통신수단으로 서류를 전달하였기 때문에 'Telex Release'로 날인하였는데, 현재도 그렇게 날인하는 경우가 종종 있습니다. 따라서 실무자는 'Telex Release'라는 문구를 'Surrender'라는 문구와 동일하게 인식하면 되겠습니다..

4. AWB(Air Way Bill)에 대한 세부 설명

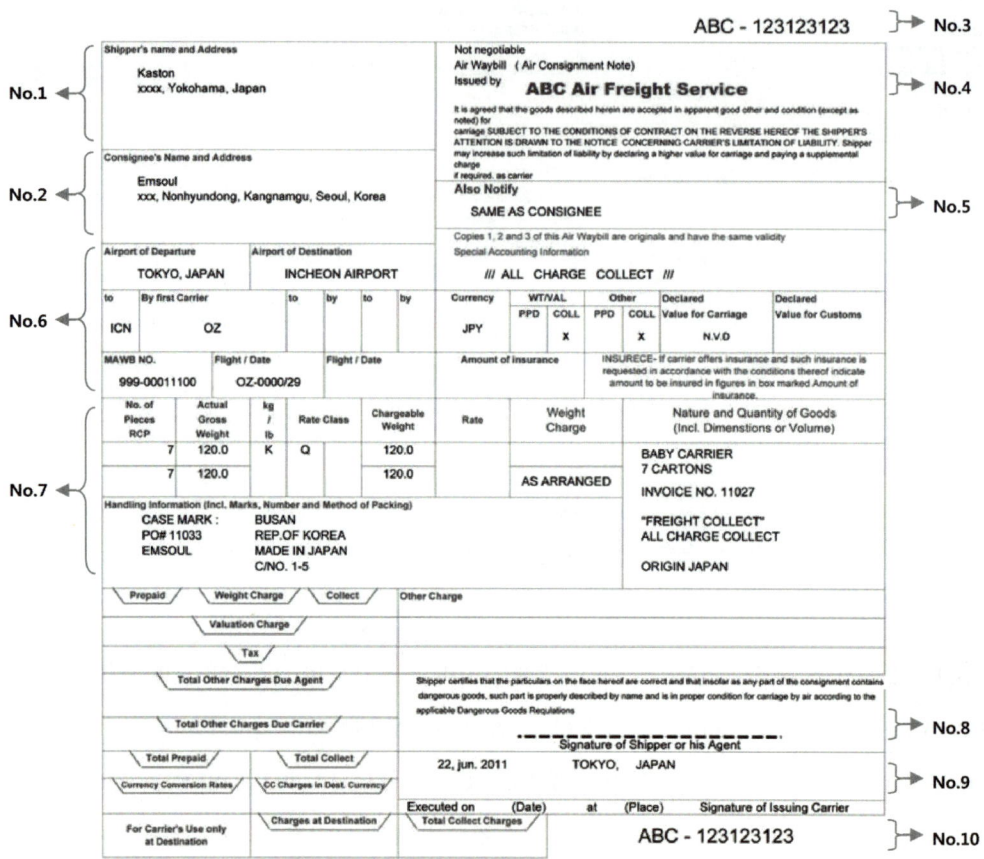

No. 1	Shipper(송화인)는 물품을 보내는 사람으로서 수출자를 뜻하며, 수출자의 상호 및 주소 표기
No. 2	Consignee(수화인)는 물품을 받는 사람으로서 - T/T 거래일 경우: '수입자의 상호/주소' - L/C 거래의 경우: 'Consigned To 개설은행'
No. 3	AWB No. 즉, 운송장 번호. 통상 사본으로 발행되는 AWB의 서류 처리를 팩스로 하는 경우가 있는데, 이때 No.3 부분의 AWB No.가 잘 보이지 않을 수도 있음. 이러한 경우 No.10에서도 AWB No.를 확인 가능함.
No. 4	AWB을 발행한 포워더.
No. 5	Notify는 '통지처'이며, 물품이 수입지에 도착하면 운송사인 포워더가 물품 도착 사실을 통지하는 곳으로서 통상 수입자의 상호/주소가 표기됨. - T/T 거래의 경우: 'Notify' 옆 'Consignee'에 '수입자의 상호/주소'가 표기되고 'Notify'에 또 다시 '수입자의 상호/주소'가 중복으로 표기되는 것을 피하기 위해서 상기와 동일하다라는 표현으로서 'Same As Above' 혹은 'Same As Consignee'가 표기 - L/C 거래의 경우: 수입자의 상호/주소 표기

No. 6	출발공항(Airport of Departure), 도착공항(Airport of Destination), 편명(Flight) 등 표기. 참고로 'By first Carrier'에서 'OZ'는 아시아나 항공이며, 'KE'는 대한항공을 뜻함.
No. 7	운송물품에 대한 무게(Weight), 화인정보(Shipping Mark) 등 표기
No. 8	일반적으로 AWB은 사본으로서 사본에는 사인을 할 필요가 없음.
No. 9	- 본 건의 적재일(On Board Date). 해상 건에서도 B/L에서 On Board Date가 있음. - 후불 결제조건을 나타내는 뜻으로서 T/T 35 days after B/L Date, L/C 90 days after B/L Date 등으로 표현되며 이때 'B/L Date'라는 것은 항공 건일 경우 No.9에 표기된 날짜를 나타냄. - 실무에서 위와 같이 후불결제조건을 적을 때는 해상 건, 항공 건 구분 없이 B/L이라고 표현됨.
No. 10	AWB No. 즉, 운송장 번호로서 No.3과 동일함.

5. 결제조건에 따른 Surrender B/L 및 L/G와의 차이점

1) 결제조건에 따른 Surrender B/L과 L/G

해상운송에서 구간이 긴 경우, 즉 수출지가 미주, 유럽 등 항해일자(Transit Time ; T Time)가 긴 해상운송 건의 경우 수출지를 떠난 물품이 수입지(부산항)로 도착하기 전에 수입자는 OB/L을 받을 수 있습니다. 다시 말해서 운송 구간이 상당하고 결제조건 T/T에서는 수출자로부터 OB/L을 포함한 기타 선적서류들을 특송으로 물품이 도착하기 전에 받아서 수입지 포워더에게 전달할 수 있고, 결제조건 L/C에서도 개설은행을 통하여 수입자는 OB/L을 포함한 기타 선적서류를 물품의 도착 전에 인수하여 수입지 포워더에게 전달할 수 있습니다. 그러면 그 후 물품이 도착할 것이고 순조롭게 수입통관 진행을 할 수 있습니다.

하지만, 해상운송 구간이 짧은 경우, 예를 들어 일본에서 발송된 건의 경우 해당 물품이 OB/L보다 먼저 수입지(부산항)에 도착하는 것이 일반적입니다. 다시 말해서 해상운송 구간이 짧은 경우, 결제조건 T/T에서 특송으로 수입자가 OB/L을 전달받는 시점보다, 그리고 L/C에서 개설은행을 통하여 수입자가 OB/L을 인수하는 시점보다 해당 건의 물품이 수입지에 먼저 도착하게 되면, 수입자는 OB/L이 없기 때문에 순조로운 수입통관 진행을 할 수 없는 상황에 직면합니다.

이러한 경우 해상 LCL 건이라면, 보세창고에 반입되어 수입자는 OB/L이 도착할 때까지 기다려야 하는데 문제는 하루(Day) 단위로 계속 발생하는 보세창고료입니다. 만약 해상 FCL 건이라고 한다면, CY에서 반출하기까지의 수일 동안의 Free Time이 주어지기 때문에 다소 여유가 있을 수 있습니다.[1] 그렇다고 하더라도 LCL이건, FCL이건 일단 통관을 못 하니 국내 유통이 늦어지는 것에 따른 2차적인 피해를 볼 수 있습니다. 이렇게 OB/L이 물품보다 수입지에 늦게 도착을 하면 여러 가지로 수입자 측에서는 손해를 보게 됩니다.

따라서 수입자는 운송구간이 짧은 경우, 결제조건에 따라서 OB/L이 물품보다 늦게 도착할 것에 대비해야 합니다. 그 방법으로 결제조건이 T/T의 경우는 수출자에게 OB/L을 Surrender(사본으로서 이메일로 서류처리) 처리 요청하고, 결제조건 L/C의 경우는 개설은행으로부터 L/G(수입화물선취보증서)를 발급받는 것입니다.

(1) 결제조건 T/T 일 때 Surrender B/L 요청

요청	해상운송 구간이 짧아서 배가 먼저 들어올 것을 예상한 수입자가 물품에 대한 권리를 가진, 즉 물품의 주인인 수출자에게 수출자가 가지고 있는 물품의 권리를 포기해 줄 것을 요구하여 이를 수출자가 받아들이고 수출자는 다시 포워더에게 요구하여 Surrender B/L 발행됨.
서류 처리	Surrender B/L은 사본으로서 원본인 OB/L은 원본이 수출자에게서 수입자로 그대로 가야 하기 때문에 특송으로 보내는 것이며, OB/L을 받은 수입자는 또 다시 Full Set(3부) 중에 1부를 포워더에게 원본 그대로 전달해야 하는 불편함이 있는 반면 사본인 Surrender B/L은 사본이기 때문에 이메일로 수발신하여 수입통관에 있어 편리함과 신속함이 있음. 사본 AWB처럼 서류처리 진행됨.
이점	따라서 운송 구간이 짧을 경우 수입자 입장에서는 쓸데 없는 보세창고비를 내야 할지도 모른다는 부담감에서 벗어날 수 있어, 그리고 등기로 OB/L 3부 중에 1부를 포워더에게 전달하지 않아도 된다는 점에서 아주 유용하며, 수출자 입장에서는 OB/L의 경우 특송을 불러서 보내야 하는데 사본인 Surrender B/L은 이메일로 보내주는 편리성이 있을 뿐 기타 다른 부분에 있어서는 이익되는 것이 없음.
주의	결제조건 T/T로서 해상운송이며 LCL 건의 경우에 운송구간이 짧으면 수입자는 수출자에게 물품이 수출지 항구에서 적재(On Board)되는 시점에 OB/L을 Surrender 할 것을 요청하는데 이에 대해서 수출자는 합당하다고 판단되면 일반적으로 허락함. 하지만, 운송구간이 1주일 이상 되는 운송 건임에도, 특히 수입지 항구 CY에서의 Free Time이 적용되는 FCL 건임에도 OB/L을 Surrender 할 것을 요구하는 경우에는 수출자는 신중히 검토할 필요가 있음. 즉, 물품이 수입지에 도착하기 전에 OB/L을 수입자가 먼저 받을 수 있을 정도의 운송 건임에도 또한 FCL 건으로서 Free Time이 일주일 정도 되는 건임에도 Surrender 요청한다면 수입자의 신용도에 따라서 수락 혹은 거절하는 것이 좋다. 그러나 수입자는 FCL 건으로서 수입요건이 없는 물품이기 때문에 '입항 전 신고'를 통하여 물품을 빠른 시일 내로 통관 원하는 경우가 있기 때문에 OB/L의 Surrender 처리에 대해서 상호 조율이 필요할 것이다.
추가	결제조건 T/T에서 원본을 사본으로 변경하여 서류의 처리를 이메일로 하는 경우는 해상에서 OB/L이 발행되는 경우로서 해당 건이 항공 건으로서 사본 AWB이 발행되는 경우에 수입자가 수출자에게 Surrender 요청하는 것은 이치에 맞지 않는 행동임. 이유는 AWB 자체가 way Bill(화물운송장)로서 사본인데 이 사본 서류를 다시 사본으로 만들 것을 요청하는 것은 맞지 않음. 따라서 AWB은 Surrender 하는 것이 아님.

---

1 FCL의 경우, 선사에서 청구하는 Demurrage Charge와 Detention Charge가 발생할 수 있으며, 이와는 별도로 컨테이너 터미널에서 청구하는 Storage Charge가 발생할 수도 있습니다.

(2) 결제조건 L/C일 때 Surrender B/L 요청하지 않고 L/G 요청

요청	결제조건이 L/C인 경우 물품의 주인은 수출자가 아니라 개설은행(신용장을 개설한 수입지 은행)이며, 수입자는 개설은행에게 L/G(수입화물선취보증서) 발행을 요청. 이 경우는 T/T에서처럼 수입물품이 서류보다 수입지에 늦게 들어올 것을 예상하는 것이 아니라, 수입물품은 이미 수입지에 도착 했는데 개설은행에 OB/L이 도착을 하지 않아 수입통관을 못하는 경우 물품의 주인인 개설은행에 물품에 대한 선취를 신청하는 것(L/G).
서류 처리	L/C 거래에서 수출자는 해상에서 OB/L, 항공에서 사본 AWB 모두 매입은행(수출지 은행)에 제출하며, 수입자 역시 원본(OB/L)이든 사본(AWB)이든 개설은행의 배서를 받아서 개설은행으로부터 인수 후 수입지 포워더에게 전달함. 다시 말해서 L/C결제조건은 해상 건이든 항공 건이든 해당 물품이 개설은행에 도착하는 OB/L 혹은 AWB보다 먼저 수입지에 도착하면 수입자는 수입화물 선취를 요청하는 해상 L/G 혹은 항공 L/G를 개설은행에 요청함(T/T에서 AWB의 경우 수입자는 수출자에게 이메일로 전달 받고 수입지 포워더에게도 이메일로 전달하기 때문에, 그리고 AWB 자체가 통상 사본으로 발행되니 사본을 다시 사본으로, 즉 Surrender 요청할 필요가 없음). 또한, 이때 해상 FCL 경우라면, 그리고 국내 유통이 급하지 않다면 Free Time까지는 기다려 보고 L/G 발행 요청을 하는 것도 한 방법이라고 보이나 저자의 생각은 L/G 발급 수수료가 얼마 안하니 FCL 건일지라도 서류가 개설은행 늦게 도착하면 L/G 발행하여 수입통관 하는 것이 좋다라고 판단됨. 마지막으로, 통상 해상 건의 경우는 운송 구간이 짧은 경우에 해상 L/G를 발행하며, 항공 건의 경우 운송 구간에 상관 없이 논스톱으로 운송이 되면 하루 만에 수입지 항구에 도착하기 때문에, 그리고 항공 건은 해상의 LCL과 비슷한 개념으로서 1일 기준으로 보세창고료가 발생되기 때문에 항공 건에 대한 항공 L/G를 실무적으로 발행하는 일이 더 많음.
이점	결제조건 L/C에서 해상 LCL 혹은 항공 건의 경우 개설은행에 서류가 도착할 때까지 기다리면 보세창고료가 발생하는데 L/G를 발급 받아 먼저 통관을 하면 보세창고료를 줄일 수 있음(물론, L/G 발급에 대한 수수료는 개설은행에 결제해야 함). 또한, 해상 FCL의 경우에도(Free Time이 있지만) CY에 그대로 장치해 두는 것보다는 L/G를 발급 받아서 신속히 통관하여 국내 유통을 진행 하는 것 유리하다고 하겠음.
참고사항	L/C에서 Surrender 요구하는 경우 수출자는 거래를 진행하지 않는 것이 좋음. 이유는 정상적인 수입지의 개설은행은 Surrender B/L을 요구하는 신용장을 개설하지 않음.

Shipper			B/L No. XXXJKFLD8978
Kaston xxxx, Yokohama, Japan			**Multimodal Transport Bill of Lading**
Consignee Edutradehub xxx, Nonhyundong, Kangnamgu, Seoul, Korea			Received by the Carrier from the shipper in apparent good order and condition unless otherwise indicated herein, the Goods, or the container(s) or package(s) said to contain the cargo herein mentioned, to be carried subject to all the terms and conditions appearing on the face and back of this Bill of Lading by the vessel named herein or any substitue at the Carrier's option and/or other means of transport, from the place of receipt or the port of loading to the port of discharge or the place of delivery shown herein and there to be delivered unto order or assigns. This Bill of Lading duly endorsed must be surrendered in exchange for the Goods or delivery order. In accepting this Bill of Lading, the Merchant agrees to be bound by all the stipulations, exceptions, terms and conditions on the face and back hereof, whether written, typed, stamped or printed, as fully as if signed by the Merchant, any local custom or privilege to the contrary notwithstanding, and agrees that all agreements or freight engagements for and in connection with the carriage of the Goods are superseded by this Bill of Lading
Notify Party Same As Above			
Pre-carriage by		Place of Receipt	Party to contact for cargo release XXX JUNG-GU SEOUL 111-111 KOREA TEL : 00-0000-0000 FAX : 00-0000-0000 ATTN : HONG GIL-DONG
Vessel Voy. No. ISLET ACE 832W		Port of Loading YOKOHAMA, JAPAN	
Port of Discharge BUSAN, KOREA		Place of Delivery	Final Destination (Merchant's reference only)
Container No. Seal No. Marks and Numbers XXX834758987 P411999 BUSAN REP.OF KOREA MADE IN JAPAN C/NO. 1-35 PO#9332	No. of Containers or Pkgs 9 PLTS	Kind of Packages ; Description of Goods SHIPPER'S LOAD, COUNT & SEAL 1 X 20' CONTAINER S.T. BABY CARRIER COUNTRY OF ORIGIN : JAPAN PRICE TERM : FOB YOKOHAMA PORT "FREIGHT COLLECT"	Gross Weight 500.00 KGS	Measurement 15.5 CBM
Total Number of Containers or Packages(inworks)		SAY : ONE (1) CONTAINER	
Merchant's Declared Value (See Claused 18 & 23) :		Merchant's attention is called to the fact that according to Clauses 18 & 23 of this Bill of Lading the liability of the Carrier is, in most cases, limited in respect of loss of or damage to the Goods.	
Freight and Charges	Revenue Tons	Rate Per	Prepaid	Collect
Exchange Rate	Prepaid at	Payable at DESTINATION	Place and Date of Issue TOKYO, JAPAN JUN. 22, 2011	
	Total Prepaid in Local Currency	No. of Original B/L ZERO(0)	In witness whereof, the undersigned has signed the number of Bill(s) of Lading stated herein, all of this tenor and date, one of which being accomplished, the others to stand void	
		Laden on Board the Vessel		
Vessel ISLET ACE 823W Port of Loading YOKOHAMA, JAPAN		DATE JUN. 22. 2011 BY	As Carrier ABC MARITIME CO., LTD.	

표시: SURRENDERED

▲ Surrender B/L은 'Surrendered' 혹은 'Telex Released' 표기가 있으며 'No of Original B/L' 부분에 'ZERO(0)'라고 표기되어 있음(참고로 Surrender 되었다고 항상 'No of Original B/L'에 'ZERO(0)'라고 표기되는 것은 아님.).

▲ Surrendered 날인된 운송서류를 수입자가 인수하였음에도 수입지 포워더가 Surrender 처리가 전산상으로 되지 않았다 하면서 D/O 발행 지연시키는 경우도 있으니 참고하기 바랍니다.

해상 L/G

수입화물선취보증신청서

선박회사명 (Shipping Co.)		신용장(계약서)번호(L/C NO.)	L/G 번호 (L/G NO.)
		선하증권번호 (B/L NO.)	
송하인 (Shipper)		선박명 (Vessel Name)	
		도착(예정)일 (Arrival Date)	
상업송장금액 (Invoice Value)		항해번호 (Voyage No)	
선적항 (Port of Loading)		도착항 (Port of Discharge)	
인수예정자 (Party to be Delivered)		수하인 (Consignee)	
화물표시 및 번호 (Nos. & Marks)	포장수 (Packages)	상 품 명 세 (Description of Goods)	

☐ 본인은 위 신용자의 수입물품을 대도(T/R) 신청함에 있어 따로 제출한 외국환거래약정서 및 양도담보계약서의 모든 조항에 따를 것을 확약 합니다.

☐ 본인은 EDI 방식에 의한 수입물품선취보증서(L/G) 발급의 경우 소정의 서비스 이용료를 납부하고 본건이 발급된 후에는 변경 또는 취소가 불가능 함을 확약합니다.

본인은 위 신용장 등에 의한 관계선적서류가 귀행에 도착하기 전에 수입화물을 인도받기 위해 수입화물 선취보증을 신청하며 본인이 따로 제출한 수입화물 선취보증서(LETTER OF GUARANTEE)에 귀행이 서명함에 있어 다음 사항을 따를 것을 확약합니다

1. 귀행이 수입화물 선취보증서에 서명함으로써 발생하는 위험과 책임 및 비용은 모두 본인이 부담하겠습니다.
2. 본인은 위 수입화물에 대하여는 귀행이 소유권이 있음을 확인하며 귀행이 수입화물선취보증서에 따른 보증채무를 이행하여야 할 것이 예상될 경우 또는 본인에 대하여는 은행여신거래 기본약관 제7조의 사유가 발생할 경우에는 귀행의 청구를 받는 즉시 위 수입화물을 귀행에 인도하겠으며, 수입화물의 인도가 불가능할 경우에는 위 수입물품에 상당하는 대금으로 상환하겠습니다.
3. 본인은 위 수입화물에 대한 관계선적서류를 제3자에게 담보로 제공하지 않았음을 확인하며, 또한 귀행의 서면 동의없이 이를 담보로 제공하지 않겠습니다.
4. 본인은 위 수입화물에 관한 관계 선적서류가 도착할 때는 신용장 조건과의 불일치 등 어떠한 흠에도 불구하고 이들 서류를 반드시 인수하겠습니다.

2010 년 03 월 02 일

신 청 인 :   (인)

주   소 :

| 인감 및 원본확인 | |

— 상기는 해상 L/G 양식으로서, 해상 L/G는 한글본과 영문본이 있습니다.

— 수입자(개설의뢰인)가 개설은행에 L/G 신청할 때 한글본 1부, 영문본 1부 각각 작성합니다.

— 이때 신용장 조건 46A에서 요구하는 선적서류를 한글본과 영문본에 각각 첨부해야 하는데, 수출자에게 요청하여 이메일로 사본으로 받아서 첨부합니다. 참고로 해상 L/G 한글본과 영문본은 언어만 다를 뿐 그 내용은 동일합니다.

항공 L/G	

항공화물운송장에 의한 수입화물 인도승낙(신청)서

운 송 회 사 명	
신용장 (계약서) 번 호	
운 송 장 번 호	
상업송장	번 호	
	금 액	

본인은 위 신용자의 수입물품을 대도(T/R) 신청함에 있어 따로 제출한 외국환거래약정서 및 양도담보계약서의 모든 조항에 따를 것을 확약 합니다.
본인은 EDI 방식에 의한 수입물품선취보증서(L/G) 발급의 경우 소정의 서비스 이용료를 납부하고 본건이 발급된 후에는 변경 또는 취소가 불가함 함을 확약합니다

본인은 위 내용의 수입과 관련된 항공화물인도승낙을 신청함에 있어 다음 사항에 따를 것을 확약합니다.
1. 은행이 수입화물 인도승낙서를 발급 함으로써 발생하는 위험과 책임 및 비용은 모두 본인이 부담하겠습니다.
2. 본인은 위 수입물품에 대하여 은행에 소유권이 있는 것으로 확인하고, 담보권 실행을 위하여 은행이 요구한 경우에는 수입물품을 지체없이 은행 또는 은행이 지정한 자에게 인도하겠으며 수입물품의 인도가 불가능할 경우에는 위 수입물품에 상당하는 대금으로 상환하겠습니다.
3. 본인은 은행의 서면동의 없이는 수입물품 및 관련서류를 담보로 제공하지 않겠습니다.
4. 본인은 위 수입물품에 관한 항공화물 운송서류가 도착할 때 신용장 조건과의 불일치 등 어떠한 하자에도 불구하고 반드시 지급 또는 인수하겠습니다

2012 년   3 월   13 일

본 인 :   (인)   인감 및 원본확인

주 소 :

발급번호

상기 신청내용과 같이 수입물품을 인도할 것을 승낙합니다

년   월   일

승낙권자 : _____

* 첨부서류 명세
  □ 항공화물운송장   □ 상업송장   □ 포장명세서   □ 원산지증명서
  □ 검사증명서   □ 기타(   )

— 상기는 항공 L/G 양식으로서, 항공 L/G는 한글본만 존재합니다. 따라서 수입자(개설의뢰인)가 개설은행에 L/G 신청할 때 신용장 조건 46A에서 요구하는 선적서류를 수출자에게 사본으로 받아서 한글본 2부를 작성하여 개설은행에 제출합니다.

6. 무역서류 작성 방법 및 유의사항

1) 특별히 정해진 양식이 없는 무역 서류: 자유로운 양식

무역서류는 정해진 양식이 없습니다. 따라서 자유롭게 양식을 만들어서 사용하면 됩니다.

물론, 인보이스는 인보이스로서의 역할을 해야 하며, 팩킹리스트는 팩킹리스트로서의 역할을 해야 합니다. 즉, 무역서류의 양식은 자유롭게 만들되, 해당 서류에 들어가야 하는 내용은 들어가야 한다는 뜻입니다.

2) 서류의 제목은 서류의 내용에 의해서 결정

무역서류에는 일반적으로 제목이 있으나, 그 서류의 제목으로서 그 서류가 인보이스가 되고, 팩킹리스트가 되는 것은 아닙니다. 그 서류의 내용이 인보이스로서의 역할을 하면 그 서류는 인보이스이며, 팩킹리스트로서의 역할을 하면 그 서류는 팩킹리스트입니다.

따라서 가끔 수입자 입장에서 외국의 수출자에게 서류를 받았는데 제목이 없고 인보이스에 포함되어야 하는 내용들('수출상의 상호/주소', '수입상의 상호/주소', '상품명', '가격조건(Incoterms)', '단가', '수량', '총액')만 있는 경우가 있는데, 이 서류는 인보이스입니다. 또한, 우리가 흔히 알고 있는 포장명세서의 영문명이 'Packing List'인데 때로는 'Packing Note' 혹은 'Packing and Weight List'라고 되어 있는 경우도 있습니다. 하지만, 이들 서류에 포장명세서로서의 역할을 하는 문구(N.W., G.W., CBM, Shipping Mark 등)가 포함되어 있으면 이 서류는 포장명세서가 됩니다.

B/L의 제목 역시 그 제목이 B/L의 제목이 아닌 경우가 있습니다. 즉, B/L의 제목에 'Multimodal Transport Bill of Lading'(복합운송선하증권)으로 표기가 되어 있다 하더라도 해당 B/L의 내용에 복합운송 되었다라는 표기가 없고 단순히 P.O.L., P.O.D만 표기되어 있으면 해당 B/L은 단순한 해상 B/L(Ocean B/L)이 됩니다. 다시 말해서 이러한 경우 본 B/L은 복합운송 B/L이 아니라는 것입니다.

```
Shipper
  Kaston
  xxxx, Yokohama, Japan
Consignee
  Emsoul
  xxx, Nonhyundong, Kangnamgu, Seoul, Korea
Notify Party
  Same As Above

Pre-carriage by        | Place of Receipt
Vessel      Voy. No.   | Port of Loading
ISLET ACE   832W       | YOKOHAMA, JAPAN
Port of Discharge      | Place of Delivery
BUSAN, KOREA           |

B/L No.  XXXJKFLD8978

Multimodal Transport Bill of Lading

Party to contact for cargo release
XXX JUNG-GU SEOUL 111-111 KOREA
TEL : 00-0000-0000  FAX : 00-0000-0000
ATTN : HONG GIL-DONG

Final Destination (Merchant's reference only)
```

▲ 제목은 '복합운송선하증권'이지만 상기 B/L은 단순한 '해상선하증권(Ocean B/L)'이며, 그 이유는 'Port of Loading(P.O.L.)'과 'Port of Discharge(P.O.D.)'만 표기되어 있고 'Place of Receipt(수출지의 내륙지점)' 혹은 'Place of Delivery(수입지의 내륙지점)'는 표기되지 않았기 때문입니다. 즉, 포워더가 Port에서 Port까지만 '배(Vessel)'라는 하나의 운송수단만 사용하여 운송한 건으로서 두 가지 이상의 운송수단을 사용하여 운송한 복합운송이 아니라는 뜻임.

3) 양식은 간단해야 하며, 업무에 있어 항상 효율성을 따져야

업무를 하면서 항상 머리 속에 염두 해야 할 것이 바로 업무의 효율성입니다.

현재는 1시간을 투자해서 A라는 일을 하고 있지만, 좀 더 그 과정을 간략하게 하여 업무에 대한 효율성을 높여서 10분 안에 마무리하고, 결과 또한 효과적으로 만들 수 있는 방법을 찾아야 합니다. 그 첫 걸음이 바로 무역 서류의 간략화입니다.

실무를 하면서 접하는 많은 무역회사들의 인보이스, 팩킹리스트 등의 서류를 보면 너무 복잡하여 아주 신경을 써서 봐야 할 때가 많습니다. 이 말의 뜻은 표기하지 않아도 되는 내용들을 표기하여 일을 만드는 경우가 많이 있다는 뜻입니다.

예를 들어, 인보이스에 Port of Loading, Port of Discharge를 표기하는가 하면, Notify Party까지 표기하는 경우가 있습니다. 이러한 내용은 해당 건의 B/L에 보면 모두 표기되어 있는데 수출자가 이러한 내용들을 인보이스에 다시 표기를 한다는 것은 일을 만드는 것으로서 이로 인하여 업무 처리 시간이 늘어나는 비효율적인 일을 하고 있는 것입니다. 또한, 만약 이러한 내용들을 잘못 표기하였을 경우 거래 관계자(수입자, 관세사, 포워더)로 하여금 신뢰를 잃기도 합니다.

효율성을 극대화하여, 최대의 효과를 내야 하는 집단에서 이러한 중복되는 업무에 대해서는 한 번쯤 생각해봐야 할 것입니다.

7. 인보이스, 팩킹리스트는 무엇이며, 작성 방법

1) 인보이스[1]란 무엇이며 필요 내용

가격명세서로서 인보이스는 매도인(Seller)이 매수인(Buyer)에게 어떠한 물품(Item)을 어떠한 가격조건(Price Term, 인코텀스) 하에서 얼마의 단가(Unit Price)로 몇 개의 수량(Quantity)을 총액(Total Amount) 얼마로 판매한다라는 혹은 판매 했다라는 서류입니다. 즉, 인보이스는 국내 거래로 예를 들면 거래가 성사 되었다라는 '거래명세서' 혹은 '세금계산서'가 됩니다. 다시 말해서 거래가 성사되었음을 증명하는 인보이스는 거래 전에 가격 및 거래 조건을 문의 하여 전달받는 견적서(Proforma Invoice, P/I)와는 완전히 다른 서류입니다. (물론, 외관상 동일할 수는 있지만, 서류의 성격상 Invoice와 Proforma Invoice는 완전히 다른 서류입니다.)

이러한 인보이스에는 반드시 매도인(Seller, Shipper), 매수인(Buyer, Consignee), 가격조건(Price Term), 상품명(Item), 단가(Unit Price), 수량(Quantity), 총액(Amount)이 표기되어야 하며, (하나 추가하자면 결제조건) 이러한 내용만 들어가면 제목이 없거나 제목이 'Packing List'라고 표기되어 있더라도 인보이스가 됩니다.

물론, 회사에서 취급하는 물품에 대한 특성에 있어 기타 내용을 표기를 해야 한다면 표기를 해도 무

---

[1] 사실 인보이스라는 것은 거래 물품의 대금을 청구하는 서류입니다. 포워더와 실화주(무역회사) 간에서는 포워더가 운송비를 '운송비 인보이스(청구서)'라는 제목으로 발행하여 운송비 청구하며, 수출자와 수입자 사이에서 수출자가 상업송장(Commerial Invoice, C/I)라는 제목으로 발행하여 거래 물품의 대금을 청구합니다. 그러나 실무에서는 상업송장이라는 용어보다는 인보이스라고 통상 말합니다. 이러한 C/I는 수출자와 수입자 사이의 거래 물품에 대한 대금 청구서로서 C/I의 Shipper와 Consignee 사이에 매매계약이 체결되었고, C/I의 Shipper는 대금 청구자이고 Consignee는 대금 결제자라 할 수 있습니다.

관합니다. 하지만, 업무는 최소한의 시간을 투자해서 최대한의 효과를 내야 하기에 'Simple is Best'라는 말을 항상 기억하고 서류 작성이라든지 모든 업무를 하는 것이 좋겠습니다.

(1) 결제조건에 따른 Notify 명시

〈양식 1〉의 경우 Shipper, Consignee는 있는데 Notify는 없습니다. 사실 Notify는 수입지에 물품이 도착했다는 사실을 수입지 포워더에게 통지받는 자라 할 수 있습니다. 그러한 의미의 Notify를 Seller와 Buyer 간의 거래 물품에 대한 대금을 청구하는 서류로서 인보이스(C/I)에 기재할 특별한 이유가 없겠습니다. 수입지 포워더가 물품이 수입지에 도착했다는 사실을 통지하는 도착통지(Arrrival Notice, A/N)를 하는 곳, 즉 도착통지를 받는 자는 운송서류(B/L, 화물운송장)에 기재되어 있습니다. 만약 T/T 결제조건에서 수출자가 작성하는 인보이스 및 팩킹리스트에 Notify를 표기한다면 'Same As Above' 혹은 'Same As Consignee'로 표기하면 되겠습니다. 포워더가 작성하는 B/L(AWB)에는 Notify가 항상 표기되며 통상적으로 결제조건이 L/C 건이 아니라면 'Same As Above' 혹은 Same As Consignee'가 표기되어 있습니다.

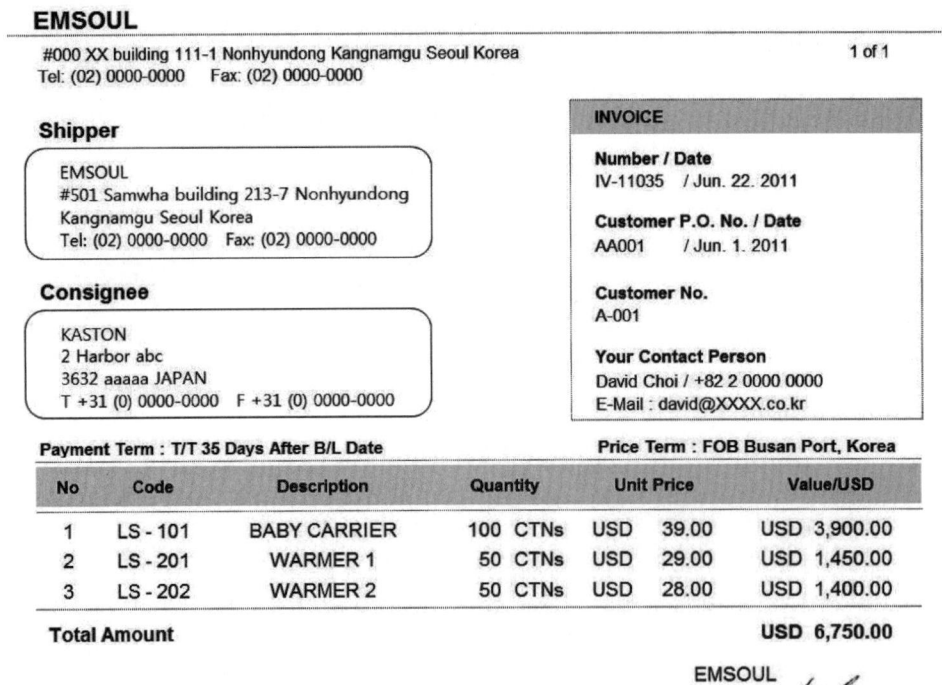

▲ 〈양식 1〉 결제조건 T/T에서 발행된 인보이스

〈양식 2〉의 경우처럼 결제조건이 L/C라면 Notify를 인보이스 및 팩킹리스트에 표기해야 하며, Notify에 수입자의 상호 및 주소를 표기합니다. L/C 건에서 인보이스(C/I)의 Consignee는 T/T 등 L/C 이외의 결제 조건에서처럼 수입자의 상호 및 주소가 표기되는 것이 아니라, 해당 건의 B/L 혹은 AWB의 Consignee와 일치시킵니다. 그리고 Notify를 인보이스에 함께 기재하여 수입자의 상호와 주소를 기재하는데, L/C 건에서는 인보이스의 Notify를 외국 수출자와 매매계약을 체결한 자로서 대금(외국환) 결제를 하는 자로 인식한다 할 수 있습니다[1].

마지막으로, 인보이스는 가격명세서이지만 해당 총액에 대한 결제조건에 대해서도 표기를 하는 것이 좋겠습니다.

EMSOUL
#000 XX building 111-1 Nonhyundong Kangnamgu Seoul Korea
Tel: (02) 0000-0000   Fax: (02) 0000-0000

1 of 1

Shipper
EMSOUL
#501 Samwha building 213-7 Nonhyundong Kangnamgu
Seoul Korea   Tel: (02) 0000-0000   Fax: (02) 0000-0000

INVOICE

Number / Date
IV-11035 / Jun. 22. 2011

Consignee
To the Order of Woori Bank

Customer P.O. No. / Date
AA001 / Jun. 1. 2011

Customer No.
A-001

Notify
KASTON
2 Harbor abc 3632 aaaaa JAPAN
T +31 (0) 0000-0000   F +31 (0) 0000-0000

Your Contact Person
David Choi / +82 2 0000 0000
E-Mail : david@XXXX.co.kr

Payment Term : L/C 90 Days After B/L Date   **Price Term : FOB Busan Port, Korea**

No	Code	Description	Quantity	Unit Price	Value/USD
1	LS - 101	BABY CARRIER	550 CTNs	USD 39.00	USD 21,450.00
2	LS - 201	WARMER 1	350 CTNs	USD 29.00	USD 10,150.00
3	LS - 202	WARMER 2	350 CTNs	USD 28.00	USD 9,800.00

Total Amount   **USD 41,400.00**

EMSOUL

▲ 〈양식 2〉 결제조건 L/C에서 발행된 인보이스

---

[1] 보다 정확히 말하면, L/C 건의 인보이스(C/I) Consignee는 L/C 건에서 발행되는 B/L 혹은 AWB의 Consignee와 일치시킵니다. L/C 건의 B/L 혹은 AWB의 Cosnignee는 L/C 46A Documents Required 조항에서 어떠한 식으로 기재할 것을 요구합니다. B/L의 경우는 To the Order of 개설은행, To the Order of Shipper 혹은 To Order라는 표현을 요구합니다.

2) 패킹리스트란 무엇이며 필요 내용

패킹리스트는 물품에 대한 포장명세서입니다. 즉, 본 서류를 통해서 물품이 어떻게 포장이 되었으며, 무게(Weight), 부피(CBM), 화인정보(Shipping Mark) 등을 확인할 수 있게끔 작성하는 것이 옳습니다.

때로는 Packing List 라는 제목이 아닌 Packing Note 혹은 Packing and Weight List라는 제목으로 작성되기도 하며, 제목 자체가 없는 경우도 있습니다(인보이스를 포함한 대부분의 무역서류는 서류의 제목이 아니라 내용으로 그 서류의 제목 및 용도가 결정됨).

EMSOUL

PACKING LIST

EMSOUL
#000 XX B/D 111-1 Nonhyundong
Kangnamgu Seoul Korea
Tel: (02) 0000-0000
Fax: (02) 0000-0000

Invoice No. : IV-11035
Invoice Date : Jun. 22. 2011
Order No. : AA001

Page : 1 of 1

Shipper

EMSOUL
#501 Samwha building 213-7 Nonhyundong
Kangnamgu Seoul Korea
Tel: (02) 0000-0000 Fax: (02) 0000-0000

Consignee

KASTON
2 Harbor abc
3632 aaaaa JAPAN
T +31 (0) 0000-0000 F +31 (0) 0000-0000

Description of Goods	No. of Cartons		N.W. in KGS	G.W. in KGS	Meas. in CBM
BABY CARRIER LS - 101	100 CTNs (6 pcs / Caddy) (6 Caddies / CTN)	3,600 pcs	154.00 kgs (1.54 /CTN)	181.00 kgs (1.81 /CTN)	2.10 CBM (20cm x 30cm x 35cm / CTN)
WARMER 1 LS - 201	50 CTNs (6 pcs / Caddy) (6 Caddies / CTN)	1,800 pcs	130.00 kgs (2.60 /CTN)	154.90 kgs (3.10 /CTN)	3.30 CBM (40cm x 30cm x 55cm / CTN)
WARMER 2 LS - 202	50 CTNs (6 pcs / Caddy) (6 Caddies / CTN)	1,800 pcs	130.00 kgs (2.60 /CTN)	154.90 kgs (3.10 /CTN)	3.30 CBM (40cm x 30cm x 55cm / CTN)
TOTAL	200 CTNs		414.00 kgs	490.80 kgs	8.70 CBM

Total : Two Hundred Cartons Only.
N.W. : 414.00 kgs

▲ 팩킹리스트 양식

※ 포장 내용 표기 방법(상기 패킹리스트의 'No. of Cartons')

패킹리스트, 즉 포장명세서는 말 그대로 포장을 한 내역을 서류로서 작성해둔 서류입니다. 무게 및 부피

등의 정보를 표기하는 것이 중요하지만, 포장을 어떻게 했는지에 대한 정보를 표기하는 것도 중요합니다.

하나의 큰 박스(Box ; Carton)에 6개의 작은 소포장(Caddy ; Case)이 있고 그 소포장에 4개의 최소 단위 포장(pc ; ea)이 있는 박스를 30개 수출하는 건의 포장명세서

30 CTNs   720 pcs
(4 pcs / Caddy)
(6 Caddies / CTN)

무역서류는 정해진 양식이 없으며, 특히 표를 만들어서 양식에 맞추어서 작성하지 않아도 무관합니다. 즉, 다음과 같은 서술 형태로 팩킹리스트를 작성하여도 아무런 문제가 되질 않습니다. 작성자가 업무를 하면서 스스로에게 가장 적합하고 업무를 효율적으로 할 수 있는 방법을 선택하면 되겠습니다.

EMSOUL
ABC 2 NL-1322
BC AAA NETHERLANDS
Tel : +31 (0) 00 00 0000
Fax : +31 (0) 00 00 0000

Our Ref : Inv. No. IV-11035
22 Jun. 2011

PACKING LIST

Consingee	: To the Order of Industrial Bank of Korea
Notify Party	: Edu Tradehub
	#501 Samwha building 213-7 Nonhyundong Kangnamgu
	Seoul Korea Tel: (02) 0000-0000 Fax: (02) 0000-0000
B/L No.	: ACCJKFD9898
Vessel/Voyage	: ANL WANGARATTA / 010N
L/C No.	: M04G3011NS00099

MARKS/NUMBERS	DISCRIPTIONS	QUANTITY
Edu Tradehub	BABY CARRIER LS - 101	CARTON
Made in Netherlands	6 pcs / Caddy	550
	6 Caddies / CTN	
	550 ctns	
	Country of Origin Netherlands	
	Price Terms : CFR Busan Port, Korea	

TOTAL   : 550 Ctns
G.W.   : 995.5 KGS
N.W.   : 847 KGS
M'MENT   : 11.55 CBM

8. Invoice와 Proforma Invoice(P/I)의 차이점

흔히 Invoice[1]와 Proforma Invoice가 같은 서류라고 알고 있습니다.

물론, 외관상의 양식 및 내용은 거의 동일합니다. 하지만, 그 용도는 완전히 틀린 서류입니다. P/I라고 표기되는 Proforma Invoice는 말 그대로 '견적서'입니다. 즉, Quotation입니다. 견적서는 거래가 성사되기 전에 물품의 가격 및 거래 조건을 체크하기 위해서 수출자가 수입자에게 발행하는 말 그대로 견적서입니다.

반면, Invoice는 견적서를 받은 이후 양당사자가 서로 계약을 성사했다는 뜻으로서 발행되는 서류입니다. 통관할 때 세관에서 인보이스 제출을 요구하는 경우가 있는데, 이때 P/I가 아니라 인보이스(Invoice)를 제출해야 합니다(만약 P/I에 수출자의 요청에 의해서 해당 P/I의 내용에 동의하며 수입자가 수출자 사인 옆에 자신의 사인을 했다면 본 서류는 더 이상 P/I가 아니라 매매계약서가 됩니다. 매매계약서는 거래가 성사되었다라는 증거서류로서 사용되며, 인보이스를 대신하여 사용가능합니다).

또한, 신용장 거래를 할 때 신용장 조건 '46A Documents Required'에서 'Signed Commercial Invoice' 라는 말이 나오며, 이때 Invoice는 당연히 P/I가 아닌 정식 Invoice를 말하는 것입니다. 즉, P/I를 수출자는 매입은행에 제시하면 안됩니다.

신용장 문구: 46A Documents Required
46A Documents Required: +SIGNED COMMERCIAL INVOICE IN 3 COPIES 　　　　　　　　　　　　+FULL SET OF CLEAN ON BOARD OCEAN BILLS OF LADING MADE OUT TO THE ORDER OF WOORI BANK COLLECT NOTIFY EMSOUL 　　　　　　　　　　　　+PACKING LIST IN 3 COPIES

1) Invoice와 Proforma Invoice 비교

	의 미	특 징
Invoice	계약 성사 증명서로서 국내 거래로 말하자면 '거래명세표', '세금계산서'와 일맥상통.	계약 성사를 증명하는 서류로서 계약서를 대신 할 수 있음.
Proforma Invoice	Buyer가 물품의 가격 및 거래조건을 확인하기 위해서 여러 Seller에게 견적 요청 후 받는 단순한 견적서(Quotation)로서 계약 성립을 나타내지 못함.	Proforma Invoice 만으로는 계약 성사를 증명할 수 없지만, 수출자의 사인과 수입자의 사인이 표기되면 계약서로서 역할을 할 수 있음. 계약서로서 사용될 수도 있기 때문에 가격 및 결제조건 뿐만 아니라 반품 및 팩킹 조건 등 계약과 관련된 전반적인 내용이 포함되는 경우 있음.

1　일반적으로 Invoice라 함은 Commercial Invoice(상업송장)라고 이해하면 됩니다.

2) 계약 진행 과정으로 바라본 Invoice 및 Proforma Invoice 발행 시점

3) 계약서 양식 같은 Proforma Invoice

다음의 서류는 Proforma Invoice로서 마치 계약서(Sales Contract) 양식 같습니다.

수출자는 수입자에게 서류를 전달하면서 사인을 했고, 수입자가 단가 및 기타 조건들에 대해서 동의하면 사인 후 자신에게 전달할 것을 요구합니다(이러한 모든 과정은 이메일로 진행). 이것이 흔히 말하는 오퍼(Offer)이며, 수입자가 단가 등 기타의 조건들에 대해서 조정을 요구하는 것이 Counter Offer가 됩니다. 이러한 과정을 거쳐서 수입자 역시 사인하면 본 서류의 제목은 Proforma Invoice이지만, 양 당사자의 사인이 존재하기 때문에 매매계약서가 됩니다. 따라서 해당 서류는 더 이상 Proforma Invoice가 아니라 계약서로서의 역할을 할 수 있습니다.

EMSOUL

#000 XX building 111-1 Nonhyundong Kangnamgu Seoul Korea
Tel: + 82 2 4256 0000   Fax: + 82 2 6442 0000

Proforma Invoice

Messers
Kaston Co., Ltd.

P/I No. : PI-11023
Date : May. 23 2011

Dear Sirs.
We are pleased to offer you the under-mentioned goods on the terms and conditions described as follows ;

Product Code	Description	Q'ty	Unit Price
LS - 101	BABY CARRIER	1 pc	USD 39.00

Price Term :	FOB Any Korean Port / FCA Any Korean Airport under the INCOTERMS 2010.
Payment Method :	T/T in advance
Bank Information :	Bank Name : Industrial Bank of Korea (IBK)
	Bank Address : 9-2 Samsungdong Kangnamgu, Seoul, Korea
	Swift Code : IBKOKRSE
	Account No. : 000-000001-00-00015
	Beneficiary : EMSOUL
Shipment :	Within 2 months after receipt of your T/T payment
Packing :	Export standard packing
Inspection :	Seller's inspection to be final in export country.
Country of Origin :	South Korea
Quality :	To be about the same as sample
Return :	Return is only available against defective products. Otherwides, not available.

PLEASE SIGN AND RETURN THE DUPLICATE

Signed on

Yours fithfully.
EMSOUL Trading
Signed on   May. 23 2011

Accepted by   Representative

Under the this Sales Contract, applicant and beneficiary are bound by the UCP 600, ISBP 681 and INCOTERMS 2010

IV. 인코텀스 2010

1. 정형거래조건(Incoterms2010)

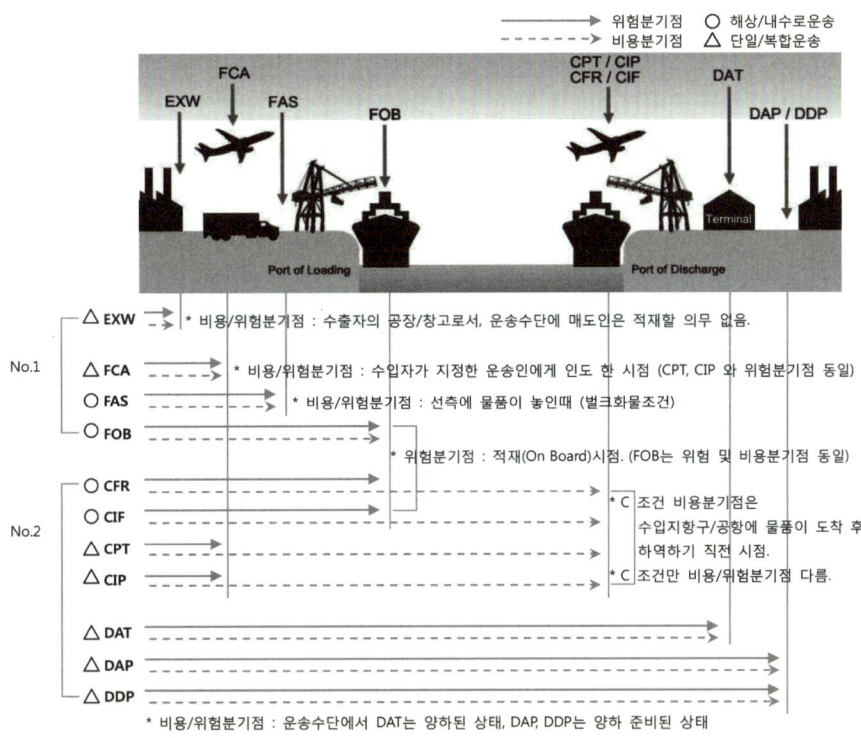

No.1 : 운임후불(Freight Collect), 포워더 수입자가 지정
No.2 : 운임선불(Freight Pre-paid), 포워더 수출자가 지정

1) 들어가면서

(1) 2000에서 2010으로 넘어오면서 변경된 점 3가지

① FOB, CFR, CIF에서의 위험분기점: 수출지 항구에 정박된 지정된 선박의 선측의 난간을 통과할 때(인코텀스 2000)에서 지정된 선박에 수출물품이 적재(On Board)되는 시점(인코텀스 2010)

무역 운송 263

② 13가지 조건에서 11가지 조건으로 변화: DAF, DES, DEQ DDU(인코텀스 2000) 없어지고 DAT, DAP 신설(인코텀스 2010). DDP는 그대로 유지
③ 조건 분류 방법의 변화: 2000에서는 F-Terms, C-Terms 등으로, 2010에서는 단일/복수, 해상/내륙수로 운송으로 인코텀스가 2000에서 2010으로 넘어오면서 조건 분류 방법이 변경이 되었는데, 조건 분류 방법을 2000에서처럼 F-Terms, C-Terms, D-Terms로 분류하는 것이 편합니다.

(2) 비용분기점과 위험분기점의 이해

① 비용분기점: 수출지에서 수입지로의 물품 운송에 있어 수출자가 자신의 비용으로 어느 지점까지 운송을 하고 그 지점에서부터 물품을 수입자가 인수하여 수입자가 자신의 비용으로 운송을 하게 되는데 바로 그 지점/시점이 운송비를 커버하는 당사자가 수출자에게서부터 수입자로 넘어 가는 분기점으로서 '비용분기점'이라고 합니다.

② 위험분기점: 수출지에서 수입지로의 물품 운송에 있어 물품의 분실, 파손 등의 사고가 발생될 수 있는데, 그 위험의 책임이 물품 운송 구간에서 수출자는 어디까지 책임지고, 수입자는 어디서부터 책임을 진다라는 규정이 있습니다. 위험분기점이란 그 책임이 수출자에게서부터 수입자로 넘어가는 지점/시점을 말합니다.

인코텀스 중에 FOB 조건을 예를 들어, '비용분기점'과 '위험분기점'을 추가적으로 설명하겠습니다.

FOB 조건에서 '비용분기점'은 수출지 항구에서 지정된 선박에 적재(On Board) 되는 시점으로서 수출자는 수출지의 항구의 선박에 물품이 적재되기 전까지의 모든 비용(수출지 항구까지 내륙운송비, 항구에서 발생하는 부대비용: Handling Charge, Wharfage, Documents Fee 등)을 부담하고, 적재되는 순간 그 이후로 발생하는 해상운임(Ocean Freight, 수출지 항구에서 적재 시점부터 수입지 항구에서 하역 할 때까지 발생된 순수한 운송비), 수입지 항구 부대비용, 수입통관 비용 및 수입지 내륙운송비 등은 수입자가 부담을 합니다. 즉, FOB 조건에서의 '비용분기점'은 수출지 항구에서 지정된 선박에 적재하는 시점이 됩니다.

FOB 조건에서 '위험분기점'은 수출지의 항구에서 지정된 선박에 적재되기 전까지 발생하는 물품의 분실 또는 파손 등 모든 사고에 대해서는 수출자가 커버하고 적재된 이후에 발생하는 모든 사고에 대해서는 수입자가 커버, 즉 책임을 지는 것입니다. 즉, FOB 조건에서의 '위험분기점'은 역시 '비용분기점'과 동일하게 수출지 항구에서 지정된 선박에 적재하는 시점이 됩니다.

| 참고 | 수출자가 커버(부담)한다의 의미 |

수출자가 특정 지점까지의 비용을 커버(부담)한다고 실무에서 흔히 말하고, 본 책에서도 그러한 표현을 사용하고 있습니다. 인코텀스를 이해할 때 어디까지 커버(부담)한다의 의미를 정확히 알아야 혼란이 없기에 그 의미를 설명합니다.

FOB Busan Port 조건으로 거래할 때, 수출자는 외국으로 출항하는 배/항공기에 물품이 On Board 되는 시점까지의 비용을 커버(부담)합니다. 그 의미는 수출자가 On Board 되는 시점까지 발생된 수출자 자신의 마진을 포함한 비용을 계산하여 인보이스(C/I) 작성하고 그 시점까지의 비용을 수입자에게 받습니다. 포워더는 수출지 Door(공장/창고)에서 수입지 Door까지 운송 대행함에 있어 발생하는 운송비 중에 On Board 시점 이전의 비용은 수출자에게 청구하고 이후 비용은 수입자에게 청구합니다. 따라서 FOB Busan Port 조건에서 On Board 시점까지의 비용은 수출자가 커버한 게 됩니다. 그러나 사실상 그 시점까지의 비용은 수출자가 포워더에게 직접 결제하나, 수입자의 주머니에서 나온 돈입니다.

좀 더 쉽게 설명하면, 수출자는 기본적으로 수출 물품 생산원가(구매원가), 포장 비용(Packing Fee) 및 수출자의 마진을 더하고 견적서(P/I) 작성할 때 수출자가 정한 인코텀스(가격조건) 뒤의 지정장소로서 비용 분기점 지점까지 발생하는 운송비를 포워더에게 견적 받아서 견적 단가에 포함 시킵니다. 이후에 수출자는 견적서(P/I) 혹은 인보이스(C/I) 작성하여 인코텀스 뒤의 지정장소까지 발생한 비용을 수입자에게 결제받고 그 지점까지의 운송비를 포워더에게 결제합니다. 물론, 포워더는 그 지점 이후의 비용을 수입자에게 결제합니다. 결국, 수출지 Door에서 수입지 Door까지의 모든 비용은 수입자의 주머니에서 나오나, 인코텀스에 따른 지정장소가 어딘지에 따라서 그 지정장소 이전까지의 운송비 견적을 수출자가 받는 것이며, 이후 운송비 견적은 수입자가 받겠습니다.

(3) 위험분기점과 비용분기점이 동일한 조건 & 다른 조건

① 동일: EXW, F-Terms(FCA, FAS, FOB), D-Terms(DAT, DAP, DDP)

② 다름: C-Terms(CFR, CIF, CPT, CIP)

- CPT, CIP는 FCA와 위험분기점 동일(단일·복합운송조건)

- CFR, CIF는 FOB와 위험분기점 동일(해상·내륙수로운송조건)

(4) 인코텀스 뒤에 나오는 지정된 지명

인코텀스 뒤에 나오는 지정된 지명은 각 인코텀스 조건의 '비용분기점'이 됩니다.

예를 들어, 한국의 업체와 호주의 업체가 거래 하는데 인코텀스 조건이 'FOB Sydney Port'이면, 이 뜻은 호주의 업체가 수출자이고 한국의 업체가 수입자라는 뜻입니다. 즉 호주에서 한국으로 수입되는 건입니다.

FOB 조건에서 비용분기점은 선적항(P.O.L., Port of Loading)에서 지정된 선박에 적재(On Board)되는 때이기 때문에 'FOB Sydney Port'가 되는 것입니다. 만약에 'FOB Busan Port'라면 이것은 한국에서 호주로 수출이 되는 뜻이 됩니다.

< 인코텀스 뒤의 지명은 비용분기점 >

• Price Term : FOB Busan Port, Korea
• Price Term : CFR Sydney Port, Australia

• Price Term : FOB Sydney Port, Australia
• Price Term : DAP Buyer's Suwon Warehouse

물품의 이동(수출) ---->
물품의 이동(수입) <----

2) EXW 조건과 DDP 조건이란 무엇이며, 차이점

(1) EXW 조건

EXW는 수입자의 의무가 가장 큰 조건이며, DDP 조건은 수출자의 의무가 가장 큰 조건입니다.

EXW에서 수출자는 물품을 포장 해서 지정된 장소에 두기만 하면 수입자가 지정한 포워더[1]는 지정된 장소에서 물품을 인수해서 수입자의 비용과 위험으로 수입지까지 운송을 하며, 수출지에서의 수출통관 역시 수입자의 비용으로 진행합니다.

일반적으로 EXW 뒤의 지정장소는 수출물품이 있는 수출자의 공장 혹은 창고입니다. 하지만, EXW 뒤에 수출국가의 항구/공항이 오는 경우도 있으며, 이러한 경우에 수출자는 항구/공항까지의 운송비는 수출자가 부담을 합니다. 그리고 EXW 조건에서 수출통관까지 수입자의 비용으로 한다고 인코텀스에 명시되어 있지만 실무에서는 ⓐ 수출통관은 수출자가 수출자의 비용으로 진행하기도 합니다. 혹은 ⓑ 수출자가 수출지 세관에 수출신고하여 수출통관을 진행하고 그 비용, 즉 관세사 사무실에 지불하는 수수료는 포워더가 지불 후 수입자에게 청구하는 경우도 있습니다. ⓒ 혹은 지정된 포워더가 수출신고까지 모두 직접 진행하고 차후 수입자에게 청구하기도 합니다[2].

---

1 EXW 조건에서 포워더는 수입자가 지정하며, 수입자는 당연히 수입지에 위치한 포워더에게 견적 받고 지정합니다. 그러나 수출자에게 지정 포워더(Nominated Forwarder)를 통지할 때는 수입지 포워더의 수출지에 위치한 포워더(파트너) 정보를 전달합니다.

2 가격조건(Price Term, 인코텀스)에 따른 관세사 수수료(Customs Fee)는 수출지 관세사 수수료는 수출자가 결제, 수입지 관세사 수수료는 수입자가 결제하는 것이 기본입니다. 그러나 EXW 혹은 DDP에서는 예외적이라 할 수 있습니다. 관련 내용은 291 쪽 '참고' 박스 확인 바랍니다. 물론, 수출자 및 수입자가 관세사에게 수출 및 수입신고 대행 의뢰하지 않고 직접 세관에 수출 및 수입 신고하면 통관 수수료(Customs Fee)는 발생하지 않으나, 일반적으로 관세사에게 대행 의뢰하겠습니다.

(2) DDP 조건

반대로 DDP에서 수입자는 그냥 가만히 있으면 수출자가 지정된 수입지의 목적지까지 물품 운송 및 기타 비용과 위험을 커버하며, 수입지에서 수입통관 역시 수출자가 자신의 비용으로 커버해야 하는 부분입니다. DDP 조건에서 수입자는 관세사를 통해서 수입지 세관에 수입신고 진행하고, 발생한 관세사 사무실 수수료, 관세 및 부가세를 포함한 제세는 수입자가 아니라 포워더가 대납 후 수출자에게 청구됩니다. 이때 관세와 부가세에 대한 수입 세금계산서는 비록 직접 납부를 하지 않았지만 수입자 앞으로 발행되며, 수입자는 부가세 신고하여 매입세액 공제받을 수 있습니다.

그리고 때로는 DDP 조건 뒤에 지정 장소가 수입지의 항구/공항이 되는 경우도 있는데, 이 경우에 항구/공항에서 수입자가 있는 곳까지의 물품의 내륙운송 비용은 수입자가 커버를 해야 합니다.

3) 인코텀스를 알아야 하는 이유

수출자와 수입자는 아래와 같은 내용 때문에 인코텀스를 반드시 알고 있어야 합니다.

a. 물품을 수출지에서 수입지로 운송할 때 운송 관련 비용에 있어 수출자의 커버 구간 및 수입자의 커버 구간 인지 필요성(비용분기점) → 포워더 지정의 기초가 됨.

b. 물품을 운송할 때 발생 가능한 사고 위험에 있어 수출자의 커버 구간 및 수입자의 커버 구간 인지 필요성(위험분기점) → 적하보험 가입 당사자 결정의 기초가 됨.

c. 수출자에게는 수출 원가 산출의 기초가 되어 정확한 견적서를 작성할 수 있게 함.

d. 수입자에게는 수입 원가 산출의 기초가 되며, 통관 비용을 미리 준비하여 신속한 통관 가능.

2. EXW(Ex Works/공장 인도조건)

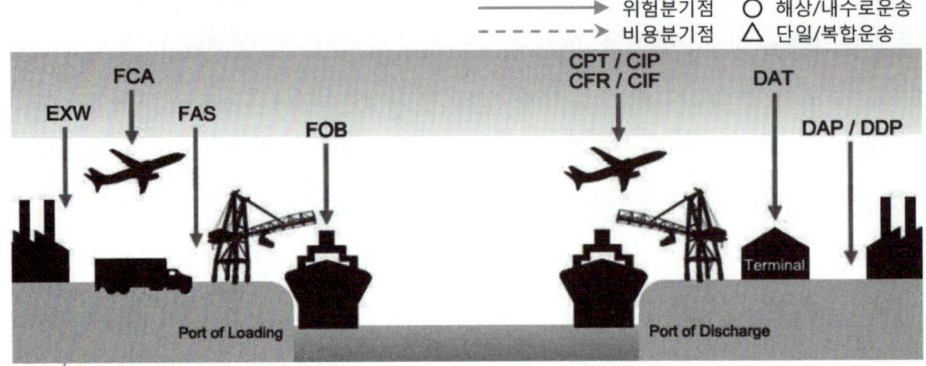

- 비용분기점&위험분기점: 서로 동일
- 운송방법: 단일 및 복합운송 모두에 대해서 사용 가능
- 수출/수입통관: 수출통관, 수입통관 모두 매수인(Buyer)의 책임
- 포워더 지정 및 운임(Freight) 부담: 매수인이 포워더 지정 및 운임 후불 결제(Freight Collect)
- 기재방법: EXW 비용분기점(통상 수출자의 공장/창고, 수출지의 내륙지점) Incoterms 2010

  예) 출발지: Seoul Seller's warehouse, 도착지: Sydney → EXW Seoul Seller's Warehouse Incoterms 2010

1) 비용분기점&위험분기점

　매도인(Seller)은 포장된 물품(필요에 따라 확인 표시)을 자신의 영업장 구내 또는 기타 지정장소(예컨대, 작업장, 공장, 창고 등: EXW 뒤의 지정 장소)에서 매수인(Buyer)의 처분하에 두는 때에 매도인의 물품에 대한 비용 및 위험에 대한 의무는 끝이 납니다. 즉, 매수인에 의해서 지정된 포워더가 물품을 지정된 장소에서 매도인으로부터 인수 한 시점부터 발생하는 모든 비용 및 물품의 멸실 또는 손상 등의 위험은 매수인의 책임 하에 놓이는 조건입니다.

　EXW 조건은 매도인에게는 가장 유리한 조건이며 반대로 매수인에게는 가장 부담스러운 인코텀스 조건입니다. 다시 말해서 EXW는 매수인의 최대의무가 있는 조건이며, EXW와 반대되는 조건으로서는 DDP조건은 매도인의 최대의무가 있는 조건입니다.

a. 매도인은 포장된 물품(적절한 화인을 표시)을 EXW조건 뒤에 나오는 장소에 그냥 두기만 하면 매도인으로서의 인도 의무는 다 한 것이며, 운송 차량에 적재할 의무도 없습니다[1]. 즉, 적재 의무는 매수인에게 있습니다. 매도인이 물품을 적재하는 경우에 매도인으로서는 매수인의 위험과 비용으로 그렇게 하며, 매도인이 자신의 위험과 비용으로 물품적재의무를 부담하는 경우 EXW보다는 FCA 조건이 적절합니다(물품인도는 매도인의 공장/창고에서 하는데 매도인이 운송차량에 적재까지 매도인의 비용과 위험으로 진행을 원한다면 인코텀스 조건이 'FCA Seller's Warehouse'로 지정이 됩니다. 하지만, 통상 FCA조건 뒤의 지정 장소는 매도인의 공장/창고가 아니라 수출지의 공항으로 지정됩니다. ex. FCA Incheon Airport).

b. EXW에서 매도인은 수출통관 및 이와 관련된 절차 그리고 비용에 대해서는 부담을 하지 않지만, 매수인의 요청이 있을 경우 매도인은 매수인의 비용으로 수출통관 및 이와 관련된 절차를 진행합니다.

c. 인도 할 때는 인도시기를 매도인과 매수인 서로 합의/통지를 하는데 그 인도 시기가 지나도록 매수인 인수를 해가지 않는 경우 이러한 책임은 매수인이 집니다.

2) 운송계약&보험계약

① 운송계약: EXW 뒤의 지정장소에서 수입지까지의 운송에 대한 계약은 매수인이 운송사에 연락하여 운송사를 선택하고 매수인의 비용으로 운송을 진행합니다. 따라서 매도인이 발행하는 인보이스에는 이러한 비용이 포함되어 있지 않습니다.

② 보험계약: 해당 운송구간 중의 보험 역시 매수인의 비용으로 커버하며, 보험 가입은 매수인의 선택사항으로서 가입하지 않아도 무방하지만, 위험이 이전된 이후 운송 구간 중에 사고가 발생하면 매수인의 책임입니다.

3) 실무에서의 EXW의 쓰임

	이론	실무
조건 표기	- EXW 수출물품이 있는 장소가 지정됨(수출자의 공장, 창고 등). 예 EXW Seoul Seller's Warehouse Incoterms 2010	- EXW 수출물품이 있는 장소 - EXW 수출지의 공항·항구(이 경우는 수출자가 내륙운송비 부담)

---

1 EXW Seller's Warehouse 조건에서 수출자의 창고에 도착한 차량에 수출자가 상차할 의무가 없다 하여 상차하지 않으면 누구도 할 사람이 없습니다. 결국, 수출자는 상차에 따른 비용(지게차 비용 및 인건비 등)을 인보이스(C/I) 단가에 포함시켜야 할 것이며, 상차에 따른 위험을 수출자가 부담하면서 상차해야겠습니다. 다시 말해서, 수출자의 Door(수출물품이 위치한 수출자의 공장/창고)에 도착한 차량에 수출물품을 상차하고 안 하고는 실무에서 인코텀스와 아무런 관계없이 수출자가 진행하고, 그에 따른 비용은 인보이스 단가에 포함하겠습니다.

수출통관	수입자의 비용으로 수출지에서의수출통관 진행	수입자가 수출지의 세관에 수출신고를 할 수 없으니, 실무에서는 조건이 EXW라 하더라도 ⓐ 수출통관은 수출자가 수출자의 비용으로 진행하거나 ⓑ 수출자가 수출지 세관에 수출신고하여 수출통관을 진행하고 그 비용, 즉 관세사 사무실에 지불하는 수수료는 포워더가 지불 후 수입자에게 청구하는 경우도 있으며, ⓒ 혹은 지정된 포워더가 수출신고까지 모두 직접 진행하고 차후 수입자에게 청구하기도 함.

3. FCA(Free Carrier/운송인 인도조건)

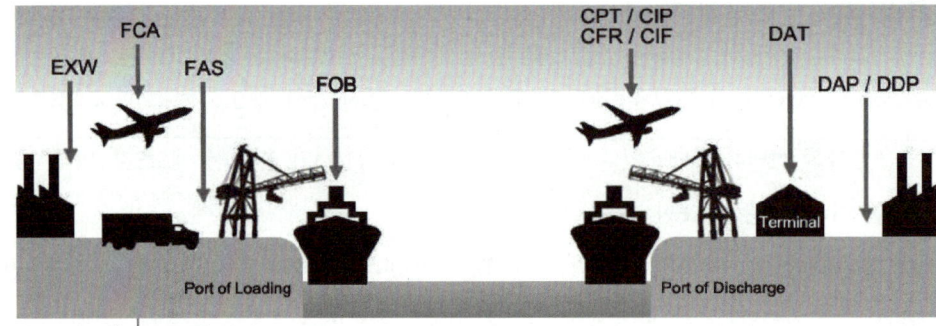

- 비용분기점&위험분기점: 서로 동일
- 운송방법: 단일 및 복합운송 모두에 대해서 사용 가능
- 수출/수입통관: 수출통관은 매도인(Seller), 수입통관은 매수인(Buyer)의 책임
- 포워더 지정 및 운임(Freight) 부담: 매수인이 포워더 지정 및 운임 후불 결제(Freight Collect)
- 기재방법: FCA 비용분기점(통상 수출지의 내륙지점/공항/항구) Incoterms 2010

    예 출발지: Incheon Airport, 도착지: Sydney Airport FCA Incheon Airport Incoterms 2010

1) 비용분기점&위험분기점

매도인이 물품을 포장하여(필요에 따라서는 화인 표시) 자신의 영업장 구내 또는 기타 지정장소(FCA 뒤의 지정 장소)에서 매수인이 지정한 포워더에게 인도하는 때에 비용 및 위험은 매도인에게서 매수인에게로 이전됩니다.

즉, FCA 뒤의 지정 장소는 비용분기점이자 위험분기점이며, FCA에서 비용분기점과 위험분기 점은 동일한 시점입니다. 다시 말해서 매도인은 물품을 포장하여 FCA 뒤의 지정장소까지 매도인 자신의 비용과 위험으로 매수인에 의해서 지정된 포워더에게 전달하면 그 시점 이후에 발생하는 모든 비용과 물품에 대한 멸실 또는 손상 등의 위험은 매수인의 책임하에 놓입니다.

a. EXW에서는 매도인이 운송차량에 적재해줄 의무가 없지만, FCA에서는 인도장소에 따라서 적재의무가 다릅니다.
   - 지정장소가 매도인의 영업구내인 경우(예 FCA seller's Seoul warehouse): 물품이 매수인이 제공한 운송수단에 적재된 때가 바로 비용/위험분기점
   - 기타의 경우(예 FCA Incheon Airport): 물품이 매도인의 운송수단에 실린 채 양하준비된 상태로 매수인이 지정한 운송인이나 제3자의 처분하에 놓인 때가 바로 비용·위험분기점
b. 인도 할 때는 인도시기를 매도인과 매수인 서로 합의/통지를 하는데 그 인도 시기가 지나도록 인수를 하지 않는 경우 이러한 책임은 매수인이 집니다.

2) 운송계약&보험계약

① 운송계약: FCA 뒤의 지정장소에서 수입지까지의 운송에 대한 계약은 매수인이 수입지에서 포워더를 지정하여 진행하고 매수인의 비용으로 운송을 진행합니다. 따라서 매도인이 발행하는 인보이스에는 이러한 비용이 포함되어 있지 않습니다.
② 보험계약: FCA에서 위험분기점이 수출지에서 물품을 운송인에게 인도한 시점으로서 해당 시점부터 수입지까지의 운송구간 중의 보험 역시 매수인의 비용으로 커버하며, 보험 가입은 매수인의 선택 사항으로서 가입하지 않아도 무방하지만, 위험이 이전된 이후 운송 구간 중에 사고가 발생하면 매수인의 책임입니다.

4. FAS(Free Alongside Ship/선측 인도조건)

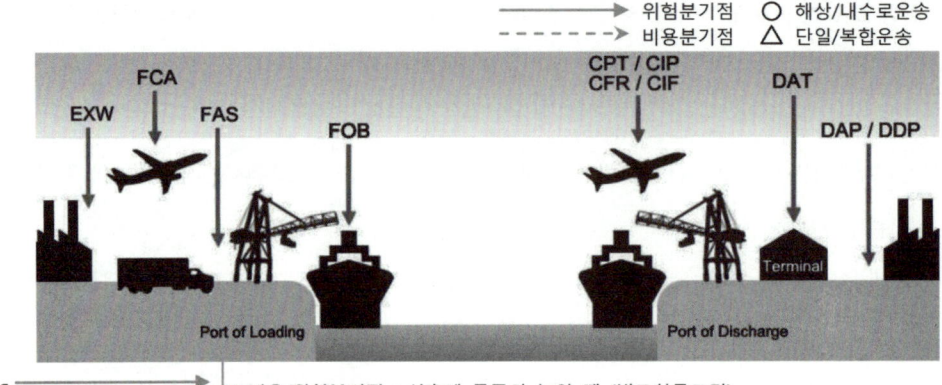

- 비용분기점&위험분기점: 서로 동일
- 운송방법: 해상/내수로운송에서만 사용 가능(복합 운송조건이 아니라 단일 운송조건)
- 수출/수입통관: 수출통관은 매도인(Seller), 수입통관은 매수인(Buyer)의 책임
- 포워더 지정 및 운임(Freight) 부담: 매수인이 포워더 지정 및 운임 후불 결제(Freight Collect)
- 기재방법: FAS 비용분기점(수출지의 항구) Incoterms 2010

    예 선적항: Busan Port, 하역항: Sydney Port → FAS Busan Port Incoterms 2010

1) 비용분기점&위험분기점

물품이 지정선적항에서 매수인에 의하여 지정된 본선(EXW, F-Terms에 운송인, 즉 포워더는 매수인이 지정)의 선측(예컨대, 부두 혹은 바지선)에 놓이는 때에 매도인이 인도한 것으로 봅니다. 즉 물품이 본선의 선측에 놓이면 비용 및 위험에 대한 이전은 매도인에게서 매수인으로 이동하며, 이 시점이 바로 비용분기점 및 위험분기점이 됩니다.

다시 말해서 물품이 매수인에 의해서 지정된 선박의 본선 선측에 놓이면 그 시점 이후부터의 모든 비용과 물품의 멸실 또는 손상 등의 위험은 매수인의 책임하에 놓입니다.

a. FAS 조건은 살화물(Bulk)에 적당하며, 컨테이너에 적재 물품의 경우 FAS보다는 FCA 조건을 사용하는 것이 적절.

b. 인도할 때는 인도시기를 매도인과 매수인 서로 합의/통지를 하는데 그 인도 시기가 지나도록 인수를 하지 않는 경우 이러한 책임은 매수인이 집니다.

2) 운송계약&보험계약

① 운송계약: FAS 조건에서 비용분기점은 선적항에 정박된 매수인이 지정한 선박의 선측에 놓이는 때로서 해당 시점에서 수입지로의 운송 구간에 대한 비용은 매수인이 부담한다. 즉, 매수인이 포워더를 지정하고 운송구간에 대한 계약 및 비용을 커버합니다. 따라서 매도인이 발행하는 인보이스에는 이러한 비용이 포함되어 있지 않습니다.

② 보험계약: FAS에서 위험분기점은 비용분기점과 동일한 선적항의 선측으로서 수입지까지의 운송구간 중의 보험 역시 매수인의 비용으로 커버하며, 보험 가입은 매수인의 선택 사항으로서 가입하지 않아도 무방하지만, 위험이 이전된 이후 운송 구간 중에 사고가 발생하면 매수인의 책임입니다.

5. FOB(Free On Board, 본선 인도조건)

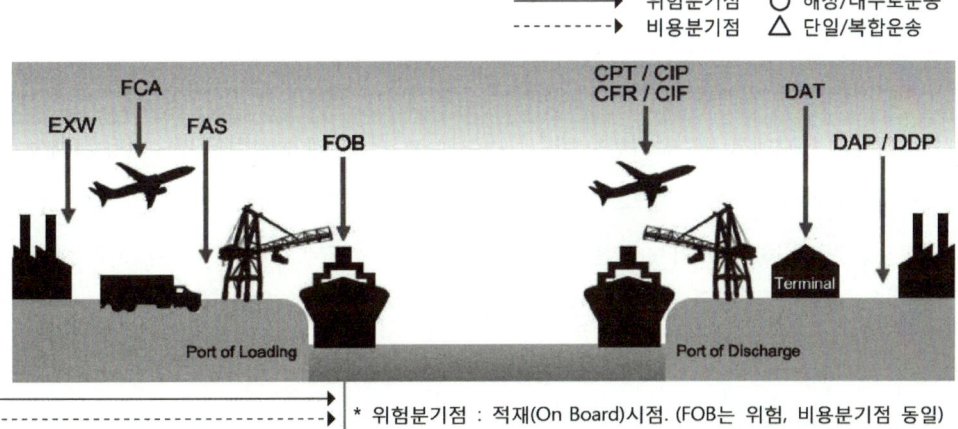

- 비용분기점&위험분기점: 서로 동일
- 운송방법: 해상/내수로운송에서만 사용 가능(복합 운송조건이 아니라 단일 운송조건)
- 수출/수입통관: 수출통관은 매도인(Seller), 수입통관은 매수인(Buyer)의 책임
- 포워더 지정 및 운임(Freight) 부담: 매수인이 포워더 지정 및 운임 후불 결제(Freight Collect)
- 기재방법: FOB 비용분기점(수출지의 항구) Incoterms 2010
  - 예 선적항: Busan Port, 하역항: Sydney Port → FOB Busan Port Incoterms 2010

1) 비용분기점&위험분기점

매도인이 물품을 포장하여(필요에 따라서는 화인 표시) 지정선적항에서 매수인에 의하여 지정된 본선(EXW, F-Terms에서 포워더는 매수인이 지정)에 적재(On Board)된 때에 물품이 매도인에게서 매수인에게로 인도된 것을 의미하며, 이 시점이 바로 비용분기점이자 위험분기점이 됩니다.

즉, 수출지 항구의 지정된 선박에 적재(On Board)된 시점부터 발생하는 모든 비용은 매수인이 커버하며, 또한 적재 시점부터 발생하는 물품의 멸실 또는 손상 등의 위험 역시 매수인의 책임하에 놓입니다.

※ 인도할 때는 인도시기를 매도인과 매수인 서로 합의/통지를 하는데, 그 인도 시기가 지나도록 인수를 하지 않는 경우 이러한 책임은 매수인이 집니다.

2) 운송계약&보험계약

① 운송계약: FOB 조건에서 비용분기점은 매수인에 의해서 지정된 선박에 적재(On Board)된 시점이며, 본 시점에서 수입지로의 운송 구간에 대한 비용은 매수인이 부담합니다. 즉, 매수인이 포워더를 지정하고 운송구간에 대한 계약 및 비용을 커버합니다. 따라서 매도인이 발행하는 인보이스에는 이러한 비용이 포함되어 있지 않습니다.

② 보험계약: FOB에서 위험분기점은 비용분기점과 동일하며 그 분기점은 매수인에 의해서 지정된 선박에 적재(On Board)된 시점으로서 해당 시점에서 수입지까지의 운송구간 중의 보험 역시 매수인의 비용으로 커버하며, 보험 가입은 매수인의 선택 사항으로서 가입하지 않아도 무방하지만, 위험이 이전된 이후 운송 구간 중에 사고가 발생하면 매수인의 책임입니다.

3) 실무에서의 FOB의 쓰임

	이 론	실 무
조건 표기	- FOB는 '해상/내수로운송' 조건으로서 배(By Vessel)를 운송수단으로 사용하는 운송조건에 적절함. - FOB Busan Port(○) - FOB Incheon Airport(×)	- FOB는 해상 조건에 적절하다고 인코텀스에 명시되어 있지만 실무에서는 항공으로 운송될 때 역시 사용. - 자세한 내용 211쪽 참고.

6. CFR(Cost and Freight[1] / 운임포함인도조건)

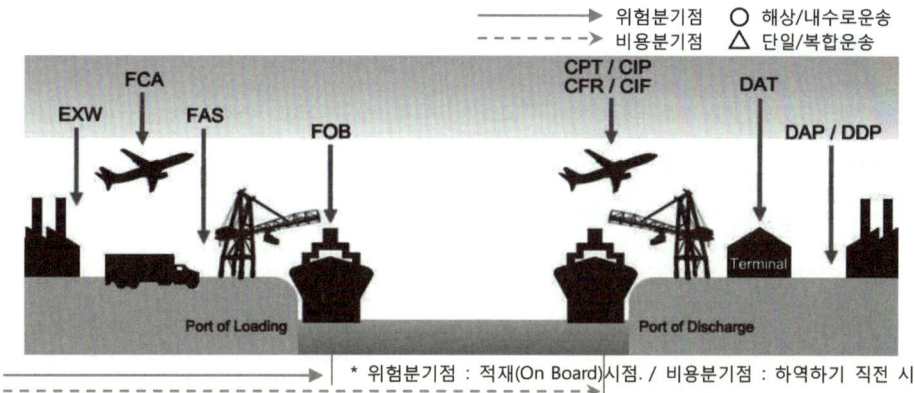

- 비용분기점&위험분기점: 서로 다름
- 운송방법: 해상/내수로운송에서만 사용 가능(복합 운송조건이 아니라 단일 운송조건)
- 수출/수입통관: 수출통관은 매도인(Seller), 수입통관은 매수인(Buyer)의 책임
- 포워더 지정 및 운임(Freight) 부담: 매도인이 포워더 지정 및 운임 선불 결제(Freight Pre-Paid)
- 기재방법: CFR 비용분기점(수입지의 항구) Incoterms 2010
  예) 선적항: Busan Port, 하역항: Sydney Port -> CFR Sydney Port Incoterms 2010

1) 비용분기점&위험분기점

운임(Ocean Freight) 포함 인도조건으로서 CFR(FOB + 운임) 조건은, 매도인이 물품을 포장하여(필요에 따라서는 확인 표시) 선적항에서 매도인 자신에 의하여 지정된 본선(C-Terms, D-Terms에서 포워더는 매도인이 지정)에 적재(On Board)되어 지정된 목적항까지 운송 되었을 때 물품은 매도인에게서 매수인에게로 인도된 것을 의미하며, 지정목적항에서의 부대비용(Wharfage, CFS Charge, Documents Fee, Handling Charge 등)은 매수인의 비용입니다. 다시 말해서 CFR조건의 비용분기점은 지정목적항에서 하역하기 직전까지로서 'CFR 가격'에는 수출지의 내륙운송비, 수출지 항구에서의 부대비용 및 해상운임(Ocean Freight)이 포함되어 있습니다.

CFR 조건은 비용분기점과 위험분기점이 다른 조건으로서(C-Terms는 모두 비용분기점과 위험분기점이 다름.) 위험분기점은 FOB 조건과 동일합니다. 즉, 선적항에서 매도인 자신에 의해서 지정된 본선에 적재(On Board)하였을 때 위험은 매도인에게서 매수인으로 이전됩니다. 다시 말해서 본선 적재(On Board) 시점이 위험분기점이 되며, 적재 이후에 물품에 대한 멸실 또는 손상 등의 위험은 매수인의 책임하에 놓입니다. 따라서 CFR 조건에서 비용분기점 과 위험분기점은 서로 다릅니다.

---

1 실무에서 CFR을 CNF라고 표현하기도 합니다.

※ 인도 할 때는 인도시기를 매도인과 매수인 서로 합의/통지를 하는데 그 인도 시기가 지나도록 인수를 하지 않는 경우 이러한 책임은 매수인이 집니다.

2) 운송계약&보험계약

① 운송계약: CFR 뒤의 지정목적항은 수입지로서 수출지에서 지정목적항까지의 운송에 대한 계약은 매도인이 포워더에 연락해서 포워더를 선택하고 매도인 자신의 비용으로 운송을 진행합니다. 따라서 매도인이 발행하는 인보이스에 이러한 비용이 포함되어 있습니다.

② 보험 계약: C-Terms가 그러하듯이 비용분기점은 지정목적지(CPT, CIP)·지정목적항(CFR, CIF)까지이지만 위험분기점은 CPT, CIP 일때는 수출지에서 물품을 매도인이 지정한 운송인에게 전달한 때, CFR, CIF 일때는 수출항에서 매도인이 지정한 선박의 본선에 적재(On Board) 된 때입니다. 따라서 CFR 조건에서 운송구간[수출항에서 적재(On Board) 시점부터 지정목적항까지]에 대한 보험 가입은 매수인의 선택 사항으로서 가입하지 않아도 무방하지만, 위험이 이전된 이후 운송 구간 중에 사고가 발생하면 매수인의 책임입니다.

3) C-Terms와 F-Terms와의 연관성

CPT, CIP, CFR, CIF가 사용되는 경우에, 비용분기점과 위험분기점은 서로 다릅니다. 비용은 목적지의 지정장소(CPT, CIP)/지정목적항(CFR, CIF)까지 매도인이 부담하며, 위험은 출발지(CPT, CIP)에서 매도인 자신이 지정한 운송인에게 물품을 인도 한 때/출발항구(CFR, CIF)에서 매도인 자신이 지정한 선박에 적재(On Board)된 때 위험은 매도인에게서 매수인으로 이전됩니다. 다시 말해서 C-Terms에서 해상/내수로 운송조건인 CFR, CIF는 F-Terms에서 해상/내수로 운송조건인 FOB와 위험분기점 동일하며, C-Terms에서 단일/복합 운송조건인 CPT, CIP는 F-Terms에서 단일/복합 운송조건인 FCA와 위험분기점이 동일합니다.

	C-Terms	F-Terms
해상/내수로 운송조건	CFR, CIF	FOB
비용분기점	목적항 항구에서 하역하기 직전 시점	수출지 항구 본선에 적재(On Board) 시점
위험분기점	수출지 항구 본선에 적재(On Board) 시점	수출지 항구 본선에 적재(On Board) 시점
결 론	C-Terms에서 배(By Vessel)로 운송하는 조건으로서 CFR, CIF는 F-Terms에서 배로 운송하는 조건인 FOB와 위험분기점 일치	

단일/복합 운송조건	CPT, CIP	FCA
비용분기점	지정 목적지의 지정장소에서 하역하기 직전 시점	매수인이 지정한 운송인에게 인도된 때 (수출지에서)
위험분기점	매도인이 지정한 운송인에게 인도된 때 (수출지에서)	매수인이 지정한 운송인에게 인도된 때 (수출지에서)
결론	C-Terms에서 단일/복합 운송조건인 CPT, CIP는 F-Terms에서 단일/복합 운송조건인 FCA와 위험분기점 일치	

4) 실무에서 C-Terms에 대한 설명

(1) C-Terms 조건은 수입지의 지정목적지(CPT, CIP) 혹은 도착항(CFR, CIF)의 부대비용 미포함

인코텀스에서 말하기를 매도인은 자신이 작성한 인보이스의 비용이 지정목적항까지의 비용인지 혹은 지정목적항에서의 하역비 및 항구/공항에서 발생하는 부대비용도 포함되는 것인지를 정확하게 다시 명시할 필요가 있다고 나와 있으나, 실무적으로 보았을 때 수입지 항구, 즉 지정목적항에서 발생하는 부대비용(Handling Charge, Wharfage, Documents Fee 등) 혹은 수입지 공항에서 발생하는 부대비용은 매도인이 매수인에게 제시한 인보이스 가격에는 포함되지 않으며, 따라서 수입지의 지정목적항 혹은 공항에서 발생된 부대비용은 매수인이 부담합니다.

(2) 해상운송조건에서 항공운송조건으로 변경이 되었을 때 인코텀스의 변경

	이 론	실 무
조건 표기	- CFR, CIF는 '해상/내수로운송' 조건으로서 배(By Vessel)를 운송수단으로 하는 운송조건에 적절함. - CFR Sydney Port(○) - CIF Busan Port(○) - CFR Incheon Airport(X)	- CFR, CIF는 해상 조건에 적절하다고 인코텀스에 명시되어 있지만 실무에서는 항공으로 운송될 때 역시 사용. - 자세한 내용 214쪽 참고.

7. CIF(Cost Insurance and Freight / 운임·보험료포함인도조건)

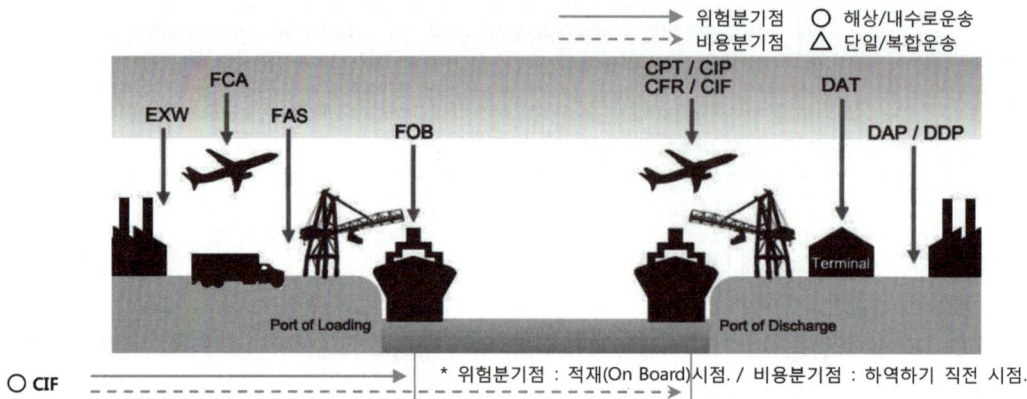

- 비용분기점&위험분기점: 서로 다름
- 운송방법: 해상/내수로운송에서만 사용 가능(복합 운송조건이 아니라 단일 운송조건)
- 수출/수입통관: 수출통관은 매도인(Seller), 수입통관은 매수인(Buyer)의 책임
- 포워더 지정 및 운임(Freight) 부담: 매도인이 포워더 지정 및 운임 선불 결제(Freight Pre-Paid)
- 기재방법: CIF 비용분기점(수입지의 항구) Incoterms 2010

  예) 선적항: Busan Port, 하역항: Sydney Port → CIF Sydney Port Incoterms 2010

1) 비용분기점&위험분기점

운임(Ocean Freight)과 보험료(Insurance) 포함 인도조건인 CIF(FOB+운임+보험료) 조건은, 매도인이 물품을 포장하여(필요에 따라서는 화인 표시) 선적항에서 매도인 자신에 의하여 지정된 본선(C-Terms, D-Terms에서 포워더는 매도인이 지정)에 적재(On Board)되어 지정된 목적항까지 운송 되었을 때 물품은 매도인에게서 매수인에게로 인도 된 것을 의미하며, 지정목적항에서의 부대비용(Wharfage, CFS Charge, Documents Fee, Handling Charge 등)은 매수인의 비용입니다.

CIF 조건이 CFR 조건과 다른 것은 위험분기점에서부터 비용분기점까지, 즉 선적항에서 본선에 적재(On Board: CFR, CIF의 위험분기점)된 이후부터 하역항에서 하역하기 전까지(CFR, CIF 조건에서의 비용분기점)의 해상운임(Ocean Freight) 뿐만 아니라 보험료(Insurance)까지 매도인이 커버를 해야 한다는 것입니다. 위험분기점이 수출지의 지정된 선박에 적재 시점인 CIF 조건에서 운송구간(적재 시점부터 하역 직전 시점)에 대한 사고에 대비한 적하보험 가입(부보)을 매도인이 진행한다는 의미는 매수인에게 그러한 비용을 받아서(인보이스 단가에 포함) 매수인을 대신하여 매도인이 부보를 한다는 의미이며, 사고 발생 시 보험금을 받는 당사자는 매도인이

아니라 매수인이 됩니다.[1]

이렇게 매도인이 매수인에게 보험금을 인보이스에 포함하여 받는 인코텀스 조건으로서 CIF와 함께 CIP 조건이 있으며 이들 조건은 모두 매도인이 매수인을 위해서 반드시 적하보험에 가입을 해야 합니다. 이때 중요한 것은 단순히 보험 가입만 해주면 되는 것으로서 사고 발생 시 커버하는 범위는 중요하지 않습니다. 즉, 적하보험에도 여러 상품이 있는데 대부분의 사고에 대해서 커버하는 All Risk에 가입하지 않아도 된다는 말입니다. 따라서 매도인은 커버 범위가 적은 상품에 가입을 해도 되기 때문에, 매수인은 매도인에게 요청하여 커버 범위가 넓은 All Risk를 요구하는 것이 좋겠습니다.

그리고 CIF, CIP 조건에서 매도인이 매수인을 위해서 보험에 가입하면 적하보험회사로부터 '보험증권(Insurance Policy)'를 받습니다. 본 서류는 원본으로서 결제조건에 따라서 매도인은 매수인에게 전달해야 합니다. 즉, 결제조건 T/T에서는 특송으로, 결제조건 L/C에서는 통상 선적서류를 요구하는 46A 조항에서 보험증권을 함께 요구하기 때문에 매입은행에 제출해야 합니다.

※ 인도할 때는 인도시기를 매도인과 매수인 서로 합의/통지를 하는데 그 인도 시기가 지나도록 인수하지 않는 경우 이러한 책임은 매수인이 집니다.

2) 운송계약&보험계약

① 운송계약: CIF 뒤의 지정목적항은 수입지의 항구로서 지정목적항까지의 운송에 대한 계약은 매도인이 포워더에게 연락하여 포워더를 선택하고 매도인의 비용으로 운송을 진행합니다. 따라서 매도인이 발행하는 인보이스에는 이러한 비용이 포함되어 있습니다.

② 보험계약: C 조건들이 그러하듯이 비용분기점은 지정목적지(CPT, CIP)/지정목적항(CFR, CIF)이지만 위험분기점은 CPT, CIP 일때는 수출지에서 물품을 매도인이 지정한 운송인에게 전달한 때, CFR, CIF 일때는 수출항에서 매도인이 지정한 선박의 본선에 적재(On Board) 된 시점이 됩니다. 하지만, CIF, CIP 조건에서는 위험분기점에서 부터의 물품에 대한 사고에 대비해서 매도인이 보험에 가입해야 합니다. 따라서 보험료가 해당 건의 인보이스에 포함되어 있습니다.

---

1 '보험료포함인도조건'인 CIF, CIP에서 매도인은 매수인에게 보험료를 인보이스에 포함해서 받아서 매도인 자신이 매수인을 위해서 적하보험회사에 보험가입을 대신 진행합니다. 마찬가지로 '운임포함 인도조건', 예를 들어 CFR에서 매도인은 매수인에게 운임(Freight)을 인보이스에 포함해서 받아서 자신이 운송사(포워더) 지정하고 운송과 관련된 업무를 매수인을 대신해서 진행하는 것과 일맥상통하다고 할 수 있습니다. 다시 말해서 구매자가 신경 쓰고 싶지 않은 부분들을 판매자에게 비용을 주고 대신 진행할 것을 요청하는 것이라고도 볼 수 있겠습니다.

3) CIF는 과세가격(FOB 가격 + 운임 + 보험료)

CIF는 과세가격이며, 과세가격이란 수입물품에 대해서 관세를 계산할 때 기준이되는 가격입니다.

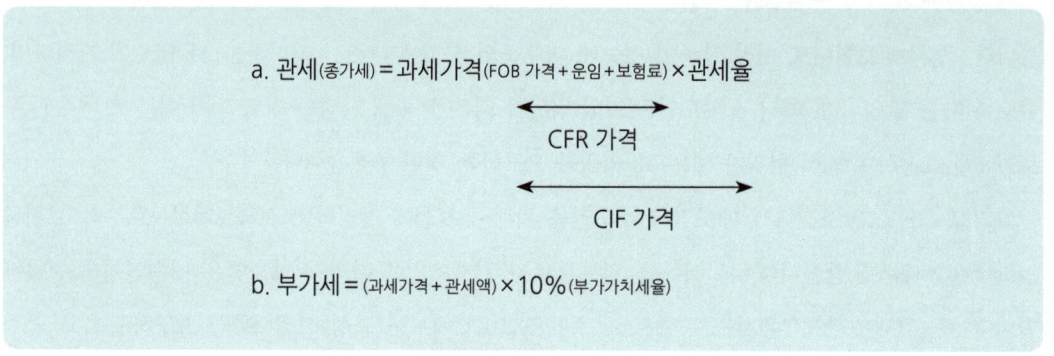

4) CIF, CIP 조건은 매도인이 매수인을 위해서 부보해야 하는 조건

CIF, CIP 조건은 위험분기점이 각각 수출지 항구에서 본선에 적재한 시점, 그리고 수출지에서 지정된 운송인에게 물품을 넘기는 시점으로서 물품이 그 시점 이전까지 사고가 나면 매도인의 책임이지만 그 이후 사고가 나면 매수인의 책임입니다. 즉, 위험분기점은 적재 시점(CIF), 운송인에게 인도한 시점(CIP)이지만 그 이후에 발생될 수 있는 사고에 대해서 매도인이 매수인을 위해서 부보 하는 것입니다.

> **참고** **수출신고필증의 운임과 보험료 계산**
>
> 수출신고할 때, EXW 혹은 F-Terms 중에 하나로 신고되면 수출신고필증의 '운임'과 '보험료' 부분에 공란 처리됩니다. 그러나 C-Terms 혹은 D-Terms로 신고될 때는 '운임'이 기본적으로 기재되며 CIF, CIP 조건에서는 '보험료'까지 함께 기재됩니다. 수출자가 운임과 보험료를 별도로 신고인으로서 관세사 사무실에 알려주면 그대로 신고 들어가나, 특별히 알려주지 않으면 관세사 사무실에서 대략적으로 기재하여 신고 들어간다 할 수 있습니다.

8. CPT(Carriage Paid To/운송비지급 인도조건)

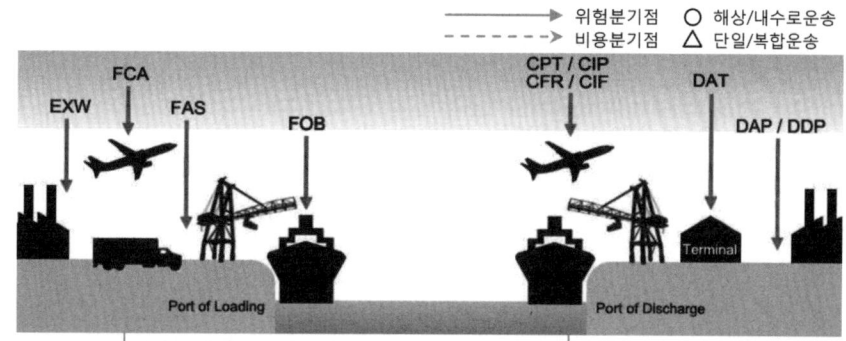

- 비용분기점&위험분기점: 서로 다름
- 운송방법: 단일 및 복합운송 모두에 대해서 사용 가능
- 수출/수입통관: 수출통관은 매도인(Seller), 수입통관은 매수인(Buyer)의 책임
- 포워더 지정 및 운임(Freight) 부담: 매도인이 포워더 지정 및 운임 선불 결제(Freight Pre-Paid)
- 기재방법: CPT 비용분기점(통상 수입지의 공항/항구) Incoterms 2010

  예) 출발지: Incheon Airport, 도착지: Sydney Airport → CPT Sydney Airport Incoterms 2010

1) 비용분기점&위험분기점

CPT 조건(FCA 금액+운임)에서 매도인은 물품을 포장하여(필요에 따라서는 화인 표시) 매도인 자신이 지정한 포워더에게 전달 후 수입지의 지정목적지까지의 비용을 매도인이 부담하는 조건이며, 그 이후에 발생하는 비용은 모두 매수인이 커버 합니다. 즉, CPT 조건에서의 비용분기점은 수입지의 지정목적지에 도착하여 물품을 하역하기 직전 시점이며, 지정목적지에서 발생하는 비용부터는 매수인이 커버해야 하는 비용이 됩니다.

예를 들어, 지정목적지가 수입지 공항이라면 해당 공항에서부터 발생하는 부대비용부터는 매수인의 비용이 되는 것입니다. 따라서 'CPT 가격'이란 매도인이 물품을 포장하여 수입지의 지정목적지까지 운송하는 모든 비용이 포함되어 있으며, 그 이후에 발생하는 부대비용들은 모두 매수인의 비용이 됩니다.

반면 CPT 조건에서의 위험분기점은 FCA 조건과 동일하게 수출지에서 지정된 포워더(F-Terms에서는 매수이이 지정, C-Terms&D-Terms에서는 매도인이 지정)에게 매도인이 포장된 물품을 인도하는 시점이 바로 물품에 대한 위험이 매도인에게서 매수인으로 넘어가는 위험분기점이 됩니다.

※ 인도 할 때는 인도시기를 매도인과 매수인 서로 합의/통지를 하는데 그 인도 시기가 지나도록 인수를 하지 않는 경우 이러한 책임은 매수인이 집니다.

EXW, F-Terms, D-Terms는 모두 위험분기점과 비용분기점이 동일하지만, C-Terms는 위험분기점과 비용분기점이 상이합니다.

CPT, CIP 조건의 위험분기점은 FCA와 동일하게 수출지에서 지정된 운송인에게 인도하는 시점이 되며, CFR, CIF의 위험분기점은 FOB와 동일하게 수출지의 지정된 선박의 본선에 적재(On Board)하는 시점이 바로 위험분기점이 됩니다.

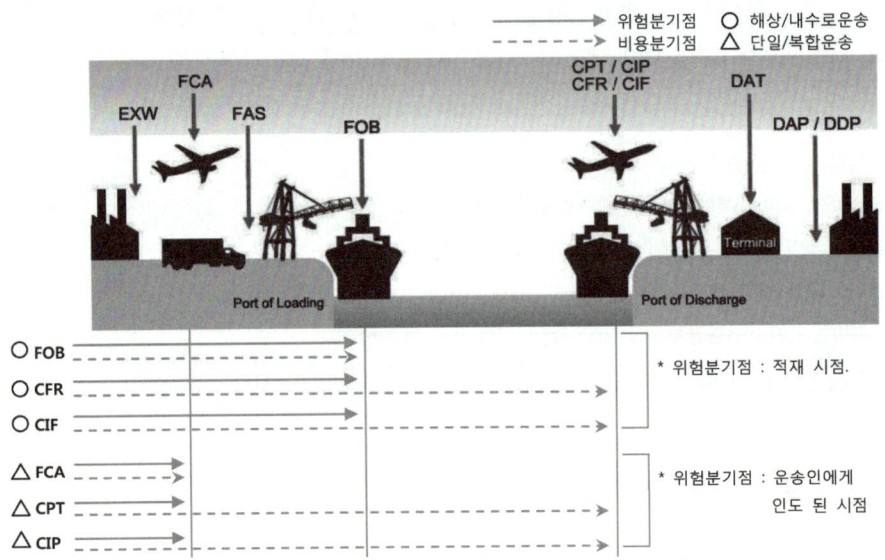

2) 운송계약&보험계약

① 운송계약: CPT 뒤의 지정목적지는 수입지로서 수출지에서 지정목적지까지의 운송에 대한 계약은 매도인이 포워더에게 연락하여 포워더를 선택하고 매도인의 비용으로 운송을 진행합니다. 따라서 매도인이 발행하는 인보이스에는 이러한 비용이 포함되어 있습니다.

② 보험계약: C 조건들이 그러하듯이 비용분기점은 지정목적지(CPT, CIP) / 지정목적항(CFR, CIF)이지만 위험분기점은 CPT, CIP 일때는 수출지에서 물품을 매도인이 지정한 운송인에게 전달한 때, CFR, CIF 일때는 수출지 항구에서 매도인이 지정한 선박의 본선에 적재(On Board) 된 때입니다. CPT 조건에서 운송구간(운송인에게 물품을 인도한 시점부터 지정목적지까지)에 대한 보험 가입은 매수인의 선택 사항이며, 매수인이 보험에 가입하지 않아 운송구간에서 사고가 발생되면 매수인의 책임입니다.

9. CIP(Carriage And Insurance Paid To/운송비·보험료지급 인도조건)

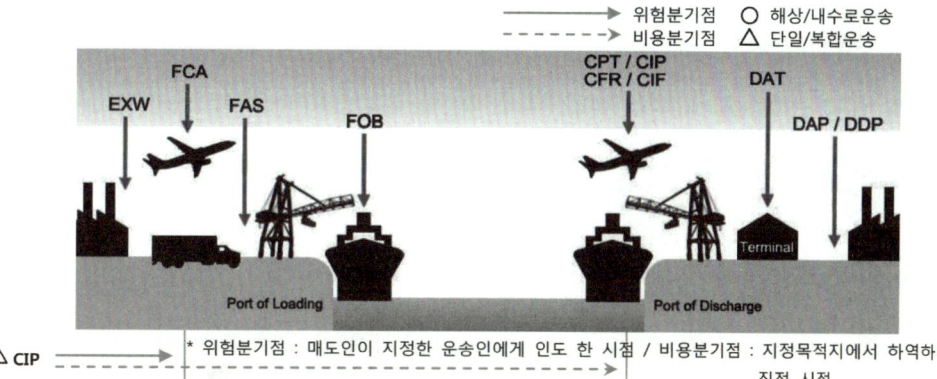

- 비용분기점&위험분기점: 서로 다름
- 운송방법: 단일 및 복합운송 모두에 대해서 사용 가능
- 수출/수입통관: 수출통관은 매도인(Seller), 수입통관은 매수인(Buyer)의 책임
- 포워더 지정 및 운임(Freight) 부담: 매도인이 포워더 지정 및 운임 선불 결제(Freight Pre-Paid)
- 기재방법: CIP 비용분기점(통상 수입지의 공항/항구) Incoterms 2010
    - 예) 출발지: Incheon Airport, 도착지: Sydney Airport → CIP Sydney Airport Incoterms 2010

1) 비용분기점&위험분기점

CIP 조건(FCA 금액+운임+보험료)에서 매도인은 물품을 포장하여(필요에 따라서는 화인 표시) 매도인 자신이 지정한 포워더에게 전달하며, 수입지의 지정목적지까지의 비용과 운송인에게 인도한 시점부터 지정목적지까지의 운송구간에서 발생될 수 있는 사고에 대비해서 보험에 가입하는 보험료를 매도인이 부담하는 조건으로서 그 이후에 발생하는 비용은 모두 매수인이 커버 합니다. 즉, CIP 조건에서의 비용분기점은 수입지의 지정목적지에 도착하여 물품을 하역하기 직전 시점이 되며, 지정목적지에서 발생하는 부대비용부터는 매수인이 커버해야 하는 비용이 됩니다.

예를 들어, 지정목적지가 수입지 공항이라면 해당 공항에서부터 발생하는 부대비용부터는 매수인의 비용이 되는 것입니다.

따라서 CIP 조건의 비용분기점 즉, 'CIP 가격'이란 매도인이 물품을 포장하여 수입지의 지정목적지까지 물품을 운송하는 모든 비용과 운송 구간(수출지에서 지정된 운송인에게 물품을 인도한 시점부터 해당 물품이 수입지의 지정목적지에 도착하기까지)에 대한 보험료가 포함 되어 있으며, 그 이후에 발생하는 부대비용들은 모두 매수인의 비용이 됩니다.

반면 CIP 조건에서의 위험분기점은 FCA 조건과 동일하게 수출지에서 지정된 포워더(F-Terms에서는 매수인이 지정, C-Terms&D-Terms에서는 매도인이 지정)에게 매도인이 포장된 물품을 인도하는 시점이 바로 물품에 대한 위험이 매도인에게서 매수인으로 넘어가는 위험분기점이 됩니다.

※ 인도 할 때는 인도시기를 매도인과 매수인 서로 합의/통지를 하는데 그 인도 시기가 지나도록 인수를 하지 않는 경우 이러한 책임은 매수인이 집니다.

2) 운송계약&보험계약

① 운송계약: CIP 뒤의 지정목적지는 수입지로서 수출지에서 지정목적지까지의 운송에 대한 계약은 매도인이 포워더에 연락하여 포워더를 선택하고 매도인의 비용으로 운송을 진행합니다. 따라서 매도인이 발행하는 인보이스에는 이러한 비용이 포함되어 있습니다.

② 보험계약: C 조건들이 그러하듯이 비용분기점은 지정목적지(CPT, CIP)/지정목적항(CFR, CIF)이지만 위험분기점은 CPT, CIP 일때는 수출지에서 물품을 매도인이 지정한 운송인에게 전달한 때, CFR, CIF 일때는 수출항에서 매도인이 지정한 선박의 본선에 적재(On Board)된 시점이 됩니다. 하지만, CIF, CIP 조건에서는 위험분기점에서부터의 물품에 대한 사고에 대비해서 매도인이 보험에 가입을 합니다. 따라서 보험료가 해당 건의 인보이스에 포함되어 있습니다.

10. DAT(Delivered at Terminal/도착터미널 인도조건)

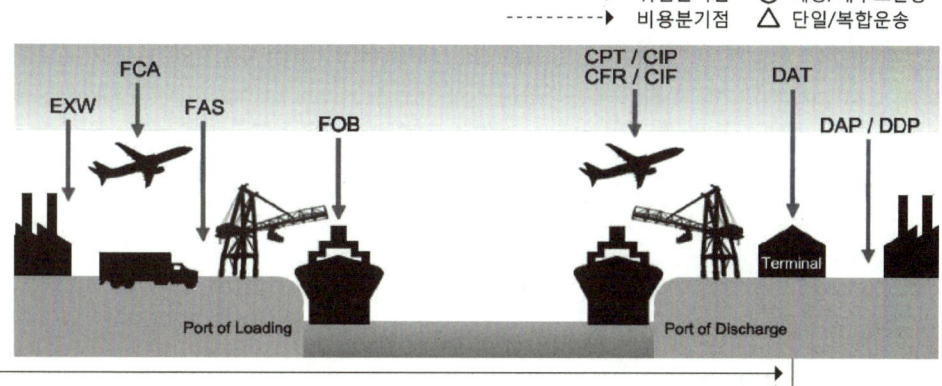

* 비용/위험분기점 : 운송수단에서 DAT는 양하된 상태, DAP, DDP는 양하 준비된 상태

- 비용분기점&위험분기점: 서로 동일
- 운송방법: 단일 및 복합운송 모두에 대해서 사용 가능
- 수출/수입통관: 수출통관은 매도인(Seller), 수입통관은 매수인(Buyer)의 책임
- 포워더 지정 및 운임(Freight) 부담: 매도인이 포워더 지정 및 운임 선불 결제(Freight Pre-Paid)
- 기재방법: DAT 비용분기점(수입지 터미널) Incoterms 2010

   예 출발지: Incheon, 도착지: Sydney → DAT Sydney Port(Airport) Incoterms 2010

1) 비용분기점&위험분기점

　DAT조건은 물품을 포장하여(필요에 따라서는 화인 표시) 매도인 자신이 지정한 포워더에게 전달하고, 도착운송수단으로부터 양하된 상태로 지정터미널(지정목적항 혹은 지정목적지로서 수입지항구 혹은 수입지공항)에서 매수인의 처분하에 놓이는 때에 매도인이 인도한 것으로 봅니다. 즉, DAT 조건에서의 비용분기점은 지정터미널에서 물품이 양하된 상태가 됩니다.

　위험분기점은 DAT 조건 뒤의 지정 터미널 및 합의된 목적항이나 목적지의 터미널 내의 지점이 됩니다. 매도인은 지정목적항이나 지정목적지까지 물품을 운송하고 그곳에서 양하 할 때 수반하는 모든 위험을 부담합니다.

a. '터미널'이란 부두, 창고, 컨테이너장치장(CY) 또는 도로·철도·항공화물의 터미널과 같은 장소를 포함하며, 지붕의 유무를 불문합니다.

b. 인도 할 때는 인도시기를 매도인과 매수인 서로 합의/통지를 하는데 그 인도 시기가 지나도록 매수인 인수하지 않는 경우 이러한 책임은 매수인이 집니다.

DAT 조건에서 T는 Terminal입니다. 목적항 또는 지정목적지의 터미널이 되는 것입니다. 즉, DAT 조건은 물품에 대한 비용 및 위험분기점이 수입지의 터미널인 경우 적당한 조건입니다. 따라서 수입지의 터미널에서 수입지 내의 다른 장소로 물품을 운송을 하는 것에 대한 비용에 대해서도 매도인이 부담하는 조건으로 하고 싶다면 DAT가 아니라 DAP(수입통관 매수인 커버) 혹은 DDP(수입통관 매도인 커버) 조건을 사용하는 것이 적당합니다.

2) 운송계약&보험계약

① 운송계약: 매도인은 자신의 비용으로 물품을 합의된 목적항이나 목적지의 지정터미널까지 운송하는 계약을 체결하여야 합니다. 즉, 매도인이 포워더를 지정하고 운송구간에 대한 계약 및 비용을 커버합니다. 따라서 매도인이 발행하는 인보이스에는 이러한 비용이 포함되어 있습니다.

② 보험계약: 운송 구간에서 사고가 발생된다면, 위험분기점이 목적항이나 목적지의 터미널 내의 지점이기 때문에 매도인의 책임입니다. 따라서 운송구간 중에 위험에 대해서 보험에 가입을 원한다면 매도인은 자신의 비용으로 보험에 가입해야 합니다.

11. DAP(Delivered at Place, 도착장소 인도조건)

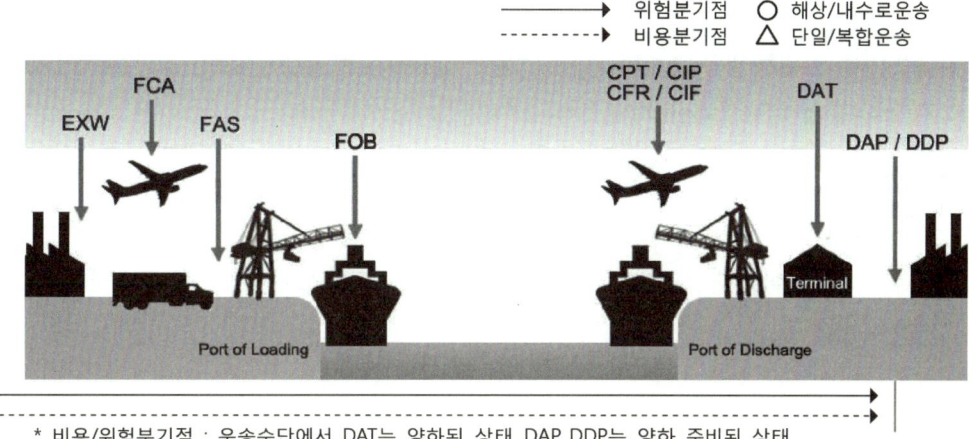

* 비용/위험분기점 : 운송수단에서 DAT는 양하된 상태, DAP, DDP는 양하 준비된 상태

- 비용분기점&위험분기점: 서로 동일
- 운송방법: 단일 및 복합운송 모두에 대해서 사용 가능
- 수출/수입통관: 수출통관은 매도인(Seller), 수입통관은 매수인(Buyer)의 책임
- 포워더 지정 및 운임(Freight) 부담: 매도인이 포워더 지정 및 운임 선불 결제(Freight Pre-Paid)
- 기재방법: DAP 비용분기점(수입지의 내륙지점) Incoterms 2010
  예) 출발지: Incheon, 도착지: Sydney → DAP Sydney Buyer's warehouse Incoterms 2010

1) 비용분기점&위험분기점

DAP조건은 물품을 포장하여(필요에 따라서는 화인 표시) 매도인 자신이 지정한 포워더에게 전달하고, 지정목적지에서 도착운송수단에 실린 채 양하 준비된 상태로 매수인의 처분하에 놓이는 때에 매도인이 인도한 것으로 봅니다.

즉, DAP 조건 뒤의 지정장소가 바로 비용분기점이 되며, 양하되지 않은 상태에서 비용에 대한 이전은 매도인에게서 매수인으로 이전됩니다. DAP에서 '지정장소'라는 것은 통상 수입지의 내륙지점이 되며, DAP가 DDP와 다른 점은 DAP는 수입지의 수입통관에 대한 비용은 매수인이 부담하는데 DDP는 다른 인코텀스 조건들과는 다르게 수입지에서의 수입통관 비용까지 매도인이 부담한다는 것입니다. DAP 조건의 위험분기점은 비용분기점과 동일한 시점으로서 매도인은 지정장소까지 물품을 운송하는데 수반하는 모든 위험을 부담하며, 이러한 지정된 장소가 바로 위험분기점입니다.

※ 인도 할 때는 인도시기를 매도인과 매수인 서로 합의/통지를 하는데 그 인도 시기가 지나도록 매수인 인수하지 않는 경우 이러한 책임은 매수인이 집니다.

DAP는 물품에 대한 비용/위험분기점이 수입지의 내륙지점이 될 때 적당한 조건입니다. 즉, DAP 조건에서는 수입지 내의 지정목적지까지 매도인이 자신의 비용과 위험으로 물품을 운송합니다. 만약에 물품에 대한 비용/위험분기점이 수입지의 터미널이라면 DAP보다는 DAT 조건이 적당합니다. 그리고 물품을 수입지의 내륙지점까지 매도인의 비용과 위험으로 운송을 하는 데 있어 DAP는 수입통관 비용은 매도인이 아닌 매수인이 부담합니다. 하지만, 수입통관 비용까지 매도인이 부담을 해야 한다면 DAP보다는 DDP 조건이 적당합니다.

2) 운송계약&보험계약

① 운송계약: 매도인은 자신의 비용으로 물품을 지정목적지까지 운송계약 체결해야 하며, 혹은 그 지정목적지에 합의된 지점이 따로 있을 때에는 그 지점까지 운송 계약을 체결하여야 합니다. 즉, 매도인이 포워더를 지정하고 운송구간에 대한 계약 및 비용을 커버합니다. 따라서 매도인이 발행하는 인보이스에는 이러한 비용이 포함되어 있습니다.
② 보험계약: 운송 구간에서 사고가 난다면, 위험분기점이 수입자의 지정장소까지이기 때문에 매도인의 책임입니다. 따라서 운송구간 중에 위험에 대해서 보험에 가입을 원한다면 매도인은 자신의 비용으로 보험에 가입 해야 합니다.

12. DDP(Delivered Duty Paid, 관세지급 인도조건)

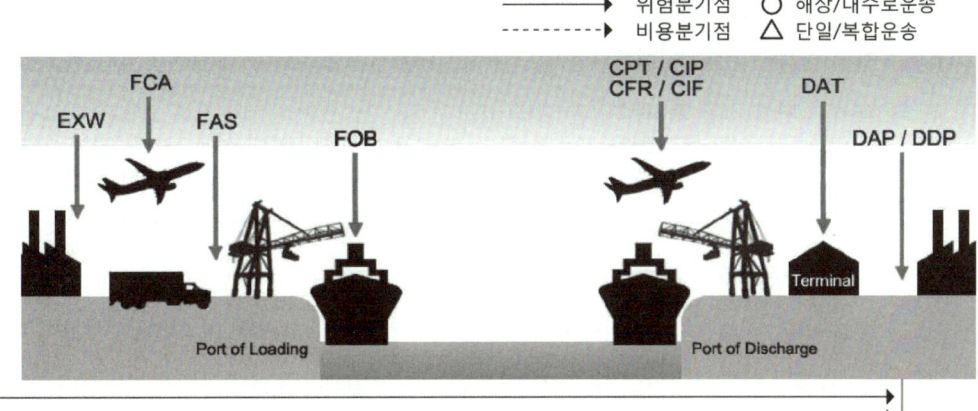

* 비용/위험분기점 : 운송수단에서 DAT는 양하된 상태, DAP, DDP는 양하 준비된 상태

- 비용분기점&위험분기점: 서로 동일
- 운송방법: 단일 및 복합운송 모두에 대해서 사용 가능
- 수출/수입통관: 수출통관, 수입통관 모두 매도인(Seller)의 책임
- 포워더 지정 및 운임(Freight) 부담: 매도인이 포워더 지정 및 운임 선불 결제(Freight Pre-Paid)
- 기재방법: DDP 비용분기점(수입지의 내륙지점) Incoterms 2010
  예) 출발지: Incheon, 도착지: Sydney → DDP Sydney Buyer's warehouse Incoterms 2010

1) 비용분기점&위험분기점

DDP조건은 물품을 포장하여(필요에 따라서는 확인 표시) 매도인 자신이 지정한 포워더에게 전달하고, 지정목적지에서 도착운송수단에 실린 채 양하준비된 상태로 매수인의 처분하에 놓이는 때에 매도인이 인도한 것으로 봅니다.

즉, DDP 조건 뒤의 지정장소가 바로 비용분기점이 되며, 양하되지 않은 상태에서 비용에 대한 이전은 매도인에게서 매수인으로 이전되며, '지정장소'란 통상 수입지의 내륙지점이 됩니다. 단, DDP에서는 다른 인코텀스 조건들과는 달리 수입지에서의 수입통관까지 매도인의 비용으로 처리 됩니다. 바로 이점이 DDP 조건이 DAP 조건과 다른 점입니다.

DDP 조건의 위험분기점은 비용분기점과 동일한 시점으로서 매도인은 지정장소까지 물품을 운송하는데 수반하는 모든 위험을 부담하며, 이러한 지정된 장소가 바로 위험분기점입니다.

※ 인도 할 때는 인도시기를 매도인과 매수인 서로 합의/통지를 하는데 그 인도 시기가 지나도록 매수인 수 하지 않는 경우 이러한 책임은 매수인이 집니다.

DDP는 물품에 대한 비용/위험분기점이 수입지의 내륙지점으로서 수입통관비 역시 매도인이 부담하는 조건으로서 적당합니다. 즉 매수인은 그냥 가만히 앉아 있으면 수입통관까지 모든 과정을 매도인이 자신의 비용과 위험으로 일처리를 하기 때문에 매수인 입장에서는 가장 유리한 조건이며, 매도인에게는 가장 불리한 조건입니다. 즉, DDP는 매도인의 최대의무가 있는 조건이며, DDP와 반대되는 조건으로서는 EXW조건이 있습니다.

물품에 대한 비용/위험분기점이 수입지의 터미널이라면 DAT가 적당하며, 만약 수입지의 내륙지점이고 매도인이 아니라 매수인이 수입통관 비용을 부담하는 조건이라면 DAP조건이 적절합니다.

2) 운송계약&보험계약

① 운송계약: 매도인은 자신의 비용으로 물품을 지정목적지까지 운송계약 체결해야 하며, 혹은 그 지정목적지에 합의된 지점이 따로 있을 때에는 그 지점까지 운송 계약을 체결하여야 합니다. 즉, 매도인이 포워더를 지정하고 운송구간에 대한 계약 및 비용을 커버합니다. 따라서 매도인이 발행하는 인보이스에는 이러한 비용이 포함되어 있습니다.
② 보험계약: 운송 구간에서 사고가 난다면, 위험분기점이 수입지의 지정장소까지이기 때문에 매도인의 책임입니다. 따라서 운송구간 중에 위험에 대해서 보험에 가입을 원한다면 매도인은 자신의 비용으로 보험에 가입 해야 합니다.

[참고] 관세사 지정과 관세사 통관 수수료 부담

- 수출지 관세사 지정 및 수입지 관세사 지정은 인코텀스와 관계 없습니다(포워더 지정은 인코텀스와 연관 있음[1]).
- 수출지 관세사는 수출자가 지정, 수입지 관세사는 수입자가 지정합니다.
- 단, 인코텀스를 기초로 수출지 및 수입지 관세사 수수료의 결제 당사자는 구분됩니다.

구분	수출지	
	수출통관 수수료 부담	관세사 지정권자
EXW	수입자 (수출지 포워더가 대납 후 수입자에게 청구)	수출자
F-Terms	수출자 (관세사가 수출자에게 세금계산서 발행)	수출자
C-Terms		
DAT, DAP		
DDP		

구분	수입지	
	수입통관 수수료 부담	관세사 지정권자
EXW	수입자 (관세사가 수입자에게 세금계산서 발행)	수입자
F-Terms		
C-Terms		
DAT, DAP		
DDP	수출자 (수입지 포워더가 대납 후 수출자에게 청구)	수입자

> **참고**
> 인코텀스 이론에 충실하게 업무하는 업체의 경우, EXW는 수출자가 수출 통관 진행할 의무가 없다 하여 수입자가 지정한 포워더에 의해서 지정된 관세사가 수출통관 대행하는 경우도 있습니다. DDP 조건에서도 수입자가 수입 통관 진행할 의무 없다 하여 수출자가 지정한 포워더에 의해서 지정된 관세사가 수입통관 대행하는 경우도 있습니다.

3) 실무에서 DDP 쓰임

	이 론	실 무
조건 표기	- DDP 뒤의 지정장소는 수입지의 내륙지점입니다. - DDP Seoul Buyer's warehouse(○)	- DDP 뒤의 지정장소는 수입지의 내륙지점이 적절하지만, 실무에서는 DDP의 지정장소가 수입지의 항구/공항이 오는 경우도 있는데, 만약 이렇게 된다면 매도인이 수입통관 비용은 부담하겠지만, 내륙운송비는 매수인이 부담해야 합니다. - DDP Incheon Airport
수입 통관 비용	- DDP에서 매도인은 수입지의 수입통관 비용까지 부담해야 합니다.	- 본 박스 다음 내용 참고.

---

1 139쪽 참고.

관세환급	DDP 조건에서 수입지에서 발생하는 관세는 수입지 포워더가 대납 후 수출자에게 청구합니다. 이때 해당 관세는 수입자의 주머니에서 나온 것으로서 관세환급 받을 수 있는 상황에 직면하면, 수입자가 관세환급 신청하여 환급받을 수 있겠습니다.[1]

DDP 조건에서 D는 Duty이지만, 이것이 수입지에서 발생하는 수입관세만 말하는 것인지 아니면 수입관세와 수입지의 부가세 모두를 말하는 것인지에 대한 말이 참 많습니다. 인코텀스에서는 Delivered Duty Paid라 하여 '관세지급 인도조건'이라 되어 있습니다. 수입지에서 발생하는 관세는 매도인으로서 수출자가 커버하는 조건이라 할 수 있습니다.

그리고 "Any VAT or other taxes payable upon import are for the seller's account unless expressly agreed otherwise in the sales contract." 즉, "수입시에 부과되는 부가가치세, 기타 세금은 매도인이 부담하되, 다만 매매계약에서 명시적으로 달리 합의된 때에는 그에 따른다."라고 되어 있습니다.

다시 말해서, 매도인은 수입지에서 발생하는 관세뿐만 아니라 부가세를 커버한다는 뜻이 됩니다. 그렇다면 매도인은 매수인에게 DDP 조건으로 견적서를 제출할 때는 DAP(=DDU)를 기준으로 수입지의 a)통관 수수료(관세사 수수료), b)수입관세 및 c)부가세를 단가에 추가시켜야 할 것입니다.[2]

물품이 수입지에 도착하여 수입신고 진행되고 발생하는 관세와 부가세에 대한 수입 세금계산서는 매수인 앞으로 발행되지만, 포워더가 대신 납부[3] 하고 최종적으로 매도인에게 청구합니다. 비록 매수인은 자신이 관세와 부가세를 납부하지는 않았지만, 수입 세금계산서는 자신의 앞으로 발행되기 때문에 부가세 신고를 하여 매입 세액 공제받을 수 있을 것입니다.

매도인은 DDP 조건으로 견적할 때, 수입지에서 발생하는 부가세를 포함시켜 매수인에게 대금 결제받고 매수인은 매도인에게 부가세를 물품의 단가에 포함하여 결제합니다. 이때 수입 세금계산서를 외국의 매도인에게 발행할 수 없으니 매수인에게 발행하며, 외국의 매도인이 매입세액 공제받을 수 없으니 매수인이 매입세액 공제를 받는 것으로 이해하면 되겠습니다.

---

1 DDP로 진행하면 DDP 견적에는 수입지에서 발생될 관부가세가 물품의 단가에 포함되어 있으며, 수입지에서 수입신고하여 관부가세 납부할 때 포워더가 대납 후 향후 매도인에게 청구합니다. 결국 수입지에서 발생되는 관부가세는 DDP로 수입하더라도 매수인의 주머니에서 나온다 할 수 있습니다. 따라서 수입한 물품을 어떠한 이유로 수입한 원상태 그대로 수출하여 관세환급을 받을 수 있는 조건을 갖추었다면 한국의 매수인이 관세환급 받을 수 있을 것입니다.

2 수출지의 매도인은 포워더를 통하여 수입지의 수입관세율과 부가세율을 확인하여 견적 단가에 적용할 수 있습니다.

3 DDP 조건으로 거래 진행할 때 매도인이 포워더를 지정하며 이때 포워더에게 수입지에서 발생하는 관세와 부가세를 대납해 줄 수 있는지 체크해야합니다. 포워더와 매도인 사이의 신용 정도와 포워더의 자금력에 따라서 대납할 수 있는 범위가 설정되기 때문입니다. 경우에 따라서는 포워더가 대납해줄 수 없는 경우도 있으니 DDP 조건으로 진행할 때 매도인으로서 수출자는 이점을 반드시 체크해야겠습니다.

13. 인코텀스 조건에 따른 견적 단가 변화

인코텀스를 알아야 하는 가장 중요한 이유로서, a) 수출자에게는 정확한 수출 단가를 계산하기 위한 기초가 되기 때문이며, b) 수입자에게는 원활한 수입통관을 위해서 자신이 미리 준비해야하는 금액을 계산하기 위한 기초가 되기 때문입니다.

수출자가 수출 건에 대해서 견적서를 작성함에 있어 FOB 계약을 하고 수출지 내륙운송비를 포함하지 않고 수출 진행하면 수출 후 마이너스가 될 수도 있으며, 수입자는 FOB 조건 하에서는 운임(Freight)를 자신이 결제해야 함에도 이러한 운임을 미리 준비해두지 않은 상태에서 물품이 수입지에 도착하게 되면 D/O를 받고 통관 진행하는 시간이 지연될 수도 있습니다. 또한 운임을 수입원가에 포함하지 못한 수입자는 국내 거래처에 전달한 견적서가 그 만큼 낮게 전달되었을 것이며 손해를 볼 수도 있습니다.

따라서 실무자는 각각의 인코텀스 조건들에 있어 어떠한 비용이 추가되는지에 대해서 정확한 이해가 필요하겠습니다.

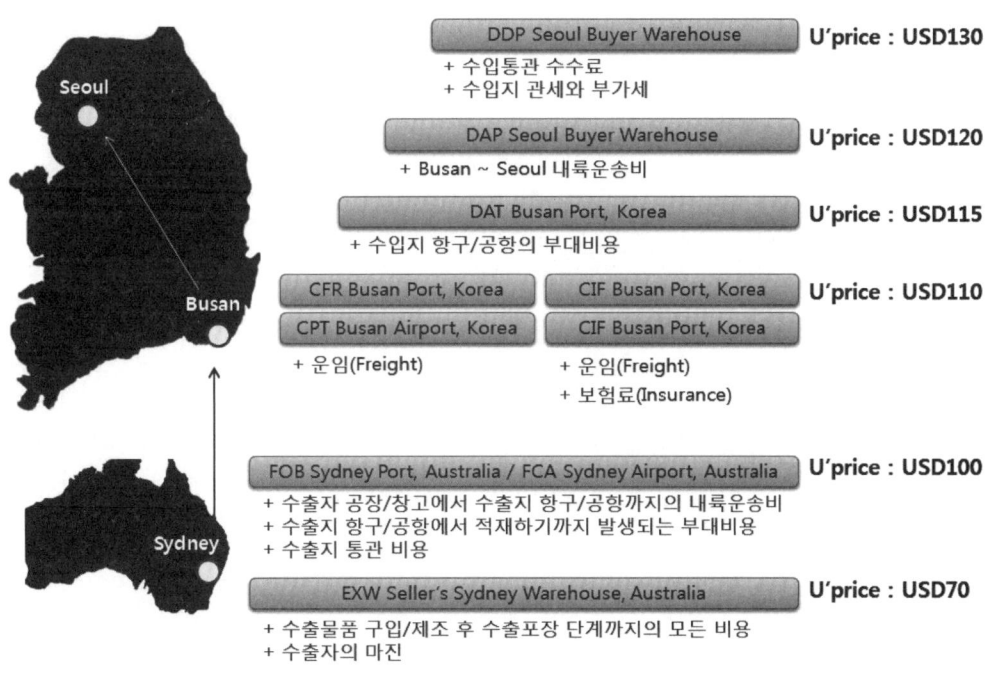

▲ '운송인 인도조건'으로서 FCA 조건에서 수출지 공항에서 포워더가 수출자에게 물품을 받아서 항공기에 기적(On Board)할 때까지의 비용은 수입자의 커버 부분으로서 FCA Charge라는 명목으로 수입자에게 청구되는 것이 일반적입니다. 따라서 수출자는 FCA 조건에서 이러한 비용을 견적에서 제외해야 합니다.

수출자는 EXW 조건 하에서 수출물품에 대한 최종 수출포장 단계까지의 비용과 자신의 마진을 포함한 가격으로 USD70.00를 수출 단가로 제시하면, 수입자는 그 이후에 발생하는 수출지의 내륙운송비부터 수입지까지의 모든 비용을 커버해야 합니다. 만약 FOB로 견적을 제시해야 한다면, 수출자는 EXW 단가에 수출지 항구까지의 내륙운송비 및 수출지 항구 부대비용을 포함하여 수출 견적 단가를 USD100.00로 제시해야 할 것이며, 수입자는 그 이후부터 발생하는 운임(Freight)을 포함한 모든 비용을 커버해야 합니다.

이러한 식으로 수출자는 인코텀스 조건에 대한 비용 및 위험 분기점에 따라서 수출 견적가를 제시해야 하며, 수입자는 수출자가 인코텀스 조건에 따라서 제시한 가격에 수입자 자신이 커버해야 하는 비용을 추가하여 수입 원가를 계산하고 신속한 수입통관을 위해서 비용을 미리 준비해두어야 할 것입니다.

제 4 장

무역 결제

I. 결제 상식 및 용어

1. T/T와 L/C 정의 및 차이점

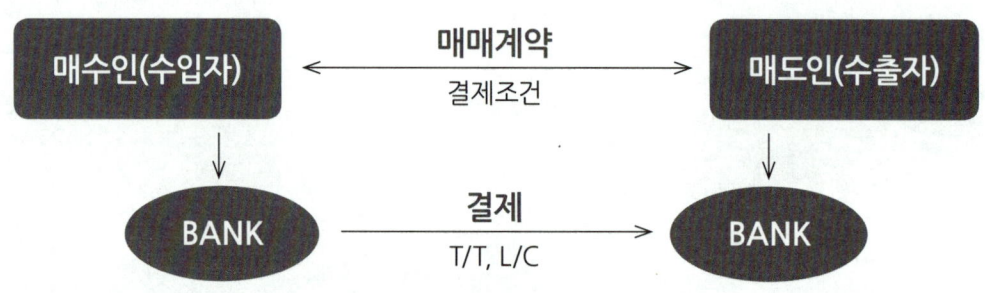

	T/T	L/C
특징	수출자와 수입자 양 당사자들 간의 매매계약 으로서 서로 약속을 하는 것과 동일하며, 따라서 한 쪽에서 약속을 어기는 일이 발생될 수 있어서 상당히 신중하게 진행되어야 하는 거래.	수출자와 수입자 간의 약속으로 첫번째로 매매계약서가 작성되며, 그 매매계약서를 기초로 수출자, 수입자, 그리고 개설은행이 당사자가 되는 두 번째 계약서인 L/C가 개설되어서 수출자, 수입자 간의 약속으로만 진행되는 T/T 조건과 같은 거래와 비교해서 개설은행이 수출자에게는 대금 지급보증, 수입자에게는 확실한 물품 인수에 대한 보증을 하기 때문에 기타의 결제 조건보다는 상대적으로 안전한 결제조건. 단, 은행은 실물에 대해서 보증하지 않고 서류에 대해서만 보증하는 것이 L/C 결제조건의 단점이자 주의점.
은행의 역할	단순히 수입자의 요청에 의해서 수출자에게 돈을 송금해주는 심부름꾼의 역할. 따라서 수수료가 저렴함.	신용장에서 물품의 주인은 바로 개설은행이며, 개설은행이 수출자에게는 신용장 조건과 같이 수출 진행 하면 결제를 받을 수 있다는 보증을 해주고, 수입자에게는 결제만 잘하면 수입자가 원하는 조건과 같이 물품의 확실한 인수를 보증 하기 때문에 수출자 및 수입자는 거래를 안심하고 진행할 수 있음. 신용장은 수수료의 종류도 많고 수수료도 많이 발생됨.
결제	수입자 → 수출자에게 약속	은행(개설은행) → 수출자에게 보증 (단, 신용장 조건과 선적서류가 일치 해야 함)
물품 선적·전달	수출자 → 수입자에게 약속	은행(개설은행) → 수입자에게 보증(결제만 한다면)

서류 처리	수출자는 OB/L Full Set(3부) 특송 발송, AWB은 사본으로서 이메일 전달	수출자는 OB/L, AWB 모두 매입은행에 제출
서류 인수 후 절차	수입자는 OB/L Full Set 중 1부만 포워더에게 전달하며, AWB(사본)은 이메일로 전달	수입자는 OB/L, AWB에 개설은행의 배서를 받은 후 포워더에 1부 전달
물품 주인	수출자	개설은행
물품 선취	- Surrender 요청 - 해상운송의 OB/L 때만 요청 - 수입자가 물품의 주인인 수출자에게 수출자가 수입자에게 특송으로 보내는 OB/L보다 배가 먼저 수입지에 입항 할 것을 예상하여 미리 요청함. OB/L이 없으면 수입통관 진행을 못하고, 그러면 해상 LCL일 경우 결과적으로 보세창고 비용이(FCL 건의 경우 Free Time있으니 OB/L 도착까지 Free Time 만큼의 여유가 있음.) 하루 단위로 발생이되어 수입자에게 상당한 부담으로 작용하기 때문.	- L/G(수입화물선취보증서) 요청 - OB/L, AWB 모두 요청 가능 - 수입지에 이미 물품은 도착 했는데 매입은행이 발송한 선적서류가 개설은행에 아직 도착을 하지 않은 상황에서 가만히 있으면 해상 LCL 혹은 항공건의 경우 보세창고비(해상 FCL 건의 경우 Free Time 동안의 여유가 있음)가 발생이 되기 때문에 수입자가 물품의 주인인 개설은행에 신청. 수입자가 은행에 L/G 요청하는 것은 수출자와는 전혀 무관. 수입자가 L/G를 받으면 추후에 개설은행으로 도착하는 선적서류에 하자가 있더라도, 그리고 기타 다른 이유가 있더라도 지급 거절하지 못함.

▲ 상기내용은 T/T와 L/C를 이해하는데 아주 중요한 내용이 될 것입니다. 특히, 서류처리 방법과 물품의 주인이 누구인지 눈여겨 보아야 합니다.

1) T/T 결제 방식이란 무엇인가?

T/T는 물품을 구입하는 수입자(Buyer)가 물품을 판매하는 수출자(Seller)에게 돈을 송금해주는 방식입니다. 수출자는 어떠한 물품을 어떠한 가격조건(인코텀스) 하에서 얼마의 가격에 판매를 하겠다고 견적을 제시하면 수입자는 수출자가 제시한 견적 및 거래 조건(결제조건, 선적기일, 팩킹 방법, 반품조건 등)을 수출자와 서로 합의하여 결론을 내리고 거래를 진행합니다. 즉, T/T 거래는 수입자, 수출자 양 당사자간의 거래로서 양 당사자들만 합의/약속을 하여 거래가 성사 되고 결제 역시 양 당사자들간에 합의한 T/T 선불 혹은 후불 방식으로 수입자는 언제까지 결제하고 수출자는 언제까지 선적한다라고 서로 약속을 합니다.

따라서 T/T 조건은 무엇보다도 수출자와 수입자 서로간의 신용도가 가장 중요한 결제 방식이며, 일반적으로 거래 금액이 작은 경우 결제조건으로 많이 선택이 됩니다. 이유는 큰 금액으로 T/T를 진행할 경우 수입자가 선결제했는데 수출자는 선적을 하지 않을 수도 있고(T/T in Advance), 수출자는 물품을 먼저 선적했는데 수입자가 결제(T/T 후불)를 해주지 않을 수도 있기 때문입니다. 즉, 거래 초반에는 당연히 거래 금액이 작고 T/T 방식으로 많이 진행이 되며 거래 금액이 늘어나는 경우 신용장(L/C) 방식으로 진행되었다가 서로간의 신용도가 확실해지면 L/C 방식은 은행에 수수료가 많이 발생되고 수출자, 수입자가 신경 써야 하는 부분이 많기 때문에 거래 금액이 상당하더라도 T/T 거래로 진행되는 경우가 있습니다.

2) L/C 결제 방식이란 무엇인가?

(1) 신용장(L/C, Letter of Credit)의 의미

구매자(Buyer)로서 수입자는 판매자(Seller)로서 수출자에게 대금 결제를 해줘야 합니다. 그런데 금액 단위가 상당한 경우 수입자는 수출자를 믿고 선결제할 수 없고, 수출자는 수입자를 믿고 돈을 받지 않은 상태에서 물품을 보내줄 수는 없습니다.

그래서 수입자는 자신이 거래하는 은행에게 수입자 자신을 대신해서 해당 은행이 수출자에게 지급 보증 해줄 것을 요청합니다. 그러면 해당 은행은 수입자의 자금력과 매출 및 신용도 등을 평가하여 수입자의 요청과 같이 수출자에게 물품 수출하면 은행이 자체적으로 대금 결제 할 것을 보증합니다.

수입자는 은행에 이러한 요청을 할 때 '신용장개설신청서'를 작성하며, 은행은 그러한 요청에 따라 수출자에게 대금 결제에 대한 보증을 할 때 신용장(L/C, Letter of Credit)이라는 서류를 통지은행을 통하여 전달합니다. 따라서 해당 신용장은 수입자, 수출자, 개설은행 3자 간의 이해관계에 따라서 만들어진 서류로서 하나의 계약서가 됩니다. 신용장이라는 계약서는 수입자의 요청에 따라서 개설은행이 수출자에게 신용장에 명시된 계약 조건과 같이 수출 진행하고 그렇게 했음을 증명하는 선적서류(신용장 46A 조항) 및 기타의 서류를 '선적서류제출기일'(48 조항)까지 은행에 제출하면 개설은행이 수출자에게 지급 보증하는 최대 한도 금액(32B Currency Code Amount) 내에서 대금 결제를 은행이 자체적으로 수입자를 대신해서 해줄 것을 보증하게 됩니다[1] (물론 수출자가 은행에 제출한 서류는 계약서로서 신용장 조건과 일치해야 함).

이러한 구조를 가진 수출자, 수입자, 개설은행 3자간의 계약서가 바로 신용장입니다.

---

[1] L/C는 수입자의 요청을 받아서 은행이 수출자에게 대금 결제 보증하는 하나의 계약서로서 은행이 수출자에게 전달하는 것이기 때문에 L/C에서 Our는 신용장을 개설하는 개설은행이며, Your는 신용장을 받는 수출자가 됩니다. 단, '72 Sender to Receiver Information : TO PAY/ACC/NEGO/BK :' 혹은 '78 /PAY/ACCEPT/NEGO BANK :' 조항은 개설은행이 지급/인수/매입은행에게 전달하는 정보이기 때문에 본 조항에서의 Our, Us는 개설은행이되고 You, Your는 이들 은행이 됩니다.

▲ 매매계약서를 바탕으로 수입자는 은행에 신용장 개설 신청서를 작성하여 수입자 자신을 대신해서 수출자에게 해당 건의 대금 지급 보증을 요청합니다. 그러면 은행은 수입자를 대신해서 수출자에게 대금 지급을 보증하는 신용장이라는 계약서를 개설하여 수출자에게 통지은행을 통하여 전달합니다.

(2) 무엇보다 중요한 수출자와 수입자 사이의 신뢰

그래서 수출자는 수입자를 믿는다기보다 은행을 믿고 대금 결제를 받기도 전에 물품을 먼저 수출 진행합니다. 이러한 면에서 L/C는 수입자와 수출자 양 당사자 간의 신용만으로 거래하는 T/T 결제 조건에 비해서 상대적으로 안전한 거래일 수 있습니다. 그렇다고 해서 L/C 결제에서 수출자와 수입자, 양 당사자의 신용도가 중요하지 않다는 것은 아닙니다. L/C에서도 수출자, 수입자의 신용도는 중요합니다. 이유는 L/C의 특징(독립성의 원칙, 추상성의 원칙)이라든지 L/C 거래의 약점을 이용하여 수출자, 수입자 중의 하나가 상대를 충분히 속일 수 있기 때문입니다. 반대로, 이러한 신용장의 특징과 약점을 모르면 수출자, 수입자 둘 중 하나는 사기를 당할 수가 있습니다. 따라서 L/C 역시 수출자, 수입자 양 당사자의 신뢰가 반드시 밑바탕이 되어야 합니다.

신용장에서 중요한 역할을 하는 은행의 입장에서는 양 당사자가 다른 결제 방식에서보다 조금 더 안전하게 거래 진행할 수 있도록 최소한의 도움을 주는 가교 역할을 하고 수수료만 잘 받으면 됩니다. 신용장 거래 중에 사고가 발생되면 대부분 은행은 뒷걸음질 치고 모두 수출자와 수입자가 직접 해결 할 것을 주문합니다. 이때 발생된 문제를 수출자와 수입자가 상호 해결하기 위해서는 서로에 대한 신뢰가 필요합니다.

다시 말해서 아무리 신용장에서 은행이 수출자에게 대금 지급에 대한 보증과 수입자에게 신용장에 명시된 조건으로 명시된 물품을 전달할 것을 보증한다 하더라도 그 밑바탕에는 반드시 수출자와 수입자의 신뢰 형성이 탄탄하게 되어 있어야 한다는 것입니다. 이점을 신용장을 취급하는 수출자와 수입자는 반드시 인지해야겠습니다. 이를 위해서 기본적으로 수출자와 수입자는 매매계약을 빈틈없이 체결하는 것이 중요합니다.[2]

---

2   매매계약 절차와 주의점, 그리고 매매계약서 작성법에 대한 내용은 책 『어려운 무역계약, 관리는 가라』를 참고해 주세요.

(3) 신용장 결제 방식은 철저한 서류 거래

무역 거래가 그렇듯이 신용장 결제조건에서도 선적서류가 곧 물품입니다. 그래서 수출지의 매입은행은 수출자가 제시하는 선적서류를 물품으로 인식하여 신용장이라는 계약서 조건과 일치하면 대금결제를 합니다(선적서류를 구매하는 행위로서 이를 매입, Nego라 함). 그리고 매입은행은 선적서류를 수입지의 개설은행으로 신용장에서 요구하는 것과 같이 특송(Courier Service)으로 전달하며, 개설은행은 이러한 선적서류, 즉 물품을 수입자에게 전달할 때 신용장 유형에 따라서 대금 결제받고 전달하거나(At Sight L/C) 전달 후 Usance 기간(기한부 환어음 만기일) 이내까지 결제받거나(Usance L/C) 합니다.

신용장 거래에서 은행은 수출자에게도 신용장 조건과 일치하는 서류를 은행에 제출하면 대금 결제할 것을 보증하지만, 수입자에게도 보증을 한다고 할 수 있습니다. 즉, 수입자가 대금 결제를 이상 없이 하면 신용장(계약서) 조건과 일치하는 물품을 받을 수 있다는 보증이라 할 수 있습니다. 하지만 이는 실제 수입지에 신용장과 일치하는 실물이 도착하여 수입자에게 은행이 전달한다는 뜻이 아니라 신용장과 일치하는 선적서류를 전달한다는 보증입니다. 다시 말해서, 은행은 수출자와 수입자에게 실물에 대한 보증이 아닌 신용장 조건과 일치하는 선적서류를 전달하겠다는 보증만 합니다(추상성의 원칙 참고 319쪽).

3) T/T 거래와 L/C거래의 차이점

L/C와 T/T와의 가장 큰 차이점은 T/T는 수출자와 수입자 양 당사자들간의 계약, 즉 약속인데 반하여 L/C는 수출자, 수입자, 그리고 은행이라는 믿을 수 있는 기관이 계약의 당사자가 되어 수출자에게는 신용장 조건대로만 선적을 하게 되면, 그리고 신용장 조건과 같이 선적서류를 작성하여 매입은행에 제출하면 무조건 수출자는 대금 지급을 받을 수 있다는 보증을 하고, 수입자에게는 결제만 잘하면 신용장에서 수입자가 요구를 한 조건과 같이 물품을 받을 수 있다는 것을 은행, 즉 개설은행이 보증한다는 점이 가장 큰 차이점입니다.

일반적으로 거래금액이 적은 경우(보통 USD10,000 이하), 그리고 소량의 샘플 거래의 경우 등 비교적 신뢰도가 형성되기 전의 초창기 거래에서 T/T를 많이 사용합니다. 그리고 거래가 계속 이어지고 거래 금액도 커지는데 아직은 완벽하게 신뢰도가 형성되지 않은 상태에서는 은행이 보증을 해주는 L/C 거래를 많이 사용합니다.

2. SWIFT CODE

은행은 Citi Bank와 같은 은행 이름이 있고 각 은행마다 SWIFT CODE라고 해서 은행 코드가 지정되어 있습니다. 이러한 SWIFT CODE는 은행간의 거래에서 자주 등장하며, SWIFT CODE만 보면 해당 은행이 어느 나라 어느 도시에 있는 어떤 은행이라는 것을 알 수 있습니다. 실무에서 은행과의 거래를 하는 수출자, 수입자는 자신의 거래 은행의 SWIFT CODE를 알아 두는 것이 보다 순조로운 업무를 할 수 있는 방법일 것입니다.

1) SWIFT CODE 총 8자리의 의미

> **SWIFT CODE: IBKOKRSE**
>
> 위와 같은 SWIFT CODE는 대한민국(KR: KOREA) 서울(SE: SEOUL)에 있는 IBK 즉, 기업은행이라는 뜻입니다.
>
> - 앞의 4자리: 은행코드(Bank Code)
> - 다음 2자리: 국가코드(Country Code)
> - 마지막 2자리: 지역코드(Location Code)
>
> 때에 따라서 Branch Code(지점)를 사용할 때도 있는데 이때는 총 11자리가 됩니다.

2) SWIFT CODE 확인하는 곳

무역회사는 자국통화 통장이 있고 외화통장이 있습니다. 외화통장에서 '예금주', '계좌번호'가 표기된 앞장의 아랫 부분에 보면 자신의 거래 은행의 SWIFT CODE를 확인할 수 있습니다.

3. '후불' 결제에서 'B/L Date'의 정의 및 확인 방법

T/T는 물론이고 L/C에서도 후불 조건은 존재합니다.

예를 들어, T/T 결제조건에서 후불을 표현한다면 'T/T 35 Days After B/L Date'와 같이 그 기준일을 'B/L Date'로 일반적으로 지정합니다. 35 Days라는 것은 B/L Date 기준으로 35일 이내에 결제를 해야 한다는 뜻으로서 그 날짜가 바로 '결제기일'이 됩니다. 이렇게 후불 결제조건에서 기준일로 많이 활용되는 'B/L Date'는 바로 물품을 외국으로 나가는 운송수단에 적재한 일자를 말하며, 해상 건은 B/L에, 그리고 항공 건은 AWB에 표기되어 있습니다.

1) 해상운송에서 B/L에 표기된 B/L Date

아래는 B/L의 하단 부분입니다. 'B/L Date'는 'Place and Date of Issue', 즉 발행일자가 아니라 수출물품을 외국으로 나가는 배에 적재한 날짜로서 중간 부분에 있는 'Laden on Board the Vessel' 하단의 'JUN. 22, 2011'로 표기된 날짜가 바로 'B/L Date'가 됩니다. B/L 양식이 포워더마다 조금씩 틀리기 때문에 B/L의 공란에 'On Board Date'라고 도장 찍어서 적재일자와 함께 표기하는 경우도 있습니다.

결론적으로, B/L에서 'B/L Date'라는 것은 외국으로 나가는 배에 수출물품을 적재한 'On Board Date(적재일)'가 되며 적재 항구는 B/L의 Port of Loading에 기재됩니다.

Exchange Rate	Prepaid at	Payable at DESTINATION	Place and Date of Issue TOKYO, JAPAN JUN. 22, 2011
	Total Prepaid in Local Currency	No. of Original B/L THREE / 3	In witness whereof, the undersigned has signed the number of Bill(s) of Lading stated herein, all of this tenor and date, one of which being accomplished, the others to stand void
		Laden on Board the Vessel	
Vessel ISLET ACE 823W		DATE JUN. 22, 2011	As Carrier ABC MARITIME CO., LTD.
Port of Loading YOKOHAMA, JAPAN		BY	

2) 항공운송에서 AWB에 표기된 B/L Date

다음은 AWB의 일부이며 항공으로 운송하기 때문에 결제 후불 조건의 기준일을 'AWB Date'로 표현하는 것이 아니라 해상 건처럼 'B/L Date'로 표현을 합니다. AWB에서 'B/L Date'라는 것은 우측 하단의 날짜, 즉 '22, JUN, 2011'이 바로 항공운송 건에서 AWB에 표기된, 다시 말해서 본 날짜는 외국으로 나가는 항공기에 수출물품을 적재한 'On Board Date(적재일)'가 되며 적재한 공항은 AWB의 Airport of Departure에 기재됩니다.

4. '후불' 결제에서 결제일이 공휴일인 경우

결제조건에는 선불과 후불이 있습니다. T/T에 선불은 T/T in Advance, 후불은 T/T 35 Days After B/L Date 등으로 계약서에 표기하며, 매입신용장에서 선불은 At Sight(일람 출금), 후불은 Usance(기한부: 60 Days After B/L Date)로 표기됩니다.

SUNDAY	MONDAY	THURSDAY	WENESDAY	THURSDAY	FRIDAY	SATURDAY
1	2	3	4	5	6	7
8	9	10	11	12	13	14
15	16	17	18	19	20	21
22	23	24	25	26	27	28
29	30	31				

1 2012 January

이러한 후불 결제조건에서는 항상 그 기준일이 있으며 그 기준일을 기점으로 언제까지 결제한다는 뜻의 기간이 명시되어 있습니다. '90 Days After B/L Date'라면 그 기준일은 B/L Date가 되며, B/L Date 기준으로 90일 이내까지 결제를 해야 합니다.

만약에 결제기일이 1월 17일이면, 17일 이전에 결제를 할 수도 있으나 17일에 결제를 하여도 상관없습니다. 하지만, 문제는 수입자가 결제기일 이전이 아니라 결제기일 당일, 즉 17일에 결제를 원하는데 그 날이 평일이 아니라 1월 14일 혹은 15일과 같이 은행이 영업을 하지 않는 날짜인 경우입니다.

결제기일이 1월 14일이라면, 결제를 1월 13일까지 해야 하는 것이 아니라 '그 다음 은행 영업일'까지만 하면 됩니다. 즉, 은행이 영업을 하지 않는 공휴일, 토요일, 일요일이 결제기일이라면 그 결제기일은 자동으로 '그 다음 은행 영업일'까지 연장됩니다.

T/T 후불 조건 및 Usance L/C 등 후불 결제조건에서는 이와 같이 적용되니 어찌 보면 결제를 하는 입장의 수입자는 그 만큼의 시간을 더 벌 수 있다고도 할 수 있습니다.

이와 관련하여 수출자가 알아야 할 점은 결제조건이 후불로서 'T/T 90 Days After B/L Date'의 경우 수입자가 그 결제 기일에 결제를 한다면 수출자는 수입자의 결제일로부터 2~4일 이후에 결제를 받는다는 것입니다. 즉, 이러한 결제기일이란 수출자가 그 일자까지 대금을 받는 기일이 아니라 수입자가 대금을 결제하는 기일입니다. 따라서 그 결제기일에 은행이 영업을 하지 않아서 수입자가 그 다음 은행 영업일에 결제하면 수출자는 상당히 늦게 결제를 받게 됩니다. 결론적으로, 수출자는 수입자와 계약 할 때 이러한 상황까지 인지해야겠습니다.

5. 은행 환율표에 대한 이해 및 활용

외국으로 돈을 송금(결제) 할 때, 그리고 외화를 원화로 환전할 때 은행에서 고시한 환율 테이블을 보는 방법과 외국통화, 예를 들어 EUR, AUD, JPY 등을 USD로 환산, 즉 변경하는 방법에 대해서 알아 보겠습니다.

1) 송금_전신환 '보내실때'와 '받으실때'의 차이점과 활용

무역회사에서 L/C, T/T 등으로 결제를 하거나 혹은 결제를 받을 때 확인해야 하는 환율테이블에서의 부분은 '송금_전신환' 부분입니다. '현찰' 부분은 말그대로 한화를 은행 창구에서 창구 직원에게 전달하고 미화 등의 외화로 직접 환전을 받을 때 확인해야 하는 부분입니다.

'송금_전신환' 부분에서 '보내실 때'의 의미는 외화를 외국에 송금할 때의 환율로서 고객(은행 입장에서는 고객이며, 수입자가 됨)이 자신이 보유한 한국 돈(KRW)을 외화로 환전 할 때 적용됩니다. 즉, '보낼 때'는 수입자가 외화를 은행에서 구입해서(고객 입장에서는 매입, 은행입장에서는 매도)해서 외국으로 보낼 때의 환율을 말하는 것입니다.

반대로 '받으실 때'의 의미는 외화를 외국에서 송금 받을 때의 환율로서 고객(수출자)이 외국에서 외화를 받아서 한국 돈(KRW)으로 환전을 할 때 적용됩니다. 즉, '받으실 때'는 수출자가 외화를 외국에서 받아서 은행에 판매(은행 입장에서는 매입)를 할 때 적용되는 환율을 말하는 것입니다.

현재는 은행이 고객 입장에서 '보내실 때', '받으실 때'로 표기하지만, 과거에는 은행의 입장에서 '매도율', '매입율'이라고 표시를 했습니다.

■ 기준일: 2011-07-18　■ 고시시간: 15:10(38 회차)　　　　　　　　　　　　　　　[조회시각 2011-07-18 15:18]

통화명	현찰		송금_전신환		T/C 사실때	외화수표 파실때	매매 기준율	환가 료율	미화 환산율
	사실때	파실때	보내실때	받으실때					
미국 USD	1079.87	1042.73	1071.70	1050.90	1074.03	1050.31	1061.30	2.0365	1.0000
일본 JPY 100	1367.27	1320.25	1356.92	1330.60	1357.19	1329.90	1343.76	2.1153	1.2661
유로통화 EUR	1521.44	1462.08	1506.67	1476.85	1514.13	1475.43	1491.76	3.4330	1.4056
영국 GBP	1742.69	1674.69	1725.77	1691.61	1734.32	1690.40	1708.69	2.6040	1.6100

▲ 본 환율 테이블은 외환은행에서 제공하는 환율 테이블로서 외환은행 홈페이지에서 발췌한 것입니다.[1]

2) EUR, AUD, JPY, GBP, CNY 등을 USD로 환산(변환)하는 방법

무역업무를 하다보면 거래 통화가 USD가 아니라 EUR/AUD/JPY 등이 되는 경우가 있으며, 이러한 결제금액을 USD로 환산해야 할 필요가 있을 때도 있을 것입니다.

(1) 환율테이블에서 '미화환산율' 활용하기

환율테이블에 '미화환산율'이 있습니다(미화환산율은 외환은행에서만 고시하며, 환율이 변동됨에 따라서 당연히 미화환산율도 변동됨). 그리고 USD가 '1'로 되어 있으며 나머지 통화는 USD를 기준으로 계산된 숫자입니다. EUR에 보면 1.4056으로 되어 있습니다. 즉, 아래와 같은 뜻입니다.

---

[1] USD, EUR등은 1 USD당, 1 EUR당 환율이나, JPY는 100 엔당 환율입니다. 따라서 나누기 100을 해주어야 합니다. 즉 JPY 20,000을 전신환으로 일본에서 송금을 받았을 때 KRW으로 환산을 하게 되면 20,000 × 1330.60 ÷ 100 = KRW266,120 이렇게 나누기 100을 해주어야 합니다.

1 EUR=1.4056 USD

따라서 150 EUR를 USD로 변경하려면

150×1.4056 하면 되고 답은 USD 210.84가 됩니다.

즉, 150 EUR는 위의 환율에서는 USD로 환산하였을 때 USD 210.84가 되는 것입니다.

6. 예치환거래은행과 무예치환거래은행

1) 예치환거래은행과 무예치환거래은행

A은행(수입지 은행)이 B은행(수출지 은행)에, 그리고 B은행이 A은행에 계좌를 개설한 은행인가 아닌가에 따라서 두 은행이 서로 '예치환거래은행'이냐 '무예치환거래은행'이냐라고 정의합니다.

예치환거래 약정이 A은행과 B은행 사이에 되어 있으면 A은행이 B은행으로 결제를 해줄 일이 생겼을 때 B은행은 A은행의 계좌가 자신의 은행에 있으니 그 통장에서 바로 결제금을 빼갈 수 있습니다. 물론, B은행은 A은행으로부터 승인 전문을 받아야 합니다.

만약 수입자의 거래은행과 수출자의 거래은행이 무예치환거래은행일 경우 서로 계좌가 개설이 되어 있지 않은 상태이기 때문에 서로를 연결해주는 은행이 필요합니다. 그 은행이 바로 상환은행(Reimbursing Bank), 즉 결제은행이 됩니다.

> **환거래은행(Correspondent Bank)**
>
> 외국환업무를 취급하는 은행이 외국에 있는 은행과 수출입업무 및 외국환업무에 따른 대금추심이나 송금, 기타 국제 금융업무의 원활한 수행을 위해 사전에 계약관계를 수립하는 것을 환거래계약이라고 하고, 이러한 환거래계약을 체결한 은행을 환거래은행이라 합니다.
> 환거래계약 체결시에는 상대 은행과 서명부, 전신암호장(Test Key), 수수료율표, SWIFT Authenticator Key 등을 교환합니다.
> 환거래은행은 다시 두 가지 형태로 구분되는데, 대금결제를 원활하게 하기 위해 상대은행에 자기명의의 예금계좌(당방계정)를 개설한 예치환거래은행(Depository Bank)과 자기명의 예금계좌 개설 없이 단순히 업무 협조 계약만을 체결한 무예치환거래은행(Non-Depository Bank)이 그것입니다.

II. T/T 결제

1. T/T결제에 대한 절차 및 선적서류 처리 방법

1) T/T 결제 방식에 대한 이해

T/T 결제 방식은 단순히 Buyer가 Seller에게 돈을 송금해주는 방식입니다. 물론, 송금은 은행을 통해서 진행되지만, T/T 결제에서 은행은 단순히 Buyer의 돈을 Seller에게 전달해주는 심부름꾼의 역할만할 뿐, L/C에서처럼 Buyer, Seller에게 보증을 해주지는 않습니다.

즉, T/T 결제 방식은 인터넷뱅킹이 활성화되기 전 은행을 찾아가서 송금하는 무통장 입금 방식과 상당히 유사합니다. 당시 송금을 하기 위해서 송금자는 송금 신청을 하는 서류에 송금액, 수취인계좌정보, 수취인명 등을 적어서 은행 직원에게 송금 요청했습니다. T/T 역시 송금 신청서류('전신환지급신청서'라고 함.)를 돈을 송금 신청하는 수입자(Applicant)가 작성하며 이때 필요한 내용이 'Bank Information'[1]이라고 하여 수출자 은행명, 수취인명(수출자, Beneficiary), Account No.(수출자 계좌번호), 그리고 수출자 은행 주소, 수출자 은행 SWIFT Code입니다.

일반적으로 이러한 'Bank Information'은 수출자가 작성한 견적서(P/I) 혹은 매매계약서에 명시합니다.

T/T 결제조건에서 수출자가 수입자에게 전달해야할 서류 및 정보
- Proforma Invoice(P/I): 견적서(Quotation)로서 'Bank Information'을 명시함. - Bank Information[2]: Bank Name, Bank Address(수출자의 거래 은행 및 주소), 　　　　　　　　　　SWIFT Code(수출자의 거래 은행의 SWIFT Code), 　　　　　　　　　　Account No.(수출자 거래 은행의 수출자 자신의 계좌번호), 　　　　　　　　　　Beneficiary(수출자 이름으로서 예금주) - Invoice/Sales Contract: 수입자는 외국으로 외화를 송금하면 외화 송금을 하는 이유를 서류로서 외국환은행에 신고를 해야 하는데 거래를 증명하는 서류로서 Invoice 혹은 Sales Contract가 있으며, 이러한 서류가 없을 경우는 양 당사자가 해당 건의 거래에 대해서 주고 받은 이메일 역시 거래 증명 서류로서의 역할을 함. 따라서 수입자는 전신환 송금신청서를 작성하여 은행에 송금 요청할 때 이들 서류중 하나를 함께 제출함. 반대로 외국에서 외화를 송금 받는 입장의 수출자 역시 그 근거 서류로서 이들 서류 중 하나를 송금 받을 때 은행으로 제출해야 함. 참고로 P/I에 수출자 및 수입자의 사인이 되어 있다면 '매매계약서(Sales Contract)'로서 인정되어서 증빙자료로서 사용 가능함.

1　최근 들어 수출자의 이메일을 해킹하여 수출자의 이메일 계정으로 수입자에게 갑자기 Bank Information 변경되었으니 변경된 계정으로 T/T 진행하여 달라고 요구하는 사건이 심심치 않게 발생하고 있으니 상당한 주의가 필요합니다. 관련하여 310쪽 참고.
2　Bank Information 대신 Bank Details이라고 표현하기도. 유럽의 경우 Swift Code를 BIC(Bank Identification Code, 은행인식코드), Account No.를 IBAN Code라고 표현하기도.

> **T/T 결제조건에서 수입자가 T/T 결제를 하기 위해서 필요한 서류 및 정보**
>
> - 앞에서 언급한 전신환지급신청서 및 외화 반출 근거 서류 그리고 수출자로부터의 Bank Information
> - '전신환지급신청서' 양식: 본 서류에 송금 내역을 작성 후 은행에 전달, 통상 외화 송금 근거 서류인 Invoice와 함께 팩스 발송함.(참고 413쪽).
> - 제품에 대한 HS Code: 전신환지급신청서 작성 때 Invoice, 혹은 Sales Contract의 제품에 대한 HS Code 표기함, 제품이 여러 종류가 있을 경우 대표적인 제품의 HS Code만 표기하면 됨
> - '국외수수료 부담' 당사자 결정: T/T 거래에서는 '국내수수료'와 '국외수수료'가 존재함. 수입지의 국내수수료는 수입자에게 송금 요청받은 은행(통상 수입자의 거래은행)에 수입자가 결제하는 수수료이며, 수출지의 국내수수료는 수입자가 보낸 송금을 수출자에게 전달하는 수출지 은행(통상 수출자의 거래은행)에게 수출자가 결제하는 수수료. 국외수수료는 수입지 은행이 수출지 은행으로 송금할 때 존재하는 상환은행으로 결제하는 수수료로서 수입자가 전신환지급신청서를 작성할 때 수출자(Beneficiary) 혹은 수입자(Applicant) 중 선택을 해야 함. 따라서 사전에 양 당사자가 '국외수수료'를 누가 커버할 것인지에 대한 내용에 대해서 합의를 하고 수입자는 '전신환지급신청서'를 작성하여 송금 요청하는 것이 좋음.

2) T/T 결제 진행 절차: T/T in Advance(선결제) 조건으로 설명

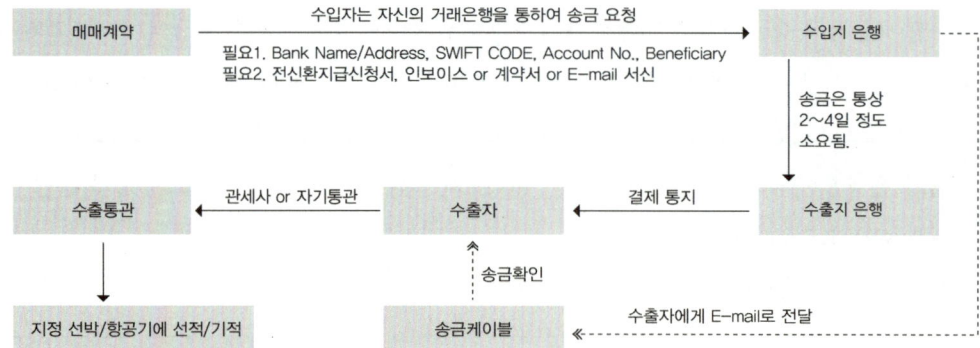

a. 상기 절차는 'T/T 선불', 'T/T 후불' 중에 'T/T 선불'(T/T in Advance)로 매매계약 체결함.
b. 수입자는 P/I에 표기 된 'Bank Information'을 확인하고 자신의 거래 은행에 송금 요청함.
c. 이때 수입자는 '전신환지급신청서'를 작성하며, 외화가 외국으로 빠져 나가는 것에 대한 근거 서류와 함께 은행에 팩스로 발송[1] 후 전화로 송금 요청함(실무에서는 이렇게 은행에 다시 전화를 해주지 않으면 바쁜 은행 직원들이 일처리를 빨리 해주지 않음).
d. 수입자의 송금 요청받은 수입지의 은행(통상 수입자의 거래 은행)은 송금 진행함.
e. 송금 후 송금액은 바로 수출지 은행에 입금되는 것이 아니라 통상 2~4일 정도 소요되며, 시차가 발생하는 국가로의 송금의 경우 더 많은 시간이 필요할 수 있음(은행 영업일 기준).
f. 수출지 은행은 수출자의 외화계좌에 돈이 입금되면 수출자에게 통지함. 이때 수출자 역시 외국에서 외화를 송금 받는 것에 대한 근거 서류를 은행으로 제출해야 함.
g. 수출자는 물품을 포장하여 수출통관 후 지정된 선박/항공기에 선적/기적함.
h. 해상 건이면 OB/L을 특송으로, 그리고 항공이면 사본 AWB을 이메일로 수출자는 수입자에게 전달함.

---

[1] 은행과의 업무에 있어 이메일은 보안문제로 은행이 사용하지 않기 때문에 Fax로 서류 처리를 할 수밖에 없음.

(1) T/T에서의 매매계약

보통 T/T 결제에서는 수출자가 작성한 P/I를 수입자가 받아서 오더시트 작성하여 수출자에게 오더 진행하면 매매계약은 성립되었다 할 수 있습니다. 수출자가 P/I에 수출자 사인하고 수입자에게 발송하면서 수입자 사인을 해서 부본을 다시 이메일로 전달해줄 것을 요구하지만, 실무에서 수입자는 P/I에 일반적으로 자신의 사인을 해주지 않습니다. 수입자가 P/I에 사인을 하면 P/I에 나와 있는 조건에 구속이 되기 때문일 것입니다.

(2) '송금케이블'을 수입자가 수출자에게 발송하는 이유

T/T in Advance에서 수출자는 수입자에게 돈을 받고 선적 진행합니다. 하지만, 수입자가 돈을 송금하면 수출자에게 바로 입금되는 것이 아니라 통상 은행 영업일 기준으로 2~4일 정도 소요됩니다. 이때 해당 건이 수입자의 국내 거래처로부터 급하게 오더 받은 건으로서 국내 거래처의 생산 스케줄에 문제를 발생시키지 말아야 하는 건이라면 수입자 입장은 더욱 조급해질 수밖에 없습니다. 따라서 비록 돈 입금은 늦게 되지만 수입자는 자신이 송금을 해주었다는 증거서류로서 송금케이블을 은행으로부터 Fax로 받아서 수입자에게 이메일 발송해 줍니다. 물론, 수출자 입장에서는 아무리 수입자가 송금케이블을 발송 해주더라도 돈이 자신의 통장에 입금되는 것을 확인하고 물품을 발송하는 것이 가장 안전합니다. 때에 따라서 송금케이블이 위조가 되는 경우도 있기 때문입니다.

그리고 수입자는 급한 건이 아니더라도 수출자와의 신뢰도를 높이기 위해서 T/T 거래를 할 때마다 송금케이블을 수출자에게 발송해 주는 것이 좋습니다.

3) T/T에서의 선적서류 처리

T/T는 수출자와 수입자 양 당사자 간의 거래로서 선적서류 역시 수출자가 수입자에게 직접 발송합니다.

해상으로 발행되는 Original B/L의 경우는 Original 그대로 수입자에게 전달되어야 하기 때문에 특송으로 발송해 주며, AWB은 사본으로서 이메일로 발송됩니다.

물론, 해상에서 Surrender B/L, Seaway Bill, Express Bill 같은 경우에도 사본이기 때문에 AWB처럼 이메일로 서류 전달 업무가 진행됩니다.

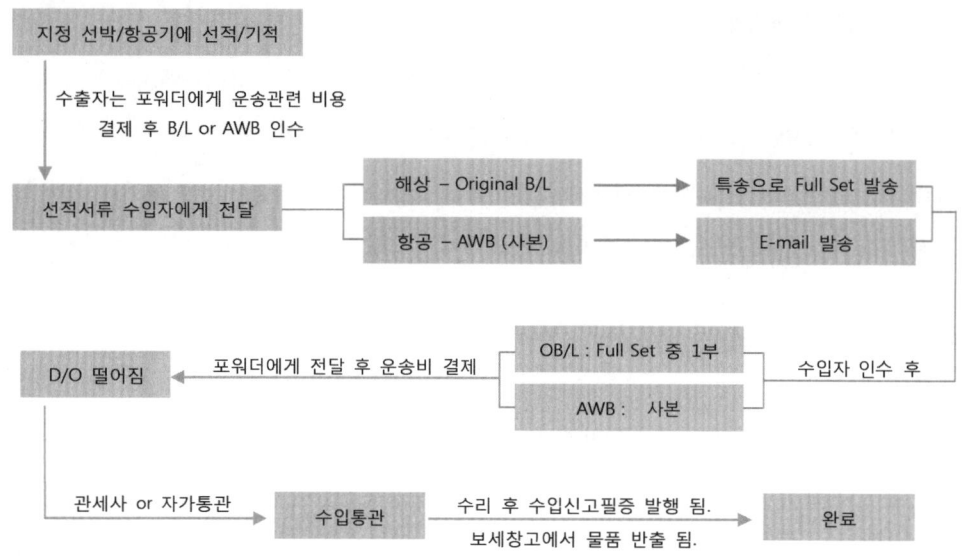

> **참고**
>
> 수입자 입장에서 갑자기 수출자로부터 이메일로 기존에 사용하던 거래은행의 정보, 즉 Bank Name 및 Account No. 등의 Bank Information을 변경한다는 내용의 이메일을 받는 경우가 종종 있습니다. 이때 수출자의 요구 사항은 지금부터 계약을 체결하여 T/T 결제할 금액 혹은 이미 계약 체결하고 거래가 이루어진 건으로서 T/T 후결제 조건으로 결제해야 할 금액에 대해서 변경된 Bank Information 정보로 T/T 결제하라는 것입니다.
>
> 이러한 요구의 이메일의 발신자가 수출자의 이메일 계정이기 때문에 일반적으로 수입자는 큰 의심 없이 변경된 Bank Information 정보에 따라서 T/T 결제하게 됩니다. 그러나 일정 시간이 흘러 수출자로부터 해당 건에 대한 결제를 요구하는 이메일을 받게 되고 확인 결과, 이메일이 해킹된 사실을 알게 되어 낭패에 빠지는 경우가 실무에서 심심치 않게 일어나고 있습니다.
>
> 따라서 이러한 이메일을 받은 수입자는 반드시 수출자에게 전화해서 해당 상황을 확인해야겠습니다.

2. 전신환지급신청서 작성 방법

다음은 T/T 거래에서 수입자가 수출자에게 은행을 통해서 돈을 송금할 때 작성하는, 즉 송금 요청을 하는 전신환지급신청서라는 서류입니다. 크게 '신청인', '송금신청내용'으로 나누어져 있으며, 각 부분별로 작성 방법에 대해서 설명하겠습니다.

참고로 다음과 같은 은행 관련 서류들은 은행 홈페이지의 '외환' 부분에서 엑셀 파일 등으로 다운 받아서 작성을 하는 것이며, 프로그램으로 만들어서 설치후 작성하도록 하는 은행도 있습니다.

☐ 지급신청서
☐ 거래외국환은행 지정(변경)신청서

실명확인	검토자	결재권자

ABC 은행 앞   20XX 년 XX 월 XX 일

신청인

성 명 (Applicant)	한글 (Korean)		영문 (English)		국적 (Nationality)	
주 소 (Address in Korea)	☐자택 ☐직장 ☐본점			(TEL :)		
주사업장				(TEL :)		
주민번호,사업자번호,여권번호 R.I.N & B.I.N & Passport No			E-mail			
영리법인(업종) 비영리/기타단체(설립목적)			대표자	성명 주민등록번호		
거래목적 (용도)	☐물품대금결제 ☐상속,증여성 거래 ☐부채상환 ☐기타 ( )				최대주주	
실제당사자 여부	*자금 실소유자 여부 ☐예 ☐아니오				지정여부	☐지정요망 ☐지정완료
지정거래 당사자	성 명 (Name)		주민번호,사업자번호,여권번호 R.I.N & B.I.N & Passport No			

송금신청내용

통화 (Currency)		금액 (Amount)		지급방법	현찰(Cash) 기타 여행자수표(T/C)
송금방법 (Send By)	☐해외송금(TT)	☐국내이체(KB)	☐송금수표(DD)		☐송금수표(CRS)
고객번호			복사분 송금번호		
수취인 (Beneficiary)	성명 (Name)			신청인과의 관계	
	주소 (Address)				
수취인 거래은행 (BNF'S Bank)	은행명,지점명,주소 Bank Name,Branch & Address			수취국가	
	수취인계좌 BNF'S A/C No.				
지급사유	PRICE OF GOOD	사유코드	국외수수료부담 (Charge)	☐수취인(Beneficiary) ☐신청인(Applicant)	
사후송금방식 수입의 경우 기재	품목(H.S. Code)	수입신고서 번호	가격조건	수입용도	

☐ 상기 내용을 전자금융(자동화기기/인터넷/모바일) 해외송금을 위한 송금정보로 등록/변경/해지할 것을 신청합니다.

지정신청내용

아래 항목에 대하여 귀행을 거래외국환은행으로 지정(변경)하고자 하오니 확인하여 주시기 바랍니다.
☐ 거주자의 증여성지급 (지정항목:01)   ☐ 거주자의 해외체재비지급 (지정항목:02)
☐ 외국인 또는 비거주자의 국내보수 또는 소득금액지급 (지정항목:08)
☐ 기타 지급 :
본인은 귀행 영업점에 비치된 외환거래 기본약관을 열람하고 그 내용에 따른 것을 확약합니다.
I/We hereby acknowledge my/our perusal of the General Terms and Conditions of Foreign Exchange Transactions kept at your bank's and agree to abide by them.

※지급입증서류 확인필
직급, 성명 확인인

신 청 인 (Applicant)   (인 또는 서명) (Signature)

이 신청서는 외국환 통계자료로 활용하며 과세자료로 국세청에 통보될 수 있습니다.
EU지역, 홍콩 등으로의 송금시 해당국가의 법규에 의거 신청인의 주소가 수취은행에 제공됩니다.

위 사실을 확인함.
       년   월   일

지정확인번호	
지정일자	

ABC 은 행 장   (인)

*본 신청서는 대외지급수단의 휴대반출에 따른 근거서류로 활용할 수 없습니다.

외환공통(401064, 210×297) 백상지 70g/㎡ (2007.1 개정) D

▲ 전신환지급신청서 양식

1) '신청인' 부분 작성

'전신환지급신청서'를 작성하는 당사자는 송금 요청을 하는 수입자로서 수입자는 '전신환지급신청서'를 작성하여 신청(Apply)하기 때문에 수입자를 신청인(Application)이라고도 합니다.

다시 말해서 '신청인' 부분은 수입자의 정보를 입력하는 곳입니다. '송금신청내용' 부분에서도 마찬가지이지만 이 부분에서도 핵심적인 내용들만 작성하면 됩니다. '최대주주', '거래목적' 등은 특별히 작성할 필요가 없습니다.

2) '송금신청내용' 부분 작성

통화, 금액	T/T 거래에서는 먼저 수출자가 P/I(견적서)를 수입자에게 발송하며, 수입자는 오더시트(Order Sheet)를 작성하여 오더를 하면 계약이 성사된 것으로 봅니다. 그런 이후에 수입자는 인보이스를 받을 수 있으며 인보이스 총액, 즉 거래 총액을 먼저 적습니다. 이때 통화는 물론이고 숫자를 적을 때 신중히 잘 적어야 합니다.
수취인 (Beneficiary)	물품을 수출하여 그에 따른 이익(Benefit)을 취하는 자로서 수출자는 곧 Beneficiary(수익자)가 됩니다. 수출자가 수입자에게 P/I를 통해서 혹은 다른 방법으로 전달하는 Bank Information의 Beneficiary를 그대로 적습니다.
수취인 거래은행	수출자의 거래은행 정보로서 Bank Information의 Bank Name, Bank Address, SWIFT Code, 그리고 Account No. 등을 입력 합니다.
국외수수료부담	T/T 거래에서는 '국내수수료' 와 '국외수수료'가 있습니다. 국내수수료는 수출지에서는 수출자가, 수입지에서는 수입자가 부담하지만, 상환은행에 결제하는 '국외수수료'의 경우 수입자가 전신환지급신청서를 작성하기 전에 양 당사자가 합의하여 결정하는 것이 좋습니다.
품목 (HS Code)	거래 품목에 대한 HS Code로서 제품이 1개인 경우는 당연히 하나의 HS Code를 작성하고, 제품이 여러가지인 경우에는 대표적인 제품에 대한 HS Code만 적으면 됩니다.
가격조건	해당 거래의 Price Term, 즉 인코텀스 조건을 표기하는 곳으로서 FOB Busan Port Korea라면 FOB만 적으면 됩니다.

3) 명판/직인 날인 후 팩스로 송금 요청

모든 내용에 대해서 작성이 완료되었다면, 수입자는 자신의 명판/직인을 날인 후에 해당 건의 외화가 해외로 송금되는 이유에 대한 근거 서류(인보이스 혹은 계약서 등)를 첨부 후에 팩스로 자신의 거래 은행에 전달합니다. 그리고 은행에 전화해서 팩스 발송 했으니 확인하고 송금 요청한다고 다시 한 번 구두로 은행 담당자에게 의사 전달하는 것이 좋습니다.

3. T/T 송금케이블(Cable) 및 송금영수증

1) T/T 송금케이블[1]

XXX BANK

* REMITTANCE DETAILS *

지점 : 0068(서초지점)

: 20	SENDER'S REFERENCE (송금번호)	:	12301230123
: 32A	VALUE DATE / CURRENCY / AMOUNT	:	2011-08-30 / USD / 208.00
: 50K	ORDERING CUSTOMER (송금인)	:	EMSOUL XXX 213-7 NONHYUNDONG KANGNAMGU SEOUL KOREA
: 59	BENEFICIARY CUSTOMER (수취인)	:	123-123123-123 KASTON CO LIMITED XXX 123 10/F ABC CENTER 12 ABC ST HK TEL 123-123123
: 57	ACCOUNT WITH INSTITUTION (수취은행)	:	ABC BANK ABC PLAZA XXX HONGKONG
: 56	INTERMEDIARY INSTITUTION (중계은행)	:	
: 71A	DETAILS OF CHARGES (해외은행수수료부담자)	:	APPLICANT
: 70	REMITTANCE INFORMATION (추가정보내역)	:	

*** ABOVE DETAIL IS NOT VALID TO PAY USE ***

INDUSTRIAL BANK OF KOREA
SECHO GU BRANCH

▲ 송금케이블 양식: 송금케이블은 송금 내역을 나타내는 서류로서 본 건의 경우 '국외수수료'는 신청인(Applicant) 즉 수입자가 부담을 하였다고 명시되어 있습니다.

---

1 실무에서 은행과 대화를 할 때 '케이블(Cable)'이라고 해도 은행 직원은 이해를 하며, 일반적으로 송금케이블이라는 용어 보다는 케이블이라는 용어를 많이 사용합니다.

수입자가 전신환지급신청서를 작성해서 은행에 송금 요청하면, 수출지 은행에 입금은 은행 영업일 기준으로 2~4일 정도 소요되지만, 송금을 했다는 것을 증명해주는 T/T 송금케이블은 은행으로부터 바로 받을수 있습니다. 즉, 수입자는 은행이 송금하면 바로 팩스로 은행에게 T/T 송금케이블을 송금영수증과 함께 받을 수 있습니다.

그 다음 수입자는 송금케이블을 스캔 후 PDF 파일로 이메일에 첨부하여 수출자에게 발송해 주는 것이 관례입니다. 물론, 송금케이블 첨부 없이 이메일 본문에 단순히 송금했다라는 뜻을 전해도 상관은 없지만 송금 완료했다는 것을 증명하는 서류를 수출자에게 보여주는 것이 신뢰 형성에 도움이 되겠습니다[1].

2) 송금 영수증

송금 영수증은 은행으로부터 송금케이블과 함께 받으며 수출자에게 전달하는 것이 아니라 수입자가 내부적으로 보관하면 됩니다. 물론, 자신이 전신환지급신청서를 통하여 송금 요청한 금액과 일치하게 송금이 되었는지, 그리고 수수료는 얼마가 발생이 되었는지 등은 확인하는 것이 좋습니다.

외국환 거래 계산서

구 분	통화명	외화 금액	환율	원화 금액
송 금 금 액	USD	208.00		258,148
(포 지 션)		208.00	1,241.10	258,148
해외수수료원화		18.00	1,241.10	22,339

XX예금 : 0123123123123

지 요	대 상 금 액	환 율	요율(%)	일수	대상기간	원화금액
송금수수료						5,000
전 신 료						8,000

수취인 KASTON CO LIMITED
수취인 123-123123-123
지급은 ABC BANK   사유코드 : 011

** 고시환율적용 **   USD환산금액 : 208.00   문의전화 02)000-0000

항상 저희 은행을 이용하여 주셔서 감사합니다.

▲ 송금 영수증 양식: 송금 금액은 USD208이며 국내수수료는 송금수수료 및 전신료를 포함하여 13,000원이 발생되었으며, 국외수수료는 수입자가 부담한 건으로서 USD18이 발생하였습니다.

---

1   회사에서 팩스는 전자 팩스를 사용하는 것이 좋습니다. 전자 팩스를 사용하면 수신된 팩스의 내용을 바로 이미지 파일로 저장할 수 있습니다. 인쇄를 하더라도 사용자의 컴퓨터에 PDF Converter 프로그램이 설치되어 있으면 바로 PDF로 전환 가능합니다.

4. T/T 선불 및 후불에 대한 이해와 표기 방법

T/T 결제는 크게 선불과 후불로 나누어집니다. 따라서 계약서, 인보이스 등의 서류에 결제조건(Payment Method)을 작성할 때는 'T/T'만 명시하면 안 되고, 본 거래가 선불인지 혹은 후불인지 확실히 명시해야 합니다. 인코텀스에서 역시 예를 들어, 거래 관련 서류에 'Price Term: FOB' 이렇게만 적는 것이 아니라 'Price Term: FOB Busan Port Korea, Incoterms 2010' 이렇게 조건 뒤에 지정 장소로서 비용분기점까지 모두 적어야 됩니다.

1) T/T 선불, T/T 후불 표기 방법

계속 언급하지만, T/T는 수출자, 수입자 양 당사자들간의 거래입니다. 따라서 T/T 결제를 선불로 할 것인지 후불로 할 것인지 등등은 모두 서로 합의 하에 결정이 됩니다.

선불	T/T in Advance
후불	- T/T x x days After B/L Date: B/L Date 기준으로 x x뒤가 되는 날짜까지 결제 - T/T x x days After Invoice Issuing Date: Invoice 발행일 기준으로 x x뒤가 되는 날짜까지 결제 - 날짜: T/T는 수출자와 수입가 간의 약속이며 x x days에서 x x는 양 당사자간에 결정하면 됩니다. 20일, 35일, 45일, 80일 등 양 당사자가 합의 하에 결정하면 되는 것입니다. - 기준일자: 후결제는 언제를 기준으로 언제까지 결제한다라는 조건입니다. 이때 그 기준일은 통상 B/L Date 혹은 Invoice Issuing Date가 기준일자가 됩니다. - B/L Date: 해당 건이 해상이든 항공이든 상관없이 B/L Date로 표기되며 B/L에서 B/L Date는 'On Board Date'가 되며, AWB에서 B/L Date는 AWB 우측 하단에 있는 날짜가 바로 B/L Date가 됩니다. - Invoice Issuing Date: 인보이스 발행일자입니다. 만약 인보이스에 '발행날짜'가 있고, 인보이스 사인 주변에 또 다른 날짜가 있는 경우, 'Invoice Issuing Date'는 사인 주변의 날짜가 됩니다. - After: After는 해당 날짜가 포함이 안됩니다. 즉, 'T/T 20 days after B/L Date'에서 B/L Date가 8월 1일이라면 2일부터 20일이 카운트 되며, From이라면 8월 1일이 포함됩니다.
기타	T/T 30% with Order, 70% before Shipment: 중국과의 거래를 할 때 중국의 수출자가 많이 제시하는 조건입니다. 수입자가 오더를 내면서 30%를 결제하고 나머지는 수출자가 선적하기 전에 결제를 하는 것입니다.

2. T/T 결제조건 계약서에 표기 방법

다음의 양식은 매매계약서이며, 결제조건(Payment Method)에 보면 거래 금액에 따라서 결제조건을 다르게 작성했습니다. 또한, 'T/T'만 적어 두는 것이 아니라 T/T in Advance 와 같이 T/T 선불인지 후불인지 정확하게 적어 두었습니다.

일반적으로 금액 자체가 크지 않고 계속적으로 거래가 이루어지는 거래가 아닌 경우(통상 T/T로 진행) P/I로 계약서는 대체되며 아래와 같이 Sales Contract라는 이름으로 혹은 일반거래조건협정서라는 이름으로 정식 계약서를 작성하는 경우도 있지만, 일반적으로 금액이 상당하고 계속적인 거래가 이루어질 것을 예상되는 거래일 경우(통상 L/C로 진행)에 아래와 같은 정식 계약서를 작성합니다. 계약서는 한 장으로 이루어지는 경우도 있고 여러장으로 이루어지는 경우도 있습니다.

EMSOUL
#000 XX building 111-1 Nonhyundong Kangnamgu Seoul Korea
Tel: + 82 2 4256 0000   Fax: + 82 2 6442 0000

1 of 1

SALES CONTRACT

Messers
Kaston Co., Ltd.

Contract No. : SC11023
Date : Jan. 23 2012

Dear Sirs.
We are pleased to offer you the under-mentioned goods on the terms and conditions described as follows ;

Product Code	Description	Q'ty	Unit Price
LS - 101	BABY CARRIER Four Season Sleeping Hood Baby Carrier	1 pc	USD 39.00

Price Term :	FOB Any Korean Port / FCA Any Korean Airport under the INCOTERMS 2010.

Payment Method :	<u>1th. Under the Order Amount USD10,000</u>
	  - T/T in advance
	<u>2nd. Between USD10,000 and USD20,000</u>
	  - T/T 30% with order, 70% before shipment.
	<u>3rd. Over USD20,000</u>
	  - L/C At Sight or Banker's Usance under the UCP 600 and ISBP 681.

Bank Information :	<u>1th. T/T Bank Information / L/C Advising Bank</u>
	  Bank Name : Industrial Bank of Korea (IBK)
	  Bank Address : 9-2 Samsungdong Kangnamgu, Seoul, Korea
	  Swift Code : IBKOKRSE
	  Account No. : 000-000001-00-00015
	  Beneficiary : EMSOUL

Shipment :	Within 2 months after receipt of your L/C or T/T payment
Partial Shipment :	Allowed
Packing :	Export standard packing
Inspection :	Seller's inspection to be final in export country.
Country of Origin :	South Korea
Quality :	To be about the same as sample
Return :	Return is only available against defective products. Otherwises, not available.
Remarks :	Customize available for all products. When the exchange rate is unstable, unit price could be adjusted by mutual consent. In the case of L/C, Kaston have to open L/C by mutual consent regarding detail conditions

PLEASE SIGN AND RETURN THE DUPLICATE

Signed on

Yours fithfully.
EMSOUL Trading
Signed on   Jan. 23 2012

Accepted by   Representative

Under the this Sales Contract, applicant and beneficiary are bound by the UCP 600, ISBP 681 and INCOTERMS 2010

III. 신용장(L/C, Letter of Credit) 결제

1. 신용장의 특징

신용장의 특징에 대해서는 신용장 거래를 하는 당사자라면 반드시 알아야 합니다.

1) 독립성의 원칙

신용장의 독립성의 원칙이란, 은행(개설은행) 입장에서는 '매매계약서'와 '신용장'은 전혀 상관이 없는 별개의 독립된 계약서라는 것입니다.

매매계약서	- 수출자와 수입자 양 당사자가 거래에 대해서 합의를 한 계약서로서 매매계약서의 결제조건 (Payment Method)이 신용장으로 되어 있는 경우 매매계약서를 바탕으로 신용장이 개설됨.
신용장(L/C)	- 수출자, 수입자, 그리고 개설은행(수입자의 요청에 의해서 신용장을 개설해주는 은행), 즉 3자가 당사자가 되는 또 하나의 계약서. - 신용장은 매매계약서를 바탕으로 수입자(개설의뢰인: Applicant)가 은행에 신용장 개설을 요청하며, 이때 매매계약서의 내용과 신용장의 내용을 동일하게 해서 개설 신청함.

다시말해서 매매계약서는 수출자, 수입자 양 당사자로 이루어진 첫 번째 계약서이며, 신용장은 수출자, 수입자, 그리고 개설은행 3자가 당사자로 이루어진 두 번째 계약서입니다.

개설은행은 매매계약서가 작성 될 때 자신은 당사자가 아니었기 때문에 매매계약서의 내용은 전혀 신경을 쓰지 않고 오로지 신용장의 내용만 보고 수출자가 선적서류를 신용장 내용과 일치하게끔 작성해오면 대금을 지급하며, 수입자에게는 대금결제를 요구합니다.

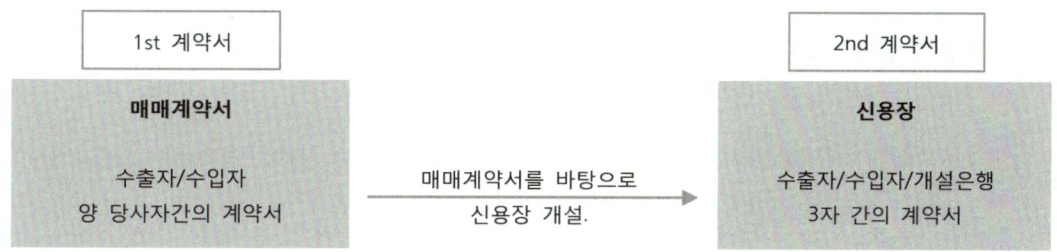

(1) L/C Amend(Amendment)를 하는 이유

매매계약 체결 후, 최초의 매매계약 내용이 변경되는 경우는 실무에서 자주 발생됩니다. 예를 들어, 기존의 매매계약서의 선적기일(Date of Shipment, S/D)을 8월 10일로 명시하고 신용장 역시 S/D를 8월 10일로 명시하여 개설했지만, 수출자가 거래 중간에 8월 10일까지는 이러이러한 사정으로 선적이 불가하니 8월 20일로 S/D 변경 요청을 하면 일반적으로 수입자는 이에 동의 하여 계약서를 변경합니다. 이때는 수출자와 수입자가 상호 합의하여 변경한 내용은 수출자와 수입자간의 계약서인 '매매계약서' 내용을 변경 한 것입니다.

신용장은 분명히 매매계약서를 바탕으로 개설되지만 매매계약서가 변경되었다고 해서 자동으로 변경되는 것은 절대로 아닙니다. 즉, 첫 번째 계약서인 매매계약서는 수출자, 수입자 양 당사자간의 합의에 의해서 변경 가능하지만, 수출자, 수입자, 그리고 개설은행이 당사자가 되는 신용장을 변경하기 위해서는 수출자, 수입자가 서로 합의 후 개설은행의 동의를 받는 절차를 거쳐야 합니다. 이러한 절차가 바로 기존에 매매계약서와 같이 개설된 최초의 신용장(원신용장)에 대해서 수출자, 수입자 간의 합의된 내용을 변경 신청하는 L/C Amend입니다. 수출자, 수입자가 매매계약을 체결 후 신용장 개설 신청을 수입자가 하듯이 L/C Amend 역시 수입자가 신청하며, 개설은행이 동의를 하면 최종적으로 신용장이 변경된 매매계약서와 같이 변경된 것입니다.

(2) 신용장의 독립성의 원칙에 대한 UCP600(신용장통일규칙) 내용

① 신용장거래는 수입자에 의해서 신용장이 개설되기 전 수출자와 수입자 사이에 이루어진 매매계약서와는 전혀 별개의 것이라는 것이며
② 매매계약서와 신용장 조건에 따라 발행한 선적서류 또는 상품이 다르다는 이유는 대금지급을 거절(unpaid)할 수 없으며
③ 수출업자는 신용장 조건대로만 선적을 이행하면 매매계약이 취소가 되더라도 대금지급을 받을 수 있습니다.
④ 신용장 상에 참조사항으로서 관련 계약서의 번호가 표시되어 있더라도, 은행은 신용장의 내용만을 취급하는 것이므로 그러한 계약서에 구속되지 않습니다.
⑤ 또한, 제시된 상업송장상의 물품명세가 매매계약서의 그것과 불일치한 경우에는 신용장거래와 관계없이 매매계약에 근거하여 분쟁을 해결하여야 합니다.

2) 추상성의 원칙

(1) 신용장 거래는 실물 거래가 아니라 서류 거래이다.

신용장 거래에서 개설은행은 a)수출자에게 신용장 조건과 같이 선적하면 대금 결제를 보증하고, b)수입자에게는 결제만 잘하면 신용장 조건과 같이 물품을 수입자가 받을 수 있도록 보증합니다. 하지만, 은행은 실물에 대해서 보증 하는 것이 아니라 서류에 대해서 보증한다는 것입니다.

다시 말해서, 수출자는 신용장 조건과 같이 선적서류(신용장 조건 46A의 서류)만 일치하게 작성해서 매입은행으로 제출하면 대금을 지급 받을 수 있습니다. 그 말은 신용장 45A에서 A라는 제품 100CTNs을 요구하는데 수출자가 실제로 A라는 제품 100CTNs이 아니라 10CTNs만 수출진행하고 관련 서류는 100CTNs 수출했다고 작성하여 관련 선적서류를 매입은행에 제출하면 은행은 100CTNs에 대한 대금을 결제한다는 것입니다.

이러한 경우 은행은 100CTNs에 대해서 수출자에게 결제했기 때문에 수입자에게 100CTNs에 대한 대금 결제를 요청합니다. 문제는 수출자가 10CTNs을 보냈으니 수입자는 신용장에서 보증하는 100CTNs이 아니라 10CTNs를 받는다는 것입니다. 이에 대해서 수입자는 은행에 클레임을 제기할 수 없습니다. 이유는 처음 은행이 수입자에게 보증한 것은 실물이 아니라 서류이기 때문입니다. 개설은행이 수입자에게 전달하는 서류에는 분명 100CTNs이 선적되었다고 명시되어 있으며 따라서 은행은 자신이 애초에 보증한 일을 성실히 수행한 것으로서 수입자는 은행에 100CTNs에 대한 금액을 정상적으로 결제해야 합니다.

이 경우 피해를 입은 수입자는 두 번째 계약서인 신용장을 근거로 개설은행에 클레임하는 것이 아니라 첫 번째 계약서인 매매계약서를 근거로 수출자에게 클레임을 제기해야 합니다. 수입자가 수출자에게 클레임 제기 했을 때는 이미 수출자는 사라지고 없는 상태일 것입니다. 수출자는 신용장의 특징을 이용하여 수입자를 속인 결과가 되며 수입자는 결과적으로 사기를 당한 것입니다. 때로는 신용장에서 요구하는 물품을 적재하긴 하지만, 불량품을 적재한다든지 신용장에서 요구하는 물품과는 전혀 다른 쓰레기를 적재하는 경우도 있습니다. 물론, 이러한 경우에도 수출자는 신용장에서 요구하는 선적서류를 신용장의 요구사항과 동일하게 작성하여 은행으로부터 대금 결제를 받습니다. 이러한 사례는 TV 뉴스에도 종종 보도되기도 합니다.

이렇게 실물이 아니라 서류에 대해서 보증하는 것이 신용장의 '추상성의 원칙'입니다.

만약 신용장에 '추상성의 원칙'이 없다면 은행 직원은 수출자가 정말로 신용장 조건과 일치하게 물품을 적재하는지에 대해서 매번 확인해야 하는 부담과 책임을 커버하게 됨으로서 업무에 차질이 발생됩니다. 다시 말해서 '추상성의 원칙'은 은행의 면책조항이 됩니다.

따라서 신용장은 절대로 완벽한 거래가 될 수 없으며 은행이 아무리 보증을 한다 하더라도 가장 중요한 것은 수출자와 수입자 상호간의 신뢰입니다.

(2) 선적전검사증명서(Pre-Shipment Inspection)을 요구한다.

그렇다면 수입자는 신용장 거래를 할 때마다 신용장의 추상성의 원칙으로 인해서 불안함을 느끼게 됩니다. 따라서 수입자는 신용장 개설 신청을 할 때 '선적전검사증명서'('Pre-Shipment Inspection' 혹은 'Certificate of Inspection')라는 서류를 신용장 조건 46A에서 기타 선적서류들과 함께 요구합니다.

'선적전검사증명서'는 수출자가 수출물품을 신용장 조건과 일치하게 실제로 적재를 하는지 수출지의 지정된 검사 기관에서 확인을 하고 일치하게 적재하면 수출자에게 발급하는 서류입니다. 따라서 '선적전검사증명서'의 발행 당사자는 수출지의 특정 기관을 지정 해야 합니다(만약 수출자가 발행하는 '선적전검사증명서'를 요구하면 아무런 의미가 없는 것입니다).

실무에서 통상 신뢰가 형성되지 않은 상태에서는 '선적전검사증명서'를 요구하는 신용장이 많으며, 신뢰가 형성 된 상태에서는 통상 요구하지 않습니다.

	L/C에서 선적전검사증명서 요구하는 문구
L/C 조항 46A	+Pre-Shipment Inspection in 1 Original Issued by SGS Hong Kong LTD., Mr. Gerrit Tang 2-1/F., 28/F, Metropole Square 2 On Yiu Street, Siu Lek Yuen, Shatin, N.T. Phone: (852) 2222 1234, Fax: (852) 2222 1213
설 명	선적전검사증명서를 요구할 때는 위와 같이 ⓐ 발행기관, ⓑ 발행기관의 주소, ⓒ 발행기관의 담당자, ⓓ 발행기관의 연락처를 명시해야 합니다.

▲ 신용장의 추상성의 원칙에 대한 추가 사항(참고 329쪽).

2. 신용장거래에서의 관련 당사자들 정리

신용장 거래의 주 당사자는 수출자(Beneficiary, 수익자), 수입자(Applicant, 개설의뢰인), 개설은행(Issuing Bank, Opening Bank)이며, 확인은행(Confirming Bank) 역시 주 당사자가 되지만 일반적으로 확인은행은 존재하지 않습니다. 그리고 나머지 매입은행, 통지은행, 상환은행 등은 신용장 결제가 원활하게 진행되기 위해서 서류처리라든지 결제와 관련된 절차에 대해서 업무 처리를 하고 일정한 수수료를 취하는 간접적인 역할을 합니다.

참고로 신용장에 등장하는 매입은행, 통지은행, 확인은행 등은 각각 다른 은행이 아니며 일반적으로 동일한 은행입니다. 예를 들어, 수출자가 거래은행으로 '우리은행 서초지점'과 거래를 한다면 일반적으로 매입은행, 통지은행, 확인은행은 모두 '우리은행 서초지점'이 됩니다. 다시 말해서 이러한 은행의 명칭은 각기 다른 은행의 다른 지점을 뜻하는 것이 아니라 어떠한 시점에서 어떠한 역할을 하는지에 따라서 그 역할에 맞는 이름으로 은행을 부르는 것입니다. 마치 수출자를 매매계약서 작성시에는 매도인(Seller)이라고 하고 신용장에서는 수익자(Beneficiary)라고 하며 선적할 때에는 송화인(Shipper)이라고 하는 이치와 동일하다고 보면 됩니다.

- 대부분 개설은행은 수입지에 있는 수입자(개설의뢰인)의 거래은행이며, 통지은행, 매입은행은 수출지에 있는 수출자의 거래은행입니다.
- 개설의뢰인이 매매계약서와 동일하게 '신용장개설신청서'를 작성하여 개설은행에 신용장 개설을 요청하면, 개설은행은 검토 후 개설의뢰인에게 '신용장개설응답서'를 발행하는데, 이 뜻은 신용장이 개설되었다는 뜻입니다.

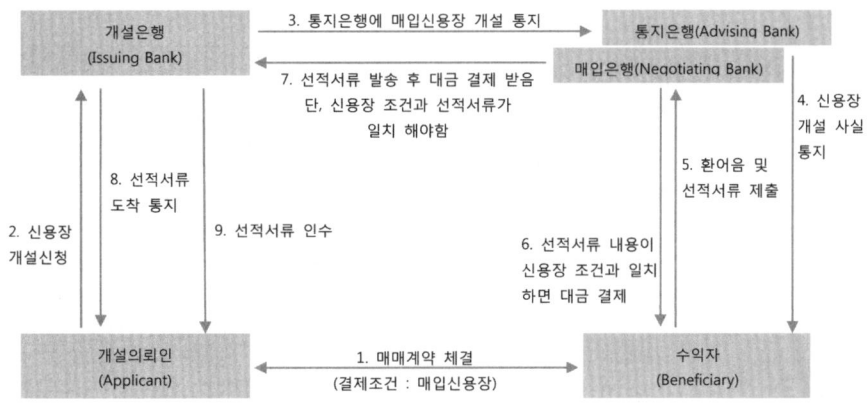

1) 개설의뢰인(Applicant)

매매계약서를 바탕으로 '신용장개설신청서'를 작성하여 은행에 신용장 개설을 신청하는 개설 신청인으로서 수입자를 말합니다. Applicant는 '신청하다'의 뜻인 'Apply'에서 나온 말입니다.

2) 수익자(Beneficiary)

신용장 조건과 같이 선적 진행 후 그에 상응하는 신용장 대금, 즉 이익(Benefit)을 취하는 자로서 수출자를 뜻합니다. 즉, Beneficiary는 '이익'을 뜻하는 Benefit에서 나온 말입니다.

3) 개설은행(Issuing Bank, Opening Bank)

(1) 개설은행

개설은행이란 일반적으로 수입지에 있는 수입자의 거래은행으로서 개설의뢰인이 '신용장개설신청서'를 보내면, 즉 신용장 개설을 요청하면 검토 후 신용장을 개설 해주는 은행을 말합니다. 또한, 개설은행은 신용장에서 수익자에게 신용장 조건과 일치하게 선적하고, 일치하게 선적하였음을 증명하는 선적서류(신용장 조건 46A)를 제출하면 대금 결제를 받을 수 있다고 보증하며, 개설의뢰인에게는 결제만 잘하면 개설의뢰인이 원하는 조건, 즉 개설의뢰인이 신용장개설신청서에 명시한 것과 같은 조건으로 물품을 인수 할 수 있다고 보증(신용장 조건과 일치하는 물품이 아니라 선적서류를 인수할 수 있다고 보증)해주는 은행으로서 신용장에서 물품의 주인이기도 합니다.

(2) 개설된 신용장에서 개설은행을 확인할 수 있는 신용장 문구

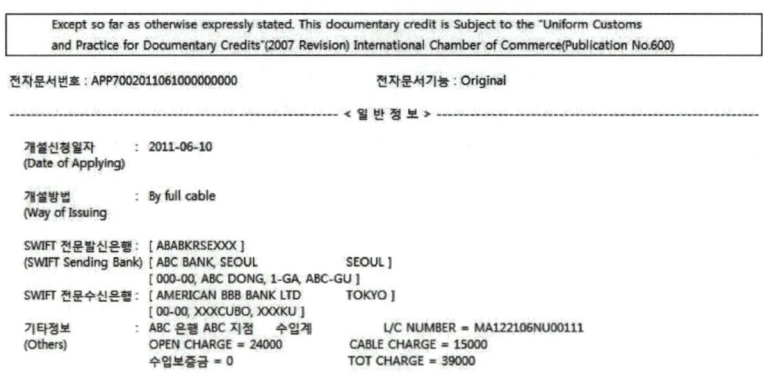

▲ 신용장개설응답서: '개설은행'을 명시한 부분.

'SWIFT 전문발신은행'이 바로 개설은행이며 해당 개설은행은 SWIFT CODE 'ABABKRSE'로 표기된 대한민국(Korea) 서울(Seoul)에 있는 'ABC Bank'입니다.

4) 통지은행(Advising Bank)

(1) 통지은행

개설은행의 요청으로 신용장을 수익자에게 통지하는 은행을 말합니다.

UCP600(신용장통일규칙)에서 말하기를 통지은행을 지정할 수 있는 권리는 개설은행에게 있으며, 개설은행이 통지은행을 지정할 때는 수익자(수출자)의 소재지에 있는 자신의 지점 또는 환거래은행을 지정한다고 명시되어 있습니다. 하지만, 실무에서는 개설의뢰인(Applicant ; 수입자)이 신용장 개설 신청을 하기 전에, 즉 매매계약을 할 때 수익자(Beneficiary ; 수출자)가 통지은행을 특정 은행으로 지정해 줄 것을 개설의뢰인에게 요구합니다. 이때 수익자는 일반적으로 자신의 거래은행을 통지은행으로 지정해 줄 것을 요청하기 때문에 실무에서 통지은행은 수출자의 거래은행이 됩니다. 하지만 때에 따라서 신용장 개설 신청서에 희망통지은행으로 수입자가 수출자의 요청에 의해서 통지은행으로 지정해 줄 것을 요청한 내용을 개설은행이 무시하고 개설은행이 자체적으로 통지은행을 지정하는 경우도 있습니다.

그리고 원신용장(최초 신용장) 조건을 변경해야 하는 경우, 수입자의 신용장 조건변경(L/C Amend) 신청에 대해서 개설은행이 동의하고 조건 변경된 내용을 수익자에게 통지할 때 개설은행은 원신용장을 통지한 통지은행을 통하여 최종적으로 수익자에게 통지합니다.

(2) 개설된 신용장에서 통지은행을 확인할 수 있는 문구

① '신용장개설응답서' 앞 면에서 확인

'SWIFT 전문수신은행'이 바로 통지은행이며, 'AMERICAN BBB BANK'로 표기되어 있습니다.

취소불능화환신용장개설응답서
(Irrevocable Documentary Credit Information)

Except so far as otherwise expressly stated. This documentary credit is Subject to the "Uniform Customs and Practice for Documentary Credits"(2007 Revision) International Chamber of Commerce(Publication No.600)

전자문서번호 : APP7002011061000000000   전자문서기능 : Original

————————————————————< 일 반 정 보 >————————————————————

개설신청일자 (Date of Applying)	:	2011-06-10
개설방법 (Way of Issuing)	:	By full cable
SWIFT 전문발신은행 : (SWIFT Sending Bank)	[ABABKRSEXXX] [ABC BANK, SEOUL SEOUL] [000-00, ABC DONG, 1-GA, ABC-GU]	
SWIFT 전문수신은행 :	[AMERICAN BBB BANK LTD TOKYO] [00-00, XXXCUBO, XXXKU]	
기타정보 (Others)	: ABC 은행 ABC 지점 수입계 OPEN CHARGE = 24000 수입보증금 = 0	L/C NUMBER = MA122106NU00111 CABLE CHARGE = 15000 TOT CHARGE = 39000

▲ 신용장개설응답서: '통지은행'을 명시한 부분.

② '신용장개설응답서'의 '57A Adivse Through Bank'에서 확인

49	Confirmation Instructions	:	WITHOUT
53A	Reimbursement Bank	:	AMERICAN BBB BANK LTD TOKYO ABCDJPJX
57A	"Advising Through" Bank	:	INDUSTRIAL BANK OF KOREA 123 BRANCH 8-3 SAMSEONG DONG, GANGNAM GU SEOUL / KOREA

▲ 신용장개설응답서: 신용장 조건 '57A Advise Through Bank'는 '통지은행'을 명시하는 부분으로서 본 신용장에서는 'INDUSTRIAL BANK OF KOREA'가 통지은행으로 지정되어 있습니다.

5) 매입은행(Negotiating Bank)

(1) 매입은행[1]

매입은행은 일반적으로 수출지에 있는 수출자의 거래은행으로서 수익자(수출자)가 신용장 조건과 일치하게 작성된 선적서류(기타의 서류로서 환어음, 매입신청서 등)를 매입은행에 제시하면 신용장 조건과의 일치 여부를 서류로 확인하고 이상이 없으면 선적대금, 즉 신용장 대금을 수익자에게 결제하는 은행입니다.[2]

또한, 매입은행은 자신이 선지급한 대금에 대해서 개설은행이 선적서류가 신용장 조건과 불일치하는 사유를 제시하며 지급 거절(Unpaid) 통지를 하면 수익자에게 다시 돌려 줄 것을 요구하는 소구권(Recourse)를 행사 할 수 있습니다. 따라서 매입신용장에서 수익자는 매입은행으로부터 신용장 대금을 선지급 받았다고 해서 안심하고 있으면 안되고, 최종적으로 개설의뢰인(수입자)이 개설은행으로부터 선적서류를 인수한 이후에 비로서 안심을 할 수 있는 입장에 있습니다.

(2) 개설된 신용장에서 매입은행을 확인할 수 있는 문구

'신용장개설응답서'의 '41a Available with… by' 부분을 확인하면 해당 신용장이 '매입신용장'인지 혹은 '지급신용장'인지 확인할 수 있습니다.

만약에 '매입신용장'이라면 '매입'을 어느 은행에서 해야 하는지 역시 이 부분에 명시되어 있습니다.

---

1 네고(Nego), 즉, 매입(Negotiation)이라는 뜻은 수출자가 선적 후 선적서류를 매입은행에 제시 했을 때 신용장 조건과 선적서류가 일치하면 매입은행이 그 선적 서류를 구매하는 행위를 뜻합니다(UCP600 제2조 제11문).

2 은행은 실물을 보지 않고 서류만 봅니다. 신용장의 '추상성의 원칙' 즉, 은행은 수익자가 선적 후 제시한 선적서류(L/C 46A 부분의 서류)만으로 선적을 신용장 조건과 일치하게 했는지 판단하고 서류상으로만 일치하면 수익자에게 보증한 것과 같이 선적 대금을 지급합니다.

신용장개설응답서 - 매입은행	설 명
32B　Currency Code Amount　　　　　　　: JPY 850,000 39A　Percentage Credit Amount Tolerance　: 39B　Maximum Credit Amount　　　　　　: NOT EXCEEDING 42C　Drafts at　　　　　　　　　　　　　: 90 DAYS AFTER B/L DATE 41a　Available with … by …　　　　　　　: ANY BANK BY NEGOTIATION 42A　Drawee　　　　　　　　　　　　　　: ABCDJPJX 　　　　　　　　　　　　　　　　　　　　 AMERICAN BBB BANK LTD 　　　　　　　　　　　　　　　　　　　　 TOKYO	좌측의 '신용장개설응답서'에 따르면 해당 신용장은 '자유매입신용장'으로서 수출자는 선적후 매입을 할 때 어떠한 은행(Any Bank)에 가서도 매입 진행이 가능 합니다. 일반적으로 수출자는 자신의 거래은행에 가서 매입을 진행합니다(따라서 매입은행은 수출자의 거래 은행이 됨). 또한, 본 신용장은 Usance 신용장으로서 B/L Date를 기준으로 90일 이후까지 개설의뢰인은 개설은행에 대금 결제하면 됩니다.
위 서류는 수입자가 '신용장개설신청서'를 작성하고 은행에 개설 신청 후 신용장이 개설되었음을 통지하는 '신용장개설응답서'의 일부입니다.	

※ 자유매입신용장과 매입제한신용장

　신용장 조건 41a 부분이 'Any Bank by Negotiation'으로 표기되어있다면 본 신용장은 자유매입신용장으로서 수출자(수익자)는 자신이 원하는 은행에 가서 매입을 진행하며 일반적으로 수출자 자신의 거래은행에 가서 매입을 합니다.

　하지만, 'IBKOKRSE by Negotiation'과 같이 SWIFT CODE로 은행을 지정해둔 매입제한신용장(Restricted L/C)의 경우 지정된 은행에서 수출자는 매입을 진행해야 합니다.

　만약 수출자가 지정된 은행에서 매입을 원하지 않는다면 일단 수출자는 자신의 거래은행에서 매입 진행하고 그 은행은 다시 신용장에서 지정한 은행으로 재매입(Re-Nogo) 진행합니다. 하지만, 실무에서 매입신용장은 거의 대부분 자유매입신용장입니다.

자유매입신용장	41a Available with… by: Any Bank by Negotiation
매입제한신용장	41a Available with… by: IBKOKRSE by Negotiation

▲ 상기는 'by Negotiation'으로 표시된 '매입신용장'으로서, '지급신용장'의 경우 'by Payment'로 표기됨.

6) 상환은행(Reimbursing Bank)

(1) 상환은행

　매입신용장에서 매입은행이 수출자에게 선적 대금을 선지급하고 선적서류는 개설은행으로 특송을 사용하여 바로 전달하지만, 환어음은 신용장 42A 조항의 Drawee(지급인)로 전달합니다. 이때 Drawee는 통상 상환은행(53A Reimbursement Bank)이 됩니다.

통상적으로, 매입신용장에서 그 유형이 At Sight L/C 인 경우에는 수출자에게 대금을 선지급한 매입은행으로의 결제를 개설은행이 송금방식으로 진행하지만 상환은행을 통하여 지급하는 상환방식도 존재하며, Usance L/C에서는 대부분 상환방식을 취한다 할 수 있습니다.

Banker's Usance L/C에서는 수출자가 기한부 환어음을 발행하여 매입은행으로 제출하고, 매입은행은 선적서류를 개설은행으로 발송하고, 기한부 환어음은 상환은행으로 제출하여 대금 결제를 상환은행으로부터 받습니다. 이때 상환은행은 기한부 환어음을 인수한 은행으로서 인수은행(Accepting Bank)이 되곤 합니다.

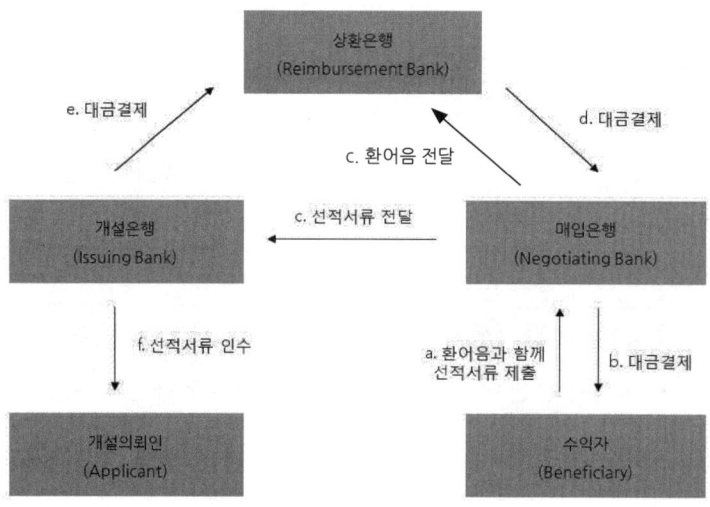

(2) 개설된 신용장에서 상환은행을 확인할 수 있는 문구

수출자에게 대금 지급에 대한 보증을 하는 은행은 개설은행이며, 그렇다면 지급인 역시 개설은행이 되어야 하지만, 상환은행이 지급업무를 대행해주기 때문에 신용장에서 일반적으로 지급인(Drawee)은 개설은행이 아닌 상환은행이 됩니다.

```
49     Confirmation Instructions    : WITHOUT
53A    Reimbursement Bank           : AMERICAN BBB BANK LTD
                                      TOKYO
                                      ABCDJPJX
57A    "Advising Through" Bank      : INDUSTRIAL BANK OF KOREA 123 BRANCH
                                      8-3 SAMSEONG DONG, GANGNAM GU
                                      SEOUL / KOREA
```

▲ 신용장개설응답서: 신용장 조건 '53A Reimbursement Bank'는 '상환은행'을 명시하는 부분으로서 본 신용장에서 상환은행은 'ABCDJPJX'라는 'Swift Code'를 가진 은행입니다.

32B	Currency Code Amount	:	JPY 850,000
39A	Percentage Credit Amount Tolerance	:	
39B	Maximum Credit Amount	:	NOT EXCEEDING
42C	Drafts at	:	90 DAYS AFTER B/L DATE
41a	Available with... by...	:	ANY BANK BY NEGOTIATION
42A	Drawee	:	ABCDJPJX AMERICAN BBB BANK LTD TOKYO

▲ 신용장개설응답서: 신용장 조건 '42A Drawee'는 '지급인'을 명시하는 부분으로서 본 신용장에서 지급인은 상기 '상환은행'과 동일한 'ABCDJPJX'라는 'Swift Code'를 가진 은행으로 지정되어 있습니다. 통상 '상환은행'과 '지급인'은 동일한 은행으로 지정됩니다.

7) 확인은행(Confirming Bank)

(1) 확인은행

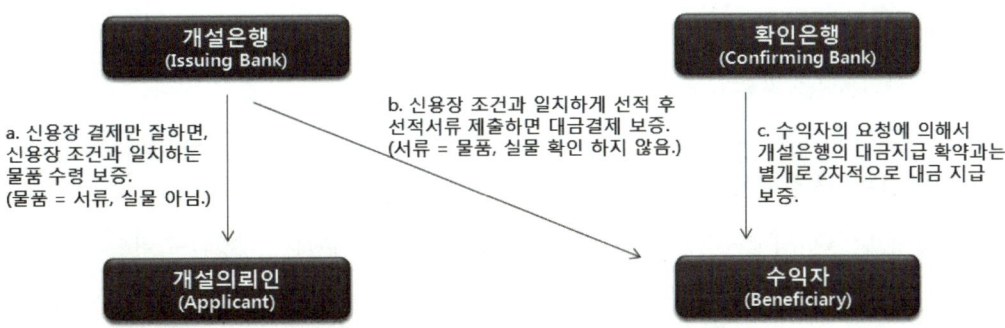

신용장에서 개설은행은 수익자에게 신용장 조건과 같이 선적 한 후 신용장 조건과 일치하는 선적서류(신용장 조건과 동일하게 선적했음을 나타내는 증거서류)를 작성해서 은행에 제출하면 대금 지급을 해주겠다고 보증합니다. 이때 수익자 입장에서 이렇게 자신에게 대금 지급을 보증하는 개설은행의 신용도를 체크(거래은행에 요청 가능) 해보는 것이 중요하며 개설은행이 인지도가 없고 신용도 역시 낮다면 수익자는 개설은행의 대금 지급보증을 믿을 수 없습니다.

수익자는 개설은행의 보증을 믿고 B/L을 포함한 선적서류를 은행에 제출 했다는 뜻은 물품이 이미 수입지로 향하고 있다는 뜻으로서, 수익자가 선적서류를 은행에 제출 했는데 개설은행이 지급 불능 상태 혹은 파산이라는 최악의 경우가 발생될 수도 있기 때문에 수익자로서는 개설은행의 신용도가 무엇보다도 중요합니다.

만약에 수익자가 판단하기에 개설은행의 신용도가 낮고 인지도가 낮은 경우 거래 자체를 진행 하지 않을 수도 있지만, 수익자는 개설은행의 1차적인 지급보증에 대해서 또 한 번의 2차적인 지급보증을 해주는 은행으로서 확인은행(Confirming Bank)을 지정하여 위험을 커버 할 수 있습니다. 이때 수익자는 일반적으로 확인 업무에 대한 요청을 자신의 거래은행에 하며, 만약 확인 업무 요청을 받은 수익자의 거래은행이 수락을 하면 결과적으로 통지은행, 매입은행, 확인은행은 모두 수익자의 거래은행이 됩니다.[1] 수익자의 확인 업무 요청에 대해서 수락은 개설은행의 대금지급 확약과는 별개로 확인은행이 대금지급 확약을 하는 것이 됩니다(물론, 확인 업무 거절 의사를 나타낼 수도 있음).

수익자의 확인은행 지정은 이렇게 개설의뢰인과의 첫 신용장 거래에서도 이루어질 수 있지만, 여러 차례 이상 없이 진행된 수익자와 개설의뢰인과의 신용장 거래에서도 지정될 수 있습니다. 예를 들어, 개설의뢰인이 그리스에 있고 수익자가 한국에 있는 경우, 지금까지 확인은행 없이 거래를 잘 해왔는데, 그리스 국내 상황 악화로 그리스 개설은행의 지급 불능 상태를 우려한 수익자가 한국에 있는 자신의 거래은행을 확인은행으로 지정하는 경우가 있을 수 있습니다.

이렇게 수익자가 확인은행을 지정하면 관련 수수료가 발생되지만, 안전한 거래를 위해서 필요에 따라서는 확인은행을 지정하는 것이 좋겠습니다.

(2) 개설된 신용장에서 확인은행을 확인할 수 있는 문구

'신용장개설응답서'에서 '49 Confirmation Instructions' 부분에서 지정된 확인은행은 표기 됩니다. 아래의 경우는 확인은행이 지정되지 않은 신용장의 부분으로서 'WITHOUT'이라고 표기되어 있습니다.

```
49      Confirmation Instructions      :  WITHOUT
53A     Reimbursement Bank             :  AMERICAN BBB BANK LTD
                                          TOKYO
                                          ABCDJPJX
57A     "Advising Through" Bank        :  INDUSTRIAL BANK OF KOREA 123 BRANCH
                                          8-3 SAMSEONG DONG, GANGNAM GU
                                          SEOUL / KOREA
```

▲ 신용장개설응답서: 신용장 조건 '49 Confimation Instructions'은 '확인은행'을 명시하는 부분으로서 본 신용장에서는 'WITHOUT', 즉 확인은행을 지정하지 않았습니다.

---

1   확인 은행은 신용장 거래를 할 때마다 매번 지정되는 것이 아니라 필요에 따라서 지정되기 때문에 개설된 모든 매입신용장에서 확인은행이 존재하는 것이 아닙니다. 하지만, 매입신용장에서 통지은행, 매입은행은 항상 존재하는 은행으로서, 신용장 거래에 있어 주인 역할을 하는 개설은행을 대신해서 거래가 순조롭게 진행될 수 있게 보조 역할을 합니다.

8) 지정은행(Nominated Bank)

(1) 지정은행

지정은행이란 말 그대로 지정이 되는 은행입니다. 통지은행, 매입은행, 확인은행, 상환은행 등은 모두 개설은행 혹은 실무에서는 수출자의 요청에 의해서 지정되는(Nominated) 은행으로서 지정은행(Nominated Bank)이라 말합니다. 즉, 통지은행, 매입은행, 확인은행, 상환은행 등은 그러한 역할을 하는 은행을 뜻하는 그 역할을 대변하는 은행의 이름이라면 지정은행은 지정된 이들 은행 모두를 일컫는 통합된 개념으로 생각하면 됩니다.

> **참고** 신용장의 추상성의 원칙에 대한 추가 사항
>
> 신용장의 추상성의 원칙에 대해서 수입자(개설의뢰인)는 상당한 주의를 기울여야 할 것입니다. 그 방법이 신용장 46A Documents Required 조항에서 선적전검사증명서를 요구하는 것인데, 사실 이 또한 확실한 방법이라 100% 자신할 수 없습니다. FCL 건에서 수출자가 공 컨테이너를 수출자의 공장/창고로 Door Order 해서 신용장 상의 물품을 적입할 때, SGS에서 이를 확인 후 컨테이너 기사님이 채우는 Seal과는 별도의 SGS Seal을 채웁니다. 그러나 LCL 건은 CFS에서 다른 화주의 물품과 함께 적입되니 해당 컨테이너에 SGS가 자신들의 Seal을 채우지 못하며, 수출자가 이를 부정적으로 이용할 수도 있을 것입니다.
>
> 따라서 수입자는 수입지 개설은행으로부터 선적서류를 인수하기 전에 수입지 항구/공항에 반입된 물품을 확인 후 이상 없으면 개설은행에서 선적서류를 정상적으로 인수하는 것이 최선의 방법이 될 수 있습니다. 항공 혹은 해상 LCL의 경우는 보세창고에 반입되니 화주는 해당 물품이 신용장에서 요구하는 물품과 일치하는지 보세창고에 방문하여 확인하여야 할 것이며, 해상 FCL은 CY에서 CFS 반입 후 확인할 필요가 있습니다. 만약 이때 신용장의 물품과 불일치한다면 'Injunction(법원의 지급금지명령)[2]'을 활용할 수 있습니다.
>
> 문제는 개설은행에 도착한 선적서류의 인수 통지를 받은 수입자는 수일 이내로 해당 선적서류에 대한 인수 여부를 결정해야 한다는 것입니다. 해상 건으로서 운송시간(Transit Time)이 상당하여 아직 수입지 항구에 배가 도착하지 않았다면 상기와 같이 CFS에서 물품 확인을 하지 못한 상태에서 수입자는 개설은행에서 선적서류 인수할 수도 있습니다. 따라서 384쪽 '참고'에서 언급한 것과 같이 수출지에서 On Board 후 수출자가 선적서류를 일정 시간 늦게 제출할 것을 신용장 상에서 수입자가 요구하게 되면 이러한 문제는 해결될 수 있을 것입니다.
>
> 이렇게 선적서류와 실제 물품의 불일치를 걱정할 때는 상기와 같이 할 것이며, L/G 역시 수입자는 개설은행으로 신청하여 발급받으면 안 될 것입니다. 수입자가 개설은행으로부터 L/G를 받거나 선적서류를 인수하게 되면 실제 물품이 신용장과 상이하더라도 은행으로 클레임할 수 없습니다.

---

2   Injunction(법원의 지급금지명령) : 우리나라의 가처분에 해당하는 것으로 신용장 거래에서 수입상의 신청에 의하여 신용장 개설은행에 대금지급을 금지하는 법원의 결정을 의미합니다.

Ⅳ. 매입신용장

1. 매입신용장(Negotiation L/C) 결제 절차

1) 매입신용장

　신용장의 종류는 매입신용장, 지급신용장 등이 있으며 가장 흔하게 사용하는 신용장으로서 매입신용장이 있습니다. 매입신용장에서 '매입(Negotiation)'이란 수익자(Beneficiary)가 신용장 조건과 동일하게 물품을 선적하고 선적서류(B/L, 인보이스, 팩킹리스트 등)와 환어음 등 기타 매입 관련 서류를 매입은행에 제출하게 되고 매입은행은 수익자가 제출한 이러한 서류가 신용장 조건과 일치하면 신용장 대금을 수익자에게 결제합니다. 즉, 매입은행은 수익자가 제시한 서류를 구입하고 그에 상응하는 대금으로서 신용장 대금을 수익자에게 결제하는 것으로서 '매입'을 하는 것입니다.

2) 매입신용장의 결제 절차

① 수입자와 수출자 양 당사자간의 매매계약 체결(1st 계약서)
② 개설의뢰인은 개설의뢰인, 수익자, 개설은행 3자가 당사자가 되는 매입신용장을 개설은행에 개설 신청(2nd 계약서)하는데, 이때 개설의뢰인은 '신용장개설신청서'를 작성.
③ 개설은행은 검토 후 신용장이 개설되었다는 뜻으로서 '신용장개설응답서'를 개설의뢰인 및 통지은행으로 전달.
④ 통지은행은 수익자에게 신용장 개설 통지(통지은행의 통지서 참고 423쪽). 이때 수익자는 1st 계약서인 '매매계약서'와 2nd 계약서인 '신용장'의 내용이 일치하는지 확인해야 하며, 차이가 있으면 개설의뢰인에게 L/C Amend 요구하고, 동일하면 신용장 조건과 같이 선적 진행함.
⑤ 수익자는 수출지의 포워더에게 OB/L(AWB) 작성할 때 해당 건의 신용장에서 요구하는 내용을 따로 정리하여 포워더에게 신용장 조건과 반드시 일치하게 OB/L(AWB) 작성 요청.
⑥ 수출지의 포워더는 물품 적재 후 수입지로 발송.
⑦ 수출지의 포워더는 수익자의 요청과 같이 신용장 조건과 일치하는 OB/L(AWB)을 수익자에게 전달.

⑧ 수익자는 선적 후 선적서류(B/L, 인보이스, 팩킹리스트 등 신용장 46A에서 요구하는 서류), 매입신청서, 환어음[1], 매매계약서, 수출신고필증을 매입은행에 제출.

⑨ 매입은행은 수익자가 제출한 서류와 신용장 조건이 일치하면 매입 진행. 즉 수익자에게 신용장 대금(신용장 조건 32B) 결제. 이때 매입은행은 자신의 돈을 수익자에게 먼저 결제하는데, 관련 수수료는 제외하고 결제.

⑩ 매입은행은 선적서류를 개설은행에 전달하고 결제 요청.

⑪ 일반적으로 At Sight L/C인 경우 송금방식을 취하기 때문에 지급인(Drawee)이 통상 개설은행으로 지정되어 매입은행은 개설은행으로부터 결제받으며, Usance L/C는 통상 상환방식을 취하기 때문에 개설인으로서 상환은행이 지정되어 매입은행은 상환은행으로부터 결제받음(송금방식과 상환방식에 대한 자세한 내용은 345쪽 참고).

⑫ 개설은행은 개설의뢰인에게 선적서류 도착 통지(개설의뢰인의 선적서류 인수증 참고 336쪽).

⑬ 매입신용장의 유형[2]은 크게 At Sight(선불)와 Usance(후불)[3]로 나눌 수 있음. At Sight(선불) 조건의 경우 개설의뢰인은 개설은행에 신용장 대금(신용장 조건 32B)을 해당 건의 은행 수수료와 함께 결제 후 은행의 배서가 된 OB/L(항공 건의 경우 사본 AWB에도 배서를 받아야 함.)과 함께 기타 선적서류를 인수함. Usance(후불)의 경우 은행 수수료만 결제하고 OB/L 및 기타 선적서류를 먼저 인수하고 차후에 결제함.

⑭ 개설의뢰인은 OB/L Full Set 중에 은행의 배서가 된 1부(항공의 경우 은행의 배서가 된 사본 AWB 1부)를 수입지 포워더에게 전달 후 운송비 결제.

⑮ 수입지 포워더는 개설의뢰인에게 D/O 발행.

---

1 수익자는 신용장 46A 조항에서 요구하는 선적서류들을 매입은행에 제출하는 이유는 신용장에서 요구하는 조건과 같이 수출 진행했음을 증명하기 위함이며, 이와 함께 수익자는 은행이 신용장 조건과 일치하게 선적 진행하면 선적대금 결제를 보증했듯이 선적대금 결제를 요구해야 합니다. 신용장에서는 선적서류가 곧 물품이며, 수익자가 매입은행에 물품(선적서류)을 전달하면서 물품구매(매입)를 요청(신청)합니다. 다시 말해서, 수익자는 신용장 조건과 일치하게 수출 진행하였음을 46A 선적서류로서 증명하고, 또한 자신의 물품(선적서류) 구매(매입)를 요청(신청)하는 뜻으로서 매입신청서(양식 참고 422쪽)와 은행이 매입할 금액을 명시한 환어음을 함께 매입은행으로 제출합니다.

2 은행의 배서가 된 OB/L(해상의 경우 AWB)은 곧 해당 건의 물품으로서(선적서류=물품) 개설의뢰인이 L/C에서 물품의 주인인 개설은행으로부터 물품을 인도 받기 전에 결제를 하면 선불, 즉 At Sight가 되며, 물품을 먼저 인도 받고 결제는 차후에 하는 경우 후불, 즉 Usance가 됩니다. 개설의뢰인은 Usance의 경우 신용장 조건 '42C' 부분에 명시된 것과 같이 해당 기한 내로 개설은행에 신용장 대금(32B)을 결제해야 합니다. '42C'에 만약 '60 days After B/L Date'라고 되어 있다면 해당 건 B/L의 On Board Date를 기준으로 60일 이내까지 결제를 반드시 해야 합니다.

3 Usance는 또다시 Banker's와 Shipper's로 나누어지며, 대부분의 신용장 조건에서 42C에 At Sight 문구(예를 들어 Sight)가 아닌 Usance 문구(예를 들어 90 days After B/L Date)가 나오면 대부분 Banker's Usance입니다. 수익자는 매입신용장에서 그 유형이 At Sight 혹은 Banker's Usance의 경우 매입은행에 매입 진행하면 바로 선적대금을 지급 받을 수 있으나 Shipper's Usance는 그 Usance 기한 내로 대금 지급을 받는 것입니다. 따라서 수익자는 신용장이 Usance의 경우 반드시 Banker's 인지 Shipper's인지 확인 해야 됩니다(신용장 조건 42C에 Usance 문구가 나오고, 72에 'At Sight Basis'라는 문구가 나오면 Banker's Usance).

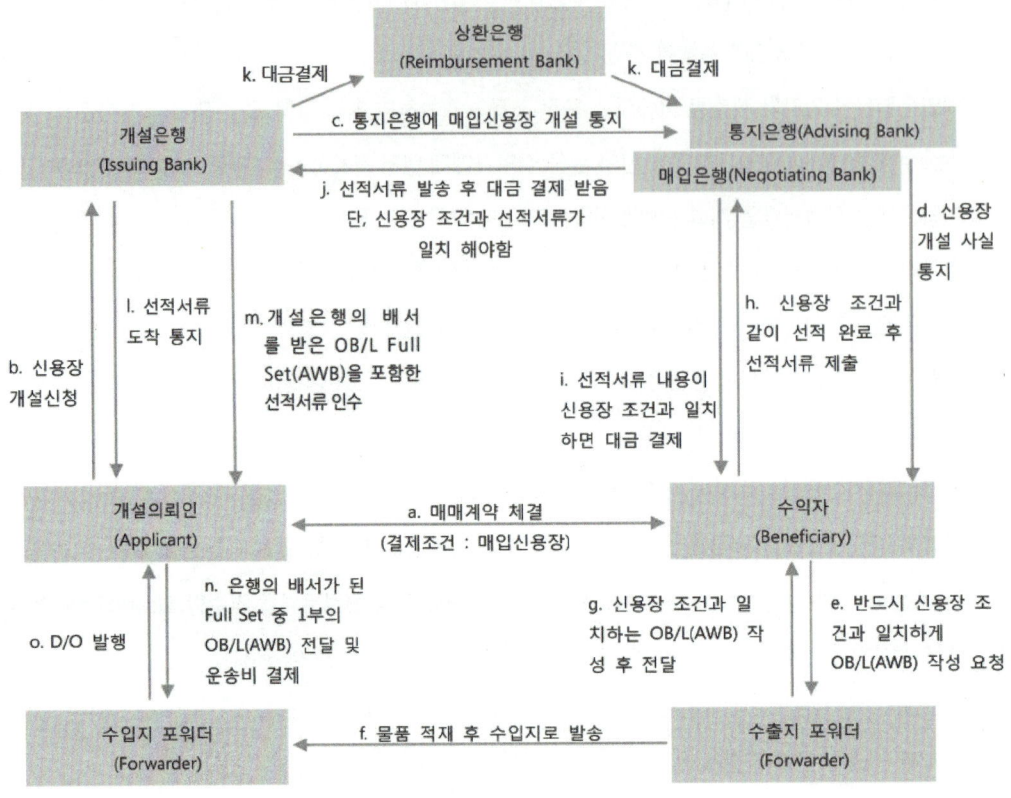

2. 매입신용장에서 수익자가 매입은행에 제출하는 서류
— 선적서류, 매입신청서, 환어음, 수출신고필증, 매매계약서 등

1) 신용장 문구에서 선적서류 확인하기

수익자는 신용장에서 요구하는 선적서류를 신용장에서 요구하는 내용과 동일하게 작성해서 매입은행에 제출해야 합니다. 물론, B/L 혹은 AWB과 같이 수출자가 직접 작성을 할 수 없는 선적서류의 경우 포워더에게 어떠한 식으로 작성을 해 줄 것을 요구해야 합니다. 따라서 수익자 자신이 통지받은 신용장의 어느 부분에 이러한 선적 서류의 내용이 있는지를 알아야 하며 해석 할 수 있어야 합니다.

신용장에서 요구하는 '선적서류'는 신용장 문구 '46A Document Required' 부분에 있습니다.

46A Documents Required :　　+ SIGNED COMMERCIAL INVOICE IN 3 COPIES.
　　　　　　　　　　　　　　+ FULL SET OF CLEAN ON BOARD OCEAN BILLS OF LADING MADE OUT TO
　　　　　　　　　　　　　　　　THE ORDER OF WOORI BANK COLLECT NOTIFY EDUTRADEHUB.
　　　　　　　　　　　　　　+ PACKING LIST IN 3 COPIES.

▲ 신용장개설응답서

- 신용장 조건 '46A Documents Required'는 '선적서류'를 명시하고 있는 부분으로서 수익자는 이 부분에 명시된 서류들을 매입은행에 선적 후 제출해야 신용장 대금(32B)을 결제받을 수 있습니다.

①+SIGNED COMMERCIAL INVOICE 3 COPIES: 사인이 있는 인보이스 원본 3부[1]

②+FULL SET OF CLEAN ON BOARD OCEAN BILLS OF LADING MADE OUT TO THE ORDER OF WOORI BANK COLLECT NOTIFY EDUTRADEHUB: B/L을 요구하는 부분으로서 해당 B/L은 CLEAN B/L, ON BOARD B/L, OCEAN B/L로서, B/L의 'Consignee'란에는 'TO THE ORDER OF WOORI BANK'(WOORI BANK를 개설은행이라고 가정)가 표기되어야 하며, B/L 어딘가에는 운임(Freight)이 COLLECT(후불)라는, 즉 'Freight Collect'가 표기되어야 하며, B/L의 'Notify'란에는 'EDUTRADEHUB(수입자 상호)'이 표기된 B/L을 FULL SET(3부)으로 제출해야 함.

③+PACKING LIST IN 3 COPIES: 팩킹리스트 원본 3부

2) 매입신청서, 환어음, 수출신고필증, 매매계약서

수익자는 매입은행에 매입을 진행할 때, 신용장 조건 46A에서 요구하는 선적서류와 함께 매입신청서, 환어음을 제출합니다. 또한, 경우에 따라서 수출신고필증 및 매매계약서도 함께 제출합니다.

---

[1] 46A 조항에서 요구하는 선적서류의 경우 인보이스, 팩킹리스트는 수익자가 작성하는 서류이며, B/L(항공의 경우 AWB)은 포워더가 작성합니다. 경우에 따라서 원산지증명서(C/O, Certificate of Origin), 선적적검사증명서(Pre-Shipment Inspection) 등 기타의 발행 주체가 각각 다른 서류들이 있을 수 있습니다. 수익자를 제외한 포워더 등이 발행하는 서류들의 경우 원본과 사본의 차이가 확실하며 대부분 원본(Original)을 46A에서는 요구합니다.(AWB은 L/C에서도 사본으로 발행됨)

하지만, 수익자가 작성하는 인보이스 및 팩킹리스트의 경우 원본과 사본의 구분이 없습니다. 즉, 수익자가 발행하는 서류의 경우 컴퓨터로 작성하든 수기로 작성하든 모두 원본 서류이며, 사인의 방법은 ⓐ 프린트 후 수기, ⓑ 팩시밀리 서명(이미지 파일을 붙여서 프린트), ⓒ 명판, ⓓ 천공 등 대부분 인증된다고 보면 됩니다. 단, 수익자가 서류를 발행하고 서류의 어딘가에 '본 서류는 원본이 아니라 사본입니다.'라는 문구를 명시하면 사본이 됩니다.

따라서 수익자가 발행하는 서류 부분에 'COPIES'는 사본이라기보다 원본으로 이해를 하면 되겠습니다.

3. 수익자가 작성하는 환어음에 대한 정의 및 작성 방법
― 신용장 및 추심거래(D/A, D/P) 에서

1) 환어음이란 무엇인가?

환어음이란 간단하게 말해서 환어음의 발행인이 환어음에 기재된 금액을, 환어음에 기재된 지급인(Drawee)에게 결제 요구하는 서류입니다. 즉, 환어음이란 채권자인 어음의 발행인(Drawer, 수익자)이 채무자인 지급인(Drawee, 신용장 42A 조항)에 대하여 일정 기일에 일정한 장소에서 어음상에 기재된 금액을 지시인 또는 어음의 소지인에게 무조건 지급할 것을 위탁하는 요식 유가증권입니다.[1] 매입신용장의 유형이 At Sight인 경우 송금방식으로 개설되는데, 이때 신용장에서의 지급인은 말 그대로 수익자에게 대금 지급 보증하는 개설은행으로 지정되어 있습니다. At Sight 유형이지만 상환방식으로 개설될 때, 그리고 일반적으로 상환방식으로 개설되는 Banker's Usance L/C일 때, 지급인(Drawee)은 개설은행이 아니라 상환은행(53A Reimbursement Bank)으로 지정되어 있습니다. 따라서 수익자는 채권자로서 환어음 발행할 때 신용장 조항 42A Drawee 부분에 기재된 당사자를 환어음의 To 부분을 기재하면 되겠습니다

2) 환어음의 작성방법 및 양식

수익자가 매입을 진행하기 위해서는 매입은행의 홈페이지에 접속하여 '외환' 메뉴에서 '수출환어음 매입/추심 신청서'(매입신청서)를 다운 받습니다.

대부분 엑셀로 만들어져 있으며 매입신청서를 작성하면 환어음은 대부분 자동으로 작성되게 되어 있으나 매입신청서보다는 환어음이 더 중요하기 때문에 환어음 작성 방법에 대해서만 다루겠습니다.

그리고 환어음은 2부를 작성하여 수익자는 매입은행에 제출 합니다.

---

1 환어음이 운송서류 등과 함께 발행되면 화환어음(Documentary Bill of Exchange), 운송서류 등이 첨부되지 않은 것은 무화환어음(clean Bill of Exchange)이라 하고, 특히 D/A, D/P 계약서에 의하여 발행되는 환어음을 추심어음(Bill of Documentary Collection)이라고 합니다.

```
                           BILL OF EXCHANGE
    NO.                                            Date :_____ KOREA
    FOR
    AT _____ OF THIS ORIGINAL BILL OF EXCHANGE  (SECOND
    OF THE SAME TENOR AND DATE BEING UNPAID) PAY TO _____ OR ORDER THE SUM OF
     SAY : _____ ONLY.
    VALUE RECEIVED AND CHARGE THE SAME TO ACCOUNT OF _____

    DRAWN UNDER _____
    L/C NO. _____          DATED _____
    TO
```

NO.	환어음 발행인이 자신의 환어음 관리 목적으로 부여하는 번호
DATE	환어음 발행일이 아니라 은행에서 환어음을 제출하는 날짜. 이 날짜는 신용장에서 제시한 선적서류 제시 기한(신용장 조건 48)을 넘기면 안됨. 즉, 매입신청은 선적서류 제시 기한 이내로 해야 함.
FOR	Invoice 금액과 일치해야 됨.
AT	At Sight L/C: sight(신용장 조건 42C와 동일하게) Usance L/C: 30 days after B/L Date 등등으로 표시(신용장 조건 42C와 동일하게) D/A: D/A 30 days after B/L Date 등등으로 표시 D/P: D/P
PAY TO	L/C: 매입은행(수출자가 매입신청을 진행하는 매입은행이며, 일반적으로 수출지의 수출자 거래은행) D/A, D/P 거래: 추심의뢰은행(수출자가 추심 의뢰하는 수출자의 거래은행)
SUM OF	Invoice 금액을 영문으로 풀어서 표기 SAY: 일금 ONLY: 정 KRW50,000을 한글로 '일금 오만원 정' 이라고 작성하는 것과 동일.
ACCOUNT OF	L/C: 개설의뢰인, 즉 수입자 D/A, D/P: 수입자
DRAWN UNDER	L/C: 개설은행 D/A, D/P: 공란
L/C NO	L/C: L/C No. 표기(신용장 조건 20) D/P, D/A : Contract No. 표기
DATE	L/C: L/C 발행일(신용장 조건 31) D/P, D/A: 계약일
TO	L/C: 신용장 조건 '42A'에 표기된 지급인(Drawee) D/A, D/P: 수입자

4. 개설의뢰인의 선적서류 인수 절차

　수익자(Beneficiary)가 물품을 선적하고 매입은행에 하자 없이, 즉 신용장 조건과 일치하게 매입을 진행하였다면 몇 일 후에 개설은행은 개설의뢰인(Applicant)에게 선적서류가 도착했으니 인수해 갈 것을 통지합니다. 일반적으로 팩스로 통지하며, 팩스에 명시된 인수 기한 내에 개설의뢰인은 개설은행에 방문하여 선적서류를 인수합니다. 이때 개설의뢰인은 '선적서류수령증'을 개설은행의 홈페이지 '외환' 코너에서 다운 받아서 작성 후 개설은행에 방문합니다.

① 개설은행의 홈페이지 '외환' 메뉴에서 '선적서류수령증' 다운
② '선적서류수령증', '수입물품대도(T/R)신청서' 중에 '선적서류수령증'에 체크
③ 신용장번호, 금액, 선하증권번호(항공화물운송장) 부분 작성
④ 신청 날짜 표기하고, 회사 명판·도장 날인
⑤ 개설의뢰인은 본 서류를 은행에 제출 후 선적서류 인수

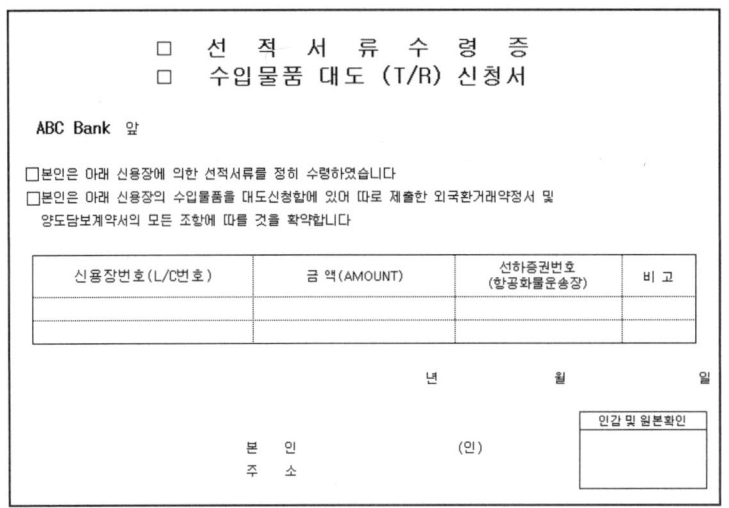

▲ 선적서류 수령증

5. 개설의뢰인의 선적서류 인수 후 수입통관 절차

1) 선적서류 인수 및 수입통관 절차

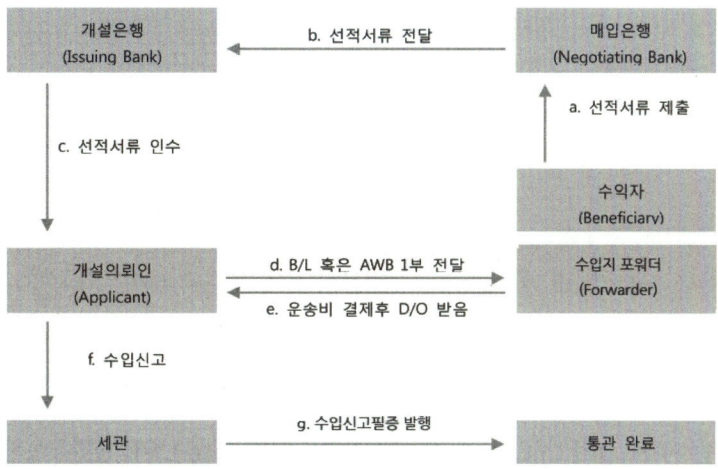

개설의뢰인은 개설은행에 방문하여 선적서류를 인수합니다. 이때 해상 건(By Vessel)의 경우 신용장 조건 '46A Document Required' 부분의 B/L 요구 부분에 일반적으로 'To the Order of 개설은행'으로 표기되어 있으며, 개설의뢰인은 개설은행으로부터 B/L을 인수할 때 B/L 3부 중의 1부 혹은 3부 모두에 개설은행의 명판/직인을 배서 받아서 인수 해야 합니다(물론, '개설은행'이 아니라 'Shipper' 혹은 'Applicant'로 되어 있는 경우도 있음).

그리고 항공 건(By Air)의 경우 신용장 조건 '46A Document Required' 부분의 AWB 요구 부분에 일반적으로 'Consigned to 개설은행'으로 표기되어 있으며, 개설의뢰인은 개설은행으로부터 AWB을 인수할 때 역시 개설은행의 명판/직인을 배서 받아서 인수 해야 합니다. 이렇게 인수한 B/L 혹은 AWB을 개설의뢰인은 해당 건을 운송한 포워더에게 원상태 그대로 전달하고, 운송비 결제 후 D/O(Delivery Order)를 받아서 수입통관 진행합니다.

2) 해상 건에서 B/L의 Consignee 부분에 따른 배서

To the Order of 개설은행	To the Order of Shipper 혹은 To Order
개설은행이 개설의뢰인에게 B/L을 인도 할 때 Full Set(3부) 중의 1부에 개설은행 자신의 명판/도장으로 배서를 한 이후 인도를 하는 조건. 즉, 개설의뢰인은 개설은행으로부터 B/L을 인수할 때 배서를 받아야 하며 배서 된 B/L 1부를 포워더에게 전달하고 D/O 받음.	Shipper(수익자)가 매입은행에 OB/L(AWB) 제출할 때 자신의 명판/직인을 배서 후 매입은행에 제출. 이후 절차는 'To the Order of 개설은행'의 절차와 동일.

6. 매입신용장의 결제 유형
― 일람출급신용장(At sight L/C)과 기한부신용장(Usance L/C)

1) 매입신용장은 At Sight L/C(일람출급신용장)와 Usance L/C(기한부신용장)으로 구분

T/T 결제에서도 선불(T/T in Advance)과 후불(T/T 45 days After B/L Date 등)이 있듯이 매입신용장에도 선불(At Sigjt L/C)과 후불(Usacne L/C)이 있습니다. 하지만, T/T와 L/C는 선불, 후불을 나누는 기준이 틀리며, 그 기준은 바로 각 결제조건에서의 물품의 주인이 누구인지에 달렸습니다. T/T에서의 물품의 주인은 바로 수출자이며, L/C에서의 물품의 주인은 수입지의 개설은행입니다.

T/T에서 선불은 수출자가 물품을 선적하기 전에 대금 결제를 받는 것이며, 후불은 물품을 선적 후에 대금 결제를 받는 것입니다. 하지만, L/C에서 물품의 주인은 수익자(수출자)가 아니며 개설은행입니다. 따라서 수익자는 매입신용장이 선불(At Sight)이든 후불(Usance)이든 상관 없이 물품을 선적하고 선적서류를 매입은행에 제출합니다. 그리고 매입은행은 수익자에게 대금 결제하고 선적서류를 물품의 주인인 개설은행에 제출하면 개설은행은 개설의뢰인에게 선적서류 도착 통지를 합니다. 그 후 개설의뢰인은 개설은행으로부터 선적서류를 인수하는데, 매입신용장에서 선불과 후불의 차이점은 바로 이곳에 있습니다. 해당 매입신용장이 선불(At Sight L/C)이면 개설은행이 신용장 대금을 개설의뢰인에게 먼저 받고 선적서류(선적서류=물품)를 전달하며, 후불(Usance L/C)의 경우 개설은행이 선적서류를 먼저 개설의뢰인에게 전달하고 차후에 대금 결제를 받습니다. 다시 말해서 Usance L/C는 개설의뢰인 입장에서는 대금을 결제하기 전에 물품을 얻는 것이니 외상이며 따라서 외상결제라고도 합니다.[1]

---

1 Usance L/C는 크게 Banker's Usance와 Shipper's Usance로 나누어지며 상기에서 말하는 Usance L/C는 Banker's Usance를 말함. 실무에서 대부분은 Banker's Usance.

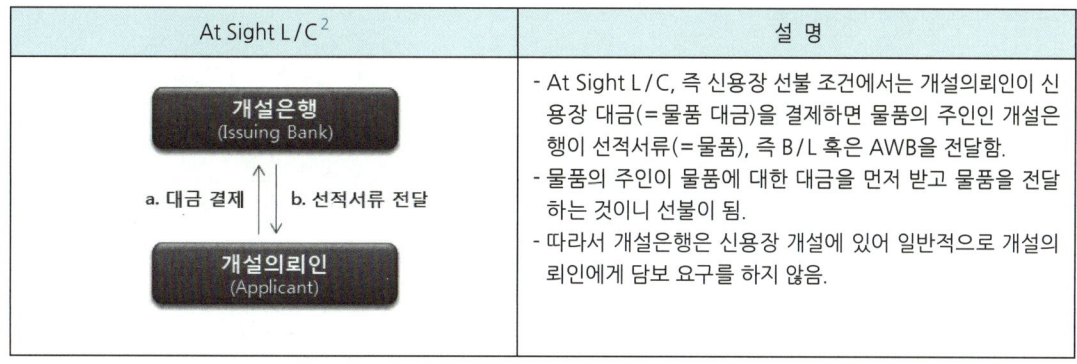

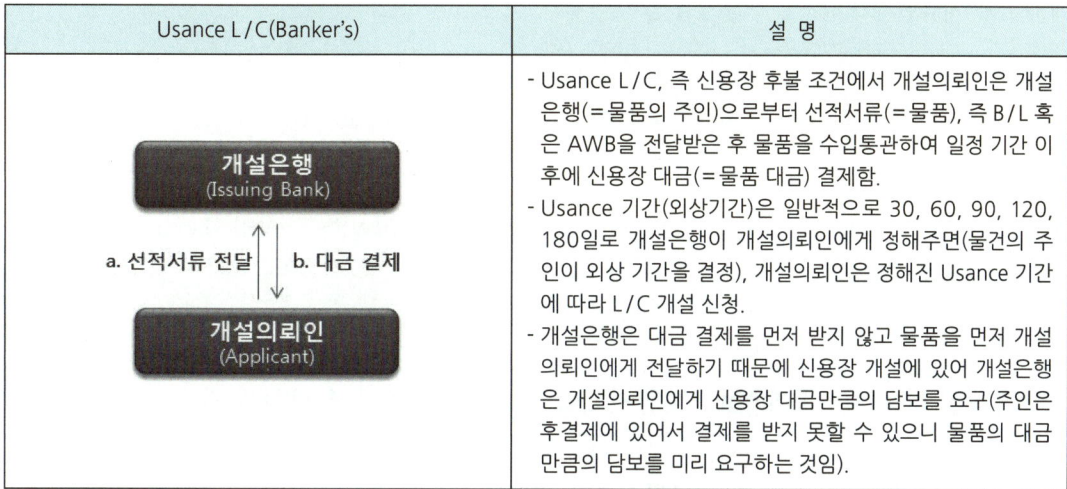

A. 일람출급 신용장

수출자가 일람출급 환어음을 발행하거나 환어음 없이 선적서류를 매입은행에 제시하면, 제시된 서류와 상환으로 즉시 대금을 지급받을 수 있도록 약정된 신용장을 말합니다. 일람출급 신용장은 결제방식에 따라 송금방식과 상환방식으로 구분할 수 있지만 통상 송금방식으로 개설됩니다. 반면에, 기한부 신용장의 경우 상환방식이 통상적이라 할 수 있습니다.

일람출급 신용장에서 상환방식보다는 송금방식을 개설은행 입장에서는 선호하고 있는데, 그 이유는 상환방식은 선적서류가 개설은행으로 도착하기 전에 상환은행이 매입은행으로 바로 대금을 결제함에 따라 개설은행이 선적서류를 받아서 하자를 발견하고 대금지급을 거절하고자 할 때 매입은행으로부터 대금 반환(Refund)받아야 하는 번거로움이 있으며, 매입은행이 비협조적인 경우 많은 비용과 시간이 소

---

2 At Sight에서 수입자가 선적서류를 개설은행으로부터 인수할 때 그 당시에 대금 결제를 할 수도 있으나, 일반적으로 선적서류 인수 후 5일까지 결제가 유예됩니다. 따라서 선적서류가 곧 해당 건의 물품이라는 점에서 수입자는 At Sight 조건이 선불 조건이라기보다 동시결제 조건으로 이해하는 것이 보다 적절할 수도 있을 것입니다.
물론, Usance 조건은 수입자가 선적서류 인수 후 Usance 기간에 결제하지 않아도 되니 수입자 입장에서 후결제로 봐야겠습니다.

요될 수 있는 위험이 따릅니다.

반면에, 송금방식은 개설은행이 선적서류를 받은 이후에 매입은행이 지정한 은행으로 대금을 송부하는 방식으로서 개설은행 및 수입자 입장에서 서류 검토 후 지급할 수 있으므로 보다 안정적이라 할 수 있습니다.

B. 기한부 신용장

수출자가 선적서류와 함께 기한부 환어음을 제시하면, 당해 환어음을 인수하고 그 만기일(at maturity)에 대금을 지급한다고 약정된 신용장을 말합니다.

기한부 신용장은 대금지급 유예기간에 대한 신용공여의 주체에 따라 수출업체가 대금지급 유예기간 중 신용을 공여하는 Shipper's Usance와 은행이 신용을 공여하는 Banker's Usance로 구분됩니다. 그리고 Banker's Usance는 환어음을 인수하는 은행이 어디에 소재하고 있는가에 따라 구분하는데, 해외에 소재한 경우 Overseas Banker's Usance라 하고 국내에 소재하고 있는 경우에는 Domestic Banker's Usance로 구분합니다.

2) 개설된 신용장이 At Sight L/C인지 Usance L/C인지를 나타내는 문구

개설된 신용장의 '42C Drafts at' 부분의 문구를 확인하면, 본 신용장이 At Sight L/C인지 Usance L/C인지를 확인할 수 있습니다.

32B	Currency Code Amount	:	JPY 850,000
39A	Percentage Credit Amount Tolerance	:	
39B	Maximum Credit Amount	:	NOT EXCEEDING
42C	Drafts at	:	SIGHT
41a	Available with … by …	:	ANY BANK BY NEGOTIATION
42A	Drawee	:	ABCDJPIX AMERICAN BBB BANK LTD TOKYO

▲ At Sight L/C : '42C Drafts at'에 'SIGHT'가 표기되어 있으며 본 건은 At Sight L/C임.

32B	Currency Code Amount	:	JPY 850,000
39A	Percentage Credit Amount Tolerance	:	
39B	Maximum Credit Amount	:	NOT EXCEEDING
42C	Drafts at	:	90 DAYS AFTER B/L DATE
41a	Available with ... by ...	:	ANY BANK BY NEGOTIATION
42A	Drawee	:	ABCDJPIX AMERICAN BBB BANK LTD TOKYO

▲ Usance L/C: '42C Drafts at'에 '90 DAYS AFTER B/L DATE'가 표기되어 있으며, 본 건은 Usance L/C임. 즉, B/L Date(On Board Date)를 기준으로 90일 이후가 되는 결제기일 이전까지 개설의뢰인은 개설은행에 신용장 대금 (상기 신용장에서는 JPY850,000)을 결제해야 함.

3) At Sight&Usance L/C와 D/P&D/A 거래의 연관성

At Sight L/C는 개설의뢰인 입장에서 개설은행에 선적서류가 도착하면 D/P 거래처럼 선적대금을 결제해야만 선적서류를 인수하여 물품을 찾을 수 있는 거래이고, Usance L/C는 개설은행에 선적서류가 도착하면 바로 선적 대금을 결제하는 것이 아니라 D/A 거래처럼 먼저 선적서류를 인수해서 물품을 수입통관 한 이후 외상기간(Usance 기간)이 만료되기 전에 개설은행에 결제하는 것입니다.

따라서 Usance L/C의 경우 개설의뢰인 입장에서 선적서류를 인수해서 물품을 수입통관하고 국내에 판매 한 다음 그 돈으로 신용장 대금을 개설은행에 결제할 수 있다는 이점이 있습니다.

7. USANCE의 구분

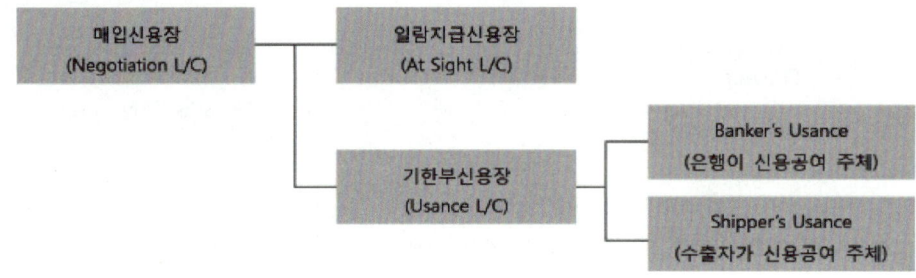

1) BANKER'S USANCE(Overseas Banker's Usance)

　선적서류는 매입은행에서 바로 개설은행으로 전달되지만, 기한부 환어음은 인수은행으로서 통상 상환은행이 지정되어(L/C DRAWEE는 인수은행 즉, 상환은행) 기한부 환어음에 대해서 만기일 전에 매입은행으로 일람출급 방식으로 결제하고, 만기에 개설은행으로부터 환어음 대금을 결제받는 방식입니다. 이 때 수출자는 일람출급 방식으로 수출대금을 회수하며, 수입자가 인수은행에서 이루어진 환어음 할인에 따른 어음만기까지 할인료(DISCOUNT CHARGE) 및 환어음 인수에 따른 인수 수수료(ACCEPTANCE CHARGE)를 A&D CHARGE라는 명목으로 부담하고 어음만기에 수입대금을 결제하는 방식입니다.

2) SHIPPER'S USANCE

　개설은행이 선적서류와 함께 기한부 환어음을 매입은행으로부터 인수하고(L/C DRAWEE는 개설은행), 환어음 만기에 수입대금을 매입은행 또는 매입은행이 지정한 은행(또는 계좌)에 결제하는 방식입니다. 이때 수출자는 환어음 만기일에 대금을 영수하거나 매입은행에 할인(Discounting, Usance 기간이자를 공제하고 대금을 지급함)을 요청하여 조기에 대금을 수취할 수도 있습니다.

3) DOMESTIC USANCE(Domestic Banker's Usance)

　개설은행이 선적서류와 함께 기한부 환어음을 매입은행으로부터 인수하고(L/C DRAWEE는 개설은행), 개설은행이 기한부 환어음에 대해서 만기일 전에 매입은행에 일람출급 방식으로 결제하고 만기에 수입상으로부터 수입어음을 결제받는 방식입니다. 수출자는 일람출급 방식으로 수출대금을 회수하며, 수입자가 어음만기까지의 이자(Discount Charge 혹은 USANCE 이자)를 부담하고 어음만기에 수입대금을 결제하는 방식입니다.

8. BANKER'S와 SHIPPER'S의 할인수수료와 신용장 기재 문구

우리가 국내에서도 어음 거래를 할 때 정상적으로 어음 만기일에 은행에서 대금 결제를 받는 것이 아니라, 만기일 전에 돈이 필요한 경우 만기일까지의 이자를 제외하고 은행으로부터 대금 결제를 받습니다. 이를 할인(Discount)이라 하며, 이때 공제된 이자를 할인료라 합니다. 즉, 은행이 어음 만기일 전에 어음 소지인에게 액면가를 현금으로 선결제를 해주는 것이니 현금으로 바꾼 날로부터 만기일까지의 이자를 발생할 것인데, 이것이 바로 할인료입니다.

마찬가지로, 매입신용장에서는 수입자의 결제가 유예되는 Usance L/C에서는 기한부 환어음이 발행됩니다. 이 기한부 환어음에 대해서 수출자가 환어음 만기일이 되기 전에 대금을 결제받으려면 할인이 이루어져야 합니다. BANKER'S일 때는 수입자가, SHIPPER'S일 때는 수출자가 할인에 따른 수수료로서 DISCOUNT CHARGE를 커버합니다. 즉, 환어음 만기일 이전에 은행이 수출자에게 결제를 미리 해주고 은행은 차후에 결제를 받게 되는데, 환어음 기간에 대한 이자, 다시 말해서 수입자의 결제 유예(Usance) 기간에 대한 이자를 할인 수수료(Discount Charge 혹은 Usance Interest Charge)라 합니다.

BANKER'S일 때는 수입자의 결제 유예의 주체가 수출자가 아니라 은행입니다. 따라서 결제가 유예되는 기한부 환어음이 발행되지만, 수출자는 일람출급 환어음이 발행되는 AT SIGHT L/C에서처럼 대금 결제를 CLEAN NEGO 후 바로 받아야 할 것입니다. 즉, 결제가 유예되는 기한부 환어음이지만, 수입자의 결제 유예 주체가 수출자가 아니기 때문에 환어음 만기일 이전에 결제를 받을 수 있다는 것입니다.

결론적으로, BANKER'S USANCE일 때는 수출자는 기한부 환어음 총액으로서 수출 대금을 바로 은행을 통해서 받는 것은 비록 기한부 환어음 만기일이 도래하지 않았고 수입자가 결제를 하지 않았지만, 중간에서 은행이 기한부 환어음에 대해서 할인을 해주었기 때문입니다. 그렇다면 할인 수수료(DISCOUNT CHARGE)가 발생할 것인데, BANKER'S USANCE일 때 그 DISCOUNT CHARGE는 인수은행으로서 상환은행에서 발생하여 개설은행으로 청구되고 최종적으로 수입자가 커버하게 됩니다.

반면에, SHIPPER'S일 때는 기한부 환어음에 대한 결제 유예 주체가 수출자가 됩니다. 즉, 수출자가 기한부 환어음의 만기일까지의 결제를 유예시켜 주는 조건이니 수출자는 매입신청 후 대금을 바로 받는 AT SIGHT L/C, BANKER'S USANCE와는 다르게 기한부 환어음 만기일에 수입자가 결제하면 그 대금을 결제받는 것이 원칙이라 할 수 있습니다. 물론, 수출자가 기한부 환어음 만기일까지 기다릴 수 없는 경우 매입은행으로 기한부 환어음 할인을 요청하면 매입은행의 판단하에 할인이 이루어질 수 있고, 그에 따른 수수료로서 DISCOUNT CHARGE는 수출자에게 청구됩니다.

따라서 개설된 USANCE 신용장이 BANKER'S인지 SHIPPER'S인지를, 특히 수출자 입장에서 확인하는 것은 상당히 중요한 부분이라 할 수 있습니다. 이때 수출자는 신용장에서 DISCOUNT CHARGE를 누가 커버하는지를 확인하고 해당 신용장이 BANKER'S인지 SHIPPER'S이지를 구분해야겠습니다.

참고로, 신용장을 SHIPPER'S USANCE로 개설해야 하는 상황이라면 수출자는 수입자와의 매매계약 체결 당시에 DISCOUNT CHARGE만큼에 대한 물품 단가 인상을 하는 것이 적절할 수도 있습니다.

Banker's Usance 신용장 기재 문언 및 특징

L/C 기재	72 Sender to Receiver Information : TO PAY/ACC/NEGO/BK :[1] + REIMBURSE YOURSELVES ON THE REIMBURSING BANK AT SIGHT BASIS. ACCEPTANCE COMM AND DISCOUNT CHGS ARE FOR ACCOUNT OF APPLICANT. 혹은 + USANCE DRAFTS MUST BE NEGOTIATED ON AT SIGHT BASIS AND ACCEPTANCE COMMISSION AND DISCOUNT CHARGES ARE FOR BUYER'S ACCOUNT.
특 징	상기 예문에서 모두 AT SIGHT BASIS로 매입이 이루어진다는 문구 존재. 즉, 수출자는 Clean Nego 진행하면 대금 결제받을 수 있으며, 할인에 따른 할인수수료(Discount Charge)가 수입자에게 청구된다고 기재되어 있음. 따라서 Banker's Usance 조항이라 할 수 있음.
추가 설명	대금은 수출상 앞 일람(at sight)으로 지급하게 됨. 즉 환어음 할인에 따른 기간이자를 공제하지 않고 수출자는 신용장 대금 전액을 수취하고 (물론 환가료는 공제됨.) 기간이자는 Discount Charge 혹은 Banker's Usance 할인료(B/U 할인료)라는 명목으로 수입자에게 청구됨. 이때 Discount Charge는 상환은행의 인수수수료(Acceptance Commission)와 함께 A&D Charge라는 명목으로 수입자에게 청구됨.

---

1 본 조항은 '78 /PAY/ACCEPT/NEGO BANK :' 로 신용장 상에 표기되기도 합니다.

Shipper's Usance 신용장 기재 문언 및 특징

L/C 기재	72 Sender to Receiver Information : TO PAY/ACC/NEGO/BK : + USANCE INTEREST IS FOR ACCOUNT OF BENEFICIARY. 혹은 + DISCOUNT CHARGES ARE FOR BENEFICIARY'S ACCOUNT. 혹은 + DISCOUNT CHARGES ARE TO BE COVERED BY BENEFICIARY.
특 징	상기 예문에서는 AT SIGHT BASIS로 매입이 이루어진다는 문구가 존재하지 않음. 할인에 따른 수수료(Discount Charge, Usance Interest)가 수입자가 아닌 수출자에게 청구된다는 문구가 있음. 따라서 Shipper's Usance 조항이라 할 수 있음.
추가 설명	수출상은 환어음 만기일에 대금을 영수하거나 은행에 할인을 요청하여 기간이자(할인수수료)를 공제한 대금을 조기에 수취할 수도 있음. 수입자는 인수수수료 커버 함.

9. 송금(Remittance)방식과 상환(Reimbursement)방식에 대한 이해

매입신용장에서 수출자가 매입은행으로 제시한 선적서류가 신용장의 내용과 일치하면 Clean Nego가 되어 매입은행은 비록 해당 건의 신용장 상에서 지급인(42A Drawee)이 아니지만, 수출자에게 매입은행 자신이 보유한 돈을 선결제합니다.

그리고 신용장을 개설한 개설은행은 신용장 72 혹은 78조항[2]에서 매입은행에 요구하기를, 해당 건의 선적서류는 개설은행으로 특송(Courier Service)을 이용하여 보낼 것을 주문합니다[3]. 이때 매입은행은 자신이 수출자에게 선결제한 대금을 결제받아야 하는데, 본 조항에서 개설은행은 매입은행으로 직접 송금해주는 송금(Remittance) 방식으로 해당 대금을 결제할 것인지 상환은행을 통하여 상환(Reimbursement) 방식으로 결제할 것인지를 명시합니다.

---

2 72 Sender to Receiver information 조항일 수도 있고, 78 Instruction to the Paying / Accepting / Negotiation Bank 조항일 수도 있습니다.

3 72 혹은 78 조항은 개설은행이 지급은행 혹은 인수은행 혹은 매입은행에게 지시를 하는 조항입니다. 따라서 본 조항에서 YOUR는 이들 은행을 말하는 것이며 WE, US는 개설은행이 됩니다.

송금(REMITTANCE) 방식 문구	예1) WE SHALL REMIT THE PROCEEDS ACCORDING TO YOUR INSTRUCTIONS. 예2) ON RECEIPT OF FULL SET OF DOCUMENTS IN COMPLIANCE WITH THE TERMS AND CONDITOINS OF THIS CREDIT WE SHALL REMIT THE PROCEEDS AS REQUESTED BY YOU. 예1) WE SHALL REMIT THE PROCEEDS ACCORDING TO YOUR INSTRUCTIONS. 예2) ON RECEIPT OF FULL SET OF DOCUMENTS IN COMPLIANCE WITH THE TERMS AND CONDITOINS OF THIS CREDIT WE SHALL REMIT THE PROCEEDS AS REQUESTED BY YOU.
상환(REIMBURSEMENT) 방식 문구	예1) REIMBURSE YOURSELVES ON THE REIMBURSING BANK AT SIGHT BASIS REGARDLESS OF THE DRAFT'S TENOR. 예2) REIMBURSE YOURSELVES ON THE REIMBURSING BANK AT SIGHT BASIS. 예1) REIMBURSE YOURSELVES ON THE REIMBURSING BANK AT SIGHT BASIS REGARDLESS OF THE DRAFT'S TENOR. 예2) REIMBURSE YOURSELVES ON THE REIMBURSING BANK AT SIGHT BASIS.

▲ 신용장 72 혹은 78 조항에서 개설은행이 매입은행을 향한 지시 사항.

A. 송금방식과 상환방식의 차이점

송금방식은 선적서류를 매입은행으로부터 개설은행이 전달받고 5영업일 내에 매입은행 또는 매입은행이 지정한 은행(또는 계좌)으로 송금하는 방식입니다. 따라서 송금방식에는 신용장 상에 상환은행(53A REIMBURSEMENT BANK 조항)이 없으며 지급인(42A DRAWEE 조항)이 개설은행으로 지정됩니다[1].

상환방식은 선적서류를 매입은행이 개설은행으로 전달하지만, 대금 결제는 개설은행으로부터 받는 것이 아니라 상환은행으로부터 상환받습니다(통상 상환은행은 신용장에서 지급인(42A DRAWEE 조항)으로 지정되어 있습니다). 따라서 상환방식에서는 신용장 상에 상환은행은 지정되어 있고 신용장 상에 지급인 역시 상환은행으로 지정되어 있습니다. 상환은행은 매입은행으로부터 선적서류를 받아서 검토하는 것이 아니라 선적서류에 하자가 없다는 내용만 전달받고 매입은행이 대금 결제 요청 즉, 상환 요청하면 매입은행으로 혹은 매입은행의 지시에 따라서 대금을 결제합니다.

---

1 송금방식에서 지급인이 존재하지 않는 경우도 있는데, 이러한 경우에도 지급인은 개설은행이 되어서 수출자는 환어음 작성할 때 환어음 상의 'TO' (지급인)에 개설은행을 기재하면 됩니다.

B. 송금방식과 상환방식에 따른 장단점

매입은행 입장에서는 송금방식으로 진행되는 경우 선적서류가 개설은행까지 특송으로 가는 일자와 개설은행이 선적서류를 받고 신용장 조건과 선적서류가 일치하는지 검토 후 5영업일 이내에 대금 결제를 개설은행이 진행하기 때문에 10일 정도 지난 후에 대금 결제를 받을 수 있습니다. 반면에, 상환방식은 매입은행이 상환은행에 대금 결제 요청하면 바로 대금 결제받기 때문에 보다 빨리 대금 결제를 받을 수 있습니다. 이는 곧 수출자 및 수입자에게도 영향을 미친다고 할 수 있습니다.

a) 수출자에게 미치는 영향

매입은행은 수출자의 매입신청에 따른 선결제한 대금을 개설은행 혹은 상환은행으로부터 결제받는 일자를 계산하여 수출자에게 이자를 청구합니다. 이를 환가료라고 하는데, 송금방식에서는 10일 정도 뒤에 결제를 받으니 그 만큼에 대한 이자를 공제하고 수출자에게 대금 결제하고, 상환방식에서는 그보다 좀 더 빨리 결제를 받지만, 역시 그에 따른 수수료를 미리 공제하고 수출자에게 대금 결제합니다. 수출자 입장에서 환가료에 대한 부담이 있는 경우 신용장이 상환방식으로 개설되는 것이 더 이익이라 할 수 있습니다. 물론, 이러한 결정은 수출자의 결정 사항은 아니라 할 수 있으며, 은행은 최소한 이러한 사실을 수출자에게 통지할 필요는 있을 것입니다.

b) 수입자에게 미치는 영향

반면에, 수입자 입장에서 상환방식에서 다소 불리할 수도 있습니다. 상환방식은 매입은행이 선적서류와 신용장의 내용이 일치한다는 판단에 따라서 이를 상환은행에 통지하면 대금을 결제받는 방식입니다. 즉, 개설은행이 해당 선적서류를 받고 신용장 조건과 일치하지 않는 내용을 발견하고, 그러한 내용이 해당 거래에서 상당한 악영향을 미치는 하자라 하더라도 이미 대금이 매입은행으로 지급된 상태이기 때문에 수입자 입장에서 하자 처리함에 있어 문제가 될 수 있습니다.

결국, 상환방식이면 Drawee로 지정된 상환은행은 신용장과 선적서류의 일치 여부를 확인하지 않고 수출지 은행으로 대금 결제하는데, 개설은행이 선적서류에 하자를 발견하고 수입자(Applicant)와 협의 후 지급거절(Unpaid) 해야 할 때[2] 수출지의 은행으로부터 Drawee가 대금을 돌려받는 데 문제가 발생할 수 있습니다[3]. 반면, 송금방식은 개설은행이 선적서류 등을 수출지 은

---

[2] 개설은행의 자체적인 판단으로 지급거절할 수 있으나, 실무적으로 개설은행은 수입자에게 하자 내용 통지하고, 수입자가 그럼에도 인수하겠다 하면 지급거절 처리하지 않는 반면, 수입자가 하자로 인해서 인수 거부하면 지급거절 처리한다 할 수 있습니다.

[3] 수출지 국가 신용도에 따라서도 상환방식에서 Drawee가 수출지 은행으로 지급한 대금을 돌려받아야 할 때 문제가 발생할 수도 있을 것입니다.

행으로부터 전달받아서 검토 후 결제하는 방식으로서 Drawee가 개설은행으로 지정되어 개설됩니다. 실제로 실무에서 상환방식의 문제점을 알고 있는 수입자(개설의뢰인, Applicant)는 개설은행에 송금방식으로 신용장 개설을 요청하기도 합니다.

10. 수익자가 At Sight로 신용장 개설을 요구하는 경우

신용장 거래를 할 때 수익자는 개설의뢰인에게 At Sight 조건으로 신용장 개설신청을 요구합니다. 이 때 수익자가 말하는 의도는 수익자 자신이 매입은행으로 매입신청 후 대금 결제를 바로 받을 수 있도록 신용장 개설을 요청하는 것입니다. 그러한 의미로 매매계약서 체결 당시에 다음과 같은 문구를 계약서의 결제조건 부분에 기재하기도 합니다.

| Payment Term : | USD85,500 - by irrevocable letter of credit negotiable at sight in favor of the Seller. |

매입신용장은 그 유형이 At Sight와 Usance로 구분되며 Usance는 다시 신용공여주체가 누구냐에 따라서 Banker's와 Shipper's로 구분된다 할 수 있습니다. 그런데 수익자는 신용장의 유형이 At Sight L/C인 경우에만 자신이 매입신청 후 대금 결제를 바로 받을 수 있는지 알고 개설의뢰인에게 반드시 At Sight L/C로 신용장 개설을 요구하는 경우가 있습니다. 이는 수익자의 잘못된 이해에서 나오는 요청이라 할 수 있습니다.

개설의뢰인으로서 수입자는 자신의 현금으로 선적서류를 인수하는 At Sight L/C를 원하지 않고 선적서류를 개설은행으로부터 인수 후 물품을 국내 거래처에 판매하고 대금 결제를 하기 위해서 Usance L/C로의 개설을 원할 수도 있습니다. 더욱이 Usance L/C에서 발행되는 기한부 환어음의 할인료에 대해서도 개설의뢰인 자신이 커버하는 조건으로 Banker's Usance로의 개설을 원하고 있는데, 수익자가 이러한 요구를 하는 경우가 종종 있습니다.

수익자가 매입신청 후 Clean Nego가 이루어지는 때에 매입은행으로부터 대금결제를 바로 받을 수 있는 경우는 At Sight L/C 및 Banker's Usance L/C 모두 가능합니다. 단, 수입자의 결제 유예의 주체가 수익자(Shipper)가 되는 Shipper's Usance L/C에서 수익자는 매입신청 후 Clean Nego를 하더라도 바로 대금을 받지 못합니다. 물론, 기한부 환어음의 할인료를 수익자가 결제하면 매입은행으로부터 대금결제를 바로 받을 수도 있습니다.

따라서 개설의뢰인은 이러한 사실을 수익자에게 충분히 설명해야겠습니다.

11. 개설의뢰인이 신용장 개설 신청 전에 알아야 할 점

신용장은 개설하고 싶다고 해서 은행이 개설해주는 것은 아닙니다. 신용장 개설을 원하는 수입자는 먼저 은행을 찾아가서 은행과 신용장 개설에 대한 상담을 해야 합니다. 이때 은행은 신용장 개설을 원하는 수입자의 매출, 신용도 및 자금력 등을 평가하여 신용장 개설 여부를 결정합니다.

다시 말해서, 은행은 누구에게나 신용장을 개설해주는 것이 아니며 개설해준다 하더라도 At Sight L/C, Usance L/C는 수입자의 선택 사항이라기보다는 은행의 선택 사항입니다. 즉, 수입자가 자신은 Usance L/C로 개설하고 싶다고 해서 은행이 Usance로 개설해주는 것은 아니며, Usance 기간인 30일, 60일, 90일, 120일, 180일 역시 수입자가 90일로 하고 싶다고 해서 은행이 이에 무조건 동의 하는 것은 아닙니다. 은행은 수입자가 원하는 조건에 대해서 수입자의 매출, 신용도 및 자금력을 평가한 후에 수입자의 요청을 수용할지 아니면 거절할 것인지를 결정합니다.

결론적으로, 은행에서 요구하는 사항을 수입자가 충족하지 못하면 은행은 신용장 자체를 개설해주지 않습니다. 이유는 개설은행은 개설의뢰인을 대신해서 수익자에게 대금 지급보증을 하기 때문에 개설은행 입장에서는 개설의뢰인의 매출, 신용도 및 자금력은 중요한 판단 기준이 되는 것입니다. 그리고 어느 정도의 능력은 있으나 크지 않으면 At Sight L/C를 개설해주며, 신용도와 자금력이 믿을 만하면 Usance L/C를 개설해줍니다.

물론, 그 능력에 따라서 Usance에서도 Usance 기간이 결정됩니다. 또한, Usance L/C를 개설하기 위해서는 신용장 대금만큼의 담보를 은행에 제공을 해야 합니다. 수입자가 이러한 담보제공 능력이 없다면 Usance L/C는 개설 신청을 못하며, At Sight로 개설 신청해야 합니다.

At Sight L/C (일람출급신용장)	- 은행이 판단하기에 어느 정도의 매출, 신용도 및 자금력이 있어야 개설 신청할 수 있으며, 개설 신청하는 신용장의 대금만큼의 담보는 일반적으로 은행에서 요구하지 않으나 요구하는 경우도 있습니다.
Usance L/C (기한부신용장)	- 은행이 판단하기에 매출, 신용도 및 자금력이 상당부분 있어야 개설 신청할 수 있으며, 개설 신청하는 신용장의 대금만큼의 담보를 은행에 제공해야만 은행은 신용장 개설을 해줍니다. - 신용장을 Usance로 자주 개설하는 수입자의 경우 개설 신청할 때마다 매번 담보를 제공하면 업무의 효율성이 떨어지기 때문에 이러한 경우 일정기간 동안 개설할 Usance L/C의 대략적인 총액을 예상하여 그 금액만큼의 담보를 한 번에 미리 제공한 후 그 한도 내에서 계속 Usance L/C를 개설 신청할 수 있습니다. 예를 들어, 한도가 USD400,000이면 USD400,000 이내에서 계속 Usance L/C 개설 신청을 할 수 있으며 USD50,000에 대한 Usance L/C 대금을 결제하면 그 만큼의 한도는 USD400,000 이내에서 다시 살아납니다.

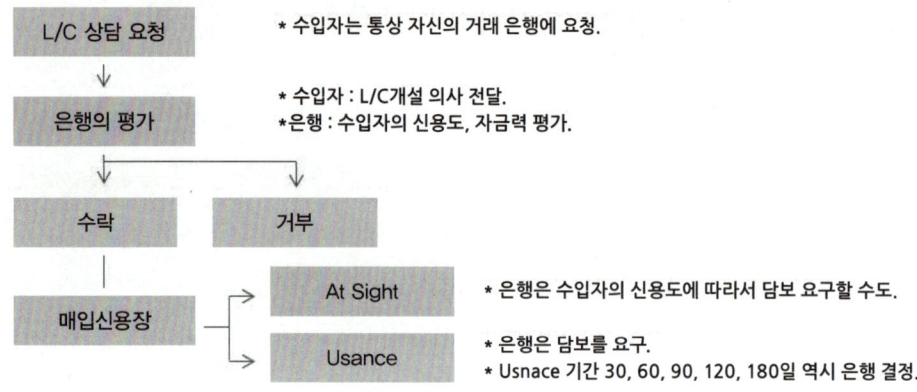

12. 신용장 거래 시 발생하는 수수료
— 개설수수료, 환가료, 기간이자 등

1) 개설수수료(Term Charge)

개설수수료는 월 단위로 개설은행이 개설의뢰인으로서 수입자에게 청구를 하는 수수료입니다. 그래서 기간수수료(Term Charge)라고 합니다. 하지만 저자가 ○○은행에 문의를 해본 결과 ○○은행에서도 과거에는 월 단위로 개설수수료를 청구했으나, 현재는 일수를 기준으로 청구하고 있음을 확인하였습니다. 즉, 개설일로부터 유효기일까지가 60일이라면 60일만큼의 개설수수료를 청구하며, 이때 분모는 360이 아니라 365일이 적용되고 있다고 합니다.[1]

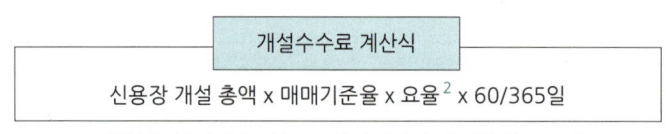

▲ 개설일로부터 유효기일 60일의 신용장의 개설수수료 계산

만약 수입자가 개설은행으로부터 선적서류를 개설일로부터 60일 이내에 인수하면 남은 기간에 대해서 개설수수료를 은행이 환급을 해주는 것이고,[3] 60일 이후에 인수하면 60일에서 늘어나는 것이니 그 늘어난 일자에 대해서 추가로 개설수수료를 개설은행은 수입자에게 청구합니다.

---

1 365일은 아시아권, 아시아권 이외에는 360일.
2 은행이 제시하는 요율은 수입자의 신용 등급에 따라서 달라집니다.
3 개설수수료의 환급은 과거에는 수입자가 은행에 요구를 해야 은행에 환급을 해주었으나 현재는 은행에서 자체적으로 환급을 해주는 것으로 은행에서 말하고 있습니다.

2) 인수수수료

　수입자가 기한부 환어음이 발행된 신용장하에서 선적서류를 개설은행으로부터 인수할 때 납부하는 수수료입니다. 본 수수료는 기한부 환어음 인수를 한 인수은행이 환어음 만기일 전에 할인하여 매입은행으로 대금을 선지급함에 따라서 발생하는 위험을 커버함으로서 개설은행을 통하여 수입자에게 청구합니다. 따라서 인수수수료는 기한부 환어음이 발행되는 Usance L/C에서만 발생하며 일람출급 환어음이 발행되는, 다시 말해서 수입자가 선적서류를 인수할 때 바로 환어음에 대한 대금을 결제하는 At Sight L/C에서는 발생하지 않는다고 이해하면 되겠습니다.

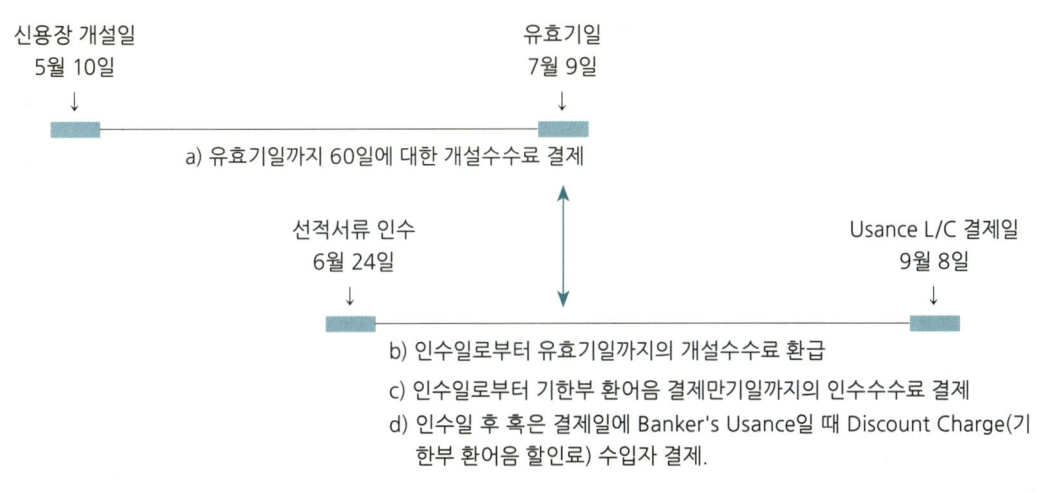

3) 할인료(Discount Charge)

　기한부 환어음 만기일 전에 매입은행으로 선지급하고 개설은행이 만기일에 수입자에게 대금 결제를 받으니 그 기간 동안의 이자를 할인료라 합니다.

4) 환가료(Exchange Commission, Periodic Interest)

　매입은행은 수출자의 매입 신청에 따른 선적 대금 결제할 때 환어음의 대금 전액을 결제하는 것이 아니라 환가료라는 수수료를 공제 후 결제합니다. 환가료는 은행이 외화자금 부담에 따르는 이자의 성격으로 수취하는 수수료입니다. 매입은행이 신용장에서 비록 환어음에 대한 대금 지급인(신용장 조항

42A Drawee)은 아니지만, 매입은행이 대금을 선지급하고 상환은행 혹은 개설은행으로부터 대금 결제를 받습니다. 이때 매입은행의 수출자에 대한 선지급 일자와 상환은행 혹은 개설은행으로부터의 결제받는 일자를 계산하여 수출자에게 청구하는 수수료가 환가료입니다. 다시 말해서, 매입은행이 수출자에게 대출하고 대금은 차후에 결제받게 되니 한마디로 대출이자 성격을 지닙니다.

5) 미입금 수수료(Less Charge)

매입은행이 매입 당시 발견하지 못하고 수출지 밖에서 발생된 추가적이라 할 수 있는 비용에 대해서 매입은행은 차후에 Less Charge라는 명목으로 수수료를 수출자에게 추가 청구할 수 있습니다. 즉, 매입은행이 수출자에게 수출대금 선지급 후 매입은행 자신이 외국의 은행으로부터 결제받는 금액에 차액이 발생되면 그 차액만큼의 금액을 Less Charge라는 명목으로 수출자에게 청구합니다.

6) 하자수수료(Discrepancy Fee)

매입은행에 수출자가 선적서류를 제출하면 매입은행이 매입을 하건 추심을 하건 환가료가 발생합니다. 이때 하자 네고를 하면 매입은행은 환가료 계산할 때 환가요율을 클린 네고할 때의 요율보다 일정 부분 올려서 수출자에게 환가료를 청구할 수 있습니다.

그리고 수출자가 제출한 선적서류에 하자가 있을 때 하자수수료가 발생하는데, 이는 매입은행이 청구하는 것이 아니라 개설은행이 매입은행으로 청구하고, 이를 다시 매입은행이 수출자에게 최종 청구합니다. 매입은행이 하자를 직접 발견하고 하자수수료를 수출자에게 미리 청구할 수도 있고, 개설은행이 청구하면 이를 수출자에게 청구할 수도 있을 것입니다[1]. 즉, 하자수수료는 매입은행에서 자체적으로 청구하는 비용이 아니라 개설은행에서 청구하는 비용이라 할 수 있습니다. 그리고 하자수수료는 수출자의 잘못으로 인해서 발생하는 것이니 당연히 수출자가 최종적으로 커버해야 할 것이며, 그러한 내용이 신용장의 조항으로 명시되어 있습니다.

---

1   매입은행이 선적서류 검토할 때 하자를 발견하지 못하여 정상적으로 매입한 후 선적서류를 개설은행으로 발송하였다고 가정합니다. 그런데 개설은행이 하자를 발견하여 하자수수료를 매입은행으로 청구할 것이며 이때 개설은행은 매입은행으로 하자수수료를 제외하고 대금 결제 할 것입니다. 그러면 매입은행은 하자수수료를 Less Charge라는 명목으로 수출자에게 청구할 수도 있습니다.

하자수수료(Discrepancy Fee) 관련 내용

L/C 기재	47A Additional Conditions : + IF DOCUMENTS CONTAINING DISCREPANCIES ARE PRESENTED, A FEE OF USD80 SHOULD BE DEDUCTED FROM THE REIMBURSEMENT CLAIM. NOTWITHSTANDING ANY INSTRUCTION TO THE CONTRARY, THIS FEE SHOULD BE CHARGED TO THE BENEFICIARY.
해 석	만약 하자가 있는 서류가 제시되는 경우 USD80이 상환 청구 금액에서 공제될 것입니다. 그리고 어떠한 상반되는 지시가 있다 하더라도 본 수수료는 수익자(수출자)가 부담합니다.

7) 대체료(In Lieu of Exchange Commission)[2]

수출입업자가 외국환은행에 자기 명의의 외화계정을 보유하고 있어서 이 계정을 통하여 외화로 대체 입출금이 발생하는 경우에 외국환은행은 외국환 매매에 따르는 매매 이익의 기회를 상실합니다. 대체료는 이처럼 은행의 외환 매매 이익 감소에 따른 보상 성격으로 징수하는 특수한 수수료입니다.

8) 코레스 비용(Corres Charges)[3]

'Corres Charges'는 신용장의 개설, 통지, 매입, 상환 등과 관련하여 해외의 거래은행이 청구하여 오는 일체의 수수료를 의미합니다[4]. 해외은행 수수료를 수출자 부담으로 명시한 경우에는 수입자가 지급할 필요는 없지만, 만일 수출자가 지급하지 않는다면 최종적으로 수입자가 부담할 책임이 있습니다.

a) Advising Commission : 해외의 통지은행이 L/C 통지시에 징수

b) Negotiation Commission : 선적서류를 매입하는 경우에 징수

　　　　　　　　　　　　　* 지급신용장에서는 'Payment Commission(지급수수료)'이 발생함

c) Reimbursement Commission : 상환은행이 신용장 대금의 상환업무를 처리할 때 징수하는 취급수수료.

2　출처: 한국무역협회
3　출처: 한국무역협회
4　코레스 비용은 은행 간 전신을 주고받을 때뿐만 아니라, 은행 간 대금을 결제할 때 발생하는 수수료입니다. 다시 말해서, 은행 간 대금결제 및 전문 발생 시 발생하는 수수료라 할 수 있을 것입니다.

코레스 비용 관련 내용	
L/C 기재	71B Charges : + ALL BANKING COMMISSIONS AND CHARGES INCLUDING REIMBURSEMENT CHARGES OUTSIDE KOREA ARE FOR ACCOUNT OF BENEFICIARY.
해 석	해외에서(대한민국은 수입지) 발생하는 상환 수수료를 포함하여 모든 은행 수수료는 수출자가 부담합니다.

9) L/C 조건변경 관련 수수료[1]

a) 증액 수수료 :   L/C 증액으로 인한 개설은행의 신용위험부담 증가분을 커버할 목적으로 징수하는 수수료. 증액되는 금액에 대하여 개설수수료와 동일한 방법으로 징수함.

b) 기간연장 수수료 :   L/C 유효기일의 연장으로 인하여 개설은행의 지급확약 채무기한이 연장됨에 따라 이를 커버할 목적으로 징수하는 수수료. 개설수수료와 동일한 방법으로 징수함.

c) 기타 조건변경 사항 :   L/C 증액 및 기간연장 이외의 기타 조건변경시 징수하는 수수료. 기타 조건변경수수료는 'Handling Commission(취급수수료)'의 성격을 지니고 있음.

13. 매입과 추심의 차이 그리고 환가료

매입이란 지정은행[2]이 선지급하거나 선지급하기로 약정하고, 환어음 및/또는 서류, 즉 서류가 첨부된 환어음뿐만 아니라, 환어음이 수반되지 않는 서류만을 구매하는 것을 말합니다[3]. 이때 지정은행이 자신을 지급인(Drawee)으로 하여 발행된 환어음이 아닌 다른 은행을 지급인으로 하여 발행된 환어음을 구매하는 것을 매입이라고 정의함으로써, 자신을 지급인으로 하여 발행된 환어음의 경우에는 매입이 성립되지 않습니다. 신용장 조건과 일치하게 선적 후 수출자(수익자, Beneficiary)가 환어음을 작성할 때 Drawee는 신용장 조항(42A Drawee)에 기재된 은행을 그대로 기재하며, 이때의 Drawee는 수출지에서 수출자로

---

1 출처: 한국무역협회
2 지정은행(Nominated Bank)은 매입은행, 지급은행, 인수은행 및 확인은행이 될 수 있습니다.
3 신용장통일규칙/ 전순환/ 2007년/ 한올출판사

부터 선적서류와 환어음 등의 서류를 구매(매입)하는 은행이 아니라 개설은행 혹은 상환은행이 됩니다.

해당 건의 신용장이 매입신용장일 때[4], 수출자가 제시한 선적서류와 환어음을 구매하는 은행을 매입은행이라 할 수 있으며, 해당 매입은행은 수출자에게 대금 지급할 Drawee는 아니지만, Drawee에게 수출자가 대금 결제받기 위해서는 시간이 상당히 필요하니 매입은행이 중간에서 수출자에게 선적대금으로서 환어음 금액을 선결제하게 됩니다. 매입은행은 환어음상의 Drawee[5]가 아니지만, Drawee를 대신하여 수출자에게 선결제하고 향후 Drawee에게 동 대금을 결제받습니다. 따라서 매입은행은 Drawee를 대신하여 수출자에게 선결제함으로 인해서 발생하는 이자를 환가료라는 이름으로 수출자에게 선지급되는 금액에서 제외하고 수출자에게 선적대금을 결제하게 됩니다.

반면, 추심은 수출자가 수출지 은행에 제시한 선적서류를 수출지 은행이 인수하고 인수하는 동시에 선적대금으로서, 즉 환어음 금액(인보이스 금액과 일치해야 할 것)을 즉시 결제[6]하지 않고 Drawee로부터 해당 금액을 결제받은 뒤에 수출자에게 동 대금을 결제한다면, 이는 매입이 아니라 추심이라 할 수 있습니다. 추심이 이루어지면 수출지 은행이 Drawee를 대시하여 선결제한 것이 아니니 환가료는 발생하지 않겠습니다.

마지막으로, 선적서류를 은행으로 처리하는 결제조건에서 수출자는 가능한 매입을 받고 싶어 하지, 추심을 원하지 않습니다. 결제 업무 할 때 항상 신경 써야 하는 것은 현금의 유동성입니다. 결국, 수출자는 환가료를 자신이 부담하더라도 수출 대금을 조속히 현금화시키려 합니다.

---

4   신용장 Available with... by... 조항에서 By Negotiation이라는 표현이 있으면 매입신용장입니다.
5   수출자가 발행하는 환어음(T/T 조건에서는 발행하지 않고 선적서를 은행으로 제출하는 L/C, D/P 및 D/A 거래에서 발행될 수 있음)의 Drawee가 은행이면 L/C 조건이고 수입자이면 D/P 혹은 D/A 거래라 할 수 있습니다.
6   수출지에서 수출자가 제시한 환어음 및 선적서류를 수출지 은행이 인수하는 즉시 선적대금을 Drawee 대신에 선결제하는 것이 매입인데, 이를 At Sight라고 표현할 수도 있습니다. At Sight는 동시 결제로서 선적서류 제시와 함께 결제가 이루어진다는 뜻입니다. 반면 At Sight L/C는 수입지에서 개설은행이 선적서류를 수입자에게 인수하는 동시에 결제가 이루어지는 L/C를 말합니다. At Sight L/C가 아니라 Usance L/C라도 수출지에서 수출자는 L/C와 선적서류 일치시키고 수출자의 신용도 양호하며개설은행의 신용도가 양호한 상황이라면 선적서류 제출하고즉시(At Sight) 선적 대금 결제받는 매입 신청이 가능하겠습니다.

14. 수출자의 매입대금 상환

수출자는 신용장 조건과 일치하게 수출 후 선적서류 등을 수출지 은행으로 제출하면 선결제 받는 경우가 대부분이라 할 수 있습니다[1]. 수출자에게 환어음과 일치하는 선적 대금을 Drawee 대신 선결제한 수출지의 은행은 Drawee로 지정된 개설은행 혹은 상환은행으로부터 동 대금을 결제받습니다. 그러나 어떠한 이유로 수출지 은행이 수출자에게 선결제한 대금을 결제받지 못할 때, 수출지 은행은 수출자에게 선지급한 대금에 대해서 상환 요구(청구)할 수 있습니다. 이를 Recourse(상환청구, 소구)라 합니다.

상환청구는 해당 건의 신용장이 매입신용장 혹은 지급신용장 구분 없이 가능한데, 이는 은행이 수출자와 체결한 외국환 거래약정서에 따라서 가능하다 보면 될 것이며, 다음과 같은 상황에 수출지 은행이 직면하면 수출자에게 선지급한 대금에 대한 상환청구를 할 수 있습니다.

a) 은행의 관련 규정이 정하는 기간까지 은행의 매입대금이 입금되지 아니하거나 화환어음의 인수가 이루어지지 아니하는 경우의 그 화환어음
b) 환거래은행 등으로부터 지급 또는 인수 거절된 경우의 그 화환어음

---

1 선결제 받는 조건: 수출자가 제시한 L/C와 선적서류가 일치할 것, 수출자 및 개설은행의 신용도가 상당할 것.

15. 신용장 번호(L/C No.)의 의미

모든 신용장(L/C)에는 신용장 번호(L/C No.)라는 고유 번호가 있습니다.

우리나라에서 개설되는 신용장의 경우(개설은행이 우리나라에 있는 경우) 아래와 같은 번호 체계로 되어 있으며, ⑴~⑺까지는 신용장 개설 전에도 대략적으로 알 수 있으나 ⑻, ⑼의 경우는 신용장이 정식으로 개설된 이후에 알 수 있습니다.

※ 신용장 번호의 의미[2]

<u>M</u>　<u>04</u>　<u>D2</u>　<u>0</u>　<u>04</u>　<u>N</u>　<u>S</u>　<u>0001</u>　<u>8</u>
① 　② 　③ 　④ 　⑤ 　⑥ 　⑦ 　⑧ 　⑨

① 수입신용장의 표시번호(M: Master L/C, L: Local L/C)
② 은행고유번호(D1: 우리은행, 04: 기업은행, … 등)
③ 개설은행 지점번호(04D2: 기업은행/강남구청역지점)
④ 개설년도의 끝자리 수: 2009년이면 '9', 2010년이면 '0'
⑤ 개설월 표시: 01이면 1월달에 개설, 02면 2월에 개설
⑥ 수입용도 구분번호(N: Nomal 일반재 내수용 물자, R: 중계무역용, E: Export 수출용 원자재)
⑦ 대금결제방법 기호(S: Sight 일람불 L/C, U: Usance 기한부 L/C)
⑧ 신용장 일련번호
⑨ Check digit number: 은행별 확인번호

경우에 따라서 '신용장개설신청서'를 개설의뢰인에게 받은 개설은행이 L/C 개설을 해주기 전에 "신용장의 용도가 무엇입니까?"라는 질문을 할 때가 있습니다. 이때 신용장 건의 물품을 수입해서 국내에서 판매하고 Usance로 개설되는 신용장에 대해서는 'NU'라고 대답하고, 국내에서 판매하고 At Sight로 개설되는 신용장에 대해서는 'NS'라고 대답하면 됩니다.

---

2 우리나라에서 개설된 신용장 번호 체계입니다. 우리나라의 수익자가 외국의 개설은행으로부터 받는 신용장 번호의 체계와 릅니다.

16. L/G(수입화물선취보증서)를 발행하는 이유

1) 수입화물선취보증서(L/G[1])

신용장 거래에서 수익자는 물품을 운송수단에 적재 이후에, 즉 물품이 수출이 된 이후에 관련 선적서류를 매입은행에 제출하고 매입은행은 다시 개설은행, 그리고 최종적으로 개설은행의 통지를 받은 개설의뢰인이 선적서류를 인수 후 수입통관을 진행합니다.

하지만, 가끔 물품은 수입지에 도착 했는데, 매입은행과 개설은행을 통하여 최종적으로 개설의뢰인에게 전달되는 선적서류는 여전히 개설은행에 도착 하지 않아서 개설의뢰인이 인수 및 수입통관 진행을 못하는 일이 발생하는 경우가 있습니다. 이러한 경우는 일반적으로 운송시간(Transit Time)이 짧은 경우입니다.

이러한 경우 개설의뢰인은 도착한 물품에 대해서 수입통관 진행을 못하니 해당 건이 항공[2] 혹은 해상 LCL 건의 경우 자연스럽게 보세창고비용이 하루 단위로 발생되며, 이러한 보세창고비용은 고스란히 수입원가가 되어 개설의뢰인에게 부담으로 작용합니다. 해상 FCL의 경우 통상 10일 정도의 Free Time이 있으니 그 기간 동안 기다릴 수 있지만(물론, 터미널에서 주어진 보관 기한이 초과하여 발생하는 Storage Charge는 따로 발생될 수 있음), 항공, 해상 LCL, 해상 FCL에 상관 없이 수입통관이 늦게 진행되면 국내 유통이 그 만큼 늦어지니 개설의뢰인은 여러모로 피해를 볼 수 있습니다. 따라서 개설의뢰인은 비록 개설은행에 선적서류는 도착하지 않았지만 신용장에서 물품의 주인인 개설은행에게 물품이 먼저 도착을 했으니 물품을 먼저 찾아갈 수 있도록 요청을 합니다.

이것이 바로 L/G 신청이며 일반적으로 개설의뢰인이 L/G 신청을 하면 개설은행은 받아 주며, 비록 매입은행을 통하여 개설은행에 선적서류가 도착하지 않았지만 개설의뢰인은 L/G를 통하여 물품을 수입통관 할 수 있습니다. 즉, L/G는 개설의뢰인이 수입화물을 선취 할 수 있도록 하는 개설은행의 보증서입니다.[3]

---

1 L/G 라는 용어는 우리나라에서만 사용이 되며 외국과 대화를 할 때에는 Shipside Bond(SSB) 혹은 Shipping L/G 라는 표현을 사용하기 바랍니다.

2 신용장 거래에서는 T/T 거래와는 다르게 사본으로 발행되는 항공 AWB도 해상 OB/L처럼 은행을 통하여 서류처리 되기 때문에 개설의뢰인은 개설은행을 통하여 배서받은 이후 인수해야 합니다. 물론, 수입지 포워더에게 전달할 때도 배서가 된 AWB을 전달하고 운송비 결제 해야만 D/O 받습니다.

3 L/G는 신용장 거래(L/C) 뿐만 아니라 추심거래인 D/A, D/P 거래에서도 물품은 수입지에 도착 했는데 선적서류가 수입지의 은행에 도착하지 않아서 수입자가 수입통관을 못하는 경우 수입자가 담보만 걸면 은행은 L/G를 발행해 주며, 수입자는 포워더를 통해서 D/O 받아서 수입통관 가능합니다. 하지만, T/T 거래에서는 은행을 통해서 OB/L이 수입자에게 전달되는 것이 아니라 수출자로부터 특송으로 받기 때문에 L/G와는 무관한 거래입니다. T/T 일 때는 물품이 OB/L을 포함한 선적서류보다 먼저 수입지에 도착할 것이라고 예상되면 수입자는 수출자에게 OB/L을 Surrender 해 줄 것을 요구하며, 이 때 발행되는 B/L이 바로 surrender B/L입니다. Surrender B/L은 사본으로서 마치 AWB처럼 이메일 혹은 팩스로 사본을 받아서 수입통관 진행 가능합니다. 참고로 T/T에서 AWB(사본)을 다시 사본으로 즉, Surrender 할 필요는 없습니다.

2) L/G 양식 및 신청 후 통관 절차

① 해상 및 항공 건에 대한 L/G 양식으로서 개설의뢰인이 본 서류를 작성.
② 신용장 조건 '46A Document Required'에서 요구한 선적서류(Invoice, Packing List, B/L 등)의 사본을 수익자 혹은 포워더에게 이메일로 받아서 작성한 L/G에 첨부 후 은행에 제출.
③ 해상의 경우 한글본, 영문본 각각 1부 작성하며, 항공의 경우는 한글본 만 2부 작성
④ 개설의뢰인은 개설은행으로부터 L/G 및 사본 B/L에 명판/직인 받아서 수입지 포워더에게 전달 후 운송비 결제 후 D/O 받음.
⑤ L/G를 받은 경우 차후 개설은행으로 원본 선적서류가 도착하더라도 개설의뢰인이 물품을 찾아갔기 때문에 개설은행은 개설의뢰인에게 도착 통지를 하지 않고, 개설의뢰인 역시 인수 할 필요가 없음[4].
⑥ 때에 따라서 개설의뢰인이 개설은행으로부터 L/G를 받아서 수입지 포워더에게 전달하고 운송비까지 결제를 하였더라도 선사에서 D/O를 내주지 않아서 수입 포워더 역시 D/O를 개설의뢰인에게 내주지 않는 경우도 있으나, 극히 드문 경우임.
⑦ L/G를 발급받은 건에 대해서는 해당 건의 선적서류가 L/C 조건과 불일치하게 개설은행에 도착하더라도 개설은행 및 개설의뢰인은 지급 거절(Unpaid)하지 못함.
⑧ 개설의뢰인의 L/G 신청은 수익자에게 아무런 영향을 미치지 않음(아래 '참고' 상황 제외).

> **참고** **L/G 발행이 수익자(수출자)에게 미치는 영향**
>
> 개설의뢰인(수입자)이 개설은행 통해서 L/G를 발급 받으면, 향후 개설은행에 하자 있는 서류가 도착하더라도 개설의뢰인은 인수 거절할 수 없습니다. 이는 하자의 이유로 지급거절할 수 없는 상황으로써 수익자(수출자) 입장에서 개설의뢰인이 L/G를 개설은행으로부터 발행 받았다는 것은 수익자가 매입 신청 후 선결제 받은 대금이 확실히 자신의 돈이 되었다고 판단해도 좋을 것입니다. 이러한 수출자의 판단은 개설의뢰인이 L/G를 신청하지 않고 개설은행에 도착한 선적서류를 정상적으로 인수하는 상황에서도 동일하다고 할 수 있습니다.
> 다시 말해서 개설의뢰인이 개설은행으로부터 L/G를 발행 받거나 혹은 L/G 발행 없이 선적서류를 개설은행으로부터 인수하면, 수익자가 매입신청 후 선결제 받은 해당 대금이 비로소 수익자 자신의 돈이 된다는 것입니다. 반면에 개설은행에 도착한 선적서류에 하자가 있거나 기타 매입은행 입장에서 수익자에게 선결제한 대금을 해당 신용장에서 지정 된 지급인(Drawee, 매입신용장에서의 지급인은 개설은행 혹은 상환은행)에게 결제 받지 못하면 매입은행은 수익자에게 선결제 한 대금을 다시 환급 할 것을 요청할 수 있으며, 실제로 이러한 매입은행의 조치에 수익자가 직면하는 경우도 있습니다.

---

4   L/G 발급하여 수입통관 완료하면, 개설은행에서 선적서류 찾아갈 것을 요구하지 않고 포워더 역시 원본 제출을 통상 요구하지 않습니다. 하지만 포워더가 원본 제출을 요구하는 것이 정상적이며, 수입자 역시 그러한 요구가 있을 때 개설은행에서 인수하여 포워더에게 제출하는 것이 이치에 맞다고 할 수 있겠습니다.

5   매입은행이 수익자에게 선 지급한 환어음 대금을 환불 할 것을 요구할 수 있는 신용장을 상환청구가능신용장(with recourse L/C, 소구가능신용장)이라 합니다.

해상 L/G

수입화물선취보증신청서

선박회사명 (Shipping Co.)		신용장(계약서)번호(L/C NO.)		L/G 번호 (L/G NO.)	
		선하증권번호 (B/L NO.)			
송하인 (Shipper)		선박명 (Vessel Name)			
		도착(예정)일 (Arrival Date)			
상업송장금액 (Invoice Value)		항해번호 (Voyage No)			
선적항 (Port of Loading)		도착항 (Port of Discharge)			
인수예정자 (Party to be Delivered)		수하인 (Consignee)			
화물표시 및 번호 (Nos. & Marks)		포 장 수 (Packages)		상 품 명 세 (Description of Goods)	

□ 본인은 위 신용자의 수입물품을 대도(T/R) 신청함에 있어 따로 제출한 외국환거래약정서 및 양도담보계약서의
　 모든 조항에 따를 것을 확약 합니다.
□ 본인은 EDI 방식에 의한 수입물품선취보증서(L/G) 발급의 경우 소정의 서비스 이용료를 납부하고 본건이 발급된
　 후에는 변경 또는 취소가 불가능 함을 확약합니다

　　본인은 위 신용장 등에 의한 관계선적서류가 귀행에 도착하기 전에 수입물품을 인도받기 위해 수입화물 선취보증을
신청하며 본인이 따로 제출한 수입화물 선취보증서(LETTER OF GUARANTEE)에 귀행이 서명함에 있어 다음 사항을 따를
것을 확약합니다
1. 귀행이 수입화물 선취보증서에 서명함으로써 발생하는 위험과 책임 및 비용은 모두 본인이 부담하겠습니다.
2. 본인은 위 수입화물에 대하여는 귀행이 소유권이 있음을 확인하며 귀행이 수입화물선취보증서에 따른 보증채무를
　 이행하여야 할 것이 예상될 경우 또는 본인에 대하여 은행여신거래 기본약관 제7조의 사유가 발생할 경우에는
　 귀행의 청구를 받는 즉시 수입물품을 귀행에 인도하겠으며, 수입물품의 인도가 불가능할 경우에는 위
　 수입물품에 상당하는 대금으로 상환하겠습니다.
3. 본인은 위 수입물품에 대한 관계선적서류를 제3자에게 담보로 제공하지 않았음을 확인하며, 또한 귀행의 서면
　 동의없이 이를 담보로 제공하지 않겠습니다.
4. 본인은 위 수입물품에 관한 관계 선적서류가 도착할 때는 신용장 조건과의 불일치 등 어떠한 흠에도 불구하고 이들
　 서류를 반드시 인수하겠습니다.

　　　　　　　　　　　　　　　　　　　　　　　　　　　　　　　2015 년　 06 월   03 일
　　　　신 청 인 :　　　　　　　　　　(인)
　　　　주　 소 :　　　　　　　　　　　　　　　　　　　　인감 및
　　　　　　　　　　　　　　　　　　　　　　　　　　　　원본확인

항공 L/G

항공화물운송장에 의한 수입화물 인도승낙(신청)서

운 송 회 사 명		
신 용 장 (계 약 서) 번 호		
운 송 장 번 호		
상 업 송 장	번 호	
	금 액	

□ 본인은 위 신용자의 수입물품을 대도(T/R) 신청함에 있어 따로 제출한 외국환거래약정서 및 양도담보계약서의
　 모든 조항에 따를 것을 확약 합니다.
□ 본인은 EDI 방식에 의한 수입물품선취보증서(L/G) 발급의 경우 소정의 서비스 이용료를 납부하고 본건이 발급된
　 후에는 변경 또는 취소가 불가능 함을 확약합니다

　　본인은 위 내용의 수입과 관련한 항공화물인도승낙을 신청함에 있어 다음 사항에 따를 것을 확약합니다.
1. 은행이 수입화물 인도승낙서를 발급 함으로써 발생하는 위험과 책임 및 비용은 모두 본인이 부담하겠습니다.
2. 본인은 위 수입물품에 대하여 은행에 소유권이 있는 것으로 확인하고, 담보권 실행을 위하여 은행이 요구하는
　 경우에는 수입물품을 지체없이 은행 또는 은행이 지정한 자에게 인도하겠으며 수입물품의 인도가 불가능할
　 경우에는 위 수입물품에 상당하는 대금으로 상환하겠습니다.
3. 본인은 은행의 서면동의 없이는 수입물품 및 관련서류를 담보로 제공하지 않겠습니다.
4. 본인은 위 수입물품에 관한 항공화물 운송서류가 도착할 때 신용장 조건과의 불일치 등 어떠한 하자에도
　 불구하고 반드시 지급 또는 인수하겠습니다

　　　　　　　　　　　　　　　　　　　　　　　　　　　　　2015 년　 6 월   13 일
　　　　본　 인 :　　　　　　　　　　(인)　　　　　　인감 및 원본확인
　　　　주　 소 :
　　상기 신청내용과 같이 수입물품을 인도할 것을 승낙합니다.　　발급번호
　　　　　　　　　　　　　　　　　　　　　　　　　　　　　　　년   월   일
　　　　　　　　　　　　　　　　　　승낙권자 :

* 첨부서류 명세
　　□ 항공화물운송장　　□ 상업송장　　□ 포장명세서　　□ 원산지증명서
　　□ 검사증명서　　　　□ 기타(　　　　)

17. On Board 이후에 L/C 개설 가능한가?

A. 신용장 발행일과 제시 서류의 발행일

일반적으로 수출자와 수입자 간에 매매계약을 체결할 때 결제조건(Payment Term)을 L/C로 하고 수입자(Applicant)에 의해서 신용장개설신청서(L/C Draft, L/C Application)가 작성되어 수입자 거래은행이 L/C를 개설합니다. 이후에 해당 L/C는 수출지의 통지은행을 통하여 수출자에게 전달되고 수출자는 그 L/C와 일치하게 선적 후 46A Documents Required 조항에서 요구하는 서류 등을 수출지 은행으로 제출하면서 매입 신청하는 것이 통상적인 L/C 거래 절차라고 할 수 있습니다. 그러나 경우에 따라서는 수출국에서 On Board 된 물품에 대해서 이후에 수입국에서 L/C가 개설되기도 합니다.

이와 같은 경우, 신용장 48 Period for Presentation 조항에서 제시된 일자보다 수출자가 수출지 은행으로 제출하는 서류의 발행일은 늦으면 안 됩니다. 즉, 수출자가 수출지 은행으로 제출하는 서류의 발행일은 48 조항의 일자와 일치하거나 빨라야 합니다. 만약 수출자가 제시하는 서류의 발행일이 48 조항의 일자보다 늦으며 이는 하자 처리되어 하자 Fee가 수출자에게 청구될 수도 있을 것입니다.

관련 규정
UCP 600 제14조 i호
서류는 신용장의 일자보다 이전의 일자가 기재될 수 있으나, 그 서류의 제시일보다 늦은 일자가 기재되어서는 아니 된다.

B. Stale B/L이 될 가능성에 대한 대비

일반적으로 신용장 48 Period for Presentation 조항은 다음과 같이 실제 On Board Date 기준으로 21일 이내까지 수출자에게 신용장에서 요구하는 서류를 수출지 은행으로 제출할 것을 요구합니다. 물론, 그 제시일은 21일보다 짧게 줄 수도 있습니다.

신용장 조건 내용	
31 Date of Issue :	2015-09-30
44C Latest Date of Shipment :	2015-10-15
48 Period for Presentation :	DOCUMENTS MUST BE PRESENTED WITHIN 21 DAYS AFTER THE DATE OF SHIPMENT BUT WITHIN THE VALIDITY OF THE CREDIT

수출자는 45A Description 조항의 물품을 44C 조항의 선적기일(S/D)까지 외국으로 나가는 배/비행기에 적재 완료하고, 해당 건의 운송서류(B/L, 화물운송장)를 48 조항에서 허용한 기한까지 수출지 은행에 제

출해야 합니다. 그런데 48 조항의 기한까지 제출하지 못하면 Stale B/L이 됩니다.

진행 상황	
운송서류 On Board Date :	2015-09-05 (L/C 개설일보다 빨리 On Board 됨, 문제 되지 않음)
L/C 44C 조항 충족 여부 :	S/D로써 10월 15일 이전에 On Board 되었으니 충족
L/C 48 조항 충족 여부 :	On Board Date 9월 5일 + 21일 = 9월 26일 L/C 9월 30일에 개설되었으니 수출자는 9월 26일까지 L/C 근거로 은행에 서류 제출하는 것이 불가능함.

상기와 같이 수출자는 9월 5일에 물품을 외국으로 나가는 배/비행기에 On Board 하였고, 이후에 통지은행을 통하여 9월 30일에 개설된 신용장을 통지받았습니다. 해당 신용장의 48 조항에서 21일을 제시하였고, 실제 On Board Date 기준으로 서류 제출 기한이 9월 26일이라는 사실을 확인할 수 있습니다. 그러나 수출자가 통지은행 통해서 통지받은 일자는 9월 26일을 상당히 지난 일자가 될 것이라는 것을 추측할 수 있습니다. 이러한 신용장 건에 대해서 수출자가 수출지 은행으로 서류를 제출하면 해당 신용장 48 조항을 충족시키지 못했으니 하자 처리될 가능성이 큽니다.

따라서 수출자는 상기와 같은 상황을 대비해서 On Board Date 이후에 신용장이 개설되는 경우에는 반드시 신용장에 다음과 같은 문장을 추가할 것을 수입자에게 요청하여야 할 것입니다.

Stale B/L is Acceptable 혹은 Documents presented later than 21 days after the date of shipment Acceptable

V. 신용장개설신청서 작성 및 개설응답서 해석하기

1. 개설의뢰인의 신용장개설신청서 작성 요령

개설의뢰인은 자신과 수익자 양 당사자간의 첫 번째 계약서인 '매매계약서'를 바탕으로, 개설은행을 또 하나의 당사자로 하는, 즉 3자가 당사자가 되는 두 번째 계약서인 신용장을 개설은행에 개설 신청하며, 이때 작성하는 서류가 바로 '신용장개설신청서'입니다.

'신용장개설신청서'는 개설은행의 홈페이지의 '외환' 코너에서 엑셀 파일로 된 서식을 다운 받아서 작성 가능하며, 기업은행(IBK)의 경우 기타 다른 외환 서식들과 함께 프로그램화를 시켜서 사용자의 컴퓨터에 설치 후 작성하는 사례(외환서식프로그램)도 있고, 또한 유트레이드허브(Utrade Hub)라는 EDI 프로그램으로 작성하는 경우도 있습니다.

아래의 서식은 '유트레이드허브'에서 EDI로 신용장을 개설할 때의 서식이며, 기업은행의 '외환서식프로그램' 의 서식과도 거의 비슷합니다. '신용장개설신청서'를 작성하는 개설의뢰인의 경우 아래의 서식만 이해 하면 기타의 서식은 문제 없이 이해하고 작성 할 수 있을 것입니다.

▲ 설명을 위해서 '신용장개설신청서'를 각 부분별로 구분해둔 것입니다. 전체 양식은 415쪽 참고.

(1) 수신처

본 신청서는 유트레이드허브(Utrade Hub, https://www.utradehub.or.kr/)에서 EDI로 개설의뢰인이 거래 은행, 즉 개설은행으로 신용장 개설 신청할 때의 신용장개설신청서' 양식입니다. 따라서 전산으로 수신을 받을 '수신처'를 지정해야 하며, '수신처'는 개설은행이 됩니다. 개설은행의 홈페이지 '외환' 코너에서 서식을 다운 받아서 작성 하는 경우 '신용장개설신청서'를 작성하여 은행에 직접 방문하기 때문에 '수신처'가 없습니다.

(2) 개설 신청일자

개설의뢰인이 신용장을 개설 신청하는 일자

(3) 결제조건 유형

신용장을 Usance L/C로 개설할 것인지, At Sight L/C로 개설할 것인지 선택하는 부분

(4) 신용공여 주체

Usance L/C를 선택했을 경우 개설의뢰인에게 결제 유예를 시켜주는 주체로서 은행(Banker's) 혹은 수출자(Shipper's)를 선택하는 부분. 대부분 Usance L/C는 Banker's로 개설됨.

(5) 개설의뢰은행

개설은행으로서 '수신처'에서 개설은행을 지정하면 자동으로 지정됨.

(6) (희망)통지은행

실무에서는 개설의뢰인이 '신용장개설신청서'를 작성하기 전, 즉 매매계약을 할 때 일반적으로 수익자가 자신의 거래은행을 통지은행으로 지정해 줄 것으로 요구하며, Bank Name, Address, SWIFT CODE 등을 미리 통지해 줍니다. 따라서 통지은행은 수익자의 거래은행이 됩니다.

SWIFT 정보			
40A	Form of Documentary Credit	IRREVOCABLE	
31D	Date and place of expiry	(date) 2011-08-20	(place) JAPAN
50	Applicant	EMSOUL #000 XXX B/D 222-22 NONHYUNDONG KANGNAMGU SEOUL KOREA [TEL N 02 000 0000	
59	Beneficiary	KASTON LIMITED 2 Harbor abc 3632 aaaaa JAPAN [TEL No.]	

(7) 40A Form of Documentary Credit: IRREVOCABLE

'IRREVOCABLE' 이란 '취소불능'이란 뜻으로서 '취소불능신용장'을 나타내며, UCP600(신용장통일규칙) 하에서 개설되는 모든 신용장은 '취소불능신용장'으로 개설됨. 만약 수정(L/C AMEND)를 원하는 경우 '수익자', '개설은행', '확인은행(존재하는 경우)'의 동의가 필요함.

(8) 31D Date and place of expiry: 2011-08-20 JAPAN

신용장의 만기일(E/D)과 만기장소를 뜻하며, 수익자는 선적 후 만기장소에 선적서류 제시기한(신용장조건 '48 Period for Presentation')까지 선적서류를 반드시 제출해야만 신용장 대금 즉 선적 대금을 받을 수 있습니다. 통상 '선적서류제시기한'은 E/D보다 앞선 날짜입니다.

매입신용장에서는 선적서류를 제출해야 하는 은행은 매입은행이되며, 매입은행은 일반적으로 수출지의 수익자의 거래은행이 되니 만기장소는 수출지로 지정되는 것이 수익자 입장에서 유리합니다. 그리고 일반적으로 만기장소는 수출지로 지정되어 있지만 수익자는 이 부분이 수입지로 지정되어 있는지 확인할 필요가 충분히 있습니다. 개설의뢰인이 신용장을 작성할 때 이 부분에 'IN YOUR COUNTRY'라는 문구가 표기되어 있는데, 그대로 두어도 되고 실제 수출지 국가명(예_ JAPAN)을 명시해도 됩니다.

(9) 50 Applicant: EMSOUL

신용장의 개설의뢰인, 즉 수입자의 상호 및 주소를 적는 부분. 'Applicant'는 '~신청을 한다'라는 뜻으로서 'Apply'에서 파생.

(10) 59 Beneficiary: KASTON LIMITED

수익자, 즉 수출자의 상호 및 주소를 적는 부분. 'Beneficiary'는 '이익'을 뜻하는 'Benefit'에서 파생.

'50 Applicant'와 '59 Beneficiary'의 내용을 기재할 때는 그 상호 및 주소의 철자가 틀리지 않게 주의해야 합니다. 예를 들어, 상호를 EMSOUL이라 기재해야 하는데, ENSOUL이라 기재하면 이는 누가 봐도 다른 회사명이 됩니다. 따라서 수출자는 매입은행에 제출하는 선적서류에 APPLICANT를 기재하는 경우 실제 개설의뢰인의 상호명으로서 EMSOUL이 아닌 신용장에서 요구하는 것과 같이 ENSOUL을 기재하여야 매입은행의 서류 심사에서 하자로 잡히지 않게 됩니다. 이러한 경우 수출자는 수입자에게 L/C Amend 요청을 해야 됩니다. 결국, 수입자가 신용장개설신청서를 작성할 때부터 주의를 기울여야 할 것입니다.

32B	Currency Code Amount	통화코드 ▼ JPY 찾기 8,500,000.00
39B	Maximum Credit Amount	과부족허용율 사용여부 ▼
39A	Percentage Credit Amount Tolerance	(+) ☐ / (-) ☐
42	Drafts at / Mixed payment Detail / Deferred Payment Details	Drafts at ▼ 90 DAYS AFTER B/L DATE
43P	Partial Shipment	ALLOWED ▼
43T	Transhipment	ALLOWED ▼

(11) 32B Currency Code Amount: JPY 8,500,000.00

신용장 금액으로서 개설은행이 수익자에게 지급 보증하는 최대 한도 금액이자 환어음 발행한도 금액.

(12) 39B Maximum Credit Amount

32B 조항에 기재되는 금액은 신용장 개설은행이 수익자에게 지급 확약하는 최고액이자 수출지에서 선적 후 수익자의 환어음 발행한도 금액이 됩니다. 개설은행은 통상 Usance L/C에서 개설의뢰인에게 32B 금액 만큼의 담보 제공을 요구합니다.

(13) 39A Percentage Credit Amount Tolerance

신용장 금액에 대한 과부족 허용 여부를 묻는 부분(과부족에 대해서는 참고 392쪽).

① 신용장 금액에 대해서 과부족 허용하는 경우

- 39B: Plus/minus(percentage)
- 39A: (+)10/(-)10(%)

  (과부족 허용하는 경우 일반적으로 플러스, 마이너스 10% 허용함.)

② 신용장 금액에 대해서 과부족 허용하지 않는 경우

- 39B: 공란 혹은 'NOT EXCEEDING' 선택
- 39A: 공란

(14) 42 Drafts at: 90 DAYS AFTER B/L DATE

At Sight 유형인지 혹은 Usance 유형인지를 나타내는 부분. 위와 같이 '90 DAYS AFTER B/L DATE'라고 표기되어 있는 경우 개설의뢰인은 해당 건의 적재일(On Board Date)를 기준으로 After이기 때문에 그 기준일을 제외하고 90일되는 날짜까지 결제합니다. 만약 90일 이내 결제하지 않고 정확히 90일 되는 날에 결제하려고 하는데 그 날이 은행이 하지 않는 공휴일, 토요일 혹은 일요일인 경우 그 다음 은행 영업일까지 결제는 연장됩니다('B/L Date' 관련 참고 302쪽 / 결제연장 관련 참고 303쪽).

① At Sight 의 경우 표기 방법
- 42: Sight(At Sight 의 경우 Sight만 명시함.)

② Usance 의 경우 표기 방법
- 42: ×× DAYS AFTER B/L DATE(B/L DATE와 같은 기준일 및 Usance 기간 명시)

※ At Sight로 개설된 매입신용장을 Usance로 L/C Amend 가능 여부

At Sight 유형으로 개설된 신용장을 Usance로 L/C Amend 하는 것은 불가능합니다. 따라서 개설 할 때부터 개설의뢰인은 이러한 유형을 선택하여 개설해야 합니다. 물론, 개설은행은 개설의 뢰인의 요청이 있다고 하여 응해주는 것이 아니며 개설은행의 판단으로 개설의뢰인의 신용도 및 자금력이 있어야 하며, 신용장 대금 만큼의 담보를 개설은행에 제공을 해야만 Usance로 매입신 용장을 개설해줍니다.

(15) Partial Shipment: ALLOWED

분할선적 선택 부분으로서 허용은 'ALLOWED', 금지는 'PROHIBITED' 등으로 표현됨(분할선적 참고 203쪽, 390쪽). 달리 명시가 없으면 허용 간주.

(16) Transhipment: ALLOWED

환적에 대한 선택 부분으로서 허용은 'ALLOWED', 금지는 'PROHIBITED' 등으로 표현됨(환적 참고 206쪽).

44A	Place of Taking in Charge / Dispatch from… / Place of Receipt	
44E	Port of Loading / Airport of Departure	ANY JAPANESE PORT
44F	Port of Discharge / Airport of Destination	BUSAN PORT KOREA
44B	Place of Final Destination / For Transportation to… / Place of Delivery	
44C	Latest Date of Shipment	2011-08-01
45A	Description of Goods and/or Service	ITEM Q'TY U'PRICE AMOUT ABC 1,000CTNs JPY8,500.00 JPY8,500,000 HS NO. 3917.32.9000 Terms of Place: FOB Place of terms of price: JAPAN Country of origin 국가코드: JP 찾기 JAPAN

(17) 44A Place of Taking in Charge / Dispatch from… / Place of Receipt

수출지의 내륙지점(때로는 내륙지점이 아닌 경우도 있음).

(18) 44E Port of Loading / Airport of Departure: 선적항(P.O.L.) / 출발공항

(참고로 '/'는 'and', 혹은 'or'의 뜻을 가지고 있음.)

	44E	설명
a. 해상으로만 운송하는 경우	Yokohama Port, Japan	- 선적항(P.O.L.)을 특정 수출지 항구로 지정하는 경우
	Any Japanese Port	- 수익자가 원하는 일본내의 항구에서 선적 가능. 선적항을 꼭 정해야 하는 경우가 아니면 이와같이 지정하는 것이 효율적임.
b. 항공으로만 운송하는 경우	Narita Airport, Japan	- 출발공항을 특정 수출지 공항으로 지정하는 경우
	Any Japanese Airport	- 수익자가 원하는 일본내의 공항에서 기적 가능.

c. 해상 및 항공 둘 중의 하나, 혹은 두 개 모두 사용	Any Japanese Port / Airport	- 수익자가 원하는 일본내의 '항구, 그리고(and) 공항에서 선적/기적 가능' 또는 '항구 혹은(or) 공항에서 선적/기적 가능' - 43P에서 분할선적 허용하고 해상 및 항공운송 모두 사용하여 운송하는 경우 이와 같이 지정하는 것이 효율적.

▲ 상기표와 같은 표현은 44F에서도 동일하게 적용하면 됨.

(18) 44F Port of Discharge / Airport of Destination: 하역항(P.O.D.) / 도착공항

해상에서 P.O.D.는 최종 하역항입니다. 물품이 P.O.L.에서 선적이 되어 최종적으로 하역을 하는 최종 하역항이 됩니다. 중간에 환적을 하는 경우 환적항이 P.O.L.이 되는 것이 아니며, 환적항은 해당 건의 B/L에 따로 표기 됩니다.

(19) 44B Place of Final Destination / For Transportation to… / Place of Delivery: 수입지의 내륙지점(때로는 내륙지점이 아닌 경우도 있음).

44B는 수입자 입장에서의 물품의 최종 운송지점이 아니라 운송사에 요청한 운송사 입장에서의 물품의 최종 운송지점입니다. 수입자 입장에서 물품의 최종 운송지점은 B/L에서 'Final Destination'으로 표기되며, 통상 표기되지 않습니다.

그리고 일반적으로 44E, 44F에만 장소가 지정되고, 44B는 44A 처럼 신용장을 개설할 때 개설의뢰인이 지정을 잘하지 않습니다. 만약 지정을 한다면 해당 건은 44E에서 44F까지 운송의 수단과 44F에서 44B까지 운송한 운송수단이 달라지므로 '복합운송'이 되며, 46A에서 단순히 Ocean B/L 혹은 AWB을 지정하는 것이 아니라 'Multimodal Transport Document', 즉 복합운송선하증권(Multimodal Transport Bill of Lading)을 선택해야 합니다.

44A에서도 마찬가지로 44A에 수출지 내륙지점을 지정하고 44E, 44F지정하면 일반적으로 2가지 이상의 운송수단을 사용하며 이는 단순 운송이 아니라 복합운송이 됩니다. 물론, 44A, 44E, 44F, 44B 모두 지정을 하여도 복합운송이 됩니다. 이유는 이렇게 되면 일반적으로 2가지 이상의 운송수단이 사용되기 때문이며 46A 조항에서 복합운송에 대한 운송장을 지정, 즉 요구를 해야 합니다.

(20) 44C Latest Date of Shipment: 2011-08-01

수익자가 신용장 45A에 표기된 물품을 선적(On Board)해야 하는 '선적기일(S/D)'로서 수익자는 S/D 이전에 45A의 물품을 선적해야 합니다. 만약 S/D 이후 선적한다면, 해당 건의 운송장에 표기되는 적재일(On Board Date)이 자연히 S/D 이후로 표기되어 은행의 지급 거절 사유가 될 수 있습니다.

실무에서 때로는 매입은행이 S/D 이후에 발행된 운송장(해상 건은 B/L, 항공 건은 AWB)을 매입하는 경우도 있으며, 이러한 경우 수익자에게 신용장 대금을 신용장 조건과 선적서류가 일치할 때처럼 선지급할 수도 있고(매입), 매입은행이 선적서류를 개설은행에 전달하고 개설은행이 신용장 대금을 매입은행 자신에게 결제하면, 비로소 수익자에게 결제하는 경우도 있습니다. 즉, 추심(Collect)을 돌리는 경우도 있습니다. 따라서 수익자는 S/D 이전 혹은 S/D 일자에 해상 건에서는 선박에 선적, 항공 건은 항공기에 기적을 하는 것이 좋습니다.

만약 불가피하게 수익자가 신용장에서 제시한 S/D 이전까지 적재를 하지 못하는 경우, 사전에 인지하여 이러한 사실을 수익자가 개설의뢰인에게 L/C Amend 요청하는 것이 가장 좋지만 상황이 그렇지 못한 경우에 첫 번째 방법으로 개설의뢰인에게 이러한 사실을 통지하고 S/D 이전에 적재를 못 했지만 인수 해줄 것을 요구해야 합니다. UCP600(신용장통일규칙)에서 신용장 조건과 불일치하는 경우 개설은행 자체적으로 지급 거절(Unpaid)을 할 수 있다고 말하지만, 실무에서는 그렇지 않습니다. 개설은행은 항상 지급 거절 전에 개설의뢰인에게 불일치 사실을 통지하고 지급 거절 할 것인지 의사를 물으며 개설의뢰인이 그럼에도 인수하겠다고 하면 통상 그냥 인수합니다. 물론, 이러한 방법에 있어 수익자는 매입은행의 추심 결정을 각오해야 합니다. 그리고 두 번째 방법으로 수익자는 포워더에게 실제 선적일은 신용장에서 제시한 S/D를 넘겼지만, 포워더가 발행하는 B/L의 선적일(B/L Date)은 S/D 혹은 그 이전의 날짜로 표기해줄 것을 요청하면 포워더가 응해주는 경우도 있습니다. 만약 응해준다면 수익자는 매입은행에 하자네고 하는 것이 아니라 신용장 요구와 일치하는 클린네고(Clean Nego)를 할 수 있어 매입은행의 추심 결정 혹은 지급 거절에 대한 두려움 및 개설의뢰인에게 하자임에도 인수 해줄 것을 요청하는 번거로움을 피할 수 있습니다.

(21) 45A Description of Goods and/or Service

      - 거래 제품명, 단가, 수량, 금액, 그리고 HS Code를 표기하는 곳.

Terms of Place: FOB

      - 본 거래 조건의 가격조건(Price Term), 즉 인코텀스 조건을 표기하는 곳.

매매계약서의 인보이스에 나와 있는 Description을 적는 곳이라고 이해하면 됩니다. 즉, 그대로 적으면 됩니다. 그리고 제품에 대한 HS Code는 제품이 많은 경우 주요한 하나의 상품에 대한 HS Code만 적으면 이상 없습니다. 개설의뢰인은 신용장신청서를 작성할 때 항상 신중해야 하지만, 특히 이 부분을 더욱 신중하게 작성해야 합니다. 제품명, 특히 금액이 틀려서 신용장 어멘드 신청을 하는 경우가 많기 때문입니다.

   그리고 신용장에서는 통상 단어 또는 문장의 의미에 영향을 미치지 않는 오자 또는 오타는 서류를 하자로 만들지 않는다고 ISBP681에서 설명하고 있습니다. 예를 들어, 신용장 45A 상품 명세 부분에서 물품명을 'machine'으로 분명히 기재하였는데, 수출자가 제출하는 선적서류에는 'machine' 대신에 'mashine'이 기재되어 있는 경우 혹은 'model' 대신에 'modal'이라고 선적서류에 기재되어 있는 경우에 해당 서류를 하자로 보지 않는다는 뜻입니다. 하지만 'model 321'을 45A에서 분명히 요구하고 있는데, 선적서류에는 'model 123'이라고 기재되어 있는 경우는 당연히 문제가 될 수 있습니다. 신용장에서 요구하는 모델과 다른 모델이 선적서류에 기재되어 있기 때문입니다. 역시 앞에서도 언급하였듯이 신용장의 Applicant와 Beneficiary의 상호 및 주소 역시 수출자는 은행에 제출하는 선적서류에 철자를 틀리지 않도록 반영하여야 합니다.

   마지막으로, 'Terms of Place'에서 EXW, F-Terms 중 하나를 선택하면 신용장 46A 조항에서 B/L 혹은 AWB를 요구할 때 'FREIGHT'를 'COLLECT'로 지정하고, C-Terms, D-Terms 중 하나를 선택하면 'FREIGHT'를 'PREPAID'로 지정합니다.

46A	Document Required	☑ 380 : SIGNED COMMERCIAL INVOICE IN 3 COPIES ☑ FULL SET(705) ▼ OF CLEAN ON BOARD OCEAN BILLS OF LADING MADE OUT TO THE ORDER OF ABC BANK MARKED FREIGHT COLLECT ▼ NOTIFY EMSOUL ☐ 740 : AIRWAY BILL CONSIGNED TO MARKED FREIGHT ▼ NOTIFY ☐ 760 : FULL SET OF CLEAN MULTIMODAL TRANSPORT DOCUMENT MADE OUT TO THE ORDER OF MARKED FREIGHT ▼ NOTIFY ☐ 530 : FULL SET OF INSURANCE POLICIES OR CERTIFICATES, ENDORSED IN BLANK FOR 110% OF THE INVOICE VALUE, EXPRESSLY STIPULATING THAT CLAIMS ARE PAYABLE IN KOREA AND IT MUST INCLUED : INSTITUE CARGO CLAUSE ☑ 271 : PACKING LIST IN 3 COPIES ☐ 861 : CERTIFICATE OF ORIGIN ☐ 24A : OTHER DOCUMENT(S)

(22) 46A Document Required

선적서류를 요구하는 부분으로서 기본적으로 Invoice, B/L(해상운송 건의 AWB), Packing List를 요구하며, 개설의뢰인 입장에서 혹은 수입지에서 수입통관을 하기 위해서 필요한 서류를 요구하는 곳.

① SIGNED COMMERCIAL INVOICE IN 3 COPIES

　사인이 있는 인보이스 3부를 요구하고 있으며, 이때 Proforma Invoice를 말하는 것이 아님(P/I는 인보이스가 아니라 견적서). 만약 단순히 SIGNED가 아니라 MANUALLY SIGNED를 요구하는 경우 수익자는 인보이스에 반드시 수기로 사인을 해야 함.

② FULL SET OF CLEAN ON BOARD OCEAN BILLS OF LADING MADE ~

- FULL SET은 B/L 원본 3부를 말함(동일한 ORIGINAL B/L 3부). CLEAN ON BOARD OCEAN BILLS OF LADING이란 CLEAN B/L, ON BOARD B/L, OCEAN B/L을 뜻하며, 수익자가 매입은행에 제시하는 B/L은 이러한 형태의 B/L 이어야 함.
- TO THE ORDER OF 뒤에 공란에는 일반적으로 '개설은행'이 표기됨. SHIPPER(수익자), 개설의뢰인이 표기되는 경우도 있음.
- MARKED FREIGHT 뒤의 공란에는 45A의 Terms of Place에서 지정한 인코텀스 조건에 따라서 표기함(EXW, F-Terms 중의 하나면 'Collect', C -Terms, D -Terms 중의 하나면 'Pre-paid 선택).
- NOTIFY 뒤의 공란에는 '개설의뢰인'이 표기됨. NOIFY의 뜻은 운송사(포워더)가 물품이 수입지에 도착할 때 이러한 사실을 통지해주는 곳으로서 개설의뢰인이 명시됨.

- 44A, 44B는 공란으로 두고 44E, 44F에 PORT가 명시되는 해상운송의 경우 본 Ocean B/L만 요구

　예 44E : OSAKA PORT, JAPAN　44F : BUSAN PORT, KOREA
- 44A, 44B는 공란으로 두고 44E, 44F에 PORT 및 AIRPORT가 함께 명시되는 경우, 본 Ocean B/L과 AWB을 함께 요구. (이 경우는 통상 신용장 조건 '43P'에서 분할선적 'ALLOWED'한 경우)

　예 44E: ANY JAPANESE PORT/AIRPORT, 44F: ANY KOREAN PORT/AIRPORT

③ AIRWAY BILL CONSIGNED TO ~

- 44A, 44B는 공란으로 두고 44E, 44F에 AIRPORT가 명시되는 항공운송의 경우에는 본 AWB만 요구.

　예) 44E : NARITA AIRPORT, JAPAN　44F : INCHEON AIRPORT, KOREA

- 44E, 44B는 공란으로 두고 44E, 44F에 AIRPORT 및 PORT가 함께 명시되는 경우, 본 AWB과 Ocean B/L을 함께 요구. (이 경우는 통상 신용장 조건 '43P'에서 분할선적 'ALLOWED'한 경우)

　예) 44E: ANY JAPANESE PORT/AIRPORT, 44F: ANY KOREAN PORT/AIRPORT

④ FULL SET OF CLEAN MULTIMODAL TRANSPORT DOCUMENT MADE ~

복합운송을 하는 경우 선택하는 운송장. 44E, 44F을 지정하고, 44A 혹은 44B를 지정하는 경우 혹은 44E, 44F와 함께 44A, 44B 모두 지정하는 경우 위의 OCEAN B/L, AWB을 요구하지 않고 본 복합운송운송장을 요구함.

⑤ FULL SET OF INSURANCE POLICIES OR CERTIFICATES ~

해당 건의 인코텀스 조건이 만약 CIF, CIP 중의 하나라면 통상 보험증권(Insurance Policy)을 개설의뢰인이 신용장 조건에서 요구함. CIF, CIP 조건은 수익자가 보험에 가입(부보)을 하며, 사고 발생 시 보험금을 받는 피보험자는 개설의뢰인이 되기 때문에 개설의뢰인은 수익자에게 보험증권을 받아야 함.

⑥ PACKING LIST IN 3 COPIES

팩킹리스트 3부 요구하는 곳으로서 일반적으로 인보이스와 함께 3부 요구함.

⑦ CERTIFICATE OF ORIGIN

원산지증명서 요구하는 곳.

⑧ OTHER DOCUMENT(S)

위에 표기된 선적서류 이외의 서류가 필요한 경우 개설의뢰인이 직접 작성하여 요구하는 곳.

47A	Additional Conditions	☐ SHIPMENT BY ☐ ACCEPTANCE COMMISSION & DISCOUNT CHARGES ARE FOR BUYER'S ACCOUNT ☑ ALL DOCUMENTS MUST BEAR OUR CREDIT NUMBER ☐ LATE PRESENTATION B/L ACCEPTABLE ☐ OTHER ADDITIONAL CONDITIONS
71B	Charges	ALL BANKING COMMISSIONS AND CHARGES INCLUDING REIMBURSEMENT CHARGES OUTSIDE KOREA ARE FOR ACCOUNT OF BENEFICIARY ▼
48	Period for Presentation	DOCUMENTS TO BE PRESENTED WITHIN 10 DAYS AFTER THE DATE OF SHIPMENT BUT WITHIN THE VALIDITY OF THE CREDIT
49	Confirmation instructions	▼

(23) 47A Additional Conditions: 기타 조건들을 표기하는 곳

때에 따라서 'ALL DOCUMENTS MUST BEAR OUR CREDIT NUMBER'를 요구하는 경우가 있으며, 이 경우에 수익자는 46A에서 요구하는 자신이 발행하는 Invoice, Packing List 뿐만 아니라 모든 선적서류에 해당 신용장 번호(L/C No.)를 반드시 표기해야 됩니다.

(24) 71B Charges

'ALL BANKING COMMISSIONS AND CHARGES INCLUDING REIMBURSEMENT CHARGES OUTSIDE KOREA ARE FOR ACCOUNT OF BENEFICIARY'은 신용장 개설 국가 밖에서 발생하는 수수료는 수익자가 부담한다는 뜻으로서 코레스 비용(Corres Charges)을 말하며 일반적으로 이러한 수수료는 수익자의 부담으로 신용장이 개설됨(353쪽 참고).

(25) 48 Period for Presentation

① 선적서류 제출기일

선적서류를 지정은행(매입신용장에서는 매입은행, 지급신용장에서는 지급은행)으로 수익자가 제출해야 하는 선적서류 제출기일입니다. 'DOCUMENTS TO BE PRESENTED WITHIN 10 DAYS AFTER THE DATE OF SHIPMENT BUT WITHIN VALIDITY OF THE CREDIT'의 뜻은 '선적서류는 지정은행에 실제 적재일(해당 건의 선적기일을 나타내는 신용장 조항 44C Latest Date of Shipment[S/D]가 아니라 S/D 혹은 S/D 이전의 실제 적재일로서 B/L, AWB의 On Board Date) 이후 10일 이내에 제출되어야 하며, 이 때 이러한 제출일은 E/D(신용장 만기일) 이전이어야 한다'입니다. 만약 실제 적재일에 10일을 더한 날짜 즉,

선적서류 제출기일이 은행이 휴업하는 날이라면 수익자는 지정은행에 그 다음 은행 영업일까지 제출해야 합니다[1].

여기서 '10일'과 같은 날짜는 개설의뢰인과 수익자가 반드시 서로 합의하여 매매계약 당시 결정을 해두어야 합니다. 이유는 수익자 입장에서는 제출기일이 늘어나면 늘어날수록(물론, E/D 이전) 선적서류를 신용장과 일치하게 준비하는 업무에 있어서 여유가 있습니다(물론, 매입은행에 늦게 제출하면 수익자는 선적 대금을 그 만큼 늦게 매입은행으로부터 결제받지만 업무가 여유 있게 진행될 수 있음).

반면에 수익자가 매입을 늦게하면 할수록 선적서류가 매입은행을 통해서 개설은행으로 그 만큼 늦게 도착하니 개설의뢰인은 선적서류를 빨리 인수하지 못하며, 때에 따라서 물품이 수입지에 먼저 도착하여 수수료를 지급하면서까지 L/G 발급을 개설은행에 요청할 수 있습니다. 따라서 수익자 및 개설의뢰인 입장에서 서로 적정 일수를 정하는 것이 좋습니다.

마지막으로, 본 조항에서는 기본적으로 21일을 제시하며, 신용장에서 특별한 명시가 없을 경우에는 21일로 간주합니다.

② 선적서류 제출기일과 E/D, S/D와의 관계

수익자는 신용장을 통지은행으로부터 통지받으면 제일 먼저 해야 하는 일이 매매계약서(첫 번째 계약서)와 자신이 통지받은 신용장(두 번째 계약서)의 내용이 완전히 일치하는지를 검토해야 합니다. 이것만큼이나 중요한 일이 바로 E/D, S/D 및 48 Period for Presentation(선적서류제출기일)을 따로 표기해서 날짜를 반드시 지키는 것입니다.

	신용장 조건	설명
경우1	31D E/D: 2011-08-20 44C S/D: 2011-08-01 48 선적서류 제출기일: 실제 선적일 기준 10일	본 건의 실제 적재일(On Board Date)이 2011년도 7월 29일이라면(7월 31일이 말일), 7월 29일을 기준으로 10일 이후인 8월 8일까지 수익자는 선적서류를 지정은행인 매입은행에 제출해야 함. 이때 8월 8일이 은행 휴업일이라면 선적서류 제출은 그 다음 은행영업일까지 연장될 수 있으나 은행에 따라서는 그 전 은행 영업일까지 제출을 요구하는 경우도 있음에 주의.

---

[1] 결제기일과 신용장 유효기일(E/D)이 은행 휴업일에 해당 되는 경우 은행의 최초 다음 영업일까지 자동 연장됩니다. UCP600(신용장통일규칙) '제29조'에서는 유효기일뿐만 아니라 선적서류제출기일(48 조항) 역시 해당 기일이 은행 휴업일인 경우 다음 은행 영업일까지 연장 된다고 명시되어 있습니다. 하지만 실무에서 선적서류제출기일 연장 여부에 대해서 수출자의 거래은행은 연장되지 않는다고 하는 경우도 있습니다. UCP600은 단순히 신용장통일규칙으로서 은행 마다 이를 해석하여 적용할 때 달리 적용할 수도 있는 것으로 판단합니다.

경우 2	31D E/D: 2011-08-28 44C S/D: 2011-08-03 48 선적서류 제출기일: 실제 선적일 기준 20일	본 건의 실제 적재일(On Board Date)이 2011년도 8월 2일이라면, 8월 2일 기준으로 20일 이후인 8월 22일까지 수익자는 선적서류를 지정은행인 매입은행에 제출해야 함. 만약 E/D가 8월 28일이 아니라 8월 20일인 경우 '경우 2'에서 수익자는 8월 22일까지가 아니라 E/D까지 제출해야 함. 즉, E/D가 실제 적재일 기준으로 48 조항에서 제시한 기일보다 앞서면 48번 조항의 제출기일은 무시되고 무조건 E/D 혹은 E/D 이전에 제출해야 함.

(26) 49 Confirmation instructions

확인은행을 지정하는 곳으로서 수익자에 의해서 확인은행 요청을 개설의뢰인이 받지 않는다면, 확인은행은 지정이 되지 않고 공란으로 개설됩니다.

확인은행 지정은 수익자에 의해서 이루어집니다. 신용장 개설은행은 수익자에게 신용장 조건과 일치하는 선적서류를 은행에 제출하면 신용장 대금을 결제한다라고 보증합니다. 하지만, 수익자 입장에서 자신에게 대금결제를 보증하는 은행이 인지도가 없고 신뢰도까지 떨어진다면 믿지 못할 것입니다. 특히, 후진국의 은행이거나 경제가 불안할 때는 더욱 수익자 입장에서는 의심을 할 수밖에 없습니다. 따라서 수익자는 일차적으로 수입지의 개설은행이 자신에게 대금 지급을 보증하지만, 한 번 더 자신에게 인지도와 신뢰도가 충분히 있는 은행이 지급보증을 해주기를 원하며, 수익자는 일반적으로 수출지의 자신의 거래은행에 이러한 업무를 요구하게 되고, 수익자의 거래은행이 확인은행으로서의 역할을 합니다.

물론, 모든 신용장에서 수익자가 개설의뢰인에게 신용장 개설 신청할 때 확인은행 지정을 요청하는 것은 아니지만, 만약 요청한다면 수익자의 거래은행이 확인 업무를 함으로써 이러한 경우 수익자의 거래은행은 통지업무(통지은행), 매입업무(매입은행)까지 총 3가지 업무를 하게 됩니다.

전자서명	*상호	EMSOUL
	*대표자명	최규삼
	*주소	서울시 강남구 논현동 222-22 XXX B/D #000
	*전자서명	

Utrade Hub에서 신용장개설신청서를 작성하면 EDI로 전송하는 것이기 때문에 '전자서명'을 하며, 관련 계약서 혹은 인보이스를 팩스로 전송해줍니다. 은행 외환 코너에서 서식을 다운 받아서 작성하는 경우 회사 명판·직인을 찍어서 해당 건에 대한 계약서 혹은 인보이스를 가지고 개설은행에 방문합니다.

2. '신용장개설응답서' 문구 이해하기

수출자와 수입자는 서로 매매계약서를 작성을 하며, 수입자는 개설의뢰인이되어 매매계약서를 근거로 '신용장개설신청서'를 작성하여 개설은행에 제출하면, 개설은행은 신용장을 개설해줍니다(물론, 수입자는 수출자와 매매계약서에 결제조건을 신용장으로 결정하기 전에 자신의 거래은행과 신용장 개설에 대한 상담을 해야 합니다. 은행은 수입자, 즉 신용장을 개설 신청하는 개설의뢰인의 신용도 및 자금력을 체크한 다음에 개설 여부를 결정하기 때문입니다).

개설은행은 신용장이 개설되었다는 사실을 '신용장개설응답서'라는 제목으로 개설의뢰인에게 알려주며(Utrade Hub에서 EDI로 개설 신청하면, 개설은행 역시 개설의뢰인에게 Utrade Hub를 통하여 EDI로 개설응답서 전송하며, 은행을 직접 찾아가서 개설하면 1~2시간 기다리면 은행에서 신용장개설응답서 전달받음), 또한 수익자에게는 신용장에서 지정한 통지은행을 통하여 통지합니다.

수익자는 통지은행으로부터 신용장개설응답서를 받으면, 첫 번째 계약서인 매매계약서와 두 번째 계약서인 신용장이 일치하게 개설의뢰인이 개설 신청을 하였고 개설은행이 개설해주었는지를 반드시 확인해야 합니다. 만약 매매계약서와 다르면 개설의뢰인에게 신용장 어멘드 신청 요청하여야 합니다. 이상이 없으면 수익자는 신용장 조건과 같이 선적하여 선적서류를 은행에 제출하면 됩니다.

따라서 수익자는 통지은행으로부터 통지받은 신용장개설응답서를 보고 이해할 수 있어야 합니다.

취소불능화환신용장개설응답서
(Irrevocable Documentary Credit Information)

Except so far as otherwise expressly stated. This documentary credit is Subject to the "Uniform Customs and Practice for Documentary Credits"(2007 Revision) International Chamber of Commerce(Publication No.600)

전자문서번호 : APP7002011061000000000   전자문서기능 : Original

------------------------------------< 일 반 정 보 >-----------------------------------

개설신청일자   : 2011-06-10
(Date of Applying)

개설방법   : By full cable
(Way of Issuing)

SWIFT 전문발신은행 : [ABABKRSEXXX]
(SWIFT Sending Bank) [ABC BANK, SEOUL   SEOUL]
                    [000-00, ABC DONG, 1-GA, ABC-GU]

SWIFT 전문수신은행 : [AMERICAN BBB BANK LTD   TOKYO]
                    [00-00, XXXCUBO, XXXKU]

기타정보   : ABC 은행 ABC 지점   수입계   L/C NUMBER = MA122106NU00111
(Others)   OPEN CHARGE = 24000   CABLE CHARGE = 15000
                    수입보증금 = 0   TOT CHARGE = 39000

▲ 설명을 위해서 '신용장개설응답서'를 각 부분별로 구분해둔 것입니다. 전체 양식은 417쪽 참고.

(1) SWIFT 전문발신은행

신용장 개설은행으로서 SWIFT CODE는 ABABKRSE입니다. 'SWIFT 전문발신은행'이 아닌 'ISSUING BANK' 혹은 'FROM(FM)'으로 표기되기도 합니다.

(2) SWIFT 전문수신은행

신용장 개설에 대한 통지를 수익자에게 하는 통지은행을 뜻합니다.
'SWIFT 전문수신은행'이 아닌 'TO'로 표기되기도 하며, 57A에서 표기되기도 합니다.

(3) L/C NUMBER

L/C No.는 신용장 번호로서 신용장이 개설되면 그때 알 수 있습니다.

(4) 기타정보

개설의뢰인이 신용장 개설 신청을 할 때 발생하는 개설수수료입니다.

---------------------------------- < 스 위 프 트 > ----------------------------------

```
41A   Form of Documentary Credit           : IRREVOCABLE
20    Documentary Credit Number            : MA122106NU00111
23    Reference to Pre-Advice              :
31    Date of Issue                        : 2011-06-10
40E   Applicable Rules                     : UCP LATEST VERSION
31D   Date and place of expiry             : (date)2011-08-20
                                             (place) JAPAN
51A   Applicant Bank                       :
50    Applicant                            : EMSOUL
                                             #000 XXX B/D 222-22
                                             NONHYUNDONG KANGNAMGU
                                             SEOUL KOREA
                                             02 000 0000

59    Beneficiary                          : KASTON LIMITED
                                             2 Harbor abc
                                             3632 aaaaa JAPAN

32B   Currency Code Amount                 : JPY 8,500,000.00
39A   Percentage Credit Amount Tolerance   :
39B   Maximum Credit Amount                : NOT EXCEEDING
```

(5) 41A Form of Documentary Credit: IRREVOCABLE

취소불능신용장을 뜻하며, UCP600(LATEST VERSION)에 의해서 개설되는 신용장은 모두 취소불능신용장.

(6) 20 Documentary Credit Number: MA122106NU00111

L/C No.로서 개설은행이 신용장을 개설 완료한 이후에 알 수 있으며, 수익자는 통지은행으로부터 통지를 받을 때 알 수 있음.

(7) Date of Issue: 2011-06-10

개설은행이 개설의뢰인의 '신용장개설신청서'를 받아서 신용장을 개설한 날짜.

(8) 40E Applicable Rules: UCPURR LATEST VERSION

UCP의 가장 최근 버전이 UCP600을 뜻하는 문구로서 본 신용장이 UCP600하에서 개설되었음을 나타냄.

(9) 31D Date and place of expiry: 2011-08-20   JAPAN

신용장 만기일(E/D) 및 만기 장소로서 E/D가 만약 공휴일과 같은 은행 휴업일이면, 다음 은행 영업일까지 연장됩니다. 신용장 조건 48의 선적서류 제출일 역시 동일하며, 단 S/D, 즉 선적기일은 연장이 안됩니다. 이유는 공휴일에도 공항 및 부두는 업무를 진행하기 때문입니다.

(10) 50 Applicant: EMSOUL

신용장 개설의뢰인으로서 수입자.

(11) 59 Beneficiary: KASTON LIMITED

신용장 조건과 같이 물품을 수출하여 그에 대한 이익(Benefit)을 취하는 수출자(=수익자)

(12) 32B Currency Code Amount: JPY8,500,000

신용장 금액으로서 개설은행이 수익자에게 지급 확약하는 최고액이자 수출지에서 선적 후 수익자의 환어음 발행한도 금액입니다. 따라서 수익자는 32B 금액을 최대로 하여 물품을 수출하고 그 대금 총액을 인보이스에 기재해야 할 것이며, 수출 금액으로 인보이스의 총액과 대금 결제 요구하는 서류로서 환어음의 총액은 일치해야겠습니다. 다시 말해서, 수익자가 작성하는 인보이스 및 환어음의 총액은 32B 금액과 일치 혹은 적어야겠습니다.

즉, 수익자가 이 부분의 금액보다 더 많은 물량을 수출하더라도 개설은행은 수익자에게 그 이상의 금액을 지급하지 않거나, 때에 따라서는 수익자가 신용장 조건과 불일치하게 선적을 했으니 지급 거절(Unpaid)까지 할 수 있습니다.

하지만, 신용장 39A, 39B에서 신용장 금액에 대해서 과부족을 주고, 45A에서 물품의 수량에 대해서 역시 과부족(about 혹은 approximately라는 단어를 사용)을 준다면, 상황이 틀려집니다.

일반적으로 39A, 39B에서 과부족을 줄 때는 플러스 10%, 마이너스 10%를 줍니다. 즉, 32B에 신용장 금액이 JPY8,500,000이라면, 해당 금액에서 플러스 10%까지 환어음 및 인보이스 금액을 작성해서 수익자는 매입은행에 제출할 수 있으며, 매입은행은 32B 기준으로 환어음 및 인보이스에 명시된 금액을 결제합니다.(환어음 및 인보이스 금액은 동일해야 함.) 물론, 45A의 수량에도 과부족(About 혹은 Approximately)을 줄 것이며 선적 수량 역시 플러스 10%까지 더 선적을 할 수 있습니다. 즉, 39A, 39B에서 그리고 45A에서 과부족을 허용하면, 32B를 기준으로 플러스 10% 범위 내에서 선적 수량을 초과할 수 있으며, 초과된 수량만큼 결제를 더 요구할 수 있습니다.

반대로 수익자는 45A 기준으로 선적 수량을 마이너스 10% 범위 내에서 미선적할 수 있으며, 선적한 만큼 환어음 및 인보이스를 작성하여 은행에 대금 결제 요구합니다.

만약 과부족 허용한 신용장에서 수익자가 45A에 명시된 수량보다, 예를 들어 7% 초과하여 선적하였다면 매입은행에 제출하는 환어음 및 인보이스 금액도 32B를 기준으로 7% 초과할 것이며, 은행이 32B 기준으로 7% 만큼 초과하여 수익자에게 결제 했으니 개설의뢰인 역시 32B 기준으로 7% 초과한 금액을 개설은행으로 결제해야 합니다.

결론적으로, 39A, 39B, 45A에서 과부족 허용 문구가 없다면, 개설은행은 32B의 금액 만큼에 대해서만 지급보증하고, 45A의 수량만큼만 선적할 것을 요구하는 것입니다. 하지만, 39A, 39B, 45A에서 과부족을 허용한다면 수익자는 그 범위 내에서 45A 수량을 기준으로 과부족하게 선적할 수 있고, 과부족 선적 수량에 따라서 32B 금액 기준으로 대금결제 요구할 수 있으며, 수익자의 이러한 행동에 따라서 개설의뢰인의 개설은행으로의 결제 금액 역시 영향을 받습니다.

(13) 39A Percentage Credit Amount Tolerance

39B에서 'NOT EXCEEDING' 혹은 공란이면 과부족을 설정하지 않은 것이며, 만약 'plus/minus(percentage)'로 표기되면 신용장 금액에 대해서 과부족을 허용한 것으로서 그 허용 범위를 39A에서 '(+)10/(-)10(%)'로 명시합니다. 일반적으로 39B에서 과부족을 허용하게 되면 그 허용 범위를 39A에서 플러스, 마이너스 10%까지 허용합니다.

과부족을 허용하는 상품은 Carton(=BOX) 단위의 물품보다는 Kg, Meter 단위의 물품에 대해서 일반적으로 과부족을 수익자에 요청에 의해서 개설의뢰인이 신용장 개설 신청할 때 허용합니다.

이유는 이러한 Kg 이나 Meter의 단위 물품은 생산을 할 때 오더 받은 양과 정확히 동일하게 생산을 일반적으로 하지 못하기 때문입니다. 즉, 생산 하다보면 조금 모자라는 경우도 있고 조금 많이 생산 하는 경우도 있습니다. 따라서 이러한 물품에 대해서는 일반적으로 과부족을 허용합니다.

(14) 39B Maximum Credit Amount: NOT EXCEEDING

신용장 금액에 대한 과부족 여부를 나타내는 곳으로서 'NOT EXCEEDING' 혹은 공란이면 과부족을 설정하지 않은 것이며, 'plus/minus(percentage)'라는 문구가 나오면 과부족을 허용 한 것을 뜻합니다.

42C	Drafts at	: 90 DAYS AFTER B/L DATE
41a	Available with ... by ...	: ANY BANK BY NEGOTIATION
42A	Drawee	: ABCDJPJX AMERICAN BBB BANK LTD TOKYO
43P	Partial Shipment	: ALLOWED
43T	Transhipment	: ALLOWED
44E	Port of Loading / Airport of Departure	: ANY JAPANESE PORT
44F	Port of Discharge / Airport of Destination	: BUSAN PORT KOREA
44C	Latest Date of Shipment	: 2011-08-01

(15) 42C Drafts at: 90 DAYS AFTER B/L DATE

수익자는 이 부분을 보고 자신이 통지받은 신용장이 Usance L/C라는 것을 확인합니다. 그리고 수익자 입장에서는 Usance L/C라는 것보다는 Usance가 Banker's 인지, Shipper's인지가 더 중요합니다.

42C에 'SIGHT'가 표기되면 AT SIGHT L/C이며, 위와 같이 기준일(통상 B/L DATE)과 결제 유예일자가 표기되면 Usance L/C입니다. 수익자 입장에서 AT SIGHT L/C 및 Usacne L/C에서 Banker's 인 경우 매입은행에서 매입을 진행하면 바로 신용장 대금을 지급 받을 수 있습니다(물론, 선적서류가 신용장 조건과 일치 해야 함). 즉, 신용장의 유형이 AT SIGHT이든 Usance이든 수익자에게는 상관 없습니다.

단, 수익자는 Usance가 Banker's 인지 Shipper's 인지가 중요하며, 만약 Shipper's의 경우 신용공여주체가 수출자, 즉 수익자이기 때문에 기준일 기준으로 유예일자 이후에 결제받습니다. 실무에서 Usance L/C는 일반적으로 Banker's로 개설되지만 수익자는 자신이 통지받은 신용장이 만약 Usance L/C인 경우, Banker's인지 Shipper's인지 확인을 할 필요가 있습니다.

확인은 신용장 조건 '72'의 문구에서 'AT SIGHT BASIS'가 나오면 Banker's라고 이해하면 되고, 없으며 Shipper's라고 이해하면 됩니다. 물론, 개설의뢰인이 신용장개설 신청을 하기 전에, 즉 수출자, 수입자 양 당사자가 매매계약서를 작성 할 때 이러한 결정은 이루어지지만 수익자는 통지은행으로부터 신용장을 통지받으면 42C에서 Usance 조건임을 확인하고 72에서 Banker's인지 Shipper's인지 확인 해야 하며 최종적으로 통지은행에 다시 한번 확인하는 것이 좋습니다(구분 방법 343쪽 참고).

(16) 42a Available with... By...: ANY BANK BY NEGOTIATION

BY NEGOTIATION은 매입신용장을 뜻하며, ANY BANK는 수익자가 신용장 조건과 일치하게 선적 후 46A의 선적서류를 매입은행에 제출해야 하는데 아무 은행(ANY BANK)에 제출해도 된다는 뜻입니다. 일반적으로 수익자는 자신의 거래은행에 제출하여 매입 진행하며, 따라서 통지은행, 매입은행은 동일한 은행, 즉 수출자의 거래은행이 되는 것입니다('신용장개설신청서' 작성 때 언급을 했지만 통지은행은 수익자가 개설의뢰인에게 개설 신청서를 작성할 때 자신의 거래은행을 지정해줄 것을 요청. 따라서 두 은행은 동일한 은행임).

(17) 42A Drawee

지급인을 뜻합니다. 신용장에서 개설은행이 수익자에게 신용장 조건과 일치하게 선적하고 선적서류를 은행에 제출하면 신용장 대금 지급을 확약하지만, 지급인이 개설은행이 되지 않는 경우도 많습니다. 본 신용장응답서에서의 지급인은 53A에 지정되어 있는 상환은행이 지급인으로 지정되어 있습니다.

수익자는 매입신용장에서 매입은행에 선적서류를 제출할 때 매입신청서 및 환어음 역시 함께 제출하는데 환어음에는 '지급인(Drawee)' 부분이 있으며 신용장 42A에 지정된 지급인을 표기하면 됩니다.

(18) 43P Partial Shipment: ALLOWED

분할선적 허용 여부를 표기하는 곳입니다(분할선적 참고 203쪽, 390쪽). 달리 명시가 없으면 허용 간주.

(19) 43T Transhipment: ALLOWED

환적 허용 여부를 표기하는 곳입니다(환적 참고 206쪽).

(20) 44E Port of Loading / Airport of Departure

수출지의 선적항 혹은 출발 공항을 지정하는 곳

(21) 44F Port of Discharge / Airport of Destination

수입지의 하역항 혹은 도착 공항을 지정하는 곳

※ 상기 44E, 44F 부분에 대해서는 233쪽 No. 7 참고

(22) 44C Latest Date of Shipment: 2011-08-01

수익자가 45A에 표기된 물품 및 수량을 지정된 선박/항공기에 적재해야 하는 '선적기일(S/D)'입니다. 결제 후불 조건(예 : 60 Days After B/L Date)에서 결제기일이 토요일, 일요일 혹은 공유일과 같은 은행이 영업하지 않는 날로 지정되는 경우 그 다음 은행 영업일까지 결제기일이 자동 연장 되지만, S/D의 경우 항구 및 공항은 토요일, 일요일 및 공휴일을 포함하여 365일 쉬지 않고 업무가 이루어지기 때문에 연장되지 않습니다. 즉, S/D 혹은 S/D 이전 날짜에 실제 적재가 이루어지고 해당 건의 B/L, AWB에 실제 적재일이 On Board Date로 표기되어야 합니다.[1] 그리고 이러한 B/L 혹은 AWB을 포함한 선적서류를 신용장 '48 Period for Presentation'(선적서류 제출 기일)에서 요구하는 기일까지 은행에 제출해야 합니다. '48 선적서류 제출 기일'의 경우, 은행이 영업하지 않는 날에 기일이 결정된다면 그다음 영업일까지 연장되지만, 일부 은행에서는 그 전날까지 제출 요구하는 경우도 있습니다. 즉, 선적서류 제출 기일이 18일(토)로 지정된다면 17일(금)까지 매입은행에 수익자는 선적서류를 제출해야 할 수도 있습니다.[2]

```
45A   Description of Goods and / or Service :   ITEM      Q'TY       U'PRICE      AMOUT
                                                ABC       1,000CTNs  JPY8,500.00  JPY8,500,000.00
                                                HS NO. 3917.32.9000
                                                [ Terms of price ] FOB
                                                [ Place of terms of price ] JAPAN
                                                Country of origin Japan
46A   Document Required                       : + SIGNED COMMERCIAL INVOICE IN 3 COPIES
                                                + FULL SET OF CLEAN ON BOARD OCEAN BILLS OF LADING MADE OUT
                                                  TO THE ORDER OF ABC BANK MARKED FREIGHT COLLECT NOTIFY EMSOUL
                                                + PACKING LIST IN 3 COPIES
47A   Additional Conditions                   :
                                                + ALL DOCUMENTS MUST BEAR OUR CREDIT NUMBER
```

(23) 45A Description of Goods and / or Service

수익자는 45A 부분에 표기된 상품, 수량, 단가와 동일하게 인보이스를 작성합니다.

---

1 수익자가 어떠한 이유로 S/D 이전에 On Board를 하지 못하여 B/L(or AWB)의 On Board Date가 S/D 이후로 표기된 경우 매입 신청할 때 하자가 될 수 있습니다. 이때 수익자는 포워더에게 요청하여 On Board Date를 S/D 혹은 S/D 이전으로 수정 요청을 할 수 있으며, 포워더가 수용하는 경우도 있습니다. 실무에서 적재일(On Board Date)를 앞당기는 것을 Back Date라고 합니다.

2 해당 내용은 375쪽 각주 참고 해주세요.

물론, 인보이스의 가격조건(=인코텀스) 역시 45A의 Terms of price에 표기된 조건과 동일해야 합니다.

(24) 46A Document Required

선적서류 부분으로서 수익자는 46A에서 요구하는 선적서류를 요구 조건과 일치하게 작성하여 매입은행에 제출해야 합니다.

수익자는 인보이스, 팩킹리스트는 작성할 수 있지만 B/L은 포워더가 작성하기 때문에 포워더에게 B/L을 작성할 때 46A에 나와 있는 것과 동일하게 작성해 줄 것을 요구해야 합니다(해상 건에서는 B/L, 항공 건에서는 AWB은 46A 부분뿐만 아니라 44E, 44F, 44C 등에서도 조건에 일치해야 함).

즉, 상기 조건과 같이 설명하자면 B/L은 FULL SET, 즉 원본 3부로 작성되어야 하며, CLEAN B/L, ON BOARD B/L, OCEAN B/L이어야 합니다. 또한, B/L의 CONSIGNEE 란에는 'TO THE ORDER OF ABC BANK'(개설은행)가 표기되어야 하며, 45A에서 Terms of price를 FOB로 지정하였기 때문에 B/L에 'FREIGHT COLLECT', 즉 운임 후불로 표기해야 하며, 또한 B/L의 NOTIFY 란에는 개설의뢰인의 상호인 EMSOUL이 표기되어야 합니다.

(25) 47A Additional Conditions

'ALL DOCUMENTS MUST BEAR OUR CREDIT NUMBER'라는 뜻은 수익자가 매입은행에 제출하는 모든 선적서류, 즉 46A에서 요구하는 모든 서류에는 신용장 번호(L/C NO.)가 표기되어야 한다는 뜻입니다.

L/C NO.는 수익자가 통지받은 신용장개설 응답서의 '20'번 조항에 표기되어 있습니다.

> **참고**
>
> 신용장 47A Additional Conditions 조항에서 '+ negotiation must be effected 7 days after the shipping date'라고 되어 있고 48 Period for Presentation 조항에서 21일이 주어졌다면, 수익자는 On Board 후 바로 매입 신청할 수 없을 것입니다. 수익자는 선적 후 7일이 지난 후에 매입 신청할 수 있으며, 7일 전에 매입 신청하면 하자가 될 수 있습니다. 개설의뢰인 입장에서 수익자가 수출지에서 On Board 이행 후 일정 기간 이후에 매입 신청함으로써 선적서류가 수입지 개설은행에 그만큼 늦게 도착하길 원할 때 이러한 조건을 기재하는 경우도 있습니다.

71B	Charges	: ALL BANKING CONNISSIONS AND CHARESE INCLUDING REIMBURSEMENT CHARGES OUTSIDE KOREA ARE FOR ACCOUNT OF BENEFICIARY
48	Period for Presentation	: DOCUMENTS TO BE PRESENTED WITHIN 10 DAYS AFTER THE DATE OF SHIPMENT BUT WITHIN VALIDITY OF THE CREDIT
49	Confirmation Instructions	: WITHOUT
53A	Reimbursement Bank	: AMERICAN BBB BANK LTD TOKYO ABCDJPJX
57A	"Advise Through" Bank	:
72	Sender to Receiver Information	: TO PAY /ACC/NEG/BK: THE AMOUNT OF EACH DRAFT MUST BE ENDORSED ON THE RECERSE OF THIS CREDIT +ALL COCUMENTS MUST BE FORWARDED TO US BY COURIER SERVICE IN ONE LOT. ADDRESSED TO ABC BANK 203. XXX DONG 1 GA. XXX GU. SEOUL KOREA +REIMBURSE YOURSELVES ON THE REIMBURSING BANK AT SIGHT BASIS. ACCEPTANCE COMM AND DISCOUNT CHGS ARE FOR ACCOUNT OF APPLICANT.

(26) 71B Charges

수입국 외에서 발생하는 은행 수수료는 수익자의 부담이라는 뜻으로 일반적으로 이러한 수수료는 수익자의 부담 부분으로 개설됩니다.

(27) 48 Period for Presentation

수익자는 실제 적재일(B/L 혹은 AWB의 On Board Date) 기준으로해서 '48 Period for Presentation' 조건에서 요구하는 기일까지 선적서류를 지정은행인 매입은행에 반드시 제출해야 합니다.[1] 하지만, 만약 실제 적재일 기준으로 48 조항에서 제시한 기간을 더 했을 때 선적서류 제출기일이 E/D 이후라면 해당 기일은 무시되며, 수익자는 반드시 E/D 안에 선적서류를 매입은행에 제출해야 합니다. 물론, 실제 적재일 기준으로 48 조항에서 요구하는 선적서류 제출 기일이 E/D보다 빠르다면 해당 기일 이내로 제출해야 합니다.

(28) 49 Confirmation Instructions

확인은행을 지정하는 곳으로서 지정하지 않았다면 'WITHOUT'으로 명시됩니다. 수익자는 개설은행의 신용장 대금 지급보증을 믿는다면 확인은행 지정을 개설의뢰인에게 신용장 개설 신청 때 지정해 줄 것을 요구하지 않지만, 개설은행의 신용도가 낮고 대내외적인 경제 사정이 나빠지면 수익자는 개

---

1 선적기일을 나타내는 신용장 조항 44C Latest Date of Shipment(S/D)가 아니라 S/D 혹은 S/D 이전의 실제 적재일을 기준으로 48 조항의 선적서류 제출기일을 계산합니다. 44C S/D는 단순히 선적을 언제까지 해야 한다는 선적기일로서, 실제 선적은 S/D에 할 수도 있고 S/D 이전에도 할 수 있습니다.

설은행의 지급보증에 대해서 2차적으로 자신에게 지급보증을 해주는 은행을 찾기 마련입니다. 이때 수익자는 자신의 거래은행에게 확인 업무를 해줄 것을 요청하게 되며 따라서 수익자의 거래은행이 확인은행으로 통상 지정됩니다. 물론, 수익자의 확인 업무 요청에 대해서 수익자의 거래은행은 거절할 수도 있습니다.

(29) 53A Reimbursement Bank

상환은행이 지정되는 곳입니다. 상환은행은 개설의뢰인이나 수익자가 지정을 하는 것이 아니라 개설 신청 후 개설응답서가 나올 때 개설은행에 의해서 지정됩니다. 상환은행은 개설은행의 외국 대리점인 경우도 있으나 타은행의 경우도 있으며, 상환은행(=결제은행)은 신용장 조건 42A Drawee와 통상 일치합니다.

(30) 57A Advise Through Bank

통지은행을 지정하는 곳입니다. 일반적으로 57A에 표기되지만 본 건의 경우 제일 상단 부분에서 'SWIFT 전문수신은행'이라는 명목으로 표기되어 있습니다.

VI. L/C Amend

1. L/C Amend 절차 및 예방 방법

현재 개설되는 모든 신용장(L/C)은 '취소불능신용장(Irrevocable L/C)'입니다. 따라서 이러한 취소불능신용장에서 개설의뢰인이 신용장을 취소 혹은 수정(Amend) 하기 위해서는 개설은행, 수익자, 확인은행(있는 경우)의 동의를 얻어야만 가능합니다.

1) L/C Amend가 발생하는 경우와 예방 방법

개설의뢰인은 매매계약서(수출자와 수입자 간의 첫 번째 계약서로서 두 번째 계약서인 신용장의 근거가 됨.)와 동일하게 '신용장개설신청서'를 작성하여 개설은행으로 신용장 개설 신청하며, 개설은행이 이를 검토후 '신용장개설응답서'를 발행하면 비로소 신용장이 개설됩니다.

이렇게 개설된 신용장은 수출지의 통지은행을 통하여 수익자에게 전달되며, 수익자는 매매계약서와 동일하게 신용장이 개설되었는지를 확인하고 동일하면 물품 선적을 진행합니다.

L/C Amend는 처음 개설된 신용장('원신용장'이라고 함)에 대한 모든 내용을 변경하는 것이 아니라 변경 필요성이 있는 하나 이상의 신용장 조건을 변경하는 것입니다.

L/C Amend가 발생하는 경우의 예	
첫번째	- 개설의뢰인이 매매계약서를 바탕으로 '신용장개설신청서'를 작성하다가 실수를 하여 동일하게 작성하지 않았음에도 이러한 사실을 인지하지 못하고 개설은행에 신용장 개설 신청하고 신용장이 개설되는 경우로서 '신용장개설응답서'를 받은 개설의뢰인에 의해서 혹은 수익자에 의해서 발견되어 L/C Amend 진행 - 즉, 다시 말해서 매매계약서와 동일하게 신용장이 개설되지 않은 경우임.
두번째	- 개설의뢰인은 매매계약서와 신용장을 동일하게 개설하였지만 중간에 개설의뢰인 자신의 요청에 의해서 혹은 수익자의 요청에 의해서 매매계약서의 내용이 변경되어 신용장까지 변경해야 하는 경우. - 신용장의 독립성의 원칙에 의거하여 매매계약서가 변경되면 신용장 역시 변경해야 하며 이때 L/C Amend 신청을 해야 함.

L/C Amend 예방 방법	
첫번째	개설의뢰인은 '신용장개설신청서'를 작성하여 개설은행에 제출하기 전에 본 서류를 L/C Draft라는 이름으로 수익자에게 이메일로 전송하면서 이와 같이 개설 신청할 것이라고 통지하고 수익자가 확인해주면 그때 개설은행에 개설 신청합니다. 이와 같이 하면 양 당사자가 서로 체크할 수 있기 때문에 중간에 매매계약서가 변경되더라도 이러한 점을 반영하여 신용장 개설 신청을 할 수 있습니다.

L/C Amend는 위와 같은 경우 및 기타의 경우에 진행될 수 있으며, L/C Amend를 개설의뢰인이 신청하면 L/C Amend에 따른 수수료가 발생되며 이러한 업무 처리를 위해서 시간 역시 투자해야 합니다. 업무 자체가 다소 비효율적으로 진행되는 것입니다. 즉, L/C Amend는 가급적 하지 않도록 사전에 예방을 하는 것이 중요합니다.

2) L/C Amend 신청 경로 및 방법

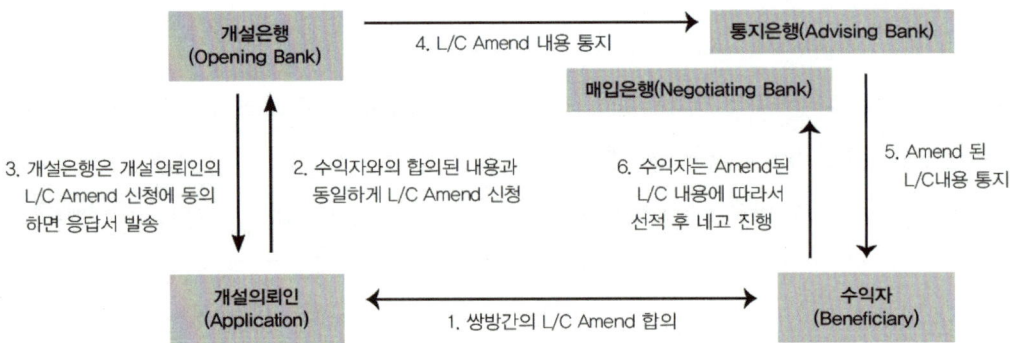

- 신용장 조건변경(L/C Amend) 통지는 원신용장을 통지한 통지은행을 통하여 통지가 되어야 합니다.
- 신용장 조건변경은 개설은행, 수익자, 확인은행(있는 경우)이 동의해야 하는데, 개설은행의 어멘드 동의는 No.3에서, 수익자의 어멘드 동의는 No.6에서 이루어집니다. 수익자는 No.1에서 개설의뢰인과 L/C Amend에 대해서 합의했지만, 이것은 매매계약서에 대해서 쌍방 간에 수정 동의한 것으로서 신용장 거래에서 수익자의 동의는 No.5에서 L/C Amend된 내용과 동일하게 최종 선적해야 최종 동의한 것으로 판단합니다. 만약 수익자가 No.5에서 원신용장과 동일하게 선적하면 L/C Amend 동의하지 않은 것입니다.
- 수익자는 L/C Amend가 두 가지 조건 이상에 대해서 되었다면 두 가지 이상 모두에 대해서 그렇게 해야 합니다.

2. L/C Amend 신청서 작성 및 응답서 내용 확인

L/C Amend를 신청하는 개설의뢰인은 L/C Amend 신청서를 작성하며, 이때 개설의뢰인은 원신용장을 작성할 때와 같이 모든 내용을 다시 작성하는 것이 아닙니다.

L/C Amend 신청서 양식에 비록 여러 신용장 조건이 있다 하더라도 그 중 변경 할 조건에 대해서만 수정하여 변경하면 됩니다. 물론, 원신용장과 동일한 부분일지라도 L/C Amend 신청을 할 때 다시 표기하는 부분도 있지만 L/C Amend 신청서를 작성할 때 핵심은 수정되는 내용에 대해서만 수정하는 것입니다.

다음 양식은 페이지 419쪽에 있는 '신용장조건변경신청서' 양식과 같이 개설은행에 L/C Amend 신청 후 개설은행에서 응답한, 즉 신용장 Amend에 대해서 동의한 '신용장조건변경응답서'(참고 421쪽)입니다. 앞에서도 언급했듯이 L/C Amend 할 때는 원신용장과 같이 모든 내용이 명시되는 것이 아니라 변경된 내용만 명시됩니다. 그리고 수익자는 변경되지 않은 내용에 대해서는 원신용장을 바탕으로 그리고 변경된 내용은 '신용장조건변경응답서'의 내용에 따라서 선적 진행하여야 합니다. 만약 수익자가 '신용장조건변경응답서'를 통지은행으로부터 통지받고 모든 내용을 원신용장과 같이 선적 진행하면 수익자는 최종적으로 L/C Amend에 대해서 동의하지 않은 것이 됩니다.

다음의 '신용장조건변경응답서 '79 Narrative' 부분에서 원신용장에 대한 L/C Amend의 내용이 설명되어 있습니다. 원신용장의 내용을 뜻하는 말로서 'Before'가 사용되어 원신용장의 내용을 보여주고 있으며, 'After'가 사용되어 Before에 대해서 그와 같이 변경한다는 것을 보여주고 있습니다. 다시 말해서 다음의 L/C Amend 내용은 신용장 조항 45A 부분에서 수량이 100CTNs 증가함으로 인해서 신용장 총액까지 증가했다는 것을 나타냅니다.

```
-------------------------------- < 스 위 프 트 > --------------------------------
20   Sender's Reference (L/C No)      : MA122106NU00111
31C  Date of Issue                    : 2011-06-10
26E  Number of Amendment              : 1
59   Beneficiary                      : KASTON LIMITED
     (before this amendment)            2 Harbor abc
                                        3632 aaaaa JAPAN

32B  Increase of Documentary          : JPY 850,000.00
     Credit Amount
34B  New Documentary Credit Amount    : JPY 9,350,000.00
     After Amendment
79   Narrative                        : 45A Description of Goods and/or Service
                                        Before :
                                          ITEM       Q'TY       U'PRICE      AMOUT
                                          ABC        1,000CTNs  JPY8,500.00  JPY8,500,000.00
                                          HS NO. 3917.32.9000
                                        After :
                                          ITEM       Q'TY       U'PRICE      AMOUT
                                          ABC        1,100CTNs  JPY8,500.00  JPY9,350,000.00
                                          HS NO. 3917.32.9000
```

Ⅶ. 신용장의 여러가지 경우

1. 신용장에서 분할선적(Partial Shipment) 요구하는 경우

1) 신용장에서 분할선적 '허용'하는 경우

※ Partial Shipment: ALLOWED

분할선적이란, 45A에서 요구하는 수량(Q'ty)을 한 번에 모두 적재하는 것이 아니라 2번 이상 나누어서 적재한다는 것입니다. 2번 이상 적재한다는 뜻은 하나의 오더건(하나의 신용장 건)에 대해서 항공으로 2번 이상 혹은 해상으로 2번 이상 혹은 항공 및 해상 각각 1번 이상 적재한다는 뜻입니다. 분할선적을 진행 하는 경우 개설의뢰인은 44E, 44F에 각각 명시된 '선적항/출발지 공항'(44E), '하역항/도착지 공항'(44F)에 적합하게 46A에서 해상의 경우 Ocean B/L, 항공의 경우 AWB을 요구합니다.

다시 말해서 '43P Partial Shipment'에 'ALLOWED'라고 지정하고 44E, 44F에 ⓐ출발지 공항(44E : Sydney Airport, Australia), 도착지 공항(44F : Incheon Airport, Korea)으로만 지정할 수도 있고, ⓑ선적항(44E : Sydney Port, Australia), 하역항(Incheon Port, Korea)으로만 지정할 수도 있으며, ⓒ출발지 공항/선적항(44E : Sydney Airport / Port, Australia), 도착지 공항/하역항(44F : Incheon Airport / Port, Korea), 이러한 식으로 지정을 해둘 수도 있습니다. ⓐ의 경우 '46A Document Required' 부분에서 AWB만 요구하며, ⓑ의 경우는 Ocean B/L만 요구하며, ⓒ의 경우는 AWB과 Ocean B/L을 함께 요구합니다.

ⓐ의 경우는 항공으로만 2번 이상 기적 해야 되며, ⓑ의 경우는 해상으로만 2번 이상 선적 해야 되며, ⓒ의 경우는 항공으로 2번 이상, 해상으로 2번 이상 아니면 항공 및 해상 각각 1번 이상 기적/선적이 가능합니다. 물론, 신용장에서 분할선적을 허용하더라도 수익자는 개설의뢰인과 사전에 합의가 되어 있다면, 한 번에 모두 선적 진행하여도 무관합니다.

분할선적할 때 수익자가 주의할 점은 모든 분할 건에 대해서 신용장 조건 '44C Latest Date of Shipment(S/D)'에서 요구하는 선적기일, 혹은 그 이전까지 선적 완료하고(B/L의 'On Board Date'는 반드시 S/D와 일치 혹은 이전 날짜로 표기되어야 함), 신용장 조건 '48 Period for Presentation'에서 요구하는 선적서류 제출 기한까지 선적서류를 매입은행에 제출해야 합니다.

ITEM(45A)	Q'TY(45A)	L/C AMOUNT(32B)
ABC	1,000 CTNs	JPY8,500,000.00
E/D(31D)	S/D(44C)	Period for Presentation(48)
2011-08-20 JAPAN	2011-08-01	10 DAYS
Partial Shipment(43P)	44E	44F
ALLOWED	ANY JAPANESE PORT/AIRPORT (수출지의 항구 and 공항 지정)	ANY KOREAN PORT/AIRPORT (수입지의 항구 and 공항 지정)
Document Required(46A)		

- 44E, 44F에서 항구와 공항을 함께 지정하면 46A부분에 항구, 즉 해상운송이니 B/L 요구, 그리고 공항 즉 항공운송이니 AWB을 함께 요구해야 합니다.
- 만약 분할 선적을 해상으로만 진행할 경우 44E, 44F에 PORT만 지정하고 46A 역시 B/L만 요구, 그리고 항공으로만 진행할 경우 44E, 44F에 AIRPORT만 지정하고 46A 역시 AWB만 요구하며, 해상으로 일부, 그리고 항공으로 일부를 하나의 신용장 건에 대해서 분할선적 한다면 44E, 44F에 위와 같이 PORT 및 AIRPORT 모두 지정하며, 46A 부분에도 역시 B/L, 그리고 AWB을 요구해야 함.
- 44E, 44F에서 특정 항구, 공항을 지정할 수도 있지만 신용장 개설 당시 지정하기 어려운 경우는 'Any Korean Port', 'Any Korean Airport'와 같이 'Any'를 활용하면 됩니다.

2) 신용장에서 분할선적 '금지'하는 경우

※ Partial Shipment: PROHIBITED

신용장 조건 43P 부분에 금지(Prohibited)로 명시되어 있으며, 44E, 44F에 PORT 혹은 AIRPORT 하나로만 지정되어있습니다. 그리고 46A에도 44E, 44F에 따라서 지정되는데 44E, 44F에 PORT가 지정되어 있다면 46A에서는 B/L만 요구하며, 44E, 44F에 AIRPORT가 지정되어 있다면 46A에서는 AWB만 요구합니다.

즉, 분할선적을 금지 하면 신용장에서 요구하는 모든 수량(Q'TY)을 한번에 모두 S/D(선적기일) 이내로 선적해야 합니다.

3) 분할선적을 허용하는 경우의 예

① 개설의뢰인 입장에서 물품을 빠른 기간 내에 수입통관을 해야 하는데 배로 운송하면 운송 기간이 길고, 전량을 항공운송 하려니 운송비가 너무 많이 나오는 경우로서 일부는 항공운송 하며, 나머지 대부분의 수량은 해상으로 운송함. 항공운송 수량은 해상운송 건이 수입지에 들어와서 수입통관할 때까지 사용 가

능한 수량만큼만 항공으로 운송함.

② 개설의뢰인이 신용장 대금을 한번에 모두 결제하기 부담스러운 경우로서 개설은행에서 선적서류를 인수할 때(At Sight), 혹은 인수 후(Usance)이든 상관 없이 개설의뢰인 입장에서 자신이 개설 신청한 신용장 대금을 한 번에 결제하기 부담스러운 경우에 해당됨.

③ 개설의뢰인이 신용장 대금 만큼의 수량을 모두 수입통관하려면 세액(관세, 부가세 등) 납부가 부담스러운 경우가 있음. 물론, '분할통관'을 할 수 있지만, 분할통관은 전체 수량 중의 일부만 수입신고 후 세액 납부하고 통관한다는 것으로서 나머지는 보세구역/창고에 장치되어 있기 때문에 보세창고료가 발생함으로 분할선적을 요구함.

2. 신용장에서 과부족 허용

수익자에게 개설은행은 신용장 조건과 일치하게 물품을 선적하고 관련 선적서류를 은행에 제출하면 신용장 대금을 결제해 주겠다고 확약합니다. 이때 신용장 대금은 신용장에서 32B 부분에 표기된 금액을 말합니다.

수익자는 신용장 조건 45A에 표기된 제품 및 수량과 일치하게 S/D 이전에 44E 표기된 곳에서 선적/기적하여 44F까지 운송되도록 하고 46A에서 요구하는 선적서류를 만들어 '48 선적서류제출일'까지 매입은행에 환어음 및 매입신청서를 포함하여 제출합니다. 이때 39A, 39B, 45A에 과부족을 두지 않게되면 수익자는 45A에 표기된 수량까지만 선적할 수 있으며, 32B에 표기된 금액까지만 인보이스 및 환어음을 작성하여 신용장 대금 결제를 요구할 수 있습니다.

다시말해서, 수익자가 받은 신용장에서 과부족을 허용하지 않으면 개설은행은 수익자에게 32B에 표기된 금액까지만 지급 확약합니다. 수익자가 어떠한 이유로 45A에 표기된 수량 이상 선적을 하고 32B에 표기된 금액 이상으로 인보이스 및 환어음 작성하여 매입은행에 제출하면 매입은행은 매입하지 않고 개설은행 쪽에서 지급 거절할 수 있기 때문에 통상적으로 추심을 돌립니다. 따라서 수익자는 신용장에 요구하는 물품을 신용장 조항과 일치하게 선적하고 매입 신청하는 것이 적절하겠습니다.

하지만 CTN(=CARTON, BOX) 단위의 물품이 아니라, Kg 혹은 Meter 단위의 물품의 경우는 생산을 하다 보면 정해진 수량을 초과하는 경우가 있으며, 조금 모자랄 수도 있습니다. 따라서 일반적으로 물품의 단위가 Kg 혹은 Meter의 물품의 경우는 신용장을 개설할 때 수익자는 개설의뢰인에게 39A, 39B, 45A에 과부족 허용을 요구합니다. 물론, Carton 단위의 물품의 경우에도 과부족을 허용하는 경우가 있지만, 일반적이지는 않습니다.

①	- 과부족은 일반적으로 단위가 Kg, Meter의 물품(살화물: Bulk Cargo)에 허용하지만, Carton 단위로 포장되는 개품화물에도 적용 가능합니다. - 물품의 단위가 Kg, Meter의 물품(살화물)의 경우 신용장에서 39A, 39B, 45A에서 과부족 허용 문구가 없더라도 과부족 5%를 허용해줍니다. 단, 수량만 5% 과부족 허용되며, 환어음 및 인보이스 금액은 신용장 금액(32B)을 5% 초과 하면 안되고, 5% 부족은 허용 됩니다.
②	- 신용장에서 과부족은 신용장 금액(32B) 및 물품의 수량(45A)에 각각 명시 해야 합니다. 　ⓐ (39B) 신용장 금액에 대한 과부족 허용: 'plus/minus(percentage)' -> 신용장 금액에 대한 과부족 허용 　　　　　　　　　　　　　　　　　　　　　'NOT EXCEEDING' 혹은 공란 -> 과부족 허용 안함. 　ⓑ (39A) 32B에서 과부족 허용한 경우, 그 허용 범위: '(+)10/(-)10(%)'로 통상 표기됨. 　ⓒ (45A) 신용장 수량에 대한 과부족 설정: 수량 앞에 'ABOUT', 'APPROXIMATELY' 사용함. - 과부족을 허용하는 경우 39A, 39B는 신용장 금액에 대한, 45A에서는 수량에 대한 과부족 허용 부분입니다. 모두 설정을 해주어야 합니다. - 39A에서는 신용장 금액(32B)에 대한 과부족의 표현으로서 '(+)10/(-)10(%)'로 명시되며, 45A에 표기하는 ABOUT 혹은 APPROXIMATELY는 수량에 대한 '(+)10/(-)10(%)' 과부족을 나타냅니다.
③	- 과부족이 허용되면 수익자는 물품을 생산 할 때 플러스 마이너스 10% 만큼의 여유가 있기 때문에 조금 더 편한 마음으로 생산 가능합니다. 실무에서 대부분 수익자는 신용장에서 과부족이 허용되면, 45A 수량 대비 최대 허용 범위인 플러스 10%에 가깝게 더 선적하고, 32B 가격 대비 10% 가까이 더 환어음 및 인보이스 가격을 만들어서 대금 청구합니다. 이유는 10% 만큼 대금 결제를 더 받을 수 있기 때문입니다. - 반면 개설의뢰인은 수익자가 32B 금액 대비 마이너스 10% 가까이 적게 선적하는 경우는 드물기 때문에 항상 플러스 10% 가까이 더 선적을 한다라는 생각을 하고, 10% 만큼의 자금 여유를 더 가지고 있어야 합니다. 따라서 신용장에서 과부족이 허용되면 수익자에게 유리하며, 개설의뢰인 입장에서는 큰 이익이 없습니다.

1) 과부족 '(+)10/(-)10(%)' 허용된 신용장의 경우

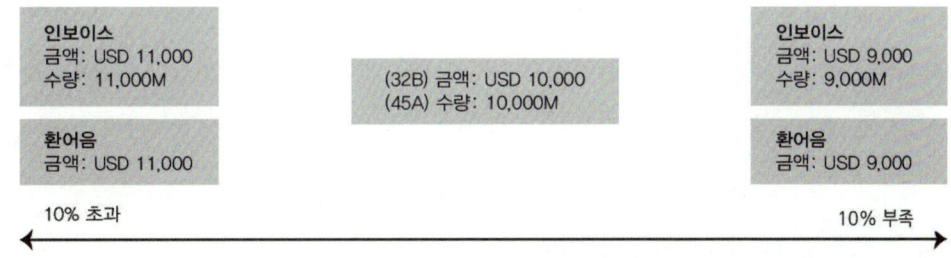

▲ 과부족 '(+)10/(-)10(%)' 허용된 경우

위의 표는 39A, 39B, 45A에서 과부족이 (+)10% (-)10% 허용된 경우로서, 수익자는 신용장 32B의 신용장 금액 및 45A의 수량이 각각 USD10,000, 그리고 10,000M일 때, 10% 초과 범위 내에서 선적하고 환어음, 인보이스를 작성하여 매입은행에 매입 신청 가능하며, 10% 부족 범위 내에서 선적하고 환어음, 인보이스를 그에 맞게 작성하여 매입은행에 매입 신청 가능합니다. 즉, 32B, 45A에 표기된 금액 및 수량 대비 10% 초과 그리고 10% 부족 사이의 금액, 수량에 대해서 선적 후 매입 진행 가능합니다.

2) 과부족 조항이 없는 Kg 혹은 Meter 단위의 물품에 대한 신용장의 경우

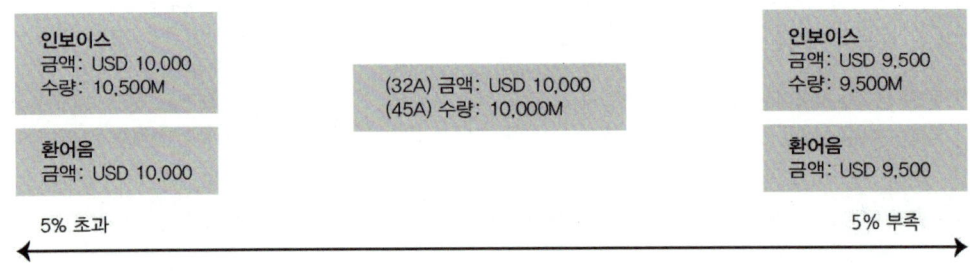

▲ 과부족이 허용되지 않은 Kg, Meter 단위의 물품

상기 신용장은 45A에 표기된 물품의 단위가 Kg 혹은 Meter이며 이러한 물품은 신용장 39A, 39B, 45A에서 따로 과부족을 허용하지 않더라도 과부족은 플러스 마이너스 5%까지 허용됩니다. 하지만, 신용장 금액에 대해서 초과 5%는 허용되지 않고, 부족 5%만 허용되며, 수량에 대해서는 초과 5%, 부족 5% 모두 허용된다는 뜻입니다.

다시 말해서, 신용장 금액(32B)이 USD10,000, 45A의 수량이 10,000M의 경우, 과부족을 허용하지 않더라도 수익자는 45A에 표기된 수량 대비 플러스 5% 혹은 마이너스 5% 범위 내에서 선적할 수 있습니다. 하지만, 플러스 5%만큼 더 선적을 하더라도 신용장 39A, 39B에서 신용장 금액에 대한 과부족은 허용되어 있지 않기 때문에 인보이스, 환어음 금액은 신용장 금액과 동일해야 합니다(물론, 5% 부족하게 선적하면 5% 만큼 부족하게 인보이스, 환어음 작성), 즉 개설은행은 수익자에게 32B 신용장 금액만큼만 지급보증을 한 것입니다.

3) 과부족 허용할 때 개설의뢰인의 지혜

과부족은 일반적으로 물품을 생산하는 생산자 입장을 고려하여 수익자(수출자)가 개설의뢰인에게 허용 요청한다 할 수 있습니다. 이때 수익자는 항상 그렇다 할 수는 없지만, 일반적으로 수량 및 총액에 대해서 10% 범위 내에서 과부족 허용을 요구합니다. 문제는 수익자는 실제 수출 진행할 때 개설의뢰인의 오더 수량 대비해서 거의 10%만큼 더 많은 물량을 수출한다는 것입니다. 이러한 문제점을 방지하기 위해서 개설의뢰인은 신용장 45A 조항의 수량에 대해서는 과부족 10%를 허용하고 신용장 32B 조항 지급 보증 한도액에 대해서는 10%가 아닌 5%라든지, 그보다 범위를 축소하여 개설할 수 있습니다. 그러면 수익자는 수량을 허용된 10% 범위 내로서 8%만큼 수출하였다 하더라도 신용장 총액에 대해서는 5%만 허용하였으니 인보이스 및 환어음 총액은 32B 조항 대비 5% 초과 범위 내에서만 작성할 수 있습니다.

물론, 이렇게 개설된 신용장을 수익자가 통지은행으로부터 통지받아서 L/C Amend 요청을 할 수도 있겠으나, 개설의뢰인 입장에서는 이렇게 해서라도 자신에게 오는 피해를 줄여야 할 것입니다.

4) 수입자의 필요에 의한, 그리고 Carton 단위 물품의 과부족 허용

과부족은 물품을 수입하는 수입자로서 개설의뢰인의 요청에 의해서 신용장에 적용되는 경우도 있습니다. 예를 들어, 수입자가 수출자와 매매계약서 체결하는 시점과 해당 물품을 수입 통관하여 국내 거래처에 공급하는 시점의 차이로 인하여 계약 물량을 확정하기 힘든 경우라 할 수 있습니다. 이때 물품의 수량 단위가 Carton 단위더라도 과부족을 일단 허용해둡니다. 그리고 신용장 개설 시점에서 상당 시간 지나서 수입 물량이 확정되었을 때 수출자에게 해당 수량을 과부족 범위 내에서 수출 진행 요청할 수 있습니다. 물론, 이러한 경우 개설의뢰인은 신용장 개설 신청 전에 수익자에게 이와 같이 신용장을 개설하는 이유에 대해서 충분히 양해를 구할 필요가 있으며 양자 간에 신뢰가 필요합니다. 신용장 개설 신청 당시에는 수익자가 그렇게 진행해줄 것을 동의하더라도 선적 시점에서는 이를 무시하고 과부족 허용 범위 내에서 최대한 많은 물량을 수출하면 수입자는 피해를 볼 수 있습니다.

3. 신용장 조건에서 2/3 B/L을 요구하는 경우

수익자는 통지은행으로부터 '신용장개설응답서'를 통지받으며, 통지받은 신용장 조건 46A 부분은 선적서류를 요구 하는 곳으로서, B/L 역시 이 부분에서 요구합니다. B/L은 일반적으로 Full Set 즉, 원본 3부를 요구하지만, 때에 따라서 2/3 B/L을 요구하는 경우도 있습니다. 이러한 경우 신용장에는 수익자가 Full Set 중에 2부만 매입은행에 제출하고 나머지 1부를 어떻게 처리 할 것을 명시하게 되는데, 일반적으로 특송으로 개설의뢰인에게 발송할 것을 요구합니다.

해당 거래의 건이 수익자가 매입은행에 제출한 B/L을 포함한 선적서류들이 개설은행을 통하여 개설의뢰인에게 인도되는 시간보다 수입지에 물품이 먼저 들어올 만큼 운송 시간이 짧은 경우, 개설의뢰인이 2/3 Set (=2/3 B/L)을 요구하는데, 일단 이러한 개설의뢰인의 신청에 개설은행이 동의를 해주어야 합니다. 그리고 개설은행이 동의하고 신용장이 개설되고 수익자 역시 이 부분에 대해서 특별한 이의를 제시하지 않는 경우, 수익자는 선적 후 매입은행에 Full Set 중 2부만 제출하고 나머지 한 부는 특송으로 개설의뢰인에게 발송합니다. 특송으로 B/L 한 부를 받은 개설의뢰인은 해당 B/L을 그대로 수입지 포워더에게 전달하여 D/O를 받는 것이 아니라, 해당 건의 물품 주인인 개설은행에 찾아가서 개설은행의 배서를 받아서 수입지 포워더에게 전달하고 운송비 결제 해야지만 D/O를 받을 수 있습니다.

신용장에서 2/3 Set을 요구할 때 이러한 형태로 서류가 처리되는데, 일반적으로 개설의뢰인은 신용장을 개설할 때 46A 부분에서 Full Set으로 요청하며, 이것이 정상적인 거래 절차입니다. 운송 구간이 짧아서 물품이 수입지에 먼저 도착할 것이 우려되는 경우 그래서 실제로 물품이 수입지에 먼저 도착한 경우 개설의뢰인은 L/G를 개설은행에 신청하면 됩니다. 특별히 2/3 Set을 요청할 필요가 없는 것입니다. 수익자 입장에서도 이러한 사실을 인지하여 특별히 2/3 Set으로 진행을 할 필요가 없고 판단되면 정상적으로 Full Set을 요구하고, 만약 물품이 수입지에 먼저 도착하면 개설의뢰인이 L/G를 받아 갈 것을 권해야 할 것입니다.

1) 46A에서 FULL SET B/L 요구하는 경우와 2/3 SET 요구하는 경우

FULL SET	+FULL SET OF CLEAN ON BOARD OCEAN BILLS OF LADING MADE OUT TO THE ORDER OF ABC BANK FREIGHT COLLECT NOTIFY EMSOUL.
2/3 SET	+2/3 SET OF CLEAN ON BOARD OCEAN BILLS OF LADING MADE OUT TO THE ORDER OF ABC BANK FREIGHT COLLECT NOTIFY EMSOUL. 2/3 B/L을 요구하는 경우 나머지 1부의 B/L을 어떻게 수익자가 처리를 할 것인지에 대한 문구 역시 신용장 조건에 있음.

2) 2/3 B/L을 요구하는 경우 나머지 1부에 대한 일반적인 서류 처리 절차

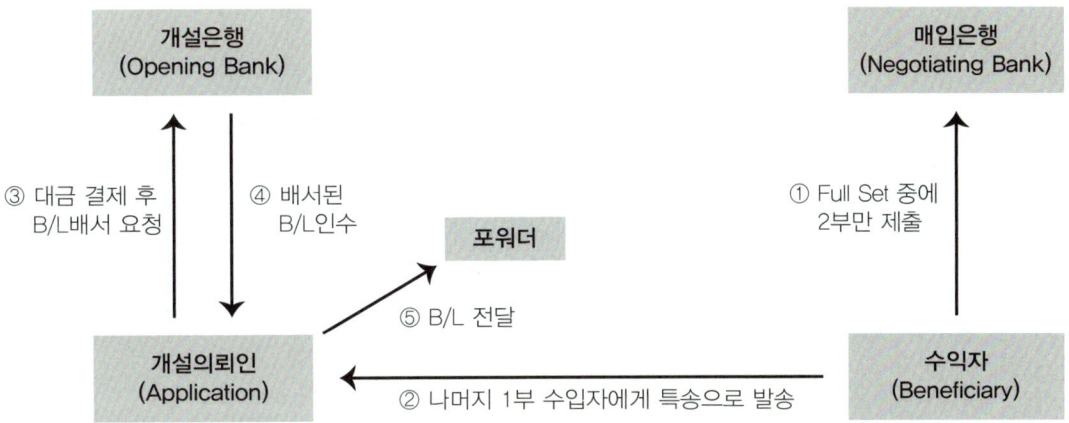

▲ 신용장 유형이 At Sight이고 46A에서 Consignee에 'To The Order of 개설은행'으로 되어 있다는 가정

제 5 장

무역 서류 서식 등

I. 수출입통관 관련 무역 서식

1. 선적서류: 인보이스 양식

무역서류는 누가 보더라도 쉽게 이해할 수 있도록 심플하게 작성하는 것이 가장 좋습니다. 물론, 그러한 서류가 인보이스라면 인보이스로서 역할을 할 수 있도록 작성하여야 합니다.

아래는 인보이스 양식으로서 인보이스는 국내거래로 따진다면 거래가 성사되었음을 나타내는 거래명세표 혹은 세금계산서로서의 역할을 하는 서류입니다. 흔히 Proforma Invoice(P/I)라고 하는 서류는 인보이스가 아니며, 견적서(Quotation)으로서 통관할 때 세관에서 '서류제출'로 결제가 떨어져서 인보이스 제출을 요구할 때 P/I을 제출하면 안됩니다.

인보이스는 누가(Shipper) 누구에게(Consignee) 어떠한 물품(Item)을 어떠한 가격조건(Price Term, Incoterms) 하에서 단가(U'price) 얼마에 수량(Q'ty) 몇 개를 총액(Total Amount) 얼마에 판매 한다라는 혹은 했다라는 것을 증명하는 서류로서 이러한 내용만 들어가면 인보이스가 됩니다.(물론, 결제조건도 필요할 수 있음. 또한 결제조건이 신용장인 경우 Notify Party 명시해야 함) 모든 무역서류가 그러하듯이 서류의 제목은 중요하지 않습니다. 그 서류가 말하고 있는 내용이 곧 서류의 제목이 됩니다.

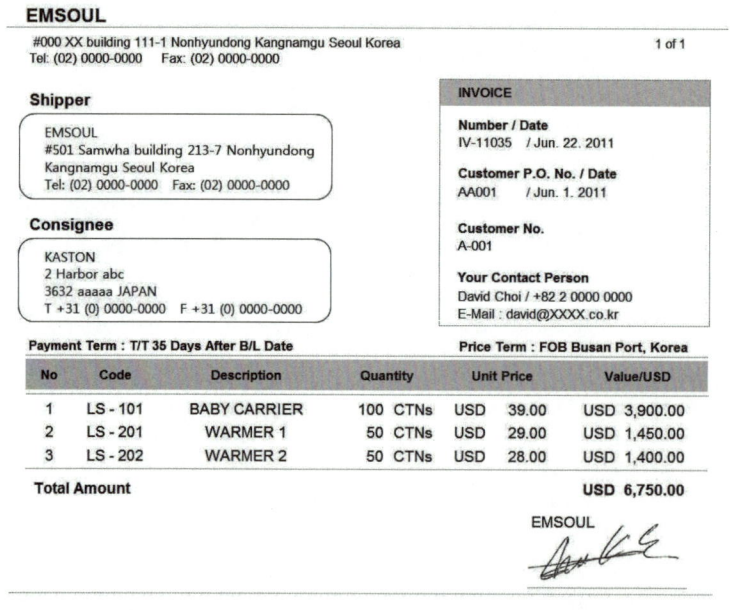

▲ 결제조건 T/T 조건 하에서 작성된 인보이스로서, Notify가 생략되어 있음(참고 256쪽).

2. 선적서류: 팩킹리스트 양식

아래는 팩킹리스트, 즉 포장명세서로서 수출자가 수출물품을 어떻게 박스에 혹은 기타의 방법으로 포장을 했으며, 해당 물품의 무게(순중량: Net Weight, 총중량: Gross Weight) 및 부피(Measurement, CBM)가 얼마가 되는지, 그리고 만약 물품 박스 외관에 화인(Shipping Mark)이 표기되어 있으면 일반적으로 화인이 어떻게 표기되었다라는 내용까지 팩킹리스트에 표기해 줍니다.

Packing List는 서류의 제목에 때로는 'Packing and Weight List'로 표기되기도 합니다. 하지만, 무역 서류는 그 서류의 제목이 중요한 것이 아니며 내용이 중요하며, 제목이 없어도 문제가 안됩니다. 이유는 그 서류가 Packing List로서의 역할을 하면 그 서류는 Packing List가 되기 때문입니다. 즉, 서류의 제목에 'Packing Note'라고 혹은 'Packing and Weight'라고 되어 있어도 서류의 내용만 포장에 대한 내용이라면 해당 서류는 'Packing List'가 됩니다.

PACKING LIST

EMSOUL
#000 XX B/D 111-1 Nonhyundong
Kangnamgu Seoul Korea
Tel: (02) 0000-0000
Fax: (02) 0000-0000

Invoice No. : IV-11035
Invoice Date : Jun. 22. 2011
Order No. : AA001

Page : 1 of 1

Shipper
EMSOUL
#501 Samwha building 213-7 Nonhyundong
Kangnamgu Seoul Korea
Tel: (02) 0000-0000 Fax: (02) 0000-0000

Consignee
KASTON
2 Harbor abc
3632 aaaaa JAPAN
T +31 (0) 0000-0000 F +31 (0) 0000-0000

Description of Goods	No. of Cartons		N.W. in KGS	G.W. in KGS	Meas. in CBM
BABY CARRIER LS - 101	100 CTNs (6 pcs / Caddy) (6 Caddies / CTN)	3,600 pcs	154.00 kgs (1.54 /CTN)	181.00 kgs (1.81 /CTN)	2.10 CBM (20㎝ x 30㎝ x 35㎝ / CTN)
WARMER 1 LS - 201	50 CTNs (6 pcs / Caddy) (6 Caddies / CTN)	1,800 pcs	130.00 kgs (2.60 /CTN)	154.90 kgs (3.10 /CTN)	3.30 CBM (40㎝ x 30㎝ x 55㎝ / CTN)
WARMER 2 LS - 202	50 CTNs (6 pcs / Caddy) (6 Caddies / CTN)	1,800 pcs	130.00 kgs (2.60 /CTN)	154.90 kgs (3.10 /CTN)	3.30 CBM (40㎝ x 30㎝ x 55㎝ / CTN)
TOTAL	200 CTNs		414.00 kgs	490.80 kgs	8.70 CBM

Total : Two Hundred Cartons Only.
N.W. : 414.00 kgs
G.W. : 490.80 kgs
Measurment : 8.70 CBM

Shipping Marks
KASTON
MADE IN KOREA

EMSOUL

3. 선적서류: B/L 양식

포워더를 사용하여 해상운송 하는 경우 발행되는 B/L 양식입니다. 본 B/L의 Consignee란에 수입자의 상호·주소가 표기된 것으로 보아 T/T 결제조건에서 발행된 B/L이며, L/C 결제조건에서 발행되는 경우 Consignee에는 'To The Order of ×××'로 표기 됩니다. 또한, 본 B/L은 'On Board Date'가 표기되고 사인이 되어 있는 것으로 보아 B/L로서 역할을 하는, 즉 On Board 이후에 발행된 'On Board B/L(=Shipped B/L)'입니다.

Shipper			B/L No.	XXXJKFLD8978
Kaston				
xxxx, Yokohama, Japan			**Multimodal Transport Bill of Lading**	
Consignee			Received by the Carrier from the shipper in apparent good order and condition unless otherwise indicated herein, the Goods, or the container(s) or package(s) said to contain the cargo herein mentioned, to be carried subject to all the terms and conditions appearing on the face and back of this Bill of Lading by the vessel named herein or any substitute at the Carrier's option and/or other means of transport, from the place of receipt or the port of loading to the port of discharge or the place of delivery shown herein and there to be delivered unto order or assigns. This Bill of Lading duly endorsed must be surrendered in exchange for the Goods or delivery order. In accepting this Bill of Lading, the Merchant agrees to be bound by all the stipulations, exceptions, terms and conditions on the face and back hereof, whether written, typed, stamped or printed, as fully as if signed by the Merchant, any local custom or privilege to the contrary notwithstanding, and agrees that all agreements or freight engagements for and in connection with the carriage of the Goods are superseded by this Bill of Lading			
Emsoul				
xxx, Nonhyundong, Kangnamgu, Seoul, Korea				
Notify Party				
Same As Above				
Pre-carriage by	Place of Receipt		Party to contact for cargo release	
			XXX JUNG-GU SEOUL 111-111 KOREA	
Vessel Voy. No.	Port of Loading		TEL : 00-0000-0000 FAX : 00-0000-0000	
ISLET ACE 832W	YOKOHAMA, JAPAN		ATTN : HONG GIL-DONG	
Port of Discharge	Place of Delivery		Final Destination (Merchant's reference only)	
BUSAN, KOREA				
Container No. Seal No. Marks and Numbers	No. of Containers or Pkgs	Kind of Packages ; Description of Goods	Gross Weight	Measurement
XXX834758987 P411999 BUSAN REP.OF KOREA MADE IN JAPAN C/NO. 1-35 PO#9332	7 PLTS	SHIPPER'S LOAD, COUNT & SEAL 1 X 20' CONTAINER S.T. BABY CARRIER COUNTRY OF ORIGIN : JAPAN PRICE TERM : FOB YOKOHAMA PORT "FREIGHT COLLECT"	2,500.00 KGS	28.5 CBM
Total Number of Containers or Packages(inworks)		SAY : ONE (1) CONTAINER ONLY	**FIRST ORIGINAL**	
Merchant's Declared Value (See Claused 18 & 23) :		Note : The Merchant's attention is called to the fact that according to Clauses 18 & 23 of this Bill of Lading the liability of the Carrier is, in most cases, limited in respect of loss of or damage to the Goods.		
Freight and Charges	Revenue Tons	Rate Per **FREIGHT COLLECT AS ARRANGED**	Prepaid	Collect
Exchange Rate	Prepaid at	Payable at DESTINATION	Place and Date of Issue TOKYO, JAPAN JUN. 22, 2011	
	Total Prepaid in Local Currency	No. of Original B/L THREE / 3	In witness whereof, the undersigned has signed the number of Bill(s) of Lading stated herein, all of this tenor and date, one of which being accomplished, the others to stand void	
Laden on Board the Vessel				
Vessel ISLET ACE 823W		DATE JUN. 22, 2011	As Carrier ABC MARITIME CO., LTD.	
Port of Loading YOKOHAMA, JAPAN		BY		
An enlarged copy of back clauses is available from the Carrier upon request.		(TERMS CONTINUED ON BACK HEREOF)		

4. 선적서류: AWB 양식

아래는 항공운송에서 발행된 AWB(Airway Bill)로서 통상 사본으로 발행됩니다. 따라서 우측 하단의 사인하는 곳에 사인이 되어 있지 않습니다.

ABC - 123123123

Shipper's name and Address	Not negotiable
Kaston xxxx, Yokohama, Japan	Air Waybill (Air Consignment Note) Issued by **ABC Air Freight Service** It is agreed that the goods described herein are accepted in apparent good other and condition (except as noted) for carriage SUBJECT TO THE CONDITIONS OF CONTRACT ON THE REVERSE HEREOF THE SHIPPER'S ATTENTION IS DRAWN TO THE NOTICE CONCERNING CARRIER'S LIMITATION OF LIABILITY. Shipper may increase such limitation of liability by declaring a higher value for carriage and paying a supplemental charge.
Consignee's Name and Address Emsoul xxx, Nonhyundong, Kangnamgu, Seoul, Korea	**Also Notify** SAME AS CONSIGNEE
	Copies 1, 2 and 3 of this Air Waybill are originals and have the same validity
Airport of Departure TOKYO, JAPAN / **Airport of Destination** INCHEON AIRPORT	Special Accounting Information /// ALL CHARGE COLLECT ///

to	By first Carrier	to	by	to	by	Currency	WT/VAL PPD / COLL	Other PPD / COLL	Declared Value for Carriage	Declared Value for Customs
ICN	OZ					JPY	X	X	N.V.D	

MAWB NO.	Flight / Date	Flight / Date	Amount of Insurance	INSURECE- If carrier offers insurance...
999-00011100	OZ-0000/29			

No. of Pieces RCP	Actual Gross Weight	kg/lb	Rate Class	Chargeable Weight	Rate	Weight Charge	Nature and Quantity of Goods (Incl. Dimenstions or Volume)
7	120.0	K	Q	120.0			BABY CARRIER 7 CARTONS
7	120.0			120.0		AS ARRANGED	INVOICE NO. 11027

Handling Information (Incl. Marks, Number and Method of Packing)
CASE MARK :
PO# 11033
EMSOUL
BUSAN
REP.OF KOREA
MADE IN JAPAN
C/NO. 1-5

"FREIGHT COLLECT"
ALL CHARGE COLLECT

ORIGIN JAPAN

Prepaid	Weight Charge	Collect	Other Charge
	Valuation Charge		
	Tax		
	Total Other Charges Due Agent		Shipper certifies that the particulars on the face hereof are correct and that insofar as any part of the consignment contains dangerous goods, such part is properly described by name and is in proper condition for carriage by air according to the applicable Dangerous Goods Regulations
	Total Other Charges Due Carrier		
			---------- Signature of Shipper or his Agent
Total Prepaid	Total Collect		22. Jun. 2011 TOKYO. JAPAN
Currency Conversion Rates	CC Charges in Dest. Currency		Executed on (Date) at (Place) Signature of Issuing Carrier
For Carrier's Use only at Destination	Charges at Destination	Total Collect Charges	ABC - 123123123

REGISTERED AIR CARGO CONSOLIDATOR / IATA APPROVED CARGO AGENT

5. 오더시트 (Order Sheet)

모든 무역 서류의 양식이 자유롭듯이 수입자(Buyer)가 작성하는 오더시트(Purchase Order, P/O)의 양식도 수입자 스스로 효율적인 양식을 만들어 사용하면 됩니다. 실무에서 특정 양식 없이 단순이 이메일 본문에 문장으로 오더를 내기도 하는데, 이러한 경우 해당 이메일이 오더시트로서 역할을 합니다.

오더시트에 포함되어야 하는 내용으로서 상품명, 수량, 단가, 총액, 그리고 가격조건이 되겠습니다. 그리고 결제조건으로서 결제조건 뒤에 선불인지 후불인지 정확하게 표기를 해야겠습니다. 또한, 선적기일 (아래 양식은 Reqeust Shipment Date로 표기)이 됩니다. 선적기일은 수입자가 수출자에게 요구할 수 있는 기본적인 권리로서 가능한 빨리 적재하라는 뜻으로서 As Soon As Possible 혹은 줄여서 ASAP로 쓰는 경우가 있는데, 이것은 아무른 의무가 없어서 수입자 자신이 가진 권리를 포기하는 것입니다. 정확한 선적기일을 표기해야겠습니다. 물론, 수출자와 사전에 합의된 기일이 되겠습니다.

마지막으로, 아래의 건은 가격조건(Price Term)이 FOB로서 운임(Freight)을 수입자가 커버합니다. 따라서 포워더를 수입자가 지정하는데, 수출자에게 수입자가 지정한 수입지 포워더의 수출지 파트너 정보를 알려주어야 합니다. 이때 통상 수입자는 오더시트에 'Nominated Forwarder'라고 해서 이러한 정보를 수출자에게 통지합니다. 물론, 수출자가 운임을 커버하여 수출자가 포워더를 지정하는 C-Terms, D-Terms에서의 오더시트에는 이러한 정보가 없습니다.

PURCHASE ORDER

Shipper		Consignee
Emsoul #000 XX building 111-1 Nonhyundong Kangnamgu Seoul Korea Tel: (02) 0000-0000 Fax: (02) 0000-0000	PURCHASE ORDER NO.: 12056 P/O DATE: 5-Mar-2012 Ref No.: PRICE TERM: FOB Busan Port Korea PAYMENT TERM: T/T in Advance REQUEST SHIPMENT DATE: 25-Mar-2012 REVISED P/O NO.: REVISED P/O DATE: PAGE: 1 of 1	KASTON 2 Harbor abc 3632 aaaaa JAPAN T +31 (0) 0000-0000 F +31 (0) 0000-0000

1. Order Sheet

No.	Product Code	Description	Quantity	Price / Box	Amount	Remarks
1	LS - 101	BABY CARRIER	100 CTNs	US$39.00	US$3,900.00	
2	LS - 201	WARMER 1	50 CTNs	US$29.00	US$1,450.00	
3	LS - 202	WARMER 2	50 CTNs	US$28.00	US$1,400.00	

2. Conditions

SHIPMENT : After completion of the production of products, we decide on sea and/or airfreight.
Payment Term : 30% in advance 70% by shipping date.
Other Conditions : If epidemic failures above 5 procent may occur, all products will be send back to Korea and all costs will be invoiced to you.

TOTAL AMOUNT: US$6,750.00

< Nominated Forwarder >
ABC Freight Carriers B.V.
#000 Samilro Junggu Seoul Korea
TEL. 82 02 000 0000 FAX..82 02 000 0000
Contact to HONG GIL-DONG.

KASTON

▲ 〈양식 1〉 KASTON(일본)이 FOB 조건으로 EMSOUL(한국)에게 오더 한 건.

ORDER SHEET

TO : Edu Tradehub
ATTN : Gerrit Dekker
DATE : May. 14th, 2012
PAGE : 1/1

EMSOUL
ORDER NO. : **12067**
TEL : +82-2-000-0000
FAX : +82-2-000-0000

Dear Sirs,
We are pleased to place an order under the following terms and conditions ;

DESTINATION : In-Cheon Airport, Korea
DELIVERY ADDRESS : EMSOUL
SHIPMENT : By Air
PRICE TERM : FCA Any Germany Airport
PAYMNET TERM : By T/T
REQUEST E.T.A. : May. 19th, 2012

Unit : Euro

No.	Description of Goods	Q'ty		Unit Price / 1,000pcs	Amount
1	Clip for ABC	7 ctn	168,000 pcs	8.80	1,478.40
2	Clip for ABB	22 ctn	215,000 pcs	7.20	1,548.00
3	Clip for BBC	15 ctn	355,000 pcs	7.20	2,556.00
	TOTAL AMOUNT				5,582.40

<< Nominated Forwarder >>

ABC EXPRESS FREIGHT GMBH   (Air Freight Dep.)
Cargo City Sued GEB 537, 60549 Frankfurt
TEL : +49/(0)69-6959-000-00
FAX : +49/(0)69-6959-000-00
ATTN : Export Manager, Mr. Mark Kim
E-Mail : mark@ABC-express.de

I look forward to your order confirmation with the soonest possible delivery.

Signed by: _____

▲ 〈양식 2〉 EMSOUL(한국)이 FCA 조건으로 EDU TRADEHUB(독일)에게 오더 한 건.

6. 수입신고필증 양식 및 세부 설명

수 입 신 고 필 증

※ 처리기간 : 3일

(1)신고번호 12312-11-123123U	(2)신고일 2011/09/12	(3)세관.과 000-00	(6)입항일 2011/09/12	(7)전자인보이스 제출번호	
(4)B/L(AWB)번호 KKK20012312		(5)화물관리번호 11KK0000000-0000-000	(8)반입일 2011/09/12	(9)징수형태 11	
(10)신 고 인	ABC관세사사무실 홍길동	(15)통관계획 D	(19)원산지증명서 유무 N	(21)총중량	105KG
(11)수 입 자	엠솔 (엠솔-0-00-0-00-0 A) 보세구역장치후				
(12)납세의무자	(엠솔-0-00-0-00-0 / 211-87-00000)	(16)신고구분 A 일반P/L신고	(20)가격신고서 유무 N	(22)총포장갯수	1CT
(주소)	서울 강남 논현 000-0 XX B/D #000				
(상호)	엠솔	(17)거래구분 11 일반형태수입	(23)국내도착항 ICN 인천공항	(24)운송형태	40-ETC
(전화번호)					
(이메일주소)		(18)종류 K 일반수입(내수용)	(25)적출국 NL NETHERL (26)선기명 AB123		NL
(성명)	최규삼				
(13)운송주선인	㈜ABC 포워딩				
(14)해외거래처	AAA TRADING COMPANY	(27)MASTER B/L 번호 12300000000	(28)운수기관부호		

(29)검사(반입)장소 00000000-XXXES (XX항공화물터미널A)

● 품명.규격 (란번호/총란수 : 999/999)

(30)품 명	CLEANING PREPARATINOS	(32)상 표	NO		
(31)거래품명	CLEANING PREPARATINOS				
(33)모델·규격	(34)성분	(35)수량	(36)단가 (EUR)	(37)금액 (EUR)	
ULTRA LIQUID SOAP		20 BX	18.3	365.99	

(38)세번부호	3402.90-3000	(40)순중량	45 KG	(43)C/S 검사	S 정CS검사 생략	(45)사후기관	
(39)과세가격 (CIF)	$ 753 ₩ 913,412	(41)수 량 (42)환급물량	20 BX	(44)검사변경 (46)원산지	NL-B-Y-B	(47)특수세액	

(48)수입요건확인
(발급서류명)

(49)세종	(50)세율(구분)	(51)감면율	(52)세액	(53)감면분납부호	감면액	*내국세종부호
관	6.50(C 가가		59,371			
부	10.00(A)		97,278		본 수입신고필증은 수입통관사무처리에 관한 고시 제 X-X-X조 규정에 의거 수입	

(54)결제금액 (인도조건-통화종류-금액-결제방법)	FOB - EUR - 366 - TT	(56)환 율	1,785.33		
(55)총과세가격	$ 753 ₩ 913,412	(57)운 임 (58)보험료	260,000	(59)가산금액 (60)공제금액	(64)납부번호 0123-000-00-00-0-000000-0 (65)부가가치세과표 123,123

(61)세종	(62)세 액	※ 관세사기재란	(66) 세관기재란
관 세	59,370		- 이 물품을 수입통관 후 단순가공하거나 낱개·산물· 분할 또는 재포장하여 판매하거나 시공할 경우, 관련 법령 에 의거 원산지표시를 하여야 하고, 양도(양수자의 재양도 포함)시에는 양수인에게 이 의무를 서면으로 통보하여야 하며, 이를 위반시에는 관세법 제276조 및 대외무역법 제54조에 의거 처벌을 받게 됩니다. - 이 물품은 사후심사결과에 따라 적용세율이 변경 될 수 있습니다.
개별소비세			
교 통 세			
주 세			
교 육 세			
농 특 세			
부 가 세	97,270		
신고지연가산세			
미신고가산세			
(63)총세액합계	156,640	(67)담당자 홍길동 000000	(68)접수일시 2011-09-12, 12:55 (69)수리일자 2011/09/12

업태=도매,소매 종목=무역,전자상거래   세관·과 : 000-00   신고번호: 12312-11-123123U   Page : 1/1

* 수입신고필증의 진위 여부는 관세청 통관포탈시스템(http://portal.customs.go.kr) 또는 수출입통관정보시스템(http://kdis.ktnet.co.kr)에 조회하여 확인하시기 바랍니다.
* 본 수입신고필증은 세관에서 형식적인 요건만을 심사한 것이므로 신고내용이 사실과 다른 때에는 신고인 또는 수입화주가 책임을 져야 합니다.

항목	설 명
1. 신고번호	신고번호: 1xx30-09-000917U 1xx30: 관세사 대행시 관세사 고유번호 / 자가통관시 수입자 고유번호 09: 수입년도 000917U: 일련번호(제출번호)
2. 신고일	수입신고일
3. 세관.과	040-11 040: 관할 세관 코드 / 11: 과 ex) 040: 인천공항세관 / 11: 수입1과 040: 인천공항세관 26: 특송통관과 030: 부산세관 11: 수입1과
4. B/L(AWB)번호	해당 수입건의 House B/L(AWB) 번호
5. 화물관리번호	09KE0E69JI8-0004-001 앞자리 두개는 년도를 나타낸다.
6. 입항일	배·항공기가 국내에 들어온 날짜
7. 반입일	해당 수입물품이 공항·항구의 지정보세창고에 반입된 날짜
9. 징수형태	관세·부가세의 징수형태 코드 00: 과세 보류 코드 11: 신고, 수리 전 납부 코드 12: 신고, 사후납부(개별담보) 코드 13: 신고, 사후납부(신용담보) 이 외에도 여러 형태가 있음.
10. 신고자	해당 수입건의 신고자를 적습니다. 관세사에게 대행을 맡기셨다면 관세사 사무실 이름과 관세사명 자가통관을 하게 되면 수입자 상호가 나옵니다.
11. 수입자	해당 수입물품의 실제 수입자 / 통관고유부호 / 수입자구분 - 통관고유부호는 상호뒤에 숫자 7자기 붙습니다. 수입/수출 할 때마다 필요한 번호입니다. - 수입신고필증의 수입자구분에서 'A'는 수입자와 납세자가 동일하다는 뜻이며 'B'는 수입자와 납세자가 다르다는 뜻입니다.
12. 납세의무자	해당 수입건을 수입할 때 관세·부가세의 납세의무자입니다. 수입자와 납세의무자는 다를 수 있습니다.
13. 운송주선인	수입지의 항구/공항까지 물품을 운송해준 운송회사, 즉 포워더 상호가 나옵니다. 특송(Courier Service)를 사용하셨다면 특송회사 이름이 나옵니다.
14. 해외거래처	수출자 상호, 부호, 국적이 표시 됩니다.
15. 통관계획	코드 A: 출항 전 신고(부두내 직반출 물품 포함) 코드 B: 입항 전 신고(부두내 직반출 물품 포함) 코드 C: 보세구역 도착 전 신고(부두밖 또는 내륙지세관 통관희망물품) 코드 D: 보세구역장치 후 신고(부두밖 또는 내륙지세관 통관희망물품) 이 외에도 여러 형태가 있음.
16. 신고구분	일반 P/L 신고: 세관에 서류 제출하지 않고 신고하는 형태, P/L은 Paperless의 의미 일반서류신고: 세관에 서류를 제출하고 신고하는 형태 코드 A: 일반 P/L 신고 코드 B: 일반서류신고 코드 C: 간이 P/L 신고 코드 D: 간이서류신고 코드 E: 자동수리신청 코드 F: 포관적 즉시수리

항목	내용
17. 거래구분	코드 11: 일반형태의 수입 코드 29: 위탁 가공 수입 코드 87: 무상으로 반입되는 견본품 및 광고 용품 코드 12: 주문자 상표 부착에 의한 수입 코드 79: 중계무역에 의한 수입 코드 93: 위약수출에 대한 대체품 수입 이 외에도 여러 형태가 있음.
18. 종류 (수입종류)	코드 A: 수출품의 원자재의 수입(외화 획득용) 코드 B: 보세창고 반입(외화 획득용) 코드 P: 우편 물품 코드 K: 내수 목적의 일반 수입 코드 U: 내수용 보세창고 반입 이 외에도 여러 형태가 있음.
23. 국내도착항	코드 ICN: 인천공항 코드 PUS: 부산항 코드 INC: 인천항 코드 013: 인천공항 국제우편세관 이 외에도 여러 형태가 있음.
24. 운송형태	운송수단 코드 코드 10: 선박에 의한 운송 코드 30: 차량에 의한 운송 코드 50: 우편물 운송 코드 70: 고정운송설비에 의한 운송 코드 90: 기타 코드 20: 철도에 의한 운송 코드 40: 항공기에 의한 운송 코드 60: 복합운송 코드 80: 내륙수로에 의한 운송 운송용기 코드 코드 FC: FCL 컨테이너 코드 BU: 벌크 코드 PA: 깔판(팔레트) 코드 UL: ULD(Unit Load Device) 코드 LC: LCL 컨테이너 코드 ETC: 기타 코드 RO: 로프(줄) 코드 MPA: 이동식판
43. C/S 검사	수입검사 선별시스템(C/S, Cargo Selectivity): 우범성이 있는 물품에 대한 검사 유무 표시로서 국내에 입국하는 모든 항공기와 모든 선박은 적하목록(Manifast, M/F)을 세관에 제출해야 하며 세관은 제출받은 적하목록을 확인하여 우범성 여부를 판단합니다. 수입신고필증의 'C/S검사' 부분이 'Y'이면 검사한 건이며, 'S'이면 검사 안 한 건입니다. Y 표시도 없는데 박스에 개봉 흔적이 있으면 여러변수가 있을 수 있습니다. 일단 세관직원이 임의로 열어 본 것인데 이때는 개봉후 봉할 때 세관 테입으로 봉하게 되어 있는데 가끔 세관직원들이 세관테입으로 하지 않는 경우도 있습니다. 하지만, 이것은 관세사에게 문의하면 세관직원이 개봉한것인지 전산으로 확인 가능합니다. 기타의 경우는 어디서 어떻게 열렸는지 사실상 확인할 방법은 없습니다.
54. 결제방법	코드 CD: 사후 또는 동시 송금방식(COD, CAD) 코드 D/A: D/A 방식 코드 GO: 기타 유상 코드 LH: 분할지급방식 코드 WK: 계좌이체(상호계산방식) 코드 D/P: D/P 방식 코드 T/T: 전신환 송금방식 코드 코드 LS: 일람출금신용장 코드 GN: 무상/샘플 거래 PT: 임가공지급방식 코드 LU: 기한부신용장

7. 수출신고필증 양식

수출신고필증(수출이행)

※ 처리기간 : 즉시

제출번호	12312-11-123123U		(5)신고번호 00000-00-00000000	(6)세관·과 000-00	(7)신고일자 2011-06-30	(8)신고구분 일반P/L신고	(9)C/S구분
(1) 신 고 자	ABC관세사사무실 홍길동						
(2)수 출 대 행 자 (통관고유번호)	에듀트레이드허브 에듀트레이드허브-0-00-0-0 수출자구분 C		(10)거래구분 11 일반형태		(11)종류 A 일반수출	(12)결제방법 TT 단순송금방식	
수 출 화 주 (통관고유번호) (주소) (대표자) (사업자등록번호)	에듀트레이드허브 에듀트레이드허브-0-00-0-00-0 서울 강남 논현 000-0 XX B/D #000 홍길동 (소재지) 111 211-87-00000		(13)목적국 CN PR. CHINA		(14)적재항 KRINC 인천항	(15)선박회사 (항공사)	
			(16)선박명(항공편명)		(17)출항예정일자	(18)적재예정보세구역	
			(19)운송형태 10 ETC			(20)검사희망일	
			(21)물품소재지 123 인천중구XX동 000				
(3)제 조 자 (통관고유번호) 제조장소	카스톤 카스톤-0-00-0-00-0 111 산업단지부호 111		(22)L/C번호			(23)물품상태 N	
			(24)사전임시개청통보여부 A			(25)반송 사유	
(4)구 매 자 (구매자부호)	ABC COMPANY ABC00000		(26)환급신청인 2 (1 : 수출대행자/수출화주, 2 : 제조자) 간이환급 NO				

● 품명·규격 (란번호/총란수 : 999/999)

(27)품 명	CLEANING PREPARATINOS	(29)상 표 NO
(28)거래품명	CLEANING PREPARATINOS	

(30)모델·규격	(31)성분	(32)수량	(33)단가 (USD)	(34)금액 (USD)
ULTRA LIQUID SOAP A TYPE		300 (EA)	0.0934	28.025
ULTRA LIQUID SOAP B TYPE		300 (EA)	0.0841	25.222

(35)세번부호	3402.90-3000	(36)순중량	24.0 (KG)	(37)수량		(38)신고가격(FOB)	$ 53 ₩ 60,435
(39)송품장번호	PI-11003	(40)수입신고번호		(41)원산지	KR--	(42)포장갯수(종류)	4 (BO)
(43)수출요건확인 (발급서류명)							
(44)총중량	28.0 (KG)	(45)총포장갯수	4 (BO)	(46)총신고가격(FOB)			$ 7,373 ₩ 8,535,205
(47)운임(W)	115,763	(48)보험료(W)	17,364	(49)결제금액	CIP - USD - 7,488.00		
(50)수입화물 관리번호				(51)컨테이너번호			N
※ 신고인기재란				(52)세관기재란 신고수리:XX공항세관 관세사 홍 길 동 전자서류수입통관확인			
(53)운송(신고)인 (54)기간		(55)적재의무기한	2011-07-30	(56)담당자		(57)신고수리일자	2011-06-30

(1) 수출신고수리일로부터 30일내에 적재하지 아니한 때에는 수출신고수리가 취소됨과 아울러 과태료가 부과될 수 있으므로 적재사실을 확인하시기 바랍니다.
    (관세법 제251조, 제277조) 또한 휴대탁송 반출시에는 반드시 출국심사(부두,초소,공항) 세관공무원에게 제시하여 확인을 받으시기 바랍니다.
(2) 수출신고필증의 진위여부는 관세청 인터넷통관포탈에 조회하여 확인하시기 바랍니다.(http://portal.customs.go.kr)

8. 사유서 양식: 위약물품 재수출에 대한 사유서

수입자가 세관에 '위약물품재수출' 신고를 하는 경우 P/L, 서류제출, 물품검사 중에 대부분 '서류제출' 건으로 결제가 되며, 이때 세관에서는 위약물품으로서 재수출하는 것에 대한 사유를 적어서 제출 할 것을 요구합니다. 이러한 사유를 적은 서류가 바로 '사유서'라는 것이며, 세관은 사유서를 포함하여 해당 건의 매매계약서, 이메일 서신(수출자가 계약과 상이한 물품을 발송하였다고 인정하는 내용) 및 수입신고필증 등의 서류 역시 함께 제출 요구 합니다.

사유서는 기타의 경우에도 세관에서 요청하는 경우가 있으며, 이때 화주는 말 그대로 사유를 적어서 제출하면 됩니다. 그리고 아래의 양식에 우측 하단 부분에는 회사의 명판/도장이 없지만 명판/도장을 찍어서 제출합니다.

사 유 서

Shipper : KASTON
Consignee : EMSOUL
ORIGIN : NETHERLAND

AWB No.	수입신고번호	품 명	Q'ty
KKS20011265	12312-12-123123U	Hand Cleaner	50 CTNs

1. 귀관의 노고에 감사드리오며, 일익 번창하심을 기원합니다.

2. 본 건의 물품은 네덜란드의 생활용품 제조사인 KASTON 사로부터 수입한 건 (AWB : KKS20011265, 1월 16일 수입신고수리)으로서 수입신고 후 수리되어 폐사의 창고에 입고 후 확인 한 결과 오더와 상이한 제품임을 확인 하였습니다.

3. 폐사는 상기 건에 대해서 수출자에게 통지 하였으며, 수출자의 동의를 얻어 상기 물품에 대해서 위약물품재수출 신고합니다.

2012년 01월 29일
EMSOUL
대표 최규삼

9. 사유서 양식: 샘플 수입통관할 때

일반적으로 소량의 샘플은 특송을 통하여 수입되며, 특송을 이용하여 샘플로 수입을 하더라도 물품 가격 USD150이하의 물품이 아니라면 수입신고를 진행하고 수리가 되면 수입신고필증이 발행됩니다. 이러한 경우 특송회사에서 '수입신고의뢰서'와 함께 해당 건의 특송 B/L 혹은 인보이스를 수입자에게 팩스 발송합니다. 그리고 수입자는 B/L 혹은 인보이스의 물품이 자신의 물품임을 확인하고 '수입신고의뢰서'를 작성하는데, 이때 샘플로 신고하면, 즉 샘플에 체크를 하여 '수입신고의뢰서'를 특송회사로 다시 팩스 발송하면 특송회사의 관세사 사무실이 세관에 신고를 하면서 해당 건에 대한 사유서를 일반적으로 요구합니다.

아래의 사유서는 특송으로 수입을 하는 샘플 건에 대한 사유서 양식입니다.

사 유 서

품 명 : Hand Cleaner
Shipper : KASTON
Consignee : EMSOUL
DHL B/L No. : 1234876987

1. 귀관의 노고에 감사드리오며, 일익 번창하심을 기원합니다.

2. 본 건의 물품은 네덜란드의 KASTON 사로부터 공급 받을 예정에 있는 나노 코팅제 및 화장품 샘플입니다. 폐사는 본 샘플을 국내에 반입하여 품질을 확인하고 국내 거래처의 본 제품에 대한 반응 등의 마케팅 활동에 사용할 예정입니다.

3. 따라서 이 점을 고려하여 처리 요청을 드립니다.

2011년 08월 29일
EMSOUL
대표 최규삼

10. Courier Service(특송업체) 수입신고 의뢰서

특송으로 수입을 하는 경우 해당 건의 물품가격 USD150이하의 물품이 아니라면 수입신고를 해야 합니다[1]. 특송으로 진행하는 건에 대한 수입신고는 수입자가 업무 제휴를 하고 있는 관세사 사무실보다는 특송회사와 업무 제휴를 하고 있는 관세사 사무실을 일반적으로 사용합니다. 다시 말해서 물품가격 USD150이하의 물품이 아니라면 특송회사에서는 아래와 같은 '수입신고의뢰서'와 해당 건의 B/L 혹은 인보이스를 팩스로 발송해주며 수입자가 '수입신고의뢰서'를 작성하여 다시 팩스로 특송회사로 발송하면 특송회사와 업무 제휴를 하고 있는 관세사 사무실에서 수입신고를 진행합니다.

To. 항공수입화물 담당자 님 (Air - import)

From : xxx Express
Date : 20xx. 5. 21
Phone : 032-000-000　　　　Fax : 032-000-0000

※ xx국제공항 xxx Express Inbound에서 연락드립니다.
 - 귀사의 소중한 화물이 도착(예정)으로 서면으로 통보 드립니다.
 - 수입신고 의뢰서를 작성하여 FAX로 송부하여 주시면, 신속한 수입통관 진행이, 이루어 질 수 있도록 하겠습니다. 감사합니다.

수입신고 의뢰서　　　※ 해당란에 O 표시

담당자		전화번호		BL NO	
유환	내수용		외화 송금하여 구매한 물품		
	수출용(원)부자재		수출 시 물품에 부착되어 재반출		
무환	견본품		무상공급 받는 샘플용 물품		
	하자보수품		물품 하자로 인한 대체품		
	재수입건		수출 후 물건하자로 인한 재반입 (수출면장, 사유서, 수리비내역)		
	재수출건		다시 해당 국가로 발송 (담보제공서, 사유서, 통장사본)		
타관세사 인계건	관세사(보세운송사)명				
징수형태	사전납부( )　　월별납부( )　　사후납부( ) * 월별납부, 사후납부는 세관에 담보로 등록된 업체만 가능합니다.				
기타요청 사항					

 - 유환 및 무환신고시 세금이 부과됨을 알려드립니다. (세금이 30만원 미만은 대납)
 - 항공운임 한국에서 지불하는 경우 : 유,무환 상관없이 통관수수료 나오지 않으며, 반입일로부터 5일이상시 창고료가 부과 됩니다.
 - 항공운임이 외국에서 지불하는 경우 : 유환시 통관수수료가 나오며, 창고료는 당일부터 부과됩니다. (단 창고료가 5천원 미만시 청구되지 않음)

1　목록통관 가능한 상황에서도 수입자가 원하는 정식 수입신고 가능한가? 154쪽 각주 참고.

Ⅱ. 무역결제 관련 무역 서식

1. 전신환지급신청서(T/T) 양식

수입자는 수출자로부터 'Bank Information'을 통지받고 '전신환신급신청서'를 작성하고 외화가 외국으로 빠져나가는 것에 대한 근거 서류로서 계약서, 인보이스, 이메일 서신 중 하나를 은행으로 팩스 발송하면, 은행은 송금 후 수입자에게 '송금케이블' 및 '영수증'을 팩스 발송합니다.

2. T/T 송금 케이블 양식

수입자의 요청에 의해서 은행이 T/T 송금하였음을 증명하는 서류로서 송금 케이블 양식입니다. 실무에서 은행원과 대화 할 때는 '송금 케이블'이라고 통상 부르며 '케이블'이라고도 합니다. 수입자는 본 케이블을 스캔하여 이메일에 첨부 후 해당 금액을 송금하였음을 수출자에게 증명해줍니다.

XXX BANK

* REMITTANCE DETAILS *

지점 : 0068(서초지점)

:20	SENDER'S REFERENCE (송금번호)	: 12301230123
:32A	VALUE DATE / CURRENCY / AMOUNT	: 2011-08-30 / USD / 208.00
:50K	ORDERING CUSTOMER (송금인)	: EMSOUL XXX 213-7 NONHYUNDONG KANGNAMGU SEOUL KOREA
:59	BENEFICIARY CUSTOMER (수취인)	: 123-123123-123 KASTON CO LIMITED XXX 123 10/F ABC CENTER 12 ABC ST HK TEL 123-123123
:57	ACCOUNT WITH INSTITUTION (수취은행)	: ABC BANK ABC PLAZA XXX HONGKONG
:56	INTERMEDIARY INSTITUTION (중계은행)	:
:71A	DETAILS OF CHARGES (해외은행수수료부담자)	: APPLICANT
:70	REMITTANCE INFORMATION (추가정보내역)	:

*** ABOVE DETAIL IS NOT VALID TO PAY USE ***

INDUSTRIAL BANK OF KOREA
SECHO GU BRANCH

3. 매입신용장(Negotiation L/C): 신용장개설신청서

취소불능화환신용장 발행 신청서

전자문서번호		전자문서기능	Original
수신처	[찾기]	수입계약정보	[선택]

일반정보

개설신청일자	2011-06-10	개설방법	By full cable
운송방법	Sea/Air		
신용공여주체	Banker's	결제조건유형	Usance L/C
개설의뢰은행 [찾기]		(희망)통지은행 [찾기]	
*외환점포코드		*은행명	
*은행명		*지점명	
*지점명			
*Tel No			

SWIFT 정보

40A	Form of Documentary Credit	IRREVOCABLE	
31D	Date and place of expiry	(date) 2011-08-20	(place) JAPAN
50	Applicant	EMSOUL #000 XXX B/D 222-22 NONHYUNDONG KANGNAMGU SEOUL KOREA [TEL No] 02 000 0000	
59	Beneficiary	KASTON LIMITED 2 Harbor abc 3632 aaaaa JAPAN [TEL No.]	
32B	Currency Code Amount	통화코드 JPY [찾기]	8,500,000.00
39B	Maximum Credit Amount	과부족허용율 사용여부	
39A	Percentage Credit Amount Tolerance	(+) / (-)	
42	Drafts at / Mixed payment Detail / Deferred Payment Details	Drafts at 90 DAYS AFTER B/L DATE	
43P	Partial Shipment	ALLOWED	
43T	Transhipment	ALLOWED	
44A	Place of Taking in Charge / Dispatch from... / Place of Receipt		
44E	Port of Loading / Airport of Departure	ANY JAPANESE PORT	
44F	Port of Discharge / Airport of Destination	BUSAN PORT KOREA	
44B	Place of Final Destination / For Transportation to... / Place of Delivery		

44C	Latest Date of Shipment	2011-08-01			
45A	Description of Goods and/or Service	ITEM Q'TY U'PRICE AMOUT ABC 1,000CTNs JPY8,500.00 JPY8,500,000 HS NO. 3917.32.9000 Terms of Place: FOB Place of terms of price: JAPAN Country of origin 국가코드: JP [찾기] JAPAN			
46A	Document Required	☑ 380 : SIGNED COMMERCIAL INVOICE IN 3 COPIES ☑ FULL SET(705) OF CLEAN ON BOARD OCEAN BILLS OF LADING MADE OUT TO THE ORDER OF ABC BANK MARKED FREIGHT COLLECT NOTIFY EMSOUL ☐ 740 : AIRWAY BILL CONSIGNED TO MARKED FREIGHT NOTIFY ☐ 760 : FULL SET OF CLEAN MULTIMODAL TRANSPORT DOCUMENT MADE OUT TO THE ORDER OF MARKED FREIGHT NOTIFY ☐ 530 : FULL SET OF INSURANCE POLICIES OR CERTIFICATES, ENDORSED IN BLANK FOR 110% OF THE INVOICE VALUE, EXPRESSLY STIPULATING THAT CLAIMS ARE PAYABLE IN KOREA AND IT MUST INCLUED : INSTITUE CARGO CLAUSE ☑ 271 : PACKING LIST IN 3 COPIES ☐ 861 : CERTIFICATE OF ORIGIN ☐ 24A : OTHER DOCUMENT(S)			
47A	Additional Conditions	☐ SHIPMENT BY ☐ ACCEPTANCE COMMISSION & DISCOUNT CHARGES ARE FOR BUYER'S ACCOUNT ☑ ALL DOCUMENTS MUST BEAR OUR CREDIT NUMBER ☐ LATE PRESENTATION B/L ACCEPTABLE ☐ OTHER ADDITIONAL CONDITIONS			
71B	Charges	ALL BANKING COMMISSIONS AND CHARGES INCLUDING REIMBURSEMENT CHARGES OUTSIDE KOREA ARE FOR ACCOUNT OF BENEFICIARY			
48	Period for Presentation	DOCUMENTS TO BE PRESENTED WITHIN 10 DAYS AFTER THE DATE OF SHIPMENT BUT WITHIN THE VALIDITY OF THE CREDIT			
49	Confirmation instructions				

전자서명	*상호	EMSOUL
	*대표자명	최규삼
	*주소	서울시 강남구 논현동 222-22 XXX B/D #000
	*전자서명	

4. 매입신용장(Negotiation L/C): 신용장개설응답서

취소불능화환신용장개설응답서
(Irrevocable Documentary Credit Information)

Except so far as otherwise expressly stated. This documentary credit is Subject to the "Uniform Customs and Practice for Documentary Credits"(2007 Revision) International Chamber of Commerce(Publication No.600)

전자문서번호 : APP7002011061000000000   전자문서기능 : Original

------------------------------< 일 반 정 보 >------------------------------

개설신청일자 (Date of Applying)	:	2011-06-10
개설방법 (Way of Issuing)	:	By full cable
SWIFT 전문발신은행 : (SWIFT Sending Bank)		[ABABKRSEXXX] [ABC BANK, SEOUL SEOUL] [000-00, ABC DONG, 1-GA, ABC-GU]
SWIFT 전문수신은행 :		[AMERICAN BBB BANK LTD TOKYO] [00-00, XXXCUBO, XXXKU]
기타정보 (Others)		ABC 은행 ABC 지점 수입계 L/C NUMBER = MA122106NU00111 OPEN CHARGE = 24000 CABLE CHARGE = 15000 수입보증금 = 0 TOT CHARGE = 39000

------------------------------< 스 위 프 트 >------------------------------

41A	Form of Documentary Credit	:	IRREVOCABLE
20	Documentary Credit Number	:	MA122106NU00111
23	Reference to Pre-Advice	:	
31	Date of Issue	:	2011-06-10
40E	Applicable Rules	:	UCP LATEST VERSION
31D	Date and place of expiry	:	(date)2011-08-20 (place) JAPAN
51A	Applicant Bank	:	
50	Applicant	:	EMSOUL #000 XXX B/D 222-22 NONHYUNDONG KANGNAMGU SEOUL KOREA 02 000 0000
59	Beneficiary	:	KASTON LIMITED 2 Harbor abc 3632 aaaaa JAPAN
32B	Currency Code Amount	:	JPY 8,500,000.00
39A	Percentage Credit Amount Tolerance	:	
39B	Maximum Credit Amount	:	NOT EXCEEDING
42C	Drafts at	:	90 DAYS AFTER B/L DATE
41a	Available with ... by ...	:	ANY BANK BY NEGOTIATION
42A	Drawee	:	ABCDJPJX AMERICAN BBB BANK LTD TOKYO
43P	Partial Shipment	:	ALLOWED
43T	Transhipment	:	ALLOWED
44E	Port of Loading / Airport of Departure	:	ANY JAPANESE PORT
44F	Port of Discharge / Airport of Destination	:	BUSAN PORT KOREA

44C	Latest Date of Shipment	:	2011-08-01
45A	Description of Goods and / or Service	:	ITEM Q'TY U'PRICE AMOUT ABC 1,000CTNs JPY8,500.00 JPY8,500,000.00 HS NO. 3917.32.9000 [Terms of price] FOB [Place of terms of price] JAPAN Country of origin Japan
46A	Document Required	:	+ SIGNED COMMERCIAL INVOICE IN 3 COPIES + FULL SET OF CLEAN ON BOARD OCEAN BILLS OF LADING MADE OUT TO THE ORDER OF ABC BANK MARKED FREIGHT COLLECT NOTIFY EMSOUL + PACKING LIST IN 3 COPIES
47A	Additional Conditions	:	+ ALL DOCUMENTS MUST BEAR OUR CREDIT NUMBER
71B	Charges	:	ALL BANKING COMMISSIONS AND CHARGES INCLUDING REIMBURSEMENT CHARGES OUTSIDE KOREA ARE FOR ACCOUNT OF BENEFICIARY
48	Period for Presentation	:	DOCUMENTS TO BE PRESENTED WITHIN 10 DAYS AFTER THE DATE OF SHIPMENT BUT WITHIN VALIDITY OF THE CREDIT
49	Confirmation Instructions	:	WITHOUT
53A	Reimbursement Bank	:	AMERICAN BBB BANK LTD TOKYO ABCDJPJX
57A	"Advise Through" Bank	:	
72	Sender to Receiver Information	:	TO PAY /ACC/NEG/BK : THE AMOUNT OF EACH DRAFT MUST BE ENDORSED ON THE REVERSE OF THIS CREDIT +ALL DOCUMENTS MUST BE FORWARDED TO US BY COURIER SERVICE IN ONE LOT. ADDRESSED TO ABC BANK 203. XXX DONG 1 GA. XXX GU. SEOUL. KOREA +REIMBURSE YOURSELVES ON THE REIMBURSING BANK AT SIGHT BASIS. ACCEPTANCE COMM AND DISCOUNT CHGS ARE FOR ACCOUNT OF APPLICANT.

-- < 전자서명 > --

신청업체 전자서명 : 엠솔
최규삼
서울시 강남구 논현동 XXX

개설은행 전자서명 : ABC BANK SEOUL KOREA
홍길동
203. XXX DONG 1 GA. XXX GU. SEOUL. KOREA

5. 매입신용장(Negotiation L/C): 신용장조건변경신청서(L/C Amend)

수입신용장조건변경신청서

Header

전자문서번호*		전자문서기능*	Original ▼
수신처*	[찾기]	수입신용장 정보	[선택]

일반정보

조건변경신청일*	2011-06-15	개설방법*	By full cable ▼
운송방법*	▼		
개설의뢰은행*	[찾기]	(희망)통지은행	[찾기]
* 외환점포코드		*은행명	
* 은행명		*지점명	
* 지점명		* 최초개설시 지정한 통지은행이므로, 위 항목의 변경신청기재로 인해 (희망)통지 은행이 변경되지 않음을 유의하십시오!	
* Tel No			

개설의뢰인*	* 상호	EMSOUL
	* 주소	#000 XXX B/D 222-22
		NONHYUNDONG KANGNAMGU
		SEOUL KOREA
	* 전화	02 000 0000

기타정보	

SWIFT정보

20	Sender's Reference(L/C No.)*	MA122106NU00111
31C	Date of Issue*	2010-06-10
26E	Number of Amendment*	1 회
59	Beneficiary (before this amendment)*	KASTON LIMITED [찾기] 2 Harbor abc 3632 aaaaa JAPAN [Account No.]
31E	New Date of Expiry	
32B	Increase / Decrease of Documentary Credit Amount	○ N/A ● Increase of L/C Amount(신용장증액분) ○ Decrease of L/C Amount(신용장감액분) 통화코드 ▼ JPY [찾기] 850,000.00
34B	New Documentary Credit Amount After Amendment	* 변경 후 최종금액 JPY 9,350,000.00
39B	Maximum Credit Amount	과부족허용율 사용여부 ▼
39A	Percentage Credit Amount Tolerance	(+) □ / (-) □ 39B에서 % 선택시, 반드시 입력하세요

39C	Additional Amount Covered	
44A	Place of Taking in Charge / Dispatch from... / Place of Receipt	
44E	Port of Loading / Airport of Departure	
44F	Port of Discharge / Airport of Destination	
44B	Place of Final Destination / For Transportation to... / Place of Delivery	
44C	Latest Date of Shipment	
79	Narrative	45A Description of Goods and/or Service Before : 　　ITEM　　　Q'TY　　　U'PRICE　　　AMOUNT 　　ABC　　　1,000CTNs　　JPY8,500.00　　JPY8,500,000.00 　　HS NO. 3917.32.9000 After : 　　ITEM　　　Q'TY　　　U'PRICE　　　AMOUNT 　　ABC　　　1,100CTNs　　JPY8,500.00　　JPY9,350,000.00 　　HS NO. 3917.32.9000 본 항목은 1. 주요 조건변경사항(유효기일, 선적항, 금액 증감 등) 이외의 조건변경사항을 기재 2. 실질적인 신용장조건변경 없이 조건변경사항의 단순 통지만을 목적으로 하는 경우에는 "DETAILS TO FOLLOW" 3. 기 발급된 신용장을 취소 할 경우에는 문장 처음에 "CANCEL" 문구를 사용

전자서명	*상호	EMSOUL
	*대표자명	최규삼
	*주소	서울시 강남구 논현동 222-22 XXX B/D #000
	*전자서명	

6. 매입신용장(Negotiation L/C): 신용장조건변경응답서(L/C Amend)

취소불능화환신용장조건변경응답서
(Irrevocable Documentary Credit Amendment Information)

Except so far as otherwise expressly stated. This documentary credit is Subject to the "Uniform Customs and Practice for Documentary Credits"(2007 Revision) International Chamber of Commerce(Publication No.600)

문서번호 : APP7002011061000000000   전자문서기능 : Original

-------------------------------- < 일반정보 > --------------------------------

건변경신청일자 (Date of Applying)	:	2011-06-15
설방법 (Way of Issuing)	:	By full cable
송방법	:	Sea/Air
설(의뢰)은행 SWIFT Sending Bank	:	[A122] [ABC은행] [ABC 지점]
(망)통지은행	:	
설의뢰인	:	EMSOUL #000 XXX B/D 222-22 NONHYUNDONG KANGNAMGU SEOUL KOREA 02 000 0000
타정보 (Others)	:	

-------------------------------- < 스위프트 > --------------------------------

Sender's Reference (L/C No)	:	MA122106NU00111
Date of Issue	:	2011-06-10
Number of Amendment	:	1
Beneficiary (before this amendment)	:	KASTON LIMITED 2 Harbor abc 3632 aaaaa JAPAN
Increase of Documentary Credit Amount	:	JPY 850,000.00
New Documentary Credit Amount After Amendment	:	JPY 9,350,000.00
Narrative	:	45A Description of Goods and/or Service

Before :

ITEM	Q'TY	U'PRICE	AMOUT
ABC	1,000CTNs	JPY8,500.00	JPY8,500,000.00

HS NO. 3917.32.9000

After :

ITEM	Q'TY	U'PRICE	AMOUT
ABC	1,100CTNs	JPY8,500.00	JPY9,350,000.00

HS NO. 3917.32.9000

7. 수출환어음매입(추심)신청서

수출환어음매입(추심)신청서
☐ 추심인 경우(V 표시)

담당	검토자	결재권자

매입번호*	
고객번호*	
승인신청번호*	

우리은행 앞

아래와 같이 화환어음의 매입/추심을 신청함에 있어서 따로 제출한 외국환거래약정서의 해당 조항에 따를 것을 확약하며 신용장(계약서) 불일치 내용이 상대은행에서 통보되어 온 경우 매입시 불일치 내용을 신고한 것으로 인정하여도 이의를 제기하지 않겠습니다. 아울러 위 수출물품에 대한 모든 권리를 귀 은행에 양도하겠습니다.

(1) L/C 및 운송서류 내용		(2) 매입(추심)신청내역	
L/C 번호*		통 화*	USD
개 설 일 자		금 액*	
수출신고필증번호*		외화대체금액	
선 적 기 일		수입보증금	
유 효 기 일		원화입금액	

(3) 신용장(계약서)불일치 내용 *
①
②
③
④
⑤
⑥

위 신용장(계약서)에 의한 수출환어음매입 또는 선적서류매입과 관련하여 본인은 아래와 같은 신용장(계약서) 조건과의 불일치 또는 기타 사유로 인한 하자사항을 확인하며 이로 말미암은 비용 및 손해는 외국환거래 약정서에 따라 부담하겠습니다.

년   월   일

*주 소
*신청인   (인)

인감 및 원본확인

*DOCS	DRAFT	COMM INV	B/L	AWB	PKG LIST	INSU PO/CE	CERT ORIG	INSP CERT	CONS INV	BENEF CERT	SHIP ADV			
1 ST			C	C		C								
2 ND			C	C		C								
DRAWEE														

MAIL TO			
DRAWEE BANK*		*수출보험등 부보여부	Y N
OPENING / COLLECTING BANK*		COMM/INTEREST	
BENEFICIARY		특별문구(코드)	
ACCOUNTEE*		H.S. NO.	
COMMODITY		TRANSSHIPMENT	ALLOWED, NOT
DESTINATION		PARTIALSHIPMENT	ALLOWED, NOT

8. 통지은행의 신용장 내도 통지서

통지은행은 개설은행으로부터 신용장을 받으면 아래와 같은 내용을 수익자에게 팩스로 발송하여 신용장 내도를 통지함과 동시에 언제까지 신용장을 수령할 것을 요청합니다. 수익자는 관련 내용을 확인 후 정해진 수령 일자까지 통지은행에 내방하여 신용장을 수령합니다.

AMERICAN BBB BANK

수신	: KASTON LIMITED
발신	: AMERICAN BBB BANK
제목	: 신용장 내도 통지
신용장 번호	: MA122106NU00111
금액	: JPY 850,000
발행은행	: ABC BANK
S/D & E/D	: 2011-08-01 & 2011-06-10
통지번호	: 12332443223
접수일자	: 2011-06-16 접수번호 : 2011061609878902
수령장소	: AMERICAN BBB BANK XXX 지점 (Tel. : 0000901928)
통지수수료	: 20,000원

##
※ 수령 가능 시기
  - 본 FAX를 받으신 날로부터 다음 영업일 오후 1시 이후에 거래영업점에서 수령하시기 바랍니다.
  - 본점 영업부 거래고객은 영업부에서 당일 오전 11시 이후 수령 가능합니다.

※ 통지 관련 문의
  - 상기 수령장소의 거래영업점으로 문의 하시기 바랍니다.

※ 수령시 지참물
  - 인감증
  - 수령증 (본 FAX에 명판, 사용인감, HS CODE(수출대상물품 HS 코드), 연락처 기재하여 사용 가능)

※ 대리인 수령시 지참물
  - 위임장, 법인인감증명서, 대리인 신분증
##

9. 적하보험증권(Cargo Insurance Policy, Cargo Insurance Certificate)

HANGLE Korean Fire and Marine Insurance Company Korea.
22Fl., Samwha B/D, 213-7 Gangnam-ku, Seoul, Korea
Tel) +82 2 2222 1111 / Fax) +82 2 2222 3333

Hangle Insurance

Marine Cargo Insurance Policy

Policy No. HAG1122312	Assured(s), etc EDUTRADEHUB

Claim, if any, payable at HANGLE KOREAN INSURANCE CO. KOREA 22TH FLOOR, SAMWHA B/D, 213-7 GANGNAM-KU, SEOUL, KOREA TEL : +82 2222 1111, FAX : +82 2222 3333 **Claims are payable in** KRW	**Ref. No.** INV. NO. 0009090 ORDER NO. 14-233
Survey should approved by HANGLE KOREAN INSURANCE CO. KOREA 22TH FLOOR, SAMWHA B/D, 213-7 GANGNAM-KU, SEOUL, KOREA TEL : +82 2222 1111, FAX : +82 2222 3333	**Amount insured hereunder** EXCH @ 1795.2600 EUR 721.58 (WON 1,295,424) EUR 655.98 X 110%

Local Vessel or Conveyance	From(interior port or place of loading)	Conditions and Warranties
		INSTITUTE CARGO CLAUSE(ALL RISKS) EXCLUDING THE RISK OF SHORTAGE DUE TO BREAKAGE OF BOTTLE
Ship or Vessel called the T.B.D.	**Sailing on or about** Sep. 22, 2009	
at and from AMS, NETHERLAND	**transhipped at**	

Subject-matter Insured

ULTRASAN SPECTRUM 85ML TRIGGER 20 BOXES
EXP 2010-12 LOT 998 AND OTHERS

TOTAL 26 BOXES

Marks and Numbers as per Invoice No. specified above.		This insurance is subject to the following Clauses current at time of shipment Institute Cargo Clauses (so for as applicable) Institute Classification Clause On-Deck Clause(applicable if not notice of on-deck shipment) Special Replacement Clause(applying to machinery) Termination of Transit Clause(Terrorism) Institute Extended Radioactive Contamination Chemical, Biological, Bio-Chemical, Electromagnetic Weapons Exclusion Clause Institute Cyber Attack Exclusion Clause
Place and Date Signed in SOUTH KOREA / Sep. 19, 2009	**No. of Policies Issued** DUPLICATE	

III. 기타

1. 비용분기점과 위험분기점에 대한 이해

A) 비용분기점에 대한 이해

수출자는 비용분기점(가격조건 뒤 지정장소)까지의 운송비를 포워더에게 견적 받아서 수입자에게 제시하는 물품의 가격에 포함하여 수입자에게 물품 가격과 함께 결제 습니다. 수입자에게 결제받는 가격에는 수출자 입장에서 물품의 원가와 자신의 마진, 그리고 포워더에게 수입자와의 매매계약 상 결정된 가격조건(인코텀스) 뒤의 지정장소까지의 운송비가 포함되어 있습니다. 따라서 비용분기점까지의 운송비를 수출자가 포워더에게 견적 요청하여 물품의 단가에 포함 후 수입자에게 결제받고 이를 수출자는 수출지 포워더에게 결제하고, 비용분기점 이후의 운송비 견적은 수입자가 받아서 수입자가 그 비용을 수입지 포워더에게 결제합니다. 결국, 수출지에서 수입지까지의 모든 운송비는 수입자의 주머니에서 나오는 것입니다.

B) 위험분기점에 대한 이해

C-Terms를 제외한 모든 가격조건은 그 조건 뒤에 지정된 장소를 비용분기점이자 위험분기점으로 봅니다. 예를 들어, FOB Busan Port이면 Busan Port에서 선박에 물품이 On Board 되는 시점이 비용분기점이자 위험분기점이 됩니다. FOB Busan Port 조건에서 위험분기점은 On Board 시점이기 때문에 On Board 시점을 기준으로 그 이전에 발생한 물품의 파손 및 분실 등의 책임은 수출자에게 있고 On Board 시점 이후에 발생한 물품의 파손 및 분실 등의 책임은 수입자에게 있습니다.

그런데 실무를 접해보면 물품이 수입지에 도착하여 수입 통관 과정 중[1]에 혹은 수입자가 수입 통관 완료 후[2]에 물품의 파손 혹은 분실 여부를 확인하게 됩니다. 이때 수입자는 운송 서비스 진행한 포워더에게 해당 사건이 어느 시점에 누구의 과실로 인한 결과인지 확인 요청하나, 그 시점을 정확히 확인 불가한 경우도 있습니다. 본 상황에서 수입지에 도착한 물품의 파손 혹은 분실에 대한 위험분기점은 수출자와 수입자 간의 매매계약서에 가격조건을 보면 정확히 확인될 수 있으나, 물품의 파손 혹은 분실이 어느 시점에 발생하였는지 확인될 수 없는 상황에서는 그 책임 소지가 누구에게 있는지 결론 내리기 힘들 것이다[3].

---

1. 항공 혹은 해상 LCL의 경우는 보세창고에 반입될 때 보세창고에서 포장의 외관을 확인하면서 물품의 파손 여부를 알 수 있습니다. 그리고 외관상 포장에 Damage가 있으면 보세창고에서 전산상으로 반입 잡아주지 않습니다.
2. 해상 FCL의 경우는 컨테이너 그대로 CY에서 바로 반출되어 수입자의 Door까지 운송되는 경우가 많습니다.
3. 이러한 상황을 대비하여 수출자는 매 수출 건에 대해서 포장 과정과 차량에 상차하는 모습을 사진 및 동영상으로 촬영 후 보관할 필요가 충분히 있겠습니다.

물론, 물품의 파손과 분실이 물품의 고정 작업으로써 Shoring 작업이 부실했거나 혹은 포장 상태가 불량했다든지 적절한 포장지를 사용하지 않아서 발생한 사고였다면 위험분기점과 무관하게 수출자의 과실이 될 수도 있을 것입니다.

2. 인코텀스 지정장소의 이해와 중요성

* EXW 및 F-Terms의 지정장소는 모두 수출지이고, C-Terms 및 D-Terms의 지정장소는 모두 수입지.
* C-Terms를 제외하고 기타 모든 인코텀스의 지정장소는 비용분기점이자 위험분기점
* 터미널(Terminal)이라 함은 항구, 공항 및 ICD(Inland Container Depot)
* 비용 관련하여 '커버'라는 말의 의미는 해당 지점까지의 운송비가 수출자의 견적에 포함되어 있다는 뜻.
* 위험 관련하여 '커버'라는 말의 의미는 해당 지점까지의 물품 파손, 분실 등의 책임이 수출자에게 있다는 뜻.

1) EXW

- 지정장소: a) 수출물품이 위치한 Door(공장/창고), b) 수출지 내륙지점 c) 수출지 터미널
- 예 시: EXW Seller's Suwon Warehouse, EXW Incheon Airport
- 기타설명: EXW 조건에서 지정장소로 '수출지 터미널'이 가능하나, 해상 건보다는 항공 건에서 대부분 사용. 즉, EXW Busan Port 이러한 식으로는 거의 사용하지 않고 EXW Incheon Airport 이러한 식으로 대부분 사용.
- 특이사항: 수출지 세관으로의 수출 신고를 관세사에게 의뢰함으로써 발행하는 관세사 수출 통관 수수료(Customs Clearance Fee)를 수출자가 결제하지 않고 수출지 포워더가 대납 후 수입지 포워더 통해서 수입자에게 청구됨.

2) FCA

- 지정장소: a) 수출물품이 위치한 Door(공장/창고) b) 수출지 내륙지점 혹은 c) 수출지 터미널
- 예 시: FCA Seller's Suwon Warehouse, FCA Incheon Airport
- 기타설명: EXW 조건과 동일한 장소 지정 가능하나, EXW 조건과는 다르게 FCA 조건에는 수출 통관비를 수출자가 커버. FCA는 항공뿐만 아니라 해상 운송에서도 사용 가능하나, FCL 및 LCL 건 모두 FCA Busan Port와 같이는 사용하지 않음. 수출지 항구를 지정장소로 기재할 필요가 있는 경우는 FOB Busan Port를 보다 많이 사용.

3) FAS

- 설 명: 실무에서 FAS를 사용하는 경우 없음.

4) FOB

- 지정장소: a) 수출지 터미널(항구 or 공항)
- 예 시: FOB Busan Port, FOB Incheon Airport[1]
- 기타설명: FOB는 이론상 해상 운송 조건이나 실무에서는 항공 수출 건에 대해서도 사용하고 있음.
  FOB 조건 지정장소로 수출자 Door 혹은 내륙지점은 적절치 못함[2].

5) CFR와 CIF

- 지정장소: a) 수입지 터미널(ICD 제외)
- 예 시: CFR[3] Hongkong Port, CIF Busan Port
- 기타설명: CFR 및 CIF는 해상 운송 조건으로서 지정장소는 수입지 터미널 중에서 항구만 가능하나, 실무적으로 수입지 공항이 지정장소로 지정되기도. 수입지 항구가 아닌 수입지 공항이 지정장소로 지정된다면 CPT 혹은 CIP가 적절할 수도.
  그리고 CFR 및 CIF 조건 뒤에는 수입지의 내륙 터미널(ICD) 혹은 수입자의 Door가 오는 것은 적절치 못함. CFR 및 CIF의 지정장소는 수입지 항구가 가장 적절함.
  마지막으로 CFR와 CIF의 비용 및 위험분기점은 동일하나[4], 차이점은 CIF에는 적하보험료가 수출자의 견적에 포함되어 있고 CFR은 적하보험료가 포함되지 않음.
- 특이사항: 모든 C-Terms 뒤의 지정장소는 비용분기점 역할만 함.
  C-Terms는 기본적으로 지정장소에 운송수단이 도착하는 시점까지의 비용을 포함하여, 지정장소에서 발생하는 비용은 미포함하기에 포워더는 C-Terms 뒤의 지정장소에 운송수단이 도착한 이후 발생 비용은 수입자에게 청구해야 할 것.

6) CPT와 CIP

- 지정장소: a) 수입지 터미널, b) 수입지 내륙 터미널(ICD)
- 예 시: CPT Chicago CY, CPT Atlanta Airport
- 기타설명: CPT 및 CIP 뒤의 지정장소에 수입지 터미널이 지정될 수 있으나 대부분 수입지 공항 혹은 수입지 내륙 터미널(ICD). 본 조건에서 지정장소는 수입지의 단순한 내륙 지점이나 수입자의 Door가 지정되지는 못함. 따라서 해당 지점을 지정장소로 하기 위해서는 DAP가 보다 적절 할 것.

7) DAT

- 지정장소: a) 수입지 터미널(공항, 항구 및 ICD 모두 가능)

---

1 FOB Busan Port와 FOB Incheon Airport의 차이점. 211쪽 참고.
2 수출자가 미국에 위치한 거래에서 미국의 수출자가 FOB를 사용하여 수입자에게 견적 제시하는 경우 FOB 뒤에 수출지 터미널이 아닌 수출지 내륙지점이 지정되는 경우도 있습니다.
3 CNF라고 표현하기도.
4 비용분기점은 CFR 및 CIF 뒤에 지정된 수입지의 항구에 배가 입항하는 시점이며, 위험분기점은 CFR 및 CIF 모두 수출지의 항구에서 배에 수출물품이 On Board 되는 시점입니다(위험분기점은 FOB와 동일).

- 예 시: DAT Longbeach Port
- 기타설명: 실무에서 DAT는 거의 사용되지 않음.
  수입지 터미널이 지정장소로 지정될 수 있는 C-Terms와 D-Terms의 차이점이 해당 터미널에서 발생하는 비용을 포함하느냐 혹은 포함하지 않는다는 의미에서 DAT Longbeach Port는 운송수단이 해당 터미널에 도착하는 순간까지의 비용(C-Terms)과 해당 터미널에서 발생하는 비용까지 수출자의 견적에 포함.

8) DAP

- 지정장소: a) 수입지 터미널(공항, 항구 및 ICD 모두 가능), b) 수입지 내륙지점, c) 수입자 Door
- 예 시: DAP Longbeach Port, DAP Chicago CY, DAP Buyer's Daegu Warehouse
- 기타설명: DAP는 DDU와 동일한 조건.

9) DDP

- 지정장소: a) 수입지 터미널(공항, 항구 및 ICD 모두 가능), b) 수입지 내륙지점, c) 수입자 Door
- 예 시: DDP Longbeach Port, DDP Chicago CY, DDP Buyer's Daegu Warehouse
- 기타설명: 수입지에서 수입신고 당시 발생하는 세액을 DDP 가격은 포함하고 있기에 수입지 포워더가 해당 세액을 대납 후 수출지 포워더 통해서 수출자에게 청구해야 함. 포워더가 대납을 위해서 수출자의 신용도도 중요하고 포워더가 세액 만큼의 현금을 확보하고 있어야 하는데 그렇지 못하면 대납 어려움. 따라서 인보이스 Value가 상당한 거래 건이라면, DDP보다는 DAP로 거래하는 것이 적절할 수도.
- 특이사항: 수입지 세관으로의 수입 신고를 관세사에게 의뢰함으로써 발행되는 관세사 수입 통관 수수료(Customs Clearance Fee)를 수입자가 결제하지 않고 수입지 포워더가 대납 후 수출지 포워더 통해서 수출자에게 청구됨.

3. 수출입신고 오류방지에 관한 고시

제1조(목적) 이 고시는 「관세법」 제242조 및 「관세사법」 제13조의 규정에 따라 신고인이 세관에 제출(전송을 포함한다)하는 신고서류의 작성 오류가 일정수준 이상으로 발생할 때에는 「관세법」 제245조부터 제246조에 따라 일정 기간 서류제출 및 물품의 검사 수준을 높여 신고인의 성실신고를 유도함으로써 무역 관련 통계자료의 대외신뢰도를 제고하고 수출입물품의 통관업무를 원활히 하는 데 그 목적이 있다.

······ 중략 ······

제8조(오류점수의 계산) ① 오류점수는 다음과 같이 계산한다. 다만, 신고인의 신청에 의한 정정(이하 "신청정정"이라 한다)이 아닌 세관 공무원의 직권에 의한 정정(이하 '직권정정'이라 한다)의 경우에는 다음 각 호의 어느 하나에 규정된 점수의 2배로 한다.
  1. 신고수리 전에 수정된 경우의 오류점수는 신고서 항목당 2점으로 한다(난의 추가 또는 삭제 시 수출: 9점, 수입: 11점).
  2. 신고수리 후에 수정된 경우의 오류점수는 신고서 항목당 4점으로 한다(난의 추가 또는 삭제 시 수출: 18점, 수입: 22점).
  3. 수입신고서의 세번부호, 순중량, 수량, 난별 과세가격, 총과세가격, 원산지 및 수출신고서의 세번부호, 순중량, 수량, 란별 신고가격, 총신고가격, 목적국이 수정된 경우의 오류점수는 항목당 5점으로 한다.
  4. 신고수리후 수출자·수입자·납세의무자·제조자·검사(반입)장소 및 해당 부호를 정정하는 경우의 오류점수는 10점으로 한다.
  5. 세율 등을 잘못 적용하여 관세 등의 과부족이 발생한 경우의 오류점수는 5점으로 한다.
  6. 수리 후 금액·중량·수량 정정결과 정정전과 100배 이상 차이가 있는 경우의 오류점수는 50점으로 한다.
  7. 상표 및 해당 부호를 정정하는 경우의 오류점수는 수리 전 5점, 수리 후 10점으로 한다.
  8. 신고자료를 전송하고 서류를 제출하지 아니한 경우의 오류점수는 신고서 1건당 1일이 경과할 때마다 10점으로 한다.
  9. 전송된 신고자료가 접수된 후 각하된 경우 및 신고취하를 한 경우의 오류점수는 신고서 1건당 50점으로 한다.
  10. 2개 이상의 난으로 신고된 수출입신고서의 공통항목 중 결제금액, 운임, 보험료, 가산금액, 공제금액의 변경으로 수출입신고서 각 란의 신고가격, 세액 등이 변경되는 경우, 2란 이하에서 발생하는 오류점수는 해당 신고건의 오류점수에서 제외한다.
② 수출입신고 품목사항의 정정에 따라 각 란별로 발생하는 오류점수는 다음의 각 호의 점수를 초과할 수 없다.
  1. 수입신고의 경우 난별 88점
  2. 수출신고의 경우 난별 72점
③ 오류점수는 오류를 발견하여 정정한 날이 속하는 월에 합산하여 계산하며, 제4조 제1항 제3호부터 제5호까지 규정에 해당하는 사유가 있는 경우 이를 공제하여 계산한다.
④ 제7조 제2항에 따라 보류된 오류점수에 대하여 확정을 요청한 경우 분기가 만료된 후 15일이 경과되기 전까지 보류를 요청받은 오류점수는 전 분기의 오류점수에 가산하여 계산한다.
⑤ 신고수리일 이틀 후(기산 시 공휴일 또는 「근로자의 날 제정에 관한 법률」에 따른 근로자의 날 및 토요일은 제외)까지 신청 정정하는 경우의 오류점수는 항목당 0.2점으로 한다. 다만, 제8호부터 제9호까지의 규정에 해당하는 경우에는 건당 0.2점으로 한다.

제9조(오류에 대한 제재) ① 관할지세관장은 오류를 발생시킨 신고인 및 화주에 대해서 제4조 및 제8조의 규정에 의거 전분기 전국세관에서 발생한 오류점수를 수출 또는 수입업무별로 구분하여 누적된 점수 및 오류점수비율별로 별표1의 제재기준에 따라 P/L 제재를 한다. 다만, 관세행정의 원활한 운영을 위하여 관세청장이 필요하다고 인정하는 경우에는 P/L 제재 시 오류점수 및 비율을 경감하여 적용할 수 있다.
② 화주 직접신고업체가 아닌 경우의 P/L 제재는 관세사(가칭 'A' 관세사라 한다) 귀책사유 오류점수와 화주(가칭 '가' 화주라 한다) 귀책사유 오류점수를 합산한 오류점수 및 오류점수비율이 제재기준에 해당하고, '가' 화주가 'A' 관세사를 통해 신고하는 경우에 한하여 적용하며, 오류점수 산출 및 P/L 제재는 관세사의 경우 관세사자격증부호, 화주(화주 직접신고업체 포함)의 경우는 통관 고유부호를 기준으로 한다.
③ 업무별로 관세사 귀책사유 오류점수와 화주 귀책사유 오류점수를 합산한 오류점수가 400점 이상이고 오류점수비율이 40% 이상인 화주(화주 직접신고업체 및 개인신고인을 포함한다)에 대하여는 P/L 제재와 병행하여 별표2의 조정내역에 따라 해당 업무의 검사비율을 상향하여 적용한다.
④ 기업심사 결과에 따라 수정신고를 하여 수출입신고서를 정정할 경우에는 오류에 대한 제재를 50% 경감하여 적용한다.
⑤ 관할지세관장은 분기가 만료된 후 25일이 경과되기 전까지 제재대상 신고인(별지 제5호 서식) 또는 화주(별지 제5호 및 제6호 서식)에게 오류점수 및 제재내용을 통보하고 이를 전산 등록하여야 한다.
⑥ 신고인 및 화주에 대한 제1항의 조치는 제6조 제3항 및 제7조 제3항에 의하여 오류점수가 확정된 월의 다음 달 1일 또는 15일부터 시행한다. 다만, 제재기간이 3주 이상인 경우는 다음 달 1일부터 시행한다.

[별표1]

오류점수(비율)별 P/L 제재기준(제9조 제1항)

오류점수 및 오류점수비율	P/L 제재 기준
업무별 오류점수가 300점 이상이고 오류점수비율이 30% 이상인 경우	5일간 당해 업무 P/L 신고 정지
업무별 오류점수가 400점 이상이고 오류점수비율이 40% 이상인 경우	7일간 당해 업무 P/L 신고 정지
업무별 오류점수가 500점 이상이고 오류점수비율이 50% 이상인 경우	10일간 당해 업무 P/L 신고 정지
업무별 오류점수가 600점 이상이고 오류점수비율이 60% 이상인 경우	14일간 당해 업무 P/L 신고 정지
업무별 오류점수가 700점 이상이고 오류점수비율이 70% 이상인 경우	21일간 당해 업무 P/L 신고 정지
업무별 오류점수가 1,000점 이상이고 오류점수비율이 100% 이상인 경우	30일간 당해 업무 P/L 신고 정지
업무별 오류점수가 1,500점 이상이고 오류점수비율이 150% 이상인 경우	50일간 당해 업무 P/L 신고 정지
업무별 오류점수가 2,000점 이상이고 오류점수비율이 200% 이상인 경우	60일간 당해 업무 P/L 신고 정지

[별표2]

오류점수(비율)별 검사비율 상향 조정내역(제9조 제3항)

오류점수 및 오류점수비율	검사비율 상향 조정내역
업무별 오류점수가 400점 이상이고 오류점수비율이 40% 이상인 경우	오류점수가 확정된 월의 다음 달부터 2개월간 수출입 업무별 전 분기 평균 검사비율에 그 비율의 80%를 추가하여 상향조정
업무별 오류점수가 500점 이상이고 오류점수비율이 50% 이상인 경우	오류점수가 확정된 월의 다음 달부터 2개월간 수출입 업무별 전 분기 평균 검사비율에 그 비율의 90%를 추가하여 상향조정
업무별 오류점수가 600점 이상이고 오류점수비율이 60% 이상인 경우	오류점수가 확정된 월의 다음 달부터 2개월간 수출입 업무별 전 분기 평균 검사비율에 그 비율의 100%를 추가하여 상향조정
업무별 오류점수가 700점 이상이고 오류점수비율이 70% 이상인 경우	오류점수가 확정된 월의 다음 달부터 2개월간 수출입 업무별 전 분기 평균 검사비율에 그 비율의 110%를 추가하여 상향조정
업무별 오류점수가 1,000점 이상이고 오류점수비율이 100% 이상인 경우	오류점수가 확정된 월의 다음 달부터 2개월간 수출입 업무별 전 분기 평균 검사비율에 그 비율의 130%를 추가하여 상향조정
업무별 오류점수가 1,500점 이상이고 오류점수비율이 150% 이상인 경우	오류점수가 확정된 월의 다음 달부터 2개월간 수출입 업무별 전 분기 평균 검사비율에 그 비율의 150%를 추가하여 상향조정
업무별 오류점수가 2,000점 이상이고 오류점수비율이 200% 이상인 경우	오류점수가 확정된 월의 다음 달부터 2개월간 수출입 업무별 전 분기 평균 검사비율에 그 비율의 180%를 추가하여 상향조정

4. 수입신고수리물품 반출의무 및 신고지연 가산세 적용대상 보세구역

국내의 보세구역으로 반입된 보세물품에 대해서는 일정기한 이내에 수입신고 혹은 반송신고를 해야 합니다. 이때 그 일정 기한이라는 것은 보세구역으로 반입된 날로부터 30일 이내가 되겠으며, 모든 보세구역이 아니라 「보세화물관리에 관한 고시」 별표1에서 지정된 보세구역[1]이 되겠습니다.

<관련 규정>

보세화물관리에 관한 고시
제19조(수입신고수리물품의 반출의무) 제4조에 따른 장치장소 중 별표1의 보세구역에 반입된 물품이 수입신고가 수리된 때에는 그 수리일로부터 15일 이내에 해당 보세구역에서 반출하여야 하며, 이를 위반한 경우에는 법 제277조에 따라 해당 수입화주를 조사한 후 과태료를 부과한다. 다만, 다음 각 호의 어느 하나에 해당하는 경우로서 영 제176조의2에 따라 별지 제11호서식의 반출기간 연장승인을 받은 경우에는 그러하지 아니하다. 1. 정부 또는 지방자치단체가 직접 수입하는 물품 2. 정부 또는 지방자치단체에 기증되는 물품 3. 외교관 면세물품 및 SOFA 적용대상물품 4. 「수입통관사무처리에 관한 고시」 제3장 제2절에 따른 간이한 신고대상물품 5. 원목, 양곡, 사료 등 벌크화물, 그 밖에 세관장이 반출기간 연장승인이 필요하다고 인정하는 물품 제33조(가산세) ① 다음 각 호의 물품은 반입일로부터 30일 이내에 수입 또는 반송신고하여야 한다. 신고기한을 경과하여 수입 또는 반송신고를 한 때에는 법 제241조 및 영 제247조에 따라 가산세를 징수한다. 1. 다음 각 목의 보세구역 별표1(부산, 인천세관 해당 보세구역의 폐업 등 대상 재조정 필요)에 반입된 물품 가. 인천공항과 김해공항의 하기 장소 중 지정장치장 및 보세창고 나. 부산항의 하선장소 중 부두 내와 부두 밖의 컨테이너전용보세창고(CY)·컨테이너전용지정장치장(CY)·컨테이너화물조작장(CFS) 다. 부산항의 부두 내 지정장치장 및 보세창고 라. 인천항의 하선장소 중 부두 내와 부두 밖 컨테이너전용보세창고 (CY)·컨테이너화물조작장(CFS)

---

1 별표 1의 보세구역은 주기적으로 갱신될 수 있겠습니다.

[별표1]

수입신고수리물품 반출의무 및 신고지연 가산세 적용대상 보세구역

1) 지정장치장

관할세관	장치장명	보세구역부호
부산세관	제1부두	03002010
	제2부두	03002027
	제8부두	03002199
		03002001
	용호부두	03002182
	감천항 제2부두	03002002
	감천항 제5부두	03002223
	감천항 제6부두	03002209
	감천항 제7부두	03002006
	우암부두 지정장치장	03002008
인천공항세관	세관지정장치장	04002549
	인천공항 검역검사소	04002525
김해세관	세관지정장치장	14002010

2) 지정장치장(콘테이너)

관할세관	장치장명	보세구역부호	비고
부산세관	부산항 국제여객터미널	03002009	

3) 일반보세창고

관할세관	보세구역명	보세구역부호
부산세관	감천항중앙부두	03010301
김해세관	대한항공 영업용보세창고	14011016
	아시아나 영업용보세창고	14011001

4) 컨테이너 전용 보세창고

관할세관	보세구역명	보세구역부호	비 고
부산세관	천일자성대(콘)보세창고	03012329	CFS 포함
	한국허치슨터미널부산CY보세창고	03012240	
	인터지스(주)7부두(콘)보세창고	03012343	
	부산인터내셔널터미널(주) 감만CY	03012226	
	동부부산(콘)보세창고	03012312	
	부산진역철도제1단지(콘)CY	03012003	
	동방허치슨보세창고	03012008	
용당세관	케이씨티시우암	03912047	CFS 포함
	세방우암	03912171	
인천세관	대한통운남항(콘)보세창고	02012182	CFS 포함
	동방(콘)보세창고	02012168	
	우련국제(콘)보세창고	02012223	
	선광(콘)보세창고	02012175	
	KCTC(콘)보세창고	02012010	
	흥아해운(콘)보세창고	02012089	
	선광인천컨테이너터미널(콘)보세창고	02012230	
	선광종합물류(주)콘테이너보세창고	02012001	
	엘엔케이씨티콘테이너보세창고	02012006	
	(주)E1 콘테이너터미널보세창고	02012007	
	더로지스(주)컨테이너 보세창고	02012009	
	한진해운경인터미널	02012012	
	선광신컨테이너터미널	02012014	

마치며

실무를 만나면 날개를 단다

"이론은 죽은 지식이다. 하지만, 이론이 실무를 만나면 날개를 단다."

이론만으로는 무역뿐만 아니라 어떠한 일도 할 수가 없습니다. 반대로 이론이 뒷받침되지 않는 실무는 사람들로 하여금 늘 부족한 2%의 목마름으로 갈증을 느끼게 합니다. 하지만, 이론이 실무를 만나고, 실무가 이론을 만나게 되면 날개를 달게 됩니다.

무역업을 하기 위해서 무역실무 공부를 원하는 무역 초보자들, 그리고 실무를 하면서 이론의 필요성을 느껴서 무역 책 구입을 원하는 분들에게 시중의 무역 관련 책들은 너무나도 이론적인 내용들로 대부분이 채워져 있으며 설명 역시 학문적으로 되어 있기 때문에 실무자들이 읽어도 무슨 뜻인지 잘 이해되지 않는 경우가 많습니다. 내용 역시 실무에서 적용하기 힘든 내용이고 쉽게 풀어서 설명할 수 있는 것도 터무니없을 정도로 어렵게만 설명해두어서 무역 초보자, 그리고 무역 실무자들에게 해결책을 찾아주지 못하고 있는 실정입니다.

본 책이 무역업에 입문하시는 분들, 그리고 실무를 하시다가 무역이론이 부족하다고 느끼시는 분들에게 실무적으로, 그리고 이론적으로 많은 도움이 되었으면 합니다.

마지막으로, 본 책을 구매하여 주신 분들에게 진심으로 감사의 인사 드리며, 네이버 '무역실무교육' 카페 내에 본 책에 대한 후기 코너를 개설하여 독자 여러분의 의견을 기다리고 있겠으며, 올려주신 후기는 차후 개정판에서 반영하여 더욱 질 높은 무역실무 책을 집필하도록 하겠습니다. 저자로서 본 책이 무역 초보자분들, 그리고 실무자분들께서 무역 용어의 개념 및 절차에 대한 체계를 바로 잡는 데 도움이 되길 기대합니다. 감사합니다.

참고문헌

신용장과 ISBP 681 / 홍종덕 지음 / 보명 BOOKS / 2008년 1월

신용장통일규칙 / 전순환 저 / 한올출판사 / 2007년 1월

인코텀즈(Incoterms) 2010 / 대한상공회의소 / 2010년 12월